Das ewig Männliche
zieht uns hinab:
»Wilhelm Meisters
Wanderjahre«.

Henriette Herwig

Das ewig Männliche zieht uns hinab: »Wilhelm Meisters Wanderjahre«.

Geschlechterdifferenz
Sozialer Wandel
Historische Anthropologie

Die Deutsche Bibliothek – CIP-Einheitsaufnahme

Herwig, Henriette:
Das ewig Männliche zieht uns hinab: »Wilhelm Meisters Wanderjahre« :
Geschlechterdifferenz, sozialer Wandel, historische Anthropologie /
Henriette Herwig. – Tübingen ; Basel : Francke, 1997
   ISBN 3-7720-2178-6

Publiziert mit Unterstützung des Schweizerischen Nationalfonds
zur Förderung der wissenschaftlichen Forschung.

Einbandgestaltung: Bernhard Schlup, Bern
Satz: CompArt, Mössingen
Druck: Gulde-Druck, Tübingen
Verarbeitung: Buchbinderei Koch, Tübingen
Printed in Germany

ISBN 3-7720-2178-6

Für Ueli

»Das Leben gehört den Lebendigen an, und wer lebt,
muß auf Wechsel gefaßt sein.«

Johann Wolfgang von Goethe

`

»Liebe ist – in einer sonst entgöttlichten, entseelten Welt –
der letzte Traum, der noch gelebt wird.«

Karl Schlechta

Inhalt

Problemhorizont, Stand der Forschung, Begriffe, Fragestellungen und Methoden

> Die Frage: w*oher hat's der Dichter*? geht auch nur aufs *Was*, vom *Wie* erfährt dabei niemand etwas.[1]

> »Ich kann das Predigen nicht vertragen, ich glaube, ich habe in meiner Jugend mich daran übergessen.«[2]

Die »Wanderjahre« sind der Roman der abwesenden Mütter, der unvollständigen Familien, der Vater-Sohn-Beziehung, der unerfüllten Liebe, der Ökonomie und der Utopiekritik. Alle Erzähleinlagen[3] der »Wanderjahre« sind Liebesgeschichten, und in der einzigen, die keine ist, geht das *Verhängnis* von einer beiläufig erwähnten Liebesaffäre aus: in der als Schwank eingeführten Erzählung »Die gefährliche Wette«. Sie ist eine Miniatur-Studie über das Verhältnis von Ehre, männlicher Potenz und Sippenhaft. Trotzdem wurde sie von der Forschung bis vor kurzem vollständig vernachlässigt.[4] Sie galt wohl als zu leichtfüßig, um Gegenstand ernsthafter wissenschaftlicher Beschäftigung sein zu können. Ist sie das?

In ihrem Fall hat das Vorurteil verhindert, daß die wissenschaftliche Beschäftigung mit dem Text überhaupt *begann*. Die anderen Erzähleinlagen wurden nicht vergessen, zu einzelnen von ihnen gibt es Forschungsarbeiten, und in Gesamtdarstellungen wurden sie gestreift. Verglichen mit der Penetranz, mit der man immer wieder nach dem weltanschaulichen Konzept der Rahmenhandlung,

---

[1] Ich zitiere diese und alle übrigen *Wanderjahre*-Stellen nach der Hamburger Ausgabe (HA) und ziehe nur dort, wo sie nicht vollständig ist, andere Werkausgaben mit hinzu. Goethes Briefe und Tagebücher werden in der Regel nach der Weimarer Ausgabe (WA) zitiert. Das Zitat stammt aus der Aphorismensammlung *Betrachtungen im Sinne der Wanderer* (BdW 67; HA 8,293).

[2] Dieser Spruch ist die Übersetzung einer Stelle aus dem Brief von Laurence Sterne an D. Garrick vom 19. März 1762, die Goethe in die Aphorismensammlung *Aus Makariens Archiv* (AMA 170; HA 8,485) aufgenommen hat. Dazu auch: *Maximen und Reflexionen*, hrsg. von Max Hecker, Bd.21, Weimar 1907, S.363.

[3] Angesichts des Spektrums der Gattungen, das von Novellen im engeren Sinn über das Melusinenmärchen bis hin zu einem Schwank reicht, empfiehlt es sich, von »Erzähleinlagen«, statt von eingestreuten »Novellen« zu sprechen.

[4] Der einzige mir bekannte und ausschließlich der *Gefährlichen Wette* gewidmete Aufsatz ist der von Yahya A. Elsaghe: Nil praeter nasum? Zur Symbolik des Leibes in Goethes *Gefährlicher Wette*. In: *Symbolik des menschlichen Leibes,* hrsg. von Paul Michel, Bern u.a. 1995, S.305–328.

später auch nach dem Organisationsprinzip des Romans fragte, ist die Forschungslage aber auch bei ihnen unbefriedigend, wenn auch aus ganz anderen
Gründen als bei der »Gefährlichen Wette«. Ist »Der Mann von funfzig Jahren«
nur eine Mahnung, vom Schein zum Sein zurückzukehren, »Die pilgernde Törin« ein verkappter Treue-Appell, »Wer ist der Verräter?« nur ein Spiel mit dem
Selbstverrat? Läßt sich die Moral der modernsten Novelle auf den Titelsatz
reduzieren: »Nicht zu weit«? Hat Goethe in den »Wanderjahren« Spruchweis-
heiten in Geschichten verpackt? Sicher nicht! Trotzdem halten sich in der Forschungsliteratur Interpretationstraditionen, die auf einfache Lehren der genannten Art hinauslaufen. Solche Verkrustungen der »Wanderjahre«-Rezeption gilt
es aufzubrechen. Wer Goethes Novellistik auf Homiletik reduziert, hat sie nicht
verstanden. Karl Schlechta, der mit seiner Frage, ob die »Lehrjahre« nicht eher
ein Mißbildungs- als ein Bildungsroman seien, den fruchtbarsten Paradigmen-
wechsel in der »Wilhelm Meister«-Rezeption der letzten fünfzig Jahre ausgelöst
hat, beurteilt auch die novellistischen Teile der »Wanderjahre« differenzierter:

> Alle Novellen der *Wanderjahre* sind Liebesgeschichten; alle haben ein von vorn-
> herein gebrochenes Verhältnis zum Gegenstand. Alle sind problematischer Natur,
> sind Grenzfälle. Nirgends Einfalt – und wenn Einfalt, dann nur als ein später und
> gedämpfter Reflex.[5]

Diese Einschätzung eines Nicht-Germanisten hat die vorliegende Studie wesentlich inspiriert. Unter ihrem Eindruck kam der Wunsch auf, Goethes Altersroman
gegen die gängige Rezeptionstradition zu lesen, die Erzähleinlagen nicht vom
Standpunkt der Rahmen-Didaxe aus zu betrachten, sondern die Rahmenhandlung vom Standpunkt der Erzähleinlagen aus. Diese sind das älteste Substrat des
Romans.[6] Grundideen für sie muß Goethe schon beim Abschluß der »Lehrjahre«
gehabt haben, denn am 3. Februar 1798 schrieb er an Schiller: »Übrigens habe
ich etwa ein halb Dutzend Märchen und Geschichten im Sinne, die ich, als den
zweyten Theil der Unterhaltungen meiner Ausgewanderten bearbeiten werde.«[7]
Die »Märchen und Geschichten« sollten »alle durch einen romantischen Faden
unter dem Titel: *Wilhelm Meisters Wanderjahre* zusammengeschlungen, ein
wunderlich anziehendes Ganze[s] bilden«[8]. Zum Diktat des Romananfangs kam
es aber erst im Frühsommer 1807.[9] Sein Vorabdruck im »Taschenbuch für Da-

---

[5] Karl Schlechta: *Goethes Wilhelm Meister*, Frankfurt/M. 1985 (1953), S.165 (Hervorhebung
von H.H.).
[6] Die Entstehungsgeschichte der *Wanderjahre* wurde von Kurt Bimler (*Die erste und zweite
Fassung von Goethes »Wanderjahren«*, Beuthen O.-S. 1907), Eugen Wolff (Die ursprüngliche Gestalt von *Wilhelm Meisters Wanderjahren*. In: *GJb* 34 [1913], S.162–192) und Hans S. Reiss (*Wilhelm
Meisters Wanderjahre. Der Weg von der ersten zur zweiten Fassung*. In: *DVjs* 39 [1965], S.34–57)
aufgearbeitet. Sie braucht deshalb hier nicht wiederholt zu werden.
[7] WA IV 13, S.52.
[8] WA I 36, S.11.
[9] Das Tagebuch spricht erstmals am 17. Mai 1807 von Arbeit am Anfang des Romans (WA
III 3, S.210).

men auf das Jahr 1810« diente als öffentliche Vorankündigung der Fortsetzung des »Wilhelm Meisters«.[10] Danach geriet die Arbeit wieder ins Stocken.[11] Am 3. März 1815 richtete ein anonymer Verfasser, den Bunzel als Karl August Varnhagen von Ense identifiziert hat[12], in der Hamburger Zeitung »Der deutsche Beobachter« an Goethe die »Litterarische Anfrage«, wann das deutsche Lesepublikum denn mit Erscheinen des schon vor Jahren angekündigten Romans »Wilhelm Meisters Wanderjahre« rechnen dürfe. Durch dieses Interesse ermutigt, schickte der Dichter am 27. März 1815 »Das nußbraune Mädchen« zum Vorabdruck an Cotta und teilte das am 12. Mai 1815 dem anonymen Verfasser in einer öffentlichen Antwort auf die »Litterarische Anfrage« mit.[13] Die anonyme Erinnerung an sein Versprechen war für Goethe ein willkommener Anlaß, sich zur Fertigstellung des Romans zu entschließen. Zum Zyklus vereint gingen die Erzählungen, die zwischen 1809 und 1818 zum Teil schon in Cottas »Taschenbuch für Damen« erschienen waren, 1821 in die Erstfassung der »Wanderjahre« ein, weshalb diese das Romanhafte der »Lehrjahre« mit dem Novellistischen der »Unterhaltungen deutscher Ausgewanderten« verbinden[14]. 1829 erschien die um die Novelle »Nicht zu weit«, »Die gefährliche Wette«, die Fischerknaben-Erzählung, die Makarien-Allegorie und andere Zusätze erweiterte Ausgabe letzter Hand.

Wenn man die ersten Vorüberlegungen einbezieht, erstreckt sich die Entstehungszeit des Romans über mehr als dreißig Jahre; wenn man vom ersten Diktat an rechnet, sind es immer noch mehr als zwanzig; bei einzelnen Teilen reicht die Beschäftigung mit dem Stoff bis in die Jugend des Dichters zurück. Das gilt für die Melusinenfigur, aber auch für den Luzifer-Mythos, den die Makarien-Allegorie variiert. Während die »Lehrjahre« in der Endphase des *Ancien régime* begonnen und zur Zeit der Französischen Revolution beendet wurden, fällt die Arbeit an den »Wanderjahren« in die Napoleonische Ära, ihre Endredaktion ins Zeitalter der Restauration. Nur der Rahmenerzählung liegen die Verhältnisse dieser Epoche zugrunde, die Erzähleinlagen spielen alle im *Ancien régime*. Wenn man die Rahmenprojekte und die Erzähleinlagen aufeinander be-

---

[10] Zur diskontinuierlich verlaufenden Publikationsgeschichte zwischen 1808 und 1829 siehe: Wolfgang Bunzel: »Das ist eine heillose Manier, dieses Fragmente-Auftischen«. Die Vorabdrucke einzelner Abschnitte aus Goethes *Wanderjahren* in Cottas *Taschenbuch für Damen*. In: *JbFDH* (1992), S.36–68.

[11] Am 3. Mai 1810 kündigt Goethe dem Verleger Cotta brieflich an, daß er den ersten Teil der *Wanderjahre* aus Karlsbad schicken und den zweiten bei seiner Rückkehr mitbringen werde. Am 16. November desselben Jahres gesteht er hingegen: »Über mein Wandern sind die Wanderjahre ins Stocken gerathen«. *Goethe und Cotta. Briefwechsel 1797–1832*, hrsg. von Dorothea Kuhn, Bd.1, Stuttgart 1979, S.209 und 215.

[12] Wolfgang Bunzel: Ein anonymes Zeugnis zur Publikationsgeschichte von Goethes *Wanderjahren* und sein Verfasser K. A. Varnhagen von Ense. In: *Euphorion* 83 (1989), S.309–322.

[13] Diese erschien am 1. Juni 1815 in Nr.130 des *Morgenblatts für gebildete Stände*. Wolfgang Bunzel: Ein anonymes Zeugnis, S.311.

[14] Hannelore Schlaffer: Nachwort. In: Johann Wolfgang Goethe: *Erzählungen*, Stuttgart 1989, S.361.

zieht, wird eine doppelte Frontstellung Goethes deutlich: gegen die feudalistischen Normen der Vergangenheit, die dem Subjekt aus Gründen der Herrscherwillkür und der Traditionsbindung die Wahl- und Handlungsfreiheit beschneiden einerseits, und gegen die Dominanz der mathematischen Naturwissenschaft und die Herrschaft des Profits, die es in Zukunft zu gefährden drohen, andererseits. Seine Utopie des humanen Lebens liegt jenseits all dieser Formen der gesellschaftlichen Deformierung des einzelnen: in der Liebe, wie sie als Liebe zwischen den Geschlechtern mindestens als Hoffnung in den Erzähleinlagen aufscheint und als Caritas und gemeinschaftsstiftende Fähigkeit zur Empathie von Makarie verkörpert wird. Dabei sind die »Wanderjahre« insofern »exemplarisch für den Übergang vom 18. zum 19. Jahrhundert«, als »die Frage nach dem Ich« auch in ihnen zunehmend zu einer nach der Sexualität wird[15], die Intimität aber stärker als in den »Lehrjahren« sozial vermittelt werden muß.

Kaum ein Werk Goethes stieß bei den Zeitgenossen auf so viel Unverständnis, Ratlosigkeit, ja aggressive Abwehr wie dieser Altersroman. Goethe war sich darüber im klaren, auf welch schwankendem Boden er mit einem Romanprojekt stand, welches das kumulative Wissen eines langen Lebens an das Wandermotiv band und dabei zuließ, daß auch die Form »aus ihren Konventionen«[16] auswanderte. Er nannte seinen schwer qualifizierbaren Roman »ein bedenkliches Unternehmen«[17], »ein wunderliches Opus«[18], eine seiner »incalculabelsten Productionen«, zu deren Beurteilung ihm »beinahe selbst der Maßstab« fehle[19]. An Stelle eines Gattungsbegriffs bot er Metaphern wie »Geschlinge«[20], »Straußkranz«[21] u.a. an, und Joseph Zauper versicherte er am 7. September 1821, daß die »Wanderjahre« zwar nicht »aus Einem Stück, so [...] doch aus Einem Sinn«[22] seien. Am 28. Juli 1829 schrieb er an Johann Friedrich Rochlitz:

> Eine Arbeit wie diese, die sich selbst als collectiv ankündiget, indem sie gewissermaßen nur zum Verband der disparatesten Einzelnheiten unternommen zu seyn scheint, erlaubt, ja fordert mehr als eine andere daß jeder sich zueigne was ihm gemäß ist, was in seiner Lage zur Beherzigung aufrief und sich harmonisch wohlthätig erweisen mochte.[23]

Und am 23. November 1829 fügte er hinzu:

[15] Gerhard Neumann: »Ich bin gebildet genug, um zu lieben und zu trauern«. Die Erziehung zur Liebe in Goethes *Wilhelm Meister*. In: *Liebesroman – Liebe im Roman*, hrsg. von Titus Heydenreich, Erlangen 1987, S.78.
[16] Adolf Muschg: *Der Mann von funfzig Jahren*. In: *Goethe im zwanzigsten Jahrhundert*, hrsg. von Hans Mayer, Frankfurt/M. 1987, S.375.
[17] Im Brief an Boisserée vom 2. September 1829: WA IV 46, S.66.
[18] WA IV 41, S.263.
[19] WA I 35, S.65.
[20] An Zelter am 5. Juni 1829: WA IV 45, S.284.
[21] An Zelter am 24. Mai 1827: WA IV 42, S.190.
[22] Analog an Boisserée am 23. Juli 1821: WA IV 35, S.32 und 74.
[23] WA IV 46, S.27.

Mit solchem Büchlein aber ist es wie mit dem Leben selbst: es findet sich in dem Complex des Ganzen Nothwendiges und Zufälliges, Vorgesetztes und Angeschlossenes, bald gelungen, bald vereitelt, wodurch es eine Art von Unendlichkeit erhält, die sich in verständige und vernünftige Worte nicht durchaus fassen noch einschließen läßt. Wohin ich aber die Aufmerksamkeit meiner Freunde gerne lenke und auch die Ihrige gern gerichtet sähe, sind die verschiedenen, sich von einander absondernden Einzelnheiten, die doch, besonders im gegenwärtigen Falle, den Werth des Buches entscheiden. Da würden Sie denn mir eine besondere Gefälligkeit erzeigen, wenn Sie bemerken wollten, was Sie vorzüglich [...] angesprochen, was Ihnen als neu oder erneut gegolten, was mit Ihrer Denk- und Empfindungsweise zusammmen getroffen, was derselben widersprochen, was Sie, in Gefolg dessen, [...] weiter bey sich auszuführen geneigt gewesen.[24]

Entsprechend enttäuscht war er von Rochlitz' Antwort. Am 18. Februar 1830 beklagte er sich gegenüber Kanzler von Müller:

Bestimmte einzelne Mitteilung der durch die Wanderjahre empfangnen Eindrücke habe Rochlitz verweigert, statt dessen die alberne Idee gefaßt, das Ganze systematisch konstruieren und analysieren zu wollen. Das sei rein unmöglich, das Buch gebe sich nur für ein Aggregat aus.[25]

Vor überschießendem »Eifer, eine Einheit *im* Werk aufzuspüren und alle Textbezüge auf *einen* Punkt zu bringen«, hatte Rochlitz den konkreten »Bezug zur eigenen Erfahrungswirklichkeit« versäumt[26], der allein den Zusammenhang von »Gefühl und Nachdenken«[27] stiften kann, den Goethe anregen wollte. Er wehrte den Systemzwang ab, über dem sein Leser die persönliche Antwort auf eine poetische Herausforderung versäumt hatte. Was er von Rochlitz erwartete, war eine Antwort auf die Frage: »Was sagt Dir dieser Text? Was löst er in Dir aus? Welche Wanderschaft provoziert Wilhelms Wanderung in dir?« Hier wurde die Autorintention ausnahmsweise einmal klar geäußert. Warum nehmen die Interpreten, die sonst immer nach ihr suchen, sie nicht beim Wort?

Einer der wenigen Zeitgenossen, die sich immerhin noch bemühten, Goethe zu verstehen, war Varnhagen von Ense. Er erkannte, daß Goethe in den »Wanderjahren« die Probleme einer Übergangszeit gestaltet hatte. In Goethes Lebenszeit fielen zahlreiche Kriege und der politische Umbruch der Französischen Revolution. Als ausgesprochen wacher und vielfältig informierter Zeitgenosse erlebte er den Übergang von der ständischen Gesellschaft zur modernen Industriegesellschaft, von der vorrevolutionären Welt der Repräsentation zur nachre-

---

24 WA IV 46, S.166.
25 *Goethes Gespräche*, hrsg. von Biedermann/ Herwig, Bd.3.2, Zürich 1972, S.571.
26 Michael Böhler: »Huy, meine ich nun: das ist es ...« – »alberne Idee ...«. Leselektionen des Geheimrats von Goethe im Umkreis der *Wanderjahre*. In: *Hören Sagen Lesen Lernen. Festschrift für Rudolf Schenda [...]*, hrsg. von Ursula Brunold-Bigler und Hermann Bausinger, Bern u.a. 1995, S.37.
27 WA IV 46, S.167.

volutionären Welt der Produktion, von der Seßhaftigkeit zur – nicht nur geo-
graphischen – Mobilität. Zu den Normenkonflikten, die er mit seinem Altersroman aus dem »Gegensatz zweier Zeitalter«[28] ans Licht gezogen hatte, gehört
die Veränderung des kulturell codierten Verhältnisses zwischen den Geschlechtern, der Ehe und der Familienstruktur. Das Neue bahnt sich bei Goethe auch
und gerade dort an, wo die dargestellten Beziehungen noch der alten Welt angehören, in den Erzähleinlagen des Romans. Nur die Liebe zwischen Lenardo
und Susanne, die in der Romanfiktion unter dem Diktat der alten Zeit beginnt
und vorerst an ihm scheitert, greift über diese in die neue Zeit hinaus. Nicht nur
im Bezug auf die Geschlechterdifferenz, auch in jeder anderen Hinsicht zeichnet
es Goethes Arbeitsweise aus, daß er seine Texte immer wieder überarbeitet und
auch fiktive Welten einem inzwischen veränderten Wissensstand anpaßt. Das muß
beim Vergleich von früheren mit späteren Textvarianten berücksichtigt werden.

Daß Goethe auch von Varnhagens Autorschaft der anonymen »Wanderjahre«-Rezension in Briefen Kenntnis hatte, die 1821 im »Gesellschafter« erschienen war[29], beweist sein Aufsatz »Geneigte Theilnahme an den Wanderjahren«[30]. In ihm hebt der Dichter drei positive Rezensionen[31] der Erstfassung des
Romans hervor, u. a. die erwähnte Varnhagen von Enses. Dabei ist der Dank an
die Leser, die »seine Eigenheiten besser kennen als er selbst«, so hyperbolisch
formuliert, daß das ironische Lob in einen schwach getarnten Spott kippt:

> daß es mich tiefrührend ergreifen muß, das Problem meines Lebens, an dem ich
> selbst wohl noch irre werden könnte, vor der Nation so klar und rein aufgelöst zu
> sehen; wobei ich mich denn auch über manches Zweifelhafte belehrt, über manches
> Beunruhigende beschwichtigt fühle [...].[32]

---

[28] Karl August Varnhagen von Ense: »Im Sinne der Wanderer«. In: *Ueber Kunst und Alterthum*, Bd.6, H.3, Stuttgart 1832, S.541.

[29] [Karl August Varnhagen von Ense]: Ueber *Wilhelm Meisters Wanderjahre*. In: *Der Gesellschafter* 5 (1821), Nr.131–138, S.609ff.

[30] Dieser Aufsatz (WA I 41 I, S.366–369) erschien am 21. März 1822 im *Morgenblatt für gebildete Stände*. Mit der Antwort auf die *Litterarische Anfrage* war er eine von nur zwei »öffentlichen Stellungnahmen Goethes zur Publikationsgeschichte seines Romans« (Wolfgang Bunzel: Ein anonymes Zeugnis, S.321).

[31] Neben Varnhagen von Enses fiktivem Briefwechsel »Ueber *Wilhelm Meisters Wanderjahre*« hebt Goethe die anonyme dialogische Besprechung im *Literarischen Conversations-Blatt* »Briefwechsel über die zwiefache Erscheinung von *Wilhelm Meisters Wanderjahren*« (1821, No.222, 225, 226, 232, 238, 242, nach heutiger Kenntnis von Wilhelm von Schütz) und A. B. Kayßlers *Fragment aus Platons und Göthes Pädagogik* (Breslau 1821) hervor. Im *Conversations-Blatt* tritt ein fiktiver Clemens gegen einen fiktiven Leonhard zur Ehrenrettung von Goethes *Wanderjahren* gegenüber den falschen Pustkuchens an und verteidigt Goethe gegen den Vorwurf, »sich, als vorsichtiger Parteigänger, stets zur rechten Zeit zu jeder neu aufkeimenden Schule geschlagen« (S.899) zu haben. Im Gegensatz dazu würdigt Clemens die ironische Erzählhaltung, die Absichtlichkeit in der Amalgamierung des Heterogenen und die Widersprüche und Brüche der echten *Wanderjahre* als formale Entsprechung der dargestellten Zeitkrankheit (S.951). Kayßler, der Goethe die anti-christlichen Tendenzen vorwirft, macht der Dichter durch übertriebenes Lob lächerlich (WA I 41 I, S.367f.).

[32] WA I 41 I, S.368.

Und dieser Spott trifft auch Varnhagen von Ense. So leicht wie in den drei Rezensionen war dem, was Goethe mit den »Wanderjahren« wollte und was er in
seinen Selbstdeutungen kaum anders als paradox zu formulieren wußte: »Alles
ist ja nur symbolisch zu nehmen, und überall steckt noch etwas anderes dahinter.
Jede Lösung eines Problems ist ein neues Problem«[33], offenbar doch nicht beizukommen.

Stellvertretend für die Vorurteile, auf die die »Wanderjahre« bei ihrem Erscheinen stießen, soll hier ein Zeitgenosse Goethes zu Wort kommen, der die
falschen »Wanderjahre« Pustkuchens[34] über diejenigen Goethes stellte, weil er
dem einst geliebten Dichter nicht verzeihen konnte, daß er sich weigerte, die
Geschichte seines Helden weiterzuerzählen; gemeint ist der Philosophieprofes-
sor Friedrich Karl Julius Schütz. In seiner umfangreichen Studie »Göthe und
Pustkuchen«[35] wirft dieser dem Autor der »Lehrjahre« beim Übergang zu den
»Wanderjahren« Anschlußfehler vor. Er kritisiert, daß der Markese, mit dem
Wilhelm nach Italien reisen wollte, nicht mehr vorkomme; dieser seinen Felix
einer fremden Familie anvertraue, obwohl er am Ende der »Lehrjahre« doch
beteuert hatte, nicht mehr von seiner Seite weichen zu wollen.[36] Er beklagt die
oft unvermittelten Übergänge zwischen Rahmenhandlung und Erzähleinlagen,
die Einführung neuen Personals, die indirekte Motivierung der Geschichte des
nußbraunen Mädchens durch den Briefwechsel der Tante mit den Nichten und
hält fest, daß der Zusammenhang zwischen den Episoden und »dem Gange des
Romans« mit »mehr Mühe als Genuß« zu entdecken sei.[37] Obwohl er einräumt,
daß Goethe erklärtermaßen nur das »Material« zur Fortsetzung seines »Wilhelm
Meister« bekanntgegeben habe, urteilt er stets vom Begriff des geschlossenen
Kunstwerks aus, lastet dem Autor die offene Form als Bequemlichkeit an und
wertet den Text als »Ragout von Stücken«, bei dem nicht einmal die *disjecta
membra* einzeln betrachtet beanspruchen könnten, ein Ganzes zu sein. Von
Wilhelm sagt er: »Unter all den zahlreichen Wanderern, mit denen er zusammentrifft«, ist der Held »der Unbedeutendste; und man begreift nicht, wie sein

---

[33] Goethe zu Kanzler von Müller am 8. Juni 1821 (HA 8,521).

[34] Pustkuchen war evangelischer Pfarrer in Lemgo. Sein Roman *Wilhelm Meisters Wanderjahre*, eine pikareske Fortführung der *Lehrjahre*, die bekannte Motive der aufklärerischen und romantischen Goethekritik durch das Mittel des Kunstgesprächs variiert, erschien 1821–1828 anonym
in fünf Teilen und zwei Beilagen in Quedlinburg/ Leipzig. Da der erste und wichtigste Teil kurz
vor der Erstfassung der echten *Wanderjahre* auf den Markt kam, kann ausgeschlossen werden, daß
er als *Wanderjahre*-Parodie gemeint war. Ein Auszug findet sich in: Klaus F. Gille (Hrsg.): *Goethes
Wilhelm Meister. Zur Rezeptionsgeschichte der Lehr- und Wanderjahre*, Königstein/Ts. 1979,
S.94–98. Siehe auch: Ludwig Geiger: Unbekanntes über F.W. Pustkuchen. In: *Zeitschrift für Bücherfreunde* N.F. 6 (1914), H.2, S.54–59.

[35] Friedrich Karl Julius Schütz: *Göthe und Pustkuchen, oder: über die beiden »Wanderjahre«
Wilhelm Meister's und ihre Verfasser*, Halle 1823.

[36] Friedrich Karl Julius Schütz: *Göthe und Pustkuchen*, S.6.

[37] Friedrich Karl Julius Schütz: *Göthe und Pustkuchen*, S.9.

Name *allein* auf das Titelblatt gekommen ist«.[38] Wilhelm habe durch seine Wanderung nicht nur keine Fortschritte gemacht, sondern sei »im Gegentheil bedeutend rückwärts gewandert«, habe »wenig, das will sagen *Nichts*« für seine Bildung gewonnen.[39] Auf Jean Pauls Forderung: »Das Unentbehrlichste am Roman ist das Romantische, in welche Form er auch sonst geschlagen oder gegossen werde«, beruft er sich, ohne zu fragen, ob das derart Vermißte in den »Wanderjahren« nicht gerade in den von ihm als überflüssig abgetanen Erzähleinlagen zu finden sei. Von der Sinnlosigkeit und der Willkürlichkeit der gesamten Anlage überzeugt, bittet er den berühmten Verfasser mit gespielter Unterwürfigkeit, über seine Aussageabsichten Auskunft zu erteilen:

> Er löse uns dann das Räthsel: *warum* er, *wider* die Weise aller bisherigen klassischen Romandichter älterer und neuerer Zeit, statt das Interesse des Lesers an seinem Helden fortwährend zu steigern, es vielmehr bis zur endlich völligen Nullität *sinken* gemacht! Er enthülle seinen Lesern die *Geheimnisse*, auf die er sich [...] so oft in diesem Werke beruft [...]! Er zeige ihnen, wie sie das ›Ermangelnde‹ in diesem Wrak eines Romans, nach *seiner Absicht*, ›sich selbst ausbilden‹ sollen; er erkläre mit Einem Wort, klar und redlich: was er überhaupt mit dieser Fortsetzung seines Wilhelm Meister eigentlich gewollt hat [...].[40]

Diese Kritik zeigt in exemplarischer Dichte, woran die Aufnahme des Romans lange scheiterte: Schütz mißt die »Wanderjahre« von 1821 an einem Romanbegriff, den sie gerade sprengen wollen, erwartet eine lineare Handlung, einen Entwicklungsfortschritt Wilhelms, macht Goethe zum Vorwurf, die Erwartungen, die er mit den »Lehrjahren« geweckt habe, nicht erfüllt zu haben, verzeiht ihm die implizite Demontage des romantischen Helden und die fragmentarische Form nicht, will die Autorintention erläutert haben und wehrt sich gegen die Zumutung, das Ausgesparte ergänzen und das »Geschäft« der »vollkommenen Ausbildung *für den Verfasser* [...] übernehmen«[41] zu müssen. Die reproduktiv-produktive Hermeneutik, die der Redaktor in seinen zahlreichen metakommunikativen Einschüben fordert und in der Zwischenrede konkretisiert[42], stößt bei einem Leser, der auf den Begriff des geschlossenen Kunstwerks fixiert ist und von ihm aus die Autorintention rekonstruieren will, auf heftigsten Widerstand. Das Skandalon, daß ein klassischer Autor einen genuin unklassischen Text verfaßt hatte, war für diesen Leser unentschuldbar.

---

[38] Friedrich Karl Julius Schütz: *Göthe und Pustkuchen*, S.40f.
[39] Friedrich Karl Julius Schütz: *Göthe und Pustkuchen*, S.392.
[40] Friedrich Karl Julius Schütz: *Göthe und Pustkuchen*, S.XXIXf.
[41] Friedrich Karl Julius Schütz: *Göthe und Pustkuchen*, S.14.
[42] »Denn wir haben die bedenkliche Aufgabe zu lösen, aus den mannigfaltigsten Papieren das Werteste und Wichtigste auszusuchen [...]. Und so geben wir daher einige Kapitel, deren Ausführung wohl wünschenswert gewesen, nur in vorüber eilender Gestalt, damit der Leser nicht nur fühle, daß hier etwas ermangelt, sondern daß er von dem Mangelnden näher unterrichtet sei und sich dasjenige selbst ausbilde was, teils der Natur des Gegenstandes nach, teils den eintretenden Umständen gemäß, nicht vollkommen ausgebildet oder mit allen Belegen gekräftigt ihm entgegen treten kann.« FA I 10, 127f.

Was aber *sind* die »Wanderjahre«, wenn sie nicht als Fortsetzung der »Lehr-jahre« verstanden werden dürfen: ein »Zeitroman«[43], ein Gruppenroman[44], ein »Auswanderer- und Kolonisations-Roman«[45], ein Novellenroman[46], ein »mo-derner Montage-Roman«[47], ein »Roman des Nebeneinander«[48], ein »Mobile«[49], »a novel that is both a novel and a novel about reading novels«[50], ein avantgar-distisches Kunstwerk oder ein mißlungenes? Die frühe Rezension ist paradig-matisch für die Ratlosigkeit angesichts eines doppelten Normenverstoßes. Goethe verstieß mit den »Wanderjahren« einerseits gegen die Normerwartung der »Ein-heit in der Mannigfaltigkeit«, also gegen den klassischen Kunstbegriff, anderer-seits gegen die Erwartung der allseitigen Bildung des Helden, also gegen die Gattungstradition des Bildungsromans, zu deren Entstehung er mit den »Lehr-jahren« selber beigetragen hatte.[51] Die Geschichte der Textkritk belegt, daß man vorerst eher bereit war, den sperrigen Text der Norm anzupassen, als den nor-mativen Romanbegriff aufzugeben. Weil nicht sein kann, was nicht sein darf, wurde selbst in den historisch-kritischen Editionen aus dem Text herausgewor-fen, was den Erzählzusammenhang zu stören schien: die Aphorismensammlun-gen, ganz oder teilweise, die ihnen nachgestellten Gedichte »Vermächtnis« und »Im ernsten Beinhaus war's« sowie die eingeklammerte Schlußbemerkung »(Ist fort-zusetzen.)«[52]. Da die Verständnisschwierigkeiten der Leser mit ihrem Roman-begriff zusammenhingen, strich Goethe für die Fassung letzter Hand die 1821 noch vorhandene Gattungsbezeichnung »Ein Roman« aus dem Titel zwar her-aus; aber nur, um sie auf dem Umweg über einen Erzählerkommentar im zehnten Kapitel des ersten Buches wieder einzuführen:

> Unsere Freunde haben einen Roman in die Hand genommen, und wenn dieser hie und da schon mehr als billig didaktisch geworden, so finden wir doch geraten, die Geduld unserer Wohlwollenden nicht noch weiter auf die Probe zu stellen. (HA 8,118)

---

43 Waltraud Maierhofer: »*Wilhelm Meisters Wanderjahre« und der Roman des Nebeneinan-der*, Bielefeld 1990, S.11.

44 Manfred Windfuhr: Universalismus oder Spezialisierung? Zum Tätigkeitsideal in *Wilhelm Meisters Wanderjahren*. In: ders.: *Erfahrung und Erfindung*, Heidelberg 1993, S.89.

45 Adolf Muschg: *Der Mann von funfzig Jahren*, S.381.

46 Wolfgang Düsing: Der Novellenroman. In: *JbDSG* 20 (1976), S.544f. Und: Hannelore Schlaffer: Nachwort, S.361.

47 Eberhard W. J. Rumbke: Goethe, die Technik und Amerika. Über *Wilhelm Meisters Wan-derjahre* und andere Texte. In: »*Zu lebendiger Zeit...«. Festschrift für Gerhard Rimbach zum 65. Ge-burtstag*, hrsg. von Gerhard Augst u.a., Siegen 1990, S.207.

48 Waltraud Maierhofer: »*Wilhelm Meisters Wanderjahre«*, S.13.

49 Adolf Muschg: *Der Mann von funfzig Jahren*, S.373.

50 Birgit Baldwin: Wilhelm Meisters Wanderjahre as an Allegory of Reading. In: *Goethe Yearbook* 5 (1990), p.229.

51 Theodor Verweyen: *Wilhelm Meisters Wanderjahre oder die Entsagenden*. In: *Kindlers Neues Literatur Lexikon*, hrsg. von Walter Jens, Bd.6, München 1989, S.530ff.

52 FA I 10, S.774.

Das Versprechen, die Lesererwartung endlich zu erfüllen, wird aber gleich wieder gebrochen. Der Erzähler, der sich nur als Herausgeber vorgefundener Papiere sieht, treibt mit den Lesern und ihren Erwartungen ein ironisches Spiel. Das aber wurde erst vor rund zwanzig Jahren erkannt. Noch bis über die Mitte unseres Jahrhunderts hinaus prägten die falschen Rezeptionstraditionen das Urteil auch berühmter Leser wie Friedrich Gundolf, Emil Staiger und Thomas Mann. Gundolf warf dem Altersstil Goethes die Neigung vor, »über die Handlung hinaus zur Lehre« zu streben[53], für Thomas Mann waren sie »ein hoch-müdes, würdevoll sklerotisches Sammelsurium«[54], auch Emil Staiger führte die vielberufenen formalen Mängel auf Altersmüdigkeit[55] zurück. Goethe verstieß mit den »Wanderjahren« nicht nur gegen den Begriff des klassischen Kunstwerks, sondern auch gegen das Wahrscheinlichkeits- und Realitätspostulat, das seit der Mitte des 18. Jahrhunderts an den Roman herangetragen wurde. Mit dem Vorrang der Ausbildung vor der Bildung und der Anerkennung einer arbeitsteiligen Gesellschaft: »es ist jetzo die Zeit der Einseitigkeiten« (HA 8,37) wird auch der Bildungsbegriff der »Lehrjahre« über Bord geworfen: »mich selbst, ganz wie ich da bin, auszubilden, das war dunkel von Jugend auf mein Wunsch und meine Absicht« (HA 7,290); das darf der Wilhelm der »Lehrjahre« noch sagen. Der Wilhelm der »Wanderjahre« kann sich dem Auswandererbund erst anschließen, nachdem er mit dem Beruf des Wundarztes seinen Platz in der Gemeinschaft gefunden hat. Aber Goethe verschweigt auch die Verluste nicht, die das Zugeständnis an die frühmoderne Arbeitsteilung mit sich bringt. Ob man so weit gehen darf, auch von der Preisgabe der Einheit der Person zu sprechen, scheint mir eine offene Frage. Vorsichtiger formuliert kann man sagen: Goethe hält an der Einheit der Person fest, auch wenn er ununterbrochen von ihren Gefährdungen spricht und – mindestens bei Wilhelm – auch den Entwicklungsbegriff fallen läßt.

Eindeutig ist, daß Goethe auf formale »Geschlossenheit« und »Zielstrebigkeit der Handlungsführung« verzichtet.[56] In eine locker gefügte Rahmenerzählung streut er novellistische Erzähleinlagen ein, die zum Teil völlig selbständig sind, zum Teil auch in die Rahmenhandlung übergehen, wodurch sich Kontraste zwischen Roman- und Novellenschlüssen ergeben. An sie dürfte Schlechta bei der Formulierung gedacht haben: »Nirgends Einfalt – und wenn Einfalt, dann nur als ein später und gedämpfter Reflex.«[57] Die Linearität, die Goethe zugunsten einer zyklisch-spiralförmigen und einer auf Wiederholung, Variation und Kom-

53 Friedrich Gundolf: *Goethe*, Berlin 1916, S.715.
54 Im Brief an Hermann Hesse vom 8. April 1945. In: Thomas Mann: *Briefe 1937–1947*, Frankfurt/M. 1963, S.424.
55 »Die Energie reicht nicht mehr aus, ein weitgedehntes Ganzes bestimmt und folgerichtig durchzubilden.« Emil Staiger: *Goethe*, Bd.3, Zürich/ Freiburg/Br. 1959, S.136.
56 Theodor Verweyen: *Wilhelm Meisters Wanderjahre*, S.531.
57 Karl Schlechta: *Goethes Wilhelm Meister*, S.165.

plementarität vertrauenden Erzählweise aufgegeben hatte, wurde von den Rezipienten aber immer wieder in den Text hineingelesen. So suchten sie häufig die Antworten auf die von den Erzähleinlagen gestellten Fragen am Ende des Romans. Wo der Autor nichts als ein »Aggregat«[58] gegeneinander verschiebbarer Teile anbieten wollte, verlangten sie einen roten Faden. Da dieser nur um den Preis der Vernachlässigung vieler Romanpartien zu haben war, wollte man wenigstens noch eine klare Hierarchie der Textebenen aufstellen: Arthur Henkel ging in seiner bahnbrechenden Studie »Entsagung. Eine Studie zu Goethes Altersroman« von einer grundlegenden Zweiteilung des Romans in Rahmen und Erzähleinlagen aus, in der sich die Zweiteilung der Figuren in jene, »welche entsagt haben«, und jene, »welche noch im Vorhof der Entsagung leben«, spiegle[59]. Am Vorstellungsbild der Steigerung hielt auch Erich Trunz fest, indem er die Rahmenhandlung den Erzähleinlagen überordnete und die so gewonnenen Höhen- und Tiefenbezirke moralisch konnotierte.[60] Spuren dieser Interpretationstradition finden sich noch in den neuesten Analysen wie in der sonst sehr differenzierten von Adolf Muschg:

> Aber eine ›Funktion‹ des Romans gegenüber den Erzählungen wird wohl deutlich. ›Privat‹ Unlösbares soll in einer höheren, nicht nur geselligen, sondern sozialen und gerechten Ordnung aufgefangen werden. [...] Die Romanhandlung hat den Sinn, die novellistischen Gewalten zu begrenzen, ihre zwar unentbehrliche, aber auch zerstörerische Energie einem gemeinnützigen Verhalten zuzuführen.[61]

Käuser formuliert im Gegensatz zu Trunz wert*neutral*:

> In der Zweiteilung von Roman und Novelle schattet sich die zeitgenössische Zweiteilung des Wissens ab, insofern der Roman Vernunft und Moral, Verstand und Philosophie, Ökonomie und Pädagogik als epistemologischen Hintergrund hat, die Novellen aber im anthropologischen Wissen der Sinne, des Körpers, der Beobachtung, der Lebenswelt und der Menschenkenntnis ihren Sinngehalt und ihre Form finden.[62]

Überschaut man die wichtigsten Phasen der »Wanderjahre«-Rezeption, so kann man sich des Eindrucks nicht erwehren, daß 150 Jahre ins Land gehen mußten, bis Leser das Vermächtnis zu schätzen wußten, das Goethe ihnen öffentlich verborgen hinterlassen hatte.[63] Nachdem die Zeitgenossen Goethes in den »Wan-

---

[58] *Goethes Gespräche*, op. cit., Bd.3.2, S.571.
[59] Arthur Henkel: *Entsagung*, 2. Aufl., Tübingen 1964, S.79f.
[60] Erich Trunz: HA 8,545f.
[61] Adolf Muschg: *Der Mann von funfzig Jahren*, S.369.
[62] Andreas Käuser: Das Wissen der Anthropologie: Goethes Novellen. In: *GJb* 107 (1990), S.167.
[63] Da die Rezeptionsgeschichte des Romans schon mehr als einmal nachgezeichnet wurde, von Oscar Fambach (*Goethe und seine Kritiker*, Düsseldorf 1953); Gustav Dichler (*Wilhelm Meisters Wanderjahre* im Urteil deutscher Zeitgenossen. In: *Archiv für das Studium der neueren Sprachen* 87 [1932], Bd.162, S.23–29); Klaus F. Gille (*Wilhelm Meister im Urteil der Zeitgenossen*, Assen 1971), beschränke ich mich hier auf eine kurze Skizze der wichtigsten Rezeptionsphasen und eine kritische Würdigung neuester Sekundärliteratur.

derjahren« nur ein Alters- und Zerfallsprodukt gesehen und Heinrich Gustav
Hotho[64] sowie Karl August Varnhagen von Ense eine erste Ehrenrettung gewagt
hatten, schloß sich mit den frühsozialistischen Deutungen der ersten Hälfte des
19. Jahrhunderts Karl Rosenkranz[65], Ferdinand Gregorovius[66], Alexander Jung[67],
Hermann Hettner[68] eine zweite Phase der »Wanderjahre«-Rezeption an, die am
Ideengehalt des Romans interessiert war, wobei der Akzent auf dem Sozialpolitischen, dem Pägagogischen und Ethischen liegen konnte. Auch Arthur Henkel,
Bernd Peschken[69] und Thomas Degering[70], die die Einheit im Entsagungsbegriff
suchten, gehören noch zu dieser Rezeptionstradition. Mit den Arbeiten von Wilhelm Emrich[71], Erich Trunz[72], seinem Schüler Ernst Friedrich von Monroy[73]
sowie denen von André Gilg[74], Manfred Karnick[75], Heidi Gidion[76], Werner
Kraft[77] und Jane K. Brown[78] verschob sich das Interesse vom Ideengehalt auf
»die Mittel und Verfahren des Bedeutungsaufbaus«[79], wobei sich allmählich auch
die Erkenntnis durchsetzte, daß man nicht nur den Glauben an eine Idee, sondern
auch den an ein einheitsstiftendes Prinzip fallen lassen muß, weil ein »Aggregat«
sich nicht an *einem* Maßstab messen läßt. Als die Abwendung vom Kohärenz-
Prinzip das Verhältnis von Form und Inhalt neu bestimmte, veränderte sich auch
die Einschätzung des Ideengehalts. Erst in den siebziger Jahren unseres Jahrhunderts setzte eine »Wanderjahre«-Rezeption ein, die den zweiten Teil des

[64] Heinrich Gustav Hotho (Rez.): *Wilhelm Meisters Wanderjahre oder die Entsagenden* [...].
In: *Jahrbücher für wissenschaftliche Kritik* (1829), Dez., Nr.108–112, Sp.863ff.; (1830), März,
Nr.41–48, Sp.321ff.
[65] Karl Rosenkranz: *Göthe und seine Werke*, Königsberg 1847, S.422–478.
[66] Ferdinand Gregorovius: *Göthe's »Wilhelm Meister« in seinen socialistischen Elementen
entwickelt*, 2. Aufl., Schwäbisch Hall 1855 (1849).
[67] Alexander Jung: *Göthe's »Wanderjahre« und die wichtigsten Fragen des 19. Jahrhunderts*,
Mainz 1854.
[68] Hermann Hettner: Goethe und der Socialismus (1851). In: ders.: *Kleine Schriften*, Braunschweig 1884, S.433–451.
[69] Bernd Peschken: *Entsagung in »Wilhelm Meisters Wanderjahren«*, Bonn 1968.
[70] Thomas Degering: *Das Elend der Entsagung: Goethes »Wilhelm Meisters Wanderjahre«*,
Bonn 1982.
[71] Wilhelm Emrich: Symbolinterpretation und Mythenforschung. In: ders.: *Protest und Verheißung*, 3. Aufl., Frankfurt/M./ Bonn 1968, S.67–94.
[72] Nachwort zu *Wilhelm Meisters Wanderjahre*. Und: Anmerkungen. In: HA 8,527–687.
[73] Ernst Friedrich von Monroy: Zur Form der Novelle in *Wilhelm Meisters Wanderjahre*.
In: *GRM* 31 (1943), S.1–19.
[74] André Gilg: *»Wilhelm Meisters Wanderjahre« und ihre Symbole*, Zürich 1954.
[75] Manfred Karnick: *»Wilhelm Meisters Wanderjahre« oder die Kunst des Mittelbaren*, München 1968.
[76] Heidi Gidion: *Zur Darstellungsweise von Goethes »Wilhelm Meisters Wanderjahre«*, Göttingen 1969.
[77] Werner Kraft: *Goethe: wiederholte Spiegelungen aus fünf Jahrzehnten*, München 1986,
S.149–158.
[78] Jane K. Brown, : *Goethe's Cyclical Narratives. »Die Unterhaltungen deutscher Ausgewanderten« and »Wilhelm Meisters Wanderjahre«*, Chapel Hill 1975.
[79] Theodor Verweyen: *Wilhelm Meisters Wanderjahre*, S.534.

»Wilhelm Meisters« zu würdigen verstand, weil sie nicht mehr mit verfehlten
Erwartungen, einem klassizistisch verstellten Goethe-Bild, einem unangemesse-
nen Roman- und einem falschen Kunstbegriff an ihn herantrat. Mit dem Para-
digmenwechsel von den inhaltlichen Aussagen zu den Kompositionsprinzipien
kam erstmalig auch die Möglichkeit einer ironischen Erzählhaltung[80] in den
Blick, die das explizit Gesagte kommentieren, wenn nicht gar ins Gegenteil ver-
kehren könnte. Volker Neuhaus[81], Gonthier-Louis Fink[82] und Ehrhard Bahr[83]
fügten Überlegungen zur Archivfiktion hinzu. Mit der Hinwendung zur Form
verschob sich die Organisation des Textzusammenhangs: vom Nacheinander
zum Nebeneinander[84], zum Mobile, wobei auch die Mobile-Metapher noch zu
statisch ist. Klaus-Detlef Müller sah das einheitsstiftende Prinzip schließlich nur
noch in der »Totalität der schriftlichen Darstellungs- und Mitteilungsformen«[85].
Besonderes Interesse für die Schriftlichkeit der dargestellten Kommunikation,
die Sinnsuche durch Briefe, zeigte auch Adolf Muschg.[86] Seit der bahnbrechenden
Studie von Hannelore Schlaffer[87] häufen sich mythologische Lesarten[88]. In jüngster Zeit macht die »Wanderjahre«-Rezeption die schon von Volker Neuhaus
und von Klaus-Detlef Müller angebahnte Trendwende zur poststrukturalistisch-
selbstreferentiellen Lektüre mit, bei der der Roman auf einen Text über Lesen
und Schreiben reduziert wird.[89] Die mit ihr verbundene Enthistorisierung führt
zu Aussagen von grenzenloser Allgemeinheit: »Makarie, die Allegorie des ›Wanderjahre‹-Romans, repräsentiert die magische Kraft der perspektivischen Schreib-

---

[80] Für Ehrhard Bahr (*Die Ironie im Spätwerk Goethes*, Berlin 1972, S.88–130) ist die Ironie
das durchgehende Erzählprinzip der *Wanderjahre* .

[81] Volker Neuhaus: Die Archivfiktion in *Wilhelm Meisters Wanderjahren*. In: *Euphorion* 62
(1968), S.13–27.

[82] Gonthier-Louis Fink: Tagebuch, Redaktor und Autor. Erzählinstanz und Struktur in Goethes *Wilhelm Meisters Wanderjahre*. In: *Recherches Germaniques* 16 (1986), S.7–54.

[83] Ehrhard Bahr: *Wilhelm Meisters Wanderjahre, oder die Entsagenden* (1821–1829): From
Bildungsroman to Archival Novel. In: *Reflection and action*, ed. by James Hardin, Columbia, SC,
1991, pp.163–194.

[84] Schon bei Erich Trunz: HA 8,529. Waltraud Maierhofer (*»Wilhelm Meisters Wanderjahre«
und der Roman des Nebeneinander*) erhebt es zum Gattungsbegriff.

[85] Klaus-Detlef Müller: Lenardos Tagebuch. Zum Romanbegriff in Goethes *Wilhelm Meisters
Wanderjahre*. In: *DVjs* 53 (1979), S.275–299.

[86] Adolf Muschg: »Bis zum Durchsichtigen gebildet«. *Wilhelm Meisters Wanderjahre*. In:
ders.: *Goethe als Emigrant*, Frankfurt/M. 1986, S.131.

[87] *Wilhelm Meister. Das Ende der Kunst und die Wiederkehr des Mythos*, Stuttgart 1989.

[88] Claus Sommerhage: Familie Tantalos. Über Mythos und Psychologie in Goethes Novelle
Der Mann von funfzig Jahren. In: *ZfdPh* 103 (1984), Sonderheft: *Goethe*, S.78–105. Yahya A. Elsaghe: »Anni demunt«. Die drei Paraphrasen des *Mann[s] von funfzig Jahren*. In: *ZfdPh* 112 (1993),
S.509–528. Und ders.: »Eins und doppelt«. Zur Verdoppelung mythologischer Identitäten in Goethes *Der Mann von funfzig Jahren*. In: *Sprachkunst. Beiträge zur Literaturwissenschaft* 23 (1992),
2. Halbbd., S.213–232.

[89] Mathias Mayer: *Selbstbewußte Illusion. Selbstreflexion und Legitimation der Dichtung im
»Wilhelm Meister«*, Heidelberg 1989. Birgit Baldwin: *Wilhelm Meisters Wanderjahre*, pp.213–232.
Benjamin Bennett: *Beyond Theory*, Ithaca/ London 1993, pp.14–63.

weise gleichsam als absoluter Nullpunkt der Hinterfragbarkeit.«[90] Für Goethe
waren Fragen der Ästhetik aber immer auch Fragen der Ethik. Für ihn gab es
Werte jenseits der Literatur, seine Welt war noch keine reine Welt der Zeichen.
Er hatte noch ein Weltbild zu verlieren, wenn auch, zugegeben, ein fragiles,
zutiefst gefährdetes.

Seit Erscheinen des Romans krankt die »Wanderjahre«-Forschung daran,
daß man das explizit Gesagte über das implizit Gesagte stellte, in den programmatischen Aussagen der Rahmen-Erzieher das Ganze fassen zu können glaubte
und sich damit von der Aufgabe dispensierte, Goethes Kunst der indirekten
Aussageweise wahrzunehmen und zu interpretieren. Das erklärt auch die Begeisterung der Pädagogen für die Lehre von den drei Ehrfurchten. Die Arbeiten,
die zu diesem Thema geschrieben worden sind, füllen ganze Bibliotheken.[91] Ihnen füge ich bewußt keine weitere hinzu. Auch aus anthropologischer Sicht wurde
kürzlich von Jürgen Barkhoff nochmal eine Ehrenrettung der von den Zöglingen
der Pädagogischen Provinz einzunehmenden Ehrfurchtsgebärden versucht, in
denen sich im Rahmen einer hermetischen Korrepondenzenlehre jene Trias von
Astronomie, Montanwissen und Medizin wiederhole, die für die Struktur des
ganzen Romans bestimmend sei: die Entsprechung von menschlichem Leib, kosmischem Leib und Erdleib.[92] Barkhoffs Versuch, die Pädagogische Provinz vor
dem in jüngster Zeit erhobenen Vorwurf zu schützen, nur eine Disziplinierungs-
anstalt zur Eingliederung des Individualkörpers in den Sozialkörper zu sein,
muß schließlich selbst zugestehen: »Der Riß zwischen hermetisch-naturphilo-
sophisch inspirierter Menschenkunde der Pädagogen und ihrem verwertungs-
orientierten Training der Knaben ist groß und wird im Roman auch nicht überbrückt [...].«[93] Wenn Goethe ein pädagogisches, philosophisches oder religiöses
Traktat hätte schreiben wollen, hätte er sich die Mühe, bis ins hohe Alter neue
Aussageweisen zu erproben, schenken können. Statt Wilhelms Wanderung als
Folge von pädagogischen Stationen auf dem Weg zur Gemeinschaft der Entsagenden zu beschreiben und aus ihr einen Entwicklungs- oder Lernfortschritt
der Person abzuleiten, ist es sinnvoller, den Helden als ein Lackmuspapier zu
betrachten, dessen Farbe von der Flüssigkeit abhängt, in die es getaucht wird.
Die Orientierung, die man weder in der linearen Handlung noch in der Einheit
der Hauptperson findet, wird *nur* von der Topographie noch gegeben. Mit Verweyen kann man die Bezirke unterscheiden, die Wilhelm, zum Teil von Felix
begleitet, betritt und deren Wertsystem er reflektiert:

---

[90] Christian Schärf: *Goethes Ästhetik. Eine Genealogie der Schrift*, Stuttgart/ Weimar 1994,
S.240.
[91] Ich kann hier nur auf die zahlreichen Titel in meiner *Wanderjahre*-Bibliographie verweisen.
[92] Jürgen Barkhoff: Goethes Ehrfurchtsgebärden in den *Wanderjahren* als Anthropologie
vom Leibe her. In: *Anthropologie und Literatur um 1800*, hrsg. von Jürgen Barkhoff und Eda
Sagarra, München 1992, S.174 und 177.
[93] Jürgen Barkhoff: Goethes Ehrfurchtsgebärden, S.183.

– der säkularisierte, *un*heilig-heile Klosterbezirk der Josephs-Novelle,
– der Kohlenmeiler,
– der patriarchalisch-frühkapitalistische Oheims-Bezirk,
– der Makarienbezirk,
– der Bezirk des alten Sammlers, als Inbegriff der Dauer und Bewahrung ein Gegenmodell zu den Aufbruchstendenzen der Kolonisatoren im In- und Ausland,
– die Pädagogische Provinz, in der Felix u. a. deshalb nichts lernt, weil sie die Künste exkommuniziert,
– der aus ihr ausgegrenzte Künstlerbezirk,
– Mignons Heimat: der *Lago maggiore*,
– die eigentümlich unkonkret bleibenden zukünftigen Siedlungen in Amerika,
– das Land von Odoards Binnenkolonisation,
– die Gebirgstäler mit ihrer von Maschinen bedrohten Heimindustrie,
– der Schloß-Bezirk des Amtmanns und seine Möbelfabrik.[94]

Diese Liste ist um den Gestirnshimmel zu erweitern, den Makaries Sehergabe erkundet. Denn so wenig sich der Dichter von »Faust II« an eine Zeit binden ließ[95], so wenig fühlt der Dichter der »Wanderjahre« sich an den irdischen Raum gebunden: Makaries Bewegungsspielraum reicht bis zum Saturn.

Von der Welt des *Ancien régime* erfährt Wilhelm nur noch durch die Texte, die man ihm zu lesen gibt, und durch die Geschichten, die man ihm erzählt. Auf diese Weise wird er selbst in die Rolle des Lesers oder Zuhörers gedrängt, wodurch der Rezeptionsprozeß im Text gespiegelt wird. Nur die Fischerknaben-Erzählung ist seine eigene Jugenderinnerung. Sie versetzt uns in die fiktive Zeit vor dem Beginn der »Lehrjahre«-Handlung und holt spät den Bericht über ein Jugendtrauma Wilhelms nach. In den »Lehrjahren« war Wilhelm ein Charakter, in den »Wanderjahren« wird er zur Funktion. Die Stationen seiner Wanderschaft liefern den Vorwand, vor seinen und des Lesers Augen Lebensmodelle, Werteorientierungen und Formen der Subjektbildung oder des Scheiterns an ihr Revue passieren zu lassen. Dabei verschiebt sich das Interesse von Wilhelm auf Lenardo. Seine Jagd nach dem nußbraunen Mädchen ist das Letzte, was in den »Wanderjahren« noch an einen konventionell erzählten Roman heranreicht; seine Lebensbahn visiert die Verbindung von privatem Lebensglück mit öffentlicher Wirksamkeit, die das Ziel des Bildungsromans war, wenigstens noch an. Hier gibt es noch Spannung auf den Ausgang, nicht nur auf den Gang. Doch auch Lenardo ist kein romantischer Held mehr: Er oszilliert zwischen Figur und Person. Als Rhetor und Führer muß er von sich selber absehen; wo er sich dem Persönlichsten nähert, wird sein Tagebuch sachlich.

---

[94] Theodor Verweyen: *Wilhelm Meisters Wanderjahre*, S. 532f.
[95] CHIRON »[...] Gnug, den Poeten bindet keine Zeit.« HA 3,227; V.7433.

Der Fluchtpunkt der auktorialen Perspektive ist in den »Wanderjahren« schwer zu bestimmen. Er wurde lange in der Rahmen-Didaxe gesehen. Erst die Sensibilität für Formen der Ironie erlaubt es mit Voßkamp zu fragen, ob die vier utopischen Entwürfe der »Wanderjahre« affirmativ zu verstehen seien oder nicht.[96] Unstrittig ist, daß Goethe mit dem eingezäunten Bezirk des aufgeklärt-philanthropischen, aber kapitalistisch denkenden Oheims, dem hermetisch abgeschlossenen Bezirk der Pädagogischen Provinz, dem amerikanischen Auswanderungsplan und dem europäischen Binnenkolonisationsprojekt an »Traditionen und Vorbilder von (räumlichen) Sozialutopien«[97] anknüpft, strittig ist die Frage ihrer Bewertung. Die Wanderjahre-Utopien sind Entwürfe der praktischen Vernunft zur Organisation des menschlichen Zusammenlebens. Verweyen / Witting haben den Zitatcharakter dieser Utopien konkretisiert, indem sie die in der Gattung übliche Verurteilung bestimmter Richtungen der Kunst, die sich bei Goethe auch in der Pädagogischen Provinz und in Lenardos Überordnung der »strengen Künste« über die »freien Künste« findet, von Platons »Politeia« über Campanellas »Sonnenstaat« bis hin zu Thomas Morus' »Utopia« nachweisen.[98] Sie stimmen Voßkamps These zu, daß die »distanzierte Darstellung« die Vorbehalte des Autors »gegenüber perfektionierten politischen Ordnungs- und Staatsvorstellungen andeute[.]«; aber sie distanzieren sich von seiner Behauptung, die Ironie könne »das ästhetische Mittel der ›Rettung‹ von Utopie durch Selbstreflexion sein«; ihre Gegenthese lautet: »im außer-utopischen, ästhetischen Raum des Romans wird die Ironie zum Träger der Kritik des Utopischen.«[99] Was die Didaxe zerstört, rettet die alle Konventionen sprengende Form des Romans: die Eigenständigkeit der künstlerischen Subjektivität gegenüber den Normen der praktischen Vernunft. Dann sind die »Wanderjahre« nur dem Inhalt nach ein Gesellschaftsroman, die Form dient der Rettung des innovativen Potentials der Kunst und des Subjekts, sofern es sich dieser Kunst produktiv wie rezeptiv gewachsen zeigt. Aus dieser Optik erscheint, was früher als utopischer Entwurf verstanden wurde, als Form der Utopie*kritik*. So gesehen sind die Erzähleinlagen dem Rahmen nicht unter-, sondern übergeordnet oder mindestens gleichgestellt. In ihnen kommt das Subjekt, das in den Rahmen-Programmen wegerklärt und wegerzogen wird, als fiktives immerhin noch vor. Sie sprechen nicht von dem, was überwunden werden muß, um das moralisch höhere Rahmen-Niveau zu erreichen, sondern von dem, was beim Versuch, Utopien konkret werden zu lassen, auf der Strecke bleibt: von Gefühlen, Sorgen und Nöten, zwischenmenschlichen Be-

---

[96] Wilhelm Voßkamp: Utopie und Utopiekritik in Goethes Romanen *Wilhelm Meisters Lehrjahre* und *Wilhelm Meisters Wanderjahre*. In: ders. (Hrsg.): *Utopieforschung*, Bd.3, Stuttgart 1982, S.227–249.

[97] Voßkamp: Utopie und Utopiekritik, S.237.

[98] Theodor Verweyen/ Gunther Witting: Zum deskriptiven Gehalt des Utopiebegriffs. Dargelegt an Grimmelshausens *Simplicissimus* und Goethes *Meister*-Romanen. In: *GRM* N.F. 43 (1993), 410f.

[99] Theodor Verweyen/ Gunther Witting: Zum deskriptiven Gehalt, S.411.

ziehungen, unkonventionellen Verbindungen, von den Wechselfällen des Lebens, die Alters-, Standes- und Geschlechtsrollennormen sprengen.

> Was der möglichst unbedingten Tätigkeit im Erwerb noch störend entgegenstehen könnte, sind die Liebe und der Tod. Im eigentlichen Roman findet die Liebe nicht mehr statt (als sie den noch nicht zur Entsagung bereiten Felix befällt, wird er in die Pädagogische Provinz gegeben); sie ist in die Novellen emigriert. In der leidenschaftlichen Verstörtheit der Novellenfiguren, die auf ihr schwindendes individuelles Glück nicht verzichten wollen, liegt der Gegensatz zu dem kargen Optimismus der Romanwelt zutage.[100]

Die Erzähleinlagen sind nicht das zu Überwindende, sondern der Sand im programmatischen Getriebe. Sie geben dem Roman jene Lebensdichte zurück, die die Anti-Utopien ihm entziehen. Ohne das novellistische Gegengift wären die »Wanderjahre« ein unerträglich schulmeisterliches Buch, das auf das durch den Zusammenbruch der alten Ständeordnung entstandene Wertevakuum mit einem nüchternen Pragmatismus reagiert. Dank der Erzähleinlagen kommt auch das rationalistisch gesehen Unscheinbare der humanen Existenz in Goethes Altersroman noch zu Wort – bis hin zum ausgefallenen »Vorderzahn« des Majors (HA 8,218). Jede kleine Veränderung des Leibes, vorübergehende Gefühlsverwirrung, Verstimmung oder Selbsttäuschung ist wert, beschrieben zu werden und ihren Beitrag zum literarischen Bild des »ganzen Menschen« zu leisten. Dank der Spannung zwischen programmatischem Rationalismus und novellistischem Sensualismus sind die »Wanderjahre« auch eine Stellungnahme zur anthropologischen Diskussion der Zeit. Es empfiehlt sich den Hintergrund, von dem sie sich abheben, kurz zu skizzieren.

Die Aufklärung hat den Menschen aus theologischen und metaphysischen Totalitätsvorstellungen gelöst. Eine neue Lebensimmanenz des Sinns wird seither zur Forderung an ihn, die Verantwortung für eine sinnvolle Gestaltung seines Lebens selbst zu übernehmen. Mit dem Verlust der Gotteskindschaft treten anthropologische Fragen in den Vordergrund: die Bestimmung des Gattungswesens Mensch im Verhältnis zum Tier und die Frage nach der Identität des einzelnen. Das Individuum wird entdeckt. Aus »kosmologischen und theologischen Kontexten entlassen«, wird die Natur neu als Landschaft ästhetisch erfahrbar.[101] Das gilt auch für den Leib, den eigenen und den fremden. Er wird von außen und innen erforscht. Die Anatomie feiert Hochkonjunktur. Im Gegensatz zur Renaissance ist es kein Tabu mehr, ins Körperinnere einzudringen. Seit der Mitte des 18. Jahrhunderts richten die großen Kliniken wie die in Wien, Pavia und Paris Seziersäle ein. Es gibt keinen Mangel an Leichen. »Man seziert am hellichten Tag.«[102] Im Maße wie die anthropologische Frage nach der Natur des Menschen

---

[100] Heinz Schlaffer: Exoterik und Esoterik in Goethes Romanen. In: *GJb* 95 (1978), S.224.
[101] Helmut Pfotenhauer: *Literarische Anthropologie*, Stuttgart 1987, S.18. Zum folgenden auch die ganze Einleitung: S.1–28.
[102] Michel Foucault: *Die Geburt der Klinik*, Frankfurt/M. 1996 (franz. 1963), S.138.

zur Frage nach der Beschaffenheit seines Leibes wird, wächst die Bedrohung des
Menschen durch die nicht mehr metaphysisch aufgefangene Endlichkeit seines
Lebens. In die von den abwesenden Göttern hinterlassene Leere strömt die Sprache
der Medizin, die ihr Wissen über den lebenden Körper zunehmend mehr dem
toten verdankt, der pathologischen Anatomie. Nicht nur das Seziermesser, die
sezierende Fachsprache und der sezierende Blick dringen in den toten Körper
ein, um das an ihm gewonnene Wissen über gesunde und kranke Organe dem
noch lebenden, doch vom Tod her verstandenen Körper zukommen zu lassen.
Die Obduktion wird zur Selbstverständlichkeit. Der Tod bringt die Wahrheit
über den Zustand der Organe, den Krankheitsherd und die Krankheitsursache
an den Tag. In der Angst vor ihm wendet man sich nicht mehr an den Priester,
sondern an den Arzt. Dieser soll das Leben so lange wie möglich erhalten. »Die
Gesundheit tritt an die Stelle des Heils«[103], die Medizin an die Spitze der Hu-
manwissenschaften. Mit der Kenntnis der inneren Organe des Menschen stellt
sich die Frage nach dem Sitz der Seele neu. Der medizinische Diskurs braucht
zu seiner Ergänzung den psychologischen. Der Mensch rückt als eine Einheit
von Leib und Seele ins Blickfeld. Im Maße, wie ein erfahrungswissenschaftlich
gestärktes Selbstbewußtsein sich sowohl von der Theologie wie von den Spekulationen philosophischer Systeme löst, wird die Anthropologie als Wissenschaft
vom »ganzen Menschen« zur Populärwissenschaft. Sie sucht die cartesianische
Zwei-Substanzen-Lehre, die Opposition zwischen *res cogitans* und *res extensa*,
wie die metaphysischen Vermittlungsversuche des Occasionismus, des Influxio-
nismus und des französischen Materialismus[104] zugunsten einer Verbindung von
Leib und Seele zu überwinden, die auf empirischen Erfahrungen beruht[105]. Im
Gegensatz dazu schreibt die Schulphilosophie Wolffscher Provenienz die Trennung von Geist und Materie und die Hierarchisierung von niederen und höheren
Seelenvorgängen fest. Herder spielt in »Vom Erkennen und Empfinden der
menschlichen Seele« die Leibnizschen Monaden gegen den Zwei-Substanzen-
Dualismus Wolffs aus und tritt für eine Leib und Seele vereinigende Lebenskraft
ein. Im Anschluß an Girolamo Cardano und Montaigne sucht er nachzuweisen,
daß auch die von Wolff abgewerteten »dunkle[n] Empfindungen« wie »Liebe
und Haß, Ekel und Abscheu, Verdruß und Wollust [...] das Saitenspiel unserer
Gedanken«[106] bestimmen[107]. Das Zusammenspiel von Erkennen und Empfinden

---

[103] Guardia, zitiert nach: Michel Foucault: *Die Geburt der Klinik*, S.208.
[104] Julien Offray de La Mettrie: *L'homme machine. Die Maschine Mensch*, übers. und hrsg.
von Claudia Becker, Hamburg 1990.
[105] Helmut Pfotenhauer: *Literarische Anthropologie*, S.3.
[106] Johann Gottfried Herder: *Vom Erkennen und Empfinden der menschlichen Seele* (1778).
In: Suphan, Bd.8, Berlin 1892, S.179.
[107] Wie stark diese Überlegungen auch in Goethes dichterisches Schaffen eingehen, zeigt beispielsweise die Szene »Wald und Höhle« in *Faust I*. Mephisto verstrickt Faust in sinnliche Liebe
und öffnet ihm damit die Augen über sich selbst: »Bin ich der Flüchtling nicht? der Unbehauste?/
Der Unmensch ohne Zweck und Ruh',/ Der wie ein Wassersturz von Fels zu Felsen brauste/
Begierig wütend nach dem Abgrund zu?/ [...] Sie, ihren Frieden mußt' ich untergraben!/ Du, Hölle,
mußtest dieses Opfer haben!« (HA 3,107; V.3348–3361).

wird auch von Ernst Platner nicht mehr bezweifelt. Seine »Anthropologie für Aerzte und Weltweise«[108] versucht den Zusammenhang zwischen Psyche und Physis aus der Selbstbeobachtung zu gewinnen, oszilliert im Bezug auf den Status der Seele aber noch zwischen physiologischen Einflußtheorien und rationalistischen Autonomievorstellungen. Platners Physiologismus ruft den Widerspruch Kants auf den Plan, der den Menschen sittlich autonom sehen will. Seine Anthropologie-Vorlesung von 1772[109] führt die alte Trennung von physischer und pragmatischer bzw. moralischer Anthropologie wieder ein. Kant beschreibt das Sollen, nicht das Sein. Sein Rationalismus hat die Tendenz, die Leibgebundenheit des Menschen ebenso zu verleugnen wie dessen infantile Abhängigkeit. Kant sieht den Menschen immer schon als Erwachsenen. Platners physiologisch akzentuierter und Kants moralischer Anthropologie steht die stärker psychologisch ausgerichtete Erfahrungsseelenkunde Karl Philipp Moritz' gegenüber. Mit dem Interesse für den ganzen Menschen wächst bei ihm das Bedürfnis, mehr über »abnorme« Seelenzustände, Zwangsvorstellungen, Depressionen, Manien, Wahnsinn, religiöse Überspanntheit und Perversionen wie Exhibitionismus, Voyeurismus, Sadismus und Masochismus zu wissen. Moritz beginnt seine anthropologischen Überlegungen mit der schonungslosen Kritik der eigenen religiösen Erziehung und ihrer Wirkungen auf Leib und Seele. Auch er gewinnt seine neue, empirisch induzierte Wissenschaftlichkeit zunächst aus der Selbstbeobachtung. Er weiß aber auch um die Nähe der Selbststilisierung zur Selbstverkennung. Sein autobiographischer Roman »Anton Reiser« verbindet die Pathogenese einer religiösen Überspanntheit mit »anthropologische[r] Faktorenanalyse«[110] und ästhetischer Autonomie. Die gleichzeitig erstarkende ethnographische Anthropologie sucht zu bestimmen, was jenseits der Unterschiede der Völker, der Rassen, der Nationen, der Klimaverhältnisse und sonstiger Umweltbedingungen am Menschen konstant bleibt. Ihre wichtigsten Quellen sind die Reisebeschreibungen der Zeit. Die anthropologischen Fragen, die die Gemüter bewegen, sind folgende: Was ist der Mensch? Wodurch unterscheidet er sich von der belebten Natur, insbesondere vom Tier? Ist der Mensch von Natur aus gut (Rousseau) oder von Natur aus schlecht (Hobbes)? In welchem Verhältnis stehen Körper und Geist, Fühlen, Denken und Tun, Sinnlichkeit, Willenskraft, Einbildungskraft und Vernunft? Wird das Denken von Empfindungen begleitet, das Gefühl von Gedanken? Welches Verhältnis hat der Mensch zu seiner Natur, seiner Leiblichkeit, seiner Sinnlichkeit, seiner Geschlechtlichkeit, seiner Hinfälligkeit? Wie steht er zu Zeugung und Geburt, Krankheit und Tod? Wie verträgt sich das Heteronome des Anfangs und des Endes seines Lebens mit seiner sittlichen Autonomie? Welches Verhältnis hat er zum Leib des ande-

[108] Ernst Platner: *Anthropologie für Aerzte und Weltweise*, Erster Theil, Leipzig 1772.
[109] Immanuel Kant: *Anthropologie in pragmatischer Hinsicht*. In: *Kants Werke*, Akademie-Textausgabe, Bd.7, Berlin 1968 (1907/17), S.117–333.
[110] Helmut Pfotenhauer: *Literarische Anthropologie*, S.93.

ren? Wie kommt Erinnerung zustande? Löst ein wiederkehrender Körperzustand auch die alten Impressionen wieder aus? Welchen Anteil haben die Kindheitserfahrungen am Leben und Selbstverhältnis des Erwachsenen? Gehören auch die »dunklen« Empfindungen zum »ganzen« Menschen? Wirken auch sie erkenntnisfördernd? Geben die Träume des Menschen über seine Seelenvorgänge Auskunft? Wo ist die Grenze zwischen Selbstliebe, Eitelkeit und Narzißmus? Was macht den Menschen liebesfähig? Wie stark ist er von Umwelteinflüssen abhängig? Welches Verhältnis hat der aufgeklärte Mensch noch zum Kosmos, zu Gott, zur Unsterblichkeit?

Leider ist in der Anthropologie des späten 18. Jahrhunderts mit dem Menschen in der Regel nur der Mann gemeint. Wo die Frau in den Blick kommt, mißrät der von Männern geführte anthropologische Diskurs zur »Sonderanthropologie des Weiblichen«. Claudia Honegger hat in ihrer Habilitationsschrift[111] über die Wissenschaften vom Menschen zwischen 1750 und 1850 auf der Basis umfangreicher Quellenstudien deutlich gemacht, wie stark die Rede von der »Natur der Frau« in dieser Zeit in Deutschland und in Frankreich ideologisch ist und dafür herhalten muß, gesellschaftliche Differenzen zwingend aus angeblich natürlichen abzuleiten. Im Maße, wie die vergleichende Anatomie Unterschiede im Körperbau von Mann und Frau nachweist, drängt sich die Frage auf, ob die anatomischen Unterschiede Auswirkungen auf die Psyche haben, womit vergleichende Anatomie in vergleichende Psychologie übergeht und einem für die Frauen verhängnisvollen Psycho-Physiologismus den Weg bahnt. Mit dem seit 1786 auch in deutscher Übersetzung vorliegenden Bestseller »Système physique et moral de la femme«[112] von Pierre Roussel setzt sich die ursprünglich vom Hallenser Pietismus und Stahlschen Animismus beeinflußte französische Moral-Physiologie auch in Deutschland durch und verleiht der Überzeugung, daß der »Endzweck des weiblichen Geschlechts« die »Sicherung der Fortpflanzung« und diese Forderung der Natur eine »ethische Verpflichtung« sei, den Charakter einer »bio-ethischen Notwendigkeit«[113]. Durch Schriften dieser Art erhält die kulturelle Konstruktion des weiblichen Geschlechtscharakters, der sich durch größere Furchtsamkeit, Begehrlichkeit, Nachgiebigkeit, Sensibilität, Reizbarkeit, Verstandesferne und gefühlsmäßige Unbeständigkeit auszeichne, eine pseudo-wissenschaftliche Legitimation, die sich auf die philosophische wie die medizinische Anthropologie der Zeit berufen kann.

Die Literatur steht der anti-rationalistischen empirischen Anthropologie insofern nahe, als auch sie Geschichte aus der Perspektive des Betroffenen erzählt. Das gilt in besonderem Maße für einen philosophischen Fundamentalismen

---

[111] Claudia Honegger: *Die Ordnung der Geschlechter. Die Wissenschaften vom Menschen und das Weib. 1750–1850*, München 1996 (1991).

[112] Pierre Roussel: *Système physique et moral de la femme [...]*, Paris 1775. In der Übersetzung von Christian Friedrich Michaelis: *Physiologie des weiblichen Geschlechts*, Berlin 1786.

[113] Claudia Honegger: *Die Ordnung der Geschlechter*, S.144f.

skeptisch gegenüberstehenden Autor wie Goethe.[114] In seinem Fall ist das anthropologisch Aufschlußreiche nicht wie bei vielen seiner Zeitgenossen die Autobiographie, sondern die Dichtung. Im Rahmen fiktiver Welten kann er sehr viel ungeschützter von den Schattenseiten und Gefährdungen der humanen Existenz sprechen als in seiner Lebensbeschreibung. »Dichtung und Wahrheit« kommt es auf die »symbolische Repräsentation«[115] eines schöpferischen Lebens an, nicht auf den schonungslosen Rechenschaftsbericht und die Authentizitätsfiktion. Einzelne Ereignisse und Lebensabschnitte werden einem Präfigurationsschema unterstellt und auf ein Telos zu komponiert. Diesem Stilisierungswillen fällt die Darstellung von krisenhaften Erschütterungen zum Opfer. Doch was Goethe in der Form der Selbstaussprache nicht zu sagen wagt, sagt er in der Literatur; was die Autobiographie wegretouchiert, findet Eingang in die Fiktion. Vieles wird auch in dieser Form teilweise bis über den Tod hinaus vor den Augen der Öffentlichkeit verwahrt. Das gilt beispielsweise für die in den »Walpurgissack«[116] verbannten Paralipomena 49 und 50 zur Walpurgisnacht-Szene von »Faust I«[117]. Auch in den »Wanderjahren« findet man das anthropologisch Relevante nicht in den Wirtschafts- und Sozialutopien, Kolonisationsprojekten, pädagogischen Konzepten und allegorischen Ehrfurchtsgebärden, sondern in den Erzähleinlagen. In einer Kurzrezension von Heinroths Anthropologie[118] unternimmt Goethe im Alter nochmals den Versuch zu bestimmen, wo die Zuständigkeit des Anthropologen aufhört und die des Dichters beginnt:

> Auch wir sind allerdings überzeugt, daß der Anthropolog sein Menschenkind bis in die Vorhöfe der Religion führen könne, dürfe, müsse, aber nicht weiter als bis dahin, wo ihm der Dichter begegnet und sich andächtig vernehmen läßt [...].[119]

An der Grenze des Unsagbaren muß der Anthropologe stehen bleiben, der Dichter nicht. Goethe scheut als Dichter so wenig davor zurück, Faust in den Himmel der katholischen Mythologie zu erheben wie Makarie in den Gestirnshimmel. Auch Heinroths anthropologische Begründung der Behauptung, daß »die Vernunft das einzige Organ der Erkenntniß eines Höchsten und unserer Beziehung auf dasselbe«[120] sei, läßt er nicht gelten. In seiner Replik erscheint die Literatur »als das geeignete Medium, die Erkundungen des ›ganzen Menschen‹ in all seinen

---

114 Wolfgang Riedel: Anthropologie und Literatur in der deutschen Spätaufklärung. Skizze einer Forschungslandschaft. In: *Internationales Archiv für Sozialgeschichte der deutschen Literatur*, 6. Sonderheft (1994), S.154f.

115 Helmut Pfotenhauer: *Literarische Anthropologie*, S.22.

116 Johannes Falk: *Goethe aus näherm persönlichen Umgang dargestellt. Ein nachgelassenes Werk*, Leipzig 1832, S.92.

117 Vgl. dazu: Albrecht Schöne: *Götterzeichen, Liebeszauber, Satanskult*, 2. Aufl., München 1982, S.150ff.

118 Joh[ann] Christian August Heinroth: *Lehrbuch der Anthropologie*, Leipzig 1822.

119 Zuerst 1825 im 2. Heft des 5. Bandes von *Ueber Kunst und Alterthum* (WA I 41 II, S.163).

120 Joh[ann] Christian August Heinroth: *Anthropologie*, S.311.

Erfahrungsformen und Kapazitäten da fortzusetzen, wo dem wissenschaftlich-vernünftigen Sprechen der Anthropologie methodische oder epistemologische Grenzen gesetzt sind«[121]. Noch aufschlußreicher ist die frühere Heinroth-Rezension »Bedeutende Fördernis durch ein einziges geistreiches Wort« (HA 13, 37ff.). In ihr erklärt Goethe das von den Romantikern häufig autistisch zelebrierte »erkenne dich selbst« für »eine List geheim verbündeter Priester, die den Menschen durch unerreichbare Forderungen verwirren und von der Tätigkeit gegen die Außenwelt zu einer falschen Beschaulichkeit verleiten wollten« (HA 13,38). Sein Plädoyer für ein tätiges Leben richtet sich gegen selbstverliebte Innenschau. Diese hatte er schon im »Werther« bis an die Grenze des Lebbaren geführt. Einem falschen Begriff von Selbsterkenntnis setzt er die Maxime entgegen: »Der Mensch kennt nur sich selbst, insofern er die Welt kennt, die er nur in sich und sich nur in ihr gewahr wird.« (HA 13,38) Nebenmenschen und ihre Wahrnehmung von ihm sind für den Dichter ein Spiegel seiner selbst; das ist lange vor seiner wissenssoziologischen Fundierung ein interaktionistischer Identitätsbegriff. Die von der Kulturgeschichte überlieferten Motive und Legenden seien in ihm über ein halbes Leben sinnlich präsent und so lebendig wie seine leidvollste Lebenserfahrung, die Französische Revolution. Zu Selbsterkenntnis gelange der Mensch nicht durch Introspektion, sondern durch Öffnung zur Welt, Wendung zum Mitmenschen, Anschauung der Natur und Kenntnis des kulturellen Erbes. Im Ideen- und Formenfundus von Kunst und Literatur ist für Goethe so viel anthropologisches Wissen aufbewahrt wie im Buch der Natur. Die Natur ist für ihn nicht das Außen des Menschen, sondern »das Andere des eigenen Innern«, Respekt vor der Würde der Natur ergibt sich »aus der eigenen Teilhabe an ihr«[122]. Auch die Naturwissenschaft verlangt den »ganzen« Menschen. Sinnliche Wahrnehmung kann so sehr ein Korrektiv begrifflichen Denkens sein, wie Denken Wahrnehmungsstörungen offenlegen oder vor falschen Schlüssen bewahren kann. Deshalb berührt das philosophische Zentralproblem der Anthropologie, das *commercium mentis et corporis*, Goethe eigentlich nicht. In seiner Rezension von Ernst Stiedenroths »Psychologie zur Erklärung der Seelenerscheinungen«[123] schreibt er:

> [...] schon früher habe ich an mancher Stelle den Unmut geäußert, den mir in jüngeren Jahren die Rede von den *untern* und *obern* Seelenkräften erregte. In dem menschlichen Geiste so wie im Universum ist nichts oben noch unten, alles fordert gleiche Rechte an einen gemeinsamen Mittelpunkt, der sein geheimes Dasein eben durch das harmonische Verhältnis aller Teile zu ihm manifestiert. [...] Wer nicht überzeugt ist, daß er alle Manifestationen des menschlichen Wesens, *Sinnlichkeit* und *Vernunft*, *Einbildungskraft* und *Verstand*, zu einer entschiedenen Einheit aus-

[121] Jürgen Barkhoff: Goethes Ehrfurchtsgebärden, S.161.
[122] Jürgen Barkhoff: Goethes Ehrfurchtsgebärden, S.178.
[123] Ernst Stiedenroth: *Psychologie zur Erklärung der Seelenerscheinungen*, 1. und 2 Theil, Berlin 1824–25 (Ruppert: Nr.3162).

bilden müsse, [...] der wird sich in einer unerfreulichen Beschränkung immerfort abquälen [...]. (HA 13,42)

Für Goethe gibt es keine Hierarchie der menschlichen Erkenntnisvermögen. Sie sind alle gleichberechtigt, gleich unentbehrlich. Damit dürfte sich bei ihm nicht nur die Rede von der Hierarchie der Sinne, die viel beschworene Priorität des Augensinns verbieten, sondern auch eine platte Gleichsetzung von »männlich« mit »vernünftig« und »weiblich« mit »empfindsam«. Es wird Aufgabe dieser Studie sein zu überprüfen, ob Goethes universelle Bildung und seine literarische Anthropologie ihn vor der Versuchung bewahrten, in den »Wanderjahren« die Geschlechtsrollenkonstrukte der philosophischen und medizinischen Anthropologie seiner Zeit zu reproduzieren. Den von ihm geforderten vielfältigen Welt-, Natur- und Traditionsbezug spielt der Text am Beispiel Wilhelms exemplarisch durch. Wilhelm lernt durch die Betrachtung der Natur, das Gespräch mit Fachleuten, den geognostischen Disput, literarische Psychologie, Kunst und plastische Anatomie, den pädagogischen, religionsgeschichtlichen und medizinischen Diskurs so viel über sich und die Natur des Menschen wie durch die Beziehung zu seinem heranwachsenden Sohn. Er ist nicht mehr in seinem individuellen Entwicklungsgang, sondern als Brennspiegel menschlicher Erfahrungsmöglichkeiten auf dem Weg in die Moderne interessant. Daß die in den »Lehrjahren« vielfältig variierte Beziehung zur Frau beim Wilhelm der »Wanderjahre« eine Leerstelle bleibt, wirft dabei schwerwiegende Interpretationsprobleme auf.

»Meisters Wanderungen. Novellen. Bestimmte Zahl der verschiedenen möglichen Liebesverwicklungen«[124], die novellistischen Teile der »Wanderjahre« konzentrieren sich auf die Frage nach dem kulturell codierten Verhältnis zwischen den Geschlechtern. Sie variieren wiederkehrende Konfliktmuster: das ödipale Dreieck; Rivalität zwischen Vater und Sohn; Liebe über Kreuz; Alters- und Standesgrenzen überschreitende Liebe; das Versagen der Erziehung gegenüber der Leidenschaft; Mesalliancen, die von Therese schon in den »Lehrjahren« so beurteilt wurden: »Mich ängstigen nur die inneren Mißverhältnisse [...], die Welt mag sie stempeln und schätzen wie sie will« (HA 7,351). Immer wieder geht es um die Möglichkeit der Verbindung von Liebe, Ehe und Treue, personaler und sozialer Identität durch Selbstfindung im Beruf, von Freiheit und Notwendigkeit in einer Zeit, in der die Beschleunigung der industriellen Entwicklung gewachsene Sozialstrukturen sprengt und soziale wie geographische Mobilität erzwingt. Angesichts der Vielfalt der Bezugsmöglichkeiten erweist die Frage nach der Hierarchie der Textebenen sich als grob fahrlässige Vereinfachung. Adolf Muschg trifft das Kompositionsprinzip des Romans besser, wenn er ihn als »Mobile« bezeichnet. Aber auch die Aussagekraft dieser Metapher bleibt hinter der von Goethe selbst gewählten, »Aggregat«, zurück. Nimmt man die »Aggregat«-Metapher ernst, fällt mit dem Glauben an die Hierarchie der Textebenen auch

---

124 Goethe am 20. September 1815 zu Sulpiz Boisserée (HA 8,520).

die mit ihr verbundene Wertehierarchie. Dann muß die Frage nach der den »Wanderjahren« inhärenten Ethik neu gestellt und anders als bisher beantwortet werden.

Diese Studie möchte Goethes Roman von den Erstarrungen befreien, die ihm falsche Rezeptionstraditionen angetan haben. Ihr Anspruch ist es, mit einer Erwartungshaltung zu brechen, die im Rahmen die Norm, in den Novellen den Normbruch sieht[125]. Zu diesem Zweck nimmt sie den »Aggregat«-Begriff beim Wort, den Goethe selbst zur Klassifizierung seines heterogensten Prosagebildes angeboten hat. Als neolateinische Wortbildung zu lateinisch aggregare: »anhäufen, zusammenhäufen, beigesellen« und lateinisch *gregare*: »zu einer Herde scharen, hinzuscharen« bezeichnet das Aggregat seit Mitte des 18. Jahrhunderts ein »mehrgliedriges Ganzes«[126], eine Einheit, die durch Zusammensetzung von Vielem entsteht. Im Gegensatz zu chemischen Verbindungen, bei denen die beteiligten Elemente sich qualitativ verändern, zeichnet das Aggregat sich durch »eine Aneinanderfügung (Zusammensetzung) sich von ›außen‹ berührender Elemente« aus, »welche durch den Eintritt in das A[ggregat] nicht verwandelt werden und in der Verbundenheit ihre Selbständigkeit behalten«[127]. Die im Aggregat verknüpften Elemente haben also keinen *notwendigen* inneren Zusammenhang. Kant spielt gegen das Aggregat als »zufällige Anhäufung« von Elementen durch den Verstand den systematischen (organischen) Zusammenhang der Vernunft aus.[128] Ende des 18. Jahrhunderts setzt sich der physikalische Begriff »Aggregatzustand« durch. Er bezeichnet die »von Druck und Temperatur abhängige ›Zustandsform eines Stoffes‹, die durch die unterschiedliche ›Zusammenhäufung‹ der Moleküle bedingt ist«[129]. Beim Übergang vom festen über den flüssigen zum gasförmigen Aggregatzustand nimmt die Beweglichkeit der Moleküle zu. Als poetische Metapher gelesen – und dazu lädt Goethes Gattungsbezeichnung uns ja ein – hängt der Aggregatzustand der »Wanderjahre« also davon ab, wie stark die Leserin oder der Leser die Materie »erhitzt«. Die »Mobile«-Metapher Muschgs beschränkt sich darauf, die Beweglichkeit der Teile zu betonen, die, je nachdem wie sie sich gruppieren, dem Textganzen eine je verschiedene Gestalt verleihen können. Wer aber ist das Subjekt der Gruppierung? Bleibt das Mobile von sich aus in Bewegung, oder wird es von außen bewegt? Wenn letzteres der Fall ist, durch wen? Goethes »Aggregat« geht über diese Vorstellung noch hin-

---

[125] Josef Kunz: *Die deutsche Novelle zwischen Klassik und Romantik*, 2., überarb. Aufl., Berlin 1971, S.30.

[126] Friedrich Kluge: *Etymologisches Wörterbuch der deutschen Sprache*, 22. Aufl., Berlin/ New York 1989, S.13.

[127] F. Kaulbach: Aggregat. In: *Historisches Wörterbuch der Philosophie*, hrsg. von Joachim Ritter, Bd.1, Basel/ Stuttgart 1971, Sp.102. Vgl. auch den Artikel »Aggregé« (comme substantif) in: *Encyclopédie, ou Dictionnaire Universel Raisonné des Connoissances Humaines*, mis en ordre par M. de Felice, tome 1, Yverdon 1770, p.572.

[128] Immanuel Kant: *Kritik der reinen Vernunft*. In: *Kants Werke*, Akademie-Ausgabe, Bd.4, Berlin 1968 (Berlin 1903), Prolegomena § 26, S.310.

[129] *Etymologisches Wörterbuch des Deutschen*, erarb. unter der Leitung von Wolfgang Pfeifer, Bd.1, Berlin 1989, S.21.

aus. Physikalisch hängt der Aggregatzustand der Materie von den Druck- und Temperaturverhältnissen ab, denen sie ausgesetzt wird. In den Bereich der Poetik übertragen heißt das: Wer einen Text als »Aggregat« bezeichnet, nimmt von vornherein die Text-Leser-Relation in den Blick. Er geht davon aus, daß der Text nur die Partitur ist, die die Interpreten zum Klingen bringen müssen. So gesehen hängt der Aggregatzustand der »Wanderjahre«, um im Bild zu bleiben, vom Druck und von der Wärme ab, die die Lesenden ihnen zuführen. Bei kaltem Sinn kann man die »Wanderjahre« zum Sentenzenbuch machen. Dann frieren die Belehrungen Montans, des Oheims, der Vorsteher der Pädagogischen Provinz und anderer das Mobile in einer festen Stellung ein. Bei heißem Sinn verflüssigt die Erotik, von der *alle* Erzähleinlagen sprechen, das dogmatisch-sentenzhaft Erstarrte. Sind die Einzelzeichen erstmal dynamisiert, geht es nicht mehr um Bedeutungstransport, sondern um Sinnkonstitution. Diese hängt im dreistelligen Zeichenmodell von Peirce von der mit wechselnden Ko-, Kon- und Intertexten verbundenen Interpretantenbildung des die Zeichen als Zeichen Verstehenden ab. Was Sinnkonstitution heißen kann, führt Goethe im Roman selbst exemplarisch vor. Die Devise: »*Vom Nützlichen durchs Wahre zum Schönen*« (HA 8,65), die der philanthropische Oheim in seinem Haus über die Tür hängt, kommentiert die spöttische Hersilie mit den Worten:

> Wir Frauen sind in einem besondern Zustande. Die Maximen der Männer hören wir immerfort wiederholen, ja wir müssen sie in goldnen Buchstaben über unsern Häupten sehen, und doch wüßten wir Mädchen im stillen das Umgekehrte zu sagen, das auch gölte, wie es gerade hier der Fall ist. Die *Schöne* findet Verehrer, auch Freier, und endlich wohl gar einen Mann; dann gelangt sie zum *Wahren*, das nicht immer höchst erfreulich sein mag, und wenn sie klug ist, widmet sie sich dem *Nützlichen*, sorgt für Haus und Kinder und verharrt dabei. So habe ich's wenigstens oft gefunden. Wir Mädchen haben Zeit zu beobachten, und da finden wir meist, was wir nicht suchten. (HA 8,66)

Frauen haben einen andern Standort, einen anderen Wahrnehmungsmodus, sehen die Dinge aus einer anderen Perspektive, füllen die Begriffe mit anderen Inhalten und kommen deshalb auch zu anderen Schlüssen als die Männer. Auf die weibliche Erfahrungswelt bezogen, verliert die Maxime des Oheims nicht nur ihre Plausibilität, sondern verkehrt sich ins Gegenteil. Wo die Botschaft nicht mehr eindeutig ist, entsteht ein Interpretationsspielraum. Goethe wollte – wie die Verärgerung über Rochlitz' »Wanderjahre«-Lektüre beweist – Leserinnen und Leser wie Hersilie. Ihre hermeneutische Kompetenz klopft Sentenzen auf ihre Prämissen, Urteile auf ihre Standortgebundenheit ab, läßt Abstraktes konkret werden. Goethe hat mehrfach seine Nähe zu Laurence Sterne betont und in die Aphorismensammlung »Aus Makariens Archiv« eine Reihe von Prosasprüchen aufgenommen, die Sterne gewidmet sind; darunter:

Er fühlte einen entschiedenen Haß gegen Ernst, weil er didaktisch und dogmatisch
ist und gar leicht pedantisch wird, wogegen er den entschiedensten Abscheu hegte.
Daher seine Abneigung gegen Terminologie. (AMA 160)

Wie man den Goethe der »Wanderjahre« bei seiner erklärten Sympathie für Sterne und dem Spott, den er Hersilie mit den Sprüchen ihres Oheims treiben läßt,
so lange auf Didaktisches, Dogmatisches, Programmatisches reduzieren konnte,
ist mir rätselhaft. Es gibt in den »Wanderjahren« keine Sentenz, die nicht per-
spektiviert, relativiert, durch andere ergänzt, korrigiert oder überboten würde.
Zu jeder These gehört mindestens eine Gegenthese: »[...] der Sohn entwickelt
sich nirgends besser als in Gegenwart des Vaters.« – »Der Helden Söhne werden
Taugenichtse« (HA 8,141). Goethe hat einen Roman der perspektivischen Brechungen verfaßt. Ich plädiere für das »Aggregat«-Bild, weil es im Unterschied
zur »Mobile«-Metapher mitberücksichtigt, wie stark das bewegliche Gleichgewicht gegeneinander verschiebbarer Teile auch den Leseprozeß erfaßt. Durch
neue Fragen, Kontexte, Intertexte wird jede vorschnelle Fixierung der Bedeutung
wieder verflüssigt.

Hersilies Art des Umgangs mit den Weisheitssprüchen ihres Oheims ist für
mich das Vorbild einer adäquaten »Wanderjahre«-Rezeption. In eine reproduktiv-produktive Auseinandersetzung mit den »Wanderjahren« einzutreten und
zu einer sie nicht simplifizierenden semiotischen Sinnkonstitution zu gelangen,
ist auf wissenschaftshistorischer wie methodischer Ebene eine nicht geringe Herausforderung. Voraussetzung jeden Urteils über den Roman ist eine präzise Analyse seiner Erzählstruktur. Deshalb mache ich es mir zum methodischen Grund-
prinzip, bei jeder Aussage im Text, sei sie von Novellenfiguren, Rahmenfiguren
oder vom Erzähler-Redaktor gesprochen, nach der Abhängigkeit des Urteils von
der Perspektive, den Prämissen, dem Geschlecht, dem Alter, der Bildung, dem
Stand, der Interessenlage, der momentanen Befindlichkeit des Urteilenden zu
fragen. Dabei muß den Novellen mehr Eigengewicht zugestanden werden. Die
Analyse der Erzählstruktur, die Gidion, Neumann, Müller u. a. für die Rahmenhandlung geleistet haben, muß auf die Erzähleinlagen ausgeweitet werden. Die
sogenannten Idealgestalten der Rahmenhandlung sind Menschen mit all ihren
Schwächen. Ihre menschliche Seite wird in den Erzähleinlagen thematisch, die
Odoards in »Nicht zu weit«, die des Barbiers im Melusinenmärchen, die St.
Christophs in der »Gefährlichen Wette«, die Lenardos in der Novelle der Namensverwechslung und in der zweiten Hälfte seines Tagebuchs. Wer zwischen
den unzusammenhängenden Teilen eines »Aggregats« wechselnde Verbindungen stiften will, kann sich nicht dem Diktat einer einzigen Methode unterwerfen.
Davon, daß methodischer Rigorismus das Wirkungspotential der »Wanderjahre«
zerstört, legt ihre Rezeptionsgeschichte Zeugnis ab. Wie kaum ein Goethe-Text
verlangen sie nach einer Flexibilität des methodischen Zugangs, die immer wieder
Grenze und Reichweite des einmal gewählten Ansatzes reflektiert und bereit ist,
eine Zugangsweise, die in Sackgassen führt, wieder fallenzulassen oder durch

weitere zu ergänzen. Ich untersuche jede Erzähleinlage des Romans und die novellistischen Stränge der Rahmenhandlung in Hinblick auf die Wahrnehmungs- und Darstellungsformen von Mann und Frau, wobei ich zwischen Darstellungsebene und Rezeptionsebene unterscheide. Wie sich die Figuren auf der Darstellungsebene wechselseitig wahrnehmen oder Dritten gegenüber porträtieren, ist für mich als Rezipientin nur eine vorläufige Quelle der Information, weil in Rechnung gestellt werden sollte, wie die Erzählweise, Kotexte, Kontexte, Prätexte, Intertexte die dargestellte Wahrnehmung kommentieren. Wilhelm, um ein Beispiel zu nennen, verändert sich mit jedem neuen Gesprächspartner. Dabei sind seine Dialogpartner sehr verschieden und vertreten höchst unterschiedliche Standpunkte. Im Wechsel der Gesprächspartner, der Dialogthemen und der mit ihm verbundenen Interaktionsdynamik stecken implizit mehr Hinweise auf Goethes Menschenbild, seine Zeitdiagnose und seinen Begriff von Erziehung als in den explizit programmatischen Aussagen einzelner Sprecher, die immer perspektivisch beschränkt und daher notwendig einseitig bleiben. Die »Wanderjahre« leben ja gerade vom Aufeinanderprall verschiedenster Wertsysteme, Verhaltensmaximen, Lebenskonzepte. Was für den einen stimmig ist, daran würde ein anderer zerbrechen. Der Redaktor nimmt den Positionen einzelner Figuren gegenüber auch dort eine distanzierte Erzählhaltung ein, wo er sich direkt wertend einmischt. Oft stellt er auch die Weltsicht einer Figur durch die Reaktion einer andern Figur auf diese in Frage. Die Pädagogische Provinz verliert viel von ihrem programmatischen Ernst, wenn man die Sympathie des Erzählers für Felix' Abwehr gegen das, was seine Vitalität domestizieren will, in Rechnung stellt. Die Liebe und das mit ihr verbundene Körpergefühl kommen in der Pädagogischen Provinz *nicht* vor. Felix lernt dort zwar Schreiben und Reiten, die Techniken, die räumliche Distanz zu Hersilie zu überbrücken, aber keine Empathie. »Damit wird aber zugleich ausgedrückt, daß Erziehung zur Liebe nicht im pädagogischen Institut, sondern nur in der sozialen Lebenswelt denkbar ist«.[130] »Liebe ist – in einer sonst entgöttlichten, entseelten Welt – der letzte Traum, der noch gelebt wird«[131]; sie bricht im Roman immer wieder in die Welt der rationalen Planung ein und hat in der kosmischen Instanz, der Seherin Makarie, einen Schutzengel. Weil die erkenntnisleitende Frage dieser Studie die nach den Wahrnehmungs- und Darstellungsformen von Mann und Frau ist, ergibt sich eine Fokussierung auf die Erzähleinlagen und auf die novellistischen Stränge der Rahmenhandlung. Von der Beziehung zwischen den Geschlechtern wird nämlich nur in ihnen gesprochen. Makarie muß, nicht nur weil sie eine weibliche Figur ist, in die Betrachtung einbezogen werden, weil in ihr allegorisch verdichtet ist, was Goethe der transzendentalen Obdachlosigkeit, auf die er den modernen Men-

---

130 Gerhard Neumann: »Ich bin gebildet genug, um zu lieben und zu trauern«, S.65. Goethe hat seinen einzigen Sohn August nie in ein solches Institut gesteckt.
131 Karl Schlechta: *Goethes Wilhelm Meister*, S.165.

schen zugehen sah, entgegenhalten und einer Zeit, die er nicht mehr erleben durfte, als Vermächtnis hinterlassen wollte. Erst aus dem Wechselverhältnis zwischen den Rahmen-Programmen und den Liebesgeschichten und dem Verhältnis beider zur Makarienfigur ergibt sich eine Antwort auf die Frage nach dem utopischen Fluchtpunkt des Romans.

Neben der Text-Kotext-Relation spielt bei Goethe immer auch die Intertextualität eine Rolle. »Vertraut mit allen Gattungen der Weltliteratur und befähigt zur Imitation wie kaum ein Autor sonst, hat sein Bewußtsein von Stilen und Formen seine eigenen Werke zu Antworten werden lassen auf die verschiedensten Erscheinungsweisen von Literatur.«[132] Das gilt nicht nur für das seinen Palimpsestcharakter schon im Titel autoreflexiv markierende Märchen »Die neue Melusine«. Auch »Die gefährliche Wette« lebt von den Anspielungen, die der Bezug zum »Tristram Shandy« in sie hineinträgt. In »Wer ist der Verräter?« sind Naturgesetze zu Dichtungsprinzipien[133] geworden, weil der Ausgangspunkt der Fiktion ein chromatischer Aufsatz Goethes war. Die Bezugsmöglichkeiten zwischen Text und Prätext sind bei Goethe unbegrenzt. Die Intensitätsgrade intertextueller Relationen reichen von »Referentialität«, Einzeltext- und Systemreferenz, über »Kommunikativität«, »Autoreflexivität«, »Strukturalität«, »Selektivität« bis zu »Dialogizität«[134]. Ein kultursemiotisch entgrenzter Textbegriff und ein ebenso entgrenzter Begriff von Intertextualität, wie sie seit den frühen Arbeiten von Julia Kristeva in die Theoriediskussion Eingang gefunden haben, scheint mir aus heuristischen Gründen wenig hilfreich, da die poststrukturalistische Dezentrierung des Zeichens, des Textes, des Intertextes und des Subjekts es nicht mehr erlaubt, spezifische Prätext-Text-Relationen zu bestimmen und spezielle Verfahren des Bedeutungsaufbaus zu konkretisieren. Da es mir im Rahmen dieser Arbeit um spezifische Text-Text-Bezüge und ihren Einfluß auf die Hypothesenbildung geht, lege ich meinen Ausführungen im Anschluß an Renate Lachmann[135], Ulrich Broich und Manfred Pfister[136] einen textdeskriptiven Begriff von Intertextualität zugrunde, der es erlaubt, bestimmte Einflußlinien nachzuzeichnen und die Transformation übernommener Zeichen, Strukturen und Bedeutungsdimensionen im neuen Verwendungszusammenhang zu bestimmen.

Gegenstand meiner Untersuchung sind die in der Zweitfassung der »Wanderjahre« dargestellten Differenzen zwischen den Geschlechtern und den kulturell codierten Modi ihrer gegenseitigen Wahrnehmung. Die Fokussierung auf

---

[132] Hannelore Schlaffer: Nachwort, S.355.

[133] Vgl.: Dorothea-Michaela Noé-Rumberg: *Naturgesetze als Dichtungsprinzipien. Goethes verborgene Poetik im Spiegel seiner Dichtungen*, Freiburg/Br. 1993.

[134] Manfred Pfister: Konzepte der Intertextualität. In: *Intertextualität. Formen, Funktionen, anglistische Fallstudien*, hrsg. von Ulrich Broich und Manfred Pfister, Tübingen 1985, S.25–30.

[135] Renate Lachmann: Ebenen des Intertextualitätsbegriffs. In: *Das Gespräch*, hrsg. von Karlheinz Stierle und Rainer Warning, München 1984, S.133–138.

[136] Ulrich Broich/ Manfred Pfister (Hrsg.): *Intertextualität*.

das Wahrnehmungsproblem ergibt sich aus Goethes Natur- und Dichtungsverhältnis. Daß er den Anteil des Auges am Farbsehen, der subjektiven Wahrnehmungsbedingungen an der Objekterkenntnis nicht vernachlässigen wollte, war der Hauptgrund seiner Polemik gegen Newton. Weil der eine eine objektivierbare physikalische Größe, der andere eine Subjekt-Objekt-Relation im Blick hatte, die auch das Farbigkeitserlebnis einschließt, sprachen sie nicht von demselben, wenn sie »Farbe« sagten.[137] Goethe interessierte sich für die Abhängigkeit der Farbwahrnehmung von den Bedingungen, unter denen sie zustande kommt, für das Farberlebnis des Subjekts und für die sinnlich-sittliche Wirkung der Farbe auf den Menschen; also für das, was Newton aus methodischen Gründen aus seiner Betrachtung gerade ausschloß. Im Maße, wie Beobachtung und sinnliche Wahrnehmung zu »Wissensformen eigenen Rechts« werden, trennen sie sich von »den seriösen Wissenschaften der Zeit«, vor allem von der kontrollierten und instrumentenvermittelten Beobachtung der exakten Naturwissenschaften.[138] Das von diesen Ausgegrenzte, das durch die Sinne erlangbare Wissen, wird zum Gegenstand der Anthropologie oder zieht sich in den Raum der Dichtung zurück. Weil Goethes Art der Naturbetrachtung auf dem Umweg über sein Symbolverständnis auch in die Struktur seiner literarischen Werke Eingang fand, hat sein Verständnis der Subjekt-Objekt-Relation Konsequenzen für die Interpretation seiner Texte. Es wird als implizite Poetik zu einer Herausforderung an die Goethe-Hermeneutik. Wahrnehmung ist »ein *Vorgang*, bei dem sich Objekt und Subjekt nicht trennen lassen, sondern sich *begegnen*«[139]. Das gilt sowohl auf der Ebene der Figuren- wie auf der Ebene der Text-Leser-Kommunikation. Wahrnehmung ist weder auf der Darstellungs- noch auf der Rezeptionsebene vollständig objektivierbar. Goethe wollte mit seiner Dichtung auf Leser wirken, wie die Natur auf ihn wirkte, eine ganzheitliche Beziehung zwischen Text und Leser stiften. Über seine Dichtung kann nicht sinnvoll nachdenken, wer sich dieser Appellstruktur gegenüber verschließt.

In dieser Studie suche ich eine solche Form der Begegnung. Dabei gehe ich von folgenden Fragestellungen aus: In welchem Verhältnis stehen die dargestellten Männer und Frauen in den »Wanderjahren« zueinander, und inwiefern hängen die Möglichkeiten der Verständigung von der Qualität der gegenseitigen Wahrnehmung ab? In welchem Verhältnis stehen imaginierte Weiblichkeit[140] und imaginierte Männlichkeit zu den historisch rekonstruierbaren Handlungsspielräumen von Männern und Frauen verschiedener sozialer Schichten, dem Wandel der Familien- und Sozialstruktur und der kulturellen Neucodierung des Geschlechterverhältnisses im Gefolge der Französischen Revolution und neuer

---

137 Wolfgang Buchheim: *Der Farbenlehrestreit Goethes mit Newton in wissenschaftsgeschichtlicher Sicht*, Berlin 1991, S.5 und 8.

138 Andreas Käuser: Das Wissen der Anthropologie, S.162.

139 Wolfgang Buchheim: *Der Farbenlehrestreit*, S.5.

140 Silvia Bovenschen: *Die imaginierte Weiblichkeit*, 2. Aufl., Frankfurt/M. 1980.

Wissensformationen? Inwiefern sind die in den »Wanderjahren« dargestellten Frauen- und Männerrollen Antworten auf den neuen kulturellen Code der Geschlechterdifferenz? Fällt den dargestellten Frauen die mit der Verbürgerlichung und der Entwicklung der Berufsgesellschaft restriktiver werdende Triebökonomie leichter als den dargestellten Männern? Wenn ja, gilt das nur für die Idealgestalten, Natalie und Makarie, oder auch für Hersilie, Hilarie, Susanne, die Törin, die schöne Witwe? Welche Handlungsspielräume haben sie? Welche Brüche mit traditionellen Frauenrollen erscheinen in den »Wanderjahren« als normal? Welche Auswirkungen hat das auf die männlichen Figuren, die fiktiven Beziehungen zwischen den Geschlechtern und die Darstellung unvollständiger Familien? Wie ist es zu verstehen, daß alle »utopischen« Entwürfe der Rahmenhandlung ohne Frauen gemacht werden? Bei den großen Gemeinschaftsprojekten sind die Frauen merkwürdig abwesend. Lenardo spricht in seiner Rede so ausschließlich zu Männern wie Odoard. Die Kolonisation alter und neuer Kontinente ist offenbar Männerarbeit. Auch die zum Inbegriff der *Kalokagathia* stilisierte Susanne bleibt im Makarienbereich zurück. Frauen kommen nur indirekt in den Vaterschaftsklagen der zum Bleiben Verpflichteten vor, mit denen der Amtmann eine Möbelfabrik aufbauen will. Auch das Versöhnungsbild am Ende des Romans schließt die Frau aus. Stellt die eher zur Rahmenhandlung gehörende Makarienfigur den anthropologischen Ausgleich zum Rückzug des Weiblichen in die Erzähleinlagen her?

Ein Gegenstand wie die »Wanderjahre« verlangt nach einer flexiblen Methode. Deshalb will ich im Rahmen einer semiotisch fundierten Hermeneutik, die sich am dreistelligen Zeichenbegriff von Peirce orientiert[141], die novellistischen Teile der »Wanderjahre« einzeln und in ihrem Kompositonszusammenhang betrachten, die viel berufenen »wiederholten Spiegelungen« *konkretisieren*, dabei Zitat und Verfremdung von Gattungskonventionen beachten, die Veränderung der Bedeutungsbildung durch den Einbezug von Prä- und Intertexten aufzeigen und sie vor der Folie wechselnder geistes- und sozialgeschichtlicher Kontexte interpretieren. Dabei treten neben linguistische und rhetorische Analysen der Figurenrede Analysen der Erzählstruktur und der vielfältigen Formen der indirekten Aussageweise, Stiluntersuchungen, Fragen nach motivgeschichtlichen Zusammenhängen und Symboltraditionen sowie nach dem Form- und Funktionswandel mythologischer Bezüge. Vorstufen, Vorabdrucke, Varianten, die Schemata zu den »Wanderjahren« und die Erstfassung des Romans werden dort in die Überlegungen einbezogen, wo sich aus ihnen Konsequenzen für die Interpretation der Ausgabe letzter Hand ergeben. Dabei sind immer wieder sorgfältige historisch-philologische Recherchen nötig, die es erlauben, den Text aus seiner Zeit heraus zu verstehen. Je nachdem kann dabei mehr die historische

---

141 Siehe dazu meine Ausführungen in: Von offenen und geschlossenen Türen oder Wie tot ist das Zeichen? Zu Kafka, Peirce und Derrida. In: *Kodikas* 12 (1989), No.1/2, S.107–124.

Semantik einzelner Worte und Begriffe, der Bezug auf geistes- und wissen-schaftsgeschichtliche Auseinandersetzungen, der Bezug auf zeitgeschichtliche Ereignisse in Politik, Wirtschaft und Gesellschaft oder der zur Biographie im Vordergrund stehen, nie aber im Sinne einer inhaltlichen Eins-zu-eins-Entspre-chung von Text und Kontext und immer unter Berücksichtigung der formalen Gestaltung. Wenn man der Polysemie des ästhetischen Zeichens gerecht werden will, ist der ganzheitliche Ansatz, den Goethe als Naturforscher vertrat, auch die adäquate Zugangsweise zu seinem dichterischen Werk. Was dabei entsteht, ist eine Interpretation, die ihrem Gegenstand immer neue Facetten abgewinnt: »Die pilgernde Törin«, um ein Beispiel zu nennen, steht am Ende meiner Analyse in einem Spannungsfeld von christlicher *peregrinatio*, Melancholie und Mühlen-prostitution.

KAPITEL I

Sankt Joseph der Zweite. Der *un*heilige Pflegevater:
Das Heilige wird Kunst, die Kunst wird Leben und Lebenszitat
im fiktiven Rahmen der Kunst

1.1 Josephs *imitatio* des Bildzitats der Legende und Wilhelms Identifikation mit ihr

Goethe macht uns den Einstieg in seinen Altersroman nicht leicht. Das Scharniergelenk zwischen den »Lehrjahren« und den »Wanderjahren«, der Grenzposten, von dem aus man vorwärts- und rückwärtsschauen kann, ist die Begegnung des wandernden Helden mit einem lebenden Standbild, der Familie Sankt Josephs des Zweiten. Was ist die Funktion dieser Verknüpfung einer realistischen Erzählung mit dem Zitat einer christlichen Allegorie? Warum verstellt der Dichter den Zugang zu seinem Wanderer- und Entsagungsroman mit einem Eröffnungs-Tableau, bei dem niemand wandert und niemand entsagt[1]? Aus dem Vorabdruck des Romananfangs in Cottas »Taschenbuch für Damen auf das Jahr 1810«[2] auf die inhaltliche »Schlüsselposition«[3] der Josephsnovelle zu schließen und zu behaupten, daß sie die Norm aufstelle, vor deren Hintergrund alles Folgende zur Normabweichung werde, scheint mir ein voreiliges Urteil. Es ist allerdings weit verbreitet.[4] Will Goethe mit der Josephsfamilie, der Wilhelm auf seinem Gang durchs Gebirge begegnet, wirklich »das urphänomental-typische Modell einer vorbildlichen Familie«[5] vorstellen, oder gibt er dieser Geschichte

---

[1] Arthur Henkel: *Entsagung*, 2. Aufl., Tübingen 1964, S.32.

[2] Op. cit., S.I–XXXII.

[3] Hans Jürgen Bastian: Zum Menschenbild des späten Goethe. Eine Interpretation seiner Erzählung *Sankt Joseph der Zweite* aus *Wilhelm Meisters Wanderjahren*. In: *Weimarer Beiträge* 12 (1966), S.472.

[4] Die affirmative Sichtweise der ersten Leser, beispielsweise in der anonymen Rezension im *Literarischen Conversations-Blatt* (Nr.250, 29. Oktober 1821, S.997), in Heinrich Gustav Hothos Rezension in den *Jahrbüchern für wissenschaftliche Kritik* (Nr.42, März 1830, S.331) und in Rochlitz' Brief an Goethe vom 4. Oktober 1809 (*Briefe an Goethe*, Bd.5, hrsg. von Karl-Heinz Hahn, Weimar 1992, S.439), hielt sich bis zur Mitte unseres Jahrhunderts. Sie findet sich noch bei Ernst Friedrich von Monroy (Zur Form der Novelle in *Wilhelm Meisters Wanderjahre*. In: *GRM* 31 [1943], S.9), Deli Fischer-Hartmann (*Goethes Altersroman*, Halle/S. 1941, S.34), Erich Trunz (HA 8,556), Hans Joachim Schrimpf (*Das Weltbild des späten Goethe*, Stuttgart 1956, S.148), André Gilg (*»Wilhelm Meisters Wanderjahre« und ihre Symbole*, Zürich 1954, S.25 und 28), Emil Staiger (*Goethe*, Bd.3, Zürich 1959, S.160) und Hans Jürgen Bastian (Zum Menschenbild des späten Goethe, S.472).

[5] Hans Jürgen Bastian: Zum Menschenbild des späten Goethe, S.472.

eher aus poetologischen denn aus inhaltlichen Gründen eine Schlüsselposition? Steht sie als Exempel oder Negativ-Exempel am Anfang des Romans? Soll sie affirmativ oder ironisch[6] verstanden werden? Oder ist das eine falsche Alternative?

»Im Schatten eines mächtigen Felsen saß Wilhelm an grauser, bedeutender Stelle« (HA 8,7): In gewollt bedeutungsvollem topographischem Rahmen beginnt der Roman mit einem Lehrgespräch zwischen Vater und Sohn. Schon bei der ersten Frage seines Sohnes muß der Vater seine Inkompetenz eingestehen und die Antwort an den Fachmann delegieren, womit das Thema der Spezialisierung leitmotivisch angeschlagen ist. Keiner weiß mehr alles; Welterkenntnis bedarf des Zusammenspiels der vielen. Felix hat von dem Jäger schon gelernt, die Fährte eines Hirsches zu erkennen; Wilhelm erinnert die »sonderbare Erscheinung« (HA 8,8), die sein Gespräch mit dem Sohn unterbricht, an die christliche Weihnachtsgeschichte: Spurensicherung, Zeichenlesen, hier der Kultur, dort der Natur. Bei der Erstbegegnung mit der Josephsfamilie versetzen Wilhelm die wunderlichen Bilder in »Erstaunen« (HA 8,8), die sich seinen Augen darbieten. Denn alles, was er sieht, die Knaben, die dem Familienzug wie Engel vorauseilen und »Schilfbüschel« tragen, als wären es »Palmen«, der junge Mann, der den Esel führt, die Frau mit dem Wochenkind, die der Esel trägt, ja sogar die Symbolfarben ihrer Kleidung und die Zimmermannswerkzeuge »Polieraxt« und »Winkelmaß« lassen »die Flucht nach Ägypten, die er so oft gemalt gesehen [...], hier vor seinen Augen« (HA 8,9) Wirklichkeit werden, als wären die Figuren christlicher Darstellungen dieser Szene aus dem Bild getreten und hätten begonnen, sich durch das Gebirge zu bewegen. Doch dank der »Körbchen mit Eßwaren« gleichen die Kinder auch jenen »Boten« (HA 8,9), welche die Gebirgsbewohner täglich mit dem Nötigsten versorgen: religiöse Symbole auf der einen Seite, Zeichen für Handel und Wandel auf der anderen. Die Szene wird in ein

---

[6] Ungewöhnlich früh erkannte Jacob Grimm den parodistischen Charakter der Novelle. Im Brief an Karl Lachmann vom 18. Oktober 1821 (*Briefwechsel der Brüder Jacob und Wilhelm Grimm mit Karl Lachmann*, Bd.1, hrsg. von Albert Leitzmann, Jena 1927, S.314f.) schrieb er: »Zu meiner erholung andere sachen habe ich auch wenig gelesen, Göthes wanderjahre, worin ich die erzählungen, namentlich die von der melusine vortrefflich finde, die capitel über erziehung und bildungsverein misfallen mir, so wie das einleitende abenteuer mit der capelle und der halben parodie der heiligen geschichte.« Romantische Ironie hat zuerst Karl-Heinz Hahn (Goethes Verhältnis zur Romantik. In: *Goethe* 29 [1967], S.60) in der Josephsnovelle entdeckt, später auch Ehrhard Bahr (*Die Ironie im Spätwerk Goethes*, Berlin 1972, S.90f.). Anneliese Klingenberg (*Goethes Roman »Wilhelm Meisters Wanderjahre oder die Entsagenden«*, Berlin/ Weimar 1972, S.32 und 38) sieht in ihr eine Kritik der romantischen Vorliebe für religiöse Stoffe und eine »ironisierende Darstellung des Dilettantismus«. Hannelore Schlaffer (Nachwort. In: Johann Wolfgang Goethe: *Erzählungen*, Stuttgart 1989, S.366f.) kritisiert die »geliehene« Schönheit des dargestellten Daseins und deutet die »hohe Stilisierung« der Novelle »als sprachliche Parodie der nazarenischen Glätte«. Bruce Armstrong (An Idyl Sad and Strange. The St. Joseph the Second section and the presentation of craft work in Goethe's *Wilhelm Meisters Wanderjahre*. In: *Monatshefte* 77 [1985], p.426) sieht einen Zusammenfall von Idylle und Elegie; Adolf Muschg (*Goethe als Emigrant*, Frankfurt/M. 1986, S.111 und 128) ein Spiel mit »einer archaisierenden Mode« und ein humoristisches Zitat der heiligen Familie.

irreales Licht getaucht, und die Genauigkeit der Personenbeschreibung verrät der Leserin schon hier ihre Herkunft aus der Malerei. Während Wilhelm das lebende Nachbild einer christlichen Allegorie nur betrachtet, greift sein Sohn, dessen Naivität ihn vor staunender Tatenlosigkeit schützt, handelnd ein. Er stellt die Verbindung zu den Fremden, die der Vater anstaunt, her. Wilhelms Verwirrung kann nur die Erfahrung beheben. Und dazu, diese Erfahrung durch einen Besuch im Haus der »heiligen« Familie zu machen, lädt man ihn mit Nachdruck ein. Den Kontakt, den die Kinder gestiftet haben, setzen die Erwachsenen fort.[7] Und die Fremden sind sich darin einig, Felix mitnehmen und Wilhelm als Gast bei sich begrüßen zu wollen. Auf seine Frage, wie er ihren Wohnort ausfindig machen könne, erhält er die kryptische Antwort: »Fragt nur nach Sankt Joseph!« (HA 8,10)

Was Wilhelm nach einer Nacht auf dem Grenzposten in einem von Hügeln umschlossenen Tal vorfindet, ist eine halb verfallene Klosteranlage, deren Kirche seit vielen hundert Jahren in Trümmern liegt, während die Klostergebäude »noch wohl erhalten« (HA 8,13) sind, einen ehemaligen Wallfahrtsort[8], an dem »jede kirchliche Verehrung [...] lange aufgehört« (HA 8,17) hat. Was erhalten ist, wird von einem Schaffner bewohnt, der für einen weltlichen Fürsten »die Zinsen und Zehnten« (HA 8,14) eintreibt.[9] Offenbar ist das Kloster als Sakralzentrum zwar zerstört, als spätfeudales Wirtschafts- und Verwaltungszentrum aber bewahrt. Und in diesem hat der Mann, dem Wilhelm am Vortag begegnet ist, ein lukratives Auskommen gefunden. Auch die Kinder erfaßt hier der Geist der Ökonomie. Als Wilhelm seinen Felix, »der immer etwas Geld bei sich« führt, zwischen den »Engeln« (HA 8,14) vom Vortag erkennt, sieht er ihn mit einer Marktfrau um den Preis der heraufgetragenen Kirschen feilschen. Und die Kapelle, in die Wilhelm kurz darauf geführt wird, ist ein sonderbarer Zwitter: »zum häuslichen Gebrauch des täglichen Lebens eingerichtet« (HA 8,14), wirkt sie wie ein Wohnraum. Zu Möbeln und Küchengeschirr wollen jedoch die Wandgemälde nicht recht passen, die sich zu einem Bilderzyklus fügen, der die Geschichte des heiligen Josephs erzählt. Im Privatraum verkümmert die Bibel der Armen zur Dekoration:

> Hier sah man ihn mit einer Zimmerarbeit beschäftigt; hier begegnete er Marien, und eine Lilie sproßte zwischen beiden aus dem Boden, indem einige Engel sie lauschend

---

[7] Hans Jürgen Bastian: Zum Menschenbild des späten Goethe, S.475.

[8] Das Wallfahrtsmotiv nimmt später signifikant variiert *Die pilgernde Törin* (HA 8, 51–64) wieder auf.

[9] Goethes Vorbild war vermutlich das in der Reformation schwer beschädigte Kloster Paulinzella in der Nähe von Ilmenau, das von kunstfertigen Hirschauer Mönchen ausgeschmückt worden sein soll (Gertrud Haupt-Fröhlich: *Goethes Novellen »Sankt Joseph der Zweite«, »Die pilgernde Törin«, »Wer ist der Verräther?«*, Diss., Greifswald 1913, S.24). Den Artikel *Die Ruinen von Paulinzelle* von E. W. Ackermann konnte Goethe im November 1795 im *Neuen Teutschen Merkur* (11. Stück, S.248–260) nachlesen. Den ersten Besuch erwähnen die *Tag- und Jahreshefte* allerdings erst an Goethes Geburtstag im Jahre 1817 (WA I 36, S.131).

umschwebten. Hier wird er getraut; es folgt der englische Gruß. Hier sitzt er miß-
mutig zwischen angefangener Arbeit, läßt die Axt ruhen und sinnt darauf, seine
Gattin zu verlassen. Zunächst erscheint ihm aber der Engel im Traum, und seine
Lage ändert sich. Mit Andacht betrachtet er das neugeborene Kind im Stalle von
Bethlehem und betet es an. Bald darauf folgt ein wundersam schönes Bild. Man
sieht mancherlei Holz gezimmert; eben soll es zusammengesetzt werden, und zu-
fälligerweise bilden ein paar Stücke ein Kreuz. Das Kind ist auf dem Kreuze ein-
geschlafen, die Mutter sitzt daneben und betrachtet es mit inniger Liebe, und der
Pflegevater hält mit der Arbeit inne, um den Schlaf nicht zu stören. Gleich darauf
folgt die Flucht nach Ägypten. Sie erregte bei dem beschauenden Wanderer ein
Lächeln, indem er die Wiederholung des gestrigen lebendigen Bildes hier an der
Wand sah. (HA 8,14f.)

Wilhelm sieht als Nachbild des lebenden Bildes vom Vortag, was genetisch betrachtet sein Vorbild war. Doch der Hinweis des Wirtes: »das Gebäude hat eigentlich die Bewohner gemacht« (HA 8,15) und die Ich-Erzählung, die sich anschließt, geben der wunderbaren Erscheinung eine natürliche Erklärung. Die
verblüffende Ähnlichkeit seiner Familie mit der in der Kapelle abgebildeten des
Pflegevaters Jesu ist das Resultat einer »bewußte[n] Stilisierung«[10] des eigenen
Lebens nach dem Vorbild des bewunderten Vorgängers, Resultat einer gewollten
imitatio Josephi. Diese begann mit der Taufe auf den Namen Joseph, führte zu
Aneignung und Umbau der Kapelle, wurde von ihren Wandgemälden weiter
inspiriert, verlangte die Anschaffung eines Esels und bestimmte die Berufs- wie
schließlich auch die Partnerwahl. Des Dichters Willkür macht das Nachbild eines
legendären Vorbildes zum Vorbild eines gelebten Nachbildes und damit die Ab-
bildrelationen selbst zum Thema. Die Heiligenbilder, Bewirktes und Bewirken-
des zugleich, beziehen ihre Würde von der Legende und geben diese an das
Nachbild weiter, das so eine Aura des Heiligen erhält, die ihm nicht zusteht,
weil das Zitat des Übernatürlichen auf natürliche Vorgänge zurückgeführt wird.
»Alles ist ins Alltägliche, Nahe, Profane umgedeutet, und es ist nichts wunderbar
als eben der stete Bezug auf das Wunderbare.«[11] Deshalb ist »Sankt Joseph«, der
Name des Klosterguts, als berechtigter Übername seines Schaffners *auch* ironisch
zu verstehen.

»Sagen Sie mir doch was ist die gewöhnliche Suite von Gemählden wenn
die Geschichte des heiligen Josephs des Pflegevaters vorgestellt wird«, diese Anfrage richtete Goethe schon am 10. Mai 1799 an Heinrich Meyer.[12] Die Antwort
lautete:

Carl Muratti (sic) hat in der Capelle des Hlg. Josephs zu St. Isidor in Rom folgenden
Cyklus dargestellt: 1. Die Vermählung. 2. Die Anbetung der Hirten. 3. Der Engel

---

[10] Hannelore Schlaffer: *Wilhelm Meister. Das Ende der Kunst und die Wiederkehr des Mythos*,
Stuttgart 1989, S.31.
[11] Ernst Friedrich von Monroy: Zur Form der Novelle, S.8.
[12] WA IV 14, S.87.

vermahnt ihn nach Egypten zu ziehen. – 4. die Flucht nach Egipten. – 5. Der Tod
des Hlg. 6. Seine Apotheose. Dieses ist das Vollständigste so mir bekannt ist man
hat aber auch in einzelnen Bildern d/Wiederkunft der Hlg. Familie aus Egypten &
w/der Hlge. sein Handwerk treibt u. a. d..[13]

Vor jeder narrativen Neugestaltung der Josephs-Legende[14] stand die Frage nach
der Bildtradition, vor der sprachlichen Überformung die Vergegenwärtigung der
christlichen Ikonographie[15]. Wie »Der neue Paris«, »Die neue Melusine« gibt
die im Mai 1807 entstandene[16] Eröffnungsnovelle der »Wanderjahre« schon mit
dem Titel »Sankt Joseph der Zweite« zu erkennen, daß sie sich als Nachbildung
versteht. Doch im Unterschied zu den anderen Fällen ist die Vorlage, die variiert
wird, hier kein Text oder Text gewordener Mythos, sondern die ikonographische

---

[13] Nach dem im Goethe- und Schiller-Archiv in Weimar aufbewahrten Original zitiert bei:
Gertrud Haupt-Fröhlich: *Goethes Novellen*, S.18f.

[14] Joseph, der »Mann Marias«, wird im *Neuen Testament* nur im Matthäus-, Lukas- und
Johannes-Evangelium erwähnt, im Zusammenhang mit den Kindheitsgeschichten Jesu. Er steht
völlig im Schatten Marias. Zu Josephs Familie »dürften mit ziemlicher Sicherheit außer Jesus noch
weitere Söhne (und Töchter?) gehört haben« (Mk 3,31–35; Mt 12,46–50; Lk 8,19–21; Mk 6,3; Mt
13,55f.; Joh 2,12 u.a.). Ob Joseph Zimmermann war, ist unsicher. Schon die altkirchliche Exegese
beschäftigte sich mit den Widersprüchen und Problemen des kanonischen Josephsbildes: seiner
doppelten Genealogie und der Frage nach seiner Enthaltsamkeit. Angereichert wird das blasse Jo-
sephs-Bild des *Neuen Testaments* durch legendarische Ausschmückungen in den apokryphen Kindheitsevangelien. (Eckard Plümacher: Joseph [Mann Marias]. In: *Theologische Realenzyklopädie*,
Bd.17, hrsg. von Gerhard Müller, Berlin/ New York 1988, S.245f.) Der Josephskult wurde im
Abendland gehemmt durch das im Mittelalter »juristisch schwer verständl. Vaterschaftsverhältnis
Josephs, d. Unklarheit über seine Teilhabe an d. Inkarnation u. d. Natur seiner Ehe m. Maria«;
szenische Darstellungen zeigen ihn immer als Teil des Lebens Jesu oder des Marienlebens (G. Kaster:
Joseph von Nazareth. In: *Lexikon der christlichen Ikonographie*, Bd.7, hrsg. von Wolfgang Braun-
fels, Rom u.a. 1974, Sp.211).

[15] »Goethe selbst kannte viele bildliche Darstellungen der *Flucht nach Ägypten*, besaß auch
mehrere Kunstblätter deutscher, französischer und italienischer Meister; Carlo Maratti's Josephzy-
klus, auf den ihn Meyer hinwies, befindet sich nicht darunter.« (Gertrud Haupt-Fröhlich: *Goethes
Novellen*, S.21f.). Den vierteiligen Zyklus der *Flucht nach Ägypten* von Sebastian Bourdon kommentiert er 1818 im Aufsatz *Antik und modern* (WA I 49 I, S.157).

[16] Auch wenn der größte Teil der Eingangnovelle im Mai 1807 in Jena fixiert wurde (WA
III 3, S.210f.), läßt die Briefbemerkung Goethes zu Sulpiz Boisserée vom 9. Dezember 1820 (WA
IV 34, S.37f.): »Der Druck von *Wilhelm Meisters Wanderjahren* wird nun auch angefangen. Es
kommt mir sehr wunderbar vor, ein zwanzigjähriges Manuscript, an das ich bisher kaum gerührt,
redigirend abzuschließen«, den Schluß zu, daß ihn der Stoff schon um 1800 beschäftigt haben muß.
Gertrud Haupt-Fröhlich (*Goethes Novellen*, S.19) vermutet, daß die Kapitelüberschriften in den
Schemata zu den *Wanderjahren* (WA I 25 II, S.209ff.) und die auf die Josephs-Partien bezogene
Inhaltsangabe »Frommes« in *Kurze Notizen zu eignen und fremden Novellen* (WA I 25 II, S.214)
auf diese – sonst nicht bezeugte – frühe Schaffensperiode zurückgehen. Daß Goethe die bereits
zitierte Anfrage vom 10. Mai 1799 (WA IV 14, S.87) am selben Tag an Meyer richtet, an dem er
die Arbeit an *Der Sammler und die Seinigen* abschließt und im Tagebuch auch das Schema zum
Dilettantismus erwähnt (WA III 2, S.247), bestätigt die These von Anneliese Klingenberg (*Goethes
Roman*, S.34), daß die im Juni 1799 entstandene Partie im Schema *Über den Dilettantismus* (WA
I 47, S.319f.) auf Sankt Joseph den Zweiten zu beziehen und die Eingangskapitel der *Wanderjahre*
als Beitrag zur Kunstdiskussion dieser Zeit zu lesen seien. Mit kleinen Änderungen ging die Jo-
sephsgeschichte 1821 in die Erstfassung der *Wanderjahre* ein, für die Zweitfassung wurden die
Kapitel 2, 3 und 4 zu einem Kapitel zusammengezogen.

Tradition der Bebilderung christlicher Legenden, wobei Dürers »Marienleben«[17] eine besonders wichtige Funktion zukommt. Gertrud Haupt-Fröhlich hat in einer hilfreichen synoptischen Darstellung[18] gezeigt, wie das Matthäus-Evangelium, Dürers »Marienleben« und Meyers Angaben zum Josephszyklus in der Kapelle zu St. Isidor in Rom jene Beschreibung ergeben, die Goethe von den Wandmalereien in der Josephs-Kapelle gibt. Ihre Graphik macht deutlich, wie die Legenden zu Bildern werden und beide Anlaß geben zu einer neuen Bildbeschreibung. Was bei Haupt-Fröhlich fehlt, ist die Frage nach der Umsetzung der Bildfolge in die diskursive Organisation der *narratio*, die sich ja ebenfalls an den legendären und bildlichen Vorlagen orientiert. In der Josephskapelle haben wir es noch mit Bildern zu tun. Für den Zweck ihrer Beschreibung stützt Goethe sich vor allem auf das kanonische Kindheitsevangelium des Matthäus. Goethes Bilder-Zyklus stellt Josephs handwerkliche Arbeit an den Anfang und konkretisiert sie am Ende im Rückgriff auf die apokryphe Erzählung vom Bau des Herodesthrones, die sich im *Evangelium Infantiae Salvatoris Arabicum*[19] und strukturgleich als Erzählung vom Bau eines Bettes auch bei Thomas[20] findet. Offenbar hat der Dichter den von Meyer beschriebenen Josephs-Zyklus um Marienleben-Darstellungen erweitert, die – wie in der bildenden Kunst üblich – wenig danach fragen, ob die Ikonographie auf die kanonischen oder auf die apokryphen Kindheitsevangelien antwortet. Die Legende vom Bau des Herodesthrones braucht Goethe, um zu motivieren, warum Sankt Joseph der Zweite seine Zimmermannsarbeit um die Schnitzkunst erweitert und mit der Erhebung des Handwerks zur Kunst einer der Hauptmaximen des Romans Folge leistet. Tod und Apotheose des Heiligen läßt er auch in der *descriptio* weg, weil sie der säkularen Intention seiner *narratio* nicht entsprechen. Den Josephszweifel, den das Neue Testament erwähnt (Matth. 1,18f.) und der die Gemüter im Mittelalter so sehr erhitzt hat, daß es zur ikonographischen Übertragung des antiken Melancholietyps[21] auf den heiligen Joseph kam, unterschlägt Goethe *nicht*. Der Bil-

---

[17] In: Albrecht Dürer: *Die drei großen Bücher*, in den Ausgaben von 1511, hrsg. von Horst Appuhn, 2., überarb. Aufl., Dortmund 1986, S.9–47. In Weimar wurde Albrecht Dürer sehr geschätzt. Selbst der Herzog sammelte Dürers Blätter. Goethe hat Dürer zeitlebens verehrt. Schon in *Von deutscher Baukunst* notiert er (WA I 37, S.150): »Männlicher Albrecht Dürer, den die Neulinge anspötteln, deine holzgeschnitzteste Gestalt ist mir willkommener.« Im Anhang zu *Benvenuto Cellini* (WA I 44, S.385) lobt er an den Arbeiten Albrecht Dürers »die Lebhaftigkeit und Feinheit der Zeichnung« und »die Zartheit des Stichs«. 1808, kurz nach der Niederschrift der Josephsnovelle, schreibt Goethe einen Zusatz (WA I 48, S.249) zu Heinrich Meyers Aufsatz *Albrecht Dürer's christlich-mythologische Handzeichnungen*.

[18] Gertrud Haupt-Fröhlich: *Goethes Novellen*, S.27.

[19] In: *Evangelia Apocrypha*, collegit atque recensuit Constantinus de Tischendorf, Editio Altera, Lipsiae MDCCCLXXVI, Caput XXXIX, p.201–202.

[20] *Das Kindheitsevangelium des Thomas*. In: *Apokryphen zum Alten und Neuen Testament*, hrsg. von Alfred Schindler, 5. Aufl., Zürich 1993, Kap.13, S.450f.

[21] »Das Bildschema der trauernden Introspektion läßt sich weit über das Mittelalter hinaus zurückverfolgen bis in die Antike.« Schon die griechische Grabstele des Demokleides aus dem 4. Jahrhundert v. Chr. zeigt einen trauernden, sitzenden Jüngling, der den rechten Ellenbogen auf sein

derzyklus in der Kapelle zeigt Joseph auch als Melancholiker[22]; für die Novelle
aber bleibt der Josephszweifel funktionslos, da die profane Geschichte einer Adoption erzählt wird und die Vaterschaft des Kindes außer Zweifel steht. In diesem
Fall ist die Diskrepanz zwischen Erwähnung in der *descriptio* und Funktions-
losigkeit für die *narratio* zeichenhaft. »Die Rückkehr aus Ägypten« fehlt, da es
die Flucht ja nur als Titel über einem Standbild, nicht aber als Handlung gibt.

Die »Flucht nach Ägypten«, mit der die Bildgeschichte bei Dürer endet, ist
für Goethes Novelle der Ausgangspunkt. Was in den Kindheitsevangelien und
ihren Bild-Legenden synthetisch erzählt wird, wird in den »Wanderjahren« analytisch erzählt, als Rekonstruktion des Zustandekommens einer »sonderbare[n]
Erscheinung« (HA 8,8). Dem Aussehen nach entspricht die Josephsfamilie, obgleich seßhaft, traditionellen Darstellungen der »Flucht nach Ägypten«, einem
Archetypus von Entwurzelung und Vertreibung in der westlichen Kultur[23]; inhaltlich trifft das Motiv des Auszugs nicht auf Joseph, Marie und ihre Kinder,
sondern auf die unvollständige Familie zu, die aus Wilhelm und Felix besteht.
Allerdings handelt es sich bei *ihrer* Wanderung um einen Auszug ohne Not, den
auch Wilhelms erster Natalienbrief nicht befriedigend motiviert. Er nennt nur
die »Bedingungen« (HA 8,12) dieser Wanderschaft, nicht das Wandermotiv:

> Nicht über drei Tage soll ich unter *einem* Dache bleiben. Keine Herberge soll ich
> verlassen, ohne daß ich mich wenigstens eine Meile von ihr entferne. Diese Gebote
> sind wahrhaft geeignet, meine Jahre zu Wanderjahren zu machen und zu verhindern,
> daß auch nicht die geringste Versuchung des Ansiedelns bei mir sich finde. (HA
> 8,12)

Die Funktion dieser Wanderverpflichtung klärt später zwar das von Wilhelm
erinnerte Gespräch mit Montan:

> »Du bist von der Menschenart«, sprach er, »die sich leicht an einen Ort, nicht leicht
> an eine Bestimmung gewöhnen. Allen solchen wird die unstäte Lebensart vorge-
> schrieben, damit sie vielleicht zu einer sichern Lebensweise gelangen. Willst du dich

---

Knie gestellt hat und den Kopf schwer in die rechte Hand stützt, während der linke Arm frei in
seinem Schoß ruht. Die christliche Kunst überträgt diese Pose auf Adam und Eva, für Darstellungen
des neutestamentlichen Josephs wird sie zum festen Stereotyp. Bei ihm zeigt die Leidgebärde nicht
nur »ein schmerzliches Nachsinnen über die wunderbare Empfängnis der Maria«, sie ist auch »Vorausdeutung auf den Tod Christi«. Horst Wenzel: Melancholie und Inspiration. Walther von der
Vogelweide L.8,4ff. Zur Entwicklung des europäischen Dichterbildes. In: *Walther von der Vogelweide: Beiträge zu Leben und Werk*, hrsg. von Hans-Dieter Mück, Stuttgart 1989, S.136ff.

[22] Dazu Goethe in den *Maximen und Reflexionen* (HA 12,484): »Auf den heiligen Joseph
überhaupt haben es die Künstler abgesehen. Die Byzantiner, denen man nicht nachsagen kann, daß
sie überflüssigen Humor anbrächten, stellen doch bei der Geburt den Heiligen immer verdrießlich
vor. Das Kind liegt in der Krippe, die Tiere schauen hinein, verwundert, statt ihres trockenen Futters
ein lebendiges, himmlisch-anmutiges Geschöpf zu finden. Engel verehren den Ankömmling, die
Mutter sitzt still dabei; St. Joseph aber sitzt abgewendet und kehrt unmutig den Kopf nach der
sonderbaren Szene.«

[23] Bruce Armstrong: An Idyl Sad and Strange, p.423.

ernstlich dem göttlichsten aller Geschäfte widmen, ohne Wunder zu heilen und ohne Worte Wunder zu tun, so verwende ich mich für dich.« (HA 8,282)

Welches »wundersame[.] Geschick« (HA 8,11) Wilhelm aber von Natalie trennt, in der er am Ende der »Lehrjahre« doch sein »Königreich« (HA 7,610) gefunden zu haben glaubte, bleibt bis zum Schluß des Romans eine Leerstelle. Warum setzt unser Held sich im Moment, da er endlich eine Frau und eine Mutter für seinen Sohn gefunden hat, über das Wandergebot nicht hinweg? Warum wird die Trennung erlitten, statt aufgehoben? Warum begleitet ihn Natalie nicht auf seiner Wanderschaft? Sankt Joseph der Zweite ist seßhaft. Wenn zu Beginn des Romans einer »flieht«, dann Wilhelm, aber wovor? Vor der Ehe, vor der Unberührbarkeit der zukünftigen Frau – wie kann man mit der Idee der *caritas* verheiratet sein? –, vor der Turmgesellschaft, vor der Seßhaftigkeit? Warum wird die erzwungene Entsagung sogar noch mit einem Schweigegebot belegt: »Doch ich darf ja von allem dem nicht reden« (HA 8,11)? Die Gründe sind nicht auf der Handlungs-, sondern auf der poetologischen Ebene zu suchen. Offenbar geht es Goethe darum, Wilhelm zum Anti-Werther zu machen, indem er den Blick der Figur von der Innenwelt ab- und der Außenwelt zuwendet und mit diesem Wechsel des Wahrnehmungsfokus ein antiromantisches Programm umsetzt, das den Bildungsroman zum Gesellschaftsroman weitet. »Du sollst keine Klagen mehr von mir hören; du sollst nur hören, was dem Wanderer begegnet« (HA 8,13); mit dieser Selbstverpflichtung endet der erste Natalienbrief, nicht ohne deutlich zu machen, wie schwer die Einlösung des Versprechens fällt: »Glücklicherweise treibt man mich hinweg« (HA 8,13). Das Wandern erzeugt eigene Sachzwänge. Einmal gewählt, erzwingt die Lebensform die Einlösung des Programms.

In gewissem Sinne ist das Lukas-Evangelium für die Josephsgeschichte noch wichtiger als das Matthäus-Evangelium. Ihm entnimmt Goethe die »Heimsuchung« (Lk. 1,39–56)[24], die er zu einem Kapitel ausbaut, das die Vorlage offen ironisiert: Aus der prophetischen Erleuchtung Elisabeths, die in Maria die Mutter des Heilands erkennt, wird die profane Einsicht Sankt Josephs des Zweiten, daß die schöne Frau, in die er sich verliebt hat, eine Hebamme braucht. Im Moment, da er die Schwangere auf sein Lasttier hebt, kommt ihm das durch die Gemälde präfigurierte innere Bild als äußere Wirklichkeit entgegen. Den Esel hatte er lange schon so geschmückt, wie ihn die Bilder in der Kapelle zeigen. Bisher fehlte dem Tier aber noch die richtige Last. Von der unverhofften Wunscherfüllung verwirrt, weiß er nicht mehr, ob die Bilder der Josephskapelle in seiner Seele einen »Traum« erzeugen oder »eine schöne Wirklichkeit« jene Bilder zu »Träume[n]« (HA 8,23) macht, indem sie sie überbietet. Spricht der Text von einer Zeit, in der das Wünschen noch geholfen hat, Leben zu formen, oder nur von

---

[24] Albrecht Dürer zeigt im *Marienleben* (op. cit., S.25) deutlich die Begegnung zwischen *zwei* Schwangeren.

einem – für *eine* Seite – glücklichen Zufall? Denn um Josephs geheime Wünsche erfüllen zu können, muß der Dichter Marie erst zur Witwe machen. Lebhafter als ihre Sorge um den Fremden, der ihr beisteht, ist vorerst die um ihren Mann, den marodierende Truppen überfallen und verschleppt haben. Historischer Hintergrund für den Überfall, der die Gebirgsidylle zerstört, sind die konkreten Erfahrungen Goethes mit Einquartierungen in Weimar und plündernder Soldateska zur Zeit der französischen Besatzung. Doch die Novelle spricht nur von den subjektiven Empfindungen, nicht von den Truppenbewegungen und vom objektiven Kriegsverlauf. Und die Gefühle sind von der Art, daß sie auch den nächsten Zwischentitel »Der Lilienstengel« (HA 8,25) ironisieren: »Ich gönnte und wünschte dem guten Ehemann das Leben, und doch mochte ich sie mir so gern als Witwe denken.« (HA 8,25) Ganz so rein, wie der Titel suggeriert, sind die Wünsche Sankt Josephs des Zweiten nicht. Er denkt in erster Linie an sich selbst. In Gedanken schafft er den Nebenbuhler aus der Welt, dessen Frau er samariterhaft[25] ins Haus der Hebamme bringt: »Frau Elisabeth, Ihr werdet heimgesucht!« (HA 8,24) Für das, was *diese* Elisabeth erkennen muß, braucht sie keine göttliche Erleuchtung. Dazu reichen der gesunde Menschenverstand und die Erfahrung der Geburtshelferin.[26] Wie am Ende des Romans Frau Susanne wird am Anfang Frau Elisabeth als die »Gute« (HA 8,24) bezeichnet. Ihr Leben im Dienst der *caritas* läßt sie eher der heiligen Elisabeth von Thüringen gleichen, die in Marburg ein Hospital gegründet hat[27], als der Mutter Johannes des Täufers, an die Goethe mit dem Verweis auf die »Heimsuchung« erinnert. Obwohl sein Joseph sich als Beschützer, Helfer, Wegbegleiter bewährt[28] und Nachrichten über das Schicksal des Verschollenen einholt, wird ihm der Zugang zum Hebammenbezirk verwehrt:

> Sie schlossen sich ein, und ich stand bei meinem Esel vor der Tür, wie einer, der kostbare Waren abgeladen hat und wieder ein ebenso armer Treiber ist als vorher. (HA 8,25)

Schwangerschaft und Geburt sind hier noch Frauensache. Der Mann steht ohnmächtig, nutzlos, überflüssig vor der Tür. Er kann gar nichts tun. Er ist den Frauen im Weg. Betreten darf er das Haus erst acht Tage später. Jetzt reicht ihm Frau Elisabeth einen schönen Knaben, den er innerlich umgehend adoptiert, was

---

[25] Günter Niggl: *»Fromm« bei Goethe*, Tübingen 1967, S.367.

[26] Eine mit der Landesuniversität in Jena verbundene Hebammen- und Gebäranstalt wurde im Herzogtum Sachsen-Weimar 1771 noch unter der Regentschaft Anna Amalias geplant, aber erst 1778 unter Herzog Karl August eingerichtet. Manfred Wenzel: »Hufland hat mir ein böses Frühstück geschickt«. Medizingeschichtliches aus dem alten Weimar. In: *Gießener Universitätsblätter* 24 (1991), S.37.

[27] J. Lang: Elisabeth v. Thüringen. In: *Marienlexikon*, hrsg. von Remigius Bäumer und Leo Scheffczyk, Bd.2, St. Ottilien 1989, S.330.

[28] Hilfsgüter für eine Wöchnerin bringen Hilarie und Flavio in *Der Mann von funfzig Jahren* quer über den zugefrorenen See (HA 8,212).

das Liliensymbol unterstreicht. Die Kostbarkeit, die er bei Frau Elisabeth abge-
liefert hat, war die schwangere Frau; im Melusinenmärchen wird sie später auch
als »Schatz« (HA 8,358) bezeichnet. Dort ist das Kästchen ihr heimliches Heim,
hier ist das Haus der Hebamme das »Heiligtume« (HA 8,21), das Joseph als
solches erscheint, weil die Bewohnerin die Antworten auf seine »rätselhaften
Fragen« stets in ein »Geheimnis« (HA 8,21) hüllt. In beiden Binnenerzählungen
ist das »offenbar Geheimnis« das Wunder des Lebens, das Rätsel der Geburt.
Doch wie sehr unterscheidet sich die »Verkündigung« in der Josephsgeschichte
von der des Neuen Testaments: Nicht die Frohe Botschaft ihrer Gottesmutter-
schaft wird *Maria* überbracht, *Marie* erreicht die traurige Nachricht vom Tod
ihres Mannes. *Maria* weiß von keinem Manne und lernt, an das Wunder ihrer
»unbefleckten Empfängnis« zu glauben; *Marie* kennt den Vater ihres Kindes
und verliert ihn kurz vor der Geburt. Das Kind, das kurz danach geboren wird,
ist nur in dem Sinn Gottes Sohn, als *jeder* Mensch Anspruch auf Gotteskindschaft erheben kann. Aus dem Paar, das ein gemeinsames Kind erwartet, ist über
Nacht eine alleinstehende Mutter geworden, der Sankt Joseph der Zweite einen
überstürzten[29] Heiratsantrag macht. Ihr Unglück ist sein Glück, weil das verwaiste Kind ihm unverhofft Gelegenheit bietet, seinem Vorbild auch als Pflegevater nachzueifern: »Es ist keine Waise mehr, wenn Ihr wollt!« (HA 8,26); eine
Taktlosigkeit, vor deren Folgen ihn die Hebamme bewahrt: »Frau Elisabeth,
klüger als ich, nahm mir das Kind ab und wußte mich zu entfernen.« (HA 8,26)
Im Gegensatz zu dem voreiligen Freier weiß die Hebamme, daß es Wunden gibt,
die nur die Zeit heilt. Und das tut sie dann auch. Das Trauerjahr gibt Marie
Gelegenheit, den Verlust ihres Mannes zu verarbeiten und sich an den Gedanken
einer zweiten Ehe zu gewöhnen. Als Joseph, der seine »unendliche Ungeduld«
(HA 8,25) zügeln lernt, der geliebten Frau später seine Kapelle zeigt, wirkt seine
»Bilderdeutung« (HA 8,27) wiederum als Heiratsantrag. Im Gegensatz zum er-
sten hat er mit dem zweiten Erfolg. Auf die innere Adoption des fremden Knaben
folgt die äußere und nach einer adäquaten Brautzeit die Eheschließung. Goethes
Joseph glaubt so fest an die Möglichkeit der Anpassung seiner Lebenswirklich-
keit an die Kunst, daß sein Glaube hier zur *self-fulfilling prophecy* wird: Zum
Esel, den er *kaufen* konnte, findet sich auch die Frau, die er *gewinnen* muß. Im
Rückblick kann der mehrfache Vater Wilhelm eine Sentenz mit auf den Weg
geben, die man als Motto über den Roman stellen könnte: »Das Leben gehört
den Lebendigen an, und wer lebt, muß auf Wechsel gefaßt sein.« (HA 8,27)

Wie sehr das Leben weitergegangen ist, zeigt die Familie in der Form, in
der sie Wilhelm schon am ersten Tag begegnet ist, ohne daß er sich ihre sonderbare Aufmachung erklären konnte. Das Wochenkind war nicht das menschliche
Pendant zum Jesuskind, sondern das von Joseph und Marie in legitimer Ehe

---

[29] Was Glücken soll, braucht »Takt und Maß« (Erich Trunz: HA 8,559). Das Gegemodell
ist am Ende des Romans Lenardo.

gezeugte dritte Kind Maries, Josephs zweites. Die »lieben Engelein« (HA 8,10),
die dem Familienzug vorauseilten, waren Maries Erstgeborener und sein Halb-
bruder. Auch wenn hier die in der christlichen Ikonographie verbreitete Vorstellung von mehreren Kindern des heiligen Pflegevaters aufgenommen wird, ist
sie doch signifikant variiert. Der älteste Knabe stammt nicht aus *Josephs* erster
Ehe, sondern aus *Maries*. Das wird in der Beschreibung des Eingangs-Tableaus
so nebensächlich, daß man beinahe übersieht, wie stark das Nachbild von den
für das Vorbild verbindlichen christologischen Dogmen[30] abweicht:

> Die Pflichten und Freuden des Pflegevaters und Vaters vereinigten sich; und so
> überschritt zwar unsere kleine Familie, indem sie sich vermehrte, ihr Vorbild an
> Zahl der Personen, aber die Tugenden jenes Musterbildes an Treue und Reinheit der
> Gesinnungen wurden von uns heilig bewahrt und geübt. (HA 8,27f.)

Sind das wirklich noch *dieselben* Tugenden? Die Bilder der Josephskapelle zeigen
den Heiligen; Goethes Novelle zeigt einen Menschen, der durch die *imitatio
Josephi* seinen Platz in einer fraglos akzeptierten Ordnung findet, durch die alles,
was ihm zustößt, sinnvoll wird. Das Leben in der Nachfolge gibt ihm neben der
Glaubensgewißheit auch seine Berufs- *und* seine Geschlechtsidentität. Goethe
interessiert der Mensch, der sich angesichts einer Zumutung, die ihm unfaßbar
ist, besonders bewährt; *diesen* sucht die Josephsfigur zu imitieren. »Treue und
Reinheit der Gesinnungen« sind Vorbild und Nachbild gemeinsam, doch nicht
das Leben im Zölibat. Das Urchristentum, das die Nähe zur evangelischen Überlieferung noch hatte, stellte sich Joseph noch als jungen Mann vor. Doch schon
die lateinische Fassung der um 400 entstandenen »Historia Josephi« mußte Joseph zum impotenten, weil über neunzigjährigen Greis machen und seiner Verbindung mit Maria eine im Alter von vierzig Jahren geschlossene und neunund-
vierzig Jahre während erste Ehe vorausschicken, um die Keuschheit in der zweiten
plausibel zu machen.

> Seine neunzig Jahre dienten als theologisches Argument für die Jungfräulichkeit
> Marias. Ein zeugungsunfähiger Joseph machte die vom Heiligen Geist herbeige-
> führte Schwangerschaft über alle Zweifel erhaben.[31]

Doch damit büßte Joseph auch seine Vorbildhaftigkeit ein:

> Es verursachte Schwierigkeiten, einen Greis, der mit dem Geschlechtstrieb keine
> Probleme mehr hatte, als Inbegriff mannhafter Züchtigkeit glaubwürdig darzustel-

---

[30] Die Frage nach dem Verhältnis der Menschheit zur Gottheit Jesu Christi hat zu verschiedenen Konzilien Anlaß gegeben, bis man sich im Jahre 451 auf dem Konzil von Chalcedon darauf
einigen konnte, daß Jesus Christus »in zwei Naturen unvermischt, unverwandelt, ungetrennt und
ungeschieden sei und daß die zwei Naturen unter Beibehaltung ihrer Eigenschaften sich doch zu
einer Person und einer Existenzform (hypostasis) vereinigt hätten«. Alfred Schindler: Die theologische und dogmatische Entwicklung. In: *Ökumenische Kirchengeschichte*, Bd.1, hrsg. von Raymund Kottje und Bernd Moeller, 2., durchges. und verb. Aufl., Mainz/ München 1977, S.182.
[31] Klaus Schreiner: *Maria. Jungfrau, Mutter, Herrscherin*, München/ Wien 1994, S.43.

len. Vorbild konnte Joseph nur dann sein, wenn er noch über eine Triebnatur verfügte, die der Disziplinierung bedurfte.[32]

Im Spätmittelalter gab es sogar einen Bildtypus, der die Verbindung eines alten Mannes mit einem jungen Mädchen dem Gespött preisgab, was die Verfasser von Marienleben veranlaßte, Maria älter und Joseph jünger erscheinen zu lassen. Auch in der bildenden Kunst ließ man die Vorstellung von Joseph als Greis allmählich fallen. Im 15. Jahrhundert kam die Behauptung auf, Joseph sei zum Zeitpunkt seiner Verlobung mit Maria kein altersschwacher Greis, sondern ein Mann zwischen achtundzwanzig und fünfzig Jahren gewesen. Sie wurde familiär begründet: Als Bruder von Kleophas, des zweiten Mannes von Marias Mutter Anna, sei er Marias Stiefonkel gewesen. Als zweites Argument machte man die Strapazen der Flucht nach Ägypten geltend, die ein gebrechlicher alter Mann nicht hätte überstehen können. Dürer malt Joseph nicht als Greis, sondern als gereiften Mann.

Bei Goethe ist Joseph ein »derber, tüchtiger, nicht allzu großer junger Mann« (HA 8,8), der den Anstrengungen der Gebirgswanderung durchaus gewachsen ist. Der Dichter betont seinen kräftigen, sicheren Tritt. Offenbar knüpft sein Josephsbild an die spätmittelalterliche Traditionslinie an. Wenn man bedenkt, welchen Aufwand die Kirche treiben mußte, um die sprichwörtliche »Josephsehe« von jedem Zweifel frei zu halten und mit dem Dogma der »Unbefleckten Empfängnis Mariä« auch die Gottesmutter selbst noch von der Erbsünde zu befreien[33], sticht der Unterschied zu Goethes Josephsgeschichte ins Auge. Sein Joseph und seine Maria dürfen die Ehe, die sie geschlossen haben, auch vollziehen. Aus ihrer Ehe gehen engelhafte Kinder hervor. Selbstverständlich kommt die Vaterschaft zur Pflegevaterschaft hinzu. Der Schauplatz ihrer Liebe, auch der sinnlichen, ist die ehemalige Kapelle. Verteufelung der Sinnlichkeit liegt Goethe fern. Eher sakralisiert er die Liebe. Sein Joseph ist nicht der *defensor virginitatis Mariae*. Als junger, »rüstige[r] Mann« (HA 8,9) – daran läßt die Wortbedeutung von »rüstig« in den »Römischen Elegien« keinen Zweifel[34] – ist er selbstverständlich auch potent. Goethe verbindet das zentrale christliche Heilsgeschehen mit der antiken Bejahung der Sinnlichkeit des Menschen. »Heilig« sind die Liebe und das Leben selbst, die Formen seiner Gewinnung wie seiner Erhaltung, die Selbstverständlichkeit der Adoption. Das Geheimnis der Weihnachtsgeschichte ist die *irdische* Familie, und nur in dieser Form hält Goethe die Legende für *human*.[35] Dabei ist das vermeintliche Urbild am Anfang des Romans selbst schon eine *patchwork-family*. Sie zeichnet sich aus durch die Unzertrenn-

---

[32] Klaus Schreiner: *Maria. Jungfrau, Mutter, Herrscherin*, S.43.

[33] Vgl. die von Papst Pius IX. verkündete Bulle *Ineffabilis Deus* vom 8. Dezember 1854. *Marienlexikon*, Bd.6, S.519.

[34] Vgl. in der III. Elegie V.21 (HA 1,158).

[35] Als Symbol der heiligen Dreifaltigkeit kommt Goethes Josephsfamilie schon deshalb nicht in Betracht, weil sie fünfköpfig ist.

lichkeit des Paares: »Jenes erste Gefühl, das uns zusammengeführt hatte, verlor sich nicht« (HA 8,27), die Gleichberechtigung zwischen den Partnern wie zwischen den Halbgeschwistern, die Fürsorge und die Stabilität. Von der Frage der Jungfräulichkeit sieht der Dichter vollständig ab; seine Männerfiguren sind nicht fixiert auf die Unschuld der Frau.[36] Wie Herr von Revanne um die einen andern erziehende Törin, Flavio um die Braut seines Vaters, der Major um die schöne Witwe, Lenardo um die ihren verstorbenen Mann vermissende Susanne, wirbt Joseph um eine junge Frau, die eben noch die eines andern war. Daß die *un*heilige Familie Goethe auch aus persönlichen Gründen beschäftigt hat, zeigt ein Brief an den Herzog vom 18. April 1792: »Meyer ist fleißig, er hat meine kleine Familie (welches nicht eben eine heilige Familie ist) portraitirt um sich auch hierin zu prüfen.«[37]

Wenn man Revue passieren läßt, welche Elemente der traditionellen Ikonographie Goethe ungenutzt läßt: Rückkehr aus Ägypten, Tod Josephs, Apotheose des Heiligen, und welche er profanisiert: Flucht nach Ägypten, Heimsuchung, Lilie, dann wird die Tendenz seiner Josephsgeschichte überdeutlich: Goethe zeigt keinen Heiligen, sondern einen Menschen.[38] Er erzählt keine Wundergeschichte, das Weihnachtswunder bildet den Hintergrund, vor dem die Geschichte einer Adoption zu etwas Wunderbarem wird. Goethes Joseph übernimmt die Rolle des Pflegevaters gern. Er strebt sie sogar an. Sein Kind ist das Kind, das ihn braucht. Sein Begriff von Vaterschaft ist meilenweit von Wilhelms Zweifel entfernt, ob Felix wirklich sein Sohn sei. Dieser stellt sich in den »Lehrjahren« mit dem Knaben vor den Spiegel, prüft die Ähnlichkeit und ist von seiner Vaterschaft erst überzeugt, nachdem er nicht die Stimme der »Natur«, sondern die einer Autorität vernommen hat:

> »[...] Felix ist Ihr Sohn! Bei dem Heiligsten, was unter uns verborgen liegt, schwör' ich Ihnen, Felix ist Ihr Sohn! und der Gesinnung nach war seine abgeschiedne Mutter Ihrer nicht unwert. Empfangen Sie das liebliche Kind aus unserer Hand, kehren Sie sich um, und wagen Sie es, glücklich zu sein!« (HA 7,497)

Erst nach dieser Aufforderung hat Wilhelm den Mut, sich das Kind, das er schon lange kennt, anzueignen. Mit der Anerkennung seiner Vaterschaft enden seine »Lehrjahre« (HA 7,497). Josephs Söhne sehen einander *nicht* ähnlich: »reiche blonde Locken« (HA 8,8) und blaue Augen zieren den älteren, glatte braune Haare und braune Augen den jüngeren. Daß sie Halbbrüder sind, sieht man ihnen an. Weil das außer Zweifel steht, braucht nach der Familienähnlichkeit

[36] Wo sie das sind, wie Gretchens Bruder Valentin in *Faust I*: »Du fingst mit *einem* heimlich an,/ Bald kommen ihrer mehre dran,/ Und wenn dich erst ein Dutzend hat,/ So hat dich auch die ganze Stadt« (V.3736–3739; HA 3,118f.), wird ihre Haltung der Unmenschlichkeit überführt.

[37] WA IV 9, S.301. Vgl. dazu Johann Heinrich Meyers Aquarell *Christiane und August* von 1792, reproduziert in: Eckart Kleßmann: *Christiane. Goethes Geliebte und Gefährtin*, 3. Aufl., Zürich 1993, S.113.

[38] Hans Joachim Schrimpf: *Das Weltbild des späten Goethe*, S.148.

nicht gesucht zu werden. Eine Zwischenstellung zwischen diesen beiden Vätern
hat in Goethes »Wilhelm Meister« Friedrich inne. Er versichert Wilhelm, der in
jener Nacht nach der »Hamlet«-Premiere von Philine besucht worden ist und
deshalb so gut wie ihr Mann der Vater des Kindes sein könnte, das sie erwartet:
»Die Vaterschaft beruht überhaupt nur auf der Überzeugung; ich bin überzeugt,
und also bin ich Vater.« (HA 7,559)

Goethes Josephsgeschichte ist säkular bis zur Profanisierung zentraler chri-
stologischer Dogmen: Maries erstgeborener Sohn ist ganzer Mensch, nicht ganzer Mensch und ganzer Gott zugleich. Er hat einen leiblichen Vater, der sterben
muß, damit Marie Witwe wird und Joseph sein Pflegevater werden kann. Während die Ähnlichkeit zur Legende in den Gemälden und ihrer *descriptio* gewahrt
bleibt, mißrät die gelebte *imitatio* wie deren *narratio* zum Gegenbild. Josephs
Nachfolge ist eine *imitatio homini* keine *imitatio Christi*, zu der das Selbstopfer
als Lamm Gottes, die Selbsthingabe für das Wohl der Christen gehören würde.
Joseph opfert sich nicht auf, er bekommt, was er sich wünscht: Frau und Kinder.
Die *imitatio Josephi* erleichtert ihm das Leben und ist das Gegenteil von Entsagung. Der heilige Pflegevater stellt seine menschlichen Bedürfnisse hinter dem
göttlichen Auftrag und dem Dienst für die Gottesmutter und ihr Kind zurück.
Seine Ausgeschlossenheit von der göttlichen Mutter-Kind-Beziehung prägt in
Goethes Vierzeiler »Heilige Familie« noch folgenden Vergleich:

> O des süßen Kindes, und o der glücklichen Mutter,
> Wie sie sich einzig in ihm, wie es in ihr sich ergetzt!
> Welche Wonne gewährte der Blick auf dieß herrliche Bild mir,
> Stünd' ich Armer nicht so heilig, wie Joseph, dabei![39]

In den »Wanderjahren« wird der Ausschluß aufgehoben. Joseph steht nur bei
der Geburt des Pflegekindes draußen vor der Tür, nach dem Trauerjahr wird
Marie im vollen Sinn des Wortes seine Frau. Die Flucht der *Sacra Familia* vor
dem Kindermord des Herodes ist eine existentielle Notwendigkeit und eine
Flucht auf unbestimmte Zeit. Was sich hier als »Flucht nach Ägypten« stilisiert,
ist eine kurze Geschäftsreise: eine Warenlieferung oder die Einsammlung von
Zinsen für den Fürsten, dem der Schaffner dient. Wenn Joseph bei seinen Wanderungen durchs Gebirge dieses heilsgeschichtliche Geschehen imitiert, nimmt
er ein großes Wort für eine kleine Sache in Anspruch. Man könnte das auch
Hyperbolik nennen, wenn nicht gar Blasphemie. Während das Fluchtmotiv hier
ein inhaltsleeres Zitat ist, sieht Frau Susanne sich am Ende der »Wanderjahre«
tatsächlich zum Verlassen des Gebirgstales gezwungen, wenn auch aus wirtschaftlichen, nicht wie die *Sacra Familia* des Neuen Testaments aus dynastischen
Gründen.

---

[39] WA I 2, S.131.

Die Eröffnungsnovelle steht zum Ganzen des Romans im Verhältnis des Kontrasts.[40] Der ungebrochenen Gläubigkeit der Josephsfamilie steht die Sinnsuche derer gegenüber, die aus der Traditionsbindung herausgefallen sind, Josephs ganzheitlicher Lebensform die Arbeitsteilung, seiner Seßhaftigkeit die Auswanderung, seiner Wirtschaftsallianz mit dem Feudalismus die beginnende Industrialisierung. In der modernen Gesellschaft zerfällt, was die rückwärtsgewandte Utopie am Eingang des Romans nochmal evoziert: die Einheit von Glaube und Sitte, Liebe und Arbeit, Handwerk und Kunst, Familie und Beruf. Doch die Idylle ist selbst schon gebrochen, nur scheinbar zeitenthoben[41]. Von ihrer Bedrohung durch die historische Entwicklung zeugen der Krieg, der Maries unglücklichen Gatten das Leben kostet; die Kirchenruine als Zeichen des historischen Wandels der Institutionen und der mit ihnen verbundenen Lebensformen; die geographische Lage des Bergtals an der Peripherie der Industrialisierung; die Rückständigkeit der Wirtschaftsform; das Lob des Trauerjahrs als Form der Überwindung eines Verlusts und – nicht zuletzt – der Titel, der mit dem Zitatcharakter auch den historischen Abstand zum Vorbild betont.[42] Joseph nährt nicht das Handwerk, sondern das Schaffneramt. Dieses ist an den Fortbestand des Feudalismus gebunden, den die Entwicklung der Wirtschafts- und Gesellschaftsformen überholt. Nicht nur im Vergleich zum Roman, schon in der vermeintlich idyllischen Eingangsnovelle selbst ist die Aufmachung der Familie von einer sonderbar anachronistischen, eigentlich befremdlichen Künstlichkeit, an der Wilhelm nur die Vergegenwärtigung des Vergangenen (HA 8,15f.) wahrnimmt, nicht auch die Profanisierung des Heiligen.

Was wir gelesen haben, ist eine Tagebuchaufzeichnung Wilhelms, den wir zu Beginn schon mit einer »Schreibtafel« (HA 8,7) gesehen haben, weil er für die entfernte Verlobte ein Reisetagebuch führt. Damit erweist sich die Josephsgeschichte als doppelt vermittelt und von Wilhelms Optik eingefärbt. Dieser gibt im zweiten Natalienbrief zu erkennen, daß er sich teilweise mit dem Helden der Josephsgeschichte identifiziert:

> Jene Verehrung seines Weibes, gleicht sie nicht derjenigen, die ich für dich empfinde? und hat nicht selbst das Zusammentreffen dieser beiden Liebenden etwas Ähnliches mit dem unsrigen? (HA 8,28)

Was in den »Lehrjahren« die Räuber waren, sind in den »Wanderjahren« die Soldaten. In beiden Fällen führt ein Überfall, der einen Mann verwundet, zwei Menschen, die sich finden sollen, zusammen. In beiden Fällen ist es Liebe auf den ersten Blick. In beiden Fällen folgt auf die Erkenntnis des Idealpartners

---

[40] Josef Kunz: *Die deutsche Novelle zwischen Klassik und Romantik*, 2., überarb. Aufl., Berlin 1971, S.29.

[41] Gonthier-Louis Fink: Die Auseinandersetzung mit der Tradition in *Wilhelm Meisters Wanderjahren*. In: *Recherches Germaniques* 5 (1975), S.113.

[42] Bruce Armstrong: An Idyl Sad and Strange, p.423f.

gleich wieder die Trennung. Joseph muß Marie verlassen, nachdem er sie zu Frau Elisabeth geführt hat. Wilhelm sieht die Amazone, ohnmächtig werdend, entschwinden. Wie Wilhelm die Amazone dabei mit einem Heiligenschein umgibt, so verklärt Sankt Joseph der Zweite seine Frau durch den Vergleich mit der Gottesmutter. Wichtiger als die Analogien zwischen beiden Erstbegegnungen sind jedoch die Differenzen: Eigentlich müßte Wilhelm sich nicht mit Joseph identifizieren, sondern mit Maries erstem Mann. Denn wie dieser war er bei dem Überfall der Verwundete. Doch wer identifiziert sich schon gern mit einem Toten? Wilhelm hat sich als Verwundeter in die adelige Samariterin verliebt; Joseph verliebt sich als Samariter in die Frau des Verwundeten. Wie Joseph sich um Marie, kümmerte Philine sich damals aufopfernd um Wilhelm. Der Dank war aber nicht, daß er sie heiratete. Er schickte sie weg, sobald es ihm besser ging, nachdem sie dem Vergleich mit der Amazone vorher schon nicht standgehalten hatte. Während Sankt Joseph der Zweite weiß, wo er Marie wiederfinden kann, muß Wilhelm Natalie lange suchen. Zum Zeitpunkt des Überfalls war in den »Lehrjahren« Frau Melina schwanger, aufgrund des Schocks verlor sie das Kind. Felix, das einzige lebendige Kind der Rahmenhandlung, ist das Kind der toten Mariane – nicht gerade eine Maria. Wilhelm wußte nichts von seiner Vaterschaft. Natalie hatte damals und hat auch jetzt *keine* eigenen Kinder. Dafür hat sie Felix in jener Nacht, als er zu sterben drohte, so selbstverständlich adoptiert wie Joseph Maries ersten Sohn gleich nach seiner Geburt.[43] Die gemeinsame Sorge um das Kind ist bei beiden Paaren das Bindeglied. Wilhelm ist nicht Pflegevater, sondern Vater. In jener Nacht, da sie um das Leben seines Sohnes bangte, wurde Natalie Pflegemutter. Warum unterschlägt Wilhelm diesen Rollentausch? Josephs »Verehrung seines Weibes« hindert ihn nicht, die Ehe zu vollziehen und dem Pflegesohn eigene Kinder folgen zu lassen. Wilhelms Liebe zu Natalie war in den »Lehrjahren« und bleibt in den »Wanderjahren« eine Liebe der Ferne. Auch seine Briefe heben die Trennung nicht auf, sondern geben ihr Sinn.[44] In der Legende hebt das Einwirken Gottes die Naturgesetze auf; die Novelle zeigt ein Spiel mit dem Heiligen, das aber so weit Ernst wird, daß es die Lebensvollzüge bestimmt; Wilhelms Identifikation mit der nachgestellten Allegorie läßt das Heilige »zur kaum mehr lesbaren Andeutung« verblassen.[45] Was Sankt Joseph der Zweite durch seine *imitatio* erreicht, darf Wilhelm sich nicht einmal mehr wünschen. Joseph hat, was Wilhelm fehlt: Er darf mit der Frau, die er liebt, zusammenleben. Natalie ist nicht Mutter und kann es im ganzen Roman auch nicht *werden*. Denn Wilhelm kommt nie in ihre Nähe, und Gott greift in einer säkularisierten Welt nicht mehr ein. Wilhelm bleibt nur der Neid und das Gefühl des Verlusts.

---

[43] Ein beliebter Bildtypus zeigt das göttliche Kind als Verbindung zwischen Maria und Joseph.
[44] Adolf Muschg: *Goethe als Emigrant*, S.131.
[45] Karl Schlechta: *Goethes Wilhelm Meister*, Frankfurt/M. 1985 (1953), S.166.

1.2 Die Josephsidentifikation in »Dichtung und Wahrheit«

Die Eingangsnovelle der »Wanderjahre« ist bisher immer nur als Nachahmung
oder Parodie der neutestamentlichen Josephsgeschichte gelesen worden. Vor
dem Hintergrund der Thoranc-Episode, die Goethe im dritten Buch von »Dichtung und Wahrheit« erzählt, ergibt sich auch ein Bezug zum Joseph des Alten
Testaments. Das *tertium comparationis* ist das Interesse an Bildern. Was das in
»Dichtung und Wahrheit« dargestellte Kind fasziniert, ist das Gemäldezimmer,
das der im Vaterhaus einquartierte französische Königsleutnant in der Mansarde
eingerichtet hat. Nicht nur weil er die Maler, die Graf Thoranc um sich versammelt, von Jugend auf kennt, auch weil er bei jedem historischen Gemälde sofort
zu sagen weiß, was es darstellt und ob das Sujet »aus der biblischen oder der
Profangeschichte oder aus der Mythologie genommen« (HA 9,89) sei, darf der
aufgeweckte Knabe bei den Verhandlungen des Grafen mit den Malern zugegen
sein. Er kann die Bemühungen der Frankfurter Maler, den Ansprüchen Graf
Thorancs gerecht zu werden, aus nächster Nähe mitverfolgen und wird von den
Erwachsenen sogar um seine Meinung gefragt. Das ist eine enorme Aufwertung
eines sonst streng erzogenen Kindes. Weil der Krieg den Vater im eigenen Hause
entthront hat, tun sich für den Sohn ungewohnte Entfaltungsspielräume auf. Die
Vorzugsbehandlung durch den französischen Königsleutnant nährt auch den
kindlichen Größenwahn. Denn die Lockerung der Vaterherrschaft erlaubt nicht
nur eine ungewohnt intensive Beschäftigung mit dem Französischen und der
Malerei, sie fördert auch die »Josephsidentifikation«[46]. Ausgerechnet zur Zeit
der französischen Besatzung seiner Heimatstadt verfaßt der Knabe die Beschreibung eines Bilderzyklus, auf dem die Geschichte des alttestamentlichen Josephs
dargestellt ist. Einige seiner Bildvorschläge werden von den Malern sogar ausgeführt. Was ihn an dem alttestamentlichen Lieblingssohn interessiert haben
dürfte, ist die Auserwähltheit. Wie die Fähigkeit zur Traumdeutung Joseph als
von Gott Begnadeten ausweist, so die Fähigkeit zur Bilderdeutung den sich selbst
überschätzenden Knaben. Darf ein Bruder über Brüder herrschen? Daß der junge Goethe diese für die alttestamentliche Geschichte zentrale Frage positiv beantwortet, zeigt sich darin, daß er das schizophrene Mündel seines Vaters, den
erwachsenen Balthasar Johann David Clauser, wie der Vater selbst als seinen
Sekretär einspannt.[47] Der Dichter ist schon in Frankfurt und wird es noch mehr
in Weimar ein »ausgezeichneter Zweiter«[48]. Auch bei Goethe folgt, was zwar

---

[46] Kurt R. Eissler: *Goethe. Eine psychoanalytische Studie. 1775–1786*, Bd.2, München 1987,
S.1230.
[47] Kurt R. Eissler: *Goethe*, Bd.2, S.1233f.
[48] Der Joseph des *Alten Testaments* ist das »zunächst im Verhältnis zum Vater, dann im Haus
des Ägypters, sehr schnell auch im Gefängnis, er dient den beiden Obersten, dann vor allem als
Vize des Pharao«, wobei die nominelle »Zweitstellung« faktisch einer Vorrangstellung gleich
kommt. Nur im Verhältnis zu Gott ist und bleibt er der Zweite. Harald Schweizer: *Joseph. Urfassung
der alttestamentlichen Erzählung (Genesis 37–50)*, Tübingen 1993, S.141f.

nicht das Kind, aber der Verfasser von »Dichtung und Wahrheit« weiß, auf den Auszug in die Fremde ein sagenhafter Aufstieg.[49] Der Knabe macht zunächst aber eine andere Erfahrung:

> Einst fand ich hinter dem Ofen ein schwarzes Kästchen; ich ermangelte nicht, zu forschen, was darin verborgen sei, und ohne mich lange zu besinnen, zog ich den Schieber weg. Das darin enthaltene Gemälde war freilich von der Art, die man den Augen nicht auszustellen pflegt, und ob ich es gleich alsobald wieder zuzuschieben Anstalt machte, so konnte ich doch nicht geschwind genug damit fertig werden. Der Graf trat herein und ertappte mich. – »Wer hat Euch erlaubt, dieses Kästchen zu eröffnen?« sagte er mit seiner Königslieutenantsmiene. Ich hatte nicht viel darauf zu antworten, und er sprach sogleich die Strafe sehr ernsthaft aus: »Ihr werdet in acht Tagen«, sagte er, »dieses Zimmer nicht betreten.« – Ich machte eine Verbeugung und ging hinaus. Auch gehorchte ich diesem Gebot aufs pünktlichste [...]. (HA 9,89f.)

Er wird bei einem Tabubruch ertappt, der ihm unverhofft Einblick in die Geheimnisse des Geschlechts verschafft. Wie in der Genesis folgt auf den unerlaubten Erkenntnisdrang als Strafe die Beschämung und die Vertreibung aus dem Bilderparadies. Der Knabe muß den magischen Ort, an dem erwachsene Künstler sich von einem Kind die Vorlagen diktieren lassen, wieder verlassen. Der Vater wurde offensichtlich nur entthront, um durch einen mächtigeren Übervater ersetzt zu werden. Dieses Erlebnis muß das Gemäldestudium, die Erotik und die Vater-Sohn-Rivalität miteinander verschmolzen haben. Die Verbindung aller drei Motive zeigt sich noch im Altersroman. Denn nichts ist wirkungsvoller als die Scham.

Auch die »Wanderjahre« beginnen mit der Geschichte einer »Josephsidentifikation«, nur daß es sich diesmal nicht um den alttestamentlichen, sondern um den neutestamentlichen Joseph handelt. Der Joseph des Matthäus-Evangeliums empfindet seine Auserwähltheit als Fluch, mindestens solange er sie nicht begreift. Er denkt daran, sich von der schwangeren Verlobten zu trennen. Erst nach seiner Erleuchtung nimmt er die Aufgabe, irdischer Stellvertreter des göttlichen Vaters eines göttlichen Kindes zu sein, demütig an. Der Joseph der »Wanderjahre« scheint die Rolle des Pflegevaters geradezu herbeizusehnen. Ist dieser Wunsch, sich des von einem andern gezeugten Kindes anzunehmen[50], nicht auch eine Form des Verlangens, den »Vater« bei der »Mutter« zu ersetzen? Vom selben Verlangen spricht in den »Lehrjahren« das Bild vom kranken Königssohn, das Wilhelm aus stofflichen, nicht aus formalen Gründen beeindruckt und dem

---

[49] »Bis zu einem gewissen Grade spiegelt der Verlauf von Goethes Leben die Josephsgeschichte wider: seine Ankunft in einem fremden Land, sein fabelhafter Aufstieg zur Macht, das damit verbundene Vertrauen von Weimars Pharao, das Sich-Versammeln der gesamten bekannten Welt um seinen Stuhl, um seinen Worten zu lauschen.« Kurt R. Eissler: *Goethe*, Bd.2, S.1232.

[50] Goethe hat sich tatsächlich des Sohnes einer Frau angenommen, die er liebte, ohne sie besitzen zu dürfen: Fritz von Stein. Im Mai 1783 nahm er den damals Elfjährigen sogar in sein Haus.

er unbewußt bei seiner Partnerwahl[51] folgt. Das Bild stellt ein von Plutarch über-
liefertes geschichtliches Ereignis dar, nämlich den Moment, da Seleukos I (312–280
v. Chr.), »der Gründer des mächtigen vorderasiatischen Seleuzidenreiches«, begreift, daß er dem aus Liebe zu seiner Stiefmutter Stratonike erkrankten Sohn
Antiochus die eigene Frau überlassen muß, wenn er möchte, daß der Sohn gesund
wird.[52] Eine Darstellung des italienischen Malers Andrea Celesti, die den prä-
gnanten Augenblick[53] gestaltet, da der Arzt dem Geheimnis der Krankheit auf
die Spur kommt, muß Goethe am 15. September 1779 bei seinem Besuch in der
Kasseler Gemäldegalerie[54] gesehen haben. Was die Geschichte wie ihre bildliche
Gestaltung erfaßt, ist die narzißtisch grandiose Lösung des ödipalen Dreiecks.[55]
In der Eingangsnovelle der »Wanderjahre« gehen die vom Dichter offen ironi-
sierte Identifikation mit dem neutestamentlichen Joseph und die untergründig
mitschwingende, völlig unironische mit dem alttestamentlichen Joseph, das Leiden an der Auserwähltheit und die Aufwertung durch sie, eine kaum merkliche
Verbindung ein. So erklärt sich das Schwankende, Uneindeutige der Erzählhaltung. Wie die Thoranc-Episode in »Dichtung und Wahrheit« spricht auch die
Josephsgeschichte in den »Wanderjahren« von einem »Heiligtume« (HA 8,21),
das der Held nicht betreten darf. Auch in ihr führt der Krieg den Sieg über den
Rivalen und die Erfüllung eines kaum bewußten Wunsches herbei. Auch in diesem Fall zahlt der Held für einen übereilten Schritt mit dem vorübergehenden
Verzicht auf das begehrte Objekt. So bescheiden, wie er sich gibt, ist unser sä-
kularisierter »Klosterbruder« nämlich nicht. Auch die *imitatio Josephi* erlaubt
die narzißtisch grandiose Lösung des ödipalen Konflikts. Doch weil ein gnädiger
Dichter den Nebenbuhler aus der Welt schafft, darf die neue Ehe unbefleckt
von Schuld geschlossen und mit Hilfe einer sonderbaren Kostümierung[56] sogar
zum *exemplum* stilisiert werden. Hat Goethe sich hier zum Gemäldezimmer,
aus dem er als Zehnjähriger vertrieben wurde, weil er das verbotene Kästchen
aufgebrochen hatte, doch noch Zutritt verschafft?

---

[51] Hannelore Schlaffer: *Wilhelm Meister*, S.30.
[52] Christoph E. Schweitzer: Wilhelm Meister und das Bild vom kranken Königssohn. In:
PMLA 72 (1957), S.421.
[53] Die aus dem 16. Kapitel von Lessings *Laokoon* stammende These, daß die Malerei, weil
sie keine Handlung darstellen kann, den »prägnantesten« Augenblick aufgreifen muß, prägte auch
Goethes Literatur- und Kunstverständnis. Tadeusz Namowicz: Goethes Schriften zur Kunst aus
der spätklassischen Zeit. In: *Literatur zwischen Revolution und Restauration*, hrsg. von Siegfried
Streller und T. N., Berlin/ Weimar 1989, S.161f.
[54] Vgl. Goethes Brief an Frau von Stein vom selben Tag: WA IV 4, S.60f.
[55] Dazu auch: Hellmut Ammerlahn: Goethe und Wilhelm Meister, Shakespeare und Natalie:
Die klassische Heilung des kranken Königssohns. In: *JbFDH* (1978), S.47–84.
[56] Bruce Armstrong: An Idyl Sad and Strange, p.417. In den *Lehrjahren* tritt eine der Josephsnovelle vergleichbare Konstellation offen als Spiel in Erscheinung: Auf dem Grafenschloß
spielt Madame Melina im Stück zu Ehren des Prinzen hochschwanger die heilige Jungfrau (HA
7,172).

1.3 Ironisches Zitat romantischer Motivwahl?

Die Josephsnovelle spielt in einem genuin romantischen topographischen Rahmen: in einer Klosterruine. Doch die romantische Vorlage wird völlig unromantisch behandelt: »kein sentimentaler Ton über die Vergänglichkeit alles Irdischen, wie ihn die Romantiker im Anblick von Ruinen anzuschlagen pflegten«[57], wird laut. Offenheit gegenüber den Wechselfällen des Lebens ist Josephs Maxime. Die Romantiker hätten das Verhältnis des Natürlichen zum Übernatürlichen in der Schwebe gelassen, den Leser verwirrt, verängstigt, verzaubert. Bei Goethe tritt das »Übernatürliche« nur in Erscheinung, um auf natürliche Weise erklärt zu werden. Was als Doppelgängertum erscheint, ist das Resultat einer Verkleidung. Als Wilhelm »eine wundersam altertümliche Stimmung« (HA 8,16) befällt, wird er umgehend aus ihr herausgerissen. Die Außenwelt ruft nach seiner Aufmerksamkeit. Wer sich der Ungewißheit einer ziellosen Wanderschaft überläßt, muß die Augen offen halten. Er kann es sich nicht leisten, sich sentimentalen Gefühlen hinzugeben.

Die Josephsnovelle ist in zeitlicher Nähe zu Goethes antiromantischer Kampfschrift »Winckelmann und sein Jahrhundert«[58] und seiner Übersetzung von Diderots »Le neveu de Rameau« entstanden. In der Winckelmann-Schrift bekennt er sich uneingeschränkt zur antiken Lebenshaltung, mit der Diderot-Übersetzung verteidigt er die Errungenschaften der europäischen Aufklärung; beide Arbeiten sind Antworten auf die romantische Aufklärungskritik und ihre Tendenz zur »Glorifizierung des christlichen Mittelalters«[59]. Am 22. Juli 1805 verspricht er Johann Heinrich Meyer:

> Sobald ich nur einigermaßen Zeit und Humor finde, so will ich das neu-katholische Künstlerwesen ein für allemal darstellen; man kann es immer indessen noch reif werden lassen und abwarten, ob sich nicht Altheidnischgesinnte hie und da hören lassen.[60]

In einem nicht genau datierbaren Aufsatz, dessen präsentischer Teil noch die Erregung des direkt Betroffenen verrät und vermutlich am 6. Januar 1806 entstanden ist[61], bedauert Goethe den Abbruch der Weimarer Preisausschreiben und Kunstausstellungen:

---

[57] Gertrud Haupt-Fröhlich: *Goethes Novellen*, S.23.
[58] Goethes Anteil an dem mit Johann Heinrich Meyer und Friedrich August Wolf verfaßten Sammelband entstand Ende 1804/ Anfang 1805 (HA 12,609). Dazu: Erich Jenisch: »Das Klassische nenne ich das Gesunde, und das Romantische das Kranke«. Goethes Kritik der Romantik. In: *Goethe* 19 (1957), S.50–79.
[59] Karl-Heinz Hahn: Goethes Verhältnis zur Romantik, S.45.
[60] WA IV 19, S.27.
[61] An diesem Tag erwähnt Goethes Tagebuch (WA III 3, S.113) einen »Rückblick auf die sieben vergangenen Ausstellungen«. Die Niederschrift erfolgte erst 1812 oder später durch Goethes Sekretär. In ihr folgt nach »[...] Natur gerichtet« in Goethes Handschrift der Zusatz (BA 19,922): »Ein damals geschriebenes Blatt mag hier Platz finden.«

weil eine durch Frömmelei ihr unverantwortliches Rückstreben beschönigende
Kunst desto leichter überhandnahm, als süßliche Reden und schmeichelhafte Phrasen sich viel besser anhören und wiederholen als ernste Forderungen, auf die höchst-
mögliche Kunsttätigkeit menschlicher Natur gerichtet./ Das Entgegengesetzte von
unsern Wünschen und Bestrebungen tut sich hervor, bedeutende Männer wirken
auf eine der Menge behagliche Weise, ihre Lehre und Beispiel schmeichelt den meisten [...]./ Gemüt wird über Geist gesetzt, Naturell über Kunst, und so ist der Fähige
wie der Unfähige gewonnen. Gemüt hat jedermann, Naturell mehrere; der Geist
ist selten, die Kunst ist schwer./ Das Gemüt hat einen Zug gegen die Religion, ein
religiöses Gemüt mit Naturell zur Kunst, sich selbst überlassen, wird nur unvoll-
kommene Werke hervorbringen [...]. Eine Ahnung des *Sittlich-Höchsten* will sich
durch Kunst ausdrücken, und man bedenkt nicht, daß nur das *Sinnlich-Höchste* das
Element ist, worin sich jenes verkörpern kann.[62]

Als die Gebrüder Riepenhausen im Frühjahr 1805 die Stich-Publikation ihrer
Rekonstruktion der Wandgemälde des Polygnot in der Lesche zu Delphi her-
ausgeben, die Goethe zunächst begrüßt hat, findet er darin die Behauptung, die
Griechen hätten keine große Kunst hervorgebracht, weil sie durch ihre Religion
beschränkt gewesen seien; zu höchster Blüte sei die Malerei erst im christlichen
Zeitalter gelangt.[63] Goethe drückt seinen Zorn in einem Zusatz aus, den er in
Johann Heinrich Meyers Rezension von 1805 einfügt:

> Wem ist in diesen Phrasen die neukatholische Sentimentalität nicht bemerklich? das
> klosterbrudrisirende, sternbaldisirende Unwesen, von welchem der bildenden Kunst
> mehr Gefahr bevorsteht als von allen Wirklichkeit fodernden Calibanen?[64]

Offenbar hat der Dichter auch aus den »Phrasen« der Gebrüder Riepenhausen Friedrich Schlegels These herausgehört, »daß die spätmittelalterliche Malerei Ausgangspunkt für eine Regeneration der bildenden Kunst der Gegenwart sein müsse«[65].
Wie die Geschichte von Mignons Eltern in den »Lehrjahren« den Aberglauben,
so kritisiert die Eingangsnovelle der »Wanderjahre« eine Kunstmanier der Zeit,
»die religiöse Andachtsbilder des Mittelalters und der frühen Neuzeit dem ästhetischen Genuß einer neuen Kunstfrömmigkeit« preisgibt.[66] Die Indienstnahme der Kunst für die Sache der Religion lehnt Goethe ab. Wenn er selber christliche Bilder beschreibt, säkularisiert er sie.[67] Dafür, daß Goethe die Kunst der
Nazarener, die sich in Wien gefunden hatten und später auch in Rom Erfolge

---

[62] BA 19,455f.

[63] Zitiert nach: Frank Büttner: Abwehr der Romantik. In: *Goethe und die Kunst*, hrsg. von
Sabine Schulze, Ostfildern 1994, S.456.

[64] WA I 48, S.122.

[65] Karl-Heinz Hahn: Goethes Verhältnis zur Romantik, S.46.

[66] Hannelore Schlaffer: Nachwort, S.366.

[67] Das wird besonders deutlich bei Goethes Beschreibung der *Heiligen Veronika mit dem
Schweißtuch Christi* (Kölner Meister, um 1420), in der der Hinweis auf den »Kontrast des furcht-
baren medusenhaften Angesichtes zu der zierlichen Jungfrau und den anmutigen Kindern« (BA
15,606) das religiöse Hauptmotiv unterschlägt.

feierten, *kritisieren*, nicht mit den Mitteln der Sprache *imitieren* wollte, spricht neben den expliziten Polemiken in den kunsttheoretischen Schriften auch die Behandlung der lebenden Tableaus in den »Wahlverwandtschaften«. Dort führt die »Tragödie der Unvernunft in der falschen Pose der Religion«[68] zu einem völlig sinnlosen Tod. Goethe macht nicht den christlich überhöhten romantischen Neokonservativismus mit, sondern kritisiert ihn durch das ironische Zitat romantischer Motivwahl. Schon 1796 hatten Wilhelm Heinrich Wackenroder und Ludwig Tieck in die »Herzensergießungen eines kunstliebenden Klosterbruders« eine Stelle eingefügt, die mit »Raffaels Erscheinung« überschrieben ist. Das unter klösterlichen Handschriften aufgefundene fiktive Pergament berichtet von einem »Wunder«, das Raffael angeblich widerfuhr, nachdem er lange erfolglos versucht hatte, »die Jungfrau Maria recht in ihrer himmlischen Vollkommenheit zu malen«:

> Einst, in der Nacht, da er, wie es ihm schon oft geschehen sei, im Traume zur Jungfrau gebetet habe, sei er, heftig bedrängt, auf einmal aus dem Schlafe aufgefahren. In der finsteren Nacht sei sein Auge von einem hellen Schein an der Wand, seinem Lager gegenüber, angezogen worden, und da er recht zugesehen, so sei er gewahr worden, daß sein Bild der Madonna, das, noch unvollendet, an der Wand gehangen, von dem mildesten Lichtstrahle, und ein ganz vollkommenes und wirklich lebendiges Bild geworden sei. Die Göttlichkeit in diesem Bilde habe ihn so überwältigt, daß er in helle Tränen ausgebrochen sei. [...] Was das Wunderbarste gewesen, so sei es ihm vorgekommen, als wäre dies Bild nun gerade das, was er immer gesucht, obwohl er immer nur eine dunkle und verwirrte Ahnung davon gehabt.[69]

Im Gespräch über »Die Gemählde« im dritten Stück des »Athenaeum« hatten August Wilhelm und Caroline Schlegel 1799 den Künstlern empfohlen, »den göttlichen und heiligen Personen eines noch bestehenden und wirkenden Glaubens fortbildend zu huldigen«, die Grenzen zwischen den Kunstgattungen aufzuheben, ja selbst die »Verwandlung von Gemählden in Gedichte« anzustreben.[70] August Wilhelm Schlegel übersandte Goethe das Gespräch am 8. März 1799; Goethe reagierte, indem er sich im Antwortbrief vom 26. März jeden Kommentars enthielt.[71] Seine Meinung hatte er 1788 schon unmißverständlich in der »Einleitung in die Propyläen« ausgedrückt: »Eines der vorzüglichsten Kennzeichen des Verfalles der Kunst ist die Vermischung der verschiedenen Arten derselben.«[72] In der »Propagierung religiöser Stoffe für bildende Kunst und Dich-

[68] Hannelore Schlaffer: Nachwort, S.366.
[69] Wilhelm Heinrich Wackenroder/ Ludwig Tieck: *Herzensergießungen eines kunstliebenden Klosterbruders*, Stuttgart 1977, S.8f.
[70] *Athenaeum*, hrsg. von August Wilhelm Schlegel und Friedrich Schlegel, Bd.2, Berlin 1799, Repograph. Nachdruck: Darmstadt 1992, S.136f.
[71] *Goethe und die Romantik*, Bd.1, hrsg. von Carl Schüddekopf und Oskar Walzel, Weimar 1898, S.48f. und 51.
[72] WA I 47, S.22.

tung«[73] sah er die Reduzierung des Künstlers zum Kopisten. Von diesem sagt er in »Der Sammler und die Seinigen«, der aus Gesprächen mit Schiller hervorgegangenen Kunstnovelle vom Mai 1799: »Der Nachahmer verdoppelt nur das Nachgeahmte ohne etwas hinzu zu thun, oder uns weiter zu bringen.«[74] Was Goethe in all seinen kunsttheoretischen Schriften jener Jahre bekämpft und worauf er im März 1831 im Gespräch mit Eckermann noch einmal zurückkommt[75], ist »die Verwechslung und Vermischung von Kunstwahrheit und Naturwahrheit« und jene »Unterwerfung des Künstlers unter seinen Gegenstand, zu der ihn vor allem ›fromme‹ Stoffe verführen«[76]. Auch wenn Goethe sich als Dichter vom klassischen Kunstbegriff schon in den Jahren wieder entfernt, in denen er ihn mit Schillers Hilfe entwickelt, steht er dem Rückfall enttäuschter Revolutionsanhänger in neukatholische Schwärmerei bis ins hohe Alter so skeptisch gegenüber wie der von ihm diktierten Nachahmungskunst. Vom 31. Dezember 1808 berichtet Wilhelm von Humboldt einen Ausfall Goethes gegen Zacharias Werners Hang zu mystischen Vergleichen, der an Deutlichkeit nichts zu wünschen übrig läßt:

> auch jede gemalte Madonna sei nur eine Amme, der man die Milch verderben möchte [...] und die Raphaelschen stäken im gleichen Unglück. Er treibt jetzt den Haß so weit, daß er nicht einmal mehr leiden will, daß eine irdische Frau ihr Kind selbst im Arm haben soll.[77]

Sankt Joseph der Zweite ist ein Kopist. Auch er sagt von sich: »Was ich so lange gesucht, hatte ich wirklich gefunden« (HA 8,23). Auch ihm ist nur dann sichtlich wohl, wenn er sein Leben nach dem Beispiel seines heiligen Vorbildes gestalten kann. Der Dichter stellt die Josephsnovelle nicht als Vorbild, sondern als Gegenbild an den Anfang des Romans, als Beispiel für eine Normorientierung, die den Figuren der Rahmenhandlung aus inneren und äußeren Gründen nicht mehr möglich und angesichts des Zerfalls der traditionsgeleiteten Gesellschaft auch nicht mehr wünschenswert ist. An der Schwelle zur modernen Industriegesellschaft ist sie für die Leser kein Modell, sondern ein Anti-Modell von Individuation. »Goethes Beispiel kann nur dann Schule machen, wenn es keine Schüler

---

[73] Annliese Klingenberg: *Goethes Roman*, S.32.

[74] WA I 47, S.194.

[75] Über die nun schon vierzig Jahre währende »Verirrung« einiger junger deutscher Künstler sagt er zu Eckermann (*Gespräche mit Goethe in den letzten Jahren seines Lebens*, hrsg. von Fritz Bergemann, Frankfurt/M. 1992, S.456): »Die Lehre war: der Künstler brauche vorzüglich Frömmigkeit und Genie, um es den Besten gleichzutun. Eine solche Lehre war sehr einschmeichelnd, und man ergriff sie mit beiden Händen. Denn um fromm zu sein, brauchte man nichts zu lernen, und das eigene Genie brachte jeder schon von seiner Frau Mutter. Man kann nur etwas aussprechen, was dem Eigendünkel und der Bequemlichkeit schmeichelt, um eines großen Anhanges in der mittelmäßigen Menge gewiß zu sein!«

[76] Annliese Klingenberg: *Goethes Roman*, S.31.

[77] Im Brief an Caroline vom 1. Januar 1809: *Wilhelm und Caroline von Humboldt in ihren Briefen*, hrsg. von Anna von Sydow, Bd.3, Berlin 1909, S.61.

macht. Wer es sich zu Herzen genommen hat, eröffnet sein eigenes Spiel, oder er hat den Meister nicht verstanden.«[78] Dem Standbild am Eingang des Romans kommt nicht aus inhaltlichen, sondern aus poetologischen Gründen eine Schlüsselstellung zu. Es muß sowohl als Abrechnung mit der religiösen Kunst und den rückwärtsgewandten Utopien der Romantiker wie auch als Warnung vor einer falschen Rezeptionsdisposition gegenüber den »Wanderjahren« gelesen werden. Die extreme Künstlichkeit der Erzählung, in der christliche Glaubensformen unter Verzicht auf ihren metaphysischen Gehalt imitiert werden, ist an sich schon ein Zeichen für die Schwierigkeit, den Ort der Metaphysik in einer durch die Aufklärung entzauberten Welt zu finden. Eine bis zur Imitation reichende Identifikation, wie Sankt Joseph der Zweite sie gegenüber einem vom Bildersturm der Reformation verschonten Freskenzyklus pflegt, will Goethe Wilhelm, dem Protagonisten der Rahmenhandlung, gegenüber schon dadurch verhindern, daß er ihm die Geschichte verweigert. Trotzdem wird Wilhelms Berufswahl mit einer Kindheitserinnerung motiviert, mit einer traumatischen Erfahrung. Im Gegensatz dazu wird Sankt Joseph der Zweite durch die Taufe, einen Akt der Fremdzuschreibung eines Namens und einer Rolle, auf den ihm gemäßen Lebensweg aufmerksam gemacht. Was Wilhelm der Empirie verdankt, bezieht Sankt Joseph der Zweite aus der Tradition. Obgleich er als Nachahmungskünstler versagt, weil das gelebte Abbild unfreiwillig zum komischen Gegenbild mißrät, ist er ethisch betrachtet keine lächerliche Figur. Die gelebte Menschlichkeit seiner Josephsnachfolge besticht. Während Wilhelm Mühe hat, sich an den Gedanken seiner Vaterschaft zu gewöhnen, übernimmt Sankt Joseph der Zweite seine Pflegevaterschaft überstürzt. Selbst wo Goethe die Indienstnahme der Kunst für die Zwecke der Religion kritisiert, hält er die Erinnerung an ein *humanum* wach, das die Josephsnovelle bewahrt, indem sie das *arcanum* der Legende zerstört.

---

[78] Adolf Muschg: *Goethe als Emigrant*, S.38.

KAPITEL 2

Die pilgernde Törin:

Nymphe am Brunnen, weibliche *Aventiure*, säkularisierte
Pilgerschaft oder Kreuzrittertum in Sachen Untreue?

Diese Erzählung ist keine Erfindung Goethes, sondern eine Übersetzung aus
dem Französischen[1], und wird Wilhelm im fünften Kapitel des ersten Buches von Hersilie als Bettlektüre empfohlen. Schon der Titel des 1786 anonym
erschienenen Originals »La folle en pélerinage«[2] spielt auf die bekannte Traum-
allegorie Guillaume de Deguilevilles »Pèlerinage de la vie humaine« an, die, in
der Erstfassung zwischen 1330 und 1332 in Frankreich entstanden und in fast
hundert Handschriften und Drucken aus dem 15. und 16. Jahrhundert überliefert,
vom Verfasser als geistliche Antwort auf den das neue Liebesideal des Adels
entwerfenden »Roman de la Rose« konzipiert wurde.[3] Das mittelalterliche Traum-
gedicht beschreibt die Wanderung eines Pilgers nach dem himmlischen Jerusa-
lem, der unterwegs vielen menschlichen Lastern und Tugenden begegnet und
durch die personifizierte Gnade Gottes immer wieder auf den rechten Weg
zurückgeführt wird.[4] Die Spannung zwischen transzendentem Ziel und inner-
weltlichen Gefahren, die für den christlichen Pilgerbericht überhaupt konstitutiv
ist, trägt der Titel auch in das uns interessierende Meisterstück französischer
Novellistik hinein, welches das inzwischen anachronistisch gewordene Pilgermotiv nur zitiert, um mit ihm, märchenhaft galant[5] und leicht frivol, ein heiter-
ironisches Spiel zu treiben. Da Goethes Übersetzung sich trotz stilistischer
Verbesserungen weitgehend an die Vorlage hält[6], teilt das Schweben zwischen

---

[1] Vgl. Kapitel 2.6: Die Entstehungsgeschichte des Textes [...].

[2] Die Schreibweise von *pélerinage* variiert. Ich folge hier dem in der *Frankfurter Ausgabe*
wiedergegebenen Erstdruck des französischen Textes (FA I 10, 866). Zitate aus Briefen und Tagebüchern halten sich im folgenden an die Schreibweise des zitierten Autors.

[3] Volker Honemann: *Pilgerfahrt des träumenden Mönchs*. In: *Die deutsche Literatur des Mittelalters. Verfasserlexikon*, Bd.7, hrsg. von Kurt Ruh, 2., völlig neu bearb. Aufl., Berlin/ New York
1989, Sp.683–687.

[4] Von den vier deutschen Bearbeitungen der Erstfassung der *Pèlerinage de la vie humaine*
aus dem 15. Jahrhundert wurden folgende Nachdrucke eingesehen: *Die Pilgerfahrt des träumenden
Mönchs*. Aus der Berleburger Handschrift hrsg. von Aloys Bömer, Deutsche Texte des Mittelalters,
Bd.25, Berlin 1915. Und: *Die Pilgerfahrt des träumenden Mönchs*. Nach der Kölner Handschrift
hrsg. von Adriaan Meijboom, Rheinische Beiträge und Hülfsbücher zur germanischen Philologie
und Volkskunde, Bd.10, Bonn/ Leipzig 1926.

[5] Goethe selbst bezeichnet den Text als »Galant Phantastisch« (WA I 25 II, S.214).

[6] Ein detaillierter Vergleich der französischen Vorlage mit Goethes deutscher Version findet
sich bei: Gertrud Haupt-Fröhlich: *Goethes Novellen »Sankt Joseph der Zweite«, »Die pilgernde
Thörin«, »Wer ist der Verräther?«*, Diss., Greifswald 1913, S.37–64.

aufgeklärtem Spott und tiefem religiösen Ernst sich auch seiner Fassung der Novelle mit.

Das Spiel mit den Textsorten ist in der Forschung bisher wenig bis gar nicht beachtet worden. Ich meine, es sei lohnend, Goethes Novelle am Anspruch ihres Titels und die Heldin an der ihr vom auktorialen Erzähler zugeschriebenen Rolle der »Pilgerin« (HA 8,52,60,61,64) zu messen, das heißt, sowohl die Erzählung mit traditionellen Pilgerberichten zu vergleichen als auch die dargestellte Erdenwanderung der Törin am Begriff der *peregrinatio* zu messen, wie ihn die christliche Anthropologie entfaltet hat. Da die sonderbare Pilgerschaft auch den Charakter einer sittlichen Bewährungsprobe hat und mit Lexemen beschrieben wird, die in die Sphäre des höfischen Romans verweisen, kann sie auch als weibliche Ritterfahrt betrachtet werden; als solche hat sie aber märchenhafte Züge. Es muß erst das Verhältnis zwischen den christlich-religiösen, den weltlich-höfischen und den märchenhaft-phantastischen Elementen bestimmt werden, bevor sich klären läßt, inwiefern der Text ironisch zu verstehen ist und worin die explizit betonte Paradoxie der »Torheit eines verständigen Frauenzimmers« (HA 8,60) besteht. Obwohl die Törin die Sympathie beider Erzählerfiguren hat, wage ich zu behaupten, daß ihre Moral nicht die des Autors ist und die Textaussage nicht auf die Didaxe ihrer Abschiedsworte reduziert werden darf: »Männer und Frauen sind nur mit Willen ungetreu; und das wollt' ich dem Freunde von der Mühle beweisen [...]« (HA 8,64). Zur Begründung dieser These ziehe ich im folgenden neben gattungsspezifischen, religionsgeschichtlichen und intertextuellen auch biographisch-entstehungsgeschichtliche Kontexte hinzu. Denn eine sorgsame Interpretation der Novelle muß auch den mehrfachen Kontextwechsel der in sie eingebetteten Romanze berücksichtigen, deren Übertragung ins Deutsche Goethe erst nach mehreren Anläufen gelang und die er unabhängig vom Erzählzusammenhang, in dem sie ihm zuerst begegnete, auch in seinen Zyklus der Müllerin-Gedichte aufgenommen hat, deren Sinnhorizont sie wieder in die Novelle hineinträgt, der sie ursprünglich entnommen war. Schließlich wird die Funktion der Novelle als Erzähleinlage der »Wanderjahre« zu bestimmen sein.

2.1 Nymphe, Dirne oder Dame?

Das nymphenhafte Erscheinen der Törin am Brunnen – von alters her ein heiliger, der Theophanie besonders günstiger Ort[7] –, die Tatsache, daß niemand weiß, woher sie kommt und wohin sie geht, erinnern sowohl an die Melusinensage wie an die Retterinnen in der Not der französischen Feenmärchen und verleihen der Heldin märchenhaft-phantastische Züge. Der Anfang stimmt uns

---

[7] J. Hasenfuss u.a.: Wallfahrt. In: *Lexikon für Theologie und Kirche*, Bd.10, hrsg. von Josef Höfer und Karl Rahner, 2. Aufl., Freiburg/Br. 1966, Sp.941.

auf einen Text nach dem Muster des Bewährungsmärchens ein, wobei normalerweise nicht die Fee, sondern der ihr begegnende Mann der Bewährungsprobe
ausgesetzt wird.[8] Die Art, wie die schöne Frau allein über die Landstraße geht
und sich auf einen fremden Mann zubewegt, ist allerdings nur im märchenhaften
Kontext unproblematisch, im realistischen hingegen ein eklatanter Bruch mit
den Reisenormen und den adeligen Anstandsregeln der Zeit. Allein geht höchstens eine Magd, vielleicht auch eine durch Verarmung vertriebene oder durch
»Flucht aus dem Gesindezwangdienst« auf die Straße geratene Vagantin[9], doch
sicher keine Dame in »feine[m] Weißzeug« und »feine[n] Spitzen« (HA 8,52).
Entsprechend irritiert ist der männliche Gegenspieler, der im Gegensatz zum
Leser nicht auf eine wunderbare Erscheinung vorbereitet ist und dem vor Überraschung sein Buch aus der Hand fällt. Er kann die Erscheinung der bezaubernd
schönen Frau nicht mit den Normen weiblichen Verhaltens in Einklang bringen,
die seine Lebenswelt bestimmen und ihn veranlassen, sich sofort nach dem »Gefolge« (HA 8,52) umzusehen, das er hinter der Dame erwartet.[10] Ohne Begleitung
auf der Heerstraße macht sie sich, auch wenn – wie hier – im Ballkleid, verdächtig, eine Fahrende, eine Ehrlose, eine streunende Dirne zu sein.[11] Entsprechend
zielen die impliziten Vorwürfe seiner ersten Fragen auf die Gefährdung ihrer
Ehre und ihres Rufs.

Zeichenhaft ist, daß die Fremde auf den Edelmann zukommt, als er sich
außerhalb der Mauern seines Parks befindet – oder mindestens an dessen Peripherie – und sich in einem »Lustwäldchen« ausruht, in dem ein »Brunnen«
»Wasser« spendet (HA 8,51). Die unvermutete Begegnung Fremder beiderlei
Geschlechts findet in arkadischer Landschaft statt, jenseits von sozialer Kontrolle
und gesellschaftlichen Konventionen. Das läßt den Gedanken an die Möglichkeit
freier Liebe aufkommen. Zudem spielt der Brunnen als Begegnungsort auf den
erotischen Symbolismus des Wassers an. Sprachgeschichtlich zeigt der Zusammenhang des Brunnens mit der freien Sexualität sich darin, daß die französische
pute, italienische *puttana* sich vom lateinischen Wort *puteus*, Brunnen, herleitet.
Im frühen Mittelalter und danach war der Brunnen »ein beliebter Versamm-

---

[8] Beim Prototyp der Gattung, *Amor und Psyche* von Apuleius, sind die Geschlechtsrollen
umgekehrt verteilt.

[9] Heinz Reif: Vagierende Unterschichten, Vagabunden und Bandenkriminalität im Ancien
Régime. In: *Beiträge zur historischen Sozialkunde* 11 (1981), S.32ff.

[10] Der Mangel an Gefolge verbindet die Törin mit der Melusine, deren Alleinreisen auch mit
dreifacher Wiederholung hervorgehoben wird: »ein Frauenzimmer allein, ohne Kammerfrau, ohne
Bedienten« (HA 8,354).

[11] Da Prostitution seit der Antike auf der Unfreiheit der unteren Klassen beruhte und besonders die fahrenden Frauen aufgrund ihrer Unabhängigkeit vom Sozialverband im Ruf standen,
käuflich zu sein, gingen Schande und Ehrlosigkeit der *meretrices* auf die »wandelbaren Frauen«,
die streunenden Dirnen über. Werner Danckert: *Unehrliche Leute. Die verfemten Berufe*, Bern
1963, S.146. Goethe schreibt in *Hermann und Dorothea*: »Denn ein wanderndes Mädchen ist immer
von schwankendem Rufe« (VII, V.93; HA 2,493).

lungsplatz der Prostituierten«.[12] Verliebte pflegten sich am Brunnen zu treffen, am Brunnen sprachen Frauen über ihre oder anderer Leute Liebesangelegenheiten.[13] Im hochmittelalterlichen Französisch hieß das Bordell *bordeau*, wobei die Wortverbindung von *bord* und *eau* darauf hinweist, daß die Frauenhäuser in den mittelalterlichen Städten häufig am Flußufer lagen oder außerhalb der Stadtmauern am Stadtgraben.[14] Durch die Wassermetaphorik wird die Triebsphäre in unserem Text zwar angesprochen, aber nur, um sofort zivilisatorisch überformt zu werden. Kaum daß die Vagabundin als Einladung zu freier, ungebundener Sexualität auf den verblüfften Mann zugekommen ist, häufen sich die höfischen Attribute. Ihre Haltung, ihr *Anstand*, ihre *edle* Verbeugung, sein *ehr*erbietiger Gegengruß, der *edle* Ton, mit dem das Gespräch über die *Ehre* eines Weibes geführt wird, erinnern an die Sprache des höfischen Romans und setzen dem Gedanken an die freie Liebe das hochgradig sublimierte Gegenmodell der Hohen Minne entgegen. Wo keine äußeren Zwänge den Verhaltensspielraum einengen, übernehmen innere diese Funktion. Während die Eröffnungsszenerie eine schöne Frau beschreibt, die sich vor den Augen des erstaunten Mannes neben einen Brunnen lagert und als leibhaftige Versuchung seinen Blicken darbietet, stellt der Ton, in dem der Dialog geführt wird, die Distanz zwischen den Beteiligten wieder her. Die extrasoziale Begegnung Fremder beiderlei Geschlechts ist verdächtig; Sprache, Mimik, Gestik sind es nicht. So von Kopf bis Fuß Dame, kann die schöne Fremde unmöglich eine Dirne sein. Was aber macht sie dann auf der Landstraße? Ist sie eben einer Kutsche entstiegen? Wohl, weil ihn diese Frage beschäftigt, verweilt der Blick des sie betrachtenden Edelmanns vergleichsweise lange auf ihren Schuhen:

> Ihre Schuhe gaben mir zu eigenen Betrachtungen Anlaß; ganz bestaubt, deuteten sie auf einen langen zurückgelegten Weg, und doch waren ihre seidenen Strümpfe so blank, als wären sie eben unter dem Glättstein hervorgegangen. (HA 8,52)

Da wir keine weiteren Indizien finden, die dafür sprächen, daß die Schöne als Engel vom Himmel gefallen oder als Nymphe dem Brunnen entstiegen ist, müssen wir uns den Widerspruch zwischen staubigen Schuhen und sauberen Strümpfen wohl so erklären, daß sie tatsächlich auf der Landstraße zu Fuß gegangen ist, aber einen so anmutigen Gang hat, daß sie ihre Strümpfe dabei nicht beschmutzt. Dann ist auch der Zustand von Schuhen und Strümpfen ein Zeichen ihrer sozialen Doppelnatur, gleichzeitig im vollen Sinne Dame und im vollen Sinne Fahrende zu sein: »Auf eine Landstreicherin deutete nichts an ihr, und doch war sie's; aber eine beklagenswerte, eine verehrungswürdige.« (HA 8,52)

   Auf das Rätsel der zweifachen Identität verweist der Titel der Erzählung in beiden Sprachen: »La folle en pélerinage« läßt sowohl an die Dirne denken, die bei

---

12 Werner Danckert: *Unehrliche Leute*, S.156.
13 Vgl. die Szene »Am Brunnen« in *Faust 1* (V.3544–3586; HA 3,113f.).
14 Iwan Bloch: *Die Prostitution*, Bd.1, Berlin 1912, S.738, Anm.51.

den französischen *fêtes des fous* als *folle femme, folle garce* vertreten war, wie an die um ihr Seelenheil bemühte Pilgerin. Da auch die deutschen Bezeichnungen *törichte Frau, irriu wîp, wildiu wîp* sexuelle Ausgelassenheit implizieren[15], geht dieselbe Ambivalenz zwischen Hure und Heiliger auch in die deutsche Übersetzung »Die pilgernde Törin« ein. Verfolgen wir zunächst das Pilgermotiv weiter.

Die Geschichte der christlichen Pilgerfahrt: ein Exkurs

Pilgerschaft als religiös motiviertes Aufsuchen einer Kultstätte ist eine ursprünglich natur- und kollektivgebundene Frömmigkeitsform[16], eine Versammlung der Gemeinschaft der Gläubigen an ihrem Kultmittelpunkt. Im Christentum wandten sich die Pilger, solange die Apostelgräber nicht bekannt waren, zunächst zu den Gräbern der Patriarchen und Heiligen und suchten in Palästina die Geburtsgrotte, die Hinrichtungsstätte, das Grab und die Theophaniestätte Christi auf. Später kamen Pilgerschaften zu den Apostelgräbern und zu Aufbewahrungsorten der Reliquien von Heiligen hinzu, wobei sich die Gräber von Petrus und Paulus in Rom und das Jakobsgrab in Santiago de Compostela besonderer Beliebtheit erfreuten. Die Pilger genossen das Gastrecht sowie den Rechts- und Vermögensschutz von Staat und Kirche. Sie wurden mit Privilegien, Pässen und Geleitbriefen ausgestattet.[17] Schließlich gingen Pflichtprozessionen, Sühne- und Strafpilgerschaften sogar in die kirchlichen und die staatlichen Rechtsordnungen ein. Am Beispiel des Jakobskults, der durch den »Liber Sancti Jacobi«[18], ein angeblich von Papst Calixtus II. eigens dafür verfaßtes lateinisches Propagandawerk, ideologisch fundiert wurde, läßt sich zeigen, daß die Pilgerschaft von der Kirche sogar ganz gezielt unterstützt wurde, wenn sie ihren machtpolitischen Interessen diente. Das mit päpstlicher Autorität versehene Buch zur Förderung des Jakobskults lenkte die Aufmerksamkeit der Christenheit auf ein Spanien, »das in den Kämpfen gegen die Mauren den politischen Einflußbereich der Kirche« ausweitete. Dabei leistete die Legitimation des »Liber Sancti Jacobi« durch angeblich päpstliche Autorität dreierlei: Sie förderte erstens den Aufstieg des an der äußersten Peripherie der mittelalterlichen Welt gelegenen Pilgerortes, indem sie ihn urkundlich und institutionell mit Gründungsmythen ausstattete; die Pilgerwege dienten zweitens als »Verbreitungskanäle« für kirchliche Reformbewegungen; politisch stärkte der Jakobskult drittens die spanische Reconquista.[19]

---

[15] Werner Danckert: *Unehrliche Leute*, S.156.

[16] J. Hasenfuss u.a.: *Wallfahrt*, Sp.941f.

[17] Norbert Ohler: *Pilgerleben im Mittelalter*, Freiburg/Br. 1994, S.64–83.

[18] Der *Codex Calixtinus*, die nach dem angeblichen Autor Papst Calixtus II. benannte älteste Handschrift des *Liber Sancti Jacobi*, befindet sich noch heute im Kathedralarchiv von Santiago. Leicht zugänglich ist folgende deutsche Teilübersetzung: *Der Jakobsweg. Mit einem mittelalterlichen Pilgerführer unterwegs nach Santiago de Compostela*, übers. von Klaus Herbers, Tübingen 1986. Vgl. auch: Manuel C. Díaz y Díaz: Der *Liber Sancti Jacobi*. In: *Santiago de Compostela. Pilgerwege*, übers. von Dr. Marcus Würmli, Augsburg 1993, S.39–56.

[19] Michael Stolz: *Spätmittelalterliche Spanienfahrten*, Bern 1987 (unveröff. Typoskript), S.16f.

Generell führt die mittelalterliche Pilgerfahrt zu einem religiösen Heiligtum, wobei oft schon der Weg von Sanktuarien gesäumt ist. Die Reiseroute »folgt einem vorgeschriebenen, traditionsreichen, spirituell belegten Weg«[20], der an zahlreichen Kultzentren entlangführt. Auf der Wanderschaft soll der Pilger keine Mühen scheuen, sondern im Gegenteil den Umweg, den steilen Gebirgspfad oder mühsamen Küstenweg, bequemen und geradlinigen Straßen vorziehen. »La grande Chanson des Pèlerins«[21], das beliebte Pilgerlied aus Frankreich, das den Reiseweg vom Hafen von Blaye nach dem Jakobsheiligtum in Santiago de Compostela beschreibt, empfiehlt nicht nur den Umweg über Oviedo und malt dabei »den klirrenden Frost« aus, »der die Pilger beim Übergang über die Zweitausender des asturischen Gebirges erwartet«, es verlangt noch den zweiten Umweg entlang der beschwerlichen Küstenroute und warnt die Pilger vor der »Gefahr, als Sträflinge auf die Galeeren geschickt zu werden«.[22] Unterwegs zu seinem spirituellen Ziel darf dem Pilger offenbar kein Hindernis zu groß sein; als Teil der Askese muß er sich die Reise im Gegenteil bewußt beschwerlich machen. Buße, Gebete, rituelle Akte und liturgische Gesänge bereiten ihn auf die Gnadenerfahrung vor, die ihn am Ziel der Pilgerfahrt erwartet. Legenden und Wunderheilungsberichte spiritualisieren den Weg.[23] Pilgermotive sind »*Bitte* um Hilfe in Nöten«, »um Heilung von Krankheit«, »um Klarheit bei wichtigen Entscheidungen«, Einlösung eines Gelübdes, Dank »für erlangte Hilfe« und »*Buße* für Frevel« und »Vergehen«[24], wobei auch die immanenten Gründe einem transzendenten Ziel untergeordnet sind. Denn bis ins Hochmittelalter bleibt das persönliche Seelenheil das Grundmotiv der Pilgerfahrt.

Mit Beginn der Neuzeit wird die Pilgerschaft zu einer intensiven Erfahrung der Fremde, die *curiositas* macht oft sogar das Hauptmotiv der Pilgerreise aus.[25] Die Heiligtümer verkommen zu »sehenswerten Plätze[n]«.[26] Im 16. Jahrhundert verfällt die Fernreise aus spirituellen Motiven noch mehr, da sie durch »Formen der Gelegenheits-, Straf- und Stellvertreterwallfahrt pervertiert« und teilweise

[20] Michael Stolz: Die Reise von Leo von Rožmital. In: *Deutsche Jakobspilger und ihre Berichte*, hrsg. von Klaus Herbers, Tübingen 1988, S.103.
[21] In der von Camille Daux nach einer späten Flugschrift von 1718 wiedergegebenen Gestalt besteht es aus 17 kunstvoll gefügten Strophen, wobei jeder als Refrain ein gebethafter Marien- und Christusanruf angefügt ist. Es beginnt mit dem Pilgermotiv, der Sehnsucht nach dem Jakobsheiligtum, fährt mit der Beschreibung der Reiseroute und ihrer Gefahren fort, schildert schließlich die Ankunft am Reiseziel und endet mit der Bitte um glückliche Heimkehr. Camille Daux: *Les chansons des pèlerins de Saint-Jacques*. Avec introduction, notes historico-critiques et reproduction de vieilles estampes, Montauban 1899 (Nachdruck: Genf/ Paris 1981), pp.22ff.
[22] Dietz-Rüdiger Moser: Die Pilgerlieder der Wallfahrt nach Santiago. In: *Musikalische Volkskunde – Aktuell. Festschrift für Ernst Klusen zum 75. Geburtstag*, hrsg. von Günther Noll und Marianne Bröcker, Bonn 1984, S.328f.
[23] Michael Stolz: Die Reise von Leo von Rožmital, S.103.
[24] J. Hasenfuss u.a.: Wallfahrt, Sp.944.
[25] Robert Plötz: Deutsche Pilger nach Santiago de Compostela bis zur Neuzeit. In: *Deutsche Jakobspilger und ihre Berichte*, hrsg. von Klaus Herbers, Tübingen 1988, S.24.
[26] Robert Plötz: Deutsche Pilger, S.27.

zum »Deckmantel« für kriminelle Akte verwildert ist.[27] Angesichts der Gefahr,
sich zu verlaufen, ausgeraubt, verschleppt, im Kampf mit Andersgläubigen getötet zu werden, Naturgewalten zu erliegen oder den Strapazen der Reise aus
gesundheitlichen Gründen nicht gewachsen zu sein, weiß der Pilger nie, ob er
sein Reiseziel erreichen wird. Kreuze am Weg sind ihm ein ständiges *memento
mori*. Die Wallfahrtslieder, die zur Pilgerreise auffordern, sind deshalb häufig
mit dem Hinweis auf die Gefahren des Wegs verbunden. Das besondere Augen-
merk der Kirche gilt allerdings einer anderen Gefahr: der sittlichen Verrohung
unterwegs.[28] Schließlich ist der Pilger keiner Kontrolle durch den Sozialverband
mehr unterworfen, schläft an fremden Orten und in dubiosen Herbergen, wo
ihm nicht nur Räuber und betrügerische Wirte, sondern auch käufliche Mädchen
das Geld aus der Tasche ziehen.[29]

2.2 Christliche Pilgerreise oder weibliche *Aventiure*?

Vor dem Hintergrund dieser Folie ist die Pilgerschaft der Törin eine private und
ausgesprochen individualistische Angelegenheit. Sie hat keine politischen Implikationen. Es bleibt offen, ob es sich um eine religiöse Fernreise oder um eine
Wallfahrt zu einem nahegelegenen Sanktuarium handelt. Auch handelt es sich
nicht um eine Form weiblicher »Wallfahrtsgeselligkeit«, wie sie sich im 16. Jahrhundert beispielsweise in St. Gallen als »religiöse[s] Gegenstück zu den wirt-
schaftspolitischen Verbrüderungen« der Männer herausgebildet hat.[30] Die Törin
pilgert nicht, um sich der Zugehörigkeit zur Religionsgemeinschaft zu versichern, sondern weil sie aus allen Formen der Gemeinschaftsbindung herausgefallen ist. Auf die Frage Herrn von Revannes, »ob sie allein reise«, antwortet sie:
»Ja, mein Herr [...] ich bin allein auf der Welt.« Und auf die erstaunte Rückfrage:
»Wie? Madame, Sie sollten ohne Eltern, ohne Bekannte sein?« erwidert sie ein-
schränkend, doch ihre erste Auskunft überbietend: »Das wollte ich eben nicht
sagen, mein Herr. Eltern hab' ich, und Bekannte genug; aber keine Freunde.«
(HA 8,52) Aus Gründen, die vorerst offen bleiben, scheint sie Freundschaft und
Gesinnungsgemeinschaft über Verwandtschaft und Gesellschaft zu stellen. Daß
ihres Bleibens im Hause des Gastgebers nur solange ist, wie weder an das Ge-

27 Michael Stolz: *Spätmittelalterliche Spanienfahrten*, S.17.
28 Mit diesem Argument kämpft schon der Kirchenvater Gregor von Nyssa gegen die Fern-
wallfahrt, besonders gegen die frommer Frauen; auch der sonst wallfahrtsfreundliche Hieronymus
hat in diesem Punkt Bedenken. Bernhard Kötting: *Peregrinatio Religiosa. Wallfahrten in der Antike
und das Pilgerwesen in der alten Kirche*, Regensburg/ Münster 1950, S.423ff. Ders.: *Ecclesia peregrinans. Das Gottesvolk unterwegs*, Bd.2, Münster 1988, S.245–251.
29 Robert Plötz: Deutsche Pilger, S.16.
30 Gabriela Signori: Ländliche Zwänge – städtische Freiheiten? Weibliche Mobilität und Geselligkeit im Spiegel spätmittelalterlicher Marienwallfahrten. In: *Frauen und Öffentlichkeit*, hrsg.
von Mireille Othenin-Girard u.a., Zürich 1991, S.40.

heimnis ihrer Herkunft noch an das ihrer Pilgerschaft gerührt wird, macht sie zu einem weiblichen Lohengrin und rückt sie erneut in die Nähe der Melusine. Umgekehrt weckt der Widerspruch zwischen ihrem Betragen und ihrem Landstreichertum die *curiositas* ihres Gegenübers. Der Lebhaftigkeit seiner Neugier entspricht der Reichtum der Hypothesenbildung. Der Gedanke an »Geistesverwirrung« (HA 8,54) taucht zwar auf, wird aus Mangel an Evidenz aber gleich wieder verworfen. So muß Flucht vor einer unliebsamen Konvenienz-Ehe oder »Verzweiflung aus Liebe« (HA 8,54) als Erklärung für die sonderbare Abenteuerlust der Dame herhalten. Religiöse Motive unterstellt Herr von Revanne hingegen nicht. Vorerst wird keine dieser Hypothesen widerlegt oder bestätigt, nur die Beweise für eine exquisite Erziehung und damit die Indizien, die für eine hohe Herkunft sprechen, häufen sich: Die schöne Unbekannte kann Kunst von Kitsch, gute von schlechten Büchern unterscheiden, kennt einerseits »die Gesetze eines guten Betragens« (HA 8,58), andererseits keine falsche Scham und bedankt sich nicht für Dinge, die einer Dame zustehen. Sie ist mit »Vernunft« und »Anmut« begabt, hat »Geist«, »Gedächtnis« und »Gemüt« (HA 8,58), stellt eine höhere Ordnung im Hause auch dort her, wo sie gar nicht vermißt wurde, will eine Blume auf einen aufgezogenen Grund sticken[31], kann singen, und schon die ersten Töne, die sie auf dem Klavier anschlägt, verraten »eine sehr geübte Hand« (HA 8,55). Je länger Herr von Revanne Gelegenheit hat, die Fremde, die er in sein Haus gebeten hat, zu beobachten, desto mehr wird der Verdacht zur Gewißheit, daß sie ein Frauenzimmer ist, »gebildet, einem großen Hause vorzustehn« (HA 8,59). Im Maße, wie ihm das klar wird, begehrt er sie zur Frau. Doch während der Edelmann das Rätsel ihrer Herkunft lösen muß, um sicherzustellen, daß er im weltlichen Sinn eine standesgemäße Verbindung eingehen würde, ist der Herkunftsort für die christliche Pilgerfahrt irrelevant. Vor Gott sind alle Menschen gleich. Für eine Bewegung auf ihn zu zählt nur das Reiseziel. Da eine profane und eine religiöse Textsorte übereinandergelegt worden sind, wirkt, was im Kontext der einen normenkonform ist, im Kontext der anderen als Normenbruch. Doch die Kollision der Gattungsmuster kann nur vom Rezipienten wahrgenommen werden. Während Herr von Revanne die fremde Frau am Maßstab adeliger Geschlechtsrollennormen mißt, wird der Leser durch den Titel aufgefordert, ihre Wanderschaft auch vor die Folie christlicher Pilgerreisen zu stellen. Der erstaunlichste Befund, der sich dabei ergibt, ist, daß die Törin die Gefahr, vor der die Kirche warnt, zu ihrem Pilgermotiv macht. Was die religiöse Weisung zu meiden empfiehlt, dem setzt sie sich vorsätzlich aus. Sie begibt sich bewußt in Versuchung, um sich als standhaft zu erweisen, wobei sie, der Natur der Bewährungsprobe entsprechend, in erster Linie mit erotisch-sexuellen Versuchungen rechnet. Auf die indirekte Frage, was sie verschuldet habe, gibt sie dem adeligen Herrn die Auskunft:

---

[31] Die Fähigkeit, »[f]rauenzimmerliche Handarbeiten« (HA 8,184) auszuführen, verbindet die Törin mit der schönen Witwe in *Der Mann von funfzig Jahren*.

Ursachen, von denen sie niemand Rechenschaft schuldig sei, nötigten sie, ihre Schmerzen in der Welt umherzuführen. Sie habe gefunden, daß die Gefahren, die man für ihr Geschlecht befürchte, nur eingebildet seien und daß die Ehre eines Weibes, selbst unter Straßenräubern, nur bei Schwäche des Herzens und der Grundsätze Gefahr laufe. (HA 8,53)

Das klingt zunächst noch als Rechtfertigung ihrer Lebensform und Zurückweisung seines Vorwurfs, daß sie mit ihr ihre Ehre gefährde, ist aber auch schon eine erste Antwort auf seine Frage nach ihrem Reisemotiv. Die dubiose Wanderschaft zwingt die junge Frau, das Mißtrauen abzubauen, das ihr entgegenschlägt. Da sie im Gegensatz zu mittelalterlichen Pilgern keinen Geleitbrief vorweisen kann, der ihr »Frömmigkeit als Pilgermotiv« bescheinigt[32], betont sie, daß sie Dienste, »in der Art, wonach sie erzogen worden«, anzubieten pflege und sich dabei auf die »Zeugnisse der letzten Häuser [...], wo sie etwas geleistet habe« (HA 8,53), berufen könne. Ansonsten muß die Vorbildlichkeit ihres Betragens als Redlichkeitsausweis genügen. Trotz seiner Mißbilligung ihres Vagabundentums ist Herr von Revanne von der Anmut der Fremden, der Schönheit ihrer Augen, der Rätselhaftigkeit ihrer Pilgerschaft und ihren »Tränen« so gerührt, daß er sich »ihre nähere Bekanntschaft« (HA 8,53) wünscht und sie in seinem Schloß zu bleiben einlädt. Ehe er weiß, wie ihm geschieht, hat *Amor* den Sieg über *Fama* davongetragen. Trotzdem beschäftigt ihn die Frage, warum sich eine Dame dieser persönlichen Fähigkeiten und dieser sozialen Privilegien freiwillig in die Lage begibt, Leistungen anbieten zu müssen, die im Adel nicht der Gegendienst für Kost und Logis, sondern Geselligkeitsform sind, warum sie eine Lebensform *wählt*, die andere nur aus bitterster Not ergreifen. Seine Antwort auf ihr Vagantentum ohne Not ist ein Rollenangebot, das zwischen Dienstmädchen und Ehrengast oszilliert. Doch im Gegensatz zu Vagierenden, die überall, wo sie auftauchen, wieder vertrieben werden, weil sie den ohnehin schon überstrapazierten Armenschutz belasten[33], kann der Aufenthalt dieser Vagantin dem Gastgeber gar nicht lange genug dauern. In bezug auf ihre Familie denkt er sogar über Möglichkeiten der »Vermittelung« (HA 8,58) nach.

Umgekehrt zählt für sie, gerade weil Herr von Revanne kein Straßenräuber, sondern ein reicher Privatier mit den Vorzügen eines aufgeklärten Fürsten ist, der Eintritt in sein Haus zu jenen Versuchungen, denen eine Frau sich »bei Schwäche des Herzens und der Grundsätze« (HA 8,53) besser nicht aussetzen sollte, zumal sich außer dem Vater auch noch der Sohn in sie verliebt. Obwohl sie sich wie der träumende Mönch Deguilevilles mit den vier Kardinaltugenden gegen die Gefahren ihres Pilgerwegs gewappnet hat, muß sie am Ende zugestehen: »Ich gedachte durch die Welt zu rennen und mich allen Gefahren auszusetzen. Gewiß diejenigen sind die größten, die mich in diesem Hause bedrohen.«

---

[32] Dietz-Rüdiger Moser: Die Pilgerlieder, S.323.
[33] Heinz Reif: Vagierende Unterschichten, S.28.

(HA 8,63f.) Warum sind die Gefahren gerade hier am größten? Gerät sie trotz des Abwehrpanzers, der sie schützen soll, genau an jenem »schicklichen« Ort in Versuchung, wo sie sich vor Anschlägen auf ihre Tugend »sicher« (HA 8,53) glaubt? Und wird der Tugendpanzer deshalb brüchig, weil die Bewerbung beider Männer ernsthaft ist?

> Der Sohn drängte mit der Kühnheit seines Alters und drohte, wie gebräuchlich, sein Leben der Unerbittlichen aufzuopfern. Der Vater, etwas weniger unvernünftig, war doch ebenso dringend; aufrichtig beide. (HA 8,61)[34]

Es geht nicht um Verführung, sondern um Brautwerbung. Es liegt in dieser Hinsicht auch kein Mißverständnis vor. Offenbar verläßt die Törin, gerade *weil* sie in Gefahr gerät, sich auf die ernst gemeinte Liebeswerbung einzulassen, fluchtartig das Haus. Was aber treibt sie zu ihrer »komischen List« (HA 8,60)? Warum ergreift sie den »wunderlichen Ausweg« (HA 8,61), »jedermann seine Tugend zu erhalten, indem sie die ihrige bezweifeln läßt« (HA 8,62)? Wovor schützt sie sich durch ihre Flucht? Flieht sie die Liebe, die Ehe oder den Konflikt? Hat sie ein Zölibats-Gelübde abgelegt? Will sie der Gastgeberfamilie ein Zerwürfnis zwischen Vater und Sohn ersparen, indem sie sich beiden entzieht? Verteidigt sie als moderne Frau ihre Autonomie gegen patriarchalischen Besitzanspruch? Hält sie den Männern, die um sie werben, einen Spiegel vor, um ihnen zu zeigen, wie wenig sie die kennen, die sie zu lieben vorgeben? Schließlich sind beide überraschend schnell bereit, eine sittliche Verfehlung derjenigen anzunehmen, die sie bis zu diesem Augenblick für ein Muster an Tugend gehalten haben. Im Gespräch mit dem alten Herrn von Revanne wird die Kunst der andeutenden Dialogführung dann so weit getrieben, daß die Unterstellung einer Schwangerschaft wie ihre Bestätigung nur den Gedankenstrichen zu entnehmen sind:

> [...] »ich verstehe Sie. Mein Sohn hat Ihr Herz gerührt.« – »Ach! mein Herr, dabei ist es nicht geblieben. Ich kann nur durch meine Verwirrung ausdrücken –« – »Wie? Mademoiselle, Sie wären –« – »Ich denke wohl ja«, sagte sie, indem sie sich tief verneigte und eine Träne vorbrachte: denn niemals fehlt es Frauen an einer Träne bei ihren Schalkheiten, niemals an einer Entschuldigung ihres Unrechts. [...] – »Aber, Mademoiselle, das ist mir ganz unbegreiflich –« – »Mir auch«, sagte sie, und ihre Tränen flossen reichlicher. (HA 8,62)

Gebeichtet hat die Törin eigentlich nichts. Die Auslassungen der Verbal- und die Vieldeutigkeit der Körpersprache lassen viele Deutungsmöglichkeiten offen. Die direkte Form der Redewiedergabe steht in komischem Kontrast zur indirekten Form des Bekenntnisses. Wie kommt es, daß der Edelmann sich dessen,

---

[34] Was hier offen auf dieselbe Frau gerichtet ist, scheint in *Der Mann von funfzig Jahren* vordergründig auf zwei Frauen verteilt, gilt faktisch aber schon derselben Frau. Als der Major noch glaubt, bei der Witwe als Brautwerber seines Sohnes aufzutreten, hat er längst schon begonnen, für sich selbst zu werben.

was er zu verstehen meint, trotzdem so sicher ist, daß der Erzähler gleich von »unschuldiger Aufrichtigkeit unter dem Mutterhäubchen« (HA 8,62) sprechen kann? Gab es keinen anderen Interpretanten? Und warum enterbt Herr von Revanne auf der Grundlage einer Unterstellung, die im Grunde nicht bestätigt worden ist, seinen Sohn? Nur, um die Stärke seiner Liebe zu der auch vom Vater heiß begehrten Frau zu testen? Nicht auch, um den Jüngeren, der ihm in sexueller Hinsicht angeblich zuvorgekommen ist, in ökonomischer in seine Grenzen zu weisen und die auf der einen Seite untergrabene Potenz auf der andern neu zu errichten? Auch wenn die Enterbung des Sohnes indirekt dem Enkel zugute kommen soll, steckt in dem raschen väterlichen Schritt auch das Imponiergehabe eines Gekränkten. Umgekehrt kommt der Sohn zu einem kaum weniger voreiligen Schluß: »Ja, Mademoiselle, ich durchdringe Ihr Komplott mit meinem Vater. Sie geben mir beide einen Sohn, und es ist mein Bruder, das bin ich gewiß!« (HA 8,63) Er wird entsprechend barsch zurechtgewiesen: »Von nichts sind Sie gewiß; es ist weder Ihr Sohn noch Ihr Bruder.« (HA 8,63) Beide Unterstellungen sind falsch. Da es keine sittliche Verfehlung gab, gibt es auch keine Schwangerschaft, weder vom Vater noch vom Sohn. Wenn die List der Frau ein Test war, wie krisenfest das Bild ist, das die zwei Männer sich vom Objekt ihres Begehrens gemacht haben, dann haben beide gründlich versagt. Beide sind erschreckend rasch bereit, ihr Tugendidol vom Sockel, auf den sie es gehoben haben, stürzen zu sehen. Was Liebe und geduldige Nachfrage nicht vermochten, das gelingt der Verärgerung über die Urteilsbildung der Verehrer: Sie bringt das Geheimnis der Fremden auf ihre Lippen:

> Sie wissen, ob ich untreu bin, Ihr Vater weiß es auch. [...] Aber weil Sie jung sind, sage ich es Ihnen allein und im Vertrauen: Männer und Frauen sind nur mit Willen ungetreu; und das wollt' ich dem Freunde von der Mühle beweisen, der mich vielleicht wieder sieht, wenn sein Herz rein genug sein wird, zu vermissen, was er verloren hat. (HA 8,63f.)

Dabei garantiert die vorherige komische Verstellung, daß das »im Vertrauen« Erzählte im Hause Revanne wie ein Lauffeuer die Runde macht. »Engel« oder »Dämon« (HA 8,64); wo der junge Revanne fast verzweifelt, dort beginnt auch für die Leserin das Interpretationsproblem.

Meint »Torheit« hier den Wahnsinn einer Treue gegen alle Vernunft oder auch Verstellung, das Aufsetzen einer Narrenkappe, unter deren Schutz man die Wahrheit sagen kann, oder eher im alten Sinn der Wortverbindung *törichte frau* bewußte sexuelle Stimulierung? Ist der Text eine Beispielerzählung, deren Moraldidaxe sich auf den auktorialen Kommentar reduzieren läßt:

> Aber an dem Beispiele dieses Mädchens mögen die Frauen lernen, daß ein redliches Gemüt, hätte sich auch der Geist durch Eitelkeit oder wirklichen Wahnsinn verirrt, die Herzenswunden nicht unterhält, die es nicht heilen will (HA 8,61),

oder hat er noch einen Subtext? Worin besteht die Verirrung des Geistes? Wie läßt sich der redliche Entschluß, keine falsche Hoffnung auf Liebeserfüllung zu nähren, mit der erklärten Absicht vereinbaren, gezielt Situationen aufzusuchen, in denen die Möglichkeit besteht, »Herzenswunden«, die man nicht heilen will, zuzufügen? Schließlich provoziert die schöne Fremde die Liebeswerbung, der sie sich durch eine List entzieht, durch ihre Pilgerschaft. Macht sie sich, indem sie dem verlorenen Freund auch unter schwierigen Bedingungen die Treue hält, nicht an denen schuldig, die sie dafür instrumentalisiert, die Situation der Bewährungsprobe zu erzeugen? Wie illusorisch darüberhinaus die Vorstellung ist, die »Ehre« als Frau auch »unter Straßenräubern« (HA 8,53) bewahren zu wollen, zeigt nicht nur die Sozialgeschichte der Vagantinnen, die gezwungen waren, *jede* Verdienstchance zu ergreifen, sondern auch der Raubüberfall auf die Reisegruppe in den »Lehrjahren«. Wilhelm überlebt den Hieb, »der ihm den Hut spaltete und fast bis auf die Hirnschale durchdrang« (HA 7,224), nur dank seines besonderen Schutzengels, und Philine kann ihren Koffer nur dank der Bereitschaft retten, sich notfalls auch zu prostituieren (HA 7,230). Vor den wirklichen Gefahren der Landstraße schützt das edle Betragen eine Dame nicht, im Gegenteil, weil die Räuber bei reisenden oder emigrierenden Herrschaften »Geld und Kostbarkeiten« (HA 7,239) vermuten, sind diese das bevorzugte Opfer ihrer Anschläge. Auch in den »Lehrjahren« hatte die Bande eigentlich nicht der armen Schauspielertruppe aufgelauert, sondern Natalie, der edlen Baronesse. Nur weil den Ort, den die Törin aufgesucht hat, ein adeliger Ehrenkodex regiert, der auf sie als Frau von Stand angewendet wird, besteht hier keine andere Gefahr als die, sich zu verlieben.

Umgekehrt muß Herr von Revanne, wenn er dem Gast, den er aus freien Stücken bewirtet hat, »Undankbarkeit« vorwirft, sich den ebenso berechtigten Vorwurf gefallen lassen: »Viele Wohltäter möchten ihren Begünstigten sämtliche Rechte gern abhandeln für eine Linse.« (HA 8,61) Nur weil er der Pilgerin Obdach gewährt, hat er noch lange nicht das Recht, ihre Liebe, ihren Körper, ihre ganze Person einzuklagen wie Jakob von Esau das Erstgeburtsrecht für ein Linsengericht (1 Mose 25,29-34). Nicht nur trägt der Edelmann hier Tauschwertkategorien in eine Sphäre hinein, in der man sich nur verschenken, aber sicher keinen großen Lohn für kleine Gefälligkeiten erwarten kann; er nutzt auch die Notlage der sehr viel jüngeren Frau für den Versuch, sie an sich zu binden. Doch die von ihm begehrte Frau erweist sich als unberührbar, weil sie ältere Rechte eines anderen geltend macht. Im Unterschied zu Sankt Joseph dem Zweiten, der Marie nach Ablauf des Trauerjahres heiraten kann, und zu Lenardo, der hoffen darf, Susanne einst nach Amerika nachzuholen, verliert Herr von Revanne die vom Bild eines andern besetzte Frau für immer aus den Augen. Die zur Gegenleistung nicht verpflichtet werden konnte, weil sie materielle Hilfe nur gegen Dienste anzunehmen bereit und für psychische Wegzehrung nicht empfänglich war, verschwindet einem »Engel« (HA 8,64) gleich auf Nimmerwiedersehen.

Wenn wir die sonderbare Erdenwanderung der Törin rückblickend noch
einmal vor die Folie der christlichen Pilgerreise stellen, ergibt sich ein negativer
Befund: Wir haben es mit einer Pilgerschaft ohne Routenbeschreibung, ohne
Bußritual, ohne Kollektivbindung, ohne Sakralzentrum, ohne Gnadenerfahrung
und ohne transzendentes Ziel zu tun und mit einem radikal säkularisierten Pilgermotiv. Alle Merkmale der traditionellen Pilgerreise sind negiert. Aber auch
die der stärker säkularisierten neuzeitlichen Pilgerschaft sind nicht erfüllt. Denn
gemessen an der Bedeutung, die die theoretische Neugierde[35] seit dem Beginn
der Neuzeit auch in christlichen Formen der Reisebeschreibung hat, zeichnet
sich die verspätete Pilgerin unserer Novelle durch einen erstaunlichen Mangel
an *curiositas* aus. Die Fremde ist ihr nicht Anlaß, traditionelle Normen an neuen
empirischen Erfahrungen zu messen, sie sucht sie nur auf, um ein Treueideal zu
bestätigen, das dem höfischen Roman des Mittelalters entnommen ist und das
sie in die inzwischen schon von bürgerlichen Normen unterwanderte Adelswelt
des 18. Jahrhunderts hineinträgt. Denn beide Herren von Revanne sind bereit,
sie aus Liebe zu heiraten und sich dabei über die ungeklärte Frage ihrer Herkunft
hinwegzusetzen. Wie märchenhaft das – auch im vorrevolutionären Frankreich
– mindestens im Hochadel des 18. Jahrhunderts noch ist, zeigen die Intrigen
gegen Odoard und Sophronie in »Nicht zu weit«. Doch trotz der märchenhaft
gelockerten Normen der beiden Edelmänner wird unsere verwunschene Prinzessin durch das Angebot männlichen Schutzes nicht erlöst. Offenbar kann ihre
Wunde nur durch das Schwert geheilt werden, durch das sie geschlagen wurde,
durch die Versöhnung mit ihrem untreuen Freund. Für sie ist die Treue zwischen
Mann und Frau eine ethische Grundtugend, fast im alten Sinne eines rechtlich
bindenden Vertragsverhältnisses oder eines Gelübdes, das quasi-religiöse Weihe
hat, ein unhintergehbarer, absoluter Wert. Sie schließt Liebe im Sinne von Agape
ein, aber, wie es scheint, den Eros aus. Doch während die Treue zwischen den
Menschen im mittelalterlichen Epos Reflex der Treue Gottes zu den Menschen
ist[36], fehlt die Fundierung der Menschenliebe in der Gottesliebe in der Treuekonzeption der Törin. Nirgendwo ist von ihrer Gottesbeziehung die Rede, sie
scheint, im Gegenteil, den Freund, der sie verlassen hat, zu vergöttlichen.

Auch als weibliche *Aventiure* gelesen, erscheint ihre Abenteuersuche deshalb merkwürdig pervertiert. Ihr Weg hat erzieherischen Wert. Sie sucht die
Gefahr, um sie zu bestehen. Sie beweist, daß der Gang über die Heerstraße sie
im physischen wie im moralischen Sinn nicht beschmutzt. Auch ihre Ritterfahrt

---

[35] Hans Blumenberg: *Der Prozeß der theoretischen Neugierde*, erw. Neuausgabe, Frankfurt/
M. 1988.

[36] Trevrizent verkündet Parzival am Karfreitag, daß Gott selbst die »triuwe« ist (462,19) und
diese sich in Christi Tod am Kreuz zur Erlösung der Menschheit bewährt hat (465,9f.). Wolfram
von Eschenbach: *Parzival*, 2 Bde., übertragen von Dieter Kühn, Frankfurt/M. 1994, S.766 und 770.
Dazu: Julius Schwietering: Parzivals Schuld (1944). In: ders.: *Mystik und höfische Dichtung im
Hochmittelalter*, Tübingen 1960, S.58.

soll gesellschaftliche Anerkennung, sittliche Bewährung und die Wiederherstellung einer Ordnung ermöglichen[37], die durch das normverletzende Verhalten ihres Freundes gestört worden ist. Auch ihre *Aventiure* ist Minnedienst. Doch der Dienst gilt keiner vollkommenen Frau, er gilt einem unvollkommenen Mann. Erzogen wird nicht sie, sondern er. Sie will ihm einen sittlichen Spiegel vorhalten und ihn damit beschämen, daß sie seine Rolle besser beherrscht als er. Ist das ein ohnmächtiger Versuch, an der Liebeskonzeption des Mittelalters festzuhalten, obwohl es längst keine Ritter mehr gibt, die sich auf sie verpflichten ließen, eine weibliche Don Quichotterie? Wie ist dann ihre Flucht aus dem Hause Revanne zu verstehen? Wenn sie sittlich unanfechtbar wäre, könnte sie eigentlich auch bleiben. Bleibt sie nicht, weil sie beginnt, der Liebeswerbung zu erliegen? Waren das Lustwäldchen, der Brunnen, das Schloß und der Park nicht nur Stationen, sondern heimliches Ziel der Pilgerfahrt? Hat sie unbewußt den vom Bewußtsein verurteilten Mühlenbezirk aufgesucht?

2.3 Die Ballade vom Verrat in der Mühle

Die Abschiedsworte der Törin verweisen auf die Romanze zurück, die, indem sie eine vermeintlich belanglose Geschichte erzählt, Einblick in die Gemütslage der Sängerin gewährt. Denn mit dem scheinbar deplazierten Lied beantwortet die Fremde nachträglich die Frage Herrn von Revannes nach ihrem Pilgermotiv. Kaum, daß sich die Fahrende durch ihr Betragen als Frau von Stand ausgewiesen hat, bricht ihr »mutwilliges Lied« (HA 8,55) die Standeskonvention zum zweiten Mal. Die Verletzung der adeligen Etikette ist so groß, daß der auktoriale Erzähler sich zur Rechtfertigung des Liedzitats verpflichtet fühlt: »Wohl war es bedenklich, daß sie sich auf eine solche Weise vergessen konnte, und dieser Ausfall mochte für ein Anzeichen eines Kopfes gelten, der sich nicht immer gleich war.« (HA 8,57) Nach dem erneuten Zeichen der Unmoral räumt er die vorher verworfene Möglichkeit einer Geistesverwirrung wieder ein. Das Lied kann dem Leser, der den es entschärfenden Situationskontext nicht miterlebt, nur zugemutet werden, wenn die Norm, mit der es bricht, durch einen Rahmen von vorwegnehmenden und rückblickenden Kommentaren restituiert wird. Obwohl die Ich-Erzählung des in der Mühle verratenen Mannes schon innerhalb des Liedes von den moralischen Urteilen der Sängerin eingerahmt und dadurch innerhalb der Novelle mit doppelter moralischer Nutzanwendung versehen wird, bricht die gesungene Binnengeschichte mit den Forderungen der Adelsgesellschaft nach Trieb- und Affektkontrolle.[38] Schon die aus fünf meist rhetorischen Fragen bestehende Eingangsstrophe fragt mit tiefster Ironie, ob der barfuß im Man-

---

[37] Michael Stolz: Die Reise von Leo von Rožmital, S.110.
[38] Norbert Elias: *Über den Prozeß der Zivilisation*, Bd.1, 5. Aufl., Frankfurt/M. 1978.

tel durch die Winterkälte eilende Mann sich auf einer »Wallfahrt« (HA 8,55) erbaut habe. Der »Wallfahrtsort«, von dem wir diesen Mann in Pilgerkleidung wegeilen sehen, war ja kein nahegelegenes Sanktuarium, sondern die Mühle, ein – vom christlichen Standpunkt aus – genuin unheiliger Ort, ein heidnischer Sündenpfuhl.[39]

Im Volksglauben ist die Mühle von alters her ein anrüchiger Ort. Schon ihre Abgelegenheit fernab der Dorfgemeinschaft prädestiniert sie für nächtliche Liebesabenteuer und Betrug. Die Nähe zum Wasser und die Trennung vom Sozialverband teilt sie mit dem Bordell. In Rom war die Mühlenprostitution an der Tagesordnung, noch im Mittelalter waren Mühlen nicht nur »*Freistätten für flüchtige Verbrecher*«, was auf eine ehemals sakrale Funktion der Mühle verweist, sondern auch »Freistätten des Sexus«.[40] Die »Aufladung der Mühle mit magischen Vorstellungen« rührt daher, daß sie als »erste Maschine, deren Antrieb auf einer Energiequelle beruht, die nicht die Muskelkraft des Menschen ist«, den Eindruck erweckt, »die Arbeit werde von allein getan«, bzw. von Nymphen, Nixen, Kobolden oder Teufeln.[41] Sie ist schon deshalb von allgemeinem Interesse, weil sie mit dem Mehl als Grundlage des Brotes ein unentbehrliches Grundnahrungsmittel aufbereitet. Doch die geheimnisvolle Verwandlung des Mahlguts zwischen den Steinen entzieht sich der Beobachtung. Weil sie so verborgen ist wie die Empfängnis, eignet sie sich gut als erotisches Symbol. Hinzu kommt, daß das Mahlen des Getreides mit uralten Kornmysterien in Verbindung steht, mit der Einweihung der Jugend in die Geheimnisse von Leben und Tod:

> Der Durchgang des Korns durch die quetschenden Steine bedeutet dem naiven Bewußtsein soviel wie ein Sterben. Mahlen und Verbacken sind *rites de passage*. Demeter, die Stifterin der eleusinischen Weihen, hatte die Kornfrucht anbauen gelehrt. In Böotien nannte man sie Megartios, Herrin der großen Brote, in Sizilien Himalis, die Bäckerin. Die Getreideähre, die man auf einem Höhepunkte der geheimen Weihen den Mysten schweigend vorwies, war Symbol der Wiedergeburt [...]. Die Keimkraft des Getreides erschien den Völkern des Altertums als etwas nahezu Unvergängliches: aus Korn und Brot bestanden die frühesten Totenopfer oder Grabbeigaben.[42]

Da Müller und Müllerin um die geheimnisvolle Kornverwandlung wissen, macht die Volksphantasie die Begegnung mit ihnen zur sexuellen Initiation. In der Doppelbedeutung von »Getreide mahlen« und »begatten« bewahrt das lateinische Verb »mollere« diesen Zusammenhang. Er geht auch in das Bild der »Liebesmühle« ein, die Nelken, Pfeffer und Muskat, die im Mittelalter bekannten ori-

---

[39] Eine ironische Sakralisierung nicht der Mühle, aber des Theaters findet sich in den *Lehrjahren* (HA 7,87), als Wilhelm sich freut, den »Tempel« der »Schauspielkunst« auch im Gebirge zu finden, und rhetorisch fragt: »und ich muß zu ihrem Feste wallfahrten?«

[40] Werner Danckert: *Unehrliche Leute*, S.135 und 139.

[41] Siegfried Grosse: Die Mühle und der Müller im deutschen Volkslied. In: *Jahrbuch des österreichischen Volksliedwerkes* 11 (1962), S.9. Dazu auch: Hermann Gleisberg: Technikgeschichte der Getreidemühle. In: *Deutsches Museum. Abhandlungen und Berichte* 24 (1956), H.3, S.5–72.

[42] Werner Danckert: *Unehrliche Leute*, S.135f.

entalischen Aphrodisiaka, mahlt. Im Volkslied wird die Müllerin zum Inbegriff der attraktiven Frau, um die sich Männer aller sozialen Stände bewerben. Die Werbung um sie wird allerdings erschwert, wenn – wie in unserem Beispiel – zur Mühlenerotik die sprichwörtliche Unehrlichkeit des Gewerbes tritt. Wie die Schneider und Leinweber haben auch die Müller »anvertrautes Gut zu verarbeiten und, da die Arbeit nicht unter der Aufsicht des Kunden vonstatten geht«, in den argwöhnischen Augen des Volkes »Gelegenheit, etwas vom Material für sich abzuzwacken«.[43] Zedlers »Grosses vollständiges Universal-Lexicon Aller Wissenschafften und Künste« führt mehr als dreißig Gründe für die Unehrlichkeit des Gewerbes an: Ableiten des Mehls durch Nebenschläuche, Aushöhlen des Mühlsteins, um Raum für gestohlenes Mehl zu schaffen, Messen mit zweierlei Maß, Verwendung von Mehlkästen mit doppelten Böden, Einfüllen von schwarzem Mehl unter dem weißen, Mischen des Mehls mit unedlen Materialien usw.[44] Verdichtet erscheint dieses Wissen in dem altdeutschen Sprichwort: »Neben jeder Mühle steht ein Sandberg«.[45] Doch nicht nur wegen der angeblichen Häufigkeit des Betrugs gelten Müller und Müllerin weit über das Mittelalter hinaus noch als »unehrliche« Leute, die zu »unehrlichen« Arbeiten wie zur Lieferung der Galgenleiter verpflichtet werden und vom Eintritt in die Zünfte ausgeschlossen sind. Weil die Müller in karolingischer Zeit noch »zu den bevorzugten Ministerialen« gehörten, kann ihre spätere Zuordnung zu den »unehrlichen« Berufen nicht auf »einstige soziale Mißachtung (als Unfreie) zurückgeführt werden«; Danckert sieht den »Kernpunkt« der Anrüchigkeit des Gewerbes vielmehr in der Tabuisierung heidnischer Initiationsstätten durch das Christentum.[46]

Bevor die »romantischen Kunstlieder im Volkston« die Mühle zur Idylle verharmlosen[47], ist die Motivverknüpfung von Mühle und freier Liebe, Mühle und Ehebruch im Volkslied wie im Schwank weit verbreitet. Beliebt ist die Vorstellung, daß vorbeiziehende Burschen die Müllerin mit erotischen Anträgen belästigen, aber auch das Motiv vom untreuen Freier oder von der untreuen Müllerin. Die Überlieferung kennt Beispiele von nahezu pornographischer Drastik wie das folgende, seit dem 14. Jahrhundert gesungene Lied:

> Ich weiß mir eine Müllerin,
> Ein wunderschönes Weib.
> Wollt Gott ich sollt (bei) ihr mahlen,

---

[43] Siegfried Grosse: Die Mühle, S.31.

[44] Vgl. den Artikel »Müller«. In: Johann Heinrich Zedler (Hrsg.): *Grosses vollständiges Universal-Lexicon Aller Wissenschafften und Künste*, Bd.22, Leipzig/ Halle 1739, Sp.190–192.

[45] Werner Danckert: *Unehrliche Leute*, S.129.

[46] Werner Danckert: *Unehrliche Leute*, S.126 und 129.

[47] Zum Beispiel Eichendorffs Gedicht *In einem kühlen Grunde*, das Kinderlied *Es klappert die Mühle am rauschenden Bach* und Wilhelm Müllers *Das Wandern ist des Müllers Lust*. Siegfried Grosse: Die Mühle, S.8.

Mein Körnlein zu ihr tragen,
Das wär der Wille mein!

Als die Müllerin vom Müller aufgefordert wird, ihm ein Feuer zu machen, antwortet sie:

»Ich kann dir nicht aufstehen?«
Sprach sich des Müllers Weib;
»Ich hab die Nacht gemahlen
Mit einem Reutersknaben
Daß ich so müde bin!«[48]

Goethe hat die erotische Symbolik der Mühle mehrfach verwendet. In »Wer ist der Verräter?« ist sie das Lieblingsplätzchen der jugendlichen Julie, an dem sie die Freude verliert, sobald ihr Interesse an fremden Ländern und – das ist zu ergänzen – an erwachsenen Männern erwacht, die den »braven Mühlknappen« (HA 8,94), den sie sich als Kind erträumt hat, verdrängen. In den »Lehrjahren« zeigt der Dichter, wie das Vorurteil gegenüber dem Müllerberuf von adeligen Offizieren dazu benutzt werden kann, den unwürdigen Günstling des Grafen zusammenzuschlagen und das Verbrechen mittels weiß gefärbter Kleider dem Mehl- und Brotgewerbe in die Schuhe zu schieben (HA 7,184 und 195). Nicht im kriminellen, aber im erotischen Sinn gehört Philine zum Mühlenbezirk. Kurz nachdem Wilhelm sie kennengelernt hat, schlägt Laertes vor, das »Mittagsmahl auf der Mühle« einzunehmen (HA 7,93). Als Philine Wilhelm vorher rasch frisiert, kommt sie ihm körperlich so nahe, daß er versucht ist, einen Kuß auf ihren Busen zu drücken. Auch die Nacht nach der »Hamlet«-Premiere verbringt Wilhelm mit Philine, woran Friedrich ihn am Ende des Romans erinnert. Und als er unter dem Eindruck der Nähe Natalies Philine entwertet, muß er sich von Philines Gefährten ermahnen lassen: »›Pfui! schämt Euch‹, [...] ›wer wird eine Geliebte verleugnen?‹« (HA 7,557) Was Wilhelm lernen müßte, um ein ganzer Mensch zu werden, ist, das Bild der »Heiligen« und das der »Hure« nicht wie schon bei der Erstbegegnung mit Natalie zu dichotomisieren.[49] In den »Wahlverwandtschaften« steht »die alte, zwischen Felsen versteckte Mühle« (HA 6, 291), in die Eduard sich absichtlich mit Ottilie verirrt, in Opposition zu Charlottes »Mooshütte«, die ihm schon bei der Besichtigung »etwas zu eng« (HA 6,243) vorkommt. Nach dem Mühlenbesuch bittet Eduard Ottilie unter dem

[48] Dieses Lied war so beliebt, daß es in einigen hundert Varianten aus allen europäischen Ländern überliefert ist. Donald J. Ward: Scherz- und Spottlieder. In: *Handbuch des Volksliedes*, Bd.1, hrsg. von Rolf Wilhelm Brednich u.a., München 1973, S.718. Melodie in: *Altdeutsches Liederbuch. Volkslieder der Deutschen nach Wort und Weise aus dem 12. bis zum 17. Jahrhundert*, 2. Aufl., Leipzig 1913, S.121f.

[49] »Ich sehe wohl, dass Dir eine Nüance zwischen der Dirne und der Göttin zu fehlen scheint.« Das antwortet Goethe im November 1787 von Rom aus auf (vermutlich) Herders Kritik an der Zeichnung des Klärchens im *Egmont. Goethe ueber seine Dichtungen*, 2. Theil, Bd.1, hrsg. von Hans Gerhard Gräf, Frankfurt/M. 1903, S.215.

Vorwand, es könne sie verletzen, das Medaillon mit dem Bild ihres Vaters ab-zulegen. Die Frau, die er begehrt, »soll das Vaterbild *über* ihrem Herzen und *in* ihrem Herzen« entfernen[50]. Erst nachdem sie das getan hat, ist ihm, »als wenn sich eine Scheidewand zwischen ihm und Ottilien niedergelegt hätte« (HA 6, 293). Offenbar hängt der Übergang von der Kindesliebe zur Geschlechtsliebe auch hier mit dem Mühlenbesuch zusammen, ohne als Initiation manifest zu werden.

Verglichen mit der Diskretion dieser Bildsprache ist das Mühlenlied der Törin gewagt. Entsprechend großen Wert legt sie als fiktives Sänger-Ich darauf, die räumliche, zeitliche und ethische Distanz ihres Standorts vom Ort des Müh-lenabenteuers zu betonen. Ihr Lied verbindet sowohl das Motiv der untreuen Müllerin mit dem des untreuen Freiers als auch die Mühlenerotik mit der Müllertücke. Deshalb wird die »Wallfahrt« des Mannes zum Tempel der Liebe zur unfreiwilligen Flucht aus dem Liebesparadies. Diese Art parodistischer Ver-kehrung des Heiligsten ins Profanste hat in der Gattung Wallfahrtslied Tradition. Im Maße, wie die reformatorische Kritik[51] der Pilgerreise einsetzt, häufen sich Wallfahrtslied-Parodien[52]. In einer seiner »Tischreden« erzählt Martin Luther die Geschichte eines deutschen Jakobs-Pilgers, der durch Frankreich kam und, weil er eine gute Stimme hatte, gebeten wurde, Deutsch zu singen: »da sang er: ›Der Schäfer in der Niedermühl hätte mein Töchterlin gerne‹ und neigte sich. Da bogen die Franzosen auch ihre Knie, als nennete er GOtt.«[53] Der Witz der Erzählung besteht darin, daß aus Unkenntnis der Sprache des andern die Parodie nicht als solche verstanden, das Profane für das Heilige genommen wird. Sie zeigt aber auch, wie nah die Parodie des Sakralen beim Erotischen liegen und damit an heidnische Begriffe des Sakralen anknüpfen kann. Der Gedanke, daß der Pilger das Heilige nicht in der Jakobskirche, sondern in der Mühle suchen könnte, nicht in der spirituellen Vereinigung mit Gott, sondern in der sexuellen Vereinigung mit der Frau, ist so naheliegend, daß er von Luther für ein parodi-stisches Spiel genutzt werden kann, das nebenbei auch noch den französischen Nationalcharakter trifft. Im Unterschied zu Luthers Erzählung wird der Kon-trast zwischen dem Liedinhalt und dem situativen Kontext beim Liedvortrag der Törin zwar bemerkt, aber wegrationalisiert. Auch hier rührt die Komik der Geschichte daher, daß ein christlicher in einen heidnischen Begriff des Sakralen

---

[50] Werner Danckert: *Offenes und geschlossenes Leben,* Bonn 1963, S.57.

[51] Die Reformatoren kritisieren u.a. »die Unechtheit der Gebeine« und die »hohen Reiseko-sten«, Luther bekämpft das Pilgerwesen mit dem Argument, daß Bibellektüre eher ins Land der Verheißung führe als Pilgerfahrt. Dietz-Rüdiger Moser: Die Pilgerlieder, S.343.

[52] Eine Parodie des bekannten mittelalterlichen Wallfahrtsliedes »In gotes namen fara wir« aus dem 16. Jahrhundert lautet: »In tüfels namen faren wir«; zitiert nach: Cordelia Spaemann: Wall-fahrtslieder. In: *Wallfahrt kennt keine Grenzen,* hrsg. von Lenz Kriss-Rettenbeck und Gerda Möh-ler, München/ Zürich 1984, S.181.

[53] *D. Martin Luthers Werke. Kritische Gesamtausgabe, Tischreden,* Bd.4, unveränd. Abdruck der 1. Aufl. (Weimar 1914), Graz 1967, S.334, Nr.4478 (1539).

kippt und dabei die Sündenfallerzählung wiederholt: Was der halbnackt vom
Kultzentrum wegstürzende Pilger suchte, war nicht Buße, sondern Liebe, Sin-
neslust statt Seelenheil; was ihn am »Wallfahrtsort« erwartete, eine von Zeugen
beschämend beendete Liebesnacht. Mit offener Schadenfreude fragt das Rahmen-
Ich der Ballade:

> Warum auch ging er solche Wege
> Nach jenem Apfel voll Gefahr,
> Der freilich schön im Mühlgehege
> Wie sonst im Paradiese war! (HA 8,55f.)

Aus christlicher Sicht ist die Mühle der Ort der verbotenen Früchte. Wo der
Jüngling sich Lust verspricht, wittert die sprichwörtlich geldgierige Müllersfa-
milie ein Geschäft. Der »Schatz«, der zwar nicht zurückgefordert werden, für
dessen Raub man aber haftbar gemacht werden kann, ist der Jungfernkranz. Weil
das Mädchen den Jüngling mit Kalkül in eine Falle laufen ließ, drängt sich der
Verdacht auf, daß er von höherem Stand ist und durch das Inflagranti-ertappt-
Werden zur Heirat der verführten Unschuld gezwungen werden soll. Wenn das
so ist, war die Liebesnacht Mittel zum Zweck. Was vom Standpunkt der Müllerin
verständliches Sicherheitsbedürfnis ist, weil sie mit der Unschuld ihre Ehre und
ihren Marktwert verliert, ist vom Standpunkt des Mannes Gruppendruck und
Erpressung. Dem Heiratszwang begegnet er mit der ebenso unbewiesenen Unterstellung, daß er für das Pflücken solcher »Blumen« viel zu spät gekommen sei:

> Weiß Amor seinem schönen Spiele
> Doch immer zeitig nachzugehn:
> Er läßt fürwahr nicht in der Mühle
> Die Blumen sechzehn Jahre stehn. (HA 8,56)

Mit diesem Urteil erklärt er das Mädchen zur Hure und spricht sich von jeder
Verantwortung für sein Wohlergehen frei. Die Tatsache, daß er das auf der Basis
einer Unterstellung tut, hat Goethe bei der Übernahme der Novelle in die
Erstfassung der »Wanderjahre« noch verstärkt, indem er das Alter des Mädchens
von zwanzig auf sechzehn Jahre herabsetzte.[54] So berechnend der Kuhhandel
auf der einen Seite war, so perfid ist die Strategie des Sich-Entziehens auf der
andern. Beides hat mit Liebe nicht mehr viel zu tun. Opfer der Verhandlungen,
die über ihren Kopf hinweggehen, ist letztlich die im Einflußbereich ihrer Verwandten zurückbleibende Müllerin, die, wenn nicht jetzt, dann halt ein andermal
»verkauft« wird. Im Moment, da Dritte sich einschalten, ist die Linie zum Dreieck geöffnet, die Intimität der Zweisamkeit gesprengt, das Liebesparadies zerstört. Obwohl die Geliebte ihm immer noch gefällt, stürzt der Jüngling wutent-
brannt davon. Sozialem Heiratsdruck will er sich offenbar nicht beugen. Die

---

[54] Das franz. Original lautet (FA I 10, 871): »Et seulement une apparence/ De Meûnière fille
à vingt ans?«

Scham vom Mantel, den er greifen konnte, notdürftig bedeckt, tritt der von warmer Stätte Verstoßene barfuß eine *peregrinatio* in Sinne des *Codex Calixtinus* aus dem 12. Jahrhundert an: »Als erster Pilger gilt Adam, weil er das göttliche Gesetz überschritt und in die Verbannung dieser Welt geschickt wurde [...]«.[55] Im Unterschied zur christlichen Anthropologie spricht hier aber nichts dafür, daß der unfreiwillige *homo viator* seine irdische Wanderschaft nur als »Durchgangsstation zu seinem eigentlichen, außerirdischen Ziel, zu Gott«[56], ansehen würde. Die Betrachtung, zu der die Flucht aus dem Mühlenbezirk ihn veranlaßt, ist keine christliche Besinnung auf das Jenseits angesichts der Vergänglichkeit irdischer Glückseligkeit, sondern ein profaner, pragmatischer Appell:

> Man soll euch Mädchen auf dem Lande
> Wie Mädchen aus den Städten fliehn!
> So lasset doch den Fraun von Stande
> Die Lust, die Diener auszuziehn!
> Doch seid ihr auch von den Geübten
> Und kennt ihr keine zarte Pflicht,
> So ändert immer die Geliebten,
> Doch sie verraten müßt ihr nicht. (HA 8,57)

Wie die Törin auf der Grundlage ihrer individuellen Enttäuschung alle Männer zu den »Untreuen« zählt, so der Pilger wider Willen nach seiner Flucht aus dem Mühlenbezirk alle Frauen. Mit dem Klischee der Unschuld vom Lande, die sich, wie er meint, als durchtriebene Dirne entpuppte, ist ihm der Stadt-Land-Gegensatz wie der zwischen Frauen von hohem Stand, die Untergebenen gegenüber erotische Freizügigkeit genießen, und Frauen von niedrigem Stand, deren einziges Kapital ihre Unschuld ist, eingestürzt. Alle Frauen sind Evas. Es gibt weder regionale noch soziale Unterschiede. Was bleibt, ist der Verzicht auf die Liebe zwischen den Geschlechtern oder, wo der nicht geleistet werden kann, als Minimalkonsens für ihren Umgang miteinander der Verzicht auf den Verrat. Dieser »Pilger« hat die Mühle, den heidnischen Tempel der Liebe, nur verlassen, um bei nächster Gelegenheit zu ihm zurückzukehren. Zur christlichen Sexualmoral oder zur religiösen Askese bekehrt ist er nicht. Während er sich für betrogen hält, sieht das seine Geschichte kommentierende Rahmen-Ich der Ballade ihn schadenfroh als betrogenen Betrüger:

> Ich lache seiner tiefen Wunde,
> Denn wirklich ist sie wohlverdient;
> So geh' es jedem, der am Tage
> Sein edles Liebchen frech belügt
> Und nachts, mit allzu kühner Wage,
> Zu Amors falscher Mühle kriecht. (HA 8,57)

---

[55] *Der Jakobsweg*, übers. von Klaus Herbers, S.67.
[56] Robert Plötz: Deutsche Pilger, S.3.

Dabei ist der Tag-Nacht-Gegensatz, den die Schlußstrophe aufbaut, sichtlich
moralisch konnotiert. Mit erstaunlicher Gewißheit weiß die Sängerin zu sagen,
welche der zwei Formen der Liebe, die sie gegeneinander ausspielt, die richtige,
welche die falsche ist. Wie problematisch das ist, zeigt ein Blick in die »Lehrjahre«. Auch dort geht der Bürgersohn aus gutem Hause tagsüber pünktlich
seinen Geschäften nach und schleicht sich nachts, »in seinen Mantel gehüllt«
(HA 7,15), zu seiner Geliebten. Doch die unerlaubte Liebe, die sich, um gelebt
werden zu können, verstecken muß, erweist sich am Ende des Romans als auf-
richtige, von beiden Seiten ernst gemeinte und – *gegen* alle Evidenz – auch bei
Mariane mit Treue gepaarte Beziehung, die außer der von Philine und Friedrich
die einzig fruchtbare im Roman ist. Aus ihr ging das lausbübisch-sonnenhafte
Kind Felix hervor. »Um Natalien und Theresen sind nur die Kinder anderer«[57].
Nicht alles, was sich verstecken muß, ist schlecht. Nicht alles, was *Fama* an-
schwärzt, ist schwarz. Unter schwarzer Farbe kann sich, wie das letzte der vier
Müllerin-Gedichte Goethes zeigt[58], durchaus ein weißes Gesicht befinden. Weil
Wilhelm die Gerüchte, die Werner über Mariane gehört und ihm »mit tugendhafter
Schadenfreude« (HA 7,62) zugetragen hat, nicht überprüft, gelingt es *Fama*, das
Werk *Amors* zu zerstören.

    Obwohl die Moraldidaxe das Mühlenabenteuer in der »Törin« schon in-
nerhalb der Romanze rückblickend ins rechte Licht rückt, hält der Novellen-
Erzähler es für nötig, den »Ausfall« (HA 8,57) der Sängerin mit einer Geistesverwirrung zu begründen. Der Wechsel von der auktorialen zur Ich-Erzählsituation,
der den Zeugen ihres Liedvortrags, Herrn von Revanne wieder selbst zu Wort
kommen läßt, bringt noch einmal einen Wechsel der Beurteilung. In der Situation
selbst wurde die *performance* von den Anwesenden *nicht* als anstößig empfunden. Der kunstvolle Vortrag, die Anmut der Person und die Schönheit ihrer
Stimme entschärften den frivolen Inhalt des Gesangs. Innerhalb des situativen
Kontexts kann als Wirkungsintention sogar ein harmloses *delectare* unterstellt
werden: »wir glaubten, sie habe nur den Augenblick der Verdauung erheitern
wollen« (HA 8,57). Was unter andern Umständen obszön wäre, ist unter diesen
Kunst. Trotzdem nimmt die Familie auch den Riß im sonst perfekten Abwehr-
panzer aristokratisch geschliffenen Benehmens wahr und vermutet zu Recht,
daß das Lied nicht nur Beitrag zur geselligen Unterhaltung, sondern auch eine
Form des Selbstausdrucks war, in der die Sängerin unter dem Deckmantel der
Kunst die Geschichte ihrer Liebesverwundung erzählt hat. Der Wunsch, diese
Annahme bestätigt zu finden, verleitet Herrn von Revanne zu einer Taktlosig-
keit, die er später bereut:

> Einmal, als die Unterhaltung sich zum Scherze neigte, sprachen wir ihr von Lieb-
> habern und fragten sie: ob sie den frostigen Helden ihrer Romanze nicht kenne?

---

[57] Karl Schlechta: *Goethes Wilhelm Meister*, Frankfurt/M. 1985 (1953), S.53.
[58] *Der Müllerin Reue* (BA I,136ff).

Ich weiß noch recht gut, dieses Wort schien sie zu durchbohren. Sie öffnete gegen mich ein Paar Augen, so ernst und streng, daß die meinigen einen solchen Blick nicht aushalten konnten; und sooft man auch nachher von Liebe sprach, so konnte man erwarten, die Anmut ihres Wesens und die Lebhaftigkeit ihres Geistes getrübt zu sehen. (HA 8,59)

Unabsichtlich hat Herr von Revanne mit seiner Frage die kaum vernarbte Wunde aufgerissen. Da er den Rivalen ahnt, zielt die scheinbar naive, unbewußt von Eifersucht genährte Frage ins Zentrum der Liebeskränkung der geliebten Frau, eine Grenzüberschreitung, die ihm ihr Blick verbietet. Auch wenn die Frage taktlos war, sie ist ein Gesprächsangebot, das die Törin wortlos zurückweist. Indem sie in bezug auf ihre Liebe ein Berührungstabu aufstellt, beraubt sie sich selbst der Möglichkeit, ihre Verletzung kommunikativ zu verarbeiten und dadurch langfristig zu überwinden.

Da wir die Erdenwanderung der rätselhaften Frau als Pilgerschaft verstanden haben, liegt es nahe, auch ihr Lied als Pilgerlied aufzufassen und zu fragen, was dieser Gattungstradition entspricht, was nicht. »Das Wallfahrtslied ist in seiner Urform die aus Vorsängerstrophe und Kyrieruf bestehende Litanei. Als meditativer Wechselgesang regelt sie weniger den Schritt als den Atem und trägt so über weite Wegstrecken.«[59] Im Maße, wie das ursprünglich oberschichtliche Liedgut[60] in die Volkssprache eindringt, wird der Kyrieruf zum Kehrvers erweitert. Dadurch entstehen Strophenlieder, bei denen die Vorsänger-Strophe mit einem Refrain wechselt, der als Kollektivgesang das Gruppengefühl der Pilger fördert. Daß der Pilgerweg mit dem Lebensweg identisch, das »Ende der Wallfahrt« auch das »Ende des Lebens« ist, »bildet den Schlußgedanken aller großen Wallfahrtslieder«.[61] Als die Kirche die Pilgerschaft systematisch zu fördern beginnt, sorgt sie für die Verbreitung von Liedern, die neben dem Anliegen, zur Pilgerreise aufzufordern, praktischen Informationswert haben: Sie empfehlen die Ausrüstung des Pilgers mit Pilgerstab, Eßgeschirr und adäquater Pilgerkleidung[62] und beschreiben die Reiseroute.

Wenn wir das »Pilgerlied« der Törin mit dieser Tradition vergleichen, erscheint sie als ausgesprochen einsame Sängerin. Wie ihrem Leben so fehlt auch ihrem Lied das Dialogische, der Antwortcharakter des Kyrierufs, der Wechselgesang zwischen Vorsänger und Pilgerschaft, der das Gruppengefühl signalisierende Refrain. Sie ist beim Singen so radikal vereinzelt wie in den »Lehrjahren« Mignon und der Harfner[63]. Inhaltlich gibt sich ihr Strophenlied schon mit den

---

[59] Cordelia Spaemann: Wallfahrtslieder, S.181.

[60] Dietz-Rüdiger Moser: Die Pilgerlieder, S.326.

[61] Cordelia Spaemann: Wallfahrtslieder, S.182.

[62] Das Jakobslied empfiehlt zwei paar Schuhe, Schüssel und Flasche, einen breiten Hut und einen Mantel zum Schutz gegen Schnee, Regen und Wind: »on mantel sol er nit gan«. Cordelia Spaemann: Wallfahrtslieder, S.182.

[63] Von *Nur wer die Sehnsucht kennt*, dem einen Lied, das sie als »unregelmäßiges Duett« (HA 7,240) gemeinsam singen, abgesehen.

ersten Versen als Wallfahrtslied-Parodie[64] zu erkennen, bei der die besungene
»Wallfahrt« des Mannes in komischem Kontrast zur Pilgerschaft der Sängerin
steht. Ihr »Pilgerlied« ist keine Aufforderung zu gemeinsamem Aufbruch zu
heiligen, sondern eine Warnung vor einsamem Aufbruch zu unheiligen Orten.
Es beschreibt nicht den Weg eines Pilgers zum Gnadenort hin, sondern zeigt
einen Pilger auf seiner Flucht vom Gnadenort weg. Das Pilgerkleid wird nicht
freiwillig, sondern unfreiwillig angelegt, ist nicht Ausdruck von Demut, sondern
Folge einer Demütigung. Die Törin gleicht eher einem Bänkelsänger, der das
Volk mit Sensationsnachrichten befriedigt, als einem Pilger, der sich durch den
Kollektivgesang der Gleichgestimmtheit anderer versichert. Obwohl die Ballade
in zehn jambischen Achtzeilern mit alternierend weiblich-männlichen Kreuzrei-
men eine frivole Geschichte aus zweifacher Perspektive erzählt, steht am Ende
eine einfache Moral. Die ersten drei Strophen nehmen analytisch das Endergeb-
nis eines Liebesabenteuers vorweg, dessen Zustandekommen die Ich-Erzählung
des Betroffenen in den Strophen fünf bis acht synthetisch erzählt. Während der
Mann aus dem Verrat der Müllerin in Strophe neun einen moralischen Appell
an die Frauen ableitet, nutzt die Sängerin seinen in Strophe zehn für eine Warnung an die Männer. Obwohl es zwei Sprecher gibt und der Perspektive des
Mannes die der Frau gegenübergestellt wird, entsteht zwischen beiden kein Dialog. Seine Sicht wird nur zitiert, um Gegenstand ihres Spotts zu werden. Seine
subjektive Verletztheit wird ihrem pseudo-objektiven Urteil unterworfen, das
faktisch ebenso subjektiver Verletztheit entspringt. Obwohl die Tränen, die dem
Liedvortrag vorausgehen, andeuten, daß der Sängerin gar nicht »lustig und lächerlich« (HA 8,55) zumute und die frivole Romanze für sie im Grunde eine
Elegie ist, bringt sie für die Liebesklage des Mannes keinerlei Verständnis auf.
Vom Standpunkt christlicher Körperfeindlichkeit aus ist sein Verhalten Sünde
und der Verrat die wohlverdiente Strafe. Umgekehrt stehen die Zuhörer *ihrer*
indirekten Selbstoffenbarung zwar nicht verständnislos, aber ratlos gegenüber.
Kommunikation gelingt weder innerhalb des Liedes zwischen Mann und Frau
noch während des Vortrags zwischen Sängerin und Publikum.

Warum singt die Törin dieses Lied gerade vor adeligen Zuhörern? Warum
erst, nachdem der Versuch, sich mit einer gestickten Blume für die erwiesene
Gastfreundschaft zu bedanken, gescheitert ist? Wenn wir bei dieser Blume an
die klassische marianische Blumenmetapher: »Sie ist die reinste Rose«[65] denken,
kippt die schöne Unbekannte merkwürdig abrupt von marianischer Heiligkeit
in Laszivität. Könnte die Tatsache, daß sie als weiblicher Bänkelsänger im Hause
ihres Gönners eine frivole Wallfahrtslied-Parodie singt, ein Indiz dafür sein, daß
sie am Wallfahrtsort angekommen ist? So gesehen, spräche ihr Lied im Sinne

---

[64] Vgl. die Jakobslied-Parodie: »Wer doch das ellend bawen wil/ der mach sich auf und kart
und spil und zech mit schönen frawen«. Cordelia Spaemann: Wallfahrtslieder, S.182.

[65] Cordelia Spaemann: Wallfahrtslieder, S.184.

einer Fehlleistung ihre Triebwünsche aus, die sie an dem, der sie stellvertretend für sie auslebt, gleichzeitig verdammt. Wenn das stimmt, ist auch sie eine Ophelien-Figur. Von Aurelie gefragt: »hätte der Dichter seiner Wahnsinnigen nicht andere Liedchen unterlegen sollen? [...] Was sollen Zweideutigkeiten und lüsterne Albernheiten in dem Munde dieses edlen Mädchens?« (HA 7,255), rechtfertigt Wilhelm in den »Lehrjahren« Shakespeares Genius:

> Auch in diesen Sonderbarkeiten, auch in dieser anscheinenden Unschicklichkeit liegt ein großer Sinn. Wissen wir doch gleich zu Anfange des Stücks, womit das Gemüt des guten Kindes beschäftigt ist. Stille lebte sie vor sich hin, aber kaum verbarg sie ihre Sehnsucht, ihre Wünsche. Heimlich klangen die Töne der Lüsternheit in ihre Seele, und wie oft mag sie versucht haben, gleich einer unvorsichtigen Wärterin, ihre Sinnlichkeit zur Ruhe zu singen mit Liedchen, die sie nur mehr wach halten mußten. Zuletzt, da ihr jede Gewalt über sich selbst entrissen ist, da ihr Herz auf der Zunge schwebt, wird diese Zunge ihre Verräterin, und in der Unschuld des Wahnsinns ergötzt sie sich vor König und Königin an dem Nachklange ihrer geliebten losen Lieder: vom Mädchen, das gewonnen ward; vom Mädchen, das zum Knaben schleicht, und so weiter. (HA 7,255)

Wenn wir in Wilhelms Deutung der Ophelien-Figur nicht nur eine Männerprojektion sehen wollen – wozu wir keinen Grund haben, da selbst die kritische Aurelie zugestehen muß: »wenn man Sie Ihren Shakespeare erklären hört, glaubt man, Sie kämen eben aus dem Rate der Götter und hätten zugehört, wie man sich daselbst beredet, Menschen zu bilden« (HA 7,257) –, ergibt sich eine Analogie-Kette: Ophelia, Aurelie, die pilgernde Törin, alle drei »Wahnsinnige«, Melancholikerinnen aus enttäuschter Liebe. Von Hamlet, dem Mörder ihres Vaters, ins Kloster geschickt, singt Ophelia nur noch obszöne Lieder, bis sie ins Wasser geht und stirbt; von Lenardo enttäuscht, ergießt Aurelie sich in Klagemonologen, haßt Philines laszives Lied »Singet nicht in Trauertönen/ Von der Einsamkeit der Nacht!« (HA 7,317)[66] und holt sich schließlich vorsätzlich den Tod; von ihrem untreuen Freund betrogen, tritt die Törin eine Pilgerschaft mit ungewissem Ausgang an, singt ihre Wallfahrtslied-Parodie und entfernt sich unwiderruflich von den Menschen, was wir vor dem Hintergrund dieser Analogien wohl als indirekte Form des Selbstmords werten müssen. So heftig wie die Törin sich gegen das Mühlenabenteuer ihres Freundes, wehrt Aurelie sich gegen die erotische Freizügigkeit Philines. Beide wehren ab, was, wie Wilhelm Aurelie am Beispiel Ophelias deutlich macht[67], die Kehrseite der Liebesenttäuschung ist, die

---

[66] Der Liedtext erlaubt den Schluß, daß Philines Kritik an der *Hamlet*-Inszenierung ihrer männlichen Freunde: »Bei all eurer Gewissenhaftigkeit, den großen Autor nicht verstümmeln zu wollen, laßt ihr doch den schönsten Gedanken aus dem Stücke« (HA 7,316), sich auf den Hamlet-Satz bezieht: »Ein schöner Gedanke, zwischen den Beinen eines Mädchens zu liegen.« William Shakespeare: *Hamlet*, übersetzt von August Wilhelm Schlegel, Stuttgart 1993 (1969), S.62.
[67] Wilhelm versteht Ophelia, nicht Aurelie, nicht das Leben, nur die Kunst. Dazu: Mark Evan Bonds: Die Funktion des *Hamlet*-Motivs in *Wilhelm Meisters Lehrjahre*. In: *GJb* 96 (1979), S.101–110.

Sehnsucht nach der Liebeserfüllung. Wenn wir davon ausgehen, daß das Lied
in Tiefenschichten dringt, die dem gesprochenen oder gelesenen Wort nicht zugänglich sind, dürfen wir vermuten, daß die »burleske Romanze« die Törin in
mehr als einem Sinne »etwas näher angehe« (HA 8,55), daß auch bei ihr die
Zunge die »Verräterin« (HA 7,255) heimlicher Wünsche sei. Dann ist, was ihr
Bewußtsein verurteilt, das, was ihr Unbewußtes begehrt.

2.4 Melancholische *peregrinatio*

Die Törin ist eine Pilgerin ohne Schutz gegen Sonne, Wind und Wetter, denn
die Gefahren, die sie aufsucht, sind anderer als klimatischer Natur. Sie geht äußerlich zwar frei und unbelastet von Gepäck[68], innerlich aber ist sie von einem
Stück Vergangenheit belastet. Ihr Reisegepäck ist die seelische Bürde, die Wunde,
die sie nicht verheilen läßt und die sie veranlaßt, der Gnade auszuweichen, wo
sie ihr geboten wird.

> Die Melancholie ist seelisch ausgezeichnet durch eine tiefe schmerzliche Verstim-
> mung, eine Aufhebung des Interesses für die Außenwelt, durch den Verlust der
> Liebesfähigkeit, durch die Hemmung jeder Leistung und die Herabsetzung des
> Selbstgefühls, die sich in Selbstvorwürfen und Selbstbeschimpfungen äußert und
> bis zur wahnhaften Erwartung von Strafe steigert.[69]

Wenn wir Freuds Melancholiedefinition auf das Verhalten unserer Protagonistin
beziehen, fallen neben den Analogien auch entscheidende Differenzen auf. Im
Unterschied zu Aurelie, deren larmoyante Klage über den Verlust Lotharios
nicht nur Wilhelm, Serlo, Felix, sondern auch Heerscharen von Interpreten abgestoßen hat[70], macht die tiefe seelische Verstimmung der Törin für die männlichen Gegenspieler ihre Liebenswürdigkeit aus. Beide, der alte und der junge
Herr von Revanne, fühlen sich unbewußt dazu aufgefordert, dem Geheimnis
ihrer Pilgerschaft auf die Spur zu kommen und die Wunden, die sie mehr erahnen
als kennen, durch ihre Liebe zu heilen. Von einem modernen feministischen
Standpunkt aus gehen sie allerdings etwas zu selbstverständlich davon aus, daß
das Angebot ihrer Hand für die Frau, die sie begehren, ein Glück sei. Ihrer
Liebeswerbung fehlt die Empathie für die offenbar völlig anders geartete Gemütslage der Frau. Umgekehrt ist sie aufgrund der Fixierung auf ihre Wunde
unfähig, die Liebe, die ihr entgegengebracht wird, mit Gegenliebe zu beantworten.

---

68 Der Liederdichter Gerhard Tersteegen rät noch im 18. Jahrhundert: »Man muß wie Pilger
wandeln/ frei, bloss und wahrlich leer./ Viel sammeln, halten, handeln/ macht unsern Gang nur
schwer.« Cordelia Spaemann: Wallfahrtslieder, S.182.
69 Sigmund Freud: Trauer und Melancholie (1917 [1915]); ST 3, 198.
70 Eine Ehrenrettung der Figur als Zu-früh-Geborene findet sich bei: Ingrid Ladendorf: *Zwischen Tradition und Revolution. Die Frauengestalten in »Wilhelm Meisters Lehrjahren« und ihr
Verhältnis zu deutschen Originalromanen des 18. Jahrhunderts*, Frankfurt/M. u.a. 1990, S.59–72.

Was die Möglichkeit, neue Beziehungen einzugehen, betrifft, macht die Treue gegenüber ihrem untreuen Freund sie liebesunfähig. Vordergründig bringt die Törin ihrer Außenwelt zwar noch so viel Interesse entgegen, daß sie ihren Gastgebern jeden Wunsch von den Augen ablesen und als Musterbeispiel guten Betragens gelten kann. Wenn sich hier aber ganz im Sinne adeliger Verhaltensnormen ein perfekt funktionierendes Rollen-Ich verselbständigt und vom seelischen Erleben der Person gelöst hat, erfolgt die Zuwendung zur Außenwelt ohne innere Beteiligung, und Freuds Melancholie-Kriterium trifft trotz gegenteiligen Anscheins auf die Törin zu. Für diese Hypothese spricht auch die Rückzugsankündigung in ihren Abschiedsworten:

> Von nichts sind Sie gewiß; es ist weder Ihr Sohn noch Ihr Bruder. Die Knaben sind bösartig; ich habe keinen gewollt; es ist ein armes Mädchen, das ich weiterführen will, weiter, ganz weit von den Menschen, den Bösen, den Toren und den Ungetreuen. (HA 8,63)

Ihre persönliche Schmerzerfahrung verleitet die Törin zu drastischen Generalisierungen. Das Böse wird externalisiert, mit ihrer Wahrnehmung der Geschlechterdichotomie verbunden und eindeutig den Knaben zugeschrieben. Die Opposition zwischen bösen und armen, bedauernswerten Menschen ist mit der zwischen Knaben und ehrbaren Mädchen deckungsgleich. Die Rednerin sieht sich als Opfer bösartiger Männer. Das arme Mädchen, das sie von den bösen Knaben wegführen will, ist sie selbst. Ihr Rückzug von den Menschen ist ein Rückzug vom anderen Geschlecht. Den kann weder die ernste und gesetzte Liebe des alten noch die leidenschaftliche des jungen Herrn von Revanne verhindern. Wie die Novelle »Der Mann von funfzig Jahren« mit dem doppelten »Nein« Hilaries, endet »Die pilgernde Törin« mit dem Rückzug der doppelt geliebten Frau von ihren beiden – nicht sehr taktvollen – Verehrern. Doch während das »Nein« Hilaries ein Rätsel bleibt, liefert die Törin die Selbstauslegung ihres Rückzugs mit. Die Untreue des einen läßt sie *alle* Knaben als böse verurteilen; in ihrem Wertsystem ist ein »Tor«, wer einem Menschen, von dem er geliebt wird, untreu wird. Die Gleichsetzung der Nomina in der attributiven Reihung: »ganz weit von den Menschen, den Bösen, den Toren und den Ungetreuen« zeugt von nicht unbeträchtlicher Rigidität. Ihr moralisches Urteil nimmt keine situationsspezifischen Differenzierungen mehr vor. Sie gibt den Männern, die sie ernsthaft zur Frau begehren, keine Chance, sich zu bewähren. Die Härte, die sie ihnen gegenüber zeigt, entspricht dem Maß der Affektkontrolle, das sie sich selber auferlegt und hier unter dem Druck der doppelten Liebeswerbung erstmals willentlich durchbricht.

Im Unterschied zu Freuds Melancholie-Konzeption ist die Törin in ihrem Antrieb nicht gehemmt. Sie wird, gemessen am standesgemäßen Betragen eines adeligen Fräuleins, erstaunlich aktiv und verfolgt den Auftrag, den sie sich selbst gegeben hat, mit geradezu missionarischem Eifer. Von Herabsetzung ihres Selbst-

wertgefühls kann insofern kaum die Rede sein, als sie offenbar grenzenloses
Vertrauen in ihre Fähigkeit hat, die Bewährungsprobe, die sie sich selber auferlegt
hat, zu bestehen. Aus der Kraft zum Widerstand gegen jede Versuchung scheint
sie im Vergleich zu dem Mann, dem ihre Botschaft gilt, sogar ein Mehrwertgefühl
zu beziehen. Sie wäre dem Freund die bessere Frau. Sie würde ihn nicht verraten.
Ihr Herz ist im Gegensatz zu seinem rein. Sie wäre es wert, vermißt zu werden.
Sie spart sich für ihn auf, obwohl es keinerlei Indizien dafür gibt, daß er das
wünscht und seinerseits als Wert empfindet. Darüber, ob ihre Liebe von ihm je
erwidert wurde, gibt der Text keine Auskunft. Es könnte sich durchaus um eine
unerwiderte Projektionsliebe handeln. Trotz dieser Unklarheit sind ihre Werte
eindeutig die besseren Werte. Als weiblicher Apostel in Ballschuhen zieht sie
durch die Lande und predigt Dritten, die ihr stellvertretend für ihn zuhören,
ihre Moral. Auch als Pilgerin ist sie vornehm gekleidet, auch als Dienerin vergißt
sie die ihr selbstverständlich zustehenden Standesprivilegien nicht. Illokutiv gelesen, ist ihre Tugend eine Anklage seiner Untugend, ihre Bewährung angesichts
der Versuchung zu lieben eine Verurteilung *seiner* Liebesmoral. Ihre Rechtschaf-
fenheit versetzt ihn ins Unrecht. Ihre Standhaftigkeit verurteilt seine Flatterhaf-
tigkeit. Was sie auch tut, seit sie ihre Pilgerschaft angetreten hat, dient nur dem
Zweck, ihn von ihrer Überlegenheit zu überzeugen und damit die Müllerin aus-
zustechen, die die Macht hatte, ihn zu verletzen, weil sie nicht der hohen, sondern
der niederen Minne verpflichtet war. Eigentlich trauert die Törin nicht um die
verlorene Liebe, auch nicht um den verlorenen Freund. Für ihn zeigt sie keinerlei
Empathie. Seine Entwicklung kann sie sich nur als Läuterung vorstellen, als ein
durch Leiden erzwungenes Reinigungsbad, das ihn zur Anerkennung ihrer Werte bekehrt. Das Motiv ihrer Pilgerschaft ist ein verkappter Racheimpuls. Rache-
phantasien zeichnen sich psychodynamisch dadurch aus, daß sie die Bindung an
das verlorene Liebesobjekt aufrechterhalten und dadurch die Trauer, die die Ablösung bewirken könnte, gerade verhindern.[71] Als verweigerte wird die ungelebte
Trauer zur melancholischen Verstimmung, die wie hier endlos perpetuiert werden kann. Was von einem tiefenpsychologischen Standpunkt aus Zeichen der
Unfähigkeit ist, ein *lost game* zu beenden oder den Projektionscharakter ihrer
Liebe einzugestehen, wird von der Törin selbst als eine Form der Treue wahrgenommen, die versuchungsresistent ist. Damit zeigt sich ihre Melancholie ganz
im Sinne von Freud als Kehrseite einer ursprünglich narzißtischen Objektbeset-
zung.[72] Das Ich, das durch narzißtische Liebe zunächst aufgewertet wurde, verarmt durch ihren Verlust. Diese Verarmung wird durch Größenphantasien kompensiert, hier sogar religiös überhöht. Wie der Wilhelm der »Lehrjahre«, der so
gekränkt ist, daß er nicht mehr merkt, was er umgekehrt Mariane, später Mignon

---

[71] Alexander und Margarete Mitscherlich: *Die Unfähigkeit zu trauern*, 11. Aufl., München
1979, S.61.
[72] Sigmund Freud: Trauer und Melancholie, S.203.

antut, bleibt auch die Törin aus narzißtischer Kränkung auf ihre Wunde fixiert. Doch im Gegensatz zu Wilhelm, dem ein gnädiger Autor die Möglichkeit einräumt, seine Fehler wenigstens an Felix wiedergutzumachen, bezahlt sie ihre Fixierung mit radikaler Einsamkeit. Auch sie verspricht sich von der Wanderschaft die Heilung einer Wunde, doch die Art der Kur hält die Wunde offen. Auch *ihre* Pilgerschaft verbindet sich mit dem Kreuzzugsgedanken, nur daß sie nicht das heilige Grab von den Heiden befreien, sondern die Liebe des Tages vor den Schändungen der Nacht bewahren will. Dabei macht der missionarische Eifer sie zu einer Kreuzritterin in Sachen Untreue, zu einem weiblichen Don Quichotte.

Dem Anspruch nach ist ihre Pilgerreise keine Bewegung auf ein christliches Sakralzentrum zu, eher eine von einem heidnischen Sakralzentrum weg. Doch die Ophelien-Analogie und die Spannung zwischen Novelle und Ballade, die strukturell derjenigen zwischen Rahmenhandlung und Erzähleinlagen in den »Wanderjahren« entspricht, legen die Vermutung nahe, daß die Pilgerin, indem sie die christlichen Heiligtümer meidet, das heimliche heidnische Ziel ihrer Reise erreicht, den Mühlenbezirk. Die in der Liebe keine Heimat fand, verlegt ihre innere Heimatlosigkeit ostentativ nach außen. Doch weil sie nicht zu Gott, sondern zu ihrem untreuen Freund unterwegs ist, ist ihre Pilgerschaft keine *peregrinatio* im Sinne der christlichen Anthropologie. Die christliche Form wird benutzt, um eine weltliche Liebesnorm zu errichten und durch das eigene Beispiel als lebbar zu erweisen. Dabei wird die finale Struktur jeder eschatologischen Dimension entkleidet. Die Törin geht weder im augustinischen Sinn in die Fremde, weil Erdenleben immer Leben in der Sünde ist, noch pilgert sie im mittelalterlichen Sinn zu einem christlichen Wallfahrtsort. Sie folgt keinem traditionsreichen Weg und hat auch kein spirituelles Ziel. Sie pilgert nicht barfuß und im grauen Gewand zu heiligen, sondern in Ballkleid und Ballschuhen zu unheiligen Orten. Das Pilgermotiv ist kein spirituelles, sondern ein innerweltlich ethisches. Sie verspricht sich Heilung der Seele nicht im Jenseits, sondern im Diesseits. Der Brunnen ist ihr Anlaß, Kontakt zu einem Fremden aufzunehmen, mindestens auf den ersten Blick kein Ort für eine rituelle Reinigung. Sie verweilt, wo der Zufall sie zu bleiben einlädt, will nicht auf Almosen angewiesen sein, sondern Brot und Obdach durch ihre Arbeit redlich verdienen. Der moderne Tausch von Leistung und Gegenleistung hat den historischen Anspruch des Pilgers auf ein Gnadenbrot ersetzt. Am Brunnen geschieht zwar das Wunder der »Sympathie« (HA 8,52), zur Wunderheilung kommt es aber nicht. Auch die Buße als Grundkonstante mittelalterlicher Wallfahrt erscheint merkwürdig pervertiert. Denn die Pilgerin hat selber gar kein Schuldbewußtsein. Sie büßt stellvertretend für die Sünde eines anderen und hält dadurch die Erinnerung an eine Verfehlung, die sie gerade *nicht* vergeben kann, wach. So sind auch die Merkmale der von der Kirche notgedrungen tolerierten stellvertretenden Strafpilgerschaft nicht erfüllt.[73] Für sie wäre mindestens der Auftrag des zur Pilgerschaft verurteilten Sünders nötig, den Gnadenort an seiner Stelle aufzusuchen. Ein solcher Auftrag aber ist an die Törin nicht ergangen, sie hat sich die Ermächtigung dazu selber erteilt. Ihre Demut ist eine verkappte Form des Hochmuts.

Im Christentum folgt das Motiv der *peregrinatio* aus der Nachfolge Jesu: »Die Füchse haben Höhlen und die Vögel des Himmels Nester; der Menschensohn aber hat nichts, wohin er sein Haupt lege« (Mt. 8,20). Wer ihm folgen will, muß jeder irdischen Bindung entsagen und Heimatloser auf Erden werden wie er. Insofern die Törin ihr Elternhaus verläßt, auf die Landstraße geht und der Versuchung, im Hause Herrn von Revannes seßhaft zu werden, widersteht, erfüllt ihre Pilgerschaft diesen Anspruch; pervertiert wird die äußerlich perfekte *imitatio dei* durch den immanenten Zweck. Die Törin übernimmt die Radikalität der moralischen Forderung aus der christlichen Anthropologie, aber säkularisiert deren transzendentes Ziel[74]. Ihre Seele sucht nicht die Heimkehr aus der Fremde der irdischen Welt zu Gott, sondern die innerweltliche Fremde als Mittel der Tugendbewährung und der Überzeugung des vergöttlichten Freundes von ihrem höheren Wert. Ihre Pilgerschaft sucht die Erfüllung einer immanenten Glücksverheißung auf einem Umweg zu erreichen, ja geradezu durch die eigene Werkgerechtigkeit zu erzwingen. Falls es ihr gelänge, ihren untreuen Freund durch ihr Beispiel auf *ihren* Liebesbegriff zu verpflichten, wäre die Versöhnung mit ihm das verdeckte Ziel ihrer Pilgerschaft. Die Werkgerechtigkeit entfernt diese Haltung von der paulinischen Gnadentheologie, die Anmaßung, »Keuschheit und Unschuld der eigenen Kraft zuzuschreiben«, vom Begriff der *peregrinatio*, wie Augustinus ihn in den »Confessiones« entfaltet.[75] Statt mit der Einsicht in die genuine Sündhaftigkeit der eigenen Lebenswanderung ernst zu machen, bezieht die Törin ihre Kraft zum Widerstand gegen Versuchungen aus dem Bewußtsein der eigenen Tugend und das Pilgermotiv aus der Sündhaftigkeit eines anderen. Während der augustinische *peregrinus* weiß, daß er für die Erlösung aus der Schuldverstrickung auf Gottes Erbarmen angewiesen ist: »Was aber haben wir, das wir nicht empfangen hätten von Dir«[76], fühlt unsere *peregrina* sich durch ihr Wandern erhöht und glaubt in grandioser Selbstvergottung, auch einen

---

[73] Daß Bettler gegen Lohn stellvertretend für den Bestraften Bußfahrten übernahmen, war ein »unerwünschter Nebeneffekt« der im *Catechismus Romanus* (Rom 1566) formulierten Bußlehre, die mit Bezug auf das Pauluswort: »Traget einer des andern Lasten« (Gal. 6,2) besagt, »daß zwar keiner für den andern bereuen und beichten, wohl aber jeder für den anderen Buße tun könne«. Dietz-Rüdiger Moser: Die Pilgerlieder, S.324.

[74] Werner Schultz: Der Gedanke der Peregrinatio bei Augustin und das Motiv der Wanderschaft bei Goethe. In: *Neue Zeitschrift für systematische Theologie und Religionsphilosophie* 8 (1966), S.84.

[75] Augustinus: *Bekenntnisse*. Lateinisch und Deutsch, übers. von Joseph Bernhart, Frankfurt/M. 1987 (1955), II, 7,15, S.89. Goethe selbst war in diesem Punkt Pelagianer und glaubte eher an die Selbstvervollkommnung aus eigener Kraft.

[76] Augustinus: *Bekenntnisse*, XIII, 14,15, S.777.

andern auf ihre Stufe hinaufziehen zu können. Weder die Irrfahrt noch die Heimkehr sind auf Gott bezogen. Von Gott geht keine Gnade aus, und sofern Gottes
Gnade durch Menschen wirkt, wird sie aus Treue gegenüber dem abgöttisch
geliebten Freund abgelehnt. Auch wenn beide Herren von Revanne versuchen,
sie in die patriarchalische Ordnung, aus der sie herausgefallen ist, wieder einzu-
gliedern – die den Namen des Vaters nicht nennt, soll wenigstens den Namen
des Mannes tragen; die in die Herkunftsfamilie nicht zurückgeführt werden will,
soll wenigstens in eine neue einheiraten[77] -, ist diese Liebe doch ein Gnadenge-
schenk. Mindestens beim älteren Herrn von Revanne entspringt sie echter Sorge
um ihr Schicksal und wirkt über ihren Abschied hinaus.

Aufgrund einer Betrachtungsweise, die zeitgenössische feministische Theo-
rien auf den Text projiziert, statt ihn genetisch vor die Folie der Traditionskontexte zu stellen, die er verfremdet, liegt Laura Martin falsch, wenn sie den Satz:
»es ist weder Ihr Sohn noch Ihr Bruder. Die Knaben sind bösartig; ich habe
keinen gewollt; es ist ein armes Mädchen, das ich weiterführen will« (HA 8,63),
als »idea of a woman's utopia [...] where women can flee to in order to escape
the mistakes and inequities of the patriarchy« deutet.[78] Angesichts der Tatsache,
daß die Törin gar nicht schwanger und das Mädchen, das sie wegführen will, sie
selbst ist, kann kaum von der Utopie eines Frauenstaates die Rede sein, wohl
aber von einer Flucht in ein menschenleeres Exil, die Jesu Gang in die Wüste
gleicht. Der Unterschied ist nur, daß der Törin das religiöse Vertrauen in die
Unterstützung durch den Vatergott fehlt und das säkularisierte in die Bekeh-
rungsfähigkeit ihres Freundes kein Substrat in der Realität hat. Gegen Laura
Martins Deutung spricht auch, daß die berechtigte Selbstverteidigung gegen
männlichen Besitzanspruch der fortgesetzten Bindung an einen Mann entspringt.
In den »Lehrjahren«, wo Goethe in der Figur der Aurelie eine ähnliche Fixierung
bis zur Versuchung zum Strafselbstmord treibt, wird diese dreifach relativiert:
Aurelie nimmt ihren Anklagebrief nach der Lektüre der »Bekenntnisse einer
schönen Seele« zurück und ersetzt ihn durch einen versöhnlichen. Lothario stellt
dem Vorwurf Aurelies, sie verlassen zu haben, im Dialog mit Wilhelm seine
Sicht der Beziehung entgegen: »Ach! sie war nicht liebenswürdig, wenn sie liebte« (HA 7,468). Wilhelm bleibt seine einstudierte Gerichtsrede im Halse stecken,
denn seine Versicherung, sich nie an einer Frau schuldig gemacht zu haben, straft
das Schicksal Marianes und das der schönen Gräfin Lügen. Felix, dessen Vernachlässigung er dem Edelmann vorwirft, ist nicht Lotharios, sondern sein eigener Sohn. Vom Gipfel seiner Selbsttäuschung herabgestürzt, wird der Kläger
zum Angeklagten und steht beschämt vor den Implikationen seiner eigenen An-
klageschrift. In Anlehnung an das Wort Jesu: »Wer unter Euch ohne Sünde ist,

---

[77] Laura Martin: Who's the Fool Now? A Study of Goethe's Novella *Die pilgernde Törin*
from His Novel *Wilhelm Meisters Wanderjahre*. In: *The German Quarterly* 66 (1993), No.4, p.444.
[78] Laura Martin: Who's the Fool Now?, p.446.

werfe den ersten Stein auf sie!« (Jh. 8,7), muß er sich von Jarno sagen lassen: »daß niemand lange Reden komponieren soll, um die Leute zu beschämen, er müßte sie denn vor dem Spiegel halten wollen.« (HA 7,433) Beide, Aurelie, die den Impuls, den Geliebten zu strafen, indem sie *sich* zerstört, unter pietistischem Einfluß gerade noch rechtzeitig unterdrückt, und Wilhelm, den wachsende Einsicht in die eigene Lebensgeschichte darüber belehrt, daß es kein Handeln ohne Schuldverstrickung gibt, müssen lernen, daß Selbstgerechtigkeit Torheit ist. Im Gegensatz zu Wilhelm, der seine Mission von einer Sterbenden erhielt und sich wenigstens subjektiv einreden konnte, er streite für die gerechte Sache einer andern, spricht unsere Pilgerin in eigener Sache. Was sie zur Törin macht, wird vielleicht deutlicher, wenn wir sie noch systematischer mit den »Lehrjahre«-Toren vergleichen.

2.5 Was verstehen die »Lehrjahre« unter Torheit?

Wilhelms Weigerung, seine erste Liebe loszulassen, kommentiert der Erzähler zu Beginn des zweiten Buches: »Denn gewöhnlich wehrt sich der Mensch so lange, als er kann, den Toren, den er im Busen hegt, zu verabschieden, einen Hauptirrtum zu bekennen und eine Wahrheit einzugestehen, die ihn zur Verzweiflung bringt.« (HA 7,80) Als Torheit erscheint hier das eigene Wunschdenken, das Festhalten an einer Lebenslüge, wenn alle Tatsachen gegen sie zu sprechen scheinen. Die nachgeholte Parallelgeschichte Marianes, die diese im siebten Buch rehabilitiert, rückt dann jedoch das generalisierende Urteil des Erzählers in ein neues Licht: Im allgemeinen mag es zutreffen, im diesem besonderen Fall erweist es sich als Fehlschluß. Wilhelms Weigerung, Mariane loszulassen, entsprang einem tieferen Wissen, daß sie seiner Liebe würdig war. Sein Bewußtsein hat sie aufgrund falscher Indizien verurteilt, seine Intuition weiß um ihre Unschuld.

Eine »Lehrjahre«-Figur, die sich selbst immer wieder als »Törin« bezeichnet, ist Philine. Als sie sich zu Wilhelm auf die Bank setzt und »die öffentliche Straße« zum Zeugen ihrer Liebkosungen macht, begegnet sie seiner Sprödigkeit mit dem Satz: »Sie sind ein rechter Stock! [...] und ich eine Törin, daß ich so viel Freundlichkeit an Sie verschwende« (HA 7,133). Mit viel Selbstironie bezeichnet Philine sich als »Törin«, weil sie in einen Mann »vernarrt« (HA 7,133) ist, der sich ihr entzieht. In ihrer Sicht ist Torheit Fortsetzung von Liebeswerbung, auch wenn die Liebe einseitig ist. Nach dem Unfall, als Wilhelm mit einer Wunde, die inzwischen wieder aufgegangen ist, die erste Nacht mit Philine im breiten Ehebett des Pfarrhauses verbringt und die Pflege seiner angeblichen Gattin abwehrt, weil er ihr »schon manchen Dank schuldig geworden« sei und nicht wisse, womit er ihr »die Mühe vergelten« könne, antwortet sie ihm lachend:

Du bist ein Tor [...] du wirst nicht klug werden. Ich weiß besser, was dir gut ist; ich werde bleiben, ich werde mich nicht von der Stelle rühren. Auf den Dank der Männer habe ich niemals gerechnet, also auch auf deinen nicht; und wenn ich dich lieb habe, was geht's dich an? (HA 7,234f.)

Dieser – wohl schönste – Satz der »Lehrjahre« setzt seinem Denken in Tauschwertkategorien, seinem Gefühl, sich ihr zu verpflichten, wenn er ihre Samariterdienste annimmt, einen völlig anderen Liebesbegriff entgegen. Er will sie *bezahlen*, sie hat sich verschenkt. Sie tut das, was not tut, sie tut das Situationsgemäße. Er ist verwundet, er braucht Pflege, und die gibt sie ihm. Was tut es zur Sache, wenn hier eine Maria Magdalena der barmherzige Samariter ist. Im übrigen haben wir Grund zu der Annahme, daß Wilhelms Unruhe nicht nur daher rührt, daß er fürchtet, sie nicht adäquat entlöhnen zu können. Denn als die »Unordnung des Schlafs« in einer der nächsten Nächte ihre »Reize« erhöht, kommentiert der sich diesmal schelmisch auf seine Unwissenheit berufende Erzähler:

> Er sah sie eine Zeitlang an und schien sich selbst über das Vergnügen zu tadeln, womit er sie ansah, und wir wissen nicht, ob er seinen Zustand segnete oder tadelte, der ihm Ruhe und Mäßigung zur Pflicht machte. (HA 7,237)

Worin besteht Wilhelms Torheit? Darin, das Geschenk der Liebe abzulehnen, auch wenn diese Liebe keine Gegenliebe fordert? Darin, die wahren Ursachen seiner Unruhe nicht zu erkennen, zu leugnen, daß er selbst längst in Philine verliebt ist? Darin, diejenige wegzuschicken, die er, kaum, daß sie tatsächlich gegangen ist, vermißt? Und ist das nur in Philines Augen Torheit? Als Philine Wilhelm dann bei Serlo wiedertrifft, setzt ihre Liebeswerbung mit viel Selbstironie wieder ein:

> »Und nun noch ein Wörtchen von Philinen, die du kennst; die Erznärrin ist in dich verliebt.« Sie schwur, daß es wahr sei, und beteuerte, daß es ein rechter Spaß sei. Sie bat Wilhelmen inständig, er möchte sich in Aurelien verlieben, dann werde die Hetze erst recht angehen. »Sie läuft ihrem Ungetreuen, du ihr, ich dir und der Bruder mir nach. Wenn das nicht eine Lust auf ein halbes Jahr gibt, so will ich an der ersten Episode sterben, die sich zu diesem vierfach verschlungenen Romane hinzuwirft.« (HA 7,249)

Narren sind offenbar alle Mitspieler dieses von Philine scherzhaft imaginierten Liebesreigens. Doch was für Philine ein Spiel ist, ist für die Törin Ernst. Das zeigt auch der Unterschied in der Bewertung der von beiden gesungenen Lieder. Auch Philine singt ein Lied, das der Erzähler seinen Lesern nicht mitteilen zu können glaubt, »weil sie es vielleicht abgeschmackt oder wohl gar unanständig finden könnten« (HA 7,131). Wilhelm, der in Philines »Leibgesange weder ein dichterisches noch sittliches Verdienst finden« kann, antwortet die kokette Frau schnippisch: »es müßte eine recht angenehme Empfindung sein, sich am Eise zu wärmen.« (HA 7,130) Doch während das Lied, an dem Wilhelm Anstoß nimmt,

in den »Lehrjahren« ausgespart bleibt, die Reaktionen darauf hingegen erzählt
werden, sind die Verhältnisse in »Die pilgernde Törin« umgekehrt. Dort wird
das Lied gesungen, und erst im Rückblick wundert sich Herr von Revanne über
das Ausbleiben jeder moralischen Entrüstung. Während die Frivolität Philines
Wesensart entspricht, steht sie bei der Törin in merkwürdigem Gegensatz zu
ihrem sonstigen Betragen. Zu erwarten wäre, daß man der Schauspielerin verzeiht, was man der Dame ankreidet; die Reaktionen sind aber umgekehrt.

    Eine ganz anders geartete »Törin« ist in den »Lehrjahren« Aurelie. Wilhelm
den Gedanken unterstellend: »Wie gebärdet sie sich bei einem notwendigen
Übel, das gewisser als der Tod über einem Weibe schwebt, bei der Untreue eines
Mannes, die Törin!« (HA 7,252), macht sie deutlich, worin ihrer Meinung nach
Torheit besteht: Torheit ist, als Frau über die Untreue der Männer zu klagen,
vom Erwartbaren enttäuscht zu sein. Doch sie ist klug genug, diese Selbsterkenntnis gleich noch durch eine zweite zu überbieten: »ich habe mich selbst
hintergangen, mich selbst wider Wissen betrogen, das ist's, was ich mir niemals
verzeihen kann.« (HA 7,252) Worin bestand dieser Selbstbetrug? Darin, gehofft
zu haben, die Ausnahme von der Regel zu sein, die sie schon mit sechzehn Jahren
kannte? Doch larmoyantes Selbstmitleid macht es dem Partner schwer, das anzubieten, was auf so aufdringliche Weise eingeklagt wird: Zuneigung, Zärtlich-
keit und Liebe. So gelingt es auch Wilhelm nicht, Aurelie zu geben, was ihr fehlt.
Wenn Mignon in Tränen ausbricht, kann er das einzig Richtige tun, sie in die
Arme nehmen, halten, streicheln und ihr versichern, daß er sie nicht verlassen
werde. In dieser Weise angenommen, kann Mignons Verkrampfung sich lösen.
Wenn Aurelie weint und diesen Ausdruck des Gefühls noch selbst kommentiert:
»Ich kann nichts als jammern und klagen«, greift Wilhelm »in der Verlegenheit«
(HA 7,253) zu einem Buch. Der Freund, der er ihr angeblich ist, kann er ihr in
Wirklichkeit gar nicht sein. Dafür ist der vergröbernde Zerrspiegel seiner eigenen
Melancholie viel zu schmerzlich. Vor so offen zur Schau gestellter Weigerung,
die Wunde, die einem geschlagen wurde, verheilen zu lassen, kann er sich nur
noch abwenden. Umgekehrt bedeutet Aurelie, die in bezug auf das andere Geschlecht keine Illusionen mehr hat, da sie sozusagen in einem Bordell aufgewachsen ist und als Schauspielerin von Männern aller Stände als Freiwild behandelt wird, der Beifall jener »Toren« (HA 7,259) nichts, die ihre Wahrnehmung
auf das Typische, die allen gemeinsame Triebhaftigkeit, reduziert:

> Und wenn Sie denken, daß vom beweglichen Ladendiener und dem eingebildeten
> Kaufmannssohn bis zum gewandten, abwiegenden Weltmann, dem kühnen Soldaten
> und dem raschen Prinzen alle nach und nach bei mir vorbeigegangen sind, und jeder
> nach seiner Art seinen Roman anzuknüpfen gedachte, so werden Sie mir verzeihen,
> wenn ich mir einbildete, mit meiner Nation ziemlich bekannt zu sein. (HA 7,259)

Indem sie wirklich auf die Straße geht, löst die Törin ein, was die schöne Seele
im sechsten Buch der »Lehrjahre« nur androht, um ihren Vater für ihren reli-

giösen Autonomieanspruch einzunehmen: »daß ich lieber mein Vaterland, Eltern und Freunde verlassen und mein Brot in der Fremde verdienen, als gegen meine Einsichten handeln wolle« (HA 7,381). Vor dem Hintergrund ihrer »höheren Empfindungen« erscheinen die weltlichen Dinge, besonders die »Zerstreuungen der Jugend« und die Geselligkeitsformen des Adels, die ihrem Bräutigam Gesetz sind, weil er eine diplomatische Laufbahn anstrebt, als »Torheit«, als »Maske«, die sie nicht aufsetzen kann, ohne gleich ganz und gar von der »Narrheit« durchdrungen zu werden (HA 7,378). »Narrheit«, »Torheit«, »Maske«, »Schellenkappe«, die pejorativen Bezeichnungen, mit denen sie weltliche Eitelkeit und jugendliche Sinnlichkeit brandmarkt, erinnern an die personifizierten Sünden im »Narrenschiff« von Sebastian Brant[79] und die von ihm beeinflußte Narrenliteratur des 16. und 17. Jahrhunderts. Da sie eine sinnliche Frau ist, die nicht tanzen und spielen kann, ohne sich wirklich zu vergnügen, bleibt sie von den Lustbarkeiten, die ihren Seelenfrieden stören, fern. Weil sie bei der Übernahme von Gesellschaftsrollen keine Rollendistanz wahren, dem paulinischen Anspruch, die Dinge so zu tun, »als täte [man] sie nicht« (HA 7,378), nicht entsprechen kann, entschließt sie sich, ganz auf ein gesellschaftliches Leben zu verzichten. So ersetzt das Gespräch mit dem unsichtbaren Wesen mehr und mehr das Gespräch mit Menschen, die Innenschau den Außenkontakt, die Sorge für das Seelenheil die Beschäftigung mit der diesseitigen Welt. Trotz der beneidenswerten Heiterkeit, die sie auch beim Tod ihrer Mutter nicht verläßt, bleibt ihre Form des Christentums eindimensional. Der sogenannten schönen Seele fehlt, was Natalie auszeichnet, die tätige Nächstenliebe.[80] Obwohl man als Leser nie aus der affirmativen Sicht der Ich-Erzählerin entlassen wird, beginnt man sich auf der Basis von Differenzen zur Rahmenhandlung zu fragen, ob sie nicht ihrerseits narzißtisch ist und die weltliche Eitelkeit ihres Bräutigams ihr im Grunde kongenial entspricht. Denn während die Initiation des verwundeten Wilhelm bei der Begegnung mit der Amazone zum lebendigen Austausch der Blicke und zur wechselseitigen Wahrnehmung der Schönheit der Gestalt des andern führt, folgt auf die Initiation der schönen Seele angesichts ihrer ersten Hilfe für den verwundeten Narziß ihr selbstverliebter Blick in den Spiegel.[81] Dann scheitert die Beziehung aber nicht, weil ihr religiöses Wertsystem seinem höfisch-diplomatischen überlegen ist, sondern weil zwei Narzißten nicht zusammenleben können, wenn keiner die Funktion der komplementärnarzißtischen Ergänzung[82] übernehmen will. Für diese aber ist dank ihrer Vateridentifikation ihr Selbstbehauptungswille viel zu stark. Nach anfänglicher Unterwerfung wehrt sie sich »mit männlichem Trotz« gegen den Anpassungsdruck des Narziß und erklärt, daß sie für ihre

---

[79] Sebastian Brant: *Das Narrenschiff*, hrsg. von Manfred Lemmer, Tübingen 1962.
[80] Ingrid Ladendorf: *Zwischen Tradition und Revolution*, S.142.
[81] Michael Neumann: *Roman und Ritus*, Frankfurt/M. 1992, S.43f. und 48ff.
[82] Vgl. die Beschreibung der »narzißtischen Kollusion« in: Jürg Willi: *Die Zweierbeziehung*, 8. Aufl., Reinbek 1978, S.83–88.

Handlungen »völlige Freiheit verlange«, ihr »Tun und Lassen« von ihrer »Überzeugung« abhängen müsse, sie »keine Art von Zwang« dulde und sich nichts
empfehlen lasse, was ihrer »Erfahrung« widerspräche (HA 7,379f.), eine für das
letzte Drittel des 18. Jahrhunderts erstaunlich emanzipierte weibliche Rede. Die
männlichen und weiblichen Sozialisationseinflüsse sind bei ihr so gemischt, daß
sie stellvertretend für die Mutter, die die Stärke ihrer Tochter nicht hatte, zwar
die religiöse Daseinsform wählt, sich damit aber den Freiraum für die Befriedigung ihrer Neugier und des vom Vater infiltrierten naturwissenschaftlichen Erkenntnisinteresses verschafft. Pietistische Frömmigkeit öffnet hier das Tor für
neuzeitliche *curiositas*. Offenbar führt die Vateridentifikation zur Verweigerung
der Frauenrolle, die als religiös motivierte paradoxerweise den Wünschen der
Mutter entspricht und nur die galanten der Tante auf der Strecke läßt. Von un-
sichtbarer Hand gestärkt, kommt die junge Frau zur Einsicht, »daß die gerade
Richtung [ihrer] Seele durch törichte Zerstreuung und Beschäftigung mit unwürdigen Sachen gestört werde« (HA 7,377). Schließlich verhilft ihr die Ernen-
nung zur Stiftsdame zu einer vollständigen Emanzipation von den patriarchalischen Rollennormen ihres Geschlechts, die, wie das Beispiel ihrer verheirateten
Schwester zeigt, ihren Zweck, die patrilineare Genealogie sicherzustellen, auch
dann erfüllen, wenn das die Frau das Leben kostet. Als die Schwester die Hand
zu einer Verbindung hingibt, die im Rahmen adliger Allianzprinzipien nach be-
stem Wissen und Gewissen gestiftet worden ist und ästhetisch befriedigend gefeiert wird, ist es Philo, als würde er »mit siedheißem Wasser begossen« (HA
7,402). Entsprechend unglücklich wird die unter solchen Vorzeichen geschlossene Ehe. Der Schwager stürzt vom Pferd und stirbt, bevor er die Geburt seines
für die Gutswirtschaft herbeigesehnten zweiten Sohnes erlebt; die Schwester ge-
biert nach fünf Schwangerschaften endlich wieder einen Knaben und kommt
dabei ums Leben, vier Waisenkinder hinterlassend. Dank der Entscheidung, den
irdischen durch den himmlischen Bräutigam zu ersetzen und einen Mann in die
Flucht zu schlagen, der seine Bewerbung an die Bedingung knüpfte, daß sie »als
Gattin eines Mannes, der ein Haus machen müßte, [ihre] Gesinnungen würde
zu ändern haben« (HA 7,382), bleibt der Pietistin diese Art Frauenschicksal zwar
erspart. Ihr besonderes Gottesverhältnis kommt aber niemandem zugute. Daß
sie als ledige Frau die Ersatzmutter für die vier Waisen werden könnte, rückt
nicht nur, weil der Oheim diese von ihr fern hält, nicht ins Blickfeld. Sie glaubt
von sich aus, daß sie bei ihrer »Schwäche wenig oder nichts für die Kinder zu
tun imstande sei« (HA 7,416). Das Hindernis liegt in ihr, lange bevor der Oheim
es von außen errichtet. Die sittliche Bildung hat sie asozial gemacht.[83] Der Preis
für die – vom frauenemanzipatorischen Standpunkt aus – erfreulich kompro-

---

[83] Barbara Becker-Cantarino: Die *Bekenntnisse einer schönen Seele*: Zur Ausgrenzung und
Vereinnahmung des Weiblichen in der patriarchalen Utopie von *Wilhelm Meisters Lehrjahren*. In:
Verantwortung und Utopie, hrsg. von Wolfgang Wittkowski, Tübingen 1988, S.70–90.

mißlose Verteidigung der eigenen Überzeugungen ist ein solipsistisches Dasein, das sie sogar von religiösen Gemeinschaftsformen ausschließt. Wenn die schöne Seele aber nicht als Vorbild zu betrachten ist, ist der Torheitsbegriff der »Bekenntnisse« nicht der Torheitsbegriff des Romans.

Beim Harfner geht der Widerstand gegen gesellschaftliche Zwänge sogar so weit, daß er glaubt, die Warnung seiner Brüder vor einem Inzest in den Wind schlagen zu können: »Spart eure unwahrscheinlichen Märchen [...] für Kinder und leichtgläubige Toren! [...] Sperata ist nicht meine Schwester, sie ist mein Weib!« (HA 7,582) Im Zusammenhang mit den späteren Bemühungen der Turmgesellschaft, ihn zu heilen, sagt der Geistliche über die Pathogenese des Wahnsinns:

> denn es bringt uns nichts näher dem Wahnsinn, als wenn wir uns vor andern aus-
> zeichnen, und nichts erhält so sehr den gemeinen Verstand, als im allgemeinen Sinne
> mit vielen Menschen zu leben (HA 7,347).[84]

Das entspricht Goethes Verständnis von seelischer Gesundheit, auch wenn die Therapiemethode im Roman versagt. »Naturbeschauung und herzliche Teilnahme an der äußern Welt« (HA 10,331) hat Goethe auch Plessing empfohlen, als er ihn 1777 auf seiner ersten Harzreise *inkognito* besuchte. Auch der reale Versuch, einen Verdüsterten aufzuheitern, ihm zu vermitteln, was sich im eigenen Leben bewährte, blieb wegen des Mangels an Wohlwollen ohne Erfolg.[85] Lothario, der im Hinblick auf seine gesellschaftspolitischen Projekte *die* männliche Vorbildfigur des Romans ist, kennt im Moment, da er froh ist, sein sinnloses Duell überlebt zu haben, nur eine Form von Torheit: daß der Mensch »töricht [...] seine Zeit verstreichen läßt« (HA 7,430), wenn so wichtige Dinge, wie seine Land- und Besitzreformen es sind, darauf warten, daß er sich ihrer annimmt.

Zusammenfassend läßt sich sagen: »Torheit« ist in den »Lehrjahren« Verliebtheit oder fortgesetzte Liebeswerbung bei hoffnungslos einseitiger Liebe (Philine), Abwehr von Liebe aus falschem Kalkül oder Unkenntnis des eigenen Selbst (Wilhelm), Treueerwartung gegen jede empirische Evidenz (Aurelie), melancholische Weigerung, ein verlorenes Liebesobjekt loszulassen (Wilhelm, Aurelie), als Religiosität getarnter Narzißmus (schöne Seele), Selbstgerechtigkeit und Fixierung auf das eigene Selbst (Aurelie, schöne Seele), Isolierung von der menschlichen Gemeinschaft (Harfner) und passives Verstreichen-Lassen kostbarer Lebenszeit (Lothario). In der einen oder anderen Form zeigt die Törin alle diese Varianten der Torheit. Vor diesem Hintergrund darf die Titel-Benennung

---

[84] Daß »Vernunft« und »Wahnsinn« relative Begriffe sind, betont Christoph Wilhelm Hufeland schon 1802 in *Ueber den Wahnsinn, seine Erkenntniß, Ursachen, und Heilung*. Nachdruck in: ders.: *Kleine medizinische Schriften*, Bd.4, Berlin 1828, S.6–18.

[85] Vgl. den retrospektiven Bericht Goethes in der *Campagne in Frankreich 1792* (HA 10,324–335) und die Beurteilung der Plessing-Episode durch Kurt R. Eissler: *Goethe. Eine psychoanalytische Studie 1775–1786*, Bd.1, München 1987 (amerik. 1963), S.43–56.

der Heldin *nicht* ironisch verstanden, das Urteil des Erzählers, daß ihre »Torheit« nichts als »Vernunft unter einem andern Äußern« (HA 8,60) sei, nicht mit der Position des Autors gleichgesetzt werden. Die Törin *ist* in Goethes Augen eine Törin. Worin aber besteht ihre Torheit? Um diese Frage beantworten zu können, müssen wir die Entstehungsgeschichte des Textes hinzuziehen und ausnahmsweise auch auf biographische Zusammenhänge eingehen.

2.6 Die Entstehungsgeschichte des Textes, der Kontextwechsel der Romanze und dessen Relevanz für die Interpretation der Novelle

Goethes Novelle »Die pilgernde Törin« ist eine Adaptation eines französischen Textes. Einen Hinweis darauf, wie die Quelle zu finden war, gab Goethe selbst im Konzept eines Briefes an den Prinzen August von Gotha von Ende Juli 1798:

> Herr Rath Reichard wird von der *Folle en pelerinage* die beste Rechenschaft geben können, denn sie ist mir zuerst durch sein verliebtes Journal bekannt geworden. Diese artige kleine Nouvelle verdient von Ihnen gelesen zu werden, sie findet sich, wenn ich nicht irre, im 88er Jahrgange. Dort steht denn auch das Original meiner Romanze mit dem ich erst so spät wetteifre.[86]

Wie wir wissen, hat Goethe sich hier um ein Jahr verschätzt, das Original seiner Romanze findet sich nicht im 88er, sondern im 89er Jahrgang der von ihm erwähnten Zeitschrift. Dank der philologischen Arbeiten von Gertrud Haupt-Fröhlich und Norbert Oellers[87] ist die Quellenlage inzwischen bekannt, so daß wir sie im folgenden kurz nachzeichnen können.

1786 erscheint im sechsten Band der »Bibliothèque choisie de contes, de facéties et de bons mots« bei Royez in Paris anonym die Geschichte »La Folle en pélerinage«[88]. Der Band vereinigt mehrere Geschichten von Wahnsinn aus Liebe und trägt den Titel »Nouvelles Folies sentimentales, ou Folies par amour«. Im Juni-Heft 1786 seiner »Correspondance littéraire, philosophique et critique«, eines seit 1753 in handschriftlicher Form periodisch erscheinenden Organs, das die regierenden Fürsten Europas über den Stand des französischen Geisteslebens informierte, weist Baron Friedrich Melchior von Grimm auf eine in Frankreich aufgetauchte neue Mode hin, Geschichten zu erzählen, »in deren Mittelpunkt *une folle par amour* steht«.[89] Wahrscheinlich durch die Vermittlung der ihm gut bekannten Grimmschen »Correspondance« muß der Gothaer Bibliothekar Heinrich August Ottokar Reichard auf die ursprünglich in Paris erschienene

---

[86] WA IV 13, S.236.
[87] Norbert Oellers: Goethes Novelle *Die pilgernde Thörinn* und ihre französische Quelle. In: *GJb* 102 (1985), S.88–104.
[88] *Nouvelles Folies sentimentales, ou Folies par amour*, Paris 1786, S.87–120.
[89] Norbert Oellers: Goethes Novelle *Die pilgernde Thörinn*, S.93f., Zitat: S.94.

Erzählung »La Folle en pélerinage« aufmerksam geworden sein, jedenfalls läßt er sie im Februar 1789 in seiner Monatsschrift »Cahiers de Lecture«[90] abdrucken. Von Gotha aus gelangt die Zeitschrift nach Weimar, wo sie ein aufnahmebereites Publikum findet. Die Geschichte der aus Liebe pilgernden Frau bewegt die literarisch interessierten Gemüter hier sehr stark. Schon am 29. März 1789 fragt Charlotte von Stein Charlotte von Lengefeld in einem Brief: »Haben Sie im Cahiers de lecture la folle en pélerinage gelesen? Es ist ungemein hübsch erzählt und die Romanze allerliebst. Ich möchte nur wissen, von wem sie wäre.«[91] Damit nicht genug, sie übersetzt die von ihr lobend erwähnte Romanze, ein vom anonymen Verfasser der Novelle in diese integriertes Fundstück[92], sogar selbst ins Deutsche[93]. Davon, daß der Text sie aus persönlichen Gründen beschäftigt haben muß, zeugt ein anderer Abschnitt des bereits erwähnten Briefes an Charlotte von Lengefeld:

> [...] der andere mir mühsame Begriff von meinem ehemaligen vierzehn Jahre lang gewesenen Freund liegt mir auch manchesmal wie eine Krankheit auf, und ist mir nun wie ein schöner Stern, der mir vom Himmel gefallen[94].

Offenbar hat Charlotte von Stein sich von der Geschichte an ihre vor kurzem beendete Beziehung zu Goethe erinnert gefühlt und sich mit der aus enttäuschter Liebe krank gewordenen Titelheldin identifiziert. Am 8. März 1789 sendet Caroline Herder ihrem Mann den gehässigen Weimarer Klatsch bis nach Rom:

> Ich habe nun das Geheimnis von der Stein selbst, warum sie mit Goethe nicht mehr recht gut sein will. Er hat die junge Vulpius zu seinem Clärchen, und läßt sie oft zu sich kommen etc. Sie verdenkt ihm dies sehr. Da er ein so vorzüglicher Mensch ist, auch schon vierzig Jahre alt ist, so sollte er nichts tun, wodurch er sich zu den andern so herabwürdigt.[95]

Die positive Zeichnung Klärchens im »Egmont« war Frau von Stein schon 1787 bitter aufgestoßen, als sie das Manuskript aus Italien erhielt. Vor dem Hintergrund der Differenzen der Liebeskonzeption erscheint ihre Übersetzung der französischen Romanze als Ausdruck ihrer Klage über Goethes Liebesverrat. Der Verdacht, daß Goethe angesichts seiner erfüllten Liebe zu Christiane, die just zu dem Zeitpunkt, als die Novelle in Weimar zirkulierte, schwanger wurde, denselben Text anders als Frau von Stein gelesen und sich auch zu einer anderen

---

[90] *Cahiers de Lecture*, No.II, 1789, pp.121–141.

[91] *Charlotte von Schiller und ihre Freunde*, hrsg. von Ludwig Urlichs, Bd.2, Stuttgart 1862, S.267.

[92] Erstdruck der Romanze 1764 im *Recueil des plus jolies chansons de ce temps*, nicht auffindbar. Gertrud Haupt-Fröhlich: *Goethes Novellen*, S.59, Fußnote 1.

[93] Abdruck der in Weimar aufbewahrten Handschrift in: Norbert Oellers: Goethes Novelle *Die pilgernde Thörinn*, S.89.

[94] *Charlotte von Schiller und ihre Freunde*, Bd.2, S.266.

[95] *Goethes Gespräche*, Bd.1, hrsg. von Biedermann/ Herwig, Zürich 1965, S.471.

Art von Stellungnahme herausgefordert gefühlt haben muß, ist mehr als berechtigt. Auch er denkt sofort daran, die »artige« kleine Romanze zu übersetzen, bezeichnet dieses Geschäft jedoch noch aus der Distanz von zehn Jahren als »schwere Pflicht« und gesteht Knebel im Brief vom 27. Juli 1798: »allein es wollte nicht gehen«.[96] 1789 muß sich seiner Bemühung um eine deutsche Version der Ballade ein Widerstand entgegengesetzt haben, der das Vorhaben vorerst vereitelt. Während das Bild des in der Mühle verratenen Mannes Frau von Stein in eine eifrige Geschäftigkeit versetzt, die vom Wunsch getragen scheint, dem ehemals geliebten Freund eine Lehre zu erteilen, scheitert Goethe vorerst an der literarischen Gestaltung des auf die Liebesnacht folgenden Liebesverrats. Zu den Erfahrungen, die *er* gerade mit Christiane macht, will die Pilgerlied-Parodie, die Umkehrung einer Tagelied-Konstellation, nicht recht passen. Eine Geliebte, die die soziale Kontrolle selbst herbeiruft, statt sich ihr zu entziehen, will er sich zu *diesem* Zeitpunkt nicht einmal vorstellen. Umso erstaunlicher, daß seine zwanzig Jahre später erfolgte Übersetzung der Novelle auch im Kontext der »Wanderjahre«, in den sie aufgenommen wurde, bisher meistens affirmativ gelesen worden ist.[97] Ich wage zu behaupten, daß das *nicht* die Intention des Autors war. 1789, das haben wir gesehen, gelingt die Übersetzung der Romanze nicht. Goethe ist anderweitig beschäftigt: persönlich mit seiner Liebe zu Christiane und der Erwartung seines ersten Kindes, literarisch mit den »Erotica Romana«, jenen berühmten Gedichten, die zwischen Ende Oktober 1788 und Ende März 1790 in Weimar entstehen und, von 24 auf 20 gekürzt, im Juni 1795 im sechsten Stück des zweiten Bandes von Schillers »Horen« erscheinen, für Weimars gute Gesellschaft ein nicht nur literarischer Skandal.[98] Im Sommer 1797, acht Jahre nach Bekanntwerden der »Folle en pèlerinage« in Weimar, kommt Goethe auf seiner Reise durch Deutschland und die Schweiz auf den Verrat in der Mühle zurück und beschließt, einen Zyklus von Müllerin-Gedichten zu schreiben. Am 31. Au-

---

[96] WA IV 13, S.231.

[97] Im *Morgenblatt für gebildete Stände*, 1808, Nr.246, gilt sie als ein »wunderbares, liebliches Wesen, eine rätselhafte Erden-Charis«. Norbert Oellers behauptet: »nichts deutet darauf hin, daß der Wahnsinn aus Treue verdächtig gemacht werden soll« (Goethes Novelle *Die pilgernde Thörinn*, S.92). Laura Martin (Who's the Fool Now?, p.441) verkauft uns das Verhalten der Törin sogar als emanzipativen Akt. Nur Erich Trunz spricht im Kommentar der Hamburger Ausgabe von »Starrheit bis zur Marotte« (HA 8,569) und Arthur Henkel (*Entsagung*, 2. Aufl., Tübingen 1964, S.82) ihm folgend, von »gefrorene[r] Leidenschaft«; Alfred Gilbert Steer (*Goethe's Science in the Structure of the »Wanderjahre«*, Athens 1979, p.37) spricht von »a petrified, psychologically wounded state without development«, reduziert den Zweck der Geschichte dann aber doch auf eine Kritik der Sexualmoral der Franzosen.

[98] Am 27. Juli 1795 berichtet der Weimarer Gymnasialdirektor Karl August Böttiger Friedrich Schulz einen Ausspruch Herders, wonach die »Horen« nun »mit dem *u* gedruckt werden« müßten, und fügt hinzu, daß die meisten Elegien bei Goethes Rückkunft »im ersten Rausche mit der Dame Vulpius geschrieben« seien. Charlotte von Stein schreibt am 27. Juli 1795 an Schillers Frau: »Wenn Wieland üppige Schilderungen machte, so lief es doch zuletzt auf Moral hinaus, oder er verband es mit *ridicules* [...]. Auch schrieb er diese Scenen nicht von sich selbst.« *Goethe ueber seine Dichtungen*, 3. Theil, Bd.1, S.176f.

gust 1797 schreibt er an Schiller, daß er »auf ein poetisches Genre gefallen« sei, das sich besonders auf der Reise, wo man so vielen Eindrücken gleichzeitig ausgesetzt sei, bewähre:

> Es sind *Gespräche in Liedern*. Wir haben in einer gewissen ältern deutschen Zeit recht artige Sachen von dieser Art und es läßt sich in dieser Form manches sagen, man muß nur erst hineinkommen und dieser Art ihr eigenthümliches abgewinnen. Ich habe so ein Gespräch zwischen einem Knaben, der in eine Müllerinn verliebt ist und dem Mühlbach angefangen und hoffe es bald zu überschicken.[99]

Und am 12. September 1797 sendet er ihm die Abschrift von »Der Edelknabe und die Müllerinn« mit den Begleitworten:

> Zum Schlusse lasse ich Ihnen noch einen kleinen Scherz abschreiben: Machen Sie aber noch keinen Gebrauch davon, es folgen auf diese Introduction noch drey Lieder in deutscher, französischer und spanischer Art, die zusammen einen kleinen Roman ausmachen.[100]

Ob der Umstand, daß er am 8. August 1797 im Frankfurter Nationaltheater Giovanni Païsiellos komische Oper »Die Müllerin« gehört hat[101], für den Entschluß, diesen Gedichtzyklus zu schreiben, verantwortlich sei, bleibe dahingestellt. Wichtiger ist, daß Goethe sich persönlich auch diesmal wieder in einer Schwellensituation befindet. 1789 war es die Entscheidung für ein Lebensbündnis mit Christiane, die bevorstand; diesmal scheint ihn die Möglichkeit einer Trennung zu beschäftigen. Davon ist nirgends explizit die Rede, aber die bevorstehende Reise versetzt die in dieser Hinsicht eigentlich leidgeprüfte Christiane dieses Mal in ungewöhnlich starke Unruhe. Schon im Brief vom 25. Februar 1797 antizipiert sie den bevorstehenden Trennungsschmerz: »Wenn Du so weg bist, sehe ich immer, wie schlecht es mir zu Muthe sein wird, wenn Du in Italien sein wirst.«[102] Goethe denkt seinerseits an ihre fehlende ökonomische Sicherheit und macht vor Antritt der Reise sein Testament, in dem er August als Universalerben einsetzt und Christiane zu ihren Lebzeiten die Nutznießung des Erbes zusichert. Auch läßt er Frau und Kind zum Trost bis Frankfurt mitreisen, um die Gefährtin und den inzwischen schon siebenjährigen Sohn dort endlich seiner Mutter vorzustellen. Er trifft am 3. August, morgens um acht, bei Frau Rat in Frankfurt ein, die *Seinigen*, denen er von Gelnhausen aus vorausgefahren ist, zwölf Stunden später. Während er noch bis zum 25. August in seiner Geburtsstadt bleibt, müssen Christiane und August schon nach drei Tagen die Rückreise antreten. Sein Tagebuch verzeichnet ihre Abfahrt am 7. August mit lapidarer

---

[99] NA 37 I, 119.
[100] NA 37 I, 132.
[101] Das Tagebuch verzeichnet (WA III 2, S.80): »Abends die Müllerinn.«
[102] *Goethes Briefwechsel mit seiner Frau*, Bd.1, hrsg. von Hans Gerhard Gräf, Frankfurt/M. 1916, S.91.

Kürze.[103] Umgekehrt schreibt Christiane ihm am selben Tag schon in Hanau den ersten traurigen Brief und läßt August hinzusetzen: »Lieber Vater, Thun Sie mir den Gefallen und reisen Sie nicht in die Schweiz«.[104] Elf Tage später, zurück in Weimar, nimmt der briefliche Ausdruck ihrer Verlustangst eine bewegende Dringlichkeit an:

> Wenn ich es mir gleich schon lange vorgestellt habe, daß Du reisen würdest, so ist es mir doch heut, als ich Deinen Brief erhielte, sehr schwer aufgefallen. Ich und das Kind haben beide sehr geweint. Es soll nach der Schweiz auch wegen des Kriegs übel aussehen. Ich bitte Dich sehr, schreibt mir nur bald. Und wenn Du in der Schweiz bist, laß mich auch immer etwas von Dir hören, und ich bitte Dich um alles in der Welt, gehe itzo nicht nach Italien! Du hast mich so lieb, Du läßt mich gewiß keine Fehlbitte thun. Was mich die Menschen hier ängstigen, daß Du nach Italien gingest, das glaubst Du gar nicht [...]. Lieber, Bester, nimm mir es nicht übel, daß ich so gramsele, aber es wird mir dießmal schwerer als jemals, Dich so lange zu entbehren [...]. Ich tröste mich immer damit, daß Dir das Reisen zu Deiner Gesundheit dienlich, weil Dir das zu Hause Sitzen doch nicht gut ist; aber gehe nur nicht weiter als in die Schweiz.[105]

Christianes Sorge ist nicht unberechtigt. In Süddeutschland kämpfen die Österreicher gegen die Franzosen, 1798 greift der Krieg auch auf die Schweiz über, Oberitalien hat der Siegeszug Bonapartes schon seit 1796 in ein Schlachtfeld verwandelt, der Waffenstillstand, der seit dem Frühjahr 1797 hier besteht, ist vielleicht nicht von langer Dauer.[106] Eine Reise nach Italien verbietet sich »zu diesem Zeitpunkt schon aus Sicherheitsgründen«.[107] Doch die physische Bedrohung Goethes durch die Kriegshandlungen, in deren Nähe er sich begibt, ist vermutlich nicht Christianes einzige Sorge. Gerade sie, die ihr Lebensglück dem Einfluß Italiens auf den Dichter verdankt, muß ein Sensorium für die Gefahr haben, die von einem erneuten längeren Italienaufenthalt Goethes für ihre Beziehung ausgehen kann. Was wäre, wenn er sich wieder radikal umorientieren, vielleicht nicht zu ihr zurückkehren würde? Goethe beruhigt sie zwar, wenn auch mit verhaltenem Unmut, noch von Frankfurt aus, reist dann aber doch weiter nach Süddeutschland und über Heilbronn, Stuttgart, Tübingen in die Schweiz. Der Ton ihrer Briefe bleibt flehentlich klagend. Ihn umgekehrt inspiriert der Anblick eines efeuumrankten Baumes zur Elegie *Amyntas*[108], in der sich die Zeilen finden:

---

[103] WA III 2, S.79.
[104] *Goethes Briefwechsel mit seiner Frau*, Bd.1, S.132.
[105] *Goethes Briefwechsel mit seiner Frau*, Bd.1, S.144f.
[106] Der Frieden von *Campo Formio* kam erst im Oktober 1797 zustande.
[107] Eckart Kleßmann: *Christiane. Goethes Geliebte und Gefährtin*, 3. Aufl., Zürich 1993, S.65.
[108] Das Reise-Tagebuch vermerkt am 19. September 1797 (WA III 2, S.153): »Der Baum und der Epheu Anlaß zur Elegie.«

Runzle die Stirne nicht tiefer, mein Freund, und höre gefällig,
Was mich gestern ein Baum dort an dem Bache gelehrt.
Wenig Äpfel trägt er mir nur, der sonst so beladne;
Sieh, der Efeu ist schuld, der ihn gewaltig umgibt.
Und ich faßte das Messer, das krummgebogene, scharfe,
Trennte schneidend und riß Ranke nach Ranken herab;
Aber ich schauderte gleich, als tief erseufzend und kläglich,
Aus den Wipfeln, zu mir, lispelnde Klage sich goß:
»O verletze mich nicht! den treuen Gartengenossen,
Dem du, als Knabe, so früh, manche Genüsse verdankt.
O verletze mich nicht! du reißest mit diesem Geflechte,
Das du gewaltig zerstörst, grausam das Leben mir aus.
Hab ich nicht selbst sie genährt und sanft sie herauf mir erzogen?
Ist wie mein eigenes Laub nicht mir das ihre verwandt?
Soll ich nicht lieben die Pflanze, die, meiner einzig bedürftig,
Still mit begieriger Kraft mir um die Seite sich schlingt?
Tausend Ranken wurzelten an, mit tausend und tausend
Fasern senket sie fest mir in das Leben sich ein.
Nahrung nimmt sie von mir; was ich bedürfte, genießt sie,
Und so saugt sie das Mark, sauget die Seele mir aus. [...]«[109]

Angesichts dieser Verwendung eines in der Antike verbreiteten Bildmotivs fragt Eckart Kleßmann zu Recht, ob »Goethe die Verbindung mit Christiane erstmals auch als Last« empfunden habe[110], hält dieser Hypothese dann aber die Zweitfassung des Schlußdistichons entgegen:

Süß ist jede Verschwendung; o laß mich der schönsten genießen!
Wer sich der Liebe vertraut, hält er sein Leben zu Rat?[111]

Wo die Liebe das Leben bestimmt, darf nicht bilanziert, Geben und Nehmen nicht gegeneinander aufgerechnet werden. Der Dichter scheint sich das hier ganz entschieden zu verbieten. Tatsache ist, daß Goethe nicht nach Italien reist, sondern nach Besuchen von Barbara Schultheß in Zürich und Heinrich Meyer in Stäfa – sowie einer Gotthard-Besteigung ohne rechte Begeisterung – Ende Oktober die Rückreise nach Weimar antritt. Obwohl er Barbara Schultheß auch auf dem Rückweg noch einmal in Zürich trifft, will sich die alte Vertraulichkeit nicht wieder einstellen. Lag das daran, daß sie eine enge Freundin Lavaters war, mit dem Goethe längst gebrochen hatte, weil ihm dessen ständige Bekehrungs-

---

[109] BA 1,205. Der Erstdruck der Elegie erfolgte in Schillers *Musenalmanach für das Jahr 1799*.
[110] Eckart Kleßmann: *Christiane*, S.67.
[111] BA 1,205. In den Aufzeichnungen für die Druckfassung lauten diese Verse noch: »Süß ist jede Verschwendung! Es ist die schönste von allen,/ Wenn uns das Mädchen gewährt, alles zu opfern für sie.« Die gedruckte Version erinnert an den Vers des Properz (I. Buch, 14. Elegie): »Nescit Amor magnis cedere divitiis«, den Knebel 1795 so übersetzt hatte: »Wer dem Amor gehört, achtet nicht Schätze der Welt.« BA 1,833f.

versuche mißfielen, oder hatte sie sich auch mißbilligend über sein Verhältnis zu Christiane geäußert?[112] Das läßt sich, da wir nichts über den Inhalt der Gespräche wissen, nicht entscheiden. Missionarischen Eifer lehnt Goethe aber in Fragen der Erkenntnis wie in denen der Moral ab. In seinem großen Rechtfertigungsbrief vom 1. Juni 1789 kritisiert er Frau von Stein für die ständige Krittelei, die sie ihm nach der Rückkehr aus Italien zumutete.[113] Und auf Lavater, der ihn auf seiner dritten Schweiz-Reise gerade deshalb beschäftigt haben muß, weil er ihm beständig auswich, zielt folgender Hohn in den »Venetianischen Epigrammen«:

> Jeglichen Schwärmer schlagt mir ans Kreuz im dreißigsten Jahre;
> Kennt er nur einmal die Welt, wird der Betrogne der Schelm.[114]

Goethe geht seinen eigenen Weg, und im Spätherbst 1797 führt dieser ihn zu Christiane zurück. Von Tübingen aus läßt er sie am 30. Oktober wissen, daß er um ihret- und »des Kleinen willen« zurückkehre: »Ihr allein bedürft meiner, die übrige Welt kann mich entbehren.«[115] Wenn ein Fluchtimpuls im Spiel gewesen ist, ist er hiermit überwunden. Goethe bleibt am Punkt, an dem er Christiane und das Kind verlassen könnte, stehen, verweilt, besinnt sich und kehrt wieder um. Die Schwelle, wenn es eine war, wird *nicht* überschritten. Der Brief, der seine Heimkehr ankündigt, schließt mit den Worten: »Ich freue mich unaussprechlich, Dich wiederzusehen.«[116]

In unserem Zusammenhang ist nun aber interessant, daß Goethe sich für die Reisebeschreibung, die er sofort beginnt und für die er alle Reisedokumente sammelt, zwar »skeptische[n] Realism«[117] verschreibt, sein »poetischer Bildungstrieb«[118] aber mit erotischen Fragen beschäftigt ist, als spiele das Unbewußte dem bewußten Tagebuch-Konzept einen Streich oder als würden Phantasie und Beobachtung auf verschiedene Textsorten verteilt. Denn auf der Reise gegen Süden entstehen in rascher Folge drei der vier Müllerin-Gedichte: am 26. August in Heidelberg »Der Edelknabe und die Müllerinn«, am 4. September in Stuttgart »Der Junggesell und der Mühlbach«, am 7. September in Tübingen »Der Müllerin Reue«.[119] Im ersten Gedicht bittet ein Edelknabe die Müllerin dreist um

---

[112] Diese Vermutung äußert Karl Otto Conrady: *Goethe, Leben und Werk*, Zweiter Teil, Frankfurt/M. 1987, S.199.

[113] »Wenn ich gesprächig war hast du mir die Lippen verschloßen, wenn ich mittheilend war hast du mich der Gleichgültigkeit, wenn ich für Freunde thätig war, der Kälte und Nachläßigkeit beschuldigt. Jede meiner Minen hast du kontrollirt, meine Bewegungen, meine Art zu seyn getadelt und mich immer mal a mon aise gesetzt.« *Goethes Briefe an Charlotte von Stein*, Bd.3, hrsg. von Julius Petersen, 2. Aufl., Leipzig 1908, S.208f.

[114] BA 1,233.

[115] *Goethes Briefwechsel mit seiner Frau*, Bd.1, S.169.

[116] *Goethes Briefwechsel mit seiner Frau*, Bd.1, S.169.

[117] WA I 34 I, S.252.

[118] HA 10,529f. und 776f.

[119] BA 1,808. Vgl. auch die Briefe Goethes an Schiller vom 12. September, 17. Oktober und 10. November 1797: NA 37 I, 132f., 161ff. und 172.

ein Schäferstündchen und wird von ihr mit zwei Begründungen zurückgewiesen, erstens mit dem Hinweis auf *Fama*: »Das gäbe Geschichten!«, zweitens mit Berufung auf die Ständeklausel: »Gleich und gleich! so allein ist's recht!« und die älteren Rechte des Müllerknechts, an dem – konkret im Bezug auf die Kleidung, symbolisch im Bezug auf die Moral – »nichts zu verderben« sei.[120] Im Unterschied zum ersten Freier, der offen zugibt, daß er eine Affäre mit einem sozial niedriger stehenden Mädchen sucht, verzehrt sich der Junggeselle im zweiten Gedicht leidenschaftlich nach der Müllerin, erkennt im Mühlbach den »Geselle[n]« seiner »Liebesqual« und setzt ihn als Boten seiner Liebeswerbung ein. Dabei spiegelt die vom Wechsel des Gefälles abhängige und hier anthropomorphisierte Fließgeschwindigkeit des Wassers präzise die Gefühle beider, die Sehnsucht, die Müllerin zu sehen, und die Trauer, von ihr scheiden zu müssen. Die »Liebesglut« ist so groß, daß sie den Bach »zum Dampfen« bringen, seine Kraft, das Mühlrad zu drehen, steigern, gegebenenfalls sogar die Naturgesetze umstoßen kann: »Und käm es erst auf mich nur an,/ Der Weg wär bald zurückgetan.«[121] Während das erste Gedicht die Treue der Müllerin zum Müllersknecht pragmatisch begründet, erscheint die Treue des Junggesellen zur Müllerin im zweiten als mit der Liebe verbundene innere Notwendigkeit: »Wenn man sie *einmal* nur gesehn,/ Ach! immer muß man nach ihr gehn.«[122] Der innere Zwang wird formal noch dadurch unterstrichen, daß diese Verse die Mittelachse des Gedichts bilden und sich auch metrisch dem sonst durchgehend fließenden Jambus nicht recht beugen wollen.[123] Das Gedicht, das später »Der Müllerin Verrath« heißen wird und Goethes freie Nachdichtung der uns interessierenden französischen Romanze ist, wird zwar begonnen, kann aber nicht vollendet werden. Wie vor acht Jahren scheint sich dem poetischen Schaffensdrang auch jetzt wieder ein Hindernis in den Weg zu stellen. Zwei motivverwandte Strophen finden sich unter dem 5. November 1797 in dem von Eckermann aus dem Nachlaß zusammengestellten Bericht »Reise in die Schweiz 1797«[124]. Und am 10. November 1797, kurz vor der Rückkehr nach Weimar, schreibt Goethe an Schiller:

> [...] und sende ein Gedicht. Es ist das vierte zu Ehren der schönen Müllerinn. Das dritte ist noch nicht fertig; es wird den Titel haben *Verrath* und die Geschichte erzählen da der junge Mann in der Mühle übel empfangen wird.[125]

Lange bevor das Gedicht fertiggestellt wird, kennt Goethe seinen Titel und seine Position im Rahmen des Zyklus schon; die Reue der Müllerin ist längst schon gestaltet, bevor ihr Verrat formal bewältigt werden kann. Ist Goethe der Mög-

---

[120] BA 1,130f.
[121] BA 1,131ff.
[122] BA 1,132.
[123] Ueli Binggeli: *Amor versus Fama*, Bern 1994 (unveröff. Typoskript), S.14.
[124] WA I 34 I, S.444.
[125] NA 37 I, 172.

lichkeit eines Verrats in dieser Zeit selbst zu nah, als daß er einen solchen mit
der nötigen Leichtigkeit poetisieren könnte? Selbst wenn das so ist, läßt schon
der briefliche Hinweis auf den Entwurf des Gedichts keinen Zweifel daran aufkommen, daß seine Sympathien anders als vor Jahren die Frau von Steins gelagert
sind. Er sieht die Szene in der Mühle *nicht* mit den Augen der Törin. Er löst die
Romanze aus dem Kontext der Novelle und betrachtet sie als selbständige Einheit. An der Ballade selbst interessiert ihn die Binnengeschichte mehr als der
Rahmenkommentar. In ihr aber ist der die Mühle besuchende Mann das Objekt,
nicht das Subjekt des Verrats. Diesen Aspekt hebt neben dem Titel[126] – Goethe
setzt »Der Müllerin Verrath«, nicht »Des Freundes Verrath« – auch der bereits
zitierte Brief an Schiller hervor und die Erweiterung der Klage des Betrogenen
um zwei Strophen[127]. Als ganze stellt die Romanze der These des Mannes, daß
er verraten worden sei, die Gegenthese der Sängerin entgegen, der Verrat in der
Mühle sei die gerechte Strafe für *seinen* Liebesverrat. Im Rahmen der Novelle
scheint das Schicksal der Törin die These der Sängerin zu bestätigen. So jedenfalls
hat Frau von Stein die Novelle im Jahre 1789 verstanden. Der Zyklus, in den
Goethe die Romanze aufnimmt, entkräftet die Ansicht vom zu Recht betrogenen
Betrüger, indem er im vierten Gedicht den im dritten erzählten Verrat in der Mühle
auf familiären Druck zurückführt und die Müllerin ihren Fehler bereuen läßt:

> Wie still mich's kränket und schmerzet!
> Ich habe das nahe, das einzige Glück
> Verscherzet.
> Ich armes Mädchen, ich war zu jung!
> Es war mein Bruder verrucht genung,
> So schlecht an dem Liebsten zu handeln.[128]

Durch den Kontextwechsel wird der moralisierend kommentierte Liebesreigen,
bei dem der Freund im Bezug auf die Törin in der Täter-, im Bezug auf die
Müllerin in der Opferrolle steckt und der Schaden, der ihm in der Mühle angetan
wird, als gerechte Strafe für seinen Verrat an der Törin erscheint, durch ein Liebesversagen *innerhalb* einer exklusiven und reziproken Liebe zweier Partner ersetzt,
das wegen dieser Exklusivität auch *immanent* wiedergutgemacht werden kann.
Daß die Nachdichtung der Romanze erst gelingt, nachdem Goethe eine Reise,
die Christiane in Angst und Schrecken versetzte, abgebrochen hat und – früher
als geplant – zu ihr zurückgekehrt ist, scheint mir kein Zufall. Ich behaupte, daß
Goethe der Gedicht-Version Frau von Steins eine eigene Version gegenüberstel-
len wollte, die deren Interpretation der Romanze umkehrt. Während ihr das
moralische Urteil der Sängerin aus der Seele gesprochen ist und sie ihrem Freund

---

[126] Das Original wie der Nachdruck in den *Cahiers de Lecture* wählen als Titel die neutralere
Gattungsbezeichnung *Romance*.
[127] Gertrud Haupt-Fröhlich: *Goethes Novellen*, S.58.
[128] BA 1,137.

das Scheitern einer allzu sinnlich gelebten Liebe gönnt, durch die sie ihre »edle« Liebe verraten glaubt, weist er diese Sichtweise zurück und betont mit dem Zyklus der Gedichte, daß es nur *einen* Verrat, den in der Mühle, gibt, den zu beurteilen keinem Außenstehenden zukommt und über den sich sogar die Betroffenen selbst im Irrtum befinden. Dem Augenschein zum Trotz ist die Liebe ausschließlich und gegenseitig und wird durch die Reue der Müllerin, die vorübergehend *Fama* über *Amor* stellte, neu konsolidiert. Der Verrat in der Mühle kann nur im Mühlenbezirk wiedergutgemacht werden, und von dem hat Frau von Stein keinen Begriff. Während sie sich mit der Törin identifiziert, erklärt er mit dem Zyklus diese Identifikation für Torheit und spricht ihr das Recht, über das zu urteilen, was in einer Sphäre geschieht, von der sie nichts versteht, schlichtweg ab.

Für diese Lesart sprechen auch die Motivparallelen in den »Römischen Elegien« (HA 1,157ff.). In der konfliktreichen Zeit nach der Rückkehr aus Italien entstanden, sind sie eine einzige große Liebeserklärung an Christiane. Nachdem die erste Elegie mit dem Palindrom ROMA – AMOR die beiden wichtigen Themen leitmotivisch eingeführt hat, setzt schon die zweite das Asyl, das die Liebe und Rom dem lyrischen Ich gewähren, vom Gerede der »feineren Welt« (II 2) ab: »Fraget nach Oheim und Vetter und alten Muhmen und Tanten« (II 3). Wovon sich das Ich in den »Elegien« distanziert, das widerfährt dem Jüngling in »Der Müllerin Verrath«: »Da kamen Vettern, guckten Tanten,/ Es kam ein Bruder und ein Ohm.«[129] Im Gegensatz zur Müllerin erkundigt sich die römische Geliebte »nie nach neuer Märe« (II 19), sie »Fürchtet, römisch gesinnt, wütende Gallier nicht« (II 18). Analog kann das Ich ihr zu Beginn der dritten Elegie versichern, daß es sie *nicht* am Maßstab eines konventionellen Begriffs von weiblicher Ehre mißt:

> Laß dich, Geliebte, nicht reun, daß du mir so schnell dich ergeben!
> Glaub' es, ich denke nicht frech, denke nicht niedrig von dir. (III 1f.)

In der vierten Elegie wird die christliche Dämonisierung heidnischer Liebesheiligtümer, die im »Verrath« das Urteil der Sängerin über das Mühlenabenteuer prägt, umgekehrt:

> Fromm sind wir Liebende, still verehren wir alle Dämonen,
> Wünschen uns jeglichen Gott, jegliche Göttin geneigt. (IV 1f.)

Vom Standpunkt der auf diese Weise re-sakralisierten Liebe aus wird das Mühlenlied, das für die Törin eine Wallfahrtslied-Parodie ist, zur *Parodie der Parodie.* Die einzige Elegie, die in der Antwort der Geliebten den Argwohn des Liebhabers spürbar macht, läßt diesen beschämt zurück:

---

[129] BA 1,134.

Und wie saß ich beschämt, daß Reden feindlicher Menschen
Dieses liebliche Bild mir zu beflecken vermocht! (VI 29f.)

Den eleusinischen Kornmysterien, die in den Müllerin-Gedichten dank der traditionellen Mühlensymbolik anklingen, ist die ganze XII. Elegie gewidmet. Und
die bissige XIX. Elegie, die *Amor* als Sieger über *Fama* auftreten läßt, zielt unzweifelhaft auf den gehässigen Weimarer Klatsch.[130] *Amor* steht in den »Römischen Elegien« für den Glauben an die Möglichkeit erfüllter Liebe. Wer sich für
ihn entscheidet, entscheidet sich für Vitalität, für Unabhängigkeit vom Urteil
anderer, für unbedingtes Vertrauen zum geliebten Du, für ein innen-, gegen ein
traditions- oder außengeleitetes Leben[131], für ein Leben jenseits der Konvention.
Doch wer ihm folgt, muß auf *Famas* Nachstellungen gefaßt sein: »Sieht sie ihn
einmal bei dir, gleich ist sie feindlich gesinnt.« (XIX 64) Umgekehrt ist, wer ihn
flieht, vor seinen Pfeilen nicht mehr sicher. Wer hingegen *Fama* folgt, beschnei-
det seine menschlichen Entfaltungsmöglichkeiten einer wankelmütigen Göttin
zuliebe, die morgen vielleicht schon stürzt, wen sie heute erhebt. Die Korrektur
des Menschenbildes[132], die Goethe hier im Rückgriff auf die Antike vornimmt,
indem er die Begierde in seinen Begriff eines erfüllten Lebens integriert, läuft
auf ein neues Verhältnis von Arbeits- und Liebesmoral, von personalem und
sozialem Ich hinaus. In »Der Müllerin Verrath« zeigt er eine junge Frau, die sich
von den Verwandten sagen läßt, was sie zu tun hat; einen jungen Mann, der, indem
er »nachts, mit allzu kühner Wage« zu dem geliebten Mädchen »kriecht«[133], zwei
Göttern gleichzeitig zu dienen, den Forderungen *Amors* und denjenigen *Famas*
zu genügen sucht[134]. Nur die Aussprache zwischen den Betroffenen selbst kann
beider Fehler ausgleichen.

Daß Goethe sich just in dem Moment, da ihn Zweifel an seiner Beziehung
zu Christiane plagen, mit dem Vorwurf Frau von Steins, sie mit »der jungen
Vulpius« betrogen zu haben, wieder auseinandersetzt, wirkt wie ein Abwehr-
zauber einer erneuten Versuchung zum Verrat. Vollendet wird die Bearbeitung
des Liedes, das ihn an diesen Vorwurf erinnert, erst, nachdem diese Versuchung
erfolgreich bekämpft worden ist, im Sommer des folgenden Jahres. Am 12. Mai
1798 verzeichnet das Tagebuch: »Abends die Müllerin«[135], am 16. Juni: »Der
Verrath«[136] und zwei Tage später mit Bezug auf den ganzen Zyklus: »Gedichte

---

[130] Horst Rüdiger: Von den *Erotica Romana* zu den *Römischen Elegien*. In: Goethe: *Römische
Elegien*. Faksimile der Handschrift, transkr. von Hans-Georg Dewitz, 3. Aufl., Frankfurt/M. 1980, S.139.
[131] Ich gebrauche die Begriffe im Sinne von David Riesman u.a.: *Die einsame Masse*, 16. Aufl.,
Hamburg 1977 (amerik. 1950).
[132] Leif Ludwig Albertsen: Die Anerkennung des Sexuellen vor und bei Goethe. Was war an
den *Römischen Elegien* so aufregend? In: *Text & Kontext* 9.2 (1981), S.331–341.
[133] BA I,135.
[134] Ueli Binggeli: *Amor versus Fama*, S.12.
[135] WA III 2, S.207.
[136] WA III 2, S.212.

in Ordnung«[137]. Im Brief an Knebel vom 27. Juli 1798 bezeichnet Goethe das Gedicht als »Scherz«, von dem er hofft, daß er dem Adressaten »Vergnügen« bereiten werde.[138] Das *understatement* scheint die persönliche Betroffenheit, für die die Entstehungsgeschichte der Bearbeitung spricht, herunterspielen zu wollen. Gedruckt erscheint sie zusammen mit den drei anderen Müllerin-Gedichten zunächst in Schillers »Musenalmanach für das Jahr 1799«[139], zwar in der oben diskutierten Reihenfolge, aber durch zwischengeschobene andere Gedichte getrennt. Dort erhalten die Gedichttitel die in allen späteren Drucken weggelassenen Zusätze: »Altenglisch«, »Altdeutsch«, »Altfranzösisch«, »Altspanisch«.[140] 1800 nimmt Goethe den ganzen Zyklus in die »Neuen Schriften« auf und reiht ihn unter die Balladen ein.[141] Aus der Distanz von mehr als dreißig Jahren bezeichnet er ihn gegenüber Eckermann sogar als Trilogie[142], wobei wir den von ihm erwähnten Dreischritt »Exposition«, »Katastrophe«, »versöhnende Ausgleichung« wohl so verteilen müssen, daß die zwei Werbungs-Gedichte die Exposition sind, »Der Müllerin Verrath« die Darstellung der Katastrophe und »Der Müllerin Reue« die der Versöhnung.

Nachdem Goethe sich in den Jahren 1804 und 1805 wieder ausführlich mit französischer Literatur beschäftigt und Diderots »Le Neveu de Rameau« ins Deutsche übersetzt hat – einen Text, der auf seine Art Tugend zur Torheit erklärt[143]–, nimmt er die Romanze im August 1807 mit geringfügigen Änderungen in seine Übersetzung jener Novelle auf, aus der er sie zehn Jahre vorher herausgebrochen hatte.[144] Da sie zwischendurch in einen anderen Kontext eingebettet war,

---

137 WA III 2, S.212.

138 WA IV 13, S.231.

139 S.116–119.

140 BA 1,809.

141 Gertrud Haupt-Fröhlich: *Goethes Novellen*, S.61.

142 Im Gespräch vom 1. Dezember 1831. Johann Peter Eckermann: *Gespräche mit Goethe in den letzten Jahren seines Lebens*, hrsg. von Fritz Bergemann, 8. Aufl., Frankfurt/M. 1992, S.711.

143 Denis Diderot: *Le Neveu de Rameau et autres dialogues philosophiques*, textes présentés par Jean Varloot, Paris 1972, pp.69–70. In Goethes Übersetzung (GA 15,966): »ER [...] denn warum sind die Frommen, die Andächtigen so hart, so widerlich, so ungesellig? Sie haben sich zu leisten auferlegt, was ihnen nicht natürlich ist. Sie leiden, und wenn man leidet, macht man andere leiden.« Auch in *Le Neveu de Rameau* kommt eine Mühle vor (op. cit., p.124). In Goethes Übersetzung (GA 15,1018): »ER [...] Ihr seid kein Musikus? – Nein! – Desto besser für Euch. Das sind arme beklagenswerte Schufte. Das Schicksal hat mich dazu gemacht, mich, indessen zu Montmartre vielleicht in einer Mühle ein Müller, ein Mühlknecht sich befindet, der nichts anders als das Klappern der Mühle hören wird und der vielleicht die schönsten Gesänge gefunden hätte. Rameau, zur Mühle, zur Mühle, dort gehörst du hin!«

144 Goethe hat die Novelle nicht nach dem Druck in den *Cahiers de Lecture* übersetzt, sondern nach einer fehlerhaften Abschrift dieses Drucks von unbekannter Hand, die im Goethe-Schiller-Archiv Weimar aufbewahrt wird. Die wichtigste inhaltliche Abweichung von der Vorlage besteht darin, daß er den letzten Satz wegläßt, mit dem der französische Text sich selbst auslegt. Ich zitiere den Satz nach dem Druck in den *Cahiers de Lecture* (No.II, 1789, p.141): »Je sens bien qu'elle n'est pas assez extravagante pour figurer parmi les folles du moment; mais, avec tant de vertus & tant d'amour pour la fidélité, je pense qu'elle peut pourtant paroître assez folle aujourd'hui.« Dazu auch: Norbert Oellers: Goethes Novelle *Die pilgernde Thörinn*, S.91 und 103.

trägt sie Spuren des mit dem Kontextwechsel verbundenen Bedeutungswandels in den alten, jetzt aber neuen Verwendungszusammenhang hinein. Der Ärger über die moralische Entrüstung des Rahmen-Ichs der Ballade, dem der Autor zwischenzeitlich Ausdruck verliehen hat, überträgt sich jetzt auf die Törin, die diese Moralinstanz zu ihrem Sprachrohr macht. Nach dem bisher Gesagten scheint es nicht mehr zufällig, daß Goethes Tagebuch am 10. August 1807, fünf Tage, nachdem es die »Übersetzung der Folle en pélerinage« gemeldet hat[145], einen Brief an »Frau Oberstallmeister von Stein«[146] verzeichnet. In diesem Brief erwähnt der Verfasser das »Geschenk einer französischen Reisebibliothek«, das ihn in eine »ganz eigene Welt von Lectur geführt« habe.[147] Auch wenn nicht eindeutig ist, ob diese Bemerkung sich auf die französische Novelle oder auf »Bouterweks französische Litteraturgeschichte« bezieht, die das Tagebuch am 7. August erwähnt[148], sticht die zeitliche Koinzidenz ins Auge. Indirekt deutet Goethe Frau von Stein, zu der er ja nur noch sporadisch Kontakt hat, hier seine Übersetzung der »Folle en pélerinage« an, die allerdings erst im Juni 1808 in Karlsbad vollendet und von Cotta im Herbst 1808 im »Taschenbuch für Damen auf das Jahr 1809«[149] abgedruckt wird. Man darf vermuten, daß Goethe mit seiner Version der Novelle eine späte Antwort auf Charlottes Übersetzung der Romanze geben und dem moralischen Rigorismus des Balladen-Ichs, das isoliert betrachtet im Recht ist, die tödliche Vereinsamung der Törin entgegenstellen wollte, die diejenige der einst Geliebten spiegelt. Vor dem Hintergrund der Beziehung, die Goethe mit seiner Übersetzung kommentiert, erscheint die absolute Treueforderung der Titelheldin als Torheit: Wer sich mit seinem Leben für die Durchsetzung eines Ideals einsetzt, das seinen Platz im höfischen Roman des Mittelalters hatte, ist in der galanten Literatur des 18. Jahrhunderts ein wandelnder Anachronismus. Einen vitalen Mann im Jahrhundert der Aufklärung auch im Leben auf die Hohe Minne, auf lebenslange Treue ohne Liebesvollzug, verpflichten zu wollen, ist von seelischer Grausamkeit nicht mehr weit entfernt.[150] Der nach-italienische Goethe kann diesem überrissenen Anspruch nur noch mit der Bitte begegnen, »die Sache aus einem natürlichen Gesichtspunkte« anzusehn[151]. Noch sechs Jahre später, am 29. November 1795, berichtet Frau von

---

[145] WA III 3, S.253.

[146] WA III 3, S.256.

[147] WA IV 19, S.386.

[148] WA III 3, S.254.

[149] S.252–266.

[150] Lachmann geht so weit zu behaupten, die »erotische[.] Gespanntheit« der unerfüllten Liebe Goethes zu Charlotte von Stein habe sich auf ihren Sohn Fritz übertragen, und die Empfindungen gegenüber der »Doppeltheit« von Mutter und Sohn seien in der *Theatralischen Sendung* in die Konzeption der Mignon-Figur eingegangen. Fritz R. Lachmann: Goethes Mignon. Entstehung, Name, Gestaltung. In: *GRM* 15 (1927), S.102 und 105.

[151] Goethe am 8. Juni 1789 im letzten Brief an Charlotte von Stein vor dem Abbruch der engen Beziehung. *Goethes Briefe an Charlotte von Stein*, Bd.3, S.210.

Stein ihrem Sohn Fritz von einem Gespräch mit Goethe über den »Wilhelm Meister«, in dem er ihre Neugier auf das Ende mit dem Satz quittierte: »im Leben brauche man nicht konsequent zu sein, aber freilich in einem Roman verlange man es«, was sie so kommentiert: »Ich stutzte ordentlich, daß er das Herz hatte, mir Das zu sagen, und unsere Unterhaltung war am Ende.«[152] Die »Lehrjahre« führen die Handlung im Sinne der zeitgenössischen Lesererwartung zwar konsequent zu Ende, zeigen am Beispiel Wilhelms aber, lange bevor Freud die melancholisch entstellte Trauer auf eine ursprünglich narzißtische Objektwahl zurückführen wird, daß die Treue gegenüber einer Abwesenden eine Form des Narzißmus sein kann, eine Treue zur eigenen Wunde. Während Wilhelm einer Toten, die er »ungehört verdammt hat« (HA 7,481), auch in der körperlichen Untreue mit Philine seelisch treu bleibt, tötet er, ohne es zu merken, die neben ihm lebende Mignon (HA 7,523f.). Als die Beobachtung des Sohnes, der das Küchenmädchen schlägt, weil es Tauben tötet, dann aber selbst »ohne Barmherzigkeit« Frösche totschlägt und Schmetterlinge zerrupft, Wilhelm dazu veranlaßt, sein Menschenbild zu überdenken, kommentiert der Erzähler: »Es erinnerte ihn dieser Zug an so viele Menschen, die höchst gerecht erscheinen, wenn sie ohne Leidenschaft sind und die Handlungen anderer beobachten.« (HA 7,503) Auch Wilhelm sah sich kurz davor Lothario gegenüber in der Rolle des gerechten Richters, bis der Urteilsspruch auf ihn selbst zurückfiel.

1821 nimmt Goethe »Die pilgernde Törin« mit geringen Änderungen in die Erstfassung der »Wanderjahre« auf. Im 16. Kapitel lädt Friedrich Wilhelm zur gemeinsamen Lektüre eines Heftes ein, das er aus Lenardos Sammlung erhalten hat, und hebt dabei den Unterschied zwischen »einer verrückten Pilgerschaft« und »einem wohldurchdachten, glücklich eingeleiteten Unternehmen« wie das des Kreises um Lenardo hervor.[153] So entsteht eine einfache Dichotomie zwischen weiblicher Emotionalität und männlich rationalem Kalkül. Für diese Fassung nimmt Goethe noch einmal kleine Veränderungen an der Ballade vor, die wichtigste ist die bereits erwähnte Reduktion des Alters des Mädchens von zwanzig auf sechzehn Jahre. In der Zweitfassung der »Wanderjahre« rückt die Novelle ins fünfte Kapitel des ersten Buchs und erhält dadurch »den Rang eines Leitmotivs«[154]. Ihre Einführung wird ungleich besser motiviert. Unmittelbar nachdem Felix sich ihretwegen verletzt hat, kündigt Hersilie an, daß sie Wilhelm einen Text als Bettlektüre schicken will, den sie selbst aus dem Französischen übersetzt hat. Das ist nicht nur ein Appell an Wilhelm, sie zu beachten, sondern auch ein indirekter Vorverweis auf ihre Stellung zwischen Vater und Sohn. Die private Erzählung wird wieder in einen privaten Kontext gestellt und mit den Figuren in Verbindung gebracht, die die meiste Sympathie des Erzählers haben.

---

[152] *Goethes Gespräche*, Bd.1, S.623.
[153] FA I 10, 200.
[154] Norbert Oellers: Goethes Novelle *Die pilgernde Thörinn*, S.92.

Der Situationszusammenhang stellt eine Verbindung der Erzähleinlage mit dem
Wundenmotiv des Rahmens her. Während die inhaltlichen Spiegelrelationen vermehrt werden, sorgt die Einführung zusätzlicher Vermittlungsinstanzen formal
für mehr Abstand des Lesers vom erzählten Geschehen. Es ergibt sich folgende
Instanzenschichtung:

- der anonyme Autor des französischen Originals,
- Goethe als Übersetzer,
- der Erzähler/ Redaktor der »Wanderjahre«,
- Wilhelm als Leser von Hersilies Übersetzung,
- Hersilie als fiktive Übersetzerin,
- der fiktive französische Autor,
- der auktoriale Erzähler, der das Geschehen auf der Basis der Ich-Erzählung
  Herrn von Revannes berichtet und bewertet,
- Herr von Revanne als von der Törin düpierter, doch nachsichtig gebliebener
  Ich-Erzähler[155],
- der junge Herr von Revanne als Übermittler der Abschiedsworte der Törin
  an den Vater,
- die indirekte Ich-Aussage der Törin durch ihr Lied,
- die direkte Ich-Aussage der Törin in Dialogen.

Schon die mit dieser Staffelung verbundene perspektivische Brechung verbietet
es, sich vorbehaltlos mit der Törin zu identifizieren.[156] Hersilie tut das zwar
ausdrücklich: »wenn ich jemals närrisch werden möchte, wie mir manchmal die
Lust ankommt, so wär' es auf diese Weise« (HA 8,51), verhält sich faktisch aber
gar nicht wie die sonderbare Pilgerin. Sie verläßt das Haus ihres Oheims nicht,
sondern bleibt daheim und schreibt Briefe. Sie flieht die doppelte Liebeswerbung
nicht, sondern sucht sie aktiv herbeizuführen. Die Novelle antizipiert das Ende
des Dreiecksverhältnisses zwischen Wilhelm, Felix und Hersilie sozusagen spie-
gelverkehrt schon am Anfang des Romans[157], läßt uns aber auch in bezug auf
dieses ratlos zurück. Hilaries »Nein!« gegenüber Vater *und* Sohn in »Der Mann
von funfzig Jahren« überbietet das der Törin, da es nicht durch die Liebe zu
einem dritten Mann motiviert ist. Es bleibt ebenfalls unaufgeklärt. Die einfache
Moral der Törin wird durch die Position der Novelle im Roman und durch
dessen Kompositionsprinzipien gebrochen. Was Goethe der im Mund der Törin
ohnehin schon profanisierten Treuekonzeption des Mittelalters entgegensetzt,
nennen die »Betrachtungen im Sinne der Wanderer« die »Forderung des Tages«
(BdW 3; HA 8,283), die situationsgerechte Wahrnehmung von Menschen und

---

[155] Arthur Henkel: *Entsagung*, S.83.
[156] Umso merkwürdiger ist, daß Laura Martin (Who's the Fool Now?, p.447) trotz einer
sorgfältigen narratologischen Analyse am Ende zu dem Schluß kommt: »It remains for the feminist
critic [...] to defend the lady.«
[157] Arthur Henkel: *Entsagung*, S.81.

Dingen. Was in den »Wanderjahren« zählt, ist nicht mehr die absolute Treue zur Person, es ist die Treue zum Leben. Am Anfang sagt Sankt Joseph der Zweite: »Das Leben gehört den Lebendigen an, und wer lebt, muß auf Wechsel gefaßt sein.« (HA 8,27) Am Ende steht in »Aus Makariens Archiv« der Satz: »Leben wird am besten durchs Lebendige belehrt.« (AMA 112; HA 8,477) Dem aber entzieht die Törin sich mit ihrer Pilgerschaft. Indem sie die Vergangenheit festhält, verfehlt sie die lebendige Gegenwart und damit auch die Möglichkeiten für die Zukunft. Ihr Zeitbezug ist, modern gesagt, der Zeitbezug der Depression.[158] Im Kontext eines Romans, der sich der Herausforderung einer zunehmend mobiler und arbeitsteiliger werdenden Gesellschaft stellt, ist das Relikt der literarisch überhöhten Adelswelt des Mittelalters nicht Modell, sondern Anti-Modell. Der novellistische »Beitrag zu einer Kasuistik der Moral«[159] weicht einer prinzipiengeleiteten[160] Flexibilität.

---

[158] Erwin Straus: Das Zeiterleben in der endogenen Depression und in der psychopathischen Verstimmung. In: *Die Wahnwelten*, hrsg. von E. St. und Jürg Zutt, Frankfurt/M. 1963, S.337–351.

[159] Ernst Friedrich von Monroy: Zur Form der Novelle in *Wilhelm Meisters Wanderjahre*. In: *GRM* 31 (1943), S.3.

[160] Lawrence Kohlberg: Moral Stages and the Idea of Justice. In: ders.: *The Philosophy of Moral Development. Essays on Moral Development*, vol.1, San Francisco 1981, pp.97–226.

KAPITEL 3

Wer ist der Verräter?
Novellistisches Lustspiel oder Poesie gewordene Physik?

In keiner Erzähleinlage der »Wanderjahre« ist die Bedeutungskonstitution so sehr auf die Semantisierung von Raumstrukturen und den mit ihnen verbundenen Lichtverhältnissen und Spiegelreflexen angewiesen wie in »Wer ist der Verräter?«, jener Novelle, die Wilhelm zum Abschied von Hersilie bekommt und die ihm durch einen jungen Beamten überreicht wird (HA 8,84), der in ihr »verdoppelt« ist. Während der dargestellte Leser Wilhelm Aufschluß über Mitglieder des Bundes zu erhalten hofft[1], die nachher nie wieder erwähnt werden, ist die extratextuelle Leserin aufgefordert, sich von der Erwartung eines Handlungszusammenhangs der Novelle mit der Rahmenerzählung zu lösen, dafür aber stärker den Zeichencharakter der im Text beschriebenen Spiegelrelationen zu beachten. Methodisch läßt der Ursprung der Novelle aus der Physik es ratsam erscheinen, die Spiegelungen erst konkret physikalisch zu verstehen, bevor sie im Rahmen einer gestaffelten Semiose im Sinne von Peirce als Metaphern für intra- und interpersonelle Vorgänge gelesen werden dürfen.

3.1 Monologische Exposition

»Nein! nein! [...] nein! es ist nicht möglich!« (HA 8,85), schärfer als durch diese Negation an exponierter Stelle könnte der Konflikt des sprechenden Ichs mit den Erwartungen seiner Umwelt kaum akzentuiert werden. Das »Nein!«, mit dem die Novelle »Der Mann von funfzig Jahren« abbricht, ist in »Wer ist der Verräter?« der Ausgangspunkt. Hier wie dort macht ein junger Mensch den sorgfältig erwogenen Plänen der Erwachsenen für seine Zukunft einen Strich durch die Rechnung, Hilarie im einen, Lucidor im andern Fall. »Nein! nein! [...] nein!«, bevor wir erfahren, was hier so vehement zurückgewiesen wird, betont die Verdopplung des Zeitadverbs: »Das erstemal denk' ich anders als er, das erstemal empfind' ich, will ich anders« das Außergewöhnliche dieser starken Opposition gegen einen, den erst die *exclamatio*: »O mein Vater!« (HA 8,85) nennt. Etwas ist geschehen, das die Vernunft, die Empfindung, die Willenskraft

---

[1] In der Erstfassung der *Wanderjahre* gibt Lenardo die Novelle Friedrich im 17. Kapitel, damit er sie Wilhelm vorlese und dieser so »treffliche Glieder« des Bundes kennen lerne (FA I 10, 219).

des leidenschaftlich protestierenden Jünglings erfaßt hat. Schockartig wird ihm der Bruch mit der Vateridentifikation bewußt. Schockartig sieht er ein lang gehegtes Selbstverständnis schwinden. So gern würde der überangepaßte, wohlerzogene junge Mann daran festhalten, daß er noch der »treue, gehorsame, liebevolle Sohn« sei, der er immer war. Doch je mehr die Versicherung, noch »derselbe« (HA 8,85) zu sein, die Kontinuität der Sohnesrolle beschwört, desto deutlicher hebt sie den Bruch mit dieser Kontinuität hervor. Der gewohnt war, den Willen des geliebten Dus für sein Ich zu halten, persönliche Bedürfnisse an familiäre und gesellschaftliche Notwendigkeiten anzupassen, hört plötzlich die Stimme des eigenen Ichs so vernehmlich, daß er sich über ihren Einspruch nicht hinwegsetzen kann. Mit diesem »Nein!« hat der Jüngling, dem man bisher höchstens vorwerfen konnte, »zu ungeduldig brav gewesen« (HA 8,87) zu sein, die Schwelle von der Kindheit zum Erwachsenenleben überschritten: ein Adoleszent im Moment der Ablösung vom Vater. Nach dieser Verwandlung ist er *nicht* mehr »derselbe«. Deshalb ist auch das »Licht« (HA 8,85) in mehr als einem Sinne zeichenhaft, das der auktoriale Erzähler schon in der ersten Regieanweisung erwähnt. Auf den Namen des Jünglings wie auf den der geliebten Frau verweisend[2], leuchtet es nicht nur den Schlafraum aus, den dieser vor seinem großen Monolog betreten hat, sondern erstmals für ihn selber sichtbar auch das eigene Selbst. Entsprechend kreist das Selbstgespräch nicht um das Was, das ist entschieden; die »verhinderte Beichte«[3] kreist um die Frage, *wie* die Verweigerung des Gehorsams dem Vater zu vermitteln sei (HA 8,85).

3.2 Konfliktgenese, Konfliktentwicklung, Konfliktlösung

Lucidors Libido folgt – das macht die nachgeholte Vorgeschichte deutlich – nicht dem vom Vater vorgespurten Weg. Er hat eine andere als die von diesem für ihn vorgesehene Frau gewählt. Das ist, gerade weil es sich *nicht* um einen autoritären, den man bekämpfen könnte, sondern um einen liebenden, klug und fürsorglich vorausschauenden Vater handelt, ein Problem. Wie widerspricht man einem, den man liebt, den man achtet, dessen Urteil man respektiert? Lucidor ist in einer »Doppelbindung«[4] gefangen: Bürgerlicher Anspruch auf Freiheit der Partnerwahl kollidiert mit durchaus empfindsamer Allianz mit dem Vater, an der die

---

[2] Die Eigennamen *Lucidor* und *Lucinde* kommen von lateinisch *lucidus*: lichtvoll. Schon die Namensgleichheit suggeriert Wesensverwandtschaft. Dabei ist *Luci-dorus* eine lateinisch-griechische Wortzusammensetzung wie *Theo-dor*, die man mit »lichtgegeben«, »vom Licht gegeben« oder »dem Licht gegeben« übersetzen könnte.

[3] MA 17, 1122.

[4] Gregory Bateson u.a.: Auf dem Weg zu einer Schizophrenie-Theorie. In: ders. u. a.: *Schizophrenie und Familie*, Frankfurt/M. 1978 (1969), S.16ff.

ökonomische Sicherheit hängt.[5] Den »verständigen Familien- und Ministerial-
plan« (HA 8,87), den er jetzt bekämpfen muß, weil er ihn zwingt, die falsche
Frau zu heiraten, hat Lucidor zunächst begrüßt, weil er ihm den Karrieresprung
ermöglicht hat, der nötig war, um überhaupt auf Brautschau gehen und an die
Gründung einer eigenen Familie denken zu dürfen. Die Aussicht, Nachfolger
des mit dem Vater befreundeten Oberamtmanns zu werden und eine Stelle zu
übernehmen, die diesem »lebenslänglich gewiß« (HA 8,86) ist, hat ihn die Juristenlaufbahn ergreifen und seine Fähigkeiten »erst aus Gehorsam, dann aus
Überzeugung« (HA 8,87) in die von den väterlichen Beratern gewiesene Richtung lenken lassen, im aufgeklärten Absolutismus eine normale Form der Kar-
riereplanung fürstlich begünstigten Beamtenadels.

     Doch im Moment, da die feudalabsolutistische Kooperation zwischen einem
anpassungsfähigen Sohn und »obern Vorgesetzten, die nichts mehr wünschten,
als die Hoffnung alter, würdiger, begünstigter, gunstwerter Diener mit gutem
Gewissen erfüllen zu können«, die schönsten Blüten getrieben und dem jungen
Juristen »einen gar vorteilhaften Sitz nach Verdienst und Wunsch« (HA 8,88)
verschafft hat[6], wird er mit dem zweiten Teil des Plans konfrontiert, den die
Väter bisher nur unter sich verhandelt haben. Er soll Julie, die jüngere der beiden
Töchter des Oberamtmanns heiraten, doch bei seinem Antrittsbesuch als zukünftiger Bräutigam empfindet er ihr gegenüber »Entfremdung« (HA 8,89). Ausgerechnet jetzt, wo es darum ginge, dem Vater die Sorge für sein berufliches
Fortkommen mit eigenem Entgegenkommen zu entgelten, sieht er sich dazu
nicht im Stande. Statt in Julie verliebt Lucidor sich in Lucinde, die Schwester
seiner »Braut«. Die Erziehung, die für eine reibungslose Übernahme der Berufs-
rolle gesorgt hat, versagt, wo sie auch das Begehren steuern, die Sexualität re-
glementieren will. In diesem Bereich kann Lucidor »Gehorsam« nicht in »Überzeugung« überführen, der Körper läßt sich nicht wie das Berufsinteresse lenken.
Sowie das Subjekt das Recht für sich beansprucht, den Sexualpartner selber zu
wählen, gerät es mit dem Allianzprinzip in Konflikt, werden bisher selbstver-
ständliche Loyalitäten fraglich.[7] Für den angehenden Schwiegervater geht der

---

     [5] Dazu: Jutta Greis: *Drama Liebe. Zur Entstehungsgeschichte der modernen Liebe im Drama
des 18. Jahrhunderts*, Stuttgart 1991.
     [6] Stark ironisch kann Goethe die »treue Rechtlichkeit deutscher Zustände« (HA 8,85) nicht
gemeint haben, hing doch das Wohl seines einzigen Sohnes – wie im übrigen auch sein eigenes – an
genau solchen von wohlwollenden »obern Vorgesetzten« eingeräumten Pfründen. 1810 wurde August
von Goethe nach vergleichsweise kurzem Jura-Studium in Weimar Anwärter für ein Amt als Kam-
mer-Assessor. Ostern 1811 ging er zur praktischen Ausbildung ins herzogliche Rent- und Justizamt
nach Capellendorf. Im Dezember 1811 wurde er durch Dekret zum Assessor beim Kammer-Kol-
legium in Weimar ernannt und trat damit ohne jedes Examen, allein auf herzoglichen Beschluß, im
Alter von nur 22 Jahren in den höheren Verwaltungsdienst. Wilhelm Bode: *Goethes Sohn*, Berlin
1918, S.157–161.
     [7] Für die Frauen des bürgerlichen Trauerspiels endet dieser Konflikt immer tödlich, für Miß
Sara Sampson und Emilia Galotti bei Lessing, für Louise Miller bei Schiller. Dazu: Jutta Greis:
Drama Liebe, S.52–60 und 103–122.

Tauschhandel: ich versorge dich mit einer Stelle, damit du mit ihr meine Tochter versorgst, zwar immer noch auf, denn die eine wie die andere ist seine Tochter. Verlierer bei diesem Wechsel der Sohnesbraut ist der Vater. Seine Wahl war personenbezogen. Entsprechend gibt die nachgeholte Vorgeschichte mehr Einblick in die Gemütsverfassung des vereinsamten Gelehrten als in die Kindheitsentwicklung Lucidors. Verwitwet und plötzlich allein mit einem »Knaben von wundersamer Schönheit«, den er bisher »ohne selbsteigenes Bemühen« (HA 8,86) wunschgemäß erzogen sah, ist der Professor hoffnungslos überfordert. Für die bisher gut funktionierende innerfamiliäre Arbeitsteilung fehlt plötzlich die Besetzung der weiblichen Rolle. Auf den Rat seines Freundes, des Oberamtmanns, hin gibt er den Jungen in eine Lehranstalt, deren Beschreibung entfernt an die Pädagogische Provinz erinnert: »Untergebracht war nun der Sohn, der Vater jedoch fand sich gar zu allein« (HA 8,86), so lapidar geht der Erzähler, kaum daß er die Frage, was aus dem Knaben werden soll, gestellt hat, dazu über, die Art, wie *der Vater* die Lebenskrise bewältigt, in die er durch den Verlust von Frau und Kind geraten ist, zu beschreiben. Während Lucidor auf Akademien auf seinen zukünftigen Beruf vorbereitet wird, leiht der Vater sich Julie, die jüngere der beiden Töchter des Oberamtmanns, aus und läßt sie wochenlang bei sich wohnen. Sie findet in seinem Haus »die unerschöpflichste Unterhaltung« (HA 8,87): Fachbücher, Landkarten, Städtebilder und die Nationaltrachten der Studenten, die vor den Fenstern vorübergehen. Dabei ist der Nutzen gegenseitig. Das Mädchen erwirbt geographische Kenntnisse, der Witwer füllt die Lücke, die der Sohn, um den er sich *nicht* gekümmert hat, hinterläßt, mit einer Wunsch-Tochter aus, um deren Erziehung er sich auffällig *intensiv* bemüht:

> Nach seinen trocknen und manchmal verdrießlichen Arbeiten hatte nun unser Lehrer keine glücklichern Augenblicke, als wenn er sie scherzend unterrichtete und dabei heimlich triumphierte, *sich* eine so liebenswürdige, immer unterhaltene, immer unterhaltende Schwiegertochter zu erziehen. (HA 8,88, Hervorhebung von H.H.)

Hier eindeutig auf den Vater rückverweisend, hat das Reflexivpronomen »sich« im nächsten Beispiel einen doppelten Referenten:

> Der Vater sprach nunmehr mit dem Sohn von Julien [...] als von dessen Braut und Gattin, ohne weiteren Zweifel und Bedingung, das Glück preisend, solch ein lebendiges Kleinod *sich* angeeignet zu haben. (HA 8,89, Hervorhebung von H.H.)

Wer soll hier eigentlich versorgt werden, der Vater oder der Sohn? Weil der verwaiste Gelehrte nicht merkt, daß er durch die Art, wie er Julie erzieht, *eigene* Bedürfnisse nach Kommunikation mit einer Tochter-Frau befriedigt, entfremdet er dem Sohn die für ihn vorgesehene Braut mit genau den Strategien, mit denen er sie ihm zuzuspielen gedenkt. Er weckt in ihr ein Interesse für fremde Länder und fremde Sitten, das er als Geographie-Professor bedienen kann, der Sohn, den er auf die Juristenlaufbahn vorbereiten läßt, hingegen nicht. Indem er sich pädagogischen Eros gestattet, gewöhnt er Julie daran, mit einem älteren, erfah-

renen und gebildeten Mann umzugehen. Lucidor muß ihr vor diesem Hintergrund als unreifer Grünschnabel erscheinen. Der pflegeväterlichen Sozialisation
entsprechend, verliebt sie sich nicht in den schüchternen Professorensohn, sondern in Antoni, jenen Fremden, von dem der Erzähler sagt, daß er »nicht mehr
jung, von bedeutendem Ansehn, würdig, lebensgewandt und durch Kenntnis
der weitesten Weltgegenden höchst unterhaltend« (HA 8,89) sei, in ein Pflege-
vater-Substitut, das diesem noch das Exotische voraus hat. Nicht nur kann Antoni einer reiselustigen Frau die Welt zeigen, er kann auch eine sinnliche in die
Welt der Erotik einführen. Daß diese Dimension mitgemeint ist, deutet die Verbindung von Mühle, Wasser und Kutsche symbolisch an.

Wie die Figuren der »Wahlverwandtschaften« werden auch die der »Verräter«-Novelle durch ihre Gartenanlagen[8] charakterisiert[9]. Während Lucindes
»Morgenandacht« in »der Nähe eines Wässerchens« liegt, liegen die »kleinlichen
Lauben« und Gärten Julies in der Nähe einer »Mühle« (HA 8,94). Der lustige
Bruder hat sich und dem Volk einen Spielplatz anlegen lassen. Doch den kindischen Traum, »Müllerin zu werden« und »sich einen braven Mühlknappen auszusuchen«, den Julie vor der Pubertät noch hatte, weist sie als Erwachsene weit
von sich:

> »Das war zu einer Zeit«, [...] »wo ich noch nichts von Städten wußte, die an Flüssen
> liegen, oder gar am Meer, von Genua nichts u.s.w. Ihr guter Vater, Lucidor, hat
> mich bekehrt, seit der Zeit komm' ich nicht leicht hierher.« (HA 8,94)

Wenn wir diese Sätze nicht nur topographisch lesen, sondern dabei auch an die
Wasser- und Mühlenerotik denken, deren Wirkungsmacht wir im Zusammenhang mit dem frivolen Lied der Törin diskutiert haben[10], verlieren sie viel von
ihrer Unschuld. Dann deuten sie mit indirekten Mitteln an, daß der Umgang
der Adoleszentin mit dem Pflegevater nicht nur ihr Fernweh geweckt hat, sondern auch das erotische Interesse der erwachenden Frau am erfahrenen Mann.
Dann steht der Wechsel von der »vertraulich gelegenen Mühle« zu Städten, »die
an Flüssen liegen« (HA 8,94), auch für den Übergang vom kindlichen zum erwachsenen Eros. Dann fühlt der junge Rechtsanwalt sich in der Nähe seiner
falschen Braut auch deshalb unwohl, weil ihre Vitalität ihn bedroht: »neckisch,
lieblich, unstät« (HA 8,87), man ist versucht zu ergänzen: *sinnlich*, wie sie ist,
entspricht sie seinem scheuen Wesen nicht. In Gesellschaft verschlossen, kann

---

[8] Goethe, der mit Karl August den Weimarer Park angelegt hatte, kannte die Vorliebe der
Zeit für englische Gartenanlagen. Die Einteilung in Lust-, Obst- und Grasgärten entspricht den
von Francis Bacon aufgestellten Regeln für eine Parkanlage. Typisch für die Zeit ist auch die Verwendung von Spiegeln, Lauben, Gärtchen, Mühlen und die Vorliebe für das Fremdländische. Christian Cay Lorenz Hirschfeld: *Theorie der Gartenkunst*, Bd.1, Leipzig 1779, S.10, 85, 121f. und:
Bd.3, Leipzig 1780, S.82.

[9] Gertrud Haupt-Fröhlich: *Goethes Novellen »Sankt Joseph der Zweite«, »Die pilgernde
Thörin«, »Wer ist der Verräther?«*, Diss., Greifswald 1913, S.68.

[10] Vgl. Kapitel 2.3: Die Ballade vom Verrat in der Mühle.

er sie nicht unterhalten. Am äußeren Erscheinungsbild von Menschen und Ländern interessiert, fehlt ihr umgekehrt der Zugang zu seiner Tiefe des Gemüts. Die verständigen Väter verstehen zwar viel von Diplomatie und von Ökonomie, doch an den Persönlichkeitsstrukturen ihrer Kinder haben sie vorbeigeplant.[11]

Eingeklemmt zwischen Sohnes- und Geschlechtsliebe, wünscht Lucidor, der Vater könne »unsichtbar gegenwärtig« (HA 8,85) sein, um sich, göttergleich, seiner Loyalität auch dann zu vergewissern, wenn er ihm den Gehorsam verweigert. Die Ironie des Textes will es, daß dieser Wunsch in Erfüllung geht. Denn in Form eines unfreiwilligen Lauschers an der Wand schickt der Zufall den *deus ex machina*, der dem Vater das auf diese Weise offenbar gewordene Geheimnis zutragen wird, auf das er anders reagiert, als der Sohn es sich ausmalt. Doch das weiß Lucidor an dieser Stelle so wenig wie der Leser. Vorerst versinkt der verzweifelte Held im subjektiven Erleben des Konflikts und merkt nicht, daß das, was ihn lähmt, sein Vaterintrojekt ist: »Er blickt mich staunend an und schweigt, er schüttelt den Kopf; der einsichtige, kluge, gelehrte Mann weiß keine Worte zu finden. Weh mir!« (HA 8,85) Gewohnt, mit dem Vater nur »unisono« (HA 8,90) zu reden, kann Lucidor ihm nicht widersprechen. Schon die Vorstellung schweigender Mißbilligung macht ihn sprachlos. Wo er liebt, kann der angehende Anwalt nicht in eigener Sache sprechen, nicht der Anwalt seines eigenen Begehrens sein. Deshalb sieht er sich nach Verbündeten um und fällt dabei zunächst auf Lucinde. Die Geliebte soll den Konflikt mit dem Vater an seiner Stelle durchstehen. Sie soll mit weiblichem Charme bewirken, wozu ihm als Mann der Mut fehlt. Einmal etabliert, wiederholt sich allabendlich dieselbe Struktur: Lucidor sucht einen »Fürsprecher« (HA 8,85). Seine Monologe tauschen immer nur einen möglichen Vermittler gegen den anderen aus: Lucinde gegen ihren Vater, diesen gegen den alten Freund des Hauses, er zieht sogar den Nebenbuhler, Antoni, in Erwägung und verwirft ihn, schließlich kommt er auf den ersten Gedanken, Lucinde selbst um Beistand zu bitten, zurück; an der Strategie der Problemlösung ändert sich dabei nichts.

Doch die Verwirklichung des stets erneuerten Vorsatzes, sich einem Mitglied der Familie der Geliebten anzuvertrauen, scheitert »an den mit rätselhafter Hartnäckigkeit sich entgegenstellenden Umständen«[12], von denen wir erst am Ende erfahren, daß es Hinhaltetechniken der Gegenpartei sind. Zunächst verblüfft uns nur Lucidors »rätselhaftes Pech«[13]. Jeder Morgen entzieht ihm immer gerade die Person, die anzusprechen er am Abend vorher beschlossen hat. Als er sich am zweiten Tag Lucinde erklären will, verwickelt ihn Julie in ein anre-

---

[11] In den *Lehrjahren* sagt Wilhelm über die Neigung des Abbé, »ein wenig das Schicksal« zu spielen und »manchmal eine Heirat zu stiften«, verärgert zu Jarno: »Ich dächte, man überließe die Liebhaberei, Heiraten zu stiften, Personen, die sich lieb haben.« HA 7,554.

[12] Ernst Friedrich von Monroy: Zur Form der Novelle in *Wilhelm Meisters Wanderjahre*. In: *GRM* 31 (1943), S.4.

[13] Ernst Friedrich von Monroy: Zur Form der Novelle, S.6.

gendes Gespräch. Als er am dritten Tag den Oberamtmann bitten will, mit seinem Vater zu sprechen, ist dieser eben gerade abgereist. Als er sich am vierten Tag dem »würdigen Hausfreunde« (HA 8,92) entdecken will, ist dieser unpäßlich. Als er am fünften Tag Lucinde seine Liebe gestehen will, ist sie mit ihrer »Haushaltungsrechnung« (HA 8,97) beschäftigt. Schließlich nimmt der lustige Junker ihn mit auf die Jagd und spricht ihm unterwegs sogar aus dem Herzen:

> Antoni hat sein Zutrauen auf Lucinden gesetzt! Wenn ich sie aber so zusammen sehe, kann ich sie nicht für ein wohl assortiertes Paar halten. Die Ruschliche wäre besser für ihn, ich glaube auch, sie nimmt ihn lieber als die Älteste (HA 8,98).

Doch kaum, daß diese Worte Lucidor »Vertrauen zu Antoni« (HA 8,98) fassen lassen, sieht er diesen im Gartensaal mit Lucinde in einer verfänglichen Position. Auf diese Art entmutigt, kann er den Spaziergang mit der Geliebten, zu dem sich am Abend Gelegenheit bietet, nicht mehr dazu nutzen, sich ihr zu erklären. Die Zerstörung seiner Hoffnung macht ihn für die Sprache ihres Körpers unempfänglich: »auch sie schien beunruhigt; und wenn er nur einigermaßen bei sich gewesen wäre, so hätte ihm ein tiefes Atemholen verraten müssen, daß sie herzliche Seufzer zu verbergen habe.« (HA 8,99) Als er am Morgen des sechsten Tages fliehen will, hat der zukünftige Schwager ihm sein Pferd entführt. Zu Fuß kommt er auch nicht weit, weil der Alte ihn nötigt, seine Einsiedelei zu besichtigen. Schließlich führt der Junker ihn an den Ausgangspunkt der Flucht zurück, was er »nicht ganz unwillig« (HA 8,103) mit sich geschehen läßt. Dort hat sich, zu seinem Erstaunen, eine festlich geschmückte Gesellschaft eingefunden, zu der auch sein Vater gehört. Der die Konfrontation mit dem Vater scheute, muß ihm entgegentreten, der die intime Vertraulichkeit suchte, findet die Öffentlichkeit: »Lucidorn war's auf einmal zumute, als wenn er in tiefe Nebel hineinsähe« (HA 8,105), die Überrumplungsstrategie der Gegenseite trübt ihm den Blick. Eben noch »fest entschlossen«, sich, »es entstehe, was da wolle«, zu seiner Liebe zu bekennen, geht er schwankend auf den Vater zu; vom Gedanken, der Anwalt seiner selbst zu sein, »gestählt« (HA 8,105), ergreift er wegen des Händedrucks der falschen Frau zur falschen Zeit erneut die Flucht. Bevor die ihm vom Vater zugedachte »Braut« Gelegenheit bekommt, die Parallelgeschichte aufzudecken, hängt, der den festen Boden seiner Rechtsgrundsätze unter den Füßen zu haben glaubte, »wie am Uferfelsen ein Schiffbrüchiger« (HA 8,107) am Hals der Geliebten. Auf dem Höhepunkt der Krise treibt der Erzähler die komische Diskrepanz zwischen Lucidors Vorsätzen und ihrer Ausführung ins Extrem.

Nachdem die Dialektik von Ausdrucksbedürfnis und Entzug der Ansprechpartner den Anti-Helden mehrfach in den Monolog getrieben und uns den zweiten Teil der Komödienhandlung vorenthalten hat, bringt der sechste Tag beide Seiten endlich miteinander ins Gespräch und führt mit dem Lustspielschluß, der die falsche Zuordnung der Paare richtigstellt, auch die Auflösung der rätselhaften Koinzidenzen herbei. Was Zufall schien, war Planung, die möglich war, weil

Lucidors Neigung, mit sich selbst zu reden, ihn zum Verräter seiner selbst[14] gemacht und der Gegenpartei genau jene Informationen zugespielt hat, die sie für ihre Maßnahmen brauchte. Durch diesen von Molière schon in »Les fourberies de Scapin«[15] erfolgreich erprobten Komödientrick konnte »narzißtische Projektion« in soziale Interaktion überführt und »durch fremde Hand« das Glück eines Mannes möglich gemacht werden, der sich zur Selbstbestimmung unfähig erwies[16]. Am Schluß erkennt er »die scheinbaren Hindernisse als fördernde Beschlüsse einer höheren Instanz«[17], die seinen ohnehin verfehlten Lösungsansätzen zuvorgekommen ist. Doch um zu erreichen, daß er sich die Gruppenbeichte anhört, muß Julie ihn – wie Minna von Barnhelm es mit Tellheim plant[18] – in eine fahrende Kutsche einsperren, aus der er nicht entweichen kann, sobald es unangenehm wird.

Obwohl die Wagenfahrt den Komödienschluß verzögert, den Lucindes Erklärung vorweggenommen hat: »Sie sind mein, ich die Ihre [...]. Ihr Vater ist alles zufrieden; Antoni heiratet meine Schwester« (HA 8,107), kann sie nur einer auf die Lustspielhandlung reduzierten Optik überflüssig[19] vorkommen. Auf der Ebene der Figurenpsychologie bringt das Schlußduett die entscheidende Korrektur der moralischen Urteile. Der anfangs nur das Echo seiner eignen Stimme hörte, muß sich am Ende ausgerechnet von dem »Schalk«, der ihn »zum Schweigen« (HA 8,91) brachte, sagen lassen:

> Ein Vater allein fühlt den Respekt, den man einem Vater schuldig ist. – »Er muß
> es zuerst wissen«, sagte der meine, »um nicht etwan hinterdrein, wenn wir einig
> sind, eine ärgerlich-erzwungene Zustimmung zu geben. [...] Er muß zuerst erfahren,
> was die Natur uns für einen Streich gespielt, da noch nichts eigentlich erklärt, noch
> nichts entschieden ist.« (HA 8,112f.)

Den Gedanken, *zuerst* mit dem Vater zu sprechen, hat Lucidor aber schon in seinem ersten Selbstgespräch abgewehrt. Der sich über die Indiskretion der Gegenpartei empört und diese für eine Gruppe von Verrätern hält, hat sie durch seinen Mangel an Konfliktfähigkeit dazu gezwungen, sein Glück gewissermaßen hinter seinem Rücken herbeizuführen. Gerade hätte der Weg nur sein können,

---

[14] Ludwig Tiecks Novelle *Die Verlobung* (1823), die das Motiv des Selbstverrats variiert, liest Goethe am 9. Februar 1823 (WA III 9, S.14).

[15] Op. cit., Paris 1671. Zu Goethes Hochschätzung Molières vgl. das Gespräch mit Eckermann vom 28. März 1827 (*Gespräche mit Goethe in den letzten Jahren seines Lebens*, hrsg. von Fritz Bergemann, 8. Aufl., Frankfurt/M. 1992, S.565) und die *Tag- und Jahreshefte* von 1805 (WA I 35, S.189).

[16] FA I 10, 1065f. Wo Wilhelm in den *Lehrjahren* glaubt, erstmals eine Entscheidung getroffen zu haben, die »ganz rein aus« ihm »selbst« (HA 7,534) kam, nämlich die, Therese seine Hand anzubieten, macht er den größten Fehler. Hier führt Friedrich, der Natalies Geständnis gegenüber dem Abbé belauscht hat, das glückliche Ende herbei.

[17] Ernst Friedrich von Monroy: Zur Form der Novelle, S.6.

[18] Gotthold Ephraim Lessing: *Minna von Barnhelm, oder das Soldatenglück*. In: Lachmann/ Muncker, Bd.2, S.222f.

[19] Gertrud Haupt-Fröhlich: Goethes Novellen, S.69.

wenn er ihn selbst gegangen wäre. Vor jedem »Versuch, Überwachung in Autonomie zu verwandeln« und »dem längst durch andere und ihre pädagogischen Strategien bestimmten Subjekt doch den Schein der Freiheit und das Bewußtsein der Selbständigkeit zu verleihen«[20], stand das Erschrecken des Subjekts über die autonome Entscheidung, statt um Julies um Lucindes Hand anzuhalten. Die Autonomie ging aller Überwachung voraus, wurde subjektiv aber als nicht mitteilbar empfunden. Ziel des Lernprozesses, in den die verzögerte Wunscherfüllung den jungen Juristen hineinzieht, ist neben dem »Erwerb der Liebessprache«[21] der Erwerb einer Sprache des Konflikts.

Wo er liebt, kann Lucidor selbst dann nicht »ich« sagen, wenn er im Dienste des Begehrens eines andern funktionalisiert wird. Gemessen an der Ethik der Pädagogischen Provinz hat er »zu viel Ehrfurcht vor dem, ›was neben ihm ist‹«, und »zu wenig Ehrfurcht vor sich selbst«[22]. Wenn wir diese Störung in moderne sozialpsychologische Begriffe übersetzen, können wir sagen: Das Verhältnis von sozialer und personaler Identität, von »Me« und »I« im Sinne Meads[23] ist gestört. Psychoanalytisch gesehen, unterdrückt ein mit dem Ich-Ideal verbündetes Über-Ich die Fähigkeit des Ichs, zwischen den Ansprüchen des Es und denen des Über-Ichs zu vermitteln. Die wenigen Indizien, die wir der Kindheitsgeschichte Lucidors entnehmen können, deuten auf eine Entwicklungsstörung, wie Alice Miller sie in »Das Drama des begabten Kindes« beschrieben hat. In einer harmoniebedürftigen Familie, in der zwischen den Eltern »alles Übereinkunft«, Hinarbeiten »auf *einen* Zweck« (HA 8,86) ist, lernt ein sensibles, anpassungsfähiges, begabtes Kind vor allem eins: daß es keine negativen Gefühle »wie z.B. Eifersucht, Neid, Zorn, Verlassenheit, Ohnmacht, Angst«[24] zeigen, solche Gefühle nicht einmal haben darf, weil sie das Harmoniebedürfnis der Eltern empfindlich stören würden. Hinzu kommt, daß ein Vater, der die Erziehung seines Sohnes erst der Mutter, dann einer Lehranstalt überläßt, für diesen eigentlich nur als abwesender präsent ist. Der Sohn lernt, das Abwesende zu verinnerlichen, das Gefühl von Verlassenheit durch Identifikation auszugleichen und sich die ersehnte Beachtung durch »Brav-Sein« zu verdienen. Was dabei entsteht, ist ein falsches Selbst, keine Ich-Identität, die zu »Ambiguitätstoleranz« und »Identitätspräsentation«[25] fähig wäre. Goethes Novelle zeigt uns kein Kindheitsdrama,

---

20 FA I 10, 1065.
21 FA I 10, 1062.
22 Anneliese Klingenberg: *Goethes Roman »Wilhelm Meisters Wanderjahre oder Die Entsagenden«*, Berlin/ Weimar 1972, S.141.
23 George Herbert Mead: Geist, *Identität und Gesellschaft*, 3. Aufl., Frankfurt/M. 1978 (amerik. 1934), S.26ff.
24 Alice Miller: *Das Drama des begabten Kindes und die Suche nach dem wahren Selbst*, Frankfurt/M. 1979, S.25.
25 Lothar Krappmann: *Soziologische Dimensionen der Identität*, 4. Aufl., Stuttgart 1975, S.150–173. Dazu auch: Henriette Herwig: Identität und Fremdverstehen in interaktionistischer und literaturdidaktischer Sicht. In: *Identität und Deutschunterricht*, hrsg. von Kaspar H. Spinner, Göttingen 1980, S.15–32.

aber einen Adoleszenzkonflikt, der sich dadurch auszeichnet, daß der junge Mann es nicht über sich bringt, dem Vater einen Triebwunsch zu gestehen, der dessen Lieblingsidee zuwiderläuft. Der Überdruck, der dadurch entsteht, entweicht in den Monologen, die dank ihrer Ventilfunktion zwar situative Entlastung verschaffen, aber keinen (bewußten) Adressatenbezug. Wenn andere dem unterdrückten Triebwunsch durch ein Mittel zu Hilfe kommen, das gemeinhin als »Indiskretion«[26] gilt, sollte man sie dafür nicht noch verklagen. Schlimmer als das moralische »Vergehen« ist die Rigidität des moralischen Urteils.

Die zweite Lehre, die die zurückgewiesene Braut ihm erteilt, ist, daß er für sie *nicht* so attraktiv ist, wie er denkt. Nicht nur Männer fällen Urteile über Frauen, Frauen urteilen auch über Männer und sehen deren Rollenkonflikte manchmal deutlicher als sie selbst:

> Frau Oberamtmännin zu sein, welche schreckliche Lage! Einen tüchtigen, braven Mann zu haben, der den Leuten Recht sprechen soll und vor lauter Recht nicht zur Gerechtigkeit kommen kann! der es weder nach oben noch unten recht macht und, was das Schlimmste ist, sich selbst nicht. Ich weiß, was meine Mutter ausgestanden hat von der Unbestechlichkeit, Unerschütterlichkeit meines Vaters. Endlich, leider *nach* ihrem Tod, ging ihm eine gewisse Mildigkeit auf (HA 8,111 Hervorhebung von H.H.).

Der Roman der abwesenden Mütter läßt hier in der Erinnerung einer Tochter auch einmal eine Mutter zu Wort kommen. Was den Männern erstrebenswert scheint, ein Amt wie dasjenige, das Julies Vater inne hat, wirkt auf die Frauen als Fluch, wenn die Männer das im Beruf geforderte Rollenverhalten auch ins Privatleben hineintragen. Im Mund der Tochter der verstorbenen Frau hat der »Spott über Juristenart«[27] tiefen Ernst.

Drittens macht Julie Lucidor klar, daß er nichts von Frauen versteht. Weibliche Eitelkeit verträgt es schlecht, so ungeschminkt abgelehnt zu werden[28]: »Ich wollte *Sie* nicht, das ist wahr, aber daß *Sie mich* ganz und gar nicht wollten, das verzeiht kein Mädchen« (HA 8,114). So erklärt sie ihm nachträglich ihren boshaften Händedruck. Mit dieser kleinen Revanche sind die beiden aber auch quitt. Weil Julie die Gelegenheit, sich für seine Kälte zu rächen, ergriffen hat, trägt sie ihm diese nicht nach. Weil sie das durch seine Abwertung ihrer Person gestörte Gleichgewicht wiederhergestellt hat, kann sie ihm versöhnlich die Hand reichen. Zwischen ihnen bleibt kein Machtgefälle. Wäre die Ehe mit einer geistig beweglichen, aktiven Frau, die sich weder kränken noch unterwerfen läßt und im Falle von Konflikten selbst nach Lösungen sucht, nicht eine Chance?

---

[26] Mit Bezug auf Makaries Intervention in *Der Mann von funfzig Jahren*: Adolf Muschg: *Der Mann von funfzig Jahren*. In: *Goethe im zwanzigsten Jahrhundert*, hrsg. von Hans Mayer, Frankfurt/M. 1987, S.381.

[27] HA 8,578.

[28] Eric A. Blackall: *Goethe and the novel*, Ithaca/London 1976, p.266.

Die vierte Lehre hängt mit der dritten aufs engste zusammen und ist für Lucidor
vielleicht die schmerzlichste: Er idealisiert Lucinde. Auch die Frau, die ihn zittern
macht, »wenn sie ihn mit ihren vollen, reinen, ruhigen Augen« (HA 8,90) ansieht,
war an dem Komplott, das ihn empört, beteiligt. Auch sie hat ihm ihr Wissen
vorenthalten. Auch ihre Augen sind nicht immer ein Spiegel ihrer Seele. Die
falsche Braut wird auf-, die richtige ein ganz klein wenig abgewertet. Damit ist die
Frage, wer zu wem paßt, nicht mehr ganz so leicht zu beantworten, wie er dachte:

> Was will denn der Anton Reiser mit Lucinden, die für das Haus geboren ist, um
> glücklich zu sein und Glück zu schaffen? hefte sich doch das zapplige Quecksilber
> an den ewigen Juden, das wird eine allerliebste Partie werden. (HA 8,91)

Der Reisende zur Reiselustigen, der Seßhafte zur Seßhaften, die Opposition, die
auf Lenardos große Wanderrede vorverweist, scheint Gleichheit der Interessen
und Temperamente für die beste Voraussetzung ehelichen Glücks zu halten. Wer
garantiert die Richtigkeit dieser Zuordnung? Die Ehe des Beamten mit der guten
Hausfrau verspricht zwar, konfliktfrei zu verlaufen, ist aber in Gefahr, in Lan-
geweile zu erstarren. Julies wache Neugier auf »die Reiche der Welt und ihre
Herrlichkeit« (HA 8,109; Mt. 4,8) könnte Lucidor aus seiner Selbstbezüglichkeit
herausreißen, das »zapplige Quecksilber« könnte das Schreibstubendasein des
Juristen beleben. Vielleicht war die väterliche Wahl gar nicht so schlecht. Sym-
bolisiert das Bewegte der Kutschenfahrt, daß auch in Lucidor etwas in Bewegung
kommt? Verändert die Wendung des Blicks von innen nach außen auch seine
Wahrnehmung Julies? In »Der Mann von funfzig Jahren« weist Flavio die vom
Vater geplante Verbindung mit Hilarie vorerst weit von sich, verliebt sich dann
aber umso heftiger in sie, obwohl sie inzwischen auch auf seinen Wunsch die
Braut des Vaters geworden ist. Die Möglichkeit einer solchen Umkehrung deutet
Julie scherzhaft an, als die Kutsche durch das Dorf fährt und die Alten segnend
aus den Fenstern rufen: »O das schöne Paar!«; »Nun, da haben Sie's! Wir hätten
am Ende doch wohl zusammengepaßt; es kann Sie noch reuen.« (HA 8,113)
Spricht hier nur der »Schalk« (HA 8,91), der eine Kränkung zu verarbeiten hat,
oder steckt in der Figurenrede auch ein Hinweis des Dichters? Mindestens entspricht die Fremdwahrnehmung nicht der Selbsteinschätzung der Betroffenen.
Außenstehende sehen etwas, was die Kutscheninsassen in ihrer situativen Be-
fangenheit nicht erkennen können. Der unvoreingenommene Blick sieht ein
schönes Paar. Und als solches zeigt es auch der Spiegel oben im Gartensaal. Ist
der Spiegel ein Medium der Erkenntnis oder ein Lieferant falscher Bilder?

3.3 Der Spiegel als Leitmotiv

Daß Wahrnehmung im konkret physikalischen wie im übertragenen Sinn vom
Standort des Betrachters, seiner Perspektive, vom Reflexionsmedium und dar-

überhinaus auch vom Befinden des Subjekts abhängig ist, unterstreicht der Dichter durch die Art, wie er den Spiegel als Objekt und als Symbol einsetzt. Folgen wir dem Leitmotiv kurz durch den Text: Der Spiegel bringt dem Besucher beim Eintritt in den Gartensaal überraschend die Landschaft zu Bewußtsein, die hinter ihm liegt: »Niemand trat herein, ohne daß er von dem Spiegel zur Natur und von der Natur zum Spiegel sich nicht gern hin und wider gewendet hätte« (HA 8,94). Das Abbild scheint das Urbild nicht nur zu verdoppeln, sondern zu ergänzen und dem Betrachter so gesteigerte Erkenntnis zu ermöglichen.[29] Bei der zweiten Erwähnung wird Lucidors Wahrnehmung derart durch den Spiegel gestört, daß er den Höhepunkt seiner Verwirrung erreicht: Von der Reflexion der untergehenden Sonne im Spiegel geblendet, kann er das Paar nicht erkennen, das er in einer verfänglichen Haltung auf dem Kanapee sitzen sieht. Als es ihm »bei hergestellter Augenruhe« (HA 8,99) möglich ist, Lucinde und Antoni zu identifizieren, glaubt er, ein Versprechen gesehen zu haben, wo ein solches zurückgenommen worden ist. Lucidor hat sich schon so tief in sein vermeintliches Unglück hineingeredet, daß er nur registriert, was seine Erwartung bestätigt: Antonis feurigen Kuß auf Lucindes Hand, nicht mehr, was ihr widerspricht: die Unbefangenheit von Lucindes Einladung, den Platz neben ihr einzunehmen, den er für besetzt hält, und ihre unterdrückten Stoßseufzer auf dem gemeinsamen Spaziergang. Umgekehrt wird Lucidor die Fülle seines Glücks erst bewußt, als er sich im Spiegel von Lucinde umarmt und sie in seinen Armen sieht. Die Diskrepanz zwischen Erwartung und Erfüllung ist so groß, daß er sein unverhofftes Glück erst glaubt, als das Spiegelbild ihm den optischen Eindruck der Umarmung vermittelt, die sein Körper taktil erfährt – als müßte das Abbild bestätigen, daß das Urbild echt ist. Erst, als es das tut, gelingt es Lucidor, »Blick und Stimme, also Selbstbild im Spiegel und Sprachklang im Dialog, mit den Wünschen seines Körpers in Einklang zu bringen«[30] und Lucinde mit der Frage, ob sie sein sei, Gelegenheit zu geben, seine Hypothesen zu falsifizieren. Erst die Öffnung des Monologs zum Dialog beendet seinen Zirkelschluß, in allem, was die andern tun, nur bestätigt zu finden, was er ohnehin schon gewußt zu haben glaubt. Als Julie und Lucidor ihre Kutschenfahrt unterbrechen, um an einem Baum zu verweilen, wird der Spiegel zum vierten und letzten Mal erwähnt: »nun gerade hier spiegeln wir uns oben in der großen Glasfläche, man sieht uns dort recht gut, wir aber können uns nicht erkennen.« (HA 8,110) Brown behauptet, die jungen Leute könnten sich wechselseitig nicht erkennen, *weil* sie ihr Spiegelbild nicht sehen.[31] Ist der methodische Schritt, das Bild unter Überspringung des physika-

---

29 Alfred Gilbert Steer: *Goethe's Science in the Structure of the »Wanderjahre«*, Athens 1979, pp.55f.

30 FA I 10, 1063.

31 Jane K. Brown: *Goethe's Cyclical Narratives »Die Unterhaltungen deutscher Ausgewanderten« und »Wilhelm Meisters Wanderjahre«*, Chapel Hill 1975, p.45.

lischen Vorgangs »von vornherein lediglich als ›Gleichnis‹ für den zwischenmenschlichen Vorgang« zu deuten[32], nicht etwas voreilig?

Wenn man die optischen Verhältnisse erstmal wörtlich nimmt, liegt eine
andere Lesart näher: Das Paar kann sein Bild im Spiegel nicht sehen, weil es zu
viel Distanz zum Reflexionsmedium hat; von einem dem Spiegel näher gelegenen
Standpunkt aus sieht ein Dritter es als Teil der vom Spiegel reflektierten Landschaft. Die eine wie die andere Seite unterliegt standortgebundenen Wahrnehmungsbeschränkungen. Mit dieser Zwischenüberlegung ändert sich auch das
Gleichnis: Der Spiegelsaal holt »die Bewegung der Natur in den Raum«, die
Chaise bewegt »sich selbst als Raum durch die Natur«; beide geben dem Subjekt
die Möglichkeit, »sich selbst im Bild und in der Landschaft zu situieren, sich
selbst in den Blicken der andern auch gesellschaftlich zu finden«.[33] Aber die
Blicke der andern sehen unter Umständen etwas anderes als die Betroffenen
selbst. Der distanzierte Betrachter weiß nichts von der emotionalen Distanz des
Paares. Umgekehrt merkt Lucidor, auf die Frage fixiert, wie er der Verbindung
mit Julie entgehen kann, nicht, daß von einem leicht veränderten Blickwinkel
aus ein Glück sein könnte, was er für ein Unglück hält. Verfeinert oder verfälscht
der Spiegel die Wahrnehmung des Urbilds? Ein Aphorismus »Aus Makariens
Archiv« sagt dazu:

> Nichts wird leicht ganz unparteiisch wieder dargestellt. Man könnte sagen: hievon
> mache der Spiegel eine Ausnahme, und doch sehen wir unser Angesicht niemals
> ganz richtig darin; ja der Spiegel kehrt unsre Gestalt um und macht unsre linke Hand
> zur rechten. Dies mag ein Bild sein für alle Betrachtungen über uns selbst. (AMA 179)

Die Novelle zeigt ein falsches Paar vor dem Spiegel ohne Spiegelbild, ein richtiges
Paar vor dem Spiegel mit von ihm selber beachtetem Spiegelbild, ein falsches
Paar in der Landschaft mit für dieses uneinsehbarem Spiegelbild. Welches Verhältnis von Urbild und Abbild ist das Richtige? Das letzte Paar, das der Spiegel
zeigt, nimmt sich selbst nicht als Paar wahr. Es muß nur noch eine offene Rechnung begleichen. Die gemeinsame Kutschenfahrt geht vorüber. Was der Spiegel
einfängt, ist eine Momentaufnahme, im Selbstverständnis der Beteiligten kein
Symbol für den gemeinsamen Lebensweg.

Der Leser aber sieht etwas anderes. Im Moment, da die Gegenpartei zu
Wort kommt, erscheint die Handlung für ihn nicht mehr »im Spiegel des leidenden Teils«, wird er aus der »monodramatische[n] Einseitigkeit des Stand-
punktes«[34] herausgerissen, in die die Figurenperspektive ihn zuvor hineingezogen
hat. Julies Gegenstimme rückt nicht nur die Wahrnehmung des Helden zurecht,

---

[32] Mit Bezug auf eine Interpretation des Goethe-Gedichts *Entoptische Farben* von 1933: Dorothea Hölscher-Lohmeyer: *Entoptische Farben*. Gedicht zwischen Biographie und Experiment.
In: *Etudes Germaniques* 38 (1983), S.71f., Anm.73.
[33] FA I 10, 1064.
[34] Ernst Friedrich von Monroy: Zur Form der Novelle, S.6.

sie macht auch dem Leser die Abhängigkeit seiner Urteilsbildung von der Sympathiesteuerung des Textes bewußt. Er wird nicht mehr verleitet, die subjektive Wahrheit für die objektive zu halten. Mit dieser Korrektur kommen neue Möglichkeiten in den Blick: Jetzt, da das künstlich verlängerte Mißverständnis aufgeklärt ist, bewegt zu bewegt, ruhig zu ruhig gefunden hat, könnte Lucidor zu Bewußtsein kommen, wer die Frau ist, die er zurückgewiesen hat. Er lernt Julie eigentlich jetzt erst kennen. An diesem Punkt könnte die Handlung neu beginnen. Damit werden die wechselnden Urbild-Abbild-Relationen zum Zeichen der Standortabhängigkeit und der Vorläufigkeit jeder einmal gefundenen »Lösung eines Problems«[35]. Eine Drehung des Spiegels, ein veränderter Standort, und der Betrachter sieht ein anderes Bild. Das ist ganz konkret physikalisch zu verstehen, macht den Spiegel im Text aber auch zu einem selbstreferentiellen Zeichen, zu einem Symbol für die Multiperspektivität der Kunst und ihres je nach Zeit und Kunstbegriff wechselnden Verhältnisses zur Realität.

Die Frage nach der Symbolfunktion des Spiegels führt an die Grenzen der textimmanenten Methode. Wer über sie hinauskommen will, muß danach fragen, was der Naturforscher Goethe dazu beitragen kann, ein poetisches Bild des Dichters gleichen Namens zu erklären. Einen Hinweis, wo eine Antwort auf diese Frage zu finden ist, gibt die Entstehungsgeschichte der Novelle. Sie läuft mit dem 1819 konzipierten, 1820 beendeten Aufsatz »Entoptische Farben«[36] parallel. Angesichts dieser zeitlichen Koinzidenz drängt sich der Verdacht auf, daß die Novelle nicht nur »mit der Intensität des Dramas liebäugelt«[37], sondern auch mit dem physikalischen Experiment.

3.4 Die Geschichte der Textentstehung

»Wer ist der Verräter?« ist die Erfindung eines Siebzigjährigen. Erstmals erwähnt wird die Geschichte im Tagebuch vom 9. Juli 1819.[38] Am Anfang der Beschäftigung mit dem Stoff steht das Motiv des Selbstverrats. Offenbar geht es Goethe vorerst *nicht* darum, den Verrat zu verrätseln. Ein knappes Jahr später, am 30. Mai 1820, als der Dichter sich auf der Heimreise von Karlsbad befindet, verzeichnet das Tagebuch: »Wundersamer Entschluß *den Verräther sein selbst* [...] aufzuschreiben.«[39] Ein Brief an Zelter vom 7. Juni 1820 gibt noch mehr Einblick in den Schaffensprozeß:

---

[35] Zu Kanzler von Müller sagt Goethe am 8. Juni 1821 über die *Wanderjahre* (HA 8,521): »Alles ist ja nur symbolisch zu nehmen, und überall steckt noch etwas anderes dahinter. Jede Lösung eines Problems ist ein neues Problem.«

[36] LA I 8, 94–130.

[37] Ernst Friedrich von Monroy: Zur Form der Novelle, S.6.

[38] WA III 7, S.68.

[39] WA III 7, S.179.

Vor etwa einem Jahr erzähl ich meiner Schwiegertochter, da wir gerade allein sitzen, ein Geschichtchen, dergleichen du manche kennst und wie ich noch verschiedene im Sinne habe. Sie verlangt es zu lesen, ich muß ihr aber sagen, daß es nur in meiner Einbildungskraft waltet. Die Zeit her hab ich kaum daran gedacht. Jetzt komm ich nach Schleiz, etwas früh, und habe lange Weile, ziehe gerade ein Buch Schreibpapier und einen leicht schreibenden Wiener Schwarzkreide-Stift aus meinem Portefeuille, fange an die Geschichte zu schreiben. Jetzt da ich sie abdictire, wo ich wenig zu verändern weiß, find ich sie ziemlich in der Hälfte, das Weitere wird sich wohl geben.[40]

Der Brief führt die Erfindung der Novelle auf einen mündlichen Erzählanlaß zurück. Adressatin der vorerst frei improvisierten Geschichte war Ottilie von Goethe, geborene von Pogwisch, seit dem 17. Juni 1817 mit Goethes Sohn August verheiratet und mit im Haus am Frauenplan lebend.[41]

Zu dieser Zeit beschäftigte Goethe sich wieder vermehrt mit Chromatik. Auslöser für die erneute Zuwendung zur Farbenlehre war die im Anschluß an die Entdeckungen von Malus, Biot und Arago gemachte Beschreibung der sogenannten »entoptischen« Farben durch Thomas Seebeck[42], einen jungen Physiker, der es gewagt hatte, sich mit der Verteidigung von Goethes »Farbenlehre« (1810) in Opposition zur Fachwelt zu stellen. Seebeck führte »entoptisch« 1813 zur Bezeichnung jener Farbfiguren ein, die im Innern durchsichtiger Körper, die geglüht und dann rasch abgekühlt worden sind, sichtbar werden, wenn das Licht, das durch sie hindurchfällt, durch zwei Spiegel reflektiert worden ist.[43] Die Versuchsanordnung, Glaskubus zwischen zwei Spiegeln, interessierte Goethe sofort. Er erkannte in ihr die »Grundkonstellation seiner Farbenlehre«: trübes Medium zwischen »Hell und Dunkel« wieder.[44] Schon am 16. Mai 1813,

---

[40] WA IV 33, S.56.

[41] Ottilie wurde am 31. Oktober 1796 in Danzig geboren. Ihr Vater stammte »aus einer alten holsteinischen Familie« und war ein unbemittelter preußischer Offizier, »ihre Mutter kam aus der gräflichen Familie Henckel v. Donnersmarck«. Die Großmutter, Gräfin Ottilie Henckel, »wurde 1804 Oberhofmeisterin bei der jungvermählten Erbprinzessin-Großfürstin in Weimar«. 1809 zog auch ihre inzwischen geschiedene Tochter mit ihren beiden Töchtern Ottilie und Ulrike nach Weimar. Sie wurde 1811 Hofdame der Herzogin Luise. Da Ottilie musikalisch war und eine schöne Stimme hatte, machte sie bald die Bekanntschaft Goethes und sang gelegentlich in der kleinen »Hauskapelle« mit, die dieser sich von 1807 bis 1813 hielt. Wilhelm Bode: *Goethes Sohn*, S.174–176.

[42] 1808 hatte der Franzose Malus das Lichtspiegelungsphänomen der später »entoptisch« genannten Farben entdeckt. Ihm folgten Biot und Arago, zwei weitere französische Physiker. Seit 1812 wurden die Versuche von Thomas Seebeck weitergeführt. Einen von ihm verfaßten Bericht nahm Goethe 1817 ins 1. Heft *Zur Naturwissenschaft* (LA I 8, 11–15) auf. Dazu auch: Albrecht Schöne: *Goethes Farbentheologie*, München 1987, S.219.

[43] Goethe verwendet das Wort »entoptisch« im Anschluß an Seebeck im vierfachen Sinne: erstens definitorisch: »Innerhalb durchsichtiger Körper«; zweitens zur Bezeichnung der von ihm präzisierten und »entoptisch« genannten Farberscheinungen, Phänomene, Figuren, Bilder; drittens zur Bezeichnung der Eigenschaft von Gläsern, »entoptische« Erscheinungen hervorzubringen; viertens zur Kennzeichnung der zur Hervorbringung »entoptischer« Phänomene erforderlichen Geräte oder Versuche. *Goethe Wörterbuch*, Bd.III 2, Stuttgart/ Berlin/ Köln 1992, Sp.161f.

[44] *Goethe Wörterbuch*, Bd.III 2, Sp.161.

kurz nachdem Seebeck ihm seine Abhandlung über die »entoptischen« Farben zugesandt hatte, teilte er dem befreundeten Physiker mit: »Auf Ihre schöne Entdekkung komme ich in Gedanken immer wieder zurück«[45]. Am 21. Januar 1816 schrieb er ihm sogar:

> Ich überzeuge mich immer mehr, daß die von Ihnen entdeckten und sorgsam verfolgten entoptischen Farben den prismatischen Erscheinungen zum Grunde liegen und daß wir diesen wunderlichen und geheimnißvollen Gespenstern von dieser Seite endlich beykommen werden.[46]

Die »Gespenster«, denen Goethe mit Hilfe von Seebecks Experiment endlich beizukommen hoffte, waren die Spektralfarben, die Newton zufolge durch Lichtspaltung hervorgerufen werden. Die Aussicht, diese Theorie mit Hilfe der »entoptischen« Farben endgültig widerlegen zu können[47], beflügelte Goethe. Am 9. April 1816 versicherte er Seebeck mit Bezug auf den sogenannten »entoptischen Apparat«: »Durchaus ist der Gang, den wir in der Farbenlehre genommen, auch hier der rechte und förderliche.«[48] Weil der Glaskörper die besonderen Farberscheinungen nur zeigt, wenn er zuvor erhitzt und dann abgekühlt worden ist, hielt Goethe es für naheliegend, die »entoptischen« Farben statt auf Zerlegung des Lichts auf eine Veränderung der Materie, durch die das Licht hindurchfällt, zurückzuführen.[49] Er meinte, damit den zwingenden experimentellen Nachweis erbracht zu haben, daß seine Farbenlehre gegenüber derjenigen Newtons im Recht sei.[50] Chromatische Schriften, die seiner Theorie widersprachen, nahm er

---

[45] Max Hecker: Goethe und Seebeck. Dreißig unbekannte Briefe Goethes. In: *JbdGG* 10 (1924), S.169.

[46] Max Hecker: Goethe und Seebeck, S.171.

[47] Diese Absicht trieb Goethe schon lange um. Die *Optica*, Clarkes lateinische Übersetzung von Newtons *Opticks*, lieh er sich nachweislich bereits am 26. Juni 1792 aus der Weimarer Bibliothek aus (Elise von Keudell: *Goethe als Benutzer der Weimarer Bibliothek*, Weimar 1931/ Leipzig 1982, Nr.36). Das englische Original war zu diesem Zeitpunkt weder in der Weimarer noch in der Jenaer Bibliothek erhältlich. Fritz von Stein besorgte die 1730 in London erschienene *4th edition* der *Opticks* für Goethe im Sommer 1794 in London (LA II 6, 285; Ruppert, Nr.4932). Dazu: Horst Zehe: Etwas über »das Exemplar von Newtons Optik, welches Goethe gebraucht [...] hat«. In: *GJb* 104 (1987), S.360–362.

[48] Max Hecker: Goethe und Seebeck, S.174.

[49] LA I 8, 119f. (28).

[50] Der Vergleich der Farbtheorien von Newton und Goethe ist deshalb so schwierig, weil sie gar nicht dasselbe meinen, wenn sie von »Farbe« sprechen. »Goethe schaute mit ›unbewaffnetem‹ Auge die Landschaft im Scheine der untergehenden Sonne. Newton analysierte künstlich präparierte Lichtstrahlen, in heutiger Sprache ausgedrückt, auf ihre Lichtquantenverteilung hin. Bei der Goetheschen Schau erscheinen die Farben des Himmels als Folge einer Trübung der Atmosphäre im Lichte der untergehenden Sonne, bei der Newtonschen Analyse als Folge einer künstlichen Zerlegung von ausgeblendeten Lichtstrahlen aufgrund unterschiedlicher Refraktion zu einem ›Spektrum‹ aufgefächert.« (Wolfgang Buchheim: *Der Farbenlehrestreit Goethes mit Newton in wissenschaftsgeschichtlicher Sicht*, Berlin 1991, S.5) Newton beschränkte sich auf einen Aspekt: die künstlich erzeugte diverse Refrangibilität, bei der vom sehenden Auge nicht die Rede war. Der Gewinn an Präzision der physikalisch-optischen Begriffe wurde erkauft mit der Preisgabe des Farberlebnisses. Goethe wollte das Naturphänomen Farbe in seinen vielfältigen Wirkungsweisen erfassen und dabei

schon gar nicht mehr zur Kenntnis[51], sondern leitete sie mit der Bitte um eine Stellungnahme an Seebeck weiter[52]. Zwei Tage nach Christianes Tod, am 8. Juni 1816, dankte er Seebeck geradezu begeistert für den geschliffenen Doppelspath, der »das Phänomen auf die herrlichste Weise« zeige; was Goethe an den *beiläufig* erwähnten »häusliche[n] Wehethaten« am meisten zu stören schien, war die Ab-

auch die subjektiven Bedingungen berücksichtigen, unter denen Farbwahrnehmungen zustande kommen (Kontraste, vorherige Beanspruchung des Auges u.a.). Die vom Auge »»erzeugten‹ Beiträge zum Farberlebnis« gehörten bei ihm »zum *elementaren* Farbbegriff« (Wolfgang Buchheim, op. cit., S.8). Für ihn war Farbe mehr als eine Wellenlängenfunktion. Er betrachtete sie unter physiologischen, farbenoptischen, farbenchemischen, malerisch-künstlerischen und ethischen Gesichtspunkten. Ihn interessierten »das *Auge* als *Organ*«, »das *Sehen* als *Tätigkeit*« (Wolfgang Buchheim, op. cit., S.2), die Subjekt-Objekt-Relation. Aber er suchte sein ganzheitliches Konzept mit Mitteln zu bestätigen, die nicht zu seinen phänomenologischen Begriffen paßten. Sein Kampf gegen Newtons Optik war ein vergeblicher Protest gegen einen Wissenschaftsbegriff, der seinem zuwiderlief, »sich aber in den Naturwissenschaften auch auf dem Gebiet der Farbenlehre als maßgebend durchgesetzt hatte« (Wolfgang Buchheim, op. cit., S.1). So zeigte die Wirkungsgeschichte der *Farbenlehre* im 19. Jahrhundert eine große Diskrepanz zwischen Goethes weitreichendem Anspruch und der faktischen Einflußlosigkeit auf die Entwicklung von Wissenschaft und Technik. Denn die Fachwelt rezipierte seine *Farbenlehre* äußerst selektiv: Von dem umfassenden Entwurf wurden nur »die physikalischen Teile, also die prismatischen Experimente und die Lehre von den trüben Mitteln, zur Kenntnis genommen [...]. Hier mußte man Goethe eines Besseren belehren. Alles [...] über die bloße Optik Hinausführende, die wissenschaftstheoretischen Teile zum Beispiel – wurden gar nicht wahrgenommen« (Felix Höpfner: »Wirkungen werden wir gewahr [...]«. Goethes *Farbenlehre* im Widerstreit der Meinungen. In: *GJb* 111 [1994], S.206f.). Erst seit der Entdeckung des Wirkungsquantums durch Max Planck im Jahre 1900 revidiert die Physik »ihre *klassisch* verhärtete Erkenntnisposition« und gibt zu, »daß eine strenge *Trennung* von Objekt und Beobachtung« auch in ihrem Bereich »*undurchführba*r bleibt«, die »*Mitwirkung des Auges* am Resultat des Sehens auch physikalisch nicht zu leugnen« ist (Wolfgang Buchheim, op. cit., S.4f.). Goethe hatte das immer schon betont. Damit beginnt sich die Rehabilitation Goethes als Naturforscher, die bei Ärzten begonnen hat, auch bei Physikern wie Werner Heisenberg (Die Goethesche und die Newtonsche Farbenlehre im Lichte der modernen Physik. In: *Goethe im zwanzigsten Jahrhundert*, hrsg. von Hans Mayer, Frankfurt/M. 1987, S.681–703) und Carl Friedrich von Weizsäcker (Einige Begriffe aus Goethes Naturwissenschaft. Und: Nachwort zur *Farbenlehre*. HA 13, 539–555 und 613–640) abzuzeichnen. Trotzdem darf Goethes methodologisch unreflektierter »Subjekt-Objekt-Schwebezustand« nicht mit der Einsicht der modernen Physik in die Abhängigkeit der Objekterkenntnis von den materiellen und ideellen Eingriffen des Erkenntnissubjekts gleichgesetzt werden. Was im einen Fall ein Festhalten an der Anthropomorphisierung der Natur ist, ist im andern eine höhere Form der Entanthropomorphisierung, die der Einsicht entspringt, daß Ontologie ohne Erkenntnistheorie nicht mehr möglich ist (John Erpenbeck: »... die Gegenstände der Natur an sich selbst...«. Subjekt und Objekt in Goethes naturwissenschaftlichem Denken seit der italienischen Reise. In: *GJb* 105 [1988], S.228). Goethe wird heute nicht als Methodologe rehabilitiert, sondern als Wissenschaftsphilosoph. Denn im Maße, wie die Segnungen des Fortschritts ihr Janusgesicht zeigen, wächst die Einsicht, daß nicht alles, was machbar ist, wünschbar ist. Damit erweist sich Goethes Frage nach dem Verhältnis von Erkenntnis und Ethik als bestürzend aktuell.
    [51] In *Der Versuch als Vermittler von Objekt und Subjekt* hatte er 1793 noch gewarnt (LA I 8, 309): »Man kann sich daher nicht genug in acht nehmen, aus Versuchen nicht zu geschwind zu folgern: denn beim Übergang von der Erfahrung zum Urteil, von der Erkenntnis zur Anwendung ist es, wo dem Menschen gleichsam wie an einem Passe alle seine inneren Feinde auflauren, Einbildungskraft, Ungeduld, Vorschnelligkeit, Selbstzufriedenheit, Steifheit, Gedankenform, vorgefaßte Meinung, Bequemlichkeit, Leichtsinn, Veränderlichkeit, und wie die ganze Schar mit ihrem Gefolge heißen mag [...].«
    [52] Vgl. die Briefe Goethes an Seebeck vom 6. Februar und 11. Mai 1816. Max Hecker: Goethe und Seebeck, S.173 und 176.

lenkung von der Arbeit an seiner optischen Theorie.[53] Am 7. November 1816 teilte er Knebel mit: »Ich schreibe ein Supplement-Capitel zu meiner Farbenlehre als ein Tüpfchen auf's i.«[54] Während der Wintermonate stagnierten die chromatischen Experimente schon wegen der ungünstigeren Lichtverhältnisse. Aber vom März 1817 an verging kaum ein Tag, ohne daß das Tagebuch optische Versuche verzeichnete. Am 24. März 1817 erteilte Goethe dem in dieser Hinsicht leidgeprüften Sohn von Jena aus den indirekten Befehl: »Ich wünsche den sämmtlichen Apparat zu den entoptischen Farben herüber.« Der Brief endet mit dem verheißungsvollen, den Nachfolge-Befehl Jesu[55] variierenden Satz: »Nach großen Fischen sind Netz und Angel ausgeworfen.«[56] Schon die Rhetorik macht deutlich, daß es hier nicht um eine vereinzelte naturwissenschaftliche Erkenntnis, sondern um ein Projekt heilsgeschichtlichen Ausmaßes ging. Die Monate April und Mai hindurch setzte Goethe die optischen Versuche fort, bis ein Brief an Johann Heinrich Meyer vom 7. Juni 1817 »mit einigem Triumph« die Entdekkung der »Grundphänomene der entoptischen Farben« meldete.[57] Die Richtigkeit seiner Theorie war für Goethe eine existentielle Frage, weil sie an die religiösen Grundüberzeugungen rührte, die ihn am Leben erhielten.

> In den Herrschaftstechniken der Naturwissenschaft – für Goethe verkörpert in der Newtonschen Spektralanalyse – spürte er den Angriff auf die Intaktheit der Natur. Und, da auch das erkennende Subjekt Natur ist: die Selbstverkürzung, ja mögliche Selbstzerstörung des Menschen. Wenn die Natur dem Geist, der sie mit Zählen und Rechnen begriff, zu gleichen begann, ging für Goethe eine Welt unter – eine Welt kreatürlicher Verwandtschaft, lebensrettender Beziehungen, lebendiger Entwicklung. [...] Sein wissenschaftlicher Takt sagte Goethe, daß Gefühl in der Hand sein muß, die nach der Natur greift, und daß nicht jeder Griff erlaubt ist; daß ein ausbeutendes Verhältnis zum Objekt sich rächt in der Verarmung des Subjekts [...].[58]

Albrecht Schöne hat in »Goethes Farbentheologie« überzeugend nachgewiesen, daß Goethe seinen Streit mit Newton nach dem Muster des Glaubenskrieges führte und die spektralanalytische Lichtspaltung sich so wenig mit seinem Gottesbegriff vereinbaren ließ wie das Trinitäts-Dogma der orthodoxen Kirche.[59] Letztlich war das Licht für ihn göttlich und deshalb unteilbar. Lichtspaltung war für ihn ein Sakrileg. Exemplarisch verdichtet findet sich der Widerstand gegen die religiöse wie gegen die naturwissenschaftliche Lehre in einem 1795 entstandenen und aus dem Nachlaß veröffentlichten Distichon:

[53] Max Hecker: Goethe und Seebeck, S.176.
[54] WA IV 27, S.225.
[55] »Kommet her, [folget] mir nach, und ich will euch zu Menschenfischern machen.« Mt. 4,19.
[56] WA IV 28, S.31f.
[57] WA IV 28, S.123.
[58] Adolf Muschg: Goethe: Die Kultur als Ausnahme? In: ders.: *Goethe als Emigrant*, Frankfurt/M. 1986, S.39f.
[59] Albrecht Schöne: *Goethes Farbentheologie*, S.45–93 und 181.

> Das ist ein pfäffischer Einfall! denn lange spaltet die Kirche
> ihren Gott sich in drey wie ihr in sieben das Licht.[60]

Der Durchbruch, der Goethe im Frühsommer 1817 in chromatischer Hinsicht
gelang, fand auch in der Poesie seinen Ausdruck. Am 17. Mai 1817 schrieb der
Dichter Julie von Egloffstein das ihr gewidmete Rätselgedicht »Entoptische Farben« ins Stammbuch.[61] Das Gedicht ist dreigeteilt: Auf die persönliche Du-Ansprache der ersten Strophe folgt in den vier mittleren die Beschreibung des physikalischen Experiments, mit dem sich die »entoptischen« Farben hervorbringen
lassen; erst die Schlußstrophe greift »den persönlichen Augenblick« wieder auf,
von dem der Anfang seinen Ausgang nahm.[62] Trotz der Widmung ist das Gedicht
ein naturphilosophisches Lehrgedicht. Wie kommt es zu diesem Zusammenfall
von persönlicher Auszeichnung und physikalischer Belehrung? Julie von Egloffstein war Malerin. Nachdem sie mit ihren Zeichnungen schon als Dreijährige
das Herz Anna Amalias erobert hatte[63], fand sie bei ihrer Rückkehr nach Weimar
im September 1816 offene Türen, weil Kanzler von Müller es verstanden hatte,
das Interesse an ihr wachzuhalten, indem er ihre Zeichnungen zirkulieren ließ[64].
Goethe hielt mit dem Gedicht zwar den glücklichen Moment seiner Rehabilitation als Naturforscher fest; er glaubte aber auch, einer jungen Malerin durch
einige theoretische Aufklärung über »Perspektive«, »Beleuchtung und Schatten«[65]
künstlerisch auf die Beine helfen zu können. Zur Freude über den vermeintlichen
Sieg seiner Farbentheorie über diejenige Newtons kam die Belebung des altern-
den Mannes durch pädagogische Erotik. Da Goethes Brief an Kanzler von Müller
vom nächsten Tag das »Geleit so schöner Damen« verdankt und zudem den
Vermerk enthält: »Die zurückgelassenen Denkbücher werden von jener magischen Spiegelung nähere Kenntniß geben«[66], ist die Annahme wohl berechtigt,
daß die Spiegelmagie des Gedichts konkret *und* symbolisch zu verstehen sei.

Das Gedicht nimmt poetisch vorweg, was der als Ergänzung[67] zur »Farbenlehre« gedachte Aufsatz »Entoptische Farben« systematisch erfaßt. Hinweise
auf diesen Aufsatz finden sich von Juni 1819 an im Tagebuch. Am 2. Juli 1819
vermerkt es: »Entoptische Farbenlehre bedacht und schematisirt«, und am folgenden Tag: »Entoptisches Farbenkapitel weiter ausgeführt.«[68] Goethe war also

---

[60] WA I 5 II, S.320.

[61] WA I 3, S.101 und WA III 6, S.49.

[62] Dorothea Hölscher-Lohmeyer: *Entoptische Farben*, S.61.

[63] Bleistiftzeichnungen der Sechs- und Siebenjährigen fand man nach Anna Amalias Tod bei
ihren Juwelen. Dorothea Hölscher-Lohmeyer: *Entoptische Farben*, S.57.

[64] Dorothea Hölscher-Lohmeyer: *Entoptische Farben*, S.57f.

[65] Kanzler Friedrich von Müller: *Unterhaltungen mit Goethe*, hrsg. von Renate Grumach,
2., durchges. Aufl., München 1982, S.20. Dazu auch: *Alt-Weimars Abend. Briefe und Aufzeichnungen aus dem Nachlasse der Gräfinnen Egloffstein*, hrsg. von Hermann Freiherrn von Egloffstein,
München 1923, S.85ff.

[66] WA IV 28, S.88.

[67] LA I 8, 95.

[68] WA III 7, S.65.

genau zu jener Zeit, als er der Schwiegertochter den »Verräther sein selbst« erzählte, mit der wissenschaftlichen Beschreibung jener Farbphänomene beschäftigt, die er zwei Jahre vorher ihrer Freundin poetisch nahegebracht hatte. Scheinbar unmotiviert kommt ihm das im Rückblick verniedlichte »Geschichtchen«
1820 auf der Heimreise von Karlsbad wieder in den Sinn. Er beginnt sofort, es
aufzuzeichnen, schließt es, obwohl er nichts zu verbessern findet, aber nicht ab.
Erwähnt wird die Novelle erst wieder vom 9. September 1820 an.[69] Am 18. September kommt »die Nachricht von der Geburt des zweyten Enkels«[70]. Den »Aus-
hängebogen« des im Sommer 1819 konzipierten Aufsatzes »Entoptische Farben«,
der im dritten Heft der Reihe »Zur Naturwissenschaft«[71] erscheinen soll, erwähnt das Tagebuch am 3. September 1820[72]. Wie im Vorjahr die systematische
Beschreibung der sonderbaren Farberscheinungen mit der *mündlichen* Impro-
visation der Novelle, so fällt jetzt die Druckfahnenkorrektur des chromatischen
Aufsatzes mit der *schriftlichen* Fixierung der Erzählung zusammen. Die doppelte
zeitliche Koinzidenz macht es mehr als wahrscheinlich, daß die Chromatik in
die Novellistik eingeflossen ist. Nicht zufällig steht im Zentrum des narrativen
Textes, der dabei entsteht, ein Spiegel.

Der zweite biographische Einfluß auf die Novelle ist die aktuelle Familien-
konstellation: die Beziehung zur Schwiegertochter, zum Sohn, mit dem der Ti-
telheld gewisse Ähnlichkeiten hat, und zu dem neugeborenen Enkelkind: »Nachts
der Verräther sein selbst. Gute Nachrichten aus Weimar durch meinen Sohn und
von Rehbein«[73]. Dieser Tagebucheintrag vom 20. September 1820 muß sich auf
das Wohlergehen von Mutter und Kind beziehen, nach einer Geburt in der Familie Goethe alles andere als selbstverständlich. Am 27. September kommt August von Weimar herüber, um seinem Vater »die bisherigen Ereignisse« zu erzählen.[74] Den folgenden Tag beginnt der Dichter mit der Reinschrift der Novelle,
am 29. September meldet das Tagebuch den »Abschluß des Verräther sein selbst«
und am 30. September: »Prof. Güldenapfel, zu Gevatter bittend [...]. Spazieren
gefahren gegen Wenigen-Jena. Es war der schönste Tag.«[75] Angesichts dieser
Befunde ist mir rätselhaft, wie Riemann von der Erzählung sagen kann: eine »gewiss

---

[69] Am selben Tag, an dem Goethe sich den *Verräther* wieder vornimmt, erhält er Besuch des
jungen Herrn von Fellenberg, mit dem er sich über die große Anstalt von Hofwyl unterhält, die
bekanntlich das realhistorische Modell der Pädagogischen Provinz ist. WA III 7, S.219.

[70] WA III 7, S.223f.

[71] Für seine naturwissenschaftlichen Arbeiten hatte Goethe sich seit 1817 ein eigenes Publi-
kationsorgan geschaffen, die beiden Schriftenreihen *Zur Naturwissenschaft überhaupt* und *Zur Morphologie*, die bis 1824 in je sechs Heften, verteilt auf zwei Bände, erschienen. Beide Reihen sind in
der ursprünglichen Anordnung jetzt in den Bänden I 8 und I 9 der Leopoldina-Ausgabe wieder
leicht zugänglich.

[72] WA III 7, S.216.

[73] WA III 7, S.225.

[74] WA III 7, S.228.

[75] WA III 7, S.229f.

nicht in guten Stunden entstandene Novelle«[76]. Die Stunden waren, ganz im
Gegenteil, sogar sehr gut. Am 9. Oktober sieht Goethe den »Verräther« nochmal
durch[77], am 14. Oktober fährt er nach Weimar zurück und freut sich, bei der Ankunft alles »wohl und munter« zu finden, am 15. Oktober 1820 wird der Enkel auf
den Namen Wolfgang getauft.[78] Wie Goethe das Melusinenmärchen, die Gattungsnorm verfremdend, in den Realismus kippen läßt, so gibt er aus der Heiterkeit
dieser Spätsommertage der realistischen Novelle einen märchenhaft glücklichen
Schluß.

Im Text gilt die unverhohlene Sympathie des Vaters – wie die des Erzählers
– Julie, der quirligen, reiselustigen, neugierigen Frau, die er, indem er sie *sich*
erzieht, für eine Ehe mit dem Sohn untauglich macht. Die erste Adressatin der
Novelle war Ottilie von Goethe. Ist das eine zufällige Analogie? Ohne die literarische Figur mit Goethes Schwiegertochter gleichsetzen zu wollen, fällt die
Parallele auf, daß auch im Leben mehr der Vater mit einer Schwiegertochter als
der Sohn mit einer Frau versorgt wurde. Mit wechselndem Erfolg warb August
schon seit 1812 um Ottilie von Pogwisch. Sie aber betonte immer wieder, seine
Leidenschaft nicht erwidern zu können. Im Juli 1816 machte sie mit dem Ge-
heimrat einen Spaziergang in den ihr von früher vertrauten Garten über der Ilm.
Die Wirkung beschrieb sie ihrer Freundin Adele Schopenhauer so: »Großer Gott,
ich verging in dieser Stunde fast vor Glück und Wehmuth.«[79] Stiftete die Verehrung für den soeben verwitweten Vater die Ehe mit seinem Sohn? Immer noch
in den Breslauer Juristen Ferdinand Heinke[80] verliebt, beurteilte Ottilie ihren
zukünftigen Mann in einem Brief von Ende Juli 1816 an ihre Mutter so: »Herr
von Göthe steht nicht hoch genug über mir, um daß er vielleicht vorteilhaft auf
mich wirken und mich zu etwas erheben könnte«[81]. Der Sohn vielleicht nicht,
der Vater aber mit Sicherheit! Ein Leben mit August von Goethe im Haus des
berühmten Vaters muß ihr attraktiver erschienen sein als der verhaßte Hofdienst,
ihre einzige Alternative. Nach langen zäh geführten Verhandlungen, bei denen
von seiten der Familie der Braut hohe Versorgungsansprüche geltend gemacht
wurden[82], kam die Verlobung in der Silvesternacht 1816/17 doch zustande. Aber
Gräfin Henckel war durch die Verbindung ihrer Enkelin mit dem Sohn der

[76] Robert Riemann: *Goethes Romantechnik*, Leipzig 1902, S.53.
[77] WA III 7, S.234.
[78] WA III 7, S.237.
[79] *Aus Ottilie von Goethes Nachlaß*, nach den Handschriften des Goethe- und Schiller-Archivs hrsg. von Wolfgang von Oettingen, Bd.1, Weimar 1912, S.228.
[80] Wilhelm Bode: *Goethes Sohn*, S.179f.
[81] *Aus Ottilie von Goethes Nachlaß*, Bd.1, S.211.
[82] Werner Völker: *Der Sohn August von Goehte*, Frankfurt/M./ Leipzig 1992, S.242–246.
Der Ehevertrag, der am Hochzeitstag unterschrieben wird, setzt neben freier Wohnung 200 Taler
Nadelgeld im Jahr fest, eine Witwenpension von 400 Talern jährlich, 200 Taler Witwengeld im Jahr
für jedes Kind unter zehn Jahren, das für Kinder über zehn Jahren oder beim Vorhandensein von
mehr als zwei Kindern erhöht werden soll. August von Goethe und Ottilie von Pogwisch: *Briefe
aus der Verlobungszeit*, hrsg. von Heinz Bluhm, Weimar 1962, S.86–88.

»Mamsell Vulpius« in ihrem Stolz gekränkt.[83] Umgekehrt füllte August ziemlich
genau ein Jahr nach dem Tod seiner Mutter den Platz, den diese frei gemacht
hatte, mit einer Dame des Hauses, wie Christiane sie nie hatte sein können.[84] An
dem »Musenkränzchen« junger Adelstöchter, das Ottilie um sich scharte, nahm
neben dem jungen auch der alte Herr von Goethe Anteil. Christiane hatte Schauspielerinnen um sich versammelt. Zu ihren Lebzeiten hätte Ottilies Familie der
Verbindung mit August nie zugestimmt. Schon als Bräutigam neigte August
dazu, sich auf die Autorität des Vaters zu berufen, wenn er seine Verlobte erziehen wollte, so während der »Ballkrise« vom Februar 1817. Ottilie ihrerseits
wies die Unterstellung, daß sie gegen ihn und seinen Vater »fehlen könnte«,
entschieden zurück und erinnerte den Verlobten: »Du weißt ich liebe den Vater
ungewöhnlich, – dies in jede Handlung meines jetzigen und künftigen Lebens,
zu legen, und legen zu dürfen ist mir ein Glück was ich mehr empfinden als
aussprechen kann«[85]. Die Verehrung der Schwiegertochter für den berühmten
Dichter ging so weit, daß sie ihn sogar liebevoll in den Bericht über ihre Hoch-
zeitsreise einbezog, den sie auf seinen Wunsch erstellte.[86] Trotz des ehelichen
Unglücks, das sich schon kurz nach der Hochzeit anbahnte, ließ Ottilie es dem
Schwiegervater gegenüber nie an Fürsorge und Respekt fehlen. Vor diesem Hintergrund kann der »Verräther sein selbst« auch als Ausdruck väterlicher Liebe
Goethes gegenüber seiner einzigen »Tochter« gelesen werden, ist dann aber auch
eine selbstkritische Auseinandersetzung mit der Frage, warum sie mit seinem
Sohn nicht glücklich werden konnte.

3.5 Das Kipp-Phänomen der »entoptischen« Farben als Strukturprinzip der Novelle

Als Poesie gewordene Physik gibt uns das naturphilosophische Lehrgedicht
»Entoptische Farben« vielleicht am schnellsten Einblick in jenen Zusammenhang von Naturgesetzen und Dichtungsprinzipien[87], der auch für Goethes »Verräter«-Novelle als konstitutiv anzusehen ist. Halten wir zunächst fest, daß Goethe mit dem diffusen natürlichen Licht experimentierte, nicht wie Newton in
der Dunkelkammer. Das gilt auch für die optischen Phänomene, die in folgen-
dem Gedicht poetische Gestalt angenommen haben:

---

[83] *Alt-Weimars Abend*, op. cit., S.98.

[84] Noch am 27. Mai 1828 zeichnet Kanzler von Müller eine Äußerung Herzog Carl Augusts
auf, wonach die Vulpius »alles verdorben«, Goethe »der Gesellschaft entfremdet« habe. *Carl
Augusts Begegnungen mit Zeitgenossen. Ein Bild seiner Persönlichkeit in Briefen und Berichten,
Tagebuchaufzeichnungen und Selbstzeugnissen*, hrsg. von Alfred Bergmann, Weimar 1933, S.142.

[85] August von Goethe und Ottilie von Pogwisch: *Briefe aus der Verlobungszeit*, S.64 (Inter-
punktionsfehler im Zitat).

[86] *Aus Ottilie von Goethes Nachlaß*, Bd.2, Weimar 1913, S.10.

[87] Vgl. dazu: Dorothea-Michaela Noé-Rumberg: *Naturgesetze als Dichtungsprinzipien*, Frei-
burg/Br. 1993.

Entoptische Farben

An Julien

Laß dir von den Spiegeleien
Unsrer Physiker erzählen,
Die am Phänomen sich freun,
Mehr sich mit Gedanken quälen.

Spiegel hüben, Spiegel drüben,
Doppelstellung, auserlesen;
Und dazwischen ruht im Trüben
Als Krystall das Erdewesen.

Dieses zeigt, wenn jene blicken,
Allerschönste Farbenspiele,
Dämmerlicht das beide schicken
Offenbart sich dem Gefühle.

Schwarz wie Kreuze wirst du sehen,
Pfauenaugen kann man finden;
Tag und Abendlicht vergehen
Bis zusammen beide schwinden.

Und der Name wird ein Zeichen,
Tief ist der Krystall durchdrungen:
Aug' in Auge sieht dergleichen
Wundersame Spiegelungen.

Laß den Macrocosmus gelten,
Seine spenstischen Gestalten!
Da die lieben kleinen Welten
Wirklich Herrlichstes enthalten.[88]

Sehen wir von der Eingangsstrophe ab und betrachten den in den folgenden beschriebenen physikalischen Vorgang, den Albrecht Schöne im Anschluß an die Forschungen von Dorothea Hölscher-Lohmeyer[89] mit wünschenswerter Klarheit kommentiert hat[90]: »Spiegel hüben, Spiegel drüben«: an einem Stab ist oben und unten ein Glasspiegel angebracht; »Doppelstellung, auserlesen«: die spiegelnden Flächen stehen entweder parallel oder rechtwinklig zueinander; »Und dazwischen ruht im Trüben/ Als Krystall das Erdewesen«: zwischen den Spiegeln liegt auf einer Glasplatte ein Bergkristall, das »Trübe« ist der den Glaskubus umgebende atmosphärische Raum, wobei der Kristall selbst ein durchsichtig-trübes Element und ein »Erdewesen« ist. »Dieses zeigt, wenn jene blicken«: bei richtiger Spiegelstellung, wenn der untere Spiegel »bei völlig reinem

---

88 WA I 3, S.101.
89 Dorothea Hölscher-Lohmeyer: *Entoptische Farben*, S.65–72.
90 Albrecht Schöne: *Goethes Farbentheologie*, S.219–221.

Himmel und niedrigem Sonnenstand«[91] das von der Atmosphäre widergespiegelte Licht durch den Kristall leitet und der obere dieses Bild ins Auge des Betrachters lenkt, sieht dieser die Erscheinung im Kristallinnern: »Allerschönste Farbenspiele«. Mit ihnen sind die »entoptischen« Farbfiguren, »Kreuze« und »Pfauenaugen«, Eckpunkte mit pfauenaugenartig farbengesäumten Rändern, gemeint. Bei Parallelstellung von oberem und unterem Spiegel sieht der Betrachter das im Kristall erscheinende helle Kreuz mit vier dunklen Punkten an den Ecken; steht der obere Spiegel rechtwinklig zum unteren, so zeigt sich der Glaskubus in dem von Goethe »obliquiert«[92] genannten Licht, und in ihm werden das schwarze Kreuz und die vier hellen Punkte an den Ecken sichtbar. Mit abnehmendem Sonnenlicht verschwindet die Erscheinung. »Und der Name wird ein Zeichen«: der Name »Entoptische Farben« steht für das Grundgesetz der »Farbenlehre«: für die Entsprechung von innen und außen[93], von Farbenspiel im Objekt und im Auge. »Tief ist der Krystall durchdrungen«, von den gleichen Farberscheinungen wie die, welche als »physiologische« Farben »dem Auge angehören und auf einer Wirkung und Gegenwirkung desselben beruhen«[94]. »Aug' in Auge«: gemeint sind zunächst noch die parallel gestellten Spiegel im Experiment, dann aber schon die einander antwortenden Augen der beiden Betrachter. »Wundersame Spiegelungen« im Auge der Freundin überführen das naturwissenschaftliche Experiment ins Gleichnis. In den »lieben kleinen Welten«, den Augen, wiederholen sich »die spenstischen Gestalten«, die Farberscheinungen der Außenwelt. Als menschlicher Mikrokosmos korrespondieren sie mit dem Makrokosmos.

> Denn mit der Drehung des oberen Spiegels aus der rechtwinkligen Stellung zum unteren Spiegel in eine flächenparallele Position verkehrt sich im entoptischen Experiment das schwarze Kreuz in ein helles und setzen sich die bisherigen Farbsäume in eben die Komplementärfarben um, welche das Auge als simultane oder sukzessive Kontrastphänomene auf entsprechende äußere Farbeindrücke aus eigenem Vermögen hervorbringt.[95]

Diese Verwandtschaft der »entoptischen« Farben mit den »physiologischen«, mit jenen, die das Auge von sich aus ergänzt, ist für Goethe:

> ein herrliches Beispiel daß alles im Universen zusammenhängt, sich aufeinander bezieht, einander antwortet. Was in der Atmosphäre vorgeht begibt sich gleichfalls in des Menschen Auge, und der entoptische Gegensatz ist auch der physiologe[96].

---

[91] LA I 8, 97 (5).
[92] LA I 8, 105 (17).
[93] Dem 2. Heft des 1. Bandes der Schriften *Zur Morphologie* stellt Goethe 1820 das Motto voran (LA I 9, 88): »Müsset im Naturbetrachten/ Immer eins wie alles achten./ Nichts ist drinne, nichts ist draußen:/ Denn was innen das ist außen./ So ergreift, ohne Säumnis,/ Heilig öffentlich Geheimnis.«
[94] LA I 4, 20.
[95] Albrecht Schöne: *Goethes Farbentheologie*, S.220f.
[96] LA I 8, 121 (29).

Goethe glaubte an Analogien zwischen wahrnehmendem Subjekt und wahrge-
nommenem Objekt. In wörtlicher Anlehnung an Plotin[97] sagt ein Gedicht in der
Einleitung zum »Didaktischen Teil« der »Farbenlehre«:

> Wär' nicht das Auge sonnenhaft,
> Wie könnten wir das Licht erblicken?
> Lebt' nicht in uns des Gottes eigne Kraft,
> Wie könnt' uns Göttliches entzücken?[98]

Die Entdeckung der »entoptischen« Farben bestätigt für Goethe noch einmal
sein Vertrauen in die Harmonie der Natur, in die Entsprechung von Natur und
Mensch. Die Analogie zwischen Mikrokosmos und Makrokosmos gehört für
ihn zu den unhintergehbaren Glaubenswahrheiten, ist – mit Heinz Schlaffer zu
sprechen – Teil seines Versuchs, »die Neuzeit zu hintergehen«[99].

In unserem Zusammenhang ist das Kipp-Phänomen, das der Versuch immer
wieder bestätigt, von besonderem Interesse. Goethe sieht es als Resultat eines
polaren Gegensatzes. Von solchen Gegensätzen sagt er im Aufsatz »Entoptische
Farben« generalisierend:

> sie lassen sich auch umkehren und diese Umwendung ist allgemein bei jeder Pola-
> rität, die zarteste Sache von der Welt. Durch die mindeste Bedingung kann das Plus
> in Minus, das Minus in Plus verwandelt werden. Dasselbe gilt also auch von den
> entoptischen Erscheinungen. Durch den geringsten Anlaß wird das weiße Kreuz
> in das schwarze, das schwarze in das weiße verwandelt und die begleitenden Farben
> gleichfalls in ihre geforderten Gegensätze umgekehrt.[100]

Meine These ist nun folgende: In der Novelle, die zur gleichen Zeit entsteht,
überträgt Goethe das Kipp-Phänomen des physikalischen Versuchs auf die Ebene der zwischenmenschlichen Beziehungen. Auch bei ihnen ist, bildlich gesprochen, vom Lichteinfall und von der Spiegelstellung abhängig, ob ein schwarzes

---

[97] In einem Notizbuch Goethes finden sich die Worte (LA II 3, 17): »Neque vero oculus
unquam videret solem, nisi factus solaris esset.« Sie sind dem Schlußabschnitt der frühesten und
berühmtesten Schrift Plotins *Das Schöne* (*Enneaden*-Anordnung: I 6) entnommen. Richard Harder
übersetzt das griechische Original in einer Weise, die Goethes Formulierung sehr nahe kommt:
»kein Auge könnte je die Sonne sehen, wäre es nicht sonnenhaft«. In: *Plotins Schriften*, übers. von
R.H., Bd.1a, Hamburg 1956, S.25.

[98] LA I 4, 18. Vorausgeschickter Kommentar: »Das Auge hat sein Dasein dem Licht zu
danken. Aus gleichgültigen tierischen Hülfsorganen ruft sich das Licht ein Organ hervor, das seines
Gleichen werde; und so bildet sich das Auge am Lichte fürs Licht, damit das innere Licht dem
äußeren entgegentrete. Hierbei erinnern wir uns der alten ionischen Schule, welche mit so großer
Bedeutsamkeit immer wiederholte: nur von Gleichem werde Gleiches erkannt«. Vgl. dazu Plotins
Anleitung des Mystikers zur »Schau« des Einen in: *Das Gute (das Eine)*. In: *Plotins Schriften* 9
(*Enneaden*-Anordnung: VI 9), Bd.1a und b, S.170–207 und 466–489, und seine Schrift: *Die geistigen
Gegenstände sind nicht außerhalb des Geistes. Das Gute*. In: *Plotins Schriften* 32 (*Enneaden*-An-
ordnung: V 5), Bd.3a und b, Hamburg 1964, S.70–103 und 398–414.

[99] Heinz Schlaffer: Goethes Versuch, die Neuzeit zu hintergehen. In: *Bausteine zu einem
neuen Goethe*, hrsg. von Paolo Chiarini, Frankfurt/M. 1987, S.9–21.

[100] LA I 8, 99 (8).

oder ein weißes Kreuz erscheint. Als Lucidor, der wohl deshalb »der Lichtgegebene« oder »der dem Licht Gegebene« heißt, weil die andern wie durch einen Kristall auf den Grund seiner Seele blicken können, sein entschiedenes »Nein!« ausruft, setzt er dabei »das Licht« (HA 8,85) ab, das er in die Schlafkammer hineingetragen hat. Vor dem Hintergrund des bisher Gesagten wirkt das als symbolische Aktion. In der schwach erleuchteten Kammer ist sein Erkenntnisvermögen getrübt. Julie erscheint ihm subjektiv als Feindin, Lucinde als Verbündete, den Vater hält er für verständnislos. Damit sind die Rollen des inneren Psychodramas verteilt. Jeder folgende »Dunkelkammer«[101]-Monolog wiederholt nur die einmal etablierte Struktur. Der Verdacht, daß Antoni »um Lucindens willen da« (HA 8,91) sei, erhärtet sich subjektiv zur Gewißheit. Wo das Licht »gefoltert«[102] wird, ist die Erkenntnis entstellt. Als der Schwager ihm Hoffnung macht, die falsche Braut könne sich mit Antoni verbinden, eilt er »bei heiterer Abendsonne« (HA 8,99) durch den Park. Beim Eintritt in den Gartensaal blendet das vom Spiegel reflektierte Sonnenlicht ihn derart, daß es zu einer folgenreichen Fehlwahrnehmung kommt. Das direkt reflektierte Sonnenlicht macht ihn im konkreten, die subjektiv empfundene Enttäuschung im übertragenen Sinne blind, und »ohne Sinn für die Schönheiten des vollkommensten Abends« (HA 8,99) sucht er das freie Feld. Erfolgreich an der Flucht gehindert, geht er am nächsten Tag mit getrübtem Blick auf seinen Vater und die Gäste zu: »Lucidorn war's auf einmal zumute, als wenn er in tiefe Nebel hineinsähe, alle die angemeldeten bekannten und unbekannten Gestalten erschienen ihm gespenstig« (HA 8,105).

Die Wortwahl ist verdächtig: »spenstische Gestalten« kamen auch im Gedicht »Entoptische Farben« vor, bezogen sich dort aber nicht auf ungebetene Gäste und Verwandte, sondern auf die wunderbaren Farbenspiele, die im Innern des Kristalls sichtbar werden, wenn mehrfach reflektiertes Licht durch »das Trübe« der Atmosphäre und des Glases hindurchgegangen ist. Voraussetzung für die Farberscheinung ist allerdings, daß der Kristall zunächst erhitzt und dann rasch abgekühlt worden ist. Ich wage zu behaupten, daß das physikalische Gesetz hier der Schilderung des psychischen Vorgangs zugrunde gelegt worden ist. Im metaphorischen Sinn ist Lucidor, der Lichtvolle, ja ein solcher »Kristall«. Für die andern vom ersten Tag an ein offenes Buch, ist sein Gemüt mit Methode erhitzt worden und soll jetzt, im Moment, da die »Gespenster« sich zum Zeugnis seines Glücks versammelt haben, rasch abgekühlt werden. Der Vater ist nicht,

---

101 Noch am 1. Februar 1831 schrieb Goethe an Carl Friedrich Zelter (WA IV 48, S.105): »Je länger ich lebe, je mehr freue ich mich meiner lichten Ketzerey, da die herrschende Kirche der dunklen Kammer, des kleinen Löchleins und in der neuern Zeit der kleinen Löchlein zu hunderten bedarf, um das Offenbarste zu verheimlichen und das Planste zu verwirren.«

102 Im *Polemischen Teil der Farbenlehre* sagt Goethe zum sechsten Versuch im ersten Buch von Newtons *Opticks* (LA I 5, 45): »Es ist dieses das sogenannte *experimentum crucis*, wobei der Forscher die Natur auf die Folter spannte, um sie zu dem Bekenntnis dessen zu nötigen, was er schon vorher bei sich festgesetzt hatte.«

um zu strafen, sondern um zu segnen, angereist. Lucinde ist nicht für immer
verloren, sie ist für immer gewonnen. Was er für die Besiegelung seines Unglücks
hielt, ist der festliche Aufmarsch der Gesellschaft zur Besiegelung seines Glücks.
Jetzt, wo das rechte *Licht* einfällt, die *Spiegel* richtig stehen, der *Kristall* erhitzt
und wieder abgekühlt worden ist, beginnen sich in seinem Innern *spenstische
Gestalten* zu entfalten, breiten sich langsam Glücksgefühle aus. Der Schritt auf
den Vater zu war der Durchgang des Lichts durch »das Trübe«, ohne den das
zauberhafte Farbenspiel nicht hervorgebracht werden konnte. Ursprünglich war
Lucidors Auge nicht »sonnenhaft« genug, um die Liebe des Vaters auch dann
wahrnehmen zu können, wenn er dessen Erwartungen einmal *nicht* erfüllt. Dadurch, daß die väterliche Liebe sich auch im Konfliktfall bewährt, ändert sich
auch das »Auge« des Sohnes. Was dieser dabei lernen kann, ist, daß diejenigen,
die uns lieben, auf unsere Bedürfnisse nur dann eingehen können, wenn wir den
Mut zur Identitätspräsentation haben und dazu, das Lebensglück, das vor uns
liegt, auch zu ergreifen. Zuerst kann Lucidor sein Glück jedoch kaum fassen. Es
entspricht nicht seinen Erwartungen. Zwischen dem, was er antizipiert hat, und
dem, was sich tatsächlich ereignet, liegen Welten. Er glaubt es erst, als es ihm
aus Lucindes Augen und aus dem Spiegel, der beide vereint zeigt, *doppelt* zu-
rückgespiegelt wird.

Der offene Naturraum, den die Kutsche durchquert, erlaubt nochmals einen
andern Blick. Vorher sah Lucidor vor dem Spiegel das Du, jetzt wird ihm auch
die Welt gezeigt. Diese aber birgt Möglichkeiten, die er allein im dunklen Käm-
merchen nicht gesehen hat: Julie ist weder die Närrin, für die er sie hielt, noch
ist sie seine Feindin; er hat sie nur gekränkt, und sie war stark genug, sich dafür
zu rächen. Eine kleine Drehung des Spiegels, eine Veränderung der Perspektive
und der subjektiven Wahrnehmungsdisposition, und das schwarze Kreuz könnte
in ein weißes umspringen: Julie und Lucidor könnten durchaus ein Paar sein. In
den Augen der alten Dorfbewohner sind sie es schon. Auch der Spiegel zeigt
diejenigen oben als verbunden, die sich unten als getrennt erleben. So rasch wie
die »entoptischen« Farben beim »geringsten Anlaß« umschlagen können, so
rasch können glücklich gefügte Paarkonstellationen kippen. Für die Naturwahrnehmung Lucidors wird die abrupte Wendung durchgespielt, hier als Umschlag
ins Positive, den der Stimmungsumschwung auslöst: »Zugleich sah er auch auf
der Spiegelfläche die Landschaft, die ihm gestern so greulich und ahnungsvoll
erschienen war, glänzender und herrlicher als je« (HA 8,107). Für die Liebe wird
hingegen lebenslange Dauer suggeriert: »Solche Gefühle begleiten den Menschen
durchs ganze Leben.« (HA 8,107) Tun sie das? Das Leben ist wechselhafter, als
der Märchenschluß es wahrhaben will. Auch im Bereich der Liebesbeziehungen
sind, wie die Novelle »Der Mann von funfzig Jahren« zeigt, überraschende Umschläge denkbar. Doch das sagt nicht der Text, das sagt die ihm als Strukturprinzip zugrunde liegende Physik. Da Goethes religiöse Überzeugungen über
die Spiegelsymbolik auch in die Novelle Eingang gefunden haben, ist sie nicht

so weit vom Makarienbereich entfernt, wie die »Wanderjahre«-Forscher aufgrund einer Fixierung auf die Lustspiel-Handlung meinen. Der weltanschauliche Gehalt, den Riemann vermißt[103] und den Trunz für die Gipfel-Gespräche[104] reserviert, steckt hier in der Spiegelsymbolik. Sie enthält schon am Anfang des Romans das naturphilosophische Programm, das der Makarienmythos am Ende, mit gebotener Vorsicht, konkretisiert.

Im Zentrum der nachgeholten Vorgeschichte steht der Vater, die komische Figur des Lustspiels ist der Sohn. Nur in bezug auf letzteren ist die Erzählung die Geschichte einer märchenhaften Wunscherfüllung, in bezug auf den Vater ist auch sie eine Entsagungsgeschichte. Der Vater steht mit seinen Karten und Plänen, die er der Wunsch-Schwiegertochter zu vermachen gedachte, am Ende so allein da wie der Major in »Der Mann von funfzig Jahren« mit seinem leeren Schlitten auf dem Eis: Hilfeleistungen, Geschenke, die keiner mehr bedarf. Doch was dort erzählt wird, ist in »Wer ist der Verräter?« ausgespart. Das Leben der Jugend steht im Zeichen der Hoffnung, das des enttäuschten Alters ist in diesem Fall eine Leerstelle.

---

103 Robert Riemann: *Goethes Romantechnik*, S.53.
104 HA 8,579.

KAPITEL 4

Das nußbraune Mädchen:

Liebe aus Schuldverstrickung – die Ständeklausel einmal anders

L enardos »Jagd nach dem ›nußbraunen Mädchen‹« ist das letzte, was in den »Wanderjahren« noch an einen konventionell erzählten, regelgerechten Roman erinnert.[1] Nur dieser Erzählstrang gibt dem Leser der Rahmenhandlung noch einen »romantischen Faden« an die Hand, der ihn auch angesichts der pädagogischen, religionsgeschichtlichen, geologischen, medizinischen und ökonomischen Diskurse die Spannung auf den Ausgang nicht verlieren läßt. Dabei wird Wilhelm zunächst nur auf indirekte Weise mit seinem Gegenspieler bekannt gemacht. Auch die Frau, die dieser sucht, bleibt für ihn lange nur ein Name.

4.1 Indirekte Einführung der Figur durch Briefe

»Was ist mit Valerinen geworden, der Tochter des Pachters, den unser Onkel kurz vor meiner Abreise, zwar mit Recht, aber doch, dünkt mich, mit ziemlicher Härte austrieb?« (HA 8,74) Lange bevor wir erfahren, warum Lenardo in seinem ersten Brief nach dreijährigem Schweigen gerade diese Frage beschäftigt, legt er mit ihr bereits seine Wunde bloß. Nicht zufällig geschieht das in einem Makarienbrief, ist die im Gespräch zwischen Wilhelm, Juliette und Natalie auf ebenso indirekte Weise eingeführte Tante doch die einzige, die Lenardo »blind« (HA 8,77) liebt, sein Leben frei von Eifersucht überblickt und die Semiotik seiner Reise versteht:

> Nach seinem ganzen Reiseverfahren, besonders aber nach den Vorbereitungen zu seiner Wiederkunft, glaube ich, daß er wähnt, früher ein weibliches Wesen unseres Kreises verletzt zu haben, deren Schicksal ihn jetzt beunruhigt, wovon er sich befreit und erlöst fühlen würde, sobald er vernehmen könnte, daß es ihr wohl gehe (HA 8,128).

Makarie kann der junge Baron im *post scriptum* seines Briefes andeuten, warum die Rückkehr in die Heimat ihm so schwer fällt, warum er »aus der Fremde wie ein Fremder« (HA 8,73) heimzukommen wünscht. Sie verurteilt nicht, sie versteht. Sie liest die Zeichen richtig, auch wenn sie seine Neigung, Geschenke statt Briefe zu schicken, mißbilligt: »Was doch die wunderlichen Menschen wunder-

---

[1] Adolf Muschg: »Bis zum Durchsichtigen gebildet«. *Wilhelm Meisters Wanderjahre*. In: ders.: *Goethe als Emigrant*, Frankfurt/M. 1986, S.123.

lich sind! Er glaubt, seine Waren und Zeichen seien so gut als ein einziges gutes
Wort, das der Freund dem Freunde sagen oder schreiben kann.« (HA 8,74) Noch
bevor Lenardo zum Sprechenden wird, lernen wir ihn in den Briefen der Tante
und ihrer Nichten Hersilie und Juliette als Besprochenen kennen[2]; noch bevor
er Gelegenheit bekommt, Wilhelm zu erzählen, was ihn mit dem nußbraunen
Mädchen verbindet, wird die brieflich angedeutete Beziehung von Dritten bewertet, wobei Verwechslungen das Urteil trüben. Während Makarie mit Liebe
und gutmütiger Kooperationsbereitschaft auf Lenardos Wunsch reagiert, etwas
über das Schicksal der Daheimgebliebenen zu erfahren, ärgert sich Juliette über
»den immer verzogenen Neffen« und die Zumutung, »ein offenes Spiel gegen
ein verdecktes« (HA 8,74f.) zu spielen. Hersilie begründet ihre schroffe Ablehnung dieser Forderung mit dem Hinweis auf das typisch Männliche an ihr:

> Es ist so was Abgemessenes und Anmaßliches in dieser Forderung, in diesem Be-
> tragen, wie es die Herren meistens haben, wenn sie aus fremden Ländern kommen.
> Sie halten die daheim Gebliebenen immer nicht für voll. (HA 8,75f.)

Wie im frühen 19. Jahrhundert üblich, sind die Daheimgebliebenen die Frauen.
Doch nicht nur in Lenardos Brief an die Tante, auch in Hersilies Antwort steht
das Wichtigste in der Nachschrift:

> Sagen Sie mir, was will der Vetter in seiner Nachschrift mit Valerinen? [...] Es ist
> die einzige Person, die er mit Namen nennt. Wir andern sind ihm Nichten, Tanten,
> Geschäftsträger; keine Personen, sondern Rubriken. Valerine, die Tochter unseres
> Gerichtshalters! Freilich ein blondes, schönes Kind, das dem Herrn Vetter vor seiner
> Abreise mag in die Augen geleuchtet haben. Sie ist verheiratet, gut und glücklich
> [...]. Wie er sich der blonden Schönheit so genau erinnern und sie mit der Tochter
> des liederlichen Pachters, einer wilden Hummel von Brünette, verwechseln kann,
> die Nachodine hieß und die wer weiß wohin geraten ist, das bleibt mir völlig un-
> begreiflich und intrigiert mich ganz besonders. Denn es scheint doch, der Herr

---

[2] Die Konzeption des Lenardo-Erzählstrangs fällt in die früheste Phase der Arbeit Goethes
am Roman. Schon am 4. August 1807 wird die »Einleitung der Geschichte der Inen in Briefform«
im Tagebuch vermerkt (WA III 3, S.253), am 19. November 1809 erwähnt es »die Novelle der
Namensverwechselung« (WA III 4, S.79). Am 11. Mai 1810 legt Goethe Frau von Stein von den
Wanderjahre-Figuren besonders »das Nußbraune Mädchen« ans Herz (WA IV 21, S.290). Am 1.
Juni 1810 vermerkt das Tagebuch das »Schema des Nußbraunen Mädchens«, zwei Tage danach
»Lenardo's Bekenntnisse«, am nächsten Tag den »Besuch bey Valerinen« (WA III 4, S.128f.). Am
27. März 1815 schickt Goethe den Text mit der Bitte an Cotta, ihn im »DamenCalender« abdrucken
zu lassen (*Goethe und Cotta. Briefwechsel 1797–1832*, hrsg. von Dorothea Kuhn, Bd.1, Stuttgart
1979, S.274). Er erscheint wunschgemäß im *Taschenbuch für Damen auf das Jahr 1816* (S.1–34).
Als Goethe die Novelle 1821 als erste Erzähleinlage nach der Josephsgeschichte in die Erstfassung
der *Wanderjahre* (FA I 10, 60–80) übernimmt, besteht sie aus dem Brief Lenardos an die Tante,
Makaries Korrespondenz mit den Nichten, Lenardos Lebensbeichte und dem Besuch bei Valerine.
Davon, daß der erste Teil mit Lenardos Tagebuch I und II als Trilogie angelegt war, zeugen die
frühesten Schemata zu den *Wanderjahren* (WA 25 II, S.210ff.). In der Zweitfassung des Romans
wird die Geschichte des nußbraunen Mädchens über mehrere Kapitel des ersten Buches verstreut
und zum Romanstrang erweitert. Dazu auch: Gertrud Lehnert-Rodiek: *Das nußbraune Mädchen*
in *Wilhelm Meisters Wanderjahre oder die Entsagenden*. In: *GJb* 102 (1985), S.171ff.

Vetter, der sein gutes Gedächtnis rühmt, verwechselt Namen und Personen auf eine
sonderbare Weise. (HA 8,76)

Souveränes Mißverstehen im Verstehen: Hersilies Eifersucht spürt das erotische
Interesse, auch wenn sie sich in der Adressatin irrt: Nicht die schöne Blonde,
die »wilde[.] Hummel von Brünette« läßt Lenardo keine Ruhe mehr. Hersilie
deckt die Namensverwechslung schon an dieser Stelle auf: Die Vertriebene hieß
nicht Valerine, sondern Nachodine. Ihren Appell »Halten Sie ihn kurz, ich bitte
Sie« beantwortet Makarie mit einem Satz, der als Motto über all ihren zwischenmenschlichen Interventionen stehen könnte: »Was soll man sich viel verstellen
gegen die, mit denen man sein Leben zuzubringen hat!« (HA 8,77) Analog teilt
Angela Wilhelm mit, daß ihre Herrin »von der Wichtigkeit des augenblicklichen
Gesprächs höchlich überzeugt« (HA 8,123) sei. Das wirkt vorerst ironisch, weil
uns Makaries Familie als eine vorgestellt wurde, in der auffällig wenig gesprochen
und auffällig viel geschrieben wird, also signifikanter Mangel an *face-to-face*-
Kommunikation herrscht. Der Fortgang der Geschichte aber zeigt, wie sehr Makarie gerade damit, diese einzuklagen, im Recht ist.

Wilhelm wird durch die vertrauliche »Mitteilung« (HA 8,65) der Nichten
schon früh in die Familienverhältnisse eingeweiht. Er wird sogar von Makarie
empfangen. Nur, wo diese sich und dem fremden Gast Lenardos Handlungsmotive erklärt, spricht sie länger in direkter Rede. Diese beginnt mit einer Sentenz: »Von Natur besitzen wir keinen Fehler, der nicht zur Tugend, keine Tugend, die nicht zum Fehler werden könnte.« (HA 8,127) Der Hinweis auf die
Abhängigkeit moralischer Wertungen vom Situationskontext will den Boden für
das Charakterbild Lenardos vorbereiten:

> [...] er besaß im stillen und geheimen einen wunderbar feinen praktischen Takt des
> Guten und Bösen [...], daß ich ihn weder gegen Ältere noch Jüngere, weder gegen
> Obere noch Untere jemals habe fehlen sehen. Aber diese angeborne Gewissenhaf-
> tigkeit, ungeregelt wie sie war, bildete sich im einzelnen zu grillenhafter Schwäche;
> er mochte sogar sich Pflichten erfinden, da wo sie nicht gefordert wurden, und sich
> ganz ohne Not irgendeinmal als Schuldner bekennen. (HA 8,127f.)[3]

Makarie schaut ins Innere, wo die Nichten nach dem Äußeren urteilen. Sie erkennt hinter dem Schweigen das Schuldgefühl. Damit ist die Geschichte, die
Lenardo Wilhelm erzählen wird, durch Makarie vorwegnehmend gedeutet. Sie
kann allerdings nur deshalb von Schuld »ohne Not« sprechen, weil auch sie
glaubt, Lenardos Sorge gelte Valerine. Das kritische Urteil der Nichten wird
durch das Wohlwollen der Tante korrigiert, deren Wesensgeheimnis Wilhelm

---

[3] Vorher wird vom Gewissen gesagt, daß es erregt werden soll, »wenn es stumpf, untätig,
unwirksam dahinbrütet, beschwichtigt, wenn es durch reuige Unruhe das Leben zu verbittern
droht« (HA 8,83). Goethe will das Gewissen wecken, nicht die Sorge. Vgl. dazu das Gespräch mit
Eckermann vom 29. Mai 1831 (*Gespräche mit Goethe in den letzten Jahren seines Lebens*, hrsg.
von Fritz Bergemann, 8. Aufl., Frankfurt/M. 1992, S.469).

seit seinem Sternwarten-Traum kennt. Auf Lenardo neugierig geworden, nimmt er freudig den Auftrag an, diesem einen Brief zu überbringen, damit Makarie Gelegenheit bekommt, »ihn auf dieser Erde nochmals zu sehen und im Abscheiden ihn herzlich zu segnen« (HA 8,128).

4.2 Lenardos Ich-Erzählung: von der Selbstrechtfertigung zur Selbstanklage

Das elfte Kapitel des ersten Buches setzt mit der Überschrift »Das nußbraune Mädchen« ein. Der Titel scheint eine selbständige Erzählung anzukündigen, der Text führt aber die Rahmenhandlung fort, und liefert, indem er die Erstbegegnung zwischen Wilhelm und Lenardo schildert, mit der Ich-Erzählung des Barons die Gründe für sein rätselhaftes Kommunikationsverhalten nach. Das übermittelte Gespräch beginnt mit einer indirekten Rüge:

> So sehr ich Ihnen verbunden bin für das, was ich durch Sie erfahre, so muß ich doch noch eine Frage hinzufügen. Hat Ihnen die Tante nicht am Schluß noch anempfohlen, mir eine unbedeutend scheinende Sache zu berichten? (HA 8,128)

So gewissenhaft, wie die Erzählinstanz uns glauben machen will, hat Wilhelm seinen »Auftrag« offenbar nicht »ausgerichtet« (HA 8,128). Das Thema, das Lenardo wie kein anderes auf der Seele brennt, scheint Wilhelm von sich aus nicht einmal *berührt* zu haben, den eigentlichen Grund seines Besuchs hat er *vergessen*. Auf die Rückfrage hin kann er sich allerdings erinnern und den neuen Freund mit der Auskunft beruhigen, daß Valerine in glücklichen Verhältnissen lebe. »Sie wälzen mir einen Stein vom Herzen« (HA 8,128), die Heftigkeit des Affektausdrucks unterstreicht die subjektive Wichtigkeit einer Sache, die nur den andern »unbedeutend« schien. Auf die Diskrepanz zwischen der Selbsteinschätzung und der Fremdeinschätzung aufmerksam geworden, greift Wilhelm zu einem rhetorischen Trick. Der Kunstgriff, sich die Frage nach dem Grund für Lenardos Anteilnahme am Leben des nußbraunen Mädchens als indiskret zu verbieten, sie damit aber doch in den Raum zu stellen, ermöglicht Lenardo, das vertrauliche Bekenntnis freiwillig zu geben und mit Wilhelm auch uns zu erzählen, »was eigentlich keine Geschichte ist« und »keineswegs ein Liebesverhältnis« (HA 8,129) im herkömmlichen Sinn. Wir ahnen schon hier, was Lenardo sich noch nicht eingestehen kann: daß das »einzige Wesen« (HA 8,129), um das seine Strategien der Informationsbeschaffung kreisen, für ihn vielleicht in mehr als einem Wortsinn »einzig« sei. Während die folgende Ich-Erzählung Lenardos für die Leserin ein Stück Vorgeschichte nachholt, wird Wilhelm zum Adressaten einer Lebensbeichte. In dieser figuriert der Baron als erstaunlich schwaches Handlungssubjekt.

> Die herkömmliche Kreisfahrt durch das gesittete Europa in meinen Jünglingsjahren zu bestehen, war ein fester Vorsatz, den ich von Jugend auf hegte, dessen Ausfüh-

rung sich aber von Zeit zu Zeit, wie es zu gehen pflegt, verzögerte. Das Nächste zog
mich an, hielt mich fest, und das Entfernte verlor immer mehr seinen Reiz, je mehr
ich davon las oder erzählen hörte. Doch endlich, angetrieben durch meinen Oheim,
angelockt durch Freunde, die sich vor mir in die Welt hinausbegeben hatten, ward
der Entschluß gefaßt, und zwar geschwinder, ehe wir es uns alle versahen. (HA 8,129)

Was außer dem ursprünglichen, von der Standeskonvention diktierten Vorsatz,
eine Kavalierstour zu machen, die er sich nicht leisten kann[4], hat Lenardo überhaupt selbst entschieden? Die »Ausführung«, das »Nächste«, »das Entfernte«,
»der Entschluß«, alles tritt in der Position des grammatischen Subjekts auf, nur
nicht der junge Adelige selbst. Die Verhältnisse scheinen hier über dem Kopf
eines jungen Mannes, der nicht recht weiß, wie ihm geschieht, zusammenge-
schlagen zu sein. Und so fällt auch die Entscheidung, die Reise endlich anzutre-
ten, »angetrieben« durch den einen, »angelockt« durch die anderen, im *genus
verbi* der Täterverschweigung. Kein Wunder, daß das Subjekt der Reiseplanung
zum Objekt seiner eigenen Reisevorbereitungen wird und mit dem Zeitgefühl
auch die Übersicht verliert. Gerade weil wir hier einen Ich-Erzähler vor uns
haben, der über eine frühere Phase seines eigenen Lebens berichtet, ist die Art
des Sagens verräterisch. Offenbar will Lenardo sich entlasten. Doch die Tatsache,
daß er es überhaupt nötig findet, sich Wilhelm gegenüber zu rechtfertigen, spricht
dafür, daß die Selbstberuhigung nicht recht greift.

   Die Geschichte, die er ihm erzählt, ist in Kürze folgende: Um die Mittel
für die Europareise Lenardos aufzubringen, ließ der Oheim bei seinen Pächtern
Schulden eintreiben. Dabei mußte weder er noch sein Neffe sich selbst die Finger
schmutzig machen. Arbeiten wie diese überläßt der Adel anderen: »Sein Geschäftsmann erhielt die Liste; diesem war die Ausführung überlassen. Vom
einzelnen erfuhren wir nichts« (HA 8,130). Doch glücklicher- oder unglück-
licherweise kam Lenardo trotzdem der individuelle Fall einer einzelnen Pächtersfamilie zu Ohren, die seiner Reise wegen von Haus und Hof vertrieben werden mußte.

   Ich hatte meine Reise im Sinn, und die Mittel dazu mußt' ich billigen. Alles war
   bereit, das Packen und Loslösen ging an, die Augenblicke drängten sich. Eines Abends
   durchstrich ich noch einmal den Park, um Abschied von den bekannten Bäumen
   und Sträuchen zu nehmen, als mir auf einmal Valerine in den Weg trat (HA 8, 130).

Durch die Ansprache des Mädchens wird er stärker, als ihm lieb ist, selber in
den Fall hineingezogen. Jäh unterbrochen ist die Eigendynamik des einmal gefaßten Entschlusses, der er sich willenlos überlassen hat. Lenardo ist als han-
delndes Subjekt gefragt. Statt etwas mit sich geschehen zu lassen, sieht er sich
aufgefordert, selbst die Initiative zu ergreifen, sich beim Oheim, dem die überstürzte Reise seines Neffen ohnehin genügend Schwierigkeiten macht, für das

---

4 Stefan Blessin: *Goethes Romane*, Königstein/Ts. 1979, S.164.

Mädchen und ihren Vater zu verwenden. Nicht der Geschäftsmann, an den die Eintreibung der Schulden delegiert wurde, ist angesprochen; angesprochen ist der Kavalier, der das Geld, das aus dem Pächter herausgepreßt werden muß, für sein *eigenes* Vergnügen braucht. Zwischen ihm und den von seinen Bedürfnissen Betroffenen gibt es auf einmal keine Pufferzonen mehr. Das Mädchen stellt sich ihm in mehr als einem Sinne »in den Weg« (HA 8,130). Es zwingt den jungen Baron, vor seiner Reise doch noch wahrzunehmen, woher die finanziellen Mittel zur Deckung seiner Reisespesen kommen. »Meine Freude ist des armen Mädchens Leid«, so präsentiert sich hier plötzlich die Kausalrelation. Durch die ungewohnt *direkte* Berührung mit dem Schicksal einer unter der Geldeintreibung Leidenden verliert das Standesprivileg der Kavalierstour seine Selbstverständlichkeit. Elend, das vorher anonym geblieben ist, zeigt ein *liebenswertes* Gesicht.

Doch zunächst überwiegt noch die Abwehr. Lenardo schiebt die Schuld am Unglück des Mädchens auf den Vater der Bittstellerin, antwortet auf »Individualität und Neigung«, mit dem, was er für »Pflicht und Verstand« (HA 8,131) hält, und schafft sie sich, als ihr Gemüt sich mit einem Tränenstrom nach außen kehrt, mit einem unüberlegt hingeworfenen Versprechen vom Hals: »›Ich will das Mögliche tun, beruhige dich, mein Kind!‹ [...] ›Tun Sie das Unmögliche!‹« (HA 8,131) So beim Wort, ja mehr als beim Wort genommen zu werden, hat der junge Baron nicht erwartet. Das arme Mädchen, das ihn siezt, während er es selbstverständlich duzt, setzt ihn damit peinlicher Verlegenheit aus. So bleibt ihm nur der Abbruch des Gesprächs und die Flucht aus einer Situation, in die er hineingenötigt worden ist. Noch nach Jahren zeugt die Versicherung:

> daß ich, wäre es meine eigene Kasse gewesen, sie sogleich durch Gewährung ihrer Bitte glücklich gemacht hätte. Nun waren es aber die Einkünfte meines Oheims; es waren seine Anstalten, seine Befehle; bei seiner Denkweise, bei dem, was bisher schon geschehen, war nichts zu hoffen (HA 8,131),

von einem Selbstbetrug. Was die Flehende in die beschriebene Notlage brachte, war *seine* Reisekasse, auch wenn er zum Zeitpunkt der Bitte noch nicht über sie verfügte. Trotzdem verfehlt die Bitte ihren Adressaten nicht. Lenardo versucht zwar nicht das Unmögliche, doch das von seiner Warte aus Mögliche:

> Den Oheim wollte ich nicht zuerst angehen, denn ich kannte ihn nur zu gut, daß man ihn an das Einzelne nicht erinnern durfte, wenn er sich das Ganze vorgesetzt hatte. Ich suchte den Geschäftsträger; er war weggeritten; Gäste kamen den Abend, Freunde, die Abschied nehmen wollten. Man spielte, man speiste bis tief in die Nacht. Sie blieben den andern Tag, und die Zerstreuung verwischte jenes Bild der dringend Bittenden. (HA 8,132)

Wieder, wie schon so oft in dieser Schilderung, sind die andern, sind die Umstände, ist »die Zerstreuung« das grammatische Subjekt der Aussagen und in Lenardos Wahrnehmung auch das Subjekt der Handlung. Einem Gespräch mit dem Oheim, der des Neffen Interessen vertritt, wenn er das Elend über die arme Pächtersfamilie bringt, weicht Lenardo so feige aus wie Lucidor einem solchen mit dem Vater. Stattdessen wählt er den Weg der indirekten Kommunikation und bittet den Geschäftsmann, sich beim Oheim für die Pächtersfamilie zu verwenden.

> »Lieber Baron«, sagte der bewegliche Mann, »wie kann Ihnen nur so etwas einfallen? Ich habe heute ohnehin mit Ihrem Oheim einen schweren Stand gehabt; denn was Sie nötig haben, um sich hier loszumachen, beläuft sich weit höher, als wir glaubten. [...]« (HA 8,132)

Daß der Onkel, der »immer nur auf *eines* losgeht« (HA 8,129) und, solange es dauert, von allem andern verschont werden will, mit diesem Prinzip den Pächter ruiniert, zeigt, auf welche Weise man den klugen Rat Montans, »sich auf *ein* Handwerk zu beschränken« (HA 8,37), mißverstehen kann. Denn beim Oheim ist das *eine*, das er »recht tut«, kein »Gleichnis von allem, was recht getan wird« (HA 8,37), sondern das Alibi für Gutsherrenwillkür. Prinzipienstrenge, die keinen Blick für situative Gegebenheiten mehr hat, ist in Gefahr, unmenschlich zu werden. So kategorisch wie diejenigen Kants sind Goethes Imperative nicht.

Lenardos Anteil am Unglück der armen Familie ist größer, als er denkt. Seine »Grille«, sich »nicht durch Briefe, nur durch Zeichen« mit den Seinigen »zu unterhalten« (HA 8,133), ist eine Form der Erinnerungsverweigerung, Verdrängung einer Peinlichkeit, einer Schuld. Worin besteht diese Schuld? Liegt sie nur in den sozioökonomischen Verhältnissen? Was wäre das »Unmögliche« gewesen, das zu tun Nachodine ihn gebeten hatte? Zunächst wohl, dem Oheim das Gesuch *persönlich* vorzutragen. Stattdessen delegiert Lenardo das Geschäft an einen Dritten. Dieser läßt sich das Versprechen, sich der Sache anzunehmen, »um für den Augenblick in Ruhe zu kommen« (HA 8,132), so gedankenlos abnehmen, wie vorher Lenardo sich sein eigenes. »Er ward mich los; der Drang, die Zerstreuung wuchs! ich saß im Wagen und kehrte jedem Anteil, den ich zu Hause haben konnte, den Rücken.« (HA 8, 132f.)[5] Lenardo kann den Geschäftsträger, den er auf die Einlösung des *eigenen* Versprechens zu verpflichten sucht, kaum für etwas verantwortlich machen, dessen er sich selber schuldig macht. Vor dem Oheim fürchten sich beide. Beide scheuen die Konfrontation. Beim Geschäftsträger ist das entschuldbar, bei Lenardo nicht. Er hat eine Unterlassungssünde begangen. Das Schuldgeständnis ist in der sprachlichen Repräsentation der Verteidigung schon erfolgt, bevor er es explizit formuliert:

> je länger es währte, desto schmerzlicher fühlte ich die Schuld, die ich gegen meine Grundsätze, meine Gewohnheit auf mich geladen hatte, obgleich nicht ausdrücklich, nur stotternd, zum erstenmal in solchem Falle verlegen (HA 8,133).[6]

---

[5] Das Reisemotiv und der Wagen verbinden Lenardos Ich-Erzählung mit dem Melusinenmärchen (HA 8,354–376) und der Novelle *Wer ist der Verräter?* (HA 8,85–114).

[6] Der langsame Prozeß der Selbsterkenntnis, den Lenardo in den *Wanderjahren* durchläuft, erinnert an die späte Einsicht Goethes in die von ihm verschuldete Lebenstragödie Friederike Brions (WA IV 4, S.66).

Am Ende seiner Beichte kann er sagen: »mir schien mein Unterlassen ein Handeln zu ihrem Verderben« (HA 8,133). Obwohl das Modalverb »scheinen« den Wahrheitsgehalt der Aussage immer noch relativiert, geht die Rede doch von unpersönlichen zu persönlichen Formulierungen über, von der Selbstrechtfertigung zur Selbstanklage. Mit diesem Wechsel wiederholt die *Form* der Ich-Erzählung den Prozeß, den der Erzähler selbst durchlaufen mußte, um vom Objekt der Verhältnisse zum Subjekt seiner Handlungen zu werden und sich in den Stand zu versetzen, die Geschichte seiner Schuldverstrickung erzählen zu können. Gerade weil Lenardos Hauptneigung, von vorne anzufangen, ihn befähigt, sich über die Standesmoral, die ihn frei spricht, hinwegzusetzen, muß er zugeben, gemessen am Anspruch der eigenen, universalistischen Moral, versagt zu haben. Deshalb kann er sich den Schuldgefühlen nicht entziehen: »Ein lebhafter Eindruck ist wie eine andere Wunde; man fühlt sie nicht, indem man sie empfängt. Erst später fängt sie an zu schmerzen und zu eitern.« (HA 8,133) Doch wie bei Wilhelms Erstbegegnung mit der Amazone, den Treuebrüchen des Barbiers, Felix' Werben um Hersilie, dem Tod der Fischerknaben, verknüpft das Leitmotiv der Wunde auch in diesem Fall Schuld und Eros:

> Dabei ist das Bild, die Vorstellung, die mich quält, so angenehm, so liebenswürdig, daß ich gern dabei verweile. Und denke ich daran, so scheint der Kuß, den sie auf meine Hand gedrückt, mich noch zu brennen. (HA 8,134)

Als *ihr* Innerstes sich nach außen kehrt, wird *sein* Innerstes berührt. Der Höhepunkt ihrer Ohnmacht gegenüber dem Baron ist der Beginn ihrer Macht über ihn. Damit ist das Geheimnis gelüftet, das »Rätsel« (HA 8,118), das der Anlaß für Makaries Besorgnis und Wilhelms Besuch gewesen ist, gelöst: Lenardos Kontaktvermeidung ist eine Form des Selbstschutzes gegen ein tief ambivalentes Erinnerungsbild. Er fürchtet nicht nur die »Rache der geflohenen Reue«[7], er sucht auch die Erinnerung an das Objekt des Begehrens. Viel später wird Makarie die Formel dafür finden: »Leidenschaft aus Gewissen« (HA 8,448). Wilhelm, froh, seine Mission erfüllt zu sehen, versichert:

> »[...] Zwar weiß ich nur wenig von Valerinen: denn ich erfuhr von ihr nur im Vorbeigehen; aber gewiß ist sie die Gattin eines wohlhabenden Gutsbesitzers und lebt vergnügt, wie mir die Tante noch beim Abschied versicherte.« (HA 8,134)

Gewollt sakramental, doch auf falscher Grundlage, wertet Lenardo diese Auskunft als Absolution. Der Entschluß, unverzüglich zu den Seinen zurückzukehren, fällt ihm jetzt nicht mehr schwer. Da Wilhelms »sonderbare Verpflichtung [...], nirgends länger als drei Tage zu verweilen« und besuchte Orte »in einem Jahr nicht wieder zu betreten« (HA 8,134), ihn daran hindert, Lenardo nach Hause zu begleiten, nimmt er, kaum daß Makaries Auftrag erfüllt ist, bereits einen neuen an. Lenardo bittet ihn, Valerine zu besuchen und ihre Lebensbe-

---

[7] Arthur Henkel: *Entsagung*, 2. Aufl., Tübingen 1964, S.55.

dingungen vor Ort zu überprüfen, entscheidet sich dann aber, selbst vorbeizu-
reiten. Der Auftrag wird, kaum erteilt, wieder modifiziert. Wilhelm wird vom
Boten zum sittlichen Beistand. Der Held der »Lehrjahre« ist in den »Wanderjahren« nur ein Funktionär. Seine Rollen wechseln so rasch wie die Interessen
seiner Auftraggeber. Der Protagonist der »Wanderjahre«, mit dem wir mitfürch-
ten und mitleiden, ist Lenardo. Ihm bringt der Ritt zu Valerine die *Ent*-Täu-
schung: »Sie war es nicht, es war das nußbraune Mädchen nicht« (HA 8,137).
Das Unerhörte der Novelle ist, daß der Baron das einzige, was ihm von jenem
Mädchen, das ihn so beunruhigt, blieb, seinen Namen, mit dem eines anderen
Mädchens verwechselt. Name und Gesicht haben sich voneinander gelöst.[8] Wie
ist das zu erklären? Wie kann ein Mann den Namen der Frau vergessen, die er
liebt? Die Fehlleistung spricht für eine Beziehung, die sich gewissermaßen un-
terhalb der bewußten Zensur entwickeln mußte. Sie ist Ausdruck der verdrängten Schuld und der sich gegen diese durchsetzenden Liebe. Am nächsten Morgen
bringt Wilhelm Valerine geschickt dazu, von sich aus zu erzählen, wonach man
sie schlecht fragen kann, die nachgeholte Parallelgeschichte Nachodines. Als Lenardo *diesen* Namen hört, ist er erschlagen:

> mit dem Namen kehrte das Bild jener Bittenden zurück, mit einer solchen Gewalt,
> daß ihm das Weitere ganz unerträglich fiel, als Valerine mit warmem Anteil die
> Auspfändung des frommen Pachters, seine Resignation und seinen Auszug erzählte,
> und wie er sich auf seine Tochter gelehnt, die ein kleines Bündel getragen. Lenardo
> glaubte zu versinken. (HA 8,139)

Die Wirklichkeit übertrifft seine schlimmsten Befürchtungen. Das ist es, was sich
ereignete, als er in der Kutsche saß, um fremde Länder und fremde Sitten kennenzulernen. Das ist die Kehrseite der Adelsprivilegien. Was die einen sich leisten,
muß aus den andern herausgepreßt werden, denen nichts als ein »kleines Bündel«
bleibt. Damit rückt auch die zweite Lösung des Dilemmas in den Blick, die im
Text selber nicht erörtert, aber durch ihn angeregt wird: Lenardo hätte auf die Reise,
die Nachodine ins Unglück stürzte, auch verzichten können. Auch das wäre eine
Form gewesen, die Bitte »Tun Sie das Unmögliche!« (HA 8,131) zu erfüllen.

Vor ihm steht die Privilegierte, nicht die Getretene, die Seßhafte, nicht die
in die Welt Geworfene, die, bei deren Ausstattung der Oheim keine Kosten
scheute und die sich zu allem Überfluß noch einredet, sein Neffe komme ihretwegen. Die schon hat, der wird noch gegeben[9], und was ihr nicht gegeben wird,
das denkt sie sich dazu:

> Valerinens kleine Eitelkeit, daß der Baron, noch ehe er die Seinigen gesehen, sich
> ihrer erinnert, bei ihr eingekehrt sei, ließ sie auch nicht den mindesten Verdacht
> schöpfen, daß hier eine andere Absicht oder ein Mißgriff obwalte. (HA 8,138)

---

[8] Andreas Käuser: Das Wissen der Anthropologie: Goethes Novellen. In: *GJb* 107 (1990), S.160.
[9] Vgl. das *Gleichnis von den anvertrauten Talenten* (Mt. 25, 14–30).

Freudig überrascht, wie sie ist, legt sie zuletzt sogar »das Schweigen Lenardos, seine sichtbare Zerstreuung beim Abschied, sein hastiges Wegeilen zu ihrem Vorteil aus« (HA 8,139). Die hermeneutische Fehlleistung ist perfekt. So kommt Wilhelm wieder zu einem Auftrag: »Nehmen Sie es über sich, Nachodinen aufzusuchen und mir Nachricht von ihr zu geben« (HA 8,140). Jetzt soll Wilhelm eine Frau finden, von deren Lebensweg er *keine* Spur mehr hat. Das Geld, um das sich vorher *alles* drehte, spielt nun aber *keine* Rolle mehr: »Handeln Sie ohne Rücksichten, sparen, schonen Sie nichts.« (HA 8,140) Woran für den Pächter Sein oder Nicht-Sein hing, die Zahlungsfähigkeit, die nötig ist, wenn andere dem Grundsatz folgen, »Erspartes niemals an[zu]greifen« (HA 8,130) und das Kapital für sich arbeiten zu lassen, das tritt für den Junker in den Hintergrund. Der Baron ist bereit zu geben, wo er vorher genommen hat. Erst die Schuld und die allmähliche Einsicht in sie machen ihn vom willenlosen Objekt der Standeskonventionen zum Subjekt seiner eigenen Entscheidungen. Erst die Wiederkehr des Verdrängten läßt eine Liebesfähigkeit entstehen, die ihm erlauben wird, sich in der Partnerwahl über die Standeskonvention hinwegzusetzen. Seiner Autosuggestion: »wenn ich das Mädchen glücklich weiß, bin ich sie los« (HA 8,144) zum Hohn, sucht Lenardo schon lange, um zu finden.[10]

4.3 Die Erkenntnis der Namensverwechslung

Wilhelm nimmt den Auftrag an, bittet aber um konkretere Hinweise, wo er mit der Suche nach der ihm unbekannten Frau beginnen soll. Der einzige Rat, den Lenardo ihm geben kann, ist der, den alten Sammler aufzusuchen und Felix, der ihn auf so »ungewissen Wegen« (HA 8,140) schlecht begleiten kann, in der Pädagogischen Provinz abzugeben. Seinem Einwand: »der Sohn entwickele sich nirgends besser als in Gegenwart des Vaters« (HA 8,140), begegnet Lenardo mit der Gegenthese: »der Vater behält immer eine Art von despotischem Verhältnis zu dem Sohn« und dem Zitat der Alten: »Der Helden Söhne werden Taugenichtse« (HA 8,141). Die von ihrem Erben verlassene Villa, an der sie bei diesem Gespräch vorbeireiten, scheint Lenardo Recht zu geben. Dabei kommt dessen Neigung zu »uranfänglichen Zuständen« (HA 8,142) zur Sprache, die seinen Auswanderungsplan motiviert. Im Kontext der Rahmenhandlung ist das zugleich die Ersterwähnung des Amerikamotivs. Lenardos Geständnis gibt Wilhelm Gelegenheit, ihm von den amerikanischen Siedlungsplänen der Turmgesellschaft zu erzählen und den Zusammenschluß des neuen Freundes mit den alten zu betreiben.

---

10 In den *Lehrjahren* wird von Wilhelm gesagt, nachdem er Philines Pantöffelchen vor seinem Bett gefunden hat (HA 7,319): »Mit großem Erstaunen fand er sein Bette leer, die Kissen und Decken in schönster Ruhe. Er sah sich um, suchte nach, suchte alles durch und fand keine Spur von dem Schalk. Hinter dem Bette, dem Ofen, den Schränken war nichts zu sehen; er suchte emsiger und emsiger; ja, ein boshafter Zuschauer hätte glauben mögen, er suche, um zu finden.«

Wilhelm ist allerdings nur unter der Bedingung bereit, Nachodine zu suchen, daß Lenardo seinem Wort vertraut und sich mit der Auskunft begnügt,
daß sie glücklich oder er imstande sei, »ihr Glück zu befördern« (HA 8,143). Er
versteht aber nicht dasselbe unter ihrem »Glück« wie Lenardo. Später wird er
sich sogar als Kuppler betätigen und die Verbindung Nachodines mit einem
andern Mann beschleunigen, ein sauberer Freund! Da er einem Mann, der prin-
zipiell keine Versprechen gibt, kein solches abnehmen kann, *beschwört* er Lenardo, bei allem, was ihm heilig ist, auf jede Form der Annäherung »zu jener Vermißten« (HA 8,143) zu verzichten. Warum ist Wilhelm hier so rigide? Worin
besteht die »Gefahr« (HA 8,143), vor der er Lenardo warnen zu müssen glaubt?
In Verstößen gegen eine Ständeordnung, die dieser als Neusiedler in Übersee
hinter sich zu lassen gedenkt? Welche Verhältnisse hat Wilhelm im Sinn, wenn
er Lenardo droht, daß das, was er sich wünscht, ihm »notwendig Unglück und
Verwirrung« (HA 8,144) bringen müsse: die in der alten oder die in der neuen
Welt? Wie kommt es, daß er just in dem Moment, da er von den Verbündeten
vom eigenen Gelübde entbunden zu werden verlangt, Lenardo auf ein solches
verpflichtet? Bei dessen Neigung »zu uranfänglichen Zuständen«, ist zu vermuten, daß ihn die Ständeklausel weder interessiert noch bindet. Lenardos Moral
ist nicht so konventionell wie die, von der aus Wilhelm argumentiert. Ein Mann,
der von vorne anfangen will, braucht keinen Rekurs auf die Tradition, gegen die
Wilhelm durch seine Messalliance mit Natalie selbst verstoßen hat. Die lebenspraktische Tüchtigkeit des Mädchens, das Lenardo nicht aus dem Sinn geht,
entspricht seinem Lebensentwurf kongenial. Daß Wilhelm die Verbindung trotzdem zu vereiteln sucht, heißt, daß er nichts von dem, was Lenardo ihm über
sein Lebenskonzept anvertraute, verstanden hat. Entsprechend unverbindlich
fällt die Antwort aus: »Lenardo lächelte und versetzte: ›Leisten Sie mir diesen
Dienst, und ich werde dankbar sein. [...] Ich hoffe, [...] wenn ich das Mädchen
glücklich weiß, bin ich sie los.‹« (HA 8,143f.) Der Baron ist klug genug, nicht
zu versprechen, was er voraussichtlich nicht halten kann. Der novellistische Teil
des Lenardo-Erzählstrangs endet mit einem offenen Schluß.

4.4 Wilhelm, ein ungeeigneter Liebesberater

Mit der Auflösung der »Namensverwechselung«[11] geht die Novelle in die Rahmenhandlung über[12]. Gleich das folgende Kapitel gilt Wilhelms Besuch beim
alten Sammler. Wenn der Prototyp des Wanderers den Seßhaften, den »Sach-
walter einer kulturellen Kontinuität«[13] aufsuchen muß, um das Lebensproblem

---

[11] WA III 4, S.79.
[12] MA 17, 1130.
[13] Arthur Henkel: *Entsagung*, S.52.

seines Freundes lösen zu helfen, ist das in höchstem Maße zeichenhaft. Es braucht das Zusammenspiel von beidem, das Dauernde als Gegengewicht zu dem, »was in der Welt so schnell wechselt« (HA 8,144). Beim alten Sammler ist in mehr als einem Sinne aufbewahrt, was die, die sich dem Neuanfang verschrieben haben, vergessen müssen oder vergessen wollen. Bei ihm laufen Fäden zusammen, die Lenardo durch seine Ortsabwesenheit zerrissen hat. Bei ihm kann Wilhelm das Kästchen deponieren, das er abgibt wie eine Versuchung. Fürchtet er, daß es ihn daran hindern könnte, seine Mission zu erfüllen? Daß die Sammlung alter Gegenstände auch ein »Schatz der Erinnerung« (HA 8,145), das Haus ein Ort der Aufbewahrung historisch überholten symbolischen Wissens ist, zeigt die Art, wie der Sammler das Kästchen mit Magie auflädt:

> »[...] allein, da Sie es durch einen so wunderbaren Zufall erhalten haben, so sollten Sie daran Ihr Glück prüfen. Denn wenn Sie glücklich geboren sind und wenn dieses Kästchen etwas bedeutet, so muß sich gelegentlich der Schlüssel dazu finden, und gerade da, wo Sie ihn am wenigsten erwarten.« (HA 8,146)

Die Schicksalsprobe gehört in ein magisches Weltbild, nicht in ein aufgeklärt-rationales. Ihr Ort in der Literatur ist das Märchen. Hier erfährt sie, obwohl heidnischen Ursprungs, durch die Parallele zu dem »elfenbeinernen Kruzifix« (HA 8,147), zu dem die richtigen Arme sich fanden, nachdem die falschen angefertigt worden waren, eine christliche Deutung: So Gott will, wird auch in Wilhelms Leben das Getrennte zusammenfinden, das steht zwischen den Zeilen. Zum Schluß versichert ihm der Alte, daß die weisen Männer, die der Pädagogischen Provinz vorstehen, ihm auch einen Hinweis geben können, wo Nachodine zu finden sei. Woher sie dieses Wissen haben, bleibt in der Zweitfassung der »Wanderjahre« offen. In der Erstfassung findet sich eine Andeutung:

> Sie sagen mir, der Vater dieses Mädchens sei durch Frömmigkeit ausgezeichnet gewesen. Die Frommen haben innigern Zusammenhang als die Bösen, ob es ihnen gleich, dem Äußern nach, nicht immer so wohl gerät. Und so hoffe ich auf die Spur zu kommen, welche zu erforschen Sie abgesendet sind.[14]

So dürfen wir das optimistische Naturgleichnis, mit dem das Kapitel endet:

> »[...] Manchmal sieht unser Schicksal aus wie ein Fruchtbaum im Winter. Wer sollte bei dem traurigen Ansehn desselben wohl denken, daß diese starren Äste, diese zackigen Zweige im nächsten Frühjahr wieder grünen, blühen, sodann Früchte tragen könnten; doch wir hoffen's, wir wissen's« (HA 8,148),

wohl auch als Vorausdeutung auf die suspendierte Parallelgeschichte Nachodines verstehen. Denn bald schon kann Wilhelm Lenardo die Mitteilung machen:

> Endlich, teuerster Freund, kann ich sagen, sie ist gefunden, und zu Ihrer Beruhigung darf ich hinzusetzen, in einer Lage, wo für das gute Wesen nichts weiter zu wün-

---

[14] FA I 10, 84.

schen übrigbleibt. [...] Häuslicher Zustand, auf Frömmigkeit gegründet, durch Fleiß
und Ordnung belebt und erhalten, nicht zu eng, nicht zu weit, im glücklichsten
Verhältnis der Pflichten zu den Fähigkeiten und Kräften. (HA 8,225)

Die Auskunft ist so allgemein wie nichtssagend und kaum geeignet, Lenardo zu
beruhigen. Wilhelm bleibt seinem Vorsatz, den Freund vor erotischer Versuchung zu bewahren, treu. Er hütet sich, diesem auch nur den leisesten Hinweis
darauf zu geben, wo Nachodine zu finden ist. Wilhelm, der selbst die ganzen
»Lehrjahre« hindurch nach Mariane gefahndet hat, zeigt nicht den kleinsten Ansatz von Empathie für das Bedürfnis des Freundes, die geliebte Frau zu sehen.
Es ist, als ob er Teile seines eigenen Lebens vergessen hätte. Härter als die Turmgesellschaft je mit ihm umgegangen ist, zwingt er den Freund, jeder weiteren
»Nachforschung« zu »entsagen« (HA 8,225), indem er ihm die wichtigste Information vorenthält. Lenardo, der seine Kraft dem amerikanischen Siedlungsplan widmen soll, benutzt die Andeutung: »Um sie her bewegt sich ein Kreislauf
von Handarbeitenden im reinsten, anfänglichsten Sinne« (HA 8,225) dazu, die
Geliebte zu finden. Denn jetzt, wo das Objekt des Begehrens in erreichbare
Nähe gerückt ist, ist seine Seele unruhiger denn je. Sein Antwortbrief: »die Sehnsucht verschwindet im Tun und Wirken. Sie haben mich – und hier nicht weiter;
wo genug zu schaffen ist, bleibt kein Raum für Betrachtung« (HA 8,241), sagt
das Wichtigste mit dem Gedankenstrich. Wo der Diskurs an letzte Wünsche
rührt, bricht die Mitteilung ab. Für das, was hier zu sagen wäre, ist Wilhelm der
denkbar ungeeignetste Adressat. Der Liebesberater ist unfähig, den Liebenden
zu verstehen. Auch der Abbé täuscht sich, wenn er glaubt, daß der neue Verbündete »die Probe bestanden« (HA 8,242) habe und für die Bewältigung seiner
Aufgabe gerüstet sei. Lenardos »Leitstern« (HA 8,241) ist und bleibt Nachodine.
Zwar ist es der erklärte Zweck seiner Reise zu den Heimwebern[15] ins Gebirge,
Fähige für die Auswanderung zu gewinnen, unbewußt setzt er indes die Suche nach
der Geliebten fort. Ist es Zufall, Instinkt oder höhere Leitung, daß die Pflicht ihn
in jene Sphäre führt, in der auch die Neigung auf ihre Kosten kommen wird?

4.5 Lenardos Tagebuch

Lenardos Aufstieg ins Gebirge, den er im ersten Teil des Tagebuchs beschreibt,
ist eine Parallelkonstruktion zu Wilhelms Abstieg am Anfang des Romans: War
Wilhelm zu Beginn Sankt Joseph dem Zweiten begegnet, so dient Lenardo jetzt

---

[15] Weben, »die älteste und herrlichste Kunst, die den Menschen eigentlich zuerst vom Tiere
unterscheidet« (HA 8,347), ist für Goethe auch ein poetologisches Symbol. Schon in *Faust I* verwendet er das Bild von Zettel und Einschlag für die Herstellung von Gedankenverbindungen: »Zwar
ist's mit der Gedankenfabrik/ Wie mit einem Weber-Meisterstück,/ Wo ein Tritt tausend Fäden
regt,/ Die Schifflein herüber hinüber schießen,/ Die Fäden ungesehen fließen,/ Ein Schlag tausend
Verbindungen schlägt« (V.1922–1927; HA 3,63).

St. Christoph als Lastträger. Wie Maries Esel an Wilhelm beim Abstieg zieht jetzt eine »große Reihe Saumrosse« (HA 8,338) an der Herberge vorbei, in der Lenardo sich nach dem Aufstieg ausruht. Was vorher das säkularisierte Heilige war, Mutter und Kind, ist jetzt die Ware, die Baumwolle. Der Krieg, der Maries ersten Mann das Leben kostete, wird hier »glücklicherweise sehr entfernt geführt«; dafür bedroht »das Maschinenwesen [...] die arbeitsamen Hände« (HA 8,340f.). Gebrochen ist die Gebirgsidylle hier wie dort. Einblick in die Produktions- und Distributionsbedingungen der Heimindustrie geben dem jungen Baron der Garnträger und der Geschirrfasser. Weil Lenardo, von Jugend an technisch und ökonomisch interessiert, die Erklärungen, die er erhält, in seinem Tagebuch notiert, wird das *journal intime* zum Sachtext[16]. Daß Lenardo sich »in die Vorhalle des Webens einführen« (HA 8,345) läßt, um in das »Geheimnis« dieser »Kunst« (HA 8,348) eingeweiht zu werden, spricht für eine Tendenz zur Sakralisierung des Handwerks.[17] Der Blick des Adeligen ästhetisiert auch die weibliche Arbeit. Was er sieht, ist die Anmut der Spinnerinnen, nicht die Mühsal der Spinnerei. Das Kästchen, für Hersilie Symbol der Zukunft ihrer Liebe, wird im Gebirge das Behältnis, in dem die Spinnerinnen ihr »Tagewerk« (HA 8,343) aufbewahren. Was für die Reichen die Leidenschaft, ist für die Armen die Arbeit. Lenardos Reisemotiv verbindet beides, doch »wie Wilhelm einst seinen Vater mit einem rein erfundenen Reisetagebuch täuschte, so verheimlicht Lenardo sich und den anderen sein Suchen und Sehnen hinter dem Tatsachenstil«[18].

»Häuslicher Zustand, auf Frömmigkeit gegründet«, der Wortlaut von Wilhelms Brief verfolgt Lenardo auf seiner Wanderung »wie eine Lieblingsmelodie« (HA 8,350f.). Der auktoriale Erzähler spricht aus, was das Tagebuch des Betroffenen verschweigt: Lenardo ahnt die Nähe der geliebten Frau. Sein innerer Monolog bezeichnet sie hier zum ersten Mal als »die Gute« (HA 8,351). Gleichzeitig kommt ihm der Gedanke, dem geschickten Geschirrfasser den Vorschlag zu machen, mit seiner Gesellschaft »übers Meer auszuwandern« (HA 8,351). Dieser lehnt mit der Begründung ab, daß die Region keine Not kenne und Berge ihre Leute halten. *Er* kennt keine Not, weil er die Mittel hat, Maschinen anzuschaffen. *Andere* stürzt gerade das in Not. Daß Frau Susanne »den Faktor heiraten, ihr Besitztum verkaufen und mit schönem Geld übers Meer ziehen« (HA 8,351f.) will, ist dem Geschirrfasser unbegreiflich. Erst auf Rückfrage hin erfährt Lenardo, daß sie »eine junge Witwe« sei, »die in guten Umständen ein reichliches Gewerbe mit den Erzeugnissen des Gebirges betreibe«

---

[16] Daß Goethe längere Passagen nahezu wörtlich Heinrich Meyers brieflicher Darstellung der Schweizer Baumwollindustrie entnommen hat, ist seit Erscheinen der Weimarer Ausgabe allgemein bekannt: WA I 25 II, S.261–271. Dazu auch: WA IV 21, S.228 und 272.

[17] Benedikt Jeßing: *Konstruktion und Eingedenken. Zur Vermittlung von gesellschaftlicher Praxis und literarischer Form in Goethes »Wilhelm Meisters Wanderjahre« und Johnsons »Mutmaßungen über Jakob«*, Wiesbaden 1991, S.50.

[18] Ehrhard Bahr: *Die Ironie im Spätwerk Goethes*, Berlin 1972, S.116.

(HA 8,352)[19]. Mit der Hoffnung auf einen Tag, der »heiter zu werden verspricht« (HA 8,352), endet das Manuskript, das unmerklich von der Ich-Form des Tagebuchs zum Gedankenbericht, von diesem zur erzählten direkten Rede übergegangen ist. Die Vermittlungsinstanz kann vorausverweisen auf das, was der Betroffene nur ahnt: daß Frau Susanne die Gesuchte ist und sich mit Auswanderungsplänen trägt. Letzteres ist für Lenardo Bedingung der Möglichkeit, sein gesellschaftspolitisches Anliegen und sein privates Lebensglück in Einklang bringen zu können. Die Fortsetzung wird mit Wilhelm aber auch den Lesenden vorenthalten. Der zweite Teil des Manuskripts ist an Makarie gesendet worden. Nur sie kann die »Verwicklungen« schlichten und »bedenkliche Verknüpfungen auflösen« (HA 8,352). Makarie verbindet nicht nur, sie trennt auch. Beides gehört zum Leben, da »das ganze Dasein ein ewiges Trennen und Verbinden« (BdW 133) ist. Wieder, wie schon in den »Lehrjahren«, ist es Friedrich, der das Geheimnis ausplaudert: »Sie ist gefunden, längst gefunden! und es ist nur noch die Frage, wie es mit ihr werden soll«; Wilhelm antwortet lapidar: »Das wußt' ich schon, [...] denn Freunde offenbaren einander gerade das am deutlichsten, was sie einander verschweigen« (HA 8,414). Seine Deutung der Schlußsequenz von Lenardos erstem Tagebuch führt der Leserin genau jenen Verstehensprozeß vor, den sie gerade selbst durchläuft. Der Leseakt wird nicht nur provoziert, er wird inszeniert und damit auf der Darstellungsebene wiederholt.

Die von Makarie zurückgeschickte zweite Hälfte von Lenardos Tagebuch unterscheidet sich schon stilistisch deutlich von der ersten. Lenardo spricht nicht mehr über Spinn- und Webetechniken, er spricht über seine Gefühle. Gleich beim Eintritt in Frau Susannes Haus fühlt er »etwas ganz Eigenes«, ist ihm »wunderlich zumute«, befällt ihn »eine Ahnung, daß es die Ersehnte sei«, dann Zweifel, »wie im Traum Erinnerung und Phantasie ihr Wesen gegeneinander treiben« (HA 8,416). Ahnung, Zweifel, Traum, Erinnerung, Phantasie, für das rationalistisch gesehen Unscheinbare der humanen Existenz bot der Sachtext keinen Raum. Jetzt erst erfüllt das Tagebuch die Gattungskonvention, indem es dem intuitiven Erkenntnisvermögen des Menschen Ausdruck verleiht. Lenardo ist am Ziel seiner Wünsche und bleibt doch zutiefst verunsichert. Die Frau, die ihn bittet, ihr zu sagen, wie es ihm »ums Herz ist« (HA 8,417), schaut ihn »mit so ganz bekannten erkennenden Augen an«, daß er sich »ganz durchdrungen« fühlt, doch auch die Bedrohung durch ein neues »unseliges Verhältnis« (HA 8,417) fürchtet. Er findet Nachodine »wie Penelope unter den Mägden« (HA 8,417), und gibt sich wie Odysseus bei der Heimkehr vorläufig nicht zu erkennen. Technische Auskünfte trägt er jetzt nur noch seinen Informanten zuliebe in seine Schreibtafel ein, denn er hat »anderes im Sinne« (HA 8,418). In der Nähe der begehrten Frau

---

[19] Vgl.: Friedrich Bertheau: *Goethe und seine Beziehungen zur schweizerischen Baumwoll-Industrie nebst dem Nachweis, dass unter Frau Susanna, der Fabrikantenfrau in »Wilhelm Meisters Wanderjahren«, Frau Barbara Schulthess von Zürich zu verstehen ist*, Wetzikon 1888.

kann er nur noch mühsam den Schein von Interesse für das Weberhandwerk
aufrechterhalten. Das läßt rückblickend auch die technische Detailgenauigkeit
des ersten Tagebuchs als Versteckspiel oder Sublimationsleistung erscheinen. Im
Garten traut er sich nicht, der Frau, die er seit Jahren sucht, »die Hand zu reichen«, und kommentiert die Berührungsscheu: »wir schienen uns beide vor Worten und Zeichen zu fürchten, wodurch der glückliche Fund nur allzubald ins
Gemeine offenbar werden könnte« (HA 8,418). Ausgesprochen droht das »offenbar Geheimnis« der Identität entzaubert zu werden. Es ist, als ob beide den
Atem anhalten würden, um die leichte Feder einer Glücksverheißung nicht weg-
zublasen. »O Gott! [...] der Junker Lenardo! er ist's, er ist es selbst!« (HA 8,425),
das sagt, nach allem, was geschehen ist, erstaunlich erfreut, Susannes Vater. Auf
ihn wirkt Lenardo wie der Messias. Der alte Mann, nach einem Schlaganfall
gelähmt, kann wunderbarer Weise wieder gehen. Er spricht aus, wovor die Jüngeren sich hüten: den Namen des unbekannten Gastes. Erst als der Vater sie
vom Zweifel befreit, erkennt auch die Tochter Lenardo.

Dieser muß alles, was er vorher von Frau Susanne erfahren hat, nun auf
Nachodine beziehen, versuchen, das Erinnerungsbild mit der Frau, die er vor
sich sieht, zur Deckung zu bringen. Das bettelarme Mädchen hat sich zu einer
tüchtigen Geschäftsfrau entwickelt, die ihr Handwerk versteht, die Marktgesetze
kennt, einen blühenden Baumwollhandel treibt und heute die Ressourcen hat,
die ihr bei der Vertreibung durch Lenardos Oheim fehlten. In ihrer Rede bildet
der Bergsee nicht die Kulisse für ein sentimentales Zwischenspiel, er sichert den
Schiffsverkehr und den Warentransport. Daß die »Geldpost« (HA 8,417) für die
Baumwoll-Lieferung bereit liegt, teilt sie dem Fremden schon, bevor sie ihn erkannt
hat, mit. Nachodine war zahlungsunfähig, Frau Susanne zahlt in bar. Das arme
Pächterskind hat die Lektion gelernt: »Nach Golde drängt/ Am Golde hängt/
Doch alles. Ach wir Armen!« (HA 3,90)[20] Als Lenardo seine »alte Schuld« (HA
8,429) mit Geld abtragen will, muß er sich sagen lassen, daß er Susanne mißverstanden hat. Ihre »Schwermut« rührt nicht von akuter Geldknappheit her, sie
fürchtet das »überhandnehmende Maschinenwesen« (HA 8,429). Das einfache
Kind aus pietistischem Milieu ist heute klug genug, die Entwicklung der Technik
mitzuverfolgen und in bezug auf ihr Gewerbe in Langzeitperspektiven zu denken. Sie erkennt, daß die Einführung von Maschinen in die Heimindustrie un-
umgänglich ist und, wer nicht rechtzeitig investiert, von der technischen Entwicklung überholt werden wird. Sie weiß, daß sie als Unternehmerin nur die
Wahl zwischen zwei Übeln hat: die Pauperisierung der Spinner und Weber[21] im

---

20 Margarete in *Faust I*, V.2802–2804.

21 In den 1780er Jahren sah Goethe das Elend der arbeitslosen Strumpfwirker in Apolda,
1795 führte er vor der *Freitagsgesellschaft* seine Vorschläge für eine Agrarreform aus. Im Herbst
1797 studierte er die Schweizer Heimindustrie vor Ort, während der Napoleonischen Ära hielt er
sich über die Entwicklungen in Frankreich auf dem laufenden. 1810 und 1811 schaute er sich
Webereimanufakturen in Böhmen und Sachsen an. Seit 1820 beschäftigte er sich mit den »großen

Gebirge selbst herbeizuführen »oder aufzubrechen, die Besten und Würdigsten mit sich fort zu ziehen und ein günstigeres Schicksal jenseits der Meere zu suchen« (HA 8,430). Wenn sie dabei der Hoffnung Ausdruck verleiht, daß dort »für Pflicht und Recht gelten könne, was hier ein Verbrechen wäre« (HA 8,430), wird deutlich, daß ihr Zögern, Maschinen anzuschaffen, nicht als Pauschalverurteilung der Industrialisierung zu verstehen ist. Der Mann, den der Tod ihr entrissen hat, war zu seinen Lebzeiten entschlossen, mit ihr auszuwandern. Der Faktor, der ihr jetzt beisteht, will sie veranlassen zu bleiben. Doch sie, die selbst vertrieben worden ist, bringt es nicht fertig, andere zu vertreiben. Lieber nimmt sie für sich die *zweite* Auswanderung in Kauf. Wieder ist es Lenardo, der ihr dabei als »Schutzengel« (HA 8,431) erscheint. Wird er beim zweiten Mal halten, was er beim ersten Mal versprach? Unabhängig voneinander sind die neureiche Manufakturbesitzerin und der altreiche Baron zu *denselben* Schlüssen gekommen. Beide haben sich von den Werten der Herkunftsfamilie gelöst. Sie hat sich vom Pietismus entfernt, ohne Kapitalistin werden zu wollen, er will das parasitäre Leben des spätfeudalen Landadeligen beenden, um über dem Meer eine Gemeinschaft auf der Basis rechtlicher Gleichheit und beruflicher Spezialisierung aufzubauen. Sie sucht sich noch Mut für das zu machen, was er für sich schon beschlossen hat. Sie sind »auch innerlich aufeinander zugewachsen«[22]. Bemerkenswert ist, wie selbstverständlich Goethe hier Sachverstand einer Frau, Weitblick und weibliche Berufskompetenz kombiniert und in der erwachsenen Nachodine Anmut mit Würde paart.[23]

So gewandt wie über ihr Geschäft kann Frau Susanne auch über ihren Bildungsgang reden: »Die größte Wirkung jedoch auf ein junges Wesen tat eine fromme Erziehung, die ein gewisses Gefühl des Rechtlichen und Schicklichen, als von Allgegenwart göttlicher Liebe getragen, in mir entwickelte.« (HA 8,420) So »liederlich[.]« (HA 8,76), wie Hersilie ihn geschildert hat, war Nachodines Vater offenbar nicht. Die Tochter glaubt, ihm ihr Bestes zu verdanken. Er war nur kein guter Geschäftsmann. Nur an einem Punkt ihrer Erzählung verläßt Susanne die Fassung: »Wir wanderten aus«, als sie das sagt, muß sie eine »Träne« (HA 8,420) unterdrücken. Sie sagt nicht: »Wir wurden vertrieben«. Sie, die allen Grund zum Unmut hätte, bezeichnet ihre frühere Herrschaft als »vorzügliche Menschen« (HA 8,420). Sie hat, auch als sie noch nicht weiß, zu wem sie spricht,

---

Probleme[n] der industriellen Produktion und des Arbeitsmarktes im Rahmen der europäischen Wirtschaft«. Im November 1826 vermerkt das Tagebuch (WA III 10, S.267): »In der französischen *Encyklopädie* den Artikel Mechanik.« Pierre-Paul Sagave: Französische Einflüsse in Goethes Wirtschaftsdenken. In: *Festschrift für Klaus Ziegler*, hrsg. von Eckehard Catholy und Winfried Hellmann, Tübingen 1968, S.119f. Und: Alfred Gilbert Steer: *Goethe's Science in the Structure of the »Wanderjahre«*, Athens 1979, p.47.

[22] Arthur Henkel: *Entsagung*, S.57.

[23] Teresa Salema: Des Widerspenstigen Zähmung in der Gesellschaft *Wilhelm Meisters*: Ordnung der Natur oder Ironie der Kultur? In: *Der Widerspenstigen Zähmung*, hrsg. von Sylvia Wallinger und Monika Jonas, Innsbruck 1986, S.153.

den Takt, sich *nicht* zu beklagen. Sie *ist* die »Gute-Schöne«, »Schöne-Gute« (HA 8,428), die Lenardo in ihr sieht. Der zweite wichtige Erziehungsfaktor waren die Bücher, die sie, nachdem sie bei den »Stillen im Lande« Aufnahme gefunden hatte, heimlich mit ihrem Bräutigam las. Die Armen helfen den noch Ärmeren, die durch die Reichen ins Elend gekommen sind. Das muß Lenardo beschämen. Er erfährt, daß sie sich mit ihrem Bräutigam »nur von solchen Grundsätzen, welche den Menschen selbständig machen« (HA 8,421), unterhielt. Daß sie »selbständig« geworden ist, beweist ihr florierendes Geschäft. Doch sie verdankt, was sie heute hat, auch einer Anpassungsbereitschaft, die so weit ging, den Namen der verstorbenen Tochter ihrer Schwiegereltern anzunehmen, um ihnen die Erinnerung an die Tote lebendig zu erhalten. Einheirat in fremden Besitz und Erbschaft sorgten für den Rest. In diesem Zusammenhang erfährt Lenardo auch, was er nicht gern hört, daß Wilhelm, den er an dem Blatt[24] erkennt, das er zurückgelassen hat, die Verlobung mit dem Bräutigam beschleunigt hat: »Alle Freunde sind so, alle sind Diplomaten; statt unser Vertrauen redlich zu erwidern, folgen sie ihren Ansichten, durchkreuzen unsre Wünsche und mißleiten unser Schicksal!« (HA 8,425f.) Der »Neophyt[.] der Entsagung«[25] hat das Gesetz der Trennung, unter dem er selber leidet, auch dem Freund aufgebürdet. Den Strich durch diese Rechnung gemacht hat der Tod. Frau Susanne ist Witwe. Rechtlich ist sie im Moment, da Lenardo sie wiederfindet, frei. Psychisch ist sie wie Marie, als Sankt Joseph der Zweite sie trifft, noch an ihren verstorbenen Gatten gebunden. Verpflichtet fühlt sie sich dem »Gehülfe[n]«, der ihr, wie sie glaubt, »liebevoll anhänglich« (HA 8,430) zur Seite steht. Mit ihm nimmt das »unselige[.] Verhältnis« (HA 8,417), das Lenardo schon zu Beginn auf sich zukommen sah, Gestalt an. Dramatisch zugespitzt wird der Konflikt am Sterbebett von Susannes Vater: Soeben hat dieser Lenardo und seine Tochter im Zeichen von »Bruder und Schwester« (HA 8,434), dem Urbild der Liebesentsagung[26], gesegnet[27], da stürzt, als beider Tränen sich auf der Hand des Sterbenden *vereinigen*, wie Flavio als Orest der Gehülfe herein. Seine Eifersucht spürt Lenardos »frühere Rechte«; Susanne aber versichert mit hoheitsvoller Würde, daß sie zu »dem Herrn und Freunde kein ander Verhältnis habe«, als der Gehülfe »kennen, billigen und teilen« könne: Lenardo schaudert »bis tief ins Innerste« (HA 8,434). Susannes Versicherung bestätigt den väterlichen Segen: Sie spricht von ihm wie von einem Bruder. Doch vor der Hand, die der Gehülfe ausstreckt, um sein Versprechen,

---

[24] Bernd Peschken: Das »Blatt« in den *Wanderjahren*. In: *Goethe* 27 (1965), S.205–230.

[25] Arthur Henkel: *Entsagung*, S.55.

[26] Arthur Henkel: *Entsagung*, S.56f. In dem berühmten Briefgedicht Goethes an Charlotte von Stein *Warum gabst du uns die tiefen Blicke* heben die Zeilen: »Ach, du warst in abgelebten Zeiten/ Meine Schwester oder meine Frau« (HA 1,123) den Gegensatz zwischen Gatten- und Geschwisterliebe auf.

[27] Wie Simeon im *Neuen Testament* unbesorgt um die Zukunft Israels sterben kann, nachdem er den Heiland gesehen hat (Lk. 2,25–35), scheidet Susannes Vater aus dieser Welt, nachdem er die Tochter in Lenardos Obhut gegeben hat.

mit ihr auszuwandern, zu geben und dafür Susannes Hand zu erhalten, weichen »die beiden andern [...] unwillkürlich zurück« (HA 8,435). Sie werden hier im *selben* Atemzug genannt. Die ausgestreckte Hand bleibt leer im Raum stehen. Susannes Instinkt verbietet ihr, sie zu ergreifen. Ist es nur der *vorzeitige* Heiratsantrag, den sie abwehrt? Oder belohnt sie Lenardos »stumme Unaufdringlichkeit«[28] mit der Entscheidung gegen einen Mann, der fordert, wo er bitten müßte: »du wirst mir die Mittel dazu nicht versagen« (HA 8,435), und dessen Brautwerbung Berechnung ist? Mit quälender Ungewißheit endet Lenardos Tagebuch.

4.6 Makaries Intervention

Makarie nimmt sich auch diesmal der verworrenen Verhältnisse an. Sie bietet Susanne die Stelle Angelas an, die rasch noch mit einem Bräutigam versehen wird, und setzt die Schöne-Gute damit in den Stand, »dem Gehülfen ihr ganzes Besitztum« (HA 8,446) zu schenken. Dieser, bald »Schwager des Schirrfassers«, wird diesem helfen, eine Fabrik aufzubauen, um »die Bewohner des arbeitslustigen Tales« auf eine »lebhafte Weise« (HA 8,446f.) zu beschäftigen. Die Heimarbeiterinnen können Arbeiterinnen in einer Textilfabrik werden. Goethes Gerechtigkeitsgefühl will mit dem Glück der Auserwählten auch das des arbeitenden Volkes. Doch warum gibt die Unternehmerin, die Not und Abhängigkeit kennt, mit dem erworbenen Besitz auch ihre Selbständigkeit auf? Warum macht sie sich wieder von einer Schloßherrin abhängig? Warum wird sie nicht selbst Fabrikantin? Flieht sie vor der Wirtschaftsform der Zukunft in die der Vergangenheit, vor den Schrecken des Kapitalismus in die Fänge des Feudalismus? Oder will sie die Industrialisierung des Tales, die sie nicht verhindern kann, wenigstens anderen überlassen? Sind ihr zum Ausgleich Güter in Amerika versprochen worden? Kauft sie sich damit von jeder Verpflichtung, die sie subjektiv dem Faktor gegenüber haben könnte, los?

Am Ende muß der Erzähler noch »ein Geheimeres offenbaren«: Lenardo hat das »offenbar Geheimnis« seiner Liebe zu Susanne nie erwähnt. Er bleibt als potentieller Bräutigam im Hintergrund, ja weiß nicht einmal etwas von den »Unterhandlungen«, in deren Verlauf »denn doch auf eine zarte Weise an ihr geforscht worden« war, »wie sie dies Verhältnis ansehe« (HA 8,447). Indirekte Frage, indirekte Antwort, ungenannter Frager, ein Höchstmaß an Diskretion. Die Antwort ist trotzdem ernüchternd:

> sie fühle sich nicht wert, einer solchen Neigung wie der ihres edlen Freundes durch Hingebung ihres geteilten Selbst zu antworten. Ein Wohlwollen der Art verdiene die ganze Seele, das ganze Vermögen eines weiblichen Wesens; dies aber könne sie nicht anbieten. (HA 8,447)

---

[28] Stefan Blessin: *Goethes Romane*, S.176.

Susanne, die Vertriebene, in einer »Diaspora« Lebende, macht ihrem Namen Ehre: Wie die Susanna des apokryphen Zusatzes zum Buch Daniel[29] hält sie, von zwei Männern bedrängt, einem Dritten die Treue, ihrem verstorbenen Gatten. »Lenardos Jagd nach dem ›nußbraunen Mädchen‹ [endet] in einem unschlüssigen und verquälten Patt«[30]: »Wohlwollen« und »Dankbarkeit« (HA 8,447) sind kein Gegengeschenk für die Liebe, schon gar nicht, wenn diese auch noch Standesunterschiede überbrückt. »Da Lenardo die Angelegenheit nicht berührt« (HA 8,447) hat, ist es auch nicht nötig, ihn zu enttäuschen. Wo kein Kläger, kein Richter; wo keine Frage, keine Notwendigkeit einer Antwort. Habe ich die Körpersprache mißverstanden? Waren die vereinten Tränen auf der Hand des toten Vaters nicht als Vorausdeutung auf die Vereinigung des Paares gemeint? »Verschweigen aber können wir nicht, daß [...] Makarie mit der Lage Lenardos beschäftigt blieb« (HA 8,448). Eben! Makarie läßt ihren Liebling *nicht* untergehen. Ihre Informationspolitik ist nicht Indiskretion, sondern Takt. Sie erfährt, was sie wissen muß, um Lenardos Glück am Ende doch herbeizuführen. Susanne braucht Zeit, um ihren Mann zu trauern. Dafür muß sie aus der Einflußsphäre des Gehülfen entfernt werden, dessen Temperament es nicht entspricht, ihr die zu lassen. Makarie kann Susannes Zukunft sichern, ohne daß sie als Gegenleistung eine Ehe mit einem ungeliebten Mann eingehen muß. So selbständig, ganz ohne einen »Gehülfen« auszukommen, war die junge Unternehmerin ja nicht. Weil Lenardo, im Gegensatz zu Joseph, Flavio, Felix und dem Faktor, der Versuchung zu voreiliger Brautwerbung *nicht* erlegen ist, ist auch kein Porzellan zerschlagen worden. Makarie kann die Zeit für ihn arbeiten lassen. Das aber muß nicht gesagt werden. Ausgesprochen wäre die Möglichkeit vielleicht bereits zerstört. Da man Lenardo, umgekehrt, die Hoffnung nicht genommen hat, beflügelt seine Aufbauarbeit jenseits des Meeres die Aussicht, die geliebte Frau, »wenn er Fuß gefaßt, hinüber zu berufen, wo nicht gar selbst abzuholen« (HA 8,448). Daß er Fuß fassen wird, ist zu erwarten. Der Grund steht in einem Brief des Abbés an Wilhelm:

> Denn gerade durch eine von der Natur weniger begünstigte Gegend, wo ein Teil der Güter gelegen ist, die ihm der Oheim abtritt, ward in der neuern Zeit ein Kanal projektiert, der auch durch unsere Besitzungen sich ziehen wird und wodurch, wenn wir uns aneinander schließen, sich der Wert derselben ins Unberechenbare erhöht./ Hierbei kann er seine Hauptneigung, ganz von vorne anzufangen, sehr bequem entwickeln. Zu beiden Seiten jener Wasserstraße wird unbebautes und unbewohntes Land genugsam zu finden sein; dort mögen Spinnerinnen und Weberinnen sich ansiedeln, Maurer, Zimmerleute und Schmiede sich und ihnen mäßige Werkstätten bestellen (HA 8,242).[31]

---

[29] *Die Apokryphen und Pseudoepigraphen des Alten Testaments*, übers. und hrsg. von E. Kautzsch, Bd.1, Darmstadt 1994 (Nachdruck der Ausg.: Tübingen 1900), S.184–189.

[30] Adolf Muschg: »Bis zum Durchsichtigen gebildet«, S.123.

[31] Die wunderbare Werterhöhung der amerikanischen Besitztümer durch einen Kanalbau, wie Goethe ihn aus dem Reisebericht Herzog Bernhards (*Reise Sr. Hoheit des Herzogs Bernhard zu Sachsen-Weimar-Eisenach durch Nord-Amerika in den Jahren 1825 und 1826*, hrsg. von Heinrich Luden, Zweiter Theil, Weimar 1828, S.131) kannte, wo der Plan gefaßt wird, den Ohio und den Mississippi miteinander zu verbinden, findet ihre dichterische Umsetzung im fünften Akt von *Faust II*.

Goethe, der die naturwissenschaftlich-technische Entwicklung seiner Zeit genau verfolgte und auch den Bau des Panama- wie den des Suez-Kanals gern noch erlebt hätte[32], war dem »Maschinenwesen« nicht vollständig abgeneigt; er versprach sich von ihm auch Segnungen, beispielsweise im Bergbau. Seine »Ansprache auf dem Gewerkentag zu Ilmenau« vom 9. Dezember 1793 hob ausdrücklich hervor, daß das andrängende und den Schacht bedrohende Wasser nur durch Verdopplung der Maschinen unter Kontrolle gebracht werden konnte.[33] »Was er fürchtete, war, daß der ungeheure Machtzuwachs des Menschen nicht auch von einem Mehr an Verantwortungsbewußtsein getragen werde, daß die Leistungsfähigkeit der Technik die Leistungsfähigkeit der ethischen Kontrollinstanzen übersteige.«[34]

Diese Ambivalenz prägt auch die Konzeption der »Wanderjahre«. Derselbe Mann, der überzeugt ist, »es könne niemand sich ins Leben wagen, als wenn er es im Notfall durch Handwerkstätigkeit zu fristen verstehe« (HA 8,336), versucht den Geschirrfasser, »den praktischen Initiator« der »Industrialisierung«[35] von Susannes Tal für sein Vorhaben zu gewinnen. Ein »Wanderjahre«-Schema zieht sogar Lenardos Wandlung von der Ablehnung zur Bejahung des Maschinenwesens in Erwägung.[36] Und nur wenn die Arbeit vom ganzen Haus gelöst, regionale und soziale Bindungen gelockert[37], Mobilität bejaht und Fernhandel betrieben wird, kann Lenardo, den es drängt, neu anzufangen, hoffen, eines Tages mit Susanne zu leben. Das aber sind die Begleiterscheinungen der industriellen Revolution. Was Susanne fürchtet, ist Bedingung der Möglichkeit seines und vielleicht auch *ihres* Lebensglücks. Während der Faktor die Ehe mit ihr nur als Mittel der Besitzstandserweiterung betrachtet und nicht davor zurückschreckt, sie notfalls auch zu erpressen, läßt Lenardo ihr schweigend die Freiheit, sich *gegen* ihn zu entscheiden.

Obwohl Susannes »Nein« dem Hilaries am Ende der Novelle »Der Mann von funfzig Jahren« gleicht, verhält Makarie sich jeweils völlig verschieden: Während sie dort Entwicklungsmöglichkeiten öffnet, indem sie die Verhältnisse für alle Beteiligten transparent macht, nährt sie hier durch Verschweigen von Susannes abschlägiger Antwort Lenardos gegenwärtig unberechtigte, langfristig vielleicht aber berechtigte Hoffnung. Die »Strategie« der Seherin besteht darin, Lenardo und Susanne füreinander aufzusparen, indem sie sie für den Moment getrennt beschäftigt hält. Wo es auf menschliches Zartgefühl ankommt, gibt es auch für eine Frau mit kosmischem Weitblick kein Patentrezept.

---

[32] Vgl. das Gespräch mit Eckermann vom 21. Februar 1827 (*Gespräche mit Goethe,* op. cit., S.555ff.).

[33] *Goethes Reden und Ansprachen,* hrsg. von Gert Ueding, Frankfurt/M./ Leipzig 1994, S.36.

[34] Felix Höpfner: »Wirkungen werden wir gewahr [...]«. Goethes *Farbenlehre* im Widerstreit der Meinungen. In: *GJb* 111 (1994), S.210.

[35] Stefan Blessin: *Goethes Romane,* S.174.

[36] WA I 25 II, S.252.

[37] Stefan Blessin: *Goethes Romane,* S.173.

Makarie vertritt eine andere Moral als die Turmgesellschaft. Ihre Menschenliebe entschärft die Härte der Entsagung. Was sie Susanne einräumt, ist die Zeit,
für den Mann, der sie seit Jahren liebt, frei zu werden. Sankt Joseph der Zweite
mußte das Trauerjahr abwarten, bevor er sein Weib erkennen und den Schöp-
fungsbefehl: »Seid fruchtbar und mehret Euch« (1 Mose 1,28) erfüllen durfte,
wodurch *seine* Josephsehe sich signifikant von der seines *heiligen* Vorbildes unterscheidet. Auch Susanne ist Witwe. Wie der Anfang so steht auch das Ende
des Romans im Zeichen der heilenden Wirkung der Zeit. »Goethe weiß, daß die
Tragik dem Moment zugehört und der momentanen Unbedingtheit des Ent-
wurfs.«[38] Entsagung heißt in den »Wanderjahren« nicht Verzicht auf Lebensglück, Entsagung ist eine Schule der Geduld. Zu ihr gehört die Hoffnung auf
Erfüllung nach einer Zeit der Bewährung. »Das allein Tragische ist das injustum
und praematurum.«[39] Lenardo kann so erfolgreich für das Gemeinwohl wirken,
weil man ihm die Hoffnung auf privates Lebensglück *nicht* genommen hat. Für
Projekte dieses Ausmaßes braucht auch der fähigste Mann die stärkende Bindung
an ein geliebtes Du.

4.7 Das nußbraune Mädchen, Nachodine, Frau Susanne, Schöne-Gute/ Gute-Schöne: zur Zeichenfunktion der Namensgebung

Warum aber wechselt die Frau, mit der leben zu dürfen Lenardo immer noch
hofft, ständig ihren Namen? Warum behält sie nicht den wunderbar fremdlän-
dischen Namen Nachodine? Dieser Name verweist auf die böhmische Weber-
stadt Nachod[40] und erinnert an verschiedene Wörter aus slawischen Sprachen,
die »flehen«, »zufällig«, »Zufall«, »finden«, »Findling«, »Waise«, »Straßenkind«
bedeuten[41]. Er verbindet das Bild der Flehenden, die der Baron verlassen mußte,
mit der penelopeischen Weberin, die er nach Jahren wiederfindet.[42] An den Namen Nachodine kann sich zunächst nur Hersilie erinnern. In Lenardos Ich-Er-

---

[38] Arthur Henkel: *Entsagung*, S.57.

[39] Goethe zu Riemer am 11. März 1809 (*Goethes Gespräche*, Bd.2, hrsg. von Biedermann/
Herwig, Zürich 1969, S.431f.).

[40] Eugen Wolff: Die ursprüngliche Gestalt von *Wilhelm Meisters Wanderjahren*. In: *GJb* 34
(1913), S.190.

[41] Peter Horwath: Zur Namengebung des »nußbraunen Mädchens« in *Wilhelm Meisters
Wanderjahren*. In: *GJb* 89 (1972), S.302. Dort findet sich auch der Hinweis, daß Goethe sich 1821
mit tschechischer Namenskunde und 1823, 1827, 1831 wiederholt mit Personen- und Ortsnamen
Böhmens beschäftigt hat.

[42] Als die braungelockte Christiane, die Goethe in Bertuchs Fabrik schon einmal vor anzüg-
lichen Besuchern geschützt hatte, im Ilmenauer Park wie durch Zufall in sein Leben trat, war auch
sie eine Flehende, nur daß es bei ihr nicht der Vater, sondern der Bruder war, für den sie bat. Auch
sie war ein »glückliche[r] Fund«, der nicht so rasch »ins Gemeine offenbar werden« (HA 8,418)
sollte und der für den Finder lebenslange Konsequenzen hatte. Der biographische Anklang erklärt
die zärtliche Diskretion, mit der Lenardos Liebe zu dem nußbraunen Mädchen in den *Wanderjahren*
geschildert wird, vielleicht auch den Umstand, daß die Novelle in diesem Fall *keine* Episode bleibt.

zählung ist die geliebte Frau »das nußbraune Mädchen« und wird mit Valerine, der »Herzhaften«[43], verwechselt. Nachodine verweist auf die Situation, das nußbraune Mädchen auf das Aussehen, Valerine, obwohl falsch, auf das Temperament. Alle drei Namen sind sprechend, alle passen zu gewissen Aspekten der Person. Als Lenardo aber hört, daß die von ihm Gesuchte als Frau Susanne angesprochen wird, verschlägt es ihm fast die Sprache:

> »Um's Himmels willen! wie kommen Sie zu dem wunderlichen Namen?« – »Es ist [...] der dritte, den man mir aufbürdet; ich ließ es gerne zu, weil meine Schwiegereltern es wünschten, denn es war der Name ihrer verstorbenen Tochter« (HA 8,427).

Nachodine füllt die Lücke, die eine andere durch ihren Tod in die Familie gerissen hat. Sie wird die Ersatztochter ihrer Schwiegereltern. Als wären drei *aufgebürdete* Namen nicht genug, findet Lenardo gleich noch einen *vierten*: »Gute-Schöne« (HA 8,418, 428), »Schöne-Gute« (HA 8,428 u.ö.). Mit diesem Attribut wird Nachodine zur Abstraktion. Als Gute-Schöne, Schöne-Gute[44] verkörpert sie das seit Homer bekannte griechische Ideal der Kalokagathia, bei der das Ästhetische ethisch wird. »Zunächst in der Adelsethik beheimatet«, meint Kalokagathia »die Angemessenheit an die Norm«, löst sich aber schon bei den Sophisten von der »Standesgebundenheit« und wird »als allgemeine Qualifikation des Trefflichen ausgedehnt auf alles, was Wert hat und nützt.«[45] Bei Platon Motiv allen Philosophierens, wird die Kalokagathia bei Aristoteles zum Inbegriff dessen, was *jede* Tugend krönt.[46] Bei Plotin fallen das Gute und das Schöne in dem Maße zusammen, wie die Seele beim Emporsteigen vom Körperlichen über das Geistige zum Göttlichen selbst gottähnlich, das Auge, das die Sonne sehen will, »sonnenhaft«[47] wird: »die Wesenheit aber jenseits des Geistes nennen wir das Gute, und sie hat das Schöne wie eine Decke um sich«[48]. Herder weist in seiner begriffsgeschichtlichen Untersuchung der Worte *kalos* und *agathos* nach, daß sie in die »Politische Cultur« Griechenlands gehörten und das Ziel, »brauchbare Männer zu bilden, die redliche Menschen und tüchtige Bürger waren«, umfaßten.[49]

---

[43] Peter Horwath: Zur Namengebung des »nußbraunen Mädchens«, S.298.

[44] Das Gedicht *Johanna Sebus* widmete Goethe einer siebzehnjährigen »Schönen Guten« (HA 1,284), die andere rettend, in den Fluten einen Opfertod starb.

[45] R. Bubner/ W. Grosse: Kalokagathia. In: *Historisches Wörterbuch der Philosophie*, hrsg. von Joachim Ritter und Karlfried Gründer, Bd.4, Basel/ Stuttgart 1976, Sp.681.

[46] R. Bubner/ W. Grosse: Kalokagathia, Sp.681.

[47] In der Einleitung zum »Didaktischen Teil« der *Farbenlehre* schreibt Goethe im Rückgriff auf Plotin (LA I 4, 18): »Wär' nicht das Auge sonnenhaft,/ Wie könnten wir das Licht erblicken?/ Lebt' nicht in uns des Gottes eigne Kraft,/ Wie könnt' uns Göttliches entzücken?«

[48] Vgl. Plotins chronologisch früheste Schrift, die das Plotin-Bild der Neuzeit maßgeblich geprägt hat: *Das Schöne* (*Enneaden*-Zählung: I 6). In: *Plotins Schriften*, übers. von Richard Harder, Neubearb. mit griech. Lesetext und Anmerkungen, Bd.1a, Hamburg 1956, S.25.

[49] Johann Gottfried Herder: *Ueber die neuere Deutsche Litteratur*. Zwote Sammlung von Fragmenten (1767). In: *Herders Sämmtliche Werke*, Suphan 1, Berlin 1877, S.304.

Erstaunlich ist, daß der *Baron* bei Goethe ein der Adelsethik entstammendes Prädikat auf eine Frau anwendet, die vor kurzem noch ein bettelarmes Mädchen war und sich jetzt als eine Verlegerin bewährt, der der Profit *nicht* über alles geht. Das scheint vorerst Horwaths These zu bestätigen, der Namenswechsel spiegele »den stufenweisen Aufstieg in höhere Kreise«, der gute Naturmensch, durch Not gereift, werde zur »Verkörperung des Ewig-Weiblichen«, das den Prozeß der Industrialisierung humanisiere[50]. Doch auch die »Schöne-Gute« kann die Verdrängung der Manufaktur durch die Industrie nicht verhindern. Im Gegenteil, die Fabrik wird mit *ihrem* Geld gebaut. Sie kann ihre Errichtung nur jenen überlassen, die weniger Skrupel haben als sie. Mit mehr Recht könnte man sagen: Nachodine wird von einer realistischen Figur zur Verkörperung einer Idee. Was sie an Abstraktion gewinnt, verliert sie an Konkretion. Solange das nußbraune Mädchen noch einen Spitznamen und einen Eigennamen hatte, war es in der Fiktion ein lebendiger Mensch, der flehen, bitten, weinen konnte. Die »Schöne-Gute« muß ihre »Träne« *unterdrücken* (HA 8,420).

Nachodine läßt sich Namen überstülpen wie abgetragene Kleider. Das ist kein Zeichen der stetigen Höherentwicklung; der Wechsel der Namen ist sprechender Ausdruck wechselnder Fremdeinschätzungen, Rollen- und Funktionszuweisungen: Verlegerin, Unternehmerin, Braut, Ersatztochter, keiner dieser Rollen kann sie sich entziehen. Andere, sozial und ökonomisch Überlegene, sagen ihr, wer sie ist bzw. zu sein hat. Vertrieben, verlassen, verarmt, muß sie froh sein, wenn man sie duldet, und tun, was man von ihr erwartet. Das spricht eher für ein Machtgefälle, das es ihr nicht erlaubt, Rollen, die an sie herangetragen werden, zurückzuweisen. Bis zu ihrer Erbschaft ist sie das Opfer fremder Fehler, der Spielball der Interessen anderer. Sie gehorcht erst dem Vater, dann der Not, dann dem Sohn des Hauses, in dem sie Aufnahme gefunden hat, Wilhelms Rat, den Schwiegereltern, und – um ein Haar – sogar der Heiratsschwindelei des Gehülfen. Lenardos Gegenwart kann letzteres gerade noch rechtzeitig verhindern. Auch die Entscheidung: Gehen oder Bleiben? erwartet sie von dem, den sie für ihren »Schutzengel« (HA 8,431) hält. So autonom, wie sie in ihrer Rede schien, ist sie in ihren Taten nicht. Die Geschichte des Namenswechsels ist die Geschichte einer Domestizierung; sie spricht vom Raub der Identität, den das Mädchen für ein Dach, das man ihm in der Jugend nahm, mit sich geschehen läßt. Als Kind war Nachodine »wild und unbändig« (HA 8,420); jetzt ist dieselbe Frau gebildet, liebenswürdig, tüchtig, beherrscht, anmutig, würdig, aber auch *langweilig*. Sie hat als Romanfigur kein Profil mehr. So beherrscht, wie sie jetzt ist, könnte sie Lenardo *keine* Wunde mehr zufügen, die ein Leben lang eitert. Die Frau, die Lenardo wiederfindet, ist nicht mehr das Mädchen, in das er sich verliebt hat, nicht mehr die weinende, flehende Nachodine. Was die »wilde[.] Hummel von Brünette« (HA 8,76) lernen mußte, um zu überleben, ist, ihre

---

[50] Peter Horwath: Zur Namengebung des »nußbraunen Mädchens«, S.297 und 304.

Gefühle zu beherrschen und sich den Wünschen anderer anzupassen. Wenn das ihren Wesenskern zerstört hat, ist Lenardo in einem viel *tieferen* Sinne schuldig geworden, als er denkt. Dann ist sie wegen seiner Unterlassungssünde nicht nur von Haus und Hof vertrieben worden, sondern auch aus dem eigenen Selbst.

Ich habe übertrieben. Nachodine ist kein Chamäleon. Sie kommt wie Hilarie in der Novelle »Der Mann von funfzig Jahren« in ihrem »Nein!« zu sich selbst. Alle äußeren Gründe scheinen für eine Verbindung mit Lenardo zu sprechen, die inneren sprechen – vorläufig – dagegen. Nur diese macht sie geltend. Dieser Begründung hat selbst der Kreis um Makarie nichts entgegenzusetzen. Obwohl sie als Frau des Barons keine Existenzsorgen mehr hätte, einen erheblichen sozialen Aufstieg erleben, das – ambivalente – Vermächtnis des Vaters erfüllen würde und mit einem tüchtigen Mann, der, vielleicht wider Willen, auch seine Treue bewiesen hat, nach Amerika auswandern könnte, verzichtet sie auf die naheliegende Lösung zugunsten einer Stelle bei Makarie. Die Frau, die keinen personalen Kern zu haben schien, erweist sich einer lukrativen Lebenschance gegenüber als erstaunlich resistent. Sie *ist* die Frau, die Lenardo in ihr sieht.

4.8 Von der Frauenprobe zur Männerprobe: Goethes Adaptation der von Herder übersetzten früh-neuenglischen Ballade *The Not-Browne Mayd*

Das novellistische Kernstück des Erzählstrangs trägt den Titel »Das nußbraune Mädchen«. Dieser hat intertextuelle Implikationen. Er ist die deutsche Übersetzung des Titels der früh-neuenglischen Ballade »The Not-Browne Mayd«[51], die durch die entstellte Version, die sich in Thomas Percys »Reliques of Ancient

---

[51] Zuerst überliefert ist die Ballade in einem 1502/03 und 1521/22 in Antwerpen zweimal anonym aufgelegten Werk, für das sich die Bezeichnung *Richard Arnold's Chronicle* eingebürgert hat. Dort findet sie sich als einziger poetischer Beitrag zwischen Handelsanweisungen, städtischen, staatlichen und kirchlichen Verordnungen und Verträgen über Ein- und Ausfuhrzölle. Noch auf dem Boden der strengen altenglischen Friedlosigkeitsauffassung stehend, nach der jeder Staatsbürger nicht nur das Recht, sondern auch die Pflicht hat, einen Gebannten zu töten, darf sie sowohl als Beitrag zur englischen Rechtsgeschichte wie als Parteinahme für den Wert der Frau verstanden werden. Außer in *Arnold's Chronicle* ist die Ballade, entstellt, noch in drei Handschriften überliefert, von denen eine das um 1650 entstandene *Bishop Percy Folio Manuscript* ist. Die im 18. Jahrhundert verbreitete Annahme, Chaucer sei der Autor, der Goethes Schwager bei seiner Übersetzung noch folgt (Johann Georg Schlosser: *Das Nußbraune Mädchen*. Nebst dem Englischen Original. Nach Chauzer. In: ders.: *Kleine Schriften*, 3. Theil, Basel 1783, S.267–304), gilt heute als unhaltbar. Dazu: Walter Bodenstein: *Geschichte der Ballade vom nussbraunen Mädchen*, Diss.: masch., Berlin 1921, S.1, 3, 7, 13, 71f., 271 und Text-Anhang nach dem mit Hilfe späterer Ausgaben »korrigierten« Erstdruck. Eine bewundernswerte »nut brown maid« kommt auch am Ende des 43. Kapitels des 7. Buches von Laurence Sternes *The Life and Opinions of Tristram Shandy, Gentleman* (ed. by Howard Anderson, New York/ London 1980, p.378) vor.

English Poetry« (1765) findet[52], im 18. Jahrhundert auch in Deutschland bekannt, von Herder frei ins Deutsche übertragen und in seine »Volkslieder«-Sammlung von 1779 aufgenommen wurde. Ich ziehe zum Vergleich die gedrängte deutsche Version Herders heran, die Goethe mit Sicherheit bekannt war und die den Titel: »Das nußbraune Mädchen. Schottisch«[53] trägt. Bei Herder beginnt die Ballade mit »einem kurzen epischen Vorbericht«[54], bei dem die Misogynie des Alten Testaments als Rede von den untreuen Evas sprichwörtlich geworden ist:

> Falsch oder wahr, man sagt es klar:
> »Wer traut auf Weibertreu,
> Der trügt sich sehr, der büßt es schwer
> Mit mancher späten Reu.«[55]

Statt den *common sense* zu bestätigen, scheint die Geschichte, die sich mit adversativem »doch« an das Zitat des Volksmunds anschließt, den Gegenbeweis antreten zu wollen. Denn der Wechselgesang zwischen dem braunen Mädchen und ihrem Geliebten zeigt keine untreue Eva, er zeigt eine ausnehmend treue: eine junge Frau, die jede Warnung des angeblich geächteten Geliebten, ihm in den Wald zu folgen, in den Wind schlägt, die nicht nur bereit ist, Hunger, Kälte, Schmerz, Not und Entbehrung mit ihm zu teilen, sich über den Verlust der sozialen Reputation hinwegzusetzen, Verfolgung und Tod in Kauf zu nehmen, mit den weiblichen Attributen – Haar und langem Rock – einen Teil der Geschlechtsidentität und die weibliche Lebensgemeinschaft mit Mutter und Schwester preiszugeben, sondern schließlich sogar auf den Mann, für den sie alle diese Opfer bringt, zu verzichten und der Nebenbuhlerin, die er angeblich stärker liebt als sie selbst, so zu dienen wie ihm. Erst, als er sieht, daß ihr Wunsch, ihn zu begleiten, uneigennützig ist, die Treue die Sehnsucht nach Liebeserfüllung überwiegt, belohnt er ihre Standhaftigkeit mit dem Gegengeständnis, daß seine Verbannung erfunden sei. Erst jetzt gibt er dem Mädchen seinen Adelsstand zu erkennen: »Sei ohne Harm, ich bin nicht arm,/ Ich bin ein Graf im Land.« Sie muß die Frauenprobe bestehen, bevor er sich zur Identitätspräsentation entschließen kann. Wie der Erzähler sie am Anfang von der sprichwörtlichen Untreue der Weiber, so nimmt sie am Schluß den Geliebten von der ebenso sprichwörtlichen Falschheit der Männer aus. Der Vorwurf ist umkehrbar, hier aber weder im einen noch im andern Fall berechtigt. Die Geschichte bestätigt nicht

[52] Die *Reliques of Ancient English Poetry* (London 1765), muß Goethe gekannt haben, da er sie schon im Herbst 1771 in einem Brief an Herder erwähnt (WA IV 2, S.3). Mir lag folgende Version der Ballade vor: Thomas Percy: *Reliques of Ancient English Poetry*. A New Edition, vol.2, London 1839, pp.28–45.
[53] Johann Gottfried Herder: *Volkslieder*, Zweiter Theil (1979). In: *Herders Sämmtliche Werke*, Suphan 25, Berlin 1885, S.415–420.
[54] Walter Bodenstein: *Geschichte der Ballade vom nussbraunen Mädchen*, S.280.
[55] Johann Gottfried Herder: *Volkslieder*, Suphan 25, S.415.

die Regel, sie spricht von der Ausnahme. Das letzte Wort hat die Frau, die, weil
sie ihre Treue bewiesen hat, nun glaubwürdig *ewige* Liebe verspricht.

Warum verweist Goethe mit dem Novellentitel auf diese Volkslied-Figur?
Bisher hat die Anspielung die »Wanderjahre«-Interpreten eher dazu verleitet,
nach Analogien zu suchen:

> Goethes *nußbraunes Mädchen* ist von derselben elementar-naiven Gutheit. In beiden
> Fällen ist die Neigung individuell-persönlicher Natur: bei Percy zu dem (angeblich)
> geächteten Geliebten und bei Goethe zu dem vertriebenen Vater. Mit fortschrei-
> tender Erfahrung weitet sich das Verantwortungsbewußtsein auf immer weitere
> Kreise aus, und es vertieft sich die geistige Schau.[56]

Sprechender sind die Differenzen: Goethe kehrt die Geschlechtsrollen um. Er
zeigt keine *Frauenprobe*, sondern eine *Männerprobe*. Bei ihm testet nicht der
unerkannte Graf die Motive der Rittersfrau, bei ihm appelliert die bekannte
Pächterstochter an die soziale Verantwortung des Barons. Während die Rittersfrau der Ballade mehr hält, als sie je versprach, scheitert Goethes Edelmann vorerst kläglich daran, ein unter Druck gegebenes Versprechen einzulösen. Sein
Adel ist vorerst kein *seelisches* Prädikat. Bei Goethe wird die Bewährung auf
zwei Etappen verteilt. In den Tagen vor seiner Abreise versagt Lenardo, weil er
sich von Sachzwängen beherrschen läßt und sich einredet, *sein* Zweck heilige
des Oheims Mittel. Nachträglich täuscht er sich mit dem Irrealis, daß er dem
Mädchen geholfen hätte, wenn es *seine* Kasse gewesen wäre, über die tiefere
Wahrheit hinweg, daß es *seine* Reisekasse war, die mit dem Geld der Armen
aufgefüllt werden mußte. Hätte er die ohnehin überstürzte Abreise verschoben,
wären die Mittel, die er nicht billigte, für den Zweck, den er billigte, nicht mehr
nötig gewesen. Erst mit der Preisgabe der Triebabwehr wächst mit der Schuldein-
sicht auch das Bedürfnis, den Fehler wiedergutzumachen. Lenardo entwickelt
Treue und Anhänglichkeit wider Willen. Er lebt ohne Wissen der Frau innerlich
mit ihr zusammen. Zur Frauenprobe wird die Geschichte bei Goethe erst am
Schluß, als Susanne die indirekte Frage, ob sie Lenardo heiraten wolle, ebenso
indirekt verneint.

Muschg sieht darin ein quälendes »Patt«[57], Steer das zukünftige Musterpaar
der Amerikasiedler: »this is the leading couple that is to found an exemplary
family among the emigrants in America«[58]. Goethes vorsichtig andeutende Erzählweise mißachten beide, weil sie das »offenbar Geheimnis« einer leisen Glücksverheißung nicht stehen lassen können, ohne das Kästchen, das Goethe wohl-
weislich geschlossen hält, mit hermeneutischen Mitteln aufzubrechen. Die Frage,
ob in Lenardo und Susanne zwei Menschen zusammenfinden werden, die tech-
nisches Können, Führungsqualität, Organisationstalent, Innovationskraft mit

---

[56] Peter Horwath: Zur Namengebung des »nußbraunen Mädchens«, S.300.
[57] Adolf Muschg: »Bis zum Durchsichtigen gebildet«, S.123.
[58] Alfred Gilbert Steer: *Goethe's Science*, p.46.

Seelenadel und sozialem Verantwortungsgefühl verbinden, bleibt in den »Wanderjahren« offen. Was die Zukunft erst erweisen muß, das legt der greise Dichter in die Hände der Makarienfigur.

KAPITEL 5

Lenardos Rede vor dem Auswandererbund und der amerikanische Siedlungsplan

Von Lenardos Auswanderungsplan wissen wir seit dem gemeinsamen Ritt
mit Wilhelm, bei dem die beiden Männer gesprächsweise die eben aufge-
deckte Namensverwechslung zwischen Nachodine und Valerine verarbeiten.
Lenardos Geständnis, daß seine »Einbildungskraft sich über dem Meer ein Behagen« suche (HA 8,142), veranlaßt Wilhelm, ihm den Zusammenschluß mit der
Turmgesellschaft anzuraten, den er durch ein Empfehlungsschreiben zu erleichtern hofft. Sein gegen den Auswanderungsplan erhobener Einwand, »daß ein
solches Unternehmen nur einer Gesamtheit glücken kann« (HA 8,142), will nicht
Lenardos Antrieb bremsen, ihn aber veranlassen, Risikoversicherungen einzu-
bauen. Und die beste Versicherung gegen den Untergang des einzelnen angesichts unvorhersehbarer Gefahren ist der Zusammenhalt der vielen und ihr gegenseitiger Informationsaustausch:

> Sie gehen hinüber und finden dort schon Familienbesitzungen, wie ich weiß; die
> Meinigen hegen gleiche Plane und haben sich dort schon angesiedelt; vereinigen Sie
> sich mit diesen umsichtigen, klugen und kräftigen Menschen, für beide Teile muß
> sich dadurch das Geschäft erleichtern und erweitern. (HA 8,142)

Erstaunlicherweise ist in Lenardos Anwerbungsrede[1] vor den Handwerkern im
neunten Kapitel des dritten Buches aber nicht von Auswanderung, sondern nur

---

[1] Lenardos große Wanderrede entstand am 7. und 8. Mai 1821 (WA III 8, S.50f.), nach der
ersten Phase intensiver Auseinandersetzung Goethes mit Amerika. Diese folgte 1818 auf die ersten
Expeditionsberichte Alexander von Humboldts und fällt mit den Aufenthalten der ersten Gruppe
amerikanischer Besucher in Weimar zusammen, die alle zu prominenten Neu England-Familien
gehörten. Eine Liste der amerikanischen Besucher Goethes findet sich bei: Johannes Urzidil: *Das
Glück der Gegenwart. Goethes Amerikabild* (Zürich/ Stuttgart 1958, S.32ff.). Anläßlich eines Besuchs von Joseph Green Cogswell überliefert Kanzler von Müller (*Unterhaltungen mit Goethe*,
hrsg. von Renate Grumach, München 1982, S.43) den Ausspruch Goethes vom 10. Mai 1819: »Wären
wir 20 Jahre jünger, [...] so segelten wir noch nach Nordamerika.« Cogswell schenkte Goethe
wichtige geologische Handbücher: Parker Cleavelands *An elementary Treatise on mineralogy and
geology*, Boston 1816 (Ruppert, Nr.4464) und David B. Wardens *A statistical, political, and historical
Account of the United States of North America; from the Period of their first Colonization to the
present Day*, vol.1–3, Edinburgh 1819 (Ruppert, Nr.4115). Als Gegenleistung machte Goethe der
Universität Harvard im August 1819 das Geschenk einer Auswahl seiner Werke. Der Teil der
Zweitfassung der *Wanderjahre*, der den Besuch des *Lehrjahre*-Personals bei Makarie vor dessen
Auswanderung nach Amerika schildert, fällt entstehungsgeschichtlich in die Zeit nach 1826, als die
Reise von Herzog Bernhard und sein Tagebuch Amerika in den Vordergrund von Goethes Interesse
rückten (Ernst Beutler: Von der Ilm zum Susquehanna. In: ders.: *Essays um Goethe*, 2., erw. Aufl.,
Leipzig 1941, S.473f.).

vom Wandern die Rede. Robert Hering führt diese Ungereimtheit auf fehlende redaktionelle Überarbeitung der Zweitfassung der »Wanderjahre« zurück.[2] Diese Behauptung hält näherer Betrachtung nicht stand. Denn die die Erstfassung der »Wanderjahre« beschließende Wanderrede macht mit der Übernahme in die Zweitfassung einen Funktionswandel durch, der sie vom Wander- zum Auswanderungsappell werden und damit intratextuell wie soziokulturell auf neue Kontexte antworten läßt. Für ein adäquates Verständnis dieser Rede ist es unabdingbar, sie sowohl textimmanent im Hinblick auf ihren Aufbau, die rhetorischen Mittel und die intendierte Wirkung auf die Adressaten zu untersuchen, wie sie mit den Erfahrungen zu konfrontieren, die Goethe den zeitgenössischen Auswanderungsberichten, die er als Quellen benutzte, entnehmen konnte. Darüber hinaus legt die Sterne-Anspielung in Lenardos Rede nahe, den intertextuellen Dialog der »Wanderjahre« mit Sternes »Sentimental Journey« in die Betrachtung einzubeziehen.

5.1 Die rhetorische Struktur der Rede vor dem Hintergrund der historischen Auswanderungsberichte

Der Erzähler bestimmt den fiktiven situativen Kontext, in den hinein Lenardo spricht, superlativisch als »höchst bedeutende[n] Tag« und damit als End- und Höhepunkt einer langen Phase der Vorbereitung, der für die Betroffenen zur Entscheidung für oder gegen die »Fortwanderung« (HA 8,383) führen muß. Damit ist die Grundopposition zwischen Gehen und Bleiben, auf die Lenardo seine Rede aufbaut, durch den Erzähler bereits leitmotivisch eingeführt. Nachdem die Massen der Handwerker sich nach einer Ordnung, die das Los entschieden hat, versammelt, die Vorgesetzten ihre Plätze eingenommen haben und sich ein Unbekannter, Odoard, dazugesellt hat, beginnt Lenardo seine große Rede so:

> Betrachten wir, meine Freunde, des festen Landes bewohnteste Provinzen und Reiche, so finden wir überall, wo sich nutzbarer Boden hervortut, denselben bebaut, bepflanzt, geregelt, verschönt und in gleichem Verhältnis gewünscht, in Besitz genommen, befestigt und verteidigt. Da überzeugen wir uns denn von dem hohen Wert des Grundbesitzes und sind genötigt, ihn als das Erste, das Beste anzusehen, was dem Menschen werden könne. (HA 8,384)

Ohne *salutatio* und ohne Exordialtopoi springt Lenardo nach kurzer familiärer Anrede schon mit dem ersten Satz in *medias res*. Offenbar bedarf die Eröffnungssequenz seiner Ansprache keiner *captatio benevolentiae*. Die Anwesenden, die vor einer Entscheidung mit vermutlich lebenslangen Konsequenzen stehen, sind von sich aus motiviert genug, ihm zuzuhören. Daß er, ein Mann aus altem

---

[2] Robert Hering: *Wilhelm Meister und Faust und ihre Gestaltung im Zeichen der Gottesidee*, Frankfurt/M. 1952, S.389.

Adel, alle sozialen Differenzen fallen läßt, von einer allgemeinmenschlichen Warte aus spricht und sich selbst durch den Gebrauch der ersten Person Plural in
jede Wahrnehmung, die er beschreibt, jeden Appell, den er an die Zuhörer richtet, mit einschließt, ist den Handwerkern, die sich um ihn versammelt haben,
Aufwertung genug. Doch obwohl wir seinen Entschluß zur Auswanderung
schon kennen und in der Rede eigentlich eine Darlegung seiner Gründe erwarten,
lenkt er unsere Aufmerksamkeit erstaunlicherweise erstmal auf den Grundbesitz
und die mit ihm verbundene seßhafte Lebensform. Dabei scheut sein Lob keinen
Aufwand an rhetorischen Mitteln: die Inversion »des festen Landes bewohnteste
Provinzen und Reiche«, die Alliteration »bebaut, bepflanzt«, die zwei asynde-
tischen Reihungen von je vier Partizipien, die den Prozeß der Landbesitznahme,
der Bodenkultivierung und der Sicherung des Eigentums in knappster Form
veranschaulichen, wie die Superlative »das Erste, das Beste« tragen dazu bei, den
Grundbesitz als höchsten Wert des Menschen zu preisen. Dabei baut die Betonung der zivilisatorischen Eingriffe in die Natur implizit auch einen Gegensatz
zwischen Amerika und Europa auf, da hier schon kultiviert ist, was dort der
unberührten Natur noch abgerungen werden muß. Von engeren zu immer weiteren Sozialbeziehungen übergehend, glaubt Lenardo die Bindung des Menschen
an die Scholle sogar als Basis der Bindung an die Familie, an die Gemeinde und
an das Vaterland preisen zu müssen. Damit werden implizit auch die politischen
Rechte auf den Besitz an Grund und Boden zurückgeführt. Denn in der Behauptung, daß »das allgemeine patriotische Gefühl unmittelbar auf den Boden
gegründet« (HA 8,384) sei, klingt Justus Mösers konservative Staatsauffassung[3]
an, derzufolge nur den Grundbesitzern politische Rechte zustehen. Eine solche
Staatsauffassung macht die »Nichteigentümer« aber »politisch rechtlos«.[4] »Ja, so
hat es die Natur gewollt!« (HA 8,384), mit dieser *exclamatio* scheint Lenardo
die feudalistischen Besitzverhältnisse im Naturrecht verankern zu wollen, eine
Legitimation, die die folgende Frage: »Wer möchte denn wohl die Grundfeste
alles Daseins widerwärtig berühren, Wert und Würde so schöner, einziger Him-
melsgabe verkennen?« (HA 8,384) mit einer theologischen überbietet.[5] Das emphatische Lob der Seßhaftigkeit scheint auf den ersten Blick im Gegensatz zu
Lenardos Anliegen zu stehen, geographische Mobilität zu fördern und einer
Gruppe von Menschen die Auswanderung nach Amerika zu erleichtern. Doch
die Tatsache, daß das säkularisierte selbstverständlich neben das theologische
Legitimationsmuster gestellt werden kann, muß uns ebenso stutzig machen wie

---

[3] Justus Möser: *Über das Recht der Menschheit, insofern es zur Grundlage eines Staates
dienen kann* (1791). In: *Justus Mösers Sämtliche Werke*, Bd.9, Oldenburg (Oldb.) / Hamburg 1958,
S.155–161. Dazu auch Goethes Lob Justus Mösers im 13. und 15. Buch von *Dichtung und Wahrheit*
(HA 9,596ff. und 10,52f.).

[4] MA 17, 1189.

[5] Am Ende des siebten Buchs der *Lehrjahre* ist die »Gabe« (HA 7,497), die der Himmel für
Wilhelm bereit hält, sein Sohn Felix.

der rhetorische Schmuck einer selbst schon rhetorischen Frage. Adversativ wird
der These dann auch gleich die Antithese gegenübergestellt:

> Und doch darf man sagen: Wenn das, was der Mensch besitzt, von großem Wert
> ist, so muß man demjenigen, was er tut und leistet, noch einen größern zuschreiben.
> Wir mögen daher [...] den Grundbesitz als einen kleineren Teil der uns verliehenen
> Güter betrachten. Die meisten und höchsten derselben bestehen aber eigentlich im
> Beweglichen und in demjenigen, was durchs bewegte Leben gewonnen wird. (HA 8,385)

Mit signifikantem Wechsel vom persönlichen »wir« zum unpersönlichen »man«
zitiert Lenardo die subjektive Wertschätzung des Eigentums hier nur noch einmal, um sie durch den seiner Ansicht nach objektiven Wert der Arbeit und des
bewegten Lebens zu überbieten. Nicht nur wird die Arbeit unter dem Einfluß
von Adam Smiths »Inquiry into the Nature and Causes of the Wealth of Nations«[6] gegenüber dem Besitz aufgewertet, sie wird zu einem »wertschöpfenden
Produktionsfaktor«[7]. Und doch täuscht die adversative Aussageweise. Lenardo
will das Wertsystem, das er eingangs aufgebaut hat, nicht umstürzen, sondern
relativieren. Wo wir eine Opposition erwartet haben, steht ein Komparativ: Der
Besitz ist »von großem Wert«, die Arbeit von »größer[m]«; der Unterschied in
der Wertschätzung ist kein absoluter, sondern ein gradueller. Mit dieser Relativierung erreicht der Redner einen doppelten Zweck: Er legt seinen Zuhörern
mobile Leistungsorientierung nahe, ohne dabei ihre Anhänglichkeit an das einmal Erworbene abzuwerten. Seine Argumentationsstrategie läuft darauf hinaus,
ihre Wertehierarchie zu verändern, indem er sie vorerst bestätigt.

Mit der Frage nach dem Verhältnis von Seßhaftigkeit und Beweglichkeit ist
das Wanderthema angeschlagen und das *exordium* beendet. Statt zur *narratio*
überzugehen, die in der klassischen *oratio* zu folgen hätte, schränkt Lenardo jetzt
die Adressatengruppe ein, der sein Appell, nach neuen Lebensmöglichkeiten Aus-
schau zu halten, gilt: »Hiernach uns umzusehen, werden wir Jüngeren besonders
genötigt« (HA 8,385). Wenn Goethe es seiner Figur hier erlaubt, ihren Auswanderungsappell besonders an die jungen Leute zu richten, fließt in die Fiktion
sein – allerdings textuell vermitteltes – Wissen realhistorischer Erfahrungen ein.
Moritz Freyherr von Fürstenwärther, der vom Königlich niederländischen Minister
am deutschen Bundestage, Freyherr von Gagern, aufgrund zahlreicher Klagen
über planlose und leidvoll scheiternde Auswanderungsversuche beauftragt wurde, die Bedingungen der Übersiedlung sowie die Lebensbedingungen der deutschen Emigranten in Amerika vor Ort zu erforschen, betonte in seinem Bericht
zuhanden des Ministers ausdrücklich, wie sehr der Erfolg der Auswanderung
neben dem Beruf und den finanziellen Mitteln vom Alter abhängig war.[8] Aus

---

[6] Ed. by Roy H. Campbell and Andrew S. Skinner, I.viii, vol.1, Oxford 1976, pp.82–104.
[7] MA 17,1189.
[8] Moritz Freyherr von Fürstenwärther: *Der Deutsche in Nord-Amerika*, hrsg. von Hans Freyherr von Gagern, Stuttgart/ Tübingen 1818, S.52 (Ruppert, Nr.4103). Im Tagebuch vom 8. Januar

dem Bericht, den Goethe kannte, geht folgendes hervor: Wenn Emigranten mittellos und darauf angewiesen waren, sich bei der Ankunft in Amerika für ein paar Jahre zu verdingen und beim Schiffscapitain, dem sie die Fracht schuldig waren, von Amerikanern ausgelöst zu werden, durften die Männer nicht älter als fünfzig, die unverheirateten Frauen nicht über dreißig sein. Junge Leute beiderlei Geschlechts, im Alter von vierzehn bis zwanzig Jahren, wurden am meisten gesucht.[9] Lenardo schätzt die Erfolgschancen der zukünftigen amerikanischen Siedler also realistisch ein, wenn er sich vor allem an die Jungen wendet und gezielt zu Handwerkern spricht. Theoretisch konnte Amerika noch Millionen von Menschen ernähren. Praktisch kamen zu viele, mit falschen beruflichen Voraussetzungen, zur falschen Zeit, beispielsweise im Winter, fanden verstopfte Kanäle vor und fielen dem Gemeinwesen zur Last.[10] Gesucht waren Landmänner und Handwerker, nicht Kopfarbeiter, und unter den Handwerkern solche, die Güter des täglichen Bedarfs herstellen konnten:

> Maurer, Zimmerleute, Wagner, Schreiner, Bötcher, Schmiede, Schlosser, Schuster, Schneider, Bäcker u.s.w. Alle Gewerbe hingegen, welche, ihrer Natur nach, sich mehr oder weniger den feinern Künsten oder Manufacturen nähern, d.h. wo die Arbeit geteilt ist, und deren Produkte mehr Gegenstand des Luxus sind, ihr Glück nicht so leicht finden.[11]

Aber selbst die gezielte Adressatenansprache hat bei Lenardo noch die Form der Negation einer Abwehrhaltung; er fordert dazu auf, »die Augen vor weiterer Aus- und Umsicht keineswegs zu verschließen« (HA 8,385). Die Lust auf Veränderung ist unter den jungen Handwerkern offenbar nicht so selbstverständlich, wie der Redner ihnen suggerieren möchte. Auch seine Wortwahl ist verräterisch. Denn im »genötigt« steckt die »Not«, von der in seiner Ansprache sonst nirgendwo die Rede ist. Die Leerstelle, die die fehlende *narratio* läßt, kann vom Leser mit dem Kontext des Romans gefüllt werden: mit der Vertreibung der verschuldeten Pächtersfamilie durch Lenardos Oheim und der Bedrohung der Weber im Gebirge durch den Unternehmergeist des Geschirrfassers. Lenardo spricht nicht von den Auswanderungsgründen, sondern weckt den Tatendrang seiner Zuhörer durch den Hinweis auf die Weite des Meeres (HA 8,385).

Mit dem Wechsel vom Blick übers Meer zu dem auf das Land beginnt eine lange Beispielreihe, die in zwei Teile zerfällt und die *argumentatio* seiner Rede ausmacht. Zunächst lenkt Lenardo die Aufmerksamkeit von den Nomaden auf

---

1826 (WA III 10, S.146) spricht Goethe neutral, im Brief an Kanzler von Müller vom 9. Januar 1826 (WA IV 40, S.239) mit größtem Lob von diesem Werk. Positiver ist die Darstellung des Emigrantenlebens in: Morris Birkbeck: *Notes on a Journey in America, from the Coast of Virginia to the Territory of Illinois*, The Fourth Edition, London 1818 (reprint: Ann Arbor 1966; in deutscher Übersetzung: Ruppert, Nr.4099).
   9 Moritz Freyherr von Fürstenwärther: *Der Deutsche in Nord-Amerika*, S.52.
   10 Moritz Freyherr von Fürstenwärther: *Der Deutsche in Nord-Amerika*, S.46.
   11 Moritz Freyherr von Fürstenwärther: *Der Deutsche in Nord-Amerika*, S.51.

die Völkerwanderung der germanischen Stämme und von dort auf die Gründe
für den Entschluß zur Auswanderung im Deutschland seiner Zeit. Das Beispiel
der Nomaden zeigt, daß Wandern eine habituelle, freiwillig gewählte, ja gewünschte
Lebensform sein kann, der ein Begriff von Heimat zugrunde liegt, der nicht lokal
bestimmt ist. Mit diesem *exemplum* wirkt Lenardo jener Lebensangst entgegen,
die sich bei seinen Zuhörern einstellt, wenn sie aufgefordert werden, Sicherheiten
preiszugeben. Indem er die jüngste Völkerwanderung auf das historisch neue
Problem der Überbevölkerung zurückführt, leitet er von freiwilligen zu unfreiwilligen Migrationsbewegungen über und schließt die Frage nach den möglichen
Prognosen für die Zukunft seines Landes an. Damit übernimmt er sinngemäß
die Argumentationsweise des Abbés aus dessen Brief an Wilhelm: »Aus den
Gebirgen vernimmt man Klagen über Klagen, wie dort Nahrungslosigkeit über-
handnehme; auch sollen jene Strecken im Übermaß bevölkert sein.« (HA 8,242)
Auch hier legt Goethe der Figurenrede demographische Tatsachen zugrunde.
Tatsächlich war die deutsche Bevölkerung seit der Mitte des 18. Jahrhunderts
sprunghaft angestiegen, was auf dem Land zur Verarmung der Taglöhner führte
und in den Städten die Schicht der Gesellen, die sich nicht selbständig machen
konnten, und der ungelernten Arbeiter und Dienstboten anwachsen ließ.[12] In
den Schweizer Kantonen nahm die demographische Entwicklung zwar keine so
drastischen Ausmaße an wie in den norddeutschen Industriegebieten, aber auch
hier stieg die »Bevölkerung zwischen 1798 und 1840 von anderthalb auf zwei-
einviertel Millionen an«[13]. Wenn Lenardo sich in seiner Rede die Worte des
Abbés zu eigen macht, dürfen wir annehmen, daß er dem Auftrag der Turmgesellschaft, die Lebensbedingungen der Bergbevölkerung zu prüfen, nachgekom-
men ist und »die wahrhaft Tätigen« (HA 8,242) in den vereinigten Zug der Auswanderer aufnehmen will. Auffällig ist, daß er die Opposition zwischen dem
Fremden und dem Eigenen nur aufbaut, um sie als irrelevant zu verwerfen. Denn
daß die Gefahr für das eigene Land mehr von *innen* als von *außen* kommt, das
steht für ihn außer Zweifel:

> Was wir von Fremden zu erwarten haben, wäre schwer zu sagen; wundersam aber
> ist es, daß durch eigene Übervölkerung wir uns einander innerlich drängen und,
> ohne erst abzuwarten, daß wir vertrieben werden, uns selbst vertreiben, das Urteil
> der Verbannung gegen einander selbst aussprechend. (HA 8,385)

Umso deutlicher unterstreichen die zahlreichen reflexiven Formulierungen auch
syntaktisch die sozialpolitischen Gefahren der »Übervölkerung«[14]. Das Abstrak-

---

12 MA 17, 1190.
13 MA 17, 1157.
14 Das Wort ist keine Erfindung Goethes, sondern findet sich schon in Joachim Heinrich
Campes *Wörterbuch der Deutschen Sprache* (5.Theil, Braunschweig 1811, S.55) und bereits in der
neuen Form »überbevölkert« in von Gagerns Schlußwort zu von Fürstenwärthers Bericht (*Der
Deutsche in Nord-Amerika*, S.123f.): »Diese Wanderungen [...] werden immer wiederkehren, denn
wir sind überbevölkert und die Millionen fruchtbarer Morgen oder Höfen, die dort noch den Pflug

tum zu konkretisieren, hält Lenardo aber nicht für nötig. Jeder Betroffene weiß
selbst am besten, was ihm seine Existenzgrundlage entzieht. Wie vorher der im
»genötigt« angedeutete Zwang gesteht jetzt das »Urteil der Verbannung« zu,
daß Auswanderung in der Regel nicht ganz freiwillig geschieht. Wieder läuft
die Situationsbeschreibung auf den Appell hinaus, den Wandel der Lebensver-
hältnisse aktiv herbeizuführen. Dabei deutet die negative Aufforderung, »die
ungeduldige Lust nicht zu unterdrücken, die uns antreibt, Platz und Ort zu
verändern« (HA 8,386), das, was eben noch Reaktion auf einen Zwang war,
unmerklich in eine »Lust« um. Damit unterstellt der Redner, daß die Zuhörer
seine Neigung zu »uranfänglichen Zuständen« (HA 8,142) mit ihm teilen. Wie
er zu Beginn des dritten Buches den Schwermutsgesang der Abschied-Nehmen-
den »Denn die Bande sind zerrissen,/ Das Vertrauen ist verletzt« (HA 8,317)
unterbrechen und durch das aufbruchsfreudige Wanderlied »Bleibe nicht am
Boden heften,/ Frisch gewagt und frisch hinaus!« (HA 8,318) ersetzen mußte,
um das im Chorgesang performativ erfahrene Gemeinschaftsgefühl ins Positive
zu wenden, so versucht er auch jetzt die vom Trennungsschmerz und der Angst
vor dem Ungewissen ausgehende Handlungslähmung zu überwinden, indem er
die lustvolle Seite des Neuanfangs betont. Gleichzeitig fordert er seine Zuhörer
dazu auf, ihr Auswanderungsmotiv zu überprüfen. Denn Aussicht auf Erfolg
hat nur, was auf der Grundlage sachlicher Urteile geplant, konsequent durchgeführt und von den Beteiligten auch persönlich verantwortet wird.

    Damit scheint die *argumentatio* vorerst abgeschlossen, und Lenardo kann
zu einer *conclusio* übergehen, die die hedonistische Spruchweisheit »Wo mir's
wohl geht, ist mein Vaterland!« – eine deutsche Übersetzung des alten Land-
knechtsspruchs »ubi bene, ibi patria«[15] – in eine altruistische umdeutet: »Wo ich
nütze, ist mein Vaterland!« (HA 8,386) Wie vorher bei ihrem Verhältnis zum
Besitz, so holt Lenardo seine Zuhörer jetzt bei ihrem Begriff von Wohlbefinden
ab. Dabei wird der Akzent ganz im Sinne des Menschenbildes, das der Oheim
in den »Lehrjahren« gegenüber der schönen Seele geltend macht: »Des Menschen
größtes Verdienst bleibt wohl, wenn er die Umstände soviel als möglich bestimmt und sich so wenig als möglich von ihnen bestimmen läßt« (HA 7,405)[16],
von der Passivität auf die Aktivität verschoben und das subjektive Wohlbefinden
auch vom Wohlergehen anderer abhängig gemacht. Hiermit könnte die Rede
eigentlich enden. Gedanklich kommt nichts Neues mehr hinzu. Aber Lenardo
läßt es bei den drei exemplarischen Wandermotiven nicht bewenden, er will

---

und des Menschen Hand erwarten, sind unermeßlich. Dem Politiker, bey diesem Grad unserer
Bevölkerung, erscheint ein leises und fortgesetztes Abströmen der Classen mit zu geringem Eigen-
thum ohne Zweifel als etwas sehr Erwünschtes, die innere Ruhe ungemein Beförderndes.«
   15 MA 17, 1190.
   16 Dazu auch Schillers letzter Brief an Wilhelm von Humboldt vom 2. April 1805 (NA 32,
206): »Und am Ende sind wir ja beide Idealisten und würden uns schämen, uns nachsagen zu lassen,
daß die Dinge uns formten und nicht wir die Dinge.«

durch die Fülle der Beispiele überzeugen. Deshalb nimmt er den Faden seiner *argumentatio* wieder auf und kehrt mit dem appellativen Sprechgestus: »Nun beschaue man den Erdball« (HA 8,386) auch zur globalen Perspektive zurück. Dabei wertet er als »Segen« (HA 8,386), was im alttestamentlichen Kontext eine Strafe Gottes für die menschliche Hybris ist, die Zerstreuung der Völker über die Erde im Gefolge des babylonischen Turmbaus (1 Mose 11,7–9). Denn für die Auswanderer liegt in ihr die tröstende Gewißheit, wo sie auch hingehen werden, Menschen anzutreffen. Mit erneutem Wechsel von der globalen zur euro-zentrischen Perspektive beginnt jene bunte Aufzählung von Berufs- und Bevöl-kerungsgruppen, die aus je verschiedenen Motiven wandern wollen oder wandern müssen: junge Bildungsreisende, Naturforscher, Vornehme und Reiche auf den Heerstraßen, Handwerker auf Gesellentour, Marketender, Hausierer, kleine Krä-mer und große Kaufleute, Juden, Künstler, Lehrer, Missionare, Pilger, Pächter und Pioniere, Diplomaten, Soldaten und jene »Geschäftträger der Fürstlichkeit und Diplomatie«[17], die »die ganze bewohnte Welt mit unsichtbaren Fäden über-kreuzen« (HA 8,389). Sie alle sind der lebendige Beweis, daß das Besondere im Grunde das Normale, der Bruch mit der Norm der Seßhaftigkeit die neue Norm ist. Ob im Wagen oder zu Fuß, ob in den höchsten oder in den untersten Ge-sellschaftsschichten, ob aus psychologischen, soziologischen, politischen, öko-nomischen, diplomatischen oder religiösen Gründen, Wandern ist in allen diesen Fällen mindestens vorübergehend Lebensform. Dabei haben die Handwerker, die Soldaten und die Diplomaten bei aller Verschiedenheit eines gemein: Ihr Wandern ist keine Absage an ihr Vaterland, im Gegenteil, ihr Vaterland macht ihnen ihre Wanderschaft zur Pflicht. Daß Lenardo diesen Sachverhalt in drei verschiedenen Fällen explizit hervorhebt, darf als Prokatalepse[18] gewertet wer-den, da er damit den Vorwurf des Anti-Patriotismus vorwegnehmend entkräftet. Wenn jemand sein Vaterland verläßt, heißt das noch lange nicht, daß er es deshalb auch verrät. Darin unterscheidet die Zweitfassung der »Wanderjahre« sich deut-lich von der ersten, wo Lenardo das endgültige Verlassen der Heimat ohne Ge-danken an Rückwanderung selbst noch als »Grille« und »Wahne«, von dem er selbst »betört gewesen«, abgewertet hat:

> Das Auswandern geschieht in betrüglicher Hoffnung eines bessern Zustandes, doch sie wird beim erfolgenden Einwandern gar oft enttäuscht, weil man sich, wohin man auch gelange, immer wieder in einer bedingten Welt befindet [...]./ Wir haben uns daher verbündet auf alles Auswandern Verzicht zu tun und uns dem Wandern zu ergeben. Hier kehrt man nicht dem Vaterlande auf immer den Rücken, sondern man hofft, auch auf dem größten Umweg, wieder dahin zu gelangen; reicher, verständiger, geschickter, besser, und was aus einem solchen Lebenswandel Vorteil-haftes hervorgehen mag.[19]

---

17 FA I 10, 1216.
18 Heinrich F. Plett: *Einführung in die rhetorische Textanalyse*, 3. Aufl., Hamburg 1975, S.64.
19 FA I 10, 199.

Wenn der Lenardo der Zweitfassung einem Vorwurf zu begegnen sucht, den der Lenardo der Erstfassung selbst noch erhoben hat, läßt das den Schluß zu, daß Goethes Einstellung zur Auswanderung sich in der Zwischenzeit verändert hat. Dazu dürfte nicht nur die wachsende Zahl persönlicher Bekanntschaften mit Nordamerikanern und die bessere Kenntnis der amerikanischen Verhältnisse beigetragen haben, sondern vor allem auch das Reisetagebuch von Herzog Bernhard[20]. In der Zweitfassung von Lenardos Wanderrede befreit die große Zahl der ehrenwerten Reisemotive die Mobilität vom »Odium des Vagabundentums«[21] und gibt den Männern, die sich Lenardos Führung anvertrauen, die Gewißheit, mit ihrem Entschluß nicht allein zu sein. Im Gegenteil, sie dürfen »die vorzüglichste Masse tätiger Menschen«, in die sogar Kaiser, Könige und Fürsten eingeschlossen werden, als ihre »Gesellen und Schicksalsgenossen« (HA 8,390) ansehen. Als sei die standesübergreifende Verbrüderung aller Wanderer für die Adressatengruppe noch nicht Aufwertung genug, wird sie im nächsten Redeschritt sogar noch überboten. Denn Lenardo läßt die Klimax, mit der seine Beispielreihe bis zu den Spitzen der Gesellschaft aufgestiegen ist, am Ende noch in eine Antiklimax umschlagen: So bewundernswert die regierenden, so bedauernswert nämlich sind die »unglücklichen vertriebenen Fürsten, die, von dem Gipfel der Höhe herabsteigend, nicht einmal in die bescheidene Gilde tätiger Wanderer aufgenommen werden könnten« (HA 8,390). In Krisenzeiten, Umbruchszeiten, revolutionären Zeiten ist der Handwerker, der seine Geschicklichkeit und damit die Grundlage seiner Existenz überall mit hinnehmen kann, dem Fürsten, dessen Macht an sein Herrschaftsgebiet gebunden ist, überlegen. Offenbar ist Bereitschaft zur Mobilität die zeitgemäßere Form der Existenzsicherung.

Bevor er Schlüsse aus diesem Höhepunkt seiner *argumentatio* zieht, warnt Lenardo vor falschen Reaktionen auf eine richtige Analyse. Die *conclusio* seiner Rede beginnt mit einer Häufung von Negationen: »kein beschränkter Trübsinn, keine leidenschaftliche Dunkelheit«, »keine Spaltung, kein Widerstreit unter uns«, und: »Die Zeit ist vorüber, wo man abenteuerlich in die weite Welt rannte« (HA 8,390f.). Der letzte Satz ist nicht nur ein Hinweis auf das Ende der Pionierzeit in Amerika und ein literarischer Seitenhieb gegen die Romantiker[22], den wir nicht der Figur, aber dem Autor zuschreiben dürfen, sondern auch die sachlich richtige Konsequenz aus den zeitgenössischen Auswanderungsberichten. Goethe hat die Figurenrede seiner aktuellen Kenntnis realhistorischer Prozesse angepaßt.

Einen Eindruck davon, wie ausgesetzt und gefährdet Auswanderer waren, die sich, allein oder in in sich zerstrittenen Gruppen, mit nichts als Gottvertrauen

---

[20] *Reise Sr. Hoheit des Herzogs Bernhard zu Sachsen-Weimar-Eisenach durch Nord-Amerika in den Jahren 1825 und 1826*, hrsg. von Heinrich Luden, Erster und Zweiter Theil, Weimar 1828. Am 31. August 1826 vermerkt Goethes Tagebuch (WA III 10, S.236): »Das Mundum der Wanderjahre completirt. Herzog Bernhard von seiner Reise im allgemeinen vorlegend.«
[21] MA 17, 1189.
[22] Ludwig Tiecks *Franz Sternbalds Wanderungen* erschien 1798 in zwei Bänden in Berlin, Joseph Freiherr von Eichendorffs *Aus dem Leben eines Taugenichts* 1826 ebenfalls in Berlin.

ausgestattet auf den Weg nach Amerika machten und dabei kein so märchen-
haftes Glück hatten wie der Taugenichts von Eichendorff bei seiner Reise in den
Süden, gibt die bei aller negativen Stilisierung doch erschütternde Schilderung
von Emigrantenschicksalen durch Ludwig Gall. Sein zweibändiges Werk »Meine
Auswanderung nach den Vereinigten-Staaten in Nord-Amerika, im Frühjahr
1819 und meine Rückkehr nach der Heimath im Winter 1820«[23], das Goethe bei
der Redaktion der Zweitfassung der »Wanderjahre« zuzog, deutet schon im Titel
an, daß die Auswanderung für den Berichterstatter ein gescheitertes Experiment
war. Gall, der seinen Rechenschaftsbericht als Warnung vor übereilter Auswanderung konzipiert hat, beschreibt die Emigrantenschicksale wie folgt:

> Schaarenweise waren Tausende, nachdem sie die geringe Habe [...] um ein Spottgeld
> losgeschlagen, mit Frau und Kind den Rhein hinab nach Holland gekommen, aufs
> Gerathewohl, ohne Leitung, und ohne daß weder für ihre Einschiffung, noch für
> ihr Unterkommen bis zur Abfahrt gesorgt war. Ohne die Mittel zur Bestreitung
> der ansehnlichen Ueberfahrts-Kosten hatten nur die wenigsten [...] Aufnahme auf
> segelfertigen Schiffen gefunden; die Uebrigen überschwemmten bettelnd die Um-
> gegend der Seehäfen, in der Hoffnung, endlich doch ihre Absicht zu erreichen.
> Viele, die Gesündesten und Kräftigsten, waren von gewissenlosen Menschenhänd-
> lern, oder deren Mäcklern, von einer Woche zur andern hingehalten worden, in der
> Absicht, sobald durch eine hinreichende Anzahl baar zahlender Passagiere, die Ko-
> sten der Fahrt gedeckt wären, die *Ladung* durch solche mittellose Emigranten zu
> vervollständigen. Schaudererregend waren die Schilderungen von der empörenden
> Behandlung dieser Unglücklichen, wenn sie nun endlich, krank an Leib und an
> Seele, auf elenden Schiffen, welchen kein Kaufmann seine Güter anvertraut hätte,
> und die nur noch zum *Menschentransport* für gut genug gehalten wurden – aufge-
> nommen worden waren. Hier lagen sie, ohne Unterschied des Geschlechts und des
> Alters, säugende Kinder, Greise und hochschwangere Frauen in Zwischendecken,
> selten mehr als 4 ½ Fuß hoch, welche keine frische Luft durchziehen kann, in dop-
> pelt und dreifach größerer Anzahl zusammengepackt, als es, um ihr Leben nicht in
> die augenscheinlichste Gefahr zu setzen, von den Behörden hätte geduldet werden
> sollen. Grobe Nahrungsmittel, von der schlechtesten Qualität, zum Theil sogar sol-
> che, die schon eine Reise nach Amerika oder Asien gemacht hatten, waren ihre
> Speise; holländisches Wasser, das schlechteste in der Welt und auf keine Weise gegen
> die Fäulniß verwahrt, kärglich zugemessen, ihr Getränk; ein dünner Strohsack, ihr
> elendes Lager. Viele waren in solchen verpesteten Höhlen, und bei solcher Nahrung,
> gewöhnlich schon vor der Abfahrt gestorben [...], den Keim der Krankheit unter
> den Uebrigen zurücklassend.[24]

Bei solchen Transportbedingungen überrascht es nicht, wenn die erste Frage,
die den Passagieren bei der Ankunft in Amerika Gall zufolge vom Schiffslotsen
gestellt wurde, die nach der Zahl der Toten war.[25] Und was jene, welche die

---

[23] Trier 1822 (Ruppert, Nr.4104).
[24] Ludwig Gall: *Meine Auswanderung*, Bd.1, S.14f.
[25] Ludwig Gall: *Meine Auswanderung*, Bd.1, S.342.

Abb. 1: Abschied der Auswanderer (nach einem Gemälde von C. Hübener), 1856

Abb. 2: Auswanderer auf dem Rhein (nach einem Gemälde von H. Leutemann)

Abb. 3: Im Zwischendeck des Auswandererschiffs (B. Woltze)

Abb. 4: Werbung irischer und deutscher Auswanderer an der *Battery* in New York:
»Über Land und Meer«, 1865

Überfahrt überlebten, in Amerika antrafen, war von dem, was sie in den europäischen Seehäfen zurückgelassen hatten, nicht allzu weit entfernt: Kälte, Mißtrauen, Verwünschungen, Wucherpreise, Prellereien, Bestehlungen, Vertragsbrüche, hohe, teilweise fiktive Zölle und, da man für einen Whiskey so viele Gegenzeugen haben konnte, wie man wollte, ein für den Neuankömmling nahezu totaler Mangel an Rechtsschutz.[26] Wenn die Auswanderer weder wie Hunderte von deutschen Emigrantenfamilien, die Gall im Innern der Vereinigten Staaten »rath- und plan- und hülflos« umherirren sah[27], langsam zugrunde gehen noch die europäische Form des Frondienstes gegen die amerikanische Spielart des Sich-Verdingens eintauschen wollten, waren sie gut beraten, wenn sie sich vor Verlassen des Heimatlandes genauestens über die Lebens- und Arbeitsbedingungen des Zielortes informierten und durch Kontaktaufnahme mit den dort bereits Ansässigen Vorkehrungen für ihre Ankunft trafen. Das ist die Quintessenz von Galls Warnschrift.

Ganz auf der Linie dieser Ratschläge liegt Lenardos *conclusio*. Er empfiehlt seinen Zuhörern den Beitritt zu jener Gesellschaft, in deren Namen er spricht und die als »Weltbund« vor kleinen Vereinen den Vorteil hat, daß sie ein globales Netzwerk von Kontakten aufbauen sowie von den Erfahrungsberichten der Vorgänger und anderer »Weltumreiser« (HA 8,390)[28] profitieren kann. Da sie auch eine Datenbank ist, in der Wissen über viele Länder zusammenfließt, kann sie jeden Emigranten gezielt über das Land seiner Träume informieren und ihn dadurch vor Enttäuschungen bewahren. Umgekehrt wird sie von jedem, dem sie den Übergang erleichtert hat, wieder neue Informationen beziehen, die jenen zugute kommen, die ihm folgen werden. Daß die gegenseitige Abhängigkeit lebenstüchtiger einzelner in einer mobilen arbeitsteiligen Gesellschaft eine Form der Bereicherung, ja der Lebensversicherung sein kann, betont die Partizipien-Reihe, die auf jene am Anfang der Rede nur antwortet, um sie signifikant zu variieren: »bebaut, bepflanzt, geregelt, verschönt« (HA 8,384) wird jetzt nicht mehr der Boden, sondern »empfohlen, aufgenommen und gefördert, ja von Unglücksfällen möglichst wiederhergestellt« (HA 8,391) wird der Mensch, der trotz seines Wanderns in eine Gemeinschaft eingebettet ist. Unmerklich hat der Wert der zwar nicht mehr ständisch, aber korporativ geregelten menschlichen Beziehungen denjenigen des Grundbesitzes ersetzt, womit aus dem Komparativ vielleicht doch ein Gegensatz geworden ist: »Suchet überall zu nützen, überall seid ihr zu Hause.« (HA 8,389)

---

[26] Einige Kostproben: Ludwig Gall: *Meine Auswanderung*, Bd.2, S.6, 9–15, 65–68, 73, 107f., 190–215.

[27] Ludwig Gall: *Meine Auswanderung*, Bd.2, S.206.

[28] Goethe dürfte dabei an den Reisebericht von Johann Reinhold und Georg Forster (Ruppert, Nr.3946) gedacht haben, die Captain Cook bei seiner Weltumsegelung begleitet hatten, und an diejenigen Alexander von Humboldts (Ruppert, Nr.4106–4108); vgl. auch das Gespräch mit Eckermann vom 21. Februar 1827 (*Gespräche mit Goethe in den letzten Jahren seines Lebens*, hrsg. von Fritz Bergemann, 8. Aufl., Frankfurt/M. 1992, S.555ff.).

Die *peroratio* faßt schließlich noch das weltanschauliche Programm zusammen, auf das sich jeder, der dem Auswandererbund beitreten will, verpflichten muß. Dieses erinnert an die Aufnahmebedingungen der Freimaurer: »jeden Gottesdienst in Ehren zu halten« und »alle Regierungsformen gleichfalls gelten zu lassen« (HA 8,391)[29]. Die religiöse Toleranz entspricht der amerikanischen Verfassung, also der des Ziellandes, die politische hingegen nicht. Hier wird ein Ideal, das in Amerika Wirklichkeit geworden ist, die freie Religionsausübung, mit einer europäischen Indifferenz oder nachrevolutionären Unsicherheit der besten aller möglichen Regierungsformen gegenüber kombiniert. Erstaunlich daran ist, wie beiläufig religiöse und politische Toleranz analogisiert und alle Regierungsformen als funktional gleichwertig behandelt werden.[30] In einer Zeit, »in der die gesamte politische Erörterung von den Forderungen der Verfassung und des Rechtsstaates, von dem Streit der Monarchie und der Republik, des Liberalismus und der Demokratie erfüllt war«[31], läßt Lenardo die Frage nach der Rechtsordnung und der Verfassungsform der amerikanischen Siedlungen unbeantwortet. Friedrich wird später im Gespräch mit Wilhelm präzisieren, was in Lenardos Rede eine Leerstelle bleibt, die Entscheidung zugunsten einer »mutigen Obrigkeit« und für den Vorrang der »Polizei« vor der »Justiz«: »niemand soll dem andern unbequem sein; wer sich unbequem erweist, wird beseitigt, bis er begreift, wie man sich anstellt, um geduldet zu werden« (HA 8,406); »läßliche Gesetze« und gelinde »Strafen« (HA 8,407) schränken diese Härte allerdings wieder ein. Lenardos Vision der Organisation des Zusammenlebens zeigt, »daß er nicht [...] den Rechtsschutz des einzelnen, vielmehr das Gemeininteresse und die Verwaltung als den Kern des Gemeinwesens ansieht«[32], das öffentliche Recht

---

[29] Diese zwei Forderungen ähneln den ersten beiden Verhaltensregeln der Freimaurer, wie sie sich in dem auch für die deutsche Freimaurerei verbindlichen »Konstitutionsbuch« von James Anderson (*The Constitutions of the Free-Masons*, London 1723 [Facsimile Edition 1976], pp.53f.) finden.

[30] Goethe war einem Zeugnis vom September 1829 nach zwar von der großen Zahl der religiösen Glaubensgemeinschaften beeindruckt, die »in einer Stadt Nordamerikas« nebeneinander existierten (*Goethes Gespräche*, hrsg. von Biedermann/ Herwig, Bd.3/2, Zürich 1972, S.532), scheint sich sonst aber mehr für die geologischen Verhältnisse und naturwissenschaftlichen Gegebenheiten der Vereinigten Staaten interessiert zu haben als für ihr politisches System. Das zeigt ein Blick auf die Liste seiner Amerika-Bücher (Ruppert, Nr.4097–4115). Er gehörte nicht zu den deutschen Autoren, die sich öffentlich für den Unabhängigkeitskampf der dreizehn Kolonien ausgesprochen hatten. Benjamin Franklin, dessen Autobiographie er immer wieder las, 1810, 1817 und 1828 (Johannes Urzidil: *Das Glück der Gegenwart*, S.14), interessierte ihn vor allem als Naturwissenschaftler und Erfinder. In Goethes Bibliothek stand nur die deutsche Übersetzung von Franklins Schrift über *smoke chimneys* (Hamburg 1788; Ruppert, Nr. 5363). Auf Thomas Jefferson, dessen Affinität zu antiken Stilformen ihm entsprochen haben muß, schien er erst durch die Beschreibung von *Virginia University* im Reisetagebuch von Herzog Bernhard (*Reise Sr. Hoheit des Herzogs Bernhard*, Bd.1, S.296ff.) aufmerksam geworden zu sein. Dazu auch: Peter Boerner: Amerika, du hast es besser? In: *Germanistik aus interkultureller Perspektive*, hrsg. von Adrien Finck und Gertrud Gréciano, Strasbourg 1988, S.230f.

[31] Gustav Radbruch: Goethe. Wilhelm Meisters sozialistische Sendung. In: ders.: *Gestalten und Gedanken*, neue, erw. Aufl., Stuttgart 1954, S.103.

[32] Gustav Radbruch: Wilhelm Meisters sozialistische Sendung, S.103.

dem privaten Recht, die Volkswohlfahrt dem persönlichen Wohlergehen überordnet. Neben den bereits genannten Prinzipien müssen die Mitglieder des Bundes sich mit der Lehre der drei Ehrfurchten zum Ethos der Pädagogischen Provinz bekennen, in der einige bereits erzogen worden sind. Dabei betont Lenardo
aber ausdrücklich, daß er sich eine »Sittlichkeit ohne Pedanterei und Strenge«
(HA 8,391) vorstellt und damit gerade nicht jenen Übereifer des Neophyten,
den Wilhelm ihm gegenüber an den Tag gelegt hat. Seine Vorstellung der
religiösen Praxis will zwei Dinge verbinden, die sich gegenseitig ausschließen:
die in Amerika eingeführte Religionsfreiheit mit der gemeinschaftsstiftenden
Wirkung des geteilten Glaubens. Dahinter steht ein Konflikt der politischen
Denkformen[33], der Konflikt zwischen dem Gesellschaftsvertrag rousseauisti-
scher Prägung und der die individuellen Menschenrechte respektierenden Unabhängigkeitserklärung der dreizehn amerikanischen Kolonien.

War die Form der ersten Person Plural bisher Ausdruck eines programmatischen Wir-Gefühls, wird sie in dem mit sakralem Pathos gesprochenen Epilog
zum *pluralis majestatis*. Als weltlicher Führer bedient Lenardo sich hier ehemals
sakraler Formen: Er verstärkt die gemeinschaftsbildende Kraft seiner Rede, indem er einen kollektiven Schlußgesang anstimmt, der den Abschiedsschmerz der
Auswanderer dadurch lindert, daß er performativ Aufbruchsfreude erzeugt. Wie
das sakramentale Zeichen, das auf die Gotteserfahrung nicht verweist, sondern
sie Ereignis werden läßt, stellt das Wanderlied die Bereitschaft zum Aufbruch
im Vollzug des Singens her:

> Bleibe nicht am Boden heften,
> Frisch gewagt und frisch hinaus!
> Kopf und Arm mit heitern Kräften,
> Überall sind sie zu Haus;
> Wo wir uns der Sonne freuen,
> Sind wir jede Sorge los.
> Daß wir uns in ihr zerstreuen,
> Darum ist die Welt so groß. (HA 8,392)

Damit ergibt sich als Grundtendenz von Lenardos Rede die Wirkungsintention,
im Bewußtsein seiner Zuhörer einen Normenwandel zu verankern, der Mobilität
über Seßhaftigkeit stellt. Auch wenn erstaunlich wenig von Amerika die Rede
ist, will er die Zuhörer dazu ermutigen, sich seinem amerikanischen Kolonisationsprojekt anzuschließen und das nicht nur aus Not, sondern aus Lust zu tun.
Schon im achten Buch der »Lehrjahre« wurde die Bemühung der Turmgesellschaft um einen weltweiten Bund der Auswanderer von Jarno mit dem Hinweis
auf die drohende »Staatsrevolution« (HA 7,564) motiviert, die es geraten sein
läßt, den Besitz auf verschiedene Länder zu verteilen[34]. Um eine Art gegenseitiger

---

[33] Gustav Radbruch: Wilhelm Meisters sozialistische Sendung, S.102.
[34] Unter dem Eindruck der revolutionären Umwälzungen in Frankreich war »in den neun-
ziger Jahren die Inflationsangst in Weimar derart gestiegen, daß Carl August (von Goethe beraten)

Risikoversicherung zu erreichen, wollte Jarno eine Gruppe von Auswanderern nach Amerika führen, der Abbé eine andere nach Rußland, während Lothario eine Besitzreform im Inland anstrebte. Wilhelm hatte die Wahl, welcher Gruppe er sich anschließen wollte. Der Protagonist der »Wanderjahre« setzt in die Tat um, was seine Vorgänger in den »Lehrjahren« nur geplant haben, ohne die politischen Hintergründe dabei noch zu erwähnen.

Lenardos Bekenntnis zum Kosmopolitismus will zur Auswanderung ermutigen, was Goethe mit der Integration von Lenardos Wanderrede in die Zweitfassung der »Wanderjahre« will, ist eine offene Frage. Sicher wissen wir nur, daß der Dichter zum Zeitpunkt ihrer Endredaktion Galls Bericht gekannt hat und, weil er ihn für »sehr lesenswürdig, aber nicht lesbar«[35] hielt, in der Sammelrezension »Stoff und Gehalt« als Grundlage für einen Roman vorschlug, der diesen Stoff zwar benutzen, aber gestalten sollte:

> Der Bearbeitende müßte den Stolz haben, mit Cooper zu wetteifern, und deshalb die klarste Einsicht in jene überseeischen Gegenstände zu gewinnen suchen. Von der frühsten Kolonisation an, von der Zeit des Kampfes an, den die Europäer erst mit den Urbewohnern, dann unter sich selbst führten, von dem Vollbesitz an des großen Reiches, das die Engländer sich gewonnen, bis zum Abfall der nachher vereinigten Staaten, bis zu dem Freiheitskriege, dessen Resultat und Folgen: diese Zustände sämtlich müßten ihm überhaupt gegenwärtig und im besonderen klar sein. In welche Epoche jedoch er seine Handlung setzen wolle, wäre mancher Überlegung wert./ Die Hauptfigur, der protestantische Geistliche, der, selbst auswanderungslustig, die Auswandernden ans Meer und dann hinüberführt und oft an Moses in den Wüsten erinnern würde, müßte eine Art von Doktor Primrose sein, der mit so viel Verstand als gutem Willen, mit so viel Bildung als Tätigkeit bei allem, was er unternimmt und fördert, doch immer nicht weiß, was er tut, von seiner ruling passion fortgetrieben, dasjenige, was er sich vorsetzte, durchzuführen genötigt wird und erst am Ende zu Atem kommt, wenn aus grenzenlosem Unverstand und unübersehbarem Unheil sich zuletzt noch ein ganz leidliches Dasein hervortut./ Was den Personenbestand betrifft, so hat weder ein epischer noch dramatischer Dichter je zur Auswahl einen solchen Reichtum vor sich gesehen. Die Unzufriedenen beider Weltteile stehn ihm zu Gebot, er kann sie zum Teil nach und nach zugrunde gehen, endlich aber, wenn er seine Favoriten günstig untergebracht hat, die Übrigen stufenweise mit sehr mäßigen Zuständen sich begnügen lassen.[36]

Der Vorschlag zeigt nicht nur, daß Goethe eine genaue Kenntnis der nordamerikanischen Geschichte als unabdingbare Voraussetzung für die romanhafte Gestaltung des von Gall gelieferten Stoffes ansah, sondern auch, wie wenig illusionistisch sein Amerikabild war. Unzufriedene, das wußte er, gab es hier wie dort.

---

in New York Dollars kaufte und sich an mexikanischen Silberminen beteiligte, die auch späterhin für die Weimarer Interessen wichtig waren« (Johannes Urzidil: *Das Glück der Gegenwart*, S.47).

[35] *Stoff und Gehalt* erschien 1827 im 1. Heft des 6. Bandes von *Über Kunst und Alterthum*. Zitat: GA 14, 378.

[36] GA 14, 380f.

Die Auswanderung war mit vielen Risiken verbunden, und sie konnte ebensogut
scheitern wie zum Erfolg führen. Auffällig ist auch die spielerische Freude daran,
als Dichter alle Fäden in der Hand zu haben und die Puppen nach eigenem
Gutdünken tanzen lassen zu können. Der über die amerikanischen Verhältnisse
ausnehmend gut informierte Europäer und der Dichter, der einen Stoff, der ihn
reizen würde, andern überläßt, sprechen gleichzeitig. Die Skizze deutet an, wie
das, was in den »Wanderjahren« Leerstelle bleibt, in einer Fortsetzung hätte
ausgeführt werden können.

5.2 Intertextuelle Bezüge der »Wanderjahre« zu Sternes »Sentimental
     Journey«, Goethes »Hermann und Dorothea« und seinen
     »Unterhaltungen deutscher Ausgewanderten«

Wenn man die Ebene der textuellen Bezüge verläßt und zur Ebene der intertextuellen Bezüge übergeht, erscheint Lenardos Rede in völlig verändertem Licht.
Schauen wir uns die Bedeutungsschichtung, die sich unter diesem Gesichtspunkt
ergibt, am Beispiel der so beiläufig wie selbstverständlich eingebauten Anspielung auf *Yorick* an.

> Sehet aber auch auf glatten Heerstraßen Staub auf Staub in langen Wolkenzügen
> emporgeregt, die Spur bezeichnend bequemer, überpackter Wägen, worin Vorneh-
> me, Reiche und so manche andere dahinrollen, deren verschiedene Denkweise und
> Absicht Yorick uns gar zierlich auseinandersetzt. (HA 8,387)

Lenardo erinnert hier an jene drei verschiedenen Gruppierungen von Reisenden,
die der Landpfarrer Yorick in Sternes »Sentimental Journey« in der »Vorrede
in der Desobligeante« vornimmt, Klassifizierungen, die zwar dem gebildeten
Leser, kaum aber den Handwerkern vertraut gewesen sein dürften, die Lenardo
zuhören. Da schon acht Monate nach dem Londoner Erstdruck von 1768 in
Hamburg Johann Joachim Christoph Bodes ausgezeichnete deutsche Übersetzung der »Sentimental Journey« erschienen war, »die die Sympathie des deutschen Lesepublikums im Nu eroberte«[37], konnte Goethe damit rechnen, daß
Lenardos Anspielung vom gebildeten Leser verstanden wurde. Bei Sterne zeichnet sich Yoricks »zierliche« Typisierung von Reisenden dadurch aus, daß die
aristotelische Systematik in gewollt komischem Kontrast zur inhaltlichen Unklarheit der Begriffsbildung steht, mindestens schwer zu bestimmen ist, in welchem Verhältnis der erste Klassifikationsversuch zum zweiten und dieser zum
dritten steht. Denn wie soll man das Reisen aus:

---

[37] Helmut Findeisen: Nachwort. Zu: Laurence Sterne: *Yoricks Reise des Herzens durch
Frankreich und Italien*, aus dem Englischen übers. von H. F., Frankfurt/M. 1977, S.190.

Infirmity of body,
Imbecility of mind, or
Inevitable necessity

und »with a view of saving money for various reasons and upon various pretences«[38] – Reisende des letztgenannten Typs nennt Yorick »Simple Travellers« – den darauf folgenden Kategorien zuordnen:

Idle Travellers,
Inquisitive Travellers,
Lying Travellers,
Proud Travellers,
Vain Travellers,
Splenetic Travellers[39]?

Und stehen diese in einem Verhältnis der Überordnung, der Unterordnung, der Ergänzung oder der Substitution zu den auf sie fogenden:

[...] the Travellers of Necessity.
The delinquent and felonious Traveller,
The unfortunate and innocent Traveller,
The simple Traveller,
and last of all (if you please) The Sentimental Traveller (meaning thereby myself) who have travell'd [...] as much out of *Necessity*, and the *besoin de* Voyager, as any one in the class[40]?

Wenn Yorick hier schon Kategorien bildet, warum legt er sich dann nicht fest? Warum ersetzt er die eine Typenreihe durch zwei andere, die mit ihr nicht dekkungsgleich sind? Nimmt die dritte Kategorisierung die erste wieder auf, und ist die Notwendigkeit, die ja auch der *Sentimental Traveller* für sich in Anspruch nimmt, dabei der Oberbegriff? Die Ausführungen, die er vorher zu dieser Kategorie macht, sind aber alle komisch. Denn was Yorick dem Reisen aus Notwendigkeit unterordnet, ist die *Grand Tour* der jungen Adeligen, die er scherzhaft als »Verbannung« durch grausame Eltern und Vormünder bezeichnet. Das »Verbrechen«, das diese *Gentlemen* dazu zwingt, unter der Aufsicht behördlich

---

[38] Laurence Sterne: *A Sentimental Journey through France and Italy*. By Mr. Yorick [...], ed. by Ian Jack, Oxford/ New York 1984 (1968), p.10. In der Übersetzung von Helmut Findeisen (op. cit., S.18f.): »Gebrechlichkeit des Körpers, Schwachheit des Geistes oder Unumgängliche Notwendigkeit« und »um aus verschiedenen Gründen und unter verschiedenen Vorwänden Geld zu sparen«.

[39] Laurence Sterne: *A Sentimental Journey*, op. cit., p.11. In der Übersetzung von Helmut Findeisen (op. cit., S.19): »Müßige Reisende/ Neugierige Reisende/ Verlogene Reisende/ Aufgeblasene Reisende/ Eingebildete Reisende/ Spleenige Reisende«.

[40] Laurence Sterne: *A Sentimental Journey*, op. cit., p.11. In der Übersetzung von Helmut Findeisen (op. cit., S.19): »der aus Notwendigkeit Reisende,/ der reisende Delinquent und Verbrecher,/ der Unglückliche und Unschuldige Reisende,/ der Simple Reisende,/ und zu guter Letzt (mit Verlaub)/ der Empfindsame Reisende/ (womit ich mich selbst meine),/ der ebensogut aus Notwendigkeit und besoin de voyager reist wie nur irgendein anderer«.

empfohlener Begleiter zu reisen, besteht ja letztlich nur darin, ein verwöhntes
Kind aus aristokratischem Hause zu sein. Die Komik wird dadurch verstärkt,
daß diese Reisenden als »army of peregrine martyrs«[41] bezeichnet werden und
peregrine im England des 18. Jahrhunderts bereits schon ein altmodisches, leicht
skurriles Wort war, das außer Sterne kaum jemand auf den reisenden Kavalier
angewendet hätte. Yorick scheint überhaupt nur Reisegründe anzuführen, um
sie sofort wieder zu verwerfen. Wenn wir zusätzlich noch die Schreibsituation
berücksichtigen, in der er sich befindet, wird das Gesagte noch komischer. Mitten
im schönsten aristotelischen Gedankengang unterbricht er sich selber mit dem
Hinweis auf das störende Schaukeln der Reisekutsche, in der er sitzt und die er
durch seine erhitzten Bewegungen beim Schreiben in Schwingungen versetzt
haben muß. Sein Dialog mit den lieben Landsleuten läßt es fraglich erscheinen,
ob das Schaukeln nur durch die Erregung beim Schreiben verursacht worden ist:

> We were wondering, said one of them, who, I found, was an *inquisitive traveller*
> – what could occasion its motion.– – »Twas the agitation, said I cooly, of writing
> a preface – I never heard, said the other, who was a *simple traveller*, of a preface
> wrote in a *Desobligeant*. – It would have been better, said I, in a *Vis a Vis*.[42]

Die sexuelle Anspielung, die Yorick, auf sie angesprochen, selbstverständlich
leugnen könnte – und in »Tristram Shandy« auch immer wieder geleugnet hat –,
nimmt dem aristotelischen Denken vollends seinen Ernst. Entsprach die Form
der Selbstkorrektur, in der Yoricks Aufzählung von Reisegründen daherkam,
ohnehin mehr der konversationellen Entwicklung der Gedanken beim Reden
als einer philosophischen Systematik, wird sie als gedanklicher Begleiter einer
Masturbation vollends absurd. Daß wir Goethe zutrauen dürfen, auch für diese
Bedeu-tungsdimension des Textes ein Sensorium gehabt zu haben, beweisen die
auf Sterne bezogenen Aphorismen »Aus Makariens Archiv«:

> Eine freie Seele wie die seine kommt in Gefahr, frech zu werden, wenn nicht ein
> edles Wohlwollen das sittliche Gleichgewicht herstellt. (AMA 158)

> Das Element der Lüsternheit, in dem er sich so zierlich und sinnig benimmt, würde
> vielen andern zum Verderben gereichen. (AMA 167)

Das deplaziert scheinende Adverb »zierlich« verweist auf Sternes große formale
Kunst, mit indirekten Mitteln anzudeuten, was, direkt gesagt, anstößig und ge-
schmacklos wäre. In der zitierten »Vorrede« läßt er Yorick die aristotelische

---

[41] Laurence Sterne: *A Sentimental Journey*, op. cit., p.10. In der Übersetzung von Helmut
Findeisen (op. cit., S.18): »Armee von umherziehenden Märtyrern«.
[42] Laurence Sterne: *A Sentimental Journey*, op. cit., p.13. In der Übersetzung von Helmut
Findeisen (op. cit., S.23): »›Wir wunderten uns‹, sagte einer von ihnen, der, wie ich bemerkte, ein
Neugieriger Reisender war, ›was wohl ihr Schaukeln verursachen könnte.‹/ ›Die Erregung beim
Schreiben eines Vorworts‹, erwiderte ich kühl./ ›Ich habe noch nie von einem Vorwort gehört‹,
sagte der andere, der ein Simpler Reisender war, ›das in einer Desobligeante geschrieben wurde.‹/
›In einem Vis-à-vis‹, sagte ich, ›wäre es allerdings besser gegangen.‹«

Aussageform nur gebrauchen, um sie durch einen erotischen Nebensinn aufzuheben, der zeigt, daß sie am Eigentlichen vorbeiführt: der für Sterne so zentralen
Idee der *communion of the hearts*. Diese wiederum hat gar nichts Lächerliches,
in ihr steckt, im Gegenteil, geradezu ein revolutionäres Potential: eine tiefe Skepsis gegenüber der Sprache, den Denkkorsetten der philosophischen Tradition
und den zahlreichen sozialen Codes, die helfen, die Klassenschranken aufrechtzuerhalten.

Goethe hat besonders im Alter mehrfach den maßgeblichen Einfluß Sternes
auf seine Entwicklung betont. Er kannte ihn dank Herders Empfehlung schon
seit der Straßburger Zeit. Obwohl Goethe seinen ersten Roman mehr als Ausdruck der Bewältigung einer Lebenskrise verstand[43], kann sein »Werther« auch
als Antwort auf den englischen Sentimentalismus[44] gelesen werden. Allerdings
macht Goethe sich erst in späteren Jahren bewußt, wie sehr ihm Sternes Weit-
sicht, seine Ironie, sein Humor und seine Toleranz schon seit jeher entsprachen.[45]
1827 widmet er ihm in »Über Kunst und Alterthum« einen Aufsatz, in dem er
zugesteht, von Sterne auf den rechten Weg geleitet worden zu sein (HA 12,345f.).
Daß sich am Ende der Aphorismensammlung »Aus Makariens Archiv« eine Gruppe
von Sätzen findet, die sich auf Laurence Sterne beziehen, teilweise sogar seinen
Briefen[46] entstammen, kann zusammen mit der Sterne-Anspielung in Lenardos
Rede geradezu als metapoetischer Hinweis darauf gelesen werden, daß die »Wanderjahre« neben referentieller auch strukturelle Intertextualität im Verhältnis zu
Sternes Romanen aufweisen. Zwei Aphorismen mögen hier für viele stehen:

> Yorik-Sterne war der schönste Geist, der je gewirkt hat; wer ihn liest, fühlt sich
> sogleich frei und schön; sein Humor ist unnachahmlich, und nicht jeder Humor
> befreit die Seele. (AMA 126)

> Er fühlte einen entschiedenen Haß gegen Ernst, weil er didaktisch und dogmatisch
> ist und gar leicht pedantisch wird, wogegen er den entschiedensten Abscheu hegte.
> Daher seine Abneigung gegen Terminologie. (AMA 160)

Daß die dem Fiktivtext entnommenen Sätze der Meinung des alten Goethe entsprachen, bestätigt der Tagebucheintrag vom 1. Oktober 1830: »Zuletzt im Tristram Shandy und bewunderte aber- und abermal die Freyheit, zu der sich Sterne
zu seiner Zeit emporgehoben hatte, begriff auch seine Einwirkung auf unsre
Jugend. Er war der Erste, der sich und uns aus Pedanterey und Philisterey emporhob.«[47] Angesichts der tiefen Sterne-Affinität, die aus den Aphorismen *und*

---

[43] Vgl. Goethes Gespräch mit Eckermann vom 2. Januar 1824 (*Gespräche mit Goethe*, op.
cit., S.506f.).

[44] Vgl. in der *Campagne in Frankreich. 1792*, im Abschnitt »Duisburg« die Bemerkung über
Sternes Einfluß auf die *Werther*-Zeit (HA 10,321f.).

[45] Vgl. den Brief an Zelter vom 25. Dezember 1829 (WA IV 46, S.193f.).

[46] Das gilt für AMA 162, 168 und 170 (HA 8,680). Dazu auch: Robert Springer: Ist Goethe
ein Plagiator Lorenz Sterne's? In: *Deutsches Museum* 17 (1867), S.690–695.

[47] WA III 12, S.311.

den autobiographischen Zeugnissen spricht, ist es schwer verständlich, wie die
»Wanderjahre«-Forschung Goethes Altersprosa so lange ohne Sinn für Ironiesignale auf Didaktisches und Dogmatisches reduzieren konnte.

Yorick ist nicht nur der Name des reisenden Landpfarrers in Sternes »Sentimental Journey«, sondern gleichzeitig auch das Pseudonym des Autors, unter
dem dieser seine literarischen Schriften wie seine Predigten veröffentlicht hat.
Einerseits zieht Sterne, selbst Geistlicher, sich hier hinter seine Figur zurück.
Andererseits gestattet er dieser in einem Moment, in dem Identitätspräsentation
gegenüber dem Grafen von B. gefragt ist, sich kommentarlos mit dem Verweis
auf den Yorick in Shakespeares »Hamlet« vorzustellen[48] und damit das Mißverständnis auszulösen, er sei der Hofnarr des dänischen Königs. Dieser heißt im
»Hamlet« nämlich Yorick, ist dort aber selbst in der Fiktion nur noch ein Totenschädel[49]. So verhilft die gewollte Fehlidentifikation des fiktiven Yorick mit
dem Totenschädel des Hofnarren eines andern Fiktivtextes diesem bei Sterne zu
seinem Reisepaß. Indem er eine *communio* der literarisch Interessierten stiftet,
rettet der Hinweis auf den fiktiven Tod des einen Hofnarren dem andern »Narren« hier sogar im Krieg das Leben: »*Un homme qui rit*«, sagte der Herzog, »*ne
sera jamais dangereuz*«[50]. Das in ein so komplexes intertextuelles Spiel verpackte
Plädoyer für das Lachen und für die Literatur ist dank Shakespeare aber auch
eine Mahnung an den Tod.

Vor diesem Hintergrund erhält die Stelle, an der Lenardo in den »Wanderjahren« Yorick erwähnt, ein ganz anderes Gesicht. Die »überpackte[n] Wägen«
(HA 8,387) auf den Heerstraßen sind neben dem Hinweis auf Sterne nämlich
auch ein Selbstzitat. Als solches erinnern sie an das Flüchtlingselend der vor den
Revolutionstruppen fliehenden Emigranten zur Zeit der Französischen Revolution. Da Goethe am Frankreichfeldzug des Herzogs Karl August teilgenommen
hatte, kannte er dieses Elend aus nächster Nähe. Wie tief die Erschütterung war,
zeigen die Briefe vom Oktober 1792[51] und der Abschnitt »1794« in den »Tagund Jahresheften« (HA 10,439ff.). Literarische Gestalt findet diese Erfahrung in
seinem Versepos »Hermann und Dorothea«. Hier beschreibt Goethe eindrücklich, wie die Angst die Verfolgten so besinnungslos macht, daß sie sich selbst,
ihre Lasttiere und ihre Wagen mit unnützen Gegenständen beladen, mit denen
sie weiterziehen, bis sie unter dem Gewicht der selbst auferlegten Bürde fast
zusammenbrechen:

> Auch so keuchten die Weiber und Kinder, mit Bündeln sich schleppend,
> Unter Körben und Butten voll Sachen keines Gebrauches;

---

[48] Laurence Sterne: *A Sentimental Journey*, op. cit., p.85.
[49] Vgl. die Totengräber-Szene im 5. Akt, 1. Szene: William Shakespeare: *Hamlet* (Arden
Edition), ed. by Harold Jenkins, London/ New York 1982, p.386.
[50] Laurence Sterne: *A Sentimental Journey*, op. cit., p.87.
[51] Vgl. den Brief an Christiane vom 15. Oktober und die Briefe an Voigt vom 10. und 15.
Oktober 1792 (WA IV 10, S.31ff.).

Denn es verläßt der Mensch so ungern das Letzte der Habe.
Und so zog auf dem staubigen Weg der drängende Zug fort,
Ordnungslos und verwirrt. [...]
Da entstand ein Geschrei der gequetschten Weiber und Kinder
Und ein Blöken des Viehes, dazwischen der Hunde Gebelfer
Und ein Wehlaut der Alten und Kranken, die hoch auf dem schweren
Übergepackten Wagen auf Betten saßen und schwankten. (HA 2,442)

Dem »klassischen Vers werden Bilder von fast naturalistischer Krassheit zugemutet«[52], die in dieser Form ohne Vergleich sind. Doch nicht immer ist Goethes
Darstellung des Emigrantenschicksals so mitfühlend wie hier, wo er in erster
Linie Bürgerliche im Blick hat. Wieder in Weimar steht er den flüchtenden Adeligen, die ihren obsolet gewordenen Herrschaftsanspruch auch als Emigranten
noch im Ausland geltend machen wollen, so kritisch gegenüber wie Sterne den
Vergnügungen seiner reisenden jungen Lords.[53] In der »Campagne in Frankreich.
1792« findet sich eine Episode, die suggeriert, daß das Flüchtlingsschicksal mit
dem vorherigen Lebenswandel der Betroffenen in einem »ursächlichen Zusammenhang«[54] stehe. Die scherzhaft erzählte Anekdote lautet:

ein schwerbeladener Emigrantenwagen war ebenermaßen an einer Anhöhe stecken
geblieben und verlassen worden. Nachfolgende Truppen untersuchen den Inhalt,
finden Kästchen von mäßiger Größe, auffallend schwer, belästigen sich gemein-
schaftlich damit und schleppen sie mit unsäglicher Mühe auf die nächste Höhe. Hier
wollen sie nun in die Beute und in die Last sich teilen; aber welch ein Anblick! Aus
jedem zerschlagenen Kasten fällt eine Unzahl Kartenspiele hervor (HA 10,277).[55]

Diese und andere Stellen in der »Campagne in Frankreich. 1792« machen deutlich,
daß Goethe die Französische Revolution vor allem als Reaktion auf den Privile-
gienmißbrauch und die Korruption der Führungsschicht des *Ancien régime* sah,
die sich für ihn schon bei der Halsbandaffäre selbst entlarvt hatte (HA 10,270).

Warnung vor den Gefahren der Auswanderung ist eine Bedeutungsdimen-
sion der Rede Lenardos, die nicht in der Sprechintention der Figur liegen kann,
wohl aber in derjenigen ihres Schöpfers. Durch die Hintertür der Dialogizität[56]
führt der Autor die Bedenken, die Lenardo bei seinen Zuhörern zerstreuen will,

---

[52] Walter Müller-Seidel: Auswanderungen in Goethes dichterischer Welt. Zur Geschichte
einer sozialen Frage. In: *Jahrbuch des Wiener Goethe-Vereins*, Bd.81–83 (1977–79), S.170.
[53] Vgl. den Brief Schillers an Huber vom 10. Februar 1796 (NA 28, 190): »Auch Göthen sage
ich nichts davon, da er gar kein Freund der Emigrierten ist, die in Weimar alle über ihn klagen.
Zwar thut er keinem was zu leide, aber er nimmt sich auch keines an, und würde ihre Anzahl eher
zu vermindern als zu vermehren wünschen.«
[54] Walter Müller-Seidel: Auswanderungen in Goethes dichterischer Welt, S.163.
[55] Wie in der *Neuen Melusine* wird auch hier das Geheimnis eines Kästchens gelüftet, doch
statt des erwarteten Schatzes findet sich nur das Spielzeug des Adels, mit dem dieser sich die Lan-
geweile vertreibt.
[56] Für Broich/ Pfister ist »Dialogizität« innerhalb der Skalierung der Intertextualität von
Texten ein besonders intensives Verhältnis zwischen Text und Prätext. Ulrich Broich/ Manfred
Pfister (Hrsg.): *Intertextualität. Formen, Funktionen, anglistische Fallstudien*, Tübingen 1985, S.26ff.

bei den Lesern wieder ein. Denn die historischen Auswanderungsberichte, die
Goethe gründlich studiert hatte, sind nicht alle so positiv wie das Reisetagebuch
des Herzogs Bernhard, der sich als privilegierter Gast nur in der amerikanischen
Oberschicht bewegte und sogar drei amerikanische Präsidenten besuchte. Galls
Bericht muß Goethe mindestens ebenso stark beschäftigt haben. Die von Gall
geforderte Verbindung von planmäßiger Auswanderungserleichterung durch
Information und Zusammenschluß mit ebenso planmäßiger Verhinderung un-
nötiger Auswanderung durch Schaffung neuer Verdienstquellen und Urbarma-
chung von Boden im Vaterland[57] macht Goethe in der Zweitfassung der »Wanderjahre« sogar zum Strukturprinzip der Rahmenhandlung. Während Lenardo
die planvolle Auswanderungsorganisation in die Tat umsetzt, dient Odoards
Binnenkolonisationsprojekt der mindestens ebenso dringenden Vermeidung un-
nötiger Auswanderung. Beide gehören dem Bund an, der sich diesem *doppelten*
Zweck verschrieben hat. Lenardos Auswanderungsoptimismus wird bei Goethe
nicht nur durch die unterschwellige Präsenz von Sternes ironischem Spott relativiert, sondern auch durch Galls tödlichen Ernst, der über Shakespeares Totenschädel auch in Sternes Reiseroman Eingang gefunden hat. Zusammen mit Goethes eigenen eher skeptischen Darstellungen von Emigrantenschicksalen in
früheren Schaffensperioden ergibt sich eine Schichtung der intertextuellen Bezüge, die es geraten scheinen läßt, Lenardos Auswanderungsappell nicht mit der
Autorintention gleichzusetzen.

5.3 Wirtschaftsgeschichtliche Implikationen: der Oheim der »Wanderjahre«, Lenardo, Faust

Die Behauptung, daß Lenardos Auswanderungsoptimismus nicht derjenige des
Autors ist, läßt sich auch wirtschaftsgeschichtlich begründen. Dirk Hoerder hat
auf der Basis ausführlicher Quellenstudien aufgezeigt, wie sehr das der amerikanischen Revolution zugrundeliegende puritanische Ethos sich durch einen
grundlegenden »Widerspruch zwischen korporativem und liberalem Eigentums-
verständnis«[58] auszeichnete. Einerseits galt wirtschaftlicher Erfolg als Zeichen
der Auserwähltheit im religiösen Sinn, andererseits wurde allzu großes persönliches Erfolgsstreben negativ bewertet und die Sozialbindung des Eigentums eingeklagt. Dieser Widerspruch prägte das Ethos und die politische Theorie, die
sowohl der amerikanischen Unabhängigkeitserklärung von 1776 wie der Verfassung von 1789 zugrunde lag. Während die frühen Siedlungen der Neueng-
land-Kolonien zu Korporationen zusammengefaßt waren, die klar umschriebene

---

[57] Ludwig Gall: *Meine Auswanderung*, Bd.1, S.29.
[58] Dirk Hoerder: Vom korporativen zum liberalen Eigentumsbegriff: Ein Element der amerikanischen Revolution. In: *Geschichte und Gesellschaft. Sonderheft 2*, hrsg. von Hans-Ulrich Wehler, Göttingen 1976, S.76.

Rechte und Plichten hatten und nicht nur für das eigene Wohlergehen, sondern auch für das der Gemeinschaft zu sorgen hatten, setzte sich dort, wo die Kapitalakkumulation rascher vonstatten ging, vor allem in Hafenstädten wie Boston und unter den Kaufleuten der Ostküste, bei seit 1745 steigenden Wachstumsraten der liberale Eigentumsbegriff durch, der dem Besitzer die volle Verfügungsgewalt über sein Eigentum zugesteht. Für die großen Handelshäuser wurde der Schutz des Eigentums gegen willkürliche Eingriffe und besonders gegen die britische Handelsgesetzgebung zu einem der wichtigsten Anliegen überhaupt. Der Bruch mit England war Voraussetzung dafür, die Handels- und Investitionsmöglichkeiten ausweiten zu können. Zentrales Element der amerikanischen Revolution war also die Befreiung des amerikanischen Kapitals von britischen Wirtschaftsrestriktionen.[59] Im Zuge der Befreiung von äußeren Zwängen traten auch die ursprünglich im Innern geltenden korporativen Restriktionen in den Hintergrund. Während Eigentum bei Locke noch Leben und Freiheit einbezog, wurde es in Amerika im enger und handfester materiellen Sinn verwandt, ja das Recht auf Eigentum wurde »nicht selten als das fundamentalste und bedeutsamste aller Naturrechte angesehen«[60]. Nicht zufällig drehte sich die Verfassungsdebatte in Massachusetts um die enge Verbindung von Eigentum und politischer Partizipation, vor allem um »die Mindestbesitzklauseln für das passive Wahlrecht«[61]. Indem die politische Repräsentation an Eigentum und die mit ihm verbundene Unabhängigkeit gebunden wurde, wurde der Wunsch des Wirtschaftskapitals nach Schutz des Eigentums befriedigt und zugleich der eigentumslose Bürger von Mitspracherechten ausgeschlossen.[62] Die politische Ideologie stand also ganz im Dienst der Interessen des Handelskapitals.

Goethe, der die Entwicklung der Vereinigten Staaten von Nordamerika in den letzten beiden Jahrzehnten seines Lebens mit wachsendem Interesse verfolgte, war für die Gefahren des amerikanischen Wirtschaftsliberalismus nicht blind. Deutlich wird das in den Kapiteln sechs und sieben des ersten Buchs der »Wanderjahre«, die dem Oheim gewidmet sind. Goethe läßt den einzigen Amerika-Rückwanderer des Romans, dessen Großvater unter William Penn nach Amerika ausgewandert war und der als junger Mann »irgendwann in den sechziger Jahren nach Deutschland« zurückkam, von Amerika nicht nur gewisse soziale Ideale wie Toleranz, Religionsfreiheit, Freiheit der Wissenschaft und Sinn für die Gemeinschaftsbindung des einzelnen mitbringen[63], sondern auch eine große Portion Unternehmergeist. Dieser paart sich mit der Würdigung der »un-

[59] Dirk Hoerder: Vom korporativen zum liberalen Eigentumsbegriff, S.92.

[60] Hans-Christoph Schröder: Das Eigentumsproblem in den Auseinandersetzungen um die Verfassung von Massachusetts, 1775–1787. In: *Eigentum und Verfassung*, hrsg. von Rudolf Vierhaus, Göttingen 1972, S.12.

[61] Hans-Christoph Schröder: Das Eigentumsproblem, S.39.

[62] Dirk Hoerder: Vom korporativen zum liberalen Eigentumsbegriff, S.93.

[63] Johannes Urzidil: *Das Glück der Gegenwart*, S.50f.

schätzbare[n]« Werte der jahrtausendealten europäischen Kultur, die der Oheim dem amerikanischen Pioniergeist vorzieht:

> Überall bedarf der Mensch Geduld, überall muß er Rücksicht nehmen, und ich will mich doch lieber mit meinem Könige abfinden, daß er mir diese oder jene Gerechtsame zugestehe, lieber mich mit meinen Nachbarn vergleichen, daß sie mir gewisse Beschränkungen erlassen, wenn ich ihnen von einer andern Seite nachgebe, als daß ich mich mit den Irokesen herumschlage, um sie zu vertreiben, oder sie durch Kontrakte betriege, um sie zu verdrängen aus ihren Sümpfen, wo man von Moskitos zu Tode gepeinigt wird. (HA 8,82)

Zum Zeitpunkt, da Wilhelm ihn kennenlernt, ist er bereits ein Herr von hohem Alter, der ein Forst- und Gartenbau-Unternehmen betreibt, das dem korporativen Begriff der Sozialbindung des Eigentums zu genügen scheint. Er verschenkt zum Beispiel junge Bäume an vielversprechende Anbauer oder überläßt sie Händlern um geringen Preis. Dem Vorwurf, daß seine Güter nicht genügend Gewinn einbrächten, hält er entgegen: »Das Mindere der Einnahme betracht' ich als Ausgabe, die mir Vergnügen macht, indem ich andern dadurch das Leben erleichtere« (HA 8,69). Auf den ersten Blick scheint das Eigentum hier nicht durch die Art des Erwerbs, sondern durch die Art des Gebrauchs gerechtfertigt zu sein. So jedenfalls sieht es Juliette, die Wilhelm in die Denkweise des Oheims einführt (HA 8,66f.). Doch der kleine Wohlfahrtsstaat darf uns nicht darüber hinwegtäuschen, daß der geschickte Kaufmann eine Marktlücke entdeckt hat und an jedem Stück Obst, das er den Kindern pseudo-altruistisch ins Gebirge bringen läßt, seinen Teil verdient. Auch schützt er sein Eigentum in typisch amerikanischer Selbstverteidigung mit »Gitterfalle« und »Selbstschuß« (HA 8, 48f.) gegen Eindringlinge und Diebe. In seinem persönlichen Gebaren kombiniert er den aufgeklärt-feudalen Patriarchen mit dem amerikanischen Genußindividualisten. Zwar weiß der Oheim mit Hilfe seiner Feldküche »die Schrecknisse eines Familientisches« (HA 8,71) zu vermeiden, wie sie in »Nicht zu weit« geschildert werden, ersetzt dabei aber das inhaltsleere traditionelle Ritual durch eine aufgeklärte Zwangseinrichtung.

Bei näherer Betrachtung erweist der würdige alte Herr sich als Egoist, der alles aus seinem Gesichtskreis entfernt, was sein persönliches Wohlbefinden beeinträchtigt. Juliettes apologetisches Porträt wird nicht nur durch Hersilies spitze Zunge relativiert, sondern auch durch Lenardos Erzählung der Geschichte des nußbraunen Mädchens. Über die Unerbittlichkeit, mit der die ausstehenden Pachtschulden von Nachodines Vater eingetrieben werden sollten, machte der Oheim »sich selbst ein Gesetz« (HA 8,132). Da Lenardo wußte, »daß man ihn an das Einzelne nicht erinnern durfte, wenn er sich das Ganze vorgesetzt hatte« (HA 8,131f.), fand die Aussprache, die das Schicksal des Mädchens hätte abwenden können, gar nicht erst statt. Seine zwanghafte Zielstrebigkeit nimmt dem Oheim die Flexibilität, auf das Einzelschicksal einzugehen. Sein paradoxer Leitspruch

»Besitz und Gemeingut« (HA 8,68) spiegelt genau jenen Widerspruch zwischen korporativem und liberalem Eigentumsbegriff, der für das puritanische Ethos der Gründerväter Amerikas konstitutiv war und im Roman von den Kolonien ins feudalistische Deutschland zurückverlegt wird.

> Jede Art von Besitz soll der Mensch festhalten, er soll sich zum Mittelpunkt machen, von dem das Gemeingut ausgehen kann; er muß Egoist sein, um nicht Egoist zu werden, zusammenhalten, damit er spenden könne. Was soll es heißen, Besitz und Gut an die Armen zu geben? Löblicher ist, sich für sie als Verwalter betragen. [...] das Kapital soll niemand angreifen, die Interessen werden ohnehin im Weltlaufe schon jedermann angehören. (HA 8,69)

Was, gemessen an der amerikanischen Wirtschaftsentwicklung der Zeit, bereits ein Anachronismus ist, spricht im feudalistischen Deutschland für einen aufgeklärten Geist, der, indem er den Versorgungsengpässen der Bergregion begegnet und Gelegenheiten zu wirtschaftlicher Selbständigkeit schafft, sozialen Sprengstoff entschärft. In der Theorie läßt das Paradox »Besitz und Gemeingut« sich wohlwollend so auflösen, daß der Mensch »zusammenhalten« müsse, »damit er spenden könne«. In der Praxis kommt das Spenden Valerine zugute, während das »Zusammenhalten« Nachodine und ihrem Vater gegenüber geltend gemacht wird. Sie nämlich müssen, weil der kluge Finanzmann »sein Erspartes niemals« angreift (HA 8,130), Haus und Hof verlassen. Ganz so mühelos, wie diese Wirtschaftsideologie uns glauben machen will, kommen die »Interessen« doch nicht »jedermann« zugute. Im Gegenteil, das puritanische Ethos erblickt im wirtschaftlichen Erfolg ein Zeichen der Auserwähltheit und trägt, indem es im Sinne der Parabel von den fünf Talenten (Mt. 25,14-30) denen gibt, die schon haben, zur Vergrößerung der sozialen Ungleichheit bei.

Trotzdem dürfte die korporativem Denken wenigstens der Theorie nach noch verpflichtete Wirtschaftsideologie des Oheims Goethe eher entsprochen haben als der entfesselte Wirtschaftsliberalismus, der in den USA zur Zeit der Endredaktion des Romans schon im Gange war.[64] Einerseits war er sich zu sehr darüber im klaren, daß die menschliche Natur »leicht erschlafft, wenn persönliche Vorteile und Nachteile sie nicht nötigen«[65], um den Sozialismus der Saint-Simonisten für eine ernst zu nehmende Alternative zur Marktwirtschaft zu halten[66]. Andererseits sah er, wie die Zerstörung der Hütte von Philemon und Baucis am Ende von »Faust II« zeigt, die sozialen Folgen eines jeder staatlichen oder moralischen Kontrolle entzogenen Konkurrenzkapitalismus voraus. So übernimmt er

---

[64] Mit der Unabhängigkeitserklärung von 1776 wurden die Vereinigten Staaten auch für viele Deutsche zum Land der politischen Hoffnung auf eine mündige Gesellschaft, nach 1830 vernahm man mehr und mehr Kritik am skrupellosen Vorwalten des merkantilen Interesses in Nordamerika. Wilfried Malsch: Einleitung. Neue Welt, Nordamerika und USA als Projektion und Problem. In: *Amerika in der deutschen Literatur*, op. cit., S.11.

[65] Goethe zu Eckermann (*Gespräche mit Goethe*, op. cit., S.539) am 1. Mai 1825.

[66] Vgl. den Brief an Zelter vom 28. Juni 1831 (WA IV 48, S.258f.).

von den Saint-Simonisten nur das Prinzip der »universelle[n] Assoziation«[67], das
für den Auswandererbund an die Stelle der freien Konkurrenz treten soll. In
den »Wanderjahren« ist der fiktive Amerikarückwanderer, der Oheim, in der
Wirtschaftsweise zwar bereits von der Subsistenz- zur Erwerbswirtschaft übergegangen, sein Eigentumsbegriff ist aber noch feudal. Der würdige Greis sieht
in seinem Besitz ein *patrimonium*, das er als – immerhin aufgeklärter – Allein-
herrscher zum Wohl (Valerine) wie zum Weh (Nachodine) seiner Untertanen
einsetzen kann. Die Pachtzinsen müssen nicht für neue Investitionen eingetrieben werden, sondern für die *Grand Tour* des Neffen, also für ein typisch feudales
Luxusbedürfnis. Die Kehrseite des Herrschaftsprivilegs ist theoretisch aber noch
die dazu reziproke Pflicht zur Pflege der Natur (Baumschule) und zur Sorge für
die Untertanen.

Bei Fausts Kolonialisierungsprojekt hat sich mit dem Übergang von der
Substistenz- zur Erwerbswirtschaft auch der Eigentumsbegriff verändert. Faust
betrachtet das ihm vom Kaiser zugesprochene Lehen nicht mehr als *patrimonium*, sondern als *dominium*, als Herrschaftseigentum im Sinne des *Code Napoléon*[68]. Mit dem Besitz sind keine Pflichten mehr verbunden, im Gegenteil, er
ermächtigt den Besitzer zur rücksichtslosen Ausbeutung der Natur. Dem Ex-
pansionsdrang des neuen Herrn müssen die Gewohnheitsrechte des alten Paares
weichen. Die Umsiedlung wird notfalls mit Gewalt erzwungen. Wenn wir beide
Textstellen aufeinander beziehen, drängt sich der Schluß auf, daß Goethe der
Mehrwertschaffung ohne Leistung durch Papiergeld[69] und dem Eigentumsbegriff der zeitgenössischen Nationalökonomie skeptisch gegenüberstand. Er be-
grüßte zwar den Ansporn, der vom Privateigentum ausgeht, wollte seinen Gebrauch aber kontrolliert wissen. Als Kenner der Wirtschaftstheorien seiner Zeit[70]

---

[67] Hans Christoph Binswanger: *Geld und Magie. Deutung und Kritik der modernen Wirtschaft anhand von Goethes »Faust«*, Stuttgart 1985, S.160.

[68] Im Art.544 des *Code Napoléon* heißt es: »La propriété est le droit de jouir et de disposer
des choses de la manière la plus absolue«, zitiert und wie folgt übersetzt von Hans Christoph
Binswanger (*Geld und Magie*, S.53): »Das Eigentum ist das unbeschränkte Recht zur Nutzung und
Verfügung über die Dinge«.

[69] Laut Hans Christoph Binswanger (*Geld und Magie*, S.21f.) liegt *Faust II* die ökonomie-
geschichtliche These zugrunde, daß die moderne Geldwirtschaft mit ihrer Mehrwertschaffung ohne
Leistung eine Fortsetzung der Alchemie mit anderen Mitteln sei.

[70] Durch seinen späteren Schwager Johann Georg Schlosser war Goethe früh mit der Phy-
siokratie bekannt gemacht worden, die an die Selbstregulierung von Angebot und Nachfrage land-
wirtschaftlicher Produkte auf dem Markt glaubte. In seiner Goethe gewidmeten Schrift *Xenocrates
oder Ueber die Abgaben* (Basel 1784) rückte Schlosser von der physiokratischen Lehre aber wieder
ab, da er die mit der Industrialisierung zunehmende Bedeutung des Bedürfnisses nach imaginären
Waren erkannt hatte, dessen Befriedigung keiner Sättigung unterliegt. Die später klassisch gewordene Nationalökonomie Adam Smiths lernte Goethe durch seinen Freund Georg Sartorius kennen,
der Smiths Hauptwerk ins Deutsche übersetzt hatte (*Von den Elementen des National-Reichthums
und von der Staatswirthschaft nach Adam Smith*, Göttingen 1806; Ruppert, Nr.2966), später aber
von der rücksichtslosen Durchsetzung des Konkurrenzprinzips angesichts seiner in England sichtbar werdenden sozialen Folgen wieder abrückte: »Sucht Jeder nur den eigenen Vorteil, so kann
das Ganze nicht gedeihen« (Georg Sartorius: *Ueber die Gefahren, welche Deutschland bedrohen*,

war Goethe ein distanzierter und besorgter Beobachter der frühindustriellen Entwicklung in Deutschland.

> Er trat für einen skeptisch gebremsten Liberalismus ein, für eine – durch individuelle Sittlichkeit und Selbstbeschränkung humanisierte Wirtschaft. Wie viele Konservative sah er weit klarer und schärfer die Gefahren der heraufziehenden neuen Zeit als die Anwälte des unbegrenzten Fortschritts [...].[71]

Wenn man die »Wanderjahre« als Goethes Wirtschaftsroman liest, drängt es sich auf, das ihnen entsprechende Wirtschaftsdrama zum Vergleich hinzuzuziehen, den zweiten Teil des »Faust«. Nicht zufällig nimmt ein Aphorismus aus den »Betrachtungen im Sinne der Wanderer« zu der in »Faust II« dargestellten Papiergeldschöpfung Stellung:

> So wenig nun die Dampfmaschinen zu dämpfen sind, so wenig ist dies auch im Sittlichen möglich; die Lebhaftigkeit des Handels, das Durchrauschen des Papiergelds, das Anschwellen der Schulden, um Schulden zu bezahlen, das alles sind die ungeheuern Elemente, auf die gegenwärtig ein junger Mann gesetzt ist. Wohl ihm, wenn er von der Natur mit mäßigem, ruhigem Sinn begabt ist, um weder unverhältnismäßige Forderungen an die Welt zu machen noch auch von ihr sich bestimmen zu lassen. (BdW 40)

Faust wurde von der Natur *nicht* »mit mäßigem, ruhigem Sinn begabt«. Entsprechend ambivalent ist der Schluß der Dichtung: Zwar wird Fausts Seele, die nicht verwettet wurde, gerettet, weil ihm die Liebe von oben entgegenkommt; verloren aber ist »die Zeit« (HA 3,57), verstanden als Lebens- und Menschheitszeit, die sein Einsatz war. Das Spatengeklirr, das er für Arbeit am Fortschritt

---

und die Mittel, ihnen mit Glück zu begegnen, Göttingen 1820, S.487; Ruppert, Nr.2903). Am Ende seines Lebens beschäftigte Goethe sich auch noch mit dem Saint-Simonismus (WA III 13, S.81 und 83). Gustav von Gülichs *Geschichtliche Darstellung des Handels, der Gewerbe und des Ackerbaus der bedeutendsten handeltreibenden Staaten unsrer Zeit* (2 Bde., 2 Tabellen, Jena 1830; Ruppert, Nr.2939), die er sofort kaufte und las, kann zwar nicht mehr auf die *Wanderjahre* eingewirkt haben, wohl aber J.-C.-L. Simonde de Sismondis zweibändige Schrift *Nouveaux principes d'économie politique [...]* (Paris 1820), die in der von Goethe edierten *Jenaischen Allgemeinen Literatur-Zeitung* besprochen worden war, und Sismondis Essay *Du papier monnoie et des moyens de le supprimer* (Weimar 1810; Ruppert, Nr.2965). Auch die Geld-Theorie des Hamburger Ökonomen Johann Georg Büsch *Abhandlung von dem Geldsumlauf in anhaltender Rücksicht auf die Staatswirtschaft und Handlung* (2 Bde., Hamburg/ Kiel 1780; Ruppert, Nr.2929) hat Goethe nachweislich beschäftigt. Sartorius' Rezension von Henry Thorntons Buch *An Enquiry into the Nature and Effects of the Paper Credit of Great Britain* (London 1802) in der *Jenaischen Allgemeinen Literatur-Zeitung* wurde von Goethe persönlich überarbeitet. Georg Graf von Buquoys *Erläuterung einiger eigenen Ansichten aus der Theorie der Nationalwirthschaft* (Leipzig 1817; Ruppert, Nr.2933) blieb allerdings unaufgeschnitten. An den Arbeiten von Baron Charles Dupin schätzte er den »weltbürgerliche[n]« Charakter (WA IV 43, S.223). Dazu: Bernd Mahl: *Goethes ökonomisches Wissen*, Frankfurt/M./ Bern 1982, bes.: S.224ff., S.286ff., 357ff., S.400ff., S.444ff. und 496ff. Und: Hans Christoph Binswanger: *Geld und Magie*, S.147–171.

[71] Iring Fetscher: Nachwort. Zu: Hans Christoph Binswanger: *Geld und Magie*, S.185f. Vgl. dazu Goethes Gespräch mit Eckermann über Jeremy Bentham und Pierre Etienne Louis Dumont vom 3. Februar 1830 (*Gespräche mit Goethe*, op. cit., S.664).

hält, rührt von der Aushebung seines Grabes. Wovor der »Wanderjahre«-Apho-
rismus warnt, das gestaltet der Schlußakt von »Faust II«.

Im Gegensatz zum Faust des zweiten Teils und zum Oheim der »Wanderjahre« hat Lenardo für sein künftiges Gemeinwesen kein wirtschaftspolitisches
Konzept. Wir wissen nur, daß die amerikanischen Besitztümer des Oheims sowie
diejenigen der Turmgesellschaft die wirtschaftliche Startbasis für die Mitglieder
des Freundschaftsbundes bilden, der geplante Kanal den Wert der Besitzungen
vervielfachen wird und die Auswanderer den Plan hegen, von dort aus »pionier-
mäßig weiterzudringen«.[72]

5.4 Goethes Amerikabild und sein Verhältnis zu Lenardos
Auswanderungsplan

Der blinde Fleck in Lenardos Konzept ist auch für die Antwort auf die Frage
nach dem Fluchtpunkt der auktorialen Perspektive signifikant. Lenardo ist der
erklärte Liebling Makaries. Sie verhilft ihm zur Verwirklichung seines Auswan-
derungsplans und spart Nachodine/ Susanne für ihn auf, indem sie sie bei sich
beschäftigt. Der Segen von seiten der kosmischen Seherin läßt es fraglich erscheinen, daß Goethe die männliche Hauptfigur und ihr Projekt diskreditieren wollte.
Trotzdem bleibt die amerikanische Utopie merkwürdig unbestimmt. Wie ist das
zu erklären?

Goethe hat seiner Figur erspart, etwas konkretisieren zu müssen, was für
ihn selbst eine offene Frage war und blieb, eine Entscheidung darüber, ob die
amerikanische Demokratie eine echte Alternative zum mitteleuropäischen Spät-
feudalismus war oder nicht. Je mehr er über Amerika las und je öfter er die
Bekanntschaft gebildeter junger Nordamerikaner auf Europareise machte, desto
weniger konnte er sich einer gewissen Amerika-Faszination entziehen; ja es macht
fast den Anschein, als hätte er den jungen Prinzen[73], dessen »glühendste[r] Ju-
gendwunsch«[74] es war, Amerika zu bereisen, ganz gezielt auf die Fährte gesetzt,
damit dieser an seiner Stelle vor Ort überprüfte, ob die amerikanischen Institutionen besser waren als die deutschen. Entsprechend intensiv befaßte Goethe
sich nach der Rückkehr des Prinzen mit dessen Reisetagebuch, das detailliert
über amerikanische Hospitäler, Gefängnisse, Schulen, Universitäten, Museen und
Bibliotheken, militärische Anlagen, Schlachtfelder, Brücken, Kanäle, Häfen und
Flotten, Fabriken, Plantagen, Bergwerke, Gemeinde- und Stadtparlamente, Han-
delsformen und technische Einrichtungen Auskunft gibt und von vielen Begegnungen mit berühmten Amerikanern – darunter zwei ehemalige und ein amtie-

---

[72] Johannes Urzidil: *Das Glück der Gegenwart*, S.52.
[73] Leider war der lebenspraktische, tüchtige junge Herzog Bernhard (1792–1861) in Weimar
nur der Zweitgeborene, nicht der Thronfolger.
[74] Ernst Beutler: *Von der Ilm zum Susquehanna*, S.475.

render Präsident – erzählt.[75] Goethe war von diesem Bericht so stark angetan,
daß er ihn sofort zum Druck beförderte. Das Studium des Sachtexts flankierte
die Lektüre von Coopers Romanen.[76]

Vermutlich hat die Reise von Herzog Bernhard Goethe an seinen Jugendtraum erinnert, mit Lili Schönemann nach Amerika auszuwandern. Angesichts
des großen Widerstands der Familien gegen ihre Verbindung mit dem jungen
Goethe hatte die Frankfurter Verlobte ihm damals durch Dritte die Nachricht
zugespielt, sie sei bereit, alle vertrauten »Verhältnisse aufzugeben und mit nach
Amerika zu gehen« (HA 10,166). Im 19. Buch von »Dichtung und Wahrheit«
erinnert der nunmehr gealterte Dichter sich an seine innere Antwort auf diesen
Vorschlag:

> Amerika war damals vielleicht noch mehr als jetzt das Eldorado derjenigen, die in
> ihrer augenblicklichen Lage sich bedrängt fanden./ Aber eben das, was meine Hoff-
> nungen hätte beleben sollen, drückte sie nieder. Mein schönes väterliches Haus, nur
> wenig hundert Schritte von dem ihrigen, war doch immer ein leidlicher zu gewin-
> nender Zustand, als die über das Meer entfernte ungewisse Umgebung (HA 10,166f.).

Den Mut zu einem Schritt dieser Tragweite hatte der junge Goethe nicht. Die
Bindung an die deutsche Sprache und die europäische Kultur war stärker als der
Freiheitsdrang und die Sehnsucht nach Liebesvereinigung. Statt an der Seite Lilis
in Amerika die Befreiung der englischen Kolonien vom Mutterland mitzuerle-
ben, ging Goethe an den Weimarer Hof, um durch Fürstenerziehung Reformen
von oben zu bewirken. Mit dem Vater, einem antifeudalistisch gesinnten Frankfurter Patrizier, geriet er auch so in Konflikt. Sein »schönes väterliches Haus«
hat er jahrelang nicht mehr betreten. Es war also nicht das Haus, das ihn hielt,
sondern das, was es repräsentierte: die Bildung, die der Vater ihm ermöglicht
hatte, und die Bindung an das kulturelle Erbe Europas. Später, in den Jahren
der Restauration, des erwachenden Nationalismus sowie des kulturellen Bieder-
meiers, und angesichts der späten Einsicht, keine Frau mehr so wie damals Lili
geliebt zu haben, mag Goethe die jugendliche Entscheidung neu überdacht haben. Ich bin geneigt, die amerikanische Utopie der »Wanderjahre« als Rückkehr
zu einem Jugendtraum zu verstehen, den Goethe im Alter neu bewertete: Ganz
so abwegig, wie er ihm damals erschienen war, war Lilis Vorschlag nicht. Sein
Leben wäre, hätte er sich für ihn entschieden, grundlegend anders verlaufen.
Doch nur als unbestimmte war diese Vorstellung für Goethe erträglich. Jede
Festlegung wäre in Gefahr, ein viel zu einfaches Identifikationsangebot zu ma-
chen oder wie die wenigen Ausführungen Friedrichs im elften Kapitel des dritten
Buches potentiell in die Anti-Utopie umzuschlagen. Haltlose Utopisterei war
Goethe fremd, und einen trivialen Amerika-Roman wollte er nicht schreiben.

---

[75] Vgl. Anm.20.
[76] Das Tagebuch vermerkt die Lektüre von Coopers Romanen am 30. September und 1. Oktober 1826 (WA III 10, S.251) und am 26. Juni 1827 (WA III 11, S.76).

Gerade das Offene, merkwürdig Unkonkrete des amerikanischen Siedlungsplans entsprach Goethes tiefer Ambivalenz den Möglichkeiten und Gefahren dieses Kontinents gegenüber. Seine alte Skepsis gegenüber der Herrschaft der Masse ließ ihn die Demokratie mit Argwohn betrachten. Schon als junger Mann hatte Goethe in Frankfurt gelernt, daß die Oligarchie des Stadtpatriziats mehr Ungerechtigkeit erzeugen konnte als der aufgeklärte Absolutismus. Da die Verwaltungsämter in der freien Reichsstadt Frankfurt durch das Los vergeben wurden und Goethes Vater zweimal am Los vorbeigegangen war, wurde er zu lebenslanger Tatenlosigkeit verurteilt, jedenfalls, was die Möglichkeiten öffentlicher Wirksamkeit anbetraf. Im Gegensatz dazu wurde der Sohn am Weimarer Hof mit Ämtern und Einflußmöglichkeiten geradezu überhäuft. Dank dieser Erfahrung trat die Frage der formalen Organisation der Gesellschaft für Goethe hinter der nach den konkreten Möglichkeiten öffentlicher Wirksamkeit zurück. Es kam ihm schon als junger Mann und noch im Alter mehr auf den gelebten Gehalt als auf die Form der Verfassung an. So ist es zu erklären, daß die Diskussion über die Verfassungsform der amerikanischen Siedlungen aus den »Wanderjahren« ausgespart bleibt und Lenardo die Handwerker, die sich ihm anschließen wollen, darauf verpflichtet, »alle Regierungsformen gleichfalls gelten zu lassen« (HA 8,391).

Goethes Verhältnis zu Amerika war so ambivalent, wie seine Quellen widersprüchlich waren. Er sah Amerika nicht als *golden land*, nicht als irdisches Paradies mit großem Reichtum an natürlichen Ressourcen, den Indianer nicht als Prototyp des *edlen Wilden*. Er teilte auch nicht vorbehaltlos das Bild der Vereinigten Staaten als einer prototypisch demokratischen Gesellschaft, auch wenn diese sich für Lenardo mit europäischen Hoffnungen auf ein Leben in Freiheit und Toleranz verbindet. Goethe war gut genug informiert, um zu wissen, daß die Humanität des Fortschritts in Amerika die »Humanität des Handels«[77] war. Wie stark die Profitgier die Formen des Umgangs diktierte, ging aus allen Auswanderungsberichten, die er studiert hatte, hervor. Auch die meisten andern der von Goethe eingesehenen Quellen waren kritischer Natur: Er las die amerikafeindlichen Zeitschriften »Quarterly Review«[78] und »Blackwood's Edinburgh Magazine«, die Pariser Zeitung »Le Globe«[79], seit 1825 im Abonnement, und die von anti-amerikanischen Vorurteilen geprägten Briefe Johann Christian

---

[77] Egon Menz: Die Humanität des Handelsgeistes. Amerika in der deutschen Literatur des ausgehenden 18. Jahrhunderts. In: *Amerika in der deutschen Literatur*, op. cit., S.52.

[78] Sie wird beispielsweise im Brief an Thomas Carlyle vom 1. Januar 1828 (WA IV 43, S.221) erwähnt.

[79] Im Brief an Reinhard vom 20. September 1826 bekennt Goethe (WA IV 41, S.159): »Die fast tagtägliche Unterhaltung mit den Herren vom *Globe* gibt mir viel zu denken. Ich sehe recht gut, daß ihre Zwecke weiter liegen, als mir in meinem Alter zu blicken erlaubt ist«. Derselbe Brief zeigt aber auch, daß er die *Globe*-Position nicht unkritisch übernimmt. Im Jahre 1829 werden die *Globe*-Lektüre und die Endredaktion der *Wanderjahre* häufig gleichzeitig erwähnt. Dazu: Pierre-Paul Sagave: Französische Einflüsse in Goethes Wirtschaftsdenken. In: *Festschrift für Klaus Ziegler*, hrsg. von Eckehard Catholy und Winfried Hellmann, Tübingen 1968, S.120.

Hüttners[80], der seit 1814 England-Korrespondent Karl Augusts war. Das Vorurteil, daß Amerika ein Land ohne die kulturellen Errungenschaften Europas sei, geht in Friedrichs Zusammenfassung von Lenardos Kolonisationsprogramm ein: »Die Hauptsache bleibt nur immer, daß wir die Vorteile der Kultur mit hinübernehmen und die Nachteile zurücklassen.« (HA 8,408). Meiner Ansicht nach ist die Offenheit von Lenardos Siedlungsplan adäquater Ausdruck einer doppelten Frontstellung Goethes: gegen das Begrenzte der alten Kultur wie gegen das Unbegrenzte der neuen, deren fatale wirtschaftliche Folgen er voraussah. Was ihn an Amerika anzog: die Weite des Raums, Landschaft und Bodenschätze, Freiheit und Menschenwürde, einige wenige große Persönlichkeiten wie Franklin und Washington[81], wurde aufgewogen von dem, was er besorgniserregend fand: Kolonialismus, Betrug der Indianer und rücksichtslose Herrschaft des Geldes.

Neben den Auswanderern gibt es in beiden Teilen des Romans auch enttäuschte Amerika-Rückwanderer. Die »Lehrjahre« zeigen in Lothario einen Heimkehrer, der unter den Franzosen für die Unabhängigkeit der Vereinigten Staaten gekämpft, dabei sein Vermögen verloren und »die heimatlichen Güter mit Schulden beladen«[82] hat und jetzt eine Therese braucht, um sich wirtschaftlich zu sanieren. In den »Wanderjahren« macht der Oheim unmißverständlich klar, daß er die Beschränkungen der Kultur den Gefahren der unkultivierten Natur vorzieht. Was der alte Herr hier über Nordamerika sagt, dürfte nah an Goethes Position liegen. Bei aller Haßliebe gegenüber dem europäischen Erbe war es ihm doch unverzichtbar. Am Beispiel Lenardos probierte er spät noch die Gegenposition aus. Doch was er nicht erfahren hatte, das konnte er auch nicht beschreiben.

Zwar war das Bedürfnis zu gehen Goethe auch im Alter nicht fremd, doch den Glauben an die Möglichkeit des radikalen Neuanfangs hatte er nicht mehr. Zu Eckermann sagte er am 15. Februar 1824:

> ich danke dem Himmel, daß ich jetzt, in dieser durchaus gemachten Zeit, nicht jung bin. Ich würde nicht zu bleiben wissen. Ja selbst wenn ich nach Amerika flüchten wollte, ich käme zu spät, denn auch dort wäre es schon zu helle.[83]

Goethe wußte, daß die Unabhängigkeitserklärung nicht alle Ungerechtigkeit aus der Welt geschafft hatte. Er war auch über amerikanische Fabrikanlagen gut genug informiert, um zu sehen, daß die Industrialisierung vor Amerika nicht haltgemacht hatte. Aber er sah die Weite des Kontinentes und spürte, daß da

---

[80] Walter Wadepuhl: *Goethe's Interest in the New World*, Jena 1934, p.32.

[81] Im 17. Buch von *Dichtung und Wahrheit* (HA 10,114) schreibt Goethe rückblickend über den amerikanischen Befreiungskampf: »[...] man wünschte den Amerikanern alles Glück, und die Namen Franklin und Washington fingen an, am politischen und kriegerischen Himmel zu glänzen und zu funkeln. Manches zur Erleichterung der Menschheit war geschehen«. Im Gespräch mit Eckermann vom 25. Februar 1824 (*Gespräche mit Goethe*, op. cit., S.83) bezeichnet Goethe die »Trennung Amerikas von England« als eine der »größten Weltbegebenheiten«.

[82] Ernst Beutler: Von der Ilm zum Susquehanna, S.451.

[83] *Gespräche mit Goethe*, op. cit., S.77.

Vieles nebeneinander Platz hatte, so auch altes Handwerk und neue Industrie.
Die Frage, welche sozialpolitische Ordnung ihm für Lenardos Besiedlungspro-
gramm vorschwebte, ob eine von »europäischen Bedingtheiten ›gereinigte‹ ständische Ordnung«[84] oder eine freie moderne Gesellschaft, läßt sich nicht entscheiden, weil die Unentschlossenheit des Textes Ausdruck von Goethes eigener
Ambivalenz ist[85]. Lenardo will seine Zuhörer zur Auswanderung ermuntern,
Goethe stellt dem Führer der Auswanderer den Binnenkolonisator gegenüber
und beiden im Amtmann und im Geschirrfasser den Typus des daheimbleiben-
den Unternehmers. In Susanne zeigt er eine Frau, deren Tatkraft derjenigen dieser Männer in nichts nachsteht. Obwohl er für Lenardo die meiste Sympathie
zeigt, weigert Goethe sich, die amerikanische Utopie zu konkretisieren. Er weiß,
daß jede Festlegung zu neuen Dogmatismen führen kann, und deutet diese teilweise schon an. Lenardos Auswanderungsplan ist nicht als Utopie gedacht, aber
auch nicht als Anti-Utopie. Die Zukunft liegt für Goethe nicht in Amerika,
sondern im Ausgleich der Notwendigkeit zu beruflicher »Spezialisierung« durch
»Universalisierung«[86] der Zusammenarbeit aller Tüchtigen der Welt.

Victor Lange: Goethes Amerikabild. Wirklichkeit und Vision. In: *Amerika in der deutschen Literatur*, op. cit., S.69.

[85] Peter Boerner (Amerika, du hast es besser?, S.233ff.) hat gute Gründe dafür angeführt, daß die besonders von Amerikanern gern zitierten Verse: »Amerika, du hast es besser/ Als unser Continent, der alte,/ Hast keine verfallene Schlösser/ Und keine Basalte« (WA IV 42, S.376ff.), mehr über Goethes geologische Grundüberzeugungen und seine Haltung im Streit der Vulkanisten mit den Neptunisten aussagen als über seine Einstellung zu Amerika. Derselbe implizite Vergleich zwischen der Gesteinsformation und dem politischen System findet sich schon in der geologischen Skizze vom September 1819 *Eines verjährten Neptunisten Schlußbekenntniß. Abschied von der Geologie* (WA II 13, S.314).

[86] Manfred Windfuhr: Universalismus oder Spezialisierung? Zum Tätigkeitsideal in *Wilhelm Meisters Wanderjahren*. In: ders.: *Erfahrung und Erfindung*, Heidelberg 1993, S.89ff.

KAPITEL 6

Der Mann von funfzig Jahren:
»Doppelte Ungleichheit des Alters« und Rivalität
zwischen Vater und Sohn?

K eine Erzähleinlage der »Wanderjahre« ist so häufig interpretiert worden
wie »Der Mann von funfzig Jahren«[1], bei keiner hält sich – von drei Ausnahmen[2] abgesehen – bis in die neuesten Arbeiten hinein so hartnäckig eine
Interpretationstradition, die den Text zur Boulevard-Komödie hinabzieht, indem sie ihn auf das Mißverhältnis zwischen Sein und Schein und die triviale
Weisheit: »jung zu jung, alt zu alt« reduziert. Arthur Henkel sprach noch von
»einer natürlichen Korrektur der ›unnatürlichen‹ Neigung von Onkel und Nichte zueinander«[3], Hannelore Schlaffer formuliert inzwischen drastischer:

> [...] der Prototyp des Verdrossenen, den ein dunkler Trieb gegen die Sitte zu ver
> stoßen verführt hat, ist der Mann von funfzig Jahren. Von Anfang an weiß er, daß
> ihm sein Unterbewußtes, das ihm die Neigung zu einem kaum erwachsenen Mäd
> chen eingeflüstert hat, einen Streich spielt. [...] Das Ende der Geschichte ist weder
> die Tragödie noch die Komödie eines alternden Mannes, weder Liebesleid noch Hei-

---

[1] Gustav Kettner: Goethes Novelle *Der Mann von funfzig Jahren*. In: *Neue Jahrbücher für das klassische Altertum, Geschichte und deutsche Literatur* 17 (1914), S.66–78. Ernst Maaß: *Der Mann von funfzig Jahren*. In: *Neue Jahrbücher für das klassische Altertum, Geschichte und deutsche Literatur* 19 (1916), S.122–138. Willy Krogmann: Goethes dramatischer Entwurf *Der Mann von funfzig Jahren*. In: *Archiv für das Studium der neueren Sprachen* 95 (1940), Bd.177, S.73–85. Marianne Thalmann: *J. W. Goethe: »Der Mann von funfzig Jahren«*, Wien 1948. Gerhard Schweißer: *Goethes Novelle »Der Mann von funfzig Jahren« und ihre literarische Nachfolge*, Diss.: masch., Wien 1956, bes.: S.42–53 (ohne Zitatnachweise fast wörtlich nach Kettner). Benno von Wiese: Johann Wolfgang Goethe: *Der Mann von funfzig Jahren*. In: ders.: *Die deutsche Novelle von Goethe bis Kafka*, Bd.2, Düsseldorf 1962, S.26–52. Emil Staiger: *Goethe*, Bd.3, Zürich 1959, S.145–157. Hannelore Schlaffer: *»Wilhelm Meister«. Das Ende der Kunst und die Wiederkehr des Mythos*, Stuttgart 1989 (1980), S.91–108. Thomas Degering: *Das Elend der Entsagung*, Bonn 1982, S.420–441. Dieter Borchmeyer: Spätstil in zweierlei Gestalt. Goethes *Der Mann von funfzig Jahren* und Stifters *Der fromme Spruch*. In: *Germanistik aus interkultureller Perspektive*, hrsg. von Adrien Finck und Gertrud Gréciano, Strasbourg 1988, S.239–251. Mathias Mayer: *Selbstbewußte Illusion*, Heidelberg 1989, S.167–178. Yahya A. Elsaghe: *»Anni demunt«. Die drei Paraphrasen des Mann[s] von funfzig Jahren*. In: *ZfdPh* 112 (1993), S.509–528.
[2] Claus Sommerhage: Familie Tantalos. Über Mythos und Psychologie in Goethes Novelle *Der Mann von funfzig Jahren*. In: *ZfdPh* 103 (1984), Sonderheft: *Goethe*, S.78–105. Adolf Muschg: *Der Mann von funfzig Jahren*. In: *Goethe im zwanzigsten Jahrhundert*, hrsg. von Hans Mayer, Frankfurt/M. 1987, S.362–382. Gesa Dane: *»Die heilsame Toilette«. Kosmetik und Bildung in Goethes »Der Mann von funfzig Jahren«*, Göttingen 1994.
[3] Arthur Henkel: *Entsagung*, 2. Aufl., Tübingen 1964, S.83.

ratsglück; es ist die Erlösung von der Peinlichkeit und die Rückkehr des Helden in die gesellschaftliche Vernunft.[4]

Selbstverständlich muß die am Ende des Romans beiläufig erwähnte Ehe Flavios mit Hilarie wie diejenige des Majors mit der schönen Witwe (HA 8,437f.) für diese Sichtweise das Argument liefern, womit die Teleologie, die die offene Form der Novelle durch die Vordertür hinauswirft, sich durch die Hintertür eines veralteten Romanbegriffs wieder einschleicht. Goethes Mutter war einundzwanzig Jahre jünger als sein Vater. Demographische Forschungen haben längst erwiesen, daß asymmetrische Ehen im 18. Jahrhundert schon wegen der hohen Sterblichkeitsrate der Frauen, die oft im Kindbettfieber oder an dessen Folgen starben, nicht die Ausnahme, sondern fast die Regel waren und keinesfalls als »naturwidrig« galten.[5] Wenn der Dichter, der als junger Mann zehn Jahre um den *Besitz*[6] einer sieben Jahre älteren Frau gekämpft, schließlich eine sechzehn Jahre jüngere zu seiner Lebensgefährtin gemacht[7] und im Alter von vierundsiebzig Jahren in aller Form um die Hand einer Neunzehnjährigen angehalten hat[8], wirklich nicht mehr als »jung zu jung, alt zu alt«, hätte sagen wollen[9], hätte er sich die Mühe schenken können, für seine Erzählung vom Mann »im kritischen Alter«[10] immer wieder neue Schlüsse zu erfinden. Er hatte aber trotz seiner Anlehnung an die Mahnung des Horaz, Jünglinge keine Altersrollen übernehmen zu lassen[11], Mühe, sich auf eine Schlußvariante festzulegen, und läßt die beiden Paare erst in der Ausgabe letzter Hand »richtig gemischt«[12] vor Makarie erschei-

---

[4] Hannelore Schlaffer im Nachwort des von ihr herausgegebenen Bandes: Johann Wolfgang Goethe: *Erzählungen*, Stuttgart 1989, S.364.

[5] Gesa Dane: »*Die heilsame Toilette*«, S.37.

[6] Am 21. Februar 1787 schreibt er von Rom aus an Charlotte von Stein: »Ach liebe Lotte du weist nicht welche Gewalt ich mir angethan habe und anthue und daß der Gedancke dich nicht zu besitzen mich doch im Grunde, ich mags nehmen und stellen und legen wie ich will aufreibt und aufzehrt.« *Goethes Briefe an Charlotte von Stein*, hrsg. von Julius Petersen, Bd.3, Leipzig 1908, S.182.

[7] Eckart Kleßmann: *Christiane. Goethes Geliebte und Gefährtin*, 3. Aufl., Zürich 1993, S.9 und 36f.

[8] Jürgen Behrens: Biographischer Hintergrund. Marienbad 1821–1823. In: Johann Wolfgang Goethe: *Elegie von Marienbad*. Urschrift, hrsg. von J. B. und Christoph Michel, Frankfurt/M./ Leipzig 1991, S.92.

[9] Schon im siebten Buch der *Lehrjahre* hatte er Therese den Satz in den Mund gelegt: »So ist die Heirat eines jungen Mädchens mit einem bejahrten Manne immer mißlich, und doch habe ich sie recht gut ausschlagen sehen.« (HA 7,462)

[10] Albert Ludwig: Das Motiv vom kritischen Alter. Eine Studie zum *Mann von fünfzig Jahren* und ähnlichen Stoffen. In: *Euphorion* 21 (1914), S.63–72. Interessant an Ludwigs motivgeschichtlichem Vergleich ist der Nachweis, daß das Motiv in der Literatur geschlechtsspezifisch abgehandelt wird: *Der* verliebte Alte ist *komisch*, *die* verliebte Alte *widerwärtig*.

[11] Die Stelle lautet: »ne forte seniles mandentur iuveni partes pueroque viriles: semper in adiunctis aevoque morabitur aptis«; in der Übersetzung von Eckart Schäfer: »daß nicht etwa die Rolle des Alten dem Jüngling, dem Kinde die Rolle des Mannes vertraut wird! Immer wird man bei dem, was zu jedem Alter gehört und paßt, bleiben.« Horaz: *Ars poetica* (V.175ff.), Lateinisch/ Deutsch, Stuttgart 1994 (1984), S.14f. Dazu auch: Horaz: *Oden* II, 5, 13–15. In: ders.: *Oden und Epoden*, Lateinisch/ Deutsch, 5. Aufl., Stuttgart 1990, S.78f.

[12] Adolf Muschg: *Der Mann von fünfzig Jahren*, S.380.

nen. Man sollte sich deshalb nicht damit begnügen, die Schlüsse mit den Lebens-
beziehungen des Autors zu parallelisieren und mit der wachsenden Altersresigna-
tion eines Verjüngungskünstlers zu begründen, der erst im achten Lebensjahrzehnt
zugesteht: »der Liebeswahn des Alters verschwindet in Gegenwart leidenschaftlicher Jugend« (HA 8,218). Ohne die entstehungsgeschichtlich[13] bedingten Textvarianten zu vernachlässigen, will ich die Letztfassung der Novelle als zusam-
menhängende Erzählung lesen, deren Teile nicht auf das Leben des Dichters
verweisen, sondern in erster Linie aufeinander. So wird das mehrfache Konflikt-
lösungsangebot selber zum Zeichen, und der offene Novellenschluß steht gleichberechtigt neben dem Vorschlag zur Lösung des Konflikts, den der Roman am
Ende macht.

6.1 Verzicht des Sohnes auf die Braut oder drei »in *einer* Liebe, *einem* Behagen«

Der Major war in den Gutshof hereingeritten, und Hilarie, seine Nichte, stand
schon, um ihn zu empfangen, außen auf der Treppe, die zum Schloß hinaufführte.
Kaum erkannte er sie; denn schon war sie wieder größer und schöner geworden.
Sie flog ihm entgegen, er drückte sie an seine Brust mit dem Sinn eines Vaters, und
sie eilten hinauf zu ihrer Mutter. (HA 8,167)

---

[13] Am 5. Oktober 1803 wird der *Mann von 50 Jahren* im Tagebuch zum ersten Mal erwähnt
(WA III 3, S.83). Im Juni 1807 nimmt der Dichter ihn im Zusammenhang mit dem Beginn der
Arbeit an den *Wanderjahre*-Novellen wieder auf. Am 4. August 1807 ist er »bis zu einer gewissen
Epoche« gebracht (WA III 3, S.253). Am 22. April 1808 liest Goethe den Text bei der Herzogin
vor (WA III 3, S.329). Nach der Durchsicht am 9. Juli 1810 (WA III 4, S.138) bleibt die Novelle
lange liegen. Am 27. Mai 1817 schickt Goethe ersten Teil an Cotta (WA III 6, S.53), der ihn
im *Taschenbuch für Damen auf das Jahr 1818* (S.1–34) abdruckt. In dieser Version endet die Novelle
nach dem ersten Besuch des Majors bei der Witwe mit dem Plan, daß der Vater seine Verbindung
mit Hilarie, der Sohn die seinige mit der Witwe befördern möge. Dieselbe Version erscheint 1821
im 11. Kapitel der Erstfassung der *Wanderjahre* (FA I 10, 105–125). Am 12. November 1820 nimmt
Goethe den *Mann von 50 Jahren* wieder vor (WA III 7, S.247), am Tag darauf entsteht das älteste
erhaltene Schema einer Fortsetzung (WA I 25 II, S.229ff.). Am 5. August 1823, auf dem Höhepunkt
der Liebe zu Ulrike von Levetzov, vermerkt das Tagebuch: »Erfindung gewisser Scenen. Nicht
getrunken. *Der Mann von 50 Jahren*« (WA III 9, S.88). In den folgenden Monaten entsteht der
Plan zu einer Dramatisierung des Stoffes. Ende Oktober 1826 erweitert Goethe das alte, sechs Jahre
vorher entworfene Schema (WA III 10, S.260f. und WA I 25 II, S.231f.) um die Teile, die die
Verbindung Hilaries mit Flavio und diejenige des Majors mit der Witwe nahelegen. Die Ausführung
zieht sich bis ins folgende Frühjahr. Am 11. März 1827 hält das Tagebuch fest: »Abends den *Mann
von 50 Jahren*. Bey dieser Gelegenheit Ovids *Metamorphosen* und eine zeitlang darin gelesen« (WA
III 11, S.32). Vermutlich kam unter dem Eindruck dieser Lektüre die Arachne-Stelle (*Metamorphosen*, VI 17f.) in den Text. Am 26. Juni und 10. Juli 1827 geht Goethe den *Mann von 50 Jahren*
mit Riemer durch (WA III 11, S.76 und 83). 1829 erscheint er im zweiten Buch der Zweitfassung
der *Wanderjahre*. Vgl.: Gustav Kettner: Goethes Novelle *Der Mann von funfzig Jahren*, S.71ff.;
Georg Sticker: *Der Mann von funfzig Jahren*. In: *Forschungen und Fortschritte* 8 (1932), S.78f.;
Hans M. Wolff: *Goethe in der Periode der »Wahlverwandtschaften«* (1802–1809), München 1952,
S.107ff.; Gerhard Schweißer: *Goethes Novelle »Der Mann von funfzig Jahren«*, S.20ff.

Der erste Satz reißt uns mitten ins Geschehen hinein. Wir haben so wenig Zeit, die Figuren einzeln kennenzulernen, wie der Major, Hilarie zu betrachten. Denn schon fliegt sie auf ihn zu, und in der Umarmung erscheinen beide als ein Paar, wenn auch – wie der Erzähler nahelegt – eher als Vater und Tochter. Diese Vater-Tochter-Beziehung entbehrt aber nicht einer gewissen Heftigkeit. Auch muß Hilarie den Major erwartet haben, denn sie »stand schon« auf der Treppe, als er kam. Das Warten und die impulsive Form der Begrüßung lassen sogar auf eine gewisse Ungeduld schließen. Wird im ersten Satz aus eindeutig auktorialer Erzählperspektive eine Empfangssituation skizziert, legt die Inversion im zweiten: »denn schon war sie wieder größer und schöner geworden« die Vermutung nahe, daß wir unmerklich in die personale Erzählsituation hinübergeglitten sind, nicht der Erzähler eine objektive Beschreibung von Hilaries Äußerem gibt, sondern wir Hilarie mit den Augen des Majors sehen. Und sein Blick ist im Gegensatz zum expliziten Erzählerkommentar »mit dem Sinn eines Vaters« nicht nur der väterlich wohlwollende, sondern durchaus auch der begehrende Blick des Mannes, der ein Mädchen kaum wiedererkennt, weil er es plötzlich als Frau wahrnimmt und sich dabei fast wie bei etwas Ungehörigem ertappt fühlt. Plötzlich geraten Kategorien durcheinander, die Grenzen zwischen dem Erlaubten und dem Unerlaubten werden fließend.

Schon der Eröffnungsparagraph stellt eine Spannung zwischen auktorialer und personaler Perspektive, zwischen unbewußter Neigung und bewußter Situationseinschätzung, zwischen väterlicher Liebe und geschlechtlicher Anziehung her, wobei der Erzähler mit seiner Interpretation dem Bewußtsein der Figur zu Hilfe zu kommen, ihr die Verhaltenslegitimation zu liefern und den irritierten Leser zu beruhigen scheint: »mit dem Sinn eines Vaters«. Zur Entschuldigung des Majors – wenn es da überhaupt etwas zu entschuldigen gibt – sei gesagt, daß er die Situation nicht aktiv herbeigeführt hat, sondern von Hilarie in sie hineingerissen worden ist. Spontaneität provoziert Spontaneität. So unschuldig wie hier werden wir die beiden nie mehr vertraut beieinander stehen sehen. Der Eros ist ein Dämon, der sich, einmal gerufen, nicht mehr so rasch verscheuchen läßt. Schon als die Baronin ihrem Bruder zu verstehen gibt, daß Hilaries Herz nicht mehr frei ist und sein Sohn keine Zuneigung von ihr zu erwarten hat, mischt sich in das väterliche Interesse etwas, das der Text – mit gebotener Vorsicht – Eifersucht zu nennen wagt:

> Der Major selbst glaubte das schöne Kind mit andern Augen anzusehn als kurz zuvor. Es war ihm beinahe, als wenn er eifersüchtig auf den Beglückten wäre, dessen Bild sich in einem so schönen Gemüt hatte eindrücken können. (HA 8,168)

Der Major *glaubt* nur, Hilarie mit anderen Augen anzusehen. Ganz so unschuldig war sein Blick auch zu Beginn schon nicht. Modalsatz, Modaladverb, Konjunktiv irrealis: Ist die dreifache modale Relativierung nötig, weil der Erzähler sich seiner Sache selbst nicht ganz sicher ist, oder ist das hypothetische Sprechen

Ausdruck des prekär gewordenen Selbstverhältnisses des Majors? Als dieser in einer erneuten überraschenden Wendung erfährt, daß er selbst der Mann ist, den Hilarie liebt, verschlägt es ihm jedenfalls die Sprache: »Der Major stand betroffen« (HA 8,169). Von nun an hat er Hilarie gegenüber jede Verhaltenssicherheit eingebüßt. Als er sie am nächsten Morgen im Garten, wo er sie gesucht hat, trifft, hat er »nicht den Mut, sie wie sonst zu küssen und an sein Herz zu drücken« (HA 8,171). Die spontane Impulsivität der ersten Begegnung ist mit der verlorenen Unschuld des Beziehungsverständnisses ein für allemal abhanden gekommen. Damit sind wir beim Kernproblem der Novelle: »Der Mann von funfzig Jahren« ist ein Text über Unsicherheiten in der Einschätzung von Mann-Frau-Beziehungen. Er scheint Paarkonstellationen herzustellen, um sie sofort wieder zu verwerfen. Im folgenden will ich den Text in einer Weise segmentieren, die sich am Paarwechsel orientiert.

Zunächst streben der Major und seine Schwester, die Baronin, die Verbindung ihrer Kinder an: Hilarie, die Heitere, soll sich mit Flavio, dem Blonden[14], verbinden. Ehen zwischen Cousin und Cousine waren im Adel nicht nur üblich, sondern im Interesse der Besitzstandswahrung geradezu gesucht. In der von Familienpolitik geprägten Rede des Majors dominiert die erste Person Plural: »*Unser* Bruder« tritt »die Güter *uns* und *unsern* Kindern ab«, »*wir* gewinnen [...] viel«, das bringt »*uns* und *den Unsrigen* einen entschiedenen Vorteil« (HA 8,168, Hervorhebung von H.H.). Weil es Goethe zunächst um die »Sozialtypik« geht, wird die Elterngeneration »nur mit dem militärischen Dienstgrad oder dem Stand bezeichnet«.[15] Eigennamen erhalten nur die Kinder, die sich verbinden sollen, weil Flavio, wenn er aus der Familie herausheiraten würde, für seinen Teil »nicht zum besten bedacht« (HA 8,183) wäre. Die letzten Glieder des Adelsgeschlechts läßt der Dichter gleich zu Beginn »aus den Standesrollen heraustreten«[16], auf die er den Major und die Baronin vorerst festlegt. Da der Major seinem militärischen Abschied entgegensieht, wird schon an dieser Stelle deutlich, daß er sich in einer lebensgeschichtlichen Umbruchsphase befindet und nach neuen Aufgaben sucht. Doch zu einer familiären Interessenpolitik, die Hilarie und Flavio zu Opfern macht, will die Innigkeit der Begrüßung zwischen der Nichte und ihrem Onkel nicht recht passen. Sie zeugt weniger von unterkühlten, aristokratisch-konventionellen Verwandtschaftsverhältnissen als von spontaner Herzlichkeit. Lassen wir den Widerspruch vorerst stehen.

Schon die erste Replik der Baronin macht die vom Major unterstellte Harmonie zwischen Ökonomie und Neigung zunichte: »Hilariens Herz ist nicht mehr frei.« (HA 8,168) Im Garten eröffnet sie dem unruhig gewordenen Bruder

---

14 Flavio ist ein aus dem Italienischen übernommener männlicher Rufname lateinischen Ursprungs, der eigentlich »der aus dem Geschlecht der Flavier« bedeutet. Er geht auf lat. *flavus*: »blond«, zurück. *Duden. Lexikon der Vornamen*, hrsg. von Günther Drosdowski, Mannheim 1968, S.82.
15 Dieter Borchmeyer: Spätstil, S.240.
16 Dieter Borchmeyer: Spätstil, S.240.

dann ihre Einschätzung der Gefühle der Tochter: »dich liebt sie« (HA 8,169). Damit hat die Baronin die Möglichkeit einer neuen Paarkonstellation aufgezeigt, die kurze Zeit später vor dem Stammbaum durch Hilaries Schwur: »Ich bin dein auf ewig« (HA 8,180) von den Betroffenen selbst ratifiziert wird: die Verbindung zwischen Hilarie und dem Major. Die Möglichkeit, daß in ihr auch eine stellvertretende inzestuöse Wunscherfüllung der Baronin stecken könnte, wird explizit eingeräumt:

> Die Baronin hatte ihren Bruder von Jugend auf dergestalt geliebt, daß sie ihn allen Männern vorzog, und vielleicht war selbst die Neigung Hilariens aus dieser Vorliebe der Mutter, wo nicht entsprungen, doch gewiß genährt worden. Alle drei vereinigten sich nunmehr in *einer* Liebe, *einem* Behagen (HA 8,180).

Hilaries erste Liebeswahl erfolgt offenbar »nach dem Vorbild der Mutter«; diese findet einen »brüderlichen Gatten«, Hilarie den »väterlichen Geliebten«, der ihr entspricht, weil ihr der Vater fehlt.[17] Umgekehrt verändert das von der Schwester offenbarte »Geheimnis« (HA 8,168), das der Major vorerst mit Rationalisierungen wie »scheinbar[e]« Neigung, »Selbstbetrug«, korrigierbarer »Fehlgriff[.]« abzuwehren sucht (HA 8,169), wider Willen auch seine Selbst- und Fremdwahrnehmung. Nachdem der Erzähler unsere und des Helden Zweifel an der Echtheit von Hilaries Liebe zerstreut hat: »denn sie liebte ihn wirklich und von ganzer Seele«, beschreibt er die Versuchung des Majors, sein verändertes Selbstgefühl mit dem Naturzyklus zu analogisieren:

> Der Garten war in seiner vollen Frühlingspracht, und der Major, der so viele alte Bäume sich wieder belauben sah, konnte auch an die Wiederkehr seines eignen Frühlings glauben. Und wer hätte sich nicht in der Gegenwart des liebenswürdigsten Mädchens dazu verführen lassen! (HA 8,170)

Ein komischer Zufall will es, daß der Schauspieler-Freund mit seiner »heilsame[n] Toilette« (HA 8,174) just in dem Moment erscheint, da der Major eine solche bitter nötig zu haben glaubt. Und wie sympathetisch ist das Lächeln, mit dem der Erzähler uns von der Baum-Metapher, über die kosmetische Verjüngungskur bis zum Erquickungsschlaf an dem wieder erwachten Körpergefühl seines Helden und dessen zarter Werbung um eine wesentlich jüngere Frau Anteil nehmen läßt. Dabei erweist sich die Schauspieler-Episode und die mit ihr verbundene Frage nach dem Verhältnis von Sein und Schein doch eher als ein humoristisch-komödiantisches Zwischenspiel. Im Grunde seines Herzens kennt der Major, der hier gerade dadurch menschlich wird, daß er sich als verführbar erweist, sein wahres Alter sehr genau.[18] Schon nach der ersten kosmetischen Anwendung kommentiert der Erzähler seinen Zustand schmunzelnd: »Sollen wir aber in seine Seele sprechen, so fühlte er sich etwas mumienhaft, zwischen einem

---

17 Claus Sommerhage: Familie Tantalos, S.83.
18 Emil Staiger: *Goethe*, Bd.3, S.147.

Kranken und einem Einbalsamierten.« (HA 8,178) In einem tieferen Sinn kann von einem Selbstbetrug des Majors wohl kaum die Rede sein. Alle Interpreten, die hier den Kern des Problems sehen, sind in eine schalkhaft errichtete Textfalle hineingelaufen. Verblüffenderweise gilt das für die meisten neueren Arbeiten, seien sie soziologischer[19], psychologischer[20], mythologischer[21] oder poetologischer[22] Provenienz.

Nur Gesa Dane[23] stellt die »kosmetische Kur« des Majors in begriffsgeschichtliche, sozial- und mentalitätsgeschichtliche, demographische sowie anthropologische Zusammenhänge und kommt vor diesem Hintergrund zu einer völlig anderen Bewertung der »heilsame[n] Toilette« (HA 8,174), als sie der schminkkritische Topos nahelegt, der von Sokrates' Abwertung des Schminkens als unehrenhaft, über die mittelalterliche Verurteilung der *superbia* bis zur Kritik höfischer Körpertheatralik durch das Bürgertum des späten 18. Jahrhunderts reicht und den Zugang zu Goethes Novelle bis heute versperrt. Statt die kosmetischen Anwendungen als *comptoria ars* aufzufassen, als bei einem Mann geradezu peinliches[24] Übertünchen körperlicher Mängel, weist die Autorin nach, daß die kosmetische Kur des Majors nur vor dem Hintergrund des populärmedizinischen Diskurses über die *cosmetica medicamenta*, die kosmetischen Techniken zur Gesunderhaltung des Körpers, adäquat zu verstehen und auch in Goethes Anthropologie und Naturlehre[25] Teil der Bildung und Vervollkommnung des Menschen ist[26]. Der Major trägt nicht Schminke auf – im Gegenteil: zu den Mitteln der *comptoria ars*, Wischen und Pudern, nimmt er nur solange Zuflucht, wie er *noch nicht* im Besitz der »heilsame[n] Toilette« ist.[27] Die kosmetischen Anwendungen, die ihm der neue Kammerdiener empfiehlt, entsprechen genau den neuesten Ratschlägen in den populärmedizinischen »Toilettenlektüren« und zielen darauf ab, »nicht nur den Schein der Gesundheit« zu erwecken, sondern »die Gesundheit selbst« aufrechtzuerhalten (HA 8, 199).[28] Schon die Tatsache, daß die heilsamen Pomaden vor dem Schlafengehen aufgetragen werden sollen, damit sie über

---

[19] Selbst Dieter Borchmeyer (Spätstil, S.242f.) behauptet noch: »Dieses Motiv der Verjüngung steht im Zentrum der Novelle«, und zitiert Thomas Mann: »Ohne eine groteske *Entwürdigung* wird es kaum abgehen«. Die hat Thomas Mann dann in *Der Tod in Venedig* (25. Aufl., Frankfurt/M. 1972) gestaltet, in Goethes Novelle findet sich von ihr keine Spur.

[20] Claus Sommerhage: Familie Tantalos, S.78–105.

[21] Hannelore Schlaffer: »*Wilhelm Meister*«. Yahya A. Elsaghe: »Eins und doppelt«. Zur Verdoppelung mythologischer Identitäten in Goethes *Der Mann von funfzig Jahren*. In: *Sprachkunst* 23 (1992), 2. Halbbd., S.213–232. Ders.: »Anni demunt«, S.509–528.

[22] Mathias Mayer: *Selbstbewußte Illusion*, S.167–178.

[23] Gesa Dane: »*Die heilsame Toilette*«.

[24] Noch: Karl Schlechta: *Goethes Wilhelm Meister*, Frankfurt/M. 1985 (1953), S.173; Hannelore Schlaffer: »*Wilhelm Meister*«, S.92.

[25] Vgl. Goethes Aufsatz *Ideen über organische Bildung* (1806–1807): FA I 24, 387–398.

[26] Gesa Dane: »*Die heilsame Toilette*«, S.66, 85ff. und 162.

[27] Gesa Dane: »*Die heilsame Toilette*«, S.94.

[28] Gesa Dane: »*Die heilsame Toilette*«, S.93.

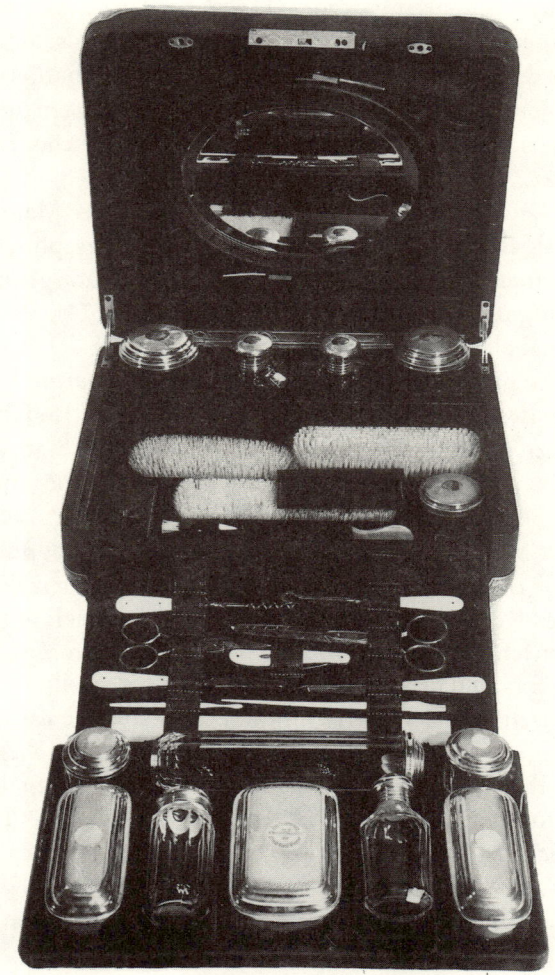

Abb. 5: Goethes Reise-Necessaire

»Nacht« (HA 8,178) einwirken können, zeugt von der medizinischen Wirkungs-
absicht, nicht von einem Anspruch auf gesellschaftlichen Glanz. Das gilt auch für
Baden nach dem Frühstück, »Maß« und »Abwechselung« (HA 8,199). All diese
Empfehlungen entsprechen der anthropologischen Aufwertung des Leibes
wie auch der Ansicht der Aufklärungsmedizin, daß die Gesundheit die Haupt-
bedingung der Schönheit und der Mensch für beide bis zu einem gewissen
Grade selbst verantwortlich sei. So gesehen, ist die Sorge des Majors um sein
Äußeres nicht so sehr Zeichen einer wieder erwachten »Eitelkeit« – diese wird
vom Schauspieler zur »Freude an sich selbst« (HA 8,175) umgewertet –, sondern im Sinne einer bewußten »Gegenführung« zum barocken *vanitas*-Mo-

tiv[29] Ausdruck eines durch die jugendliche Geliebte veränderten Verhältnisses zu den Alterserscheinungen des eigenen Körpers. Körperliche Veränderungen sind bei Goethe keine Äußerlichkeiten, sie treffen ins Zentrum der Selbstwahrnehmung, die sich häufig erst durch Störungen verändert.[30] Wie Hilaries Liebe den Major zu Beginn der Erzählung an seine vergessene erotische Ausstrahlung erinnert, so wird ihn der ausgefallene »Vorderzahn« (HA 8,218) an deren Ende mit der Unaufhaltsamkeit des Alterns konfrontieren und dazu veranlassen, auf Hilarie zu verzichten. Der Gewinn an erotischer Ansprechbarkeit und erotischer Wirkung geht dabei aber nicht verloren, sondern führt am Ende des Romans zur Verbindung mit der schönen Witwe.[31] Goethes Narzißten weigern sich, sich zu verändern; sie bleiben bis ins hohe Alter kindlich. Das gilt für Werther, der dieses Alter aus narzißtischer Kränkung gar nicht erreicht, den Eduard der »Wahlverwandtschaften«, aber auch für den »theatralische[n] Freund« (HA 8,171) des Majors, der als bejahrter Jüngling geschildert wird. Im Gegensatz zu ihnen macht der Major einen mehrfachen Rollenwechsel durch, der dafür sorgt, daß die Verjüngung[32] Teil des Alterns bleibt.

Wir haben vorgegriffen. Vorerst kommt mit der Reise des Majors zu seinem Sohn und dem Schauplatzwechsel vom Landgut zur Garnisonsstadt aus der Perspektive des Sohnes eine neue Paarkonstellation in den Blick: die Verbindung Flavios mit der jungen Witwe. Hier ist nun auch erstmals explizit von »Leidenschaft« (HA 8,182) die Rede. Aber es melden sich auch erste Vorbehalte an. In den vom Sohn gerühmten »zarten Gunstbezeugungen« der Witwe erkennt der Vater »nur die leichte Gefälligkeit einer allgemein gesuchten Frau«, und er wird vom Erzähler in der Vermutung unterstützt, daß ein »Selbstbetrug [...] obwalten könnte« (HA 8,182f.). Wider besseres Wissen hilft der Vater dem Sohn beim Bemühen, die gewünschte Verbindung herbeizuführen. Seine eigene Reaktion auf die junge Frau ist der skeptischen Erwartungshaltung zum Trotz dann doch verblüffend positiv. Ja, der anschaulich geschilderte Morgenbesuch bei der Witwe und die symbolische Kommunikation über Brieftasche und Jagdgedicht machen ein Oszillieren des Majors zwischen bewußter Brautwerbung für den Sohn und unbewußter eigener Verstrickung spürbar. Die lustspielhafte Möglichkeit, der Brautwerber könne selbst zum Bräutigam werden, deutet sich hier immerhin an. Bisher war die kostbare Handarbeit[33] der schönen Witwe offenbar für nie-

---

[29] Gesa Dane: »*Die heilsame Toilette*«, S.13.

[30] Gesa Dane: »*Die heilsame Toilette*«, S.99.

[31] Gesa Dane: »*Die heilsame Toilette*«, S.34.

[32] Vgl. die Parallele in den *Wahlverwandtschaften*: HA 6,384f.

[33] Schon 1803 hat Goethe in dem für die Weimarer Hofdame Henriette Wolfskeel von und zu Reichenberg bestimmten Hochzeitsgedicht *Magisches Netz* (BA 1,345f.) das Fäden-Flechten der Frauen mit dem Männerfang assoziiert. Dazu: William S. Davis: »Frauenzimmerliche Handarbeiten«. Reflections on Goethe's poem *Magisches Netz*. In: *Jahrbuch für Internationale Germanistik* 22 (1990), H.2, pp.58–79.

manden bestimmt. Am Vorabend glaubte der Hausfreund in ihr sogar ein »pene-
lopeisch zauderhaftes Werk« (HA 8,185) zu erkennen, womit er unterstellte,
auch die Witwe halte die Freier, die sie umlagern, hin wie Penelope, jene »We-
berinn von der feinsten Arbeit«[34], die vorgab, das Leichentuch für ihren Schwiegervater Laërtes fertigstellen zu müssen, bevor sie sich wiederverheiraten könne,
nachts aber aufzog, was sie tagsüber gewebt hatte[35]. Überraschend für alle Beteiligten findet die schönste der »[f]rauenzimmerliche[n] Handarbeiten« (HA
8,184) dann aber doch einen Adressaten, nicht als Geschenk, doch als Leihgabe:

> Dichter und Liebhaber sind längst schon leider im Ruf, daß ihren Versprechen und
> Zusagen nicht viel zu trauen sei; verzeihen Sie daher, wenn ich das Wort eines
> Ehrenmannes in Zweifel zu ziehen wage und deshalb ein Pfand, einen Treupfennig
> nicht verlange, sondern gebe. Nehmen Sie diese Brieftasche, sie hat etwas Ähnliches
> von Ihrem Jagdgedicht, viel Erinnerungen sind daran geknüpft, manche Zeit verging
> unter der Arbeit, endlich ist sie fertig; bedienen Sie sich derselben als eines Boten,
> uns Ihre liebliche Arbeit zu überbringen. (HA 8,191f.)

Wieder verschlägt der besondere Gunstbeweis dem Major die Sprache, jedenfalls
»die eigene«[36]. Er kann seinen »Dank« (HA 8,192) nur mit fremden Worten
aussprechen und unternimmt, nachdem der erste Versuch gescheitert ist, erneut
den Versuch einer Stegreif-Paraphrase des Ovid. Obwohl der Austausch der
Brieftasche und der zitathaft-zierlichen Dankesworte vorerst wie ein galantes
Spiel wirkt, das anakreontisch-rokokohafte Formen des Umgangs der Geschlechter aufzugreifen scheint, teilen sich die Betroffenen doch auch etwas von
ihrem »Eigensten« (HA 8,189) mit. Es ist sicher kein Zufall, daß die Witwe, die
vor kurzem mit dem Tod konfrontiert worden ist, den Major nach jenem ele-
gischen Text fragt, in dem er über Altern und Abschied vom Leben spricht.
Umgekehrt bringt er seine Verstörung mit der Dichtung anderer in eine Form,
ohne sich einem Sturm der Affekte zu überlassen. Die Mäßigung in seiner Antwort zeigt, daß er von der fremden Frau beim zweiten Besuch schon mehr verstanden hat als Flavio nach langer leidenschaftlicher Belagerung. Unmerklich hat
sich die leise Rivalität zwischen Vater und Sohn »auf die Dichtkunst verschoben«[37], wobei die schöne Witwe den Lehrgedichten des Majors den Vorzug vor
dem lyrischen Affektausdruck des Sohnes gibt, der in seinem maßlosen Anspruch selbstentlarvend ist:

> Wenn man vernünftig und ruhig leben will, welches denn doch zuletzt eines jeden
> Menschen Wunsch und Absicht bleibt, was soll uns da das aufgeregte Wesen, das

---

[34] Benjamin Hederich: *Gründliches mythologisches Lexikon*, Leipzig 1770 (Nachdruck:
Darmstadt 1986), Sp.1933.
[35] Homer: *Odyssee*, übertr. von Johann Heinrich Voß, München o. J., II 88ff., XIX 137ff.,
XXIV 124ff.
[36] Yahya A. Elsaghe: »Anni demunt«, S.512.
[37] Für Elsaghe (»Anni demunt«, S.513) ist die Dichtkunst hier »zum Äquivalent eines Phallus
geworden«.

uns willkürlich anreizt, ohne etwas zu geben, das uns beunruhigt, um uns denn doch zuletzt uns wieder selbst zu überlassen (HA 8, 190).

Indem sie ihm ihre wertvolle Handarbeit als Verpackung für das Jagdgedicht überreicht, nimmt die Witwe den »Ehrenmann« leise in die Pflicht. Das Treuepfand sichert die Fortsetzung des Kontakts. Ob der auktoriale Kommentar: »Die köstliche Brieftasche von bedeutender Größe nahm das Werk ganz bequem auf« (HA 8,197) als »symbolische[.] Penetration des Gewebes durch den Text«[38] zu verstehen sei, wage ich nicht zu entscheiden; Brieftasche und Jagdgedicht stehen jedenfalls im Moment, da der Major die Verbindung der Witwe mit Flavio zu betreiben meint, bereits für die Anbahnung einer Liebe zwischen der Witwe und dem Major. Zeichenhaft für das prekäre Schwanken zwischen Brautwerber und potentiellem Bräutigam ist, daß der Morgenbesuch des Majors bei der schönen Frau mit einer Unterlassungssünde endet[39]: Statt als Fürsprecher seines Sohnes aufzutreten, erlaubt er den Frauen, ihn »von dem Wege wegzuscherzen«, und findet sich »nicht ohne Verlegenheit in ein angenehmes Verhältnis verflochten« (HA 8,191f.). Das Gewebe von Handarbeit und Text hat auch die Beziehungen erfaßt.

Noch sieht der Major sich aber als Hilaries Bräutigam. Auf getrennten Schauplätzen treffen beide Vorbereitungen für ihre Hochzeit: Während der Major auf den von seinem Bruder vernachlässigten Gütern die ökonomische Grundlage der Ehe sichert, beschäftigt Hilarie sich im Haus der Baronin mit ihrer Aussteuer. Obwohl das Geschäft, den verwahrlosten Besitz in Stand zu setzen, »einen tätigen Mann« fordert, geht dem Major das der Witwe gegebene Versprechen »nicht aus dem Sinne«, und er sucht, sobald sich eine Gelegenheit ergibt, »aus wohlgeordneten Papieren« (HA 8,196f.) die Reinschrift seines Jagdgedichts heraus. Diese, von der Brieftasche kostbar verpackt, verlangt nach einem Begleittext: »Jene Stelle des Ovid fiel ihm wieder ein, und er glaubte jetzt durch eine poetische Umschreibung, so wie damals durch eine prosaische, sich am besten aus der Sache zu ziehen.« (HA 8,197) Doch die Vorbehalte, die er seiner Übertragung gegenüber verspürt, verraten, wie sehr er sich mehr und mehr *in* die Sache verstrickt. Obwohl ihm der Gedanke kommt, daß »man in Versen nicht galant sein kann, ohne verliebt zu scheinen«, zieht er die poetische der prosaischen Paraphrase vor und will an den Worten: »Ich sah's in meisterlichen Händen/ – Wie denk' ich gern der schönen Zeit! – [...]« (HA 8,197) nichts mehr ändern. Unbewußt hat er die Rivalität mit seinem Sohn, die dieser bereits im ersten Dialog antizipiert hat: »Bei Gott! ich erlebe es und sehe Sie als den Rival Ihres Sohnes« (HA 8,182), schon zum zweiten Mal akzeptiert, halb bewußt beginnt er, die Distanz zu einer Abwesenden zu überbrücken. Dabei fällt ihm eben noch rechtzeitig ein, daß es »gefährlich« ist, eine schöne Frau implizit mit Arachne, also mit jener »zierlichen Weberin« (HA 8,198) zu vergleichen, die für ihr

---

[38] Yahya A. Elsaghe: »Anni demunt«, S.513.
[39] Ernst Maaß: *Der Mann von funfzig Jahren*, S.129.

Vergehen, im Wettkampf mit Pallas Athene die Schandtaten der Götter in ihre
Teppiche gewebt zu haben, von der Göttin in eine Spinne verwandelt worden
ist[40]; die Frage, ob ihn das daran hindert, die Ovid-Paraphrase abzuschicken,
wird vom Erzähler schalkhaft offen gelassen:

> Wie sich nun der Freund aus einer solchen Verlegenheit gezogen, ist uns selbst
> unbekannt geblieben, und wir müssen diesen Fall unter diejenigen rechnen, über
> welche die Musen auch wohl einen Schleier zu werfen sich die Schalkheit erlauben.
> (HA 8,198)

Daß dem Major im Haus der Witwe gerade jene Stelle aus den »Metamorphosen«
des Ovid in den Sinn gekommen ist, die sich auf die allseits bewunderte Künstlerin Arachne bezieht[41], kann kein Zufall gewesen sein. Er hat die Witwe ja als
»allgemein gesuchte[.] Frau« (HA 8,182) kennengelernt, die von Freiern umgeben ist, weil sie nicht nur schön, sondern auch reich ist. Kaum daß er ihr Haus
zum ersten Mal betritt, hält ein auktoriales Urteil unumwunden fest: »Sie war
eins von den weiblichen Wesen, denen kein Mann entgeht« (HA 8,184). Der
Sohn berichtet ihm später von ihrer Gewohnheit, »in ihren erleuchteten Zimmern« auf- und abzugehen, »wenn die Geister entlassen sind, die sie hergebannt
hat« (HA 8,186). Die Handarbeit bringt sie demnach nicht nur mit Arachne und
Penelope in Verbindung, sondern auch mit der Zauberin Circe[42], jener licht-
hungrigen Göttin von buchstäblich strahlender Schönheit, die singt, webt und
Männer anlockt, um sie in Schweine zu verwandeln[43]. Im Gegensatz zu Elsaghe
bin ich nicht der Meinung, auch die dritte Paraphrase des Majors mißlinge[44]; sie
ist, im Gegenteil, prägnanter Ausdruck seiner berechtigten Befürchtung, einer
Arachne-Circe-Spinne ins Netz gegangen zu sein. Die »klassische Stelle« (HA
8,192) entspricht, gerade *weil* sie doppelbödig ist, den ambivalenten Gefühlen
des Majors ganz genau. Wenn er den Text abschickt, obwohl ihm die Anspielung
bewußt geworden ist, konfrontiert er die Witwe implizit mit einer Fremdeinschätzung, die ihr Selbstverständnis in Frage stellt. Damit verläßt der »honnête
homme alter Schule, der die Dezenzregeln der ›guten Gesellschaft‹ selbstverständlich beherrscht«, nicht als Dichter angesprochen werden und nicht als »Pe-
dant« (HA 8,189) erscheinen will[45], die Ebene der geselligen Konversation und
erlaubt sich eine persönliche Anfrage: »Bist du eine Circe? Oder meinst du es
ernst mit mir?« So ließe sich diese paraphrasieren. Wieder hintertreiben die ge-

---

40 Ovid: *Metamorphosen*, übers. von Hermann Breitenbach, Stuttgart 1982, VI 103–145.
41 Ovid: *Metamorphosen*, VI 5ff.
42 Homer: *Odyssee*, X 276. Dazu: Claus Sommerhage: Familie Tantalos, S.86f.
43 Homer: *Odyssee*, X 220ff.
44 Yahya A. Elsaghe (»Anni demunt«, S.528) muß hier ein Mißlingen sehen, um die metapoetische Deutung begründen zu können, daß die »Verjüngung« des poetischen Originaltextes schei-
tere, auch sie dem Diktat der Zeit erliege, unter dem das Lebensalter steht.
45 Zu den Geselligkeits-Regeln der höfischen Gesellschaft gehört, »daß man sich in ihr möglichst allgemein verhält und nicht durch spezielle, gar professionelle Fertigkeiten aufzufallen strebt«.
Dieter Borchmeyer: Spätstil, S.247.

heimen Wünsche das Gelingen der bewußten Absicht. Der Major kommt nicht »aus der Sache« heraus, er kommt tiefer und tiefer in sie hinein und gefährdet damit eine andere, seine Hochzeit.

Im Schloß der Baronin gehen indessen andere Dinge vor: Hilarie wächst unter der weisen Leitung ihrer Mutter zur zukünftigen Gutsherrin heran, alle sind heiter, tätig und gelöst, denn »man hatte einen Dritten im Sinne«, dem man einen besonderen Empfang bereiten wollte: »Es war ein bräutliches Gefühl, das nicht nur Hilarien mit den süßesten Empfindungen belebte« (HA 8,202), auch ihre Mutter und eine junge Frau, Ananette, haben ihren Teil daran. »Heftiges Pochen und Rufen«: Mit auch stilistisch signifikantem Wechsel von epischer Breite zu elliptischer Dichte, von gemessener Erzählung zu dramatischer Vergegenwärtigung, platzt in die ruhige Zuversicht dieser Brautzeit plötzlich Flavio als »Orest« (HA 8,203)[46]. Das Staccato der prädikatlosen Reihung erinnert an den Schluß des »Werther«. Der »Aufregungsstil«[47] gibt sich als Zitat zu erkennen. Dem entspricht, daß Flavio den Vater sprechen und dann sterben will. Wo der Diskurs exzentrisch wird, ist der Anlaß banal. Er kann ausgespart werden. Ohnehin hat die Leserin sich bereits gedacht, daß Flavio einen Korb bekommen hat. Und die Selbstbescheidungsgeste des Erzählers: »Eine Szene, wie dies zugegangen, wagten wir nicht zu schildern, aus Furcht, hier möchte uns die jugendliche Glut ermangeln« (HA 8,209), ist kaum anders als ironisch zu verstehen. Für den Zauber der Mondnacht und die Zartheit der Liebe zwischen Hilarie und Flavio ist derselbe Erzähler später durchaus jugendlich genug. Wie recht er damit hat, die Sprache der Leidenschaft ihrer Selbstdemontage zu überlassen, zeigt der Prozeß von Flavios Genesung. Ein paar Wechselgedichte, Musik[48], etwas Zuwendung – und die Sorge des liebeskranken Selbstmordkandidaten gilt schon nicht mehr der Angebeteten, sondern dem unentschuldigten Fernbleiben vom Dienst beim Militär. Wo große Worte gemacht werden, geht es um kleine Unpäßlichkeiten, auf die wahrhaft große Katastrophe, die Einsamkeit des Majors im Augenblick seiner Wahrheit, »verwendet der Erzähler das kleinste und leiseste mögliche Wort: ›die Gestalt schien sie nicht bemerkt zu haben‹ [HA 8, 213f.]«.[49] Hilarie und Flavio sind unmerklich zum Paar geworden, der Major ist der ausgeschlossene Dritte. Er wird von nun an »Vater« genannt. Mit bewußt

---

[46] Goethe vergleicht Flavio zwar mit »Orest« (HA 8,203), strukturell sind die Analogien zum sechsten Buch der *Odyssee* (VI 126ff.) aber größer. Die Stelle ist auch seinem eigenen Dramenfragment *Nausikaa* nachgebildet: Nausikaa, nach einem Traum in bräutlicher Stimmung, hat ihre Wäsche gewaschen und ausgelegt, als der schiffbrüchige Odysseus aus seinem Versteck tritt (HA 5, 70ff.). Dazu auch: Ernst Maaß: *Der Mann von funfzig Jahren*, S.132.

[47] Adolf Muschg: *Der Mann von funfzig Jahren*, S.377.

[48] Die kathartische Wirkung der Musik, die den Schmerz anregt und dadurch auflöst, hat Goethe nach der Marienbader Liebesenttäuschung vom Sommer 1823 am Klavierspiel der polnischen Pianistin Maria Szymanowska erfahren. Von Heilung durch Musik spricht *Aussöhnung*, das Schluß-Gedicht der *Trilogie der Leidenschaft*, das in der Ausgabe letzter Hand auf die Marienbader *Elegie* folgt (WA I 3, S.27).

[49] Adolf Muschg: *Der Mann von funfzig Jahren*, S.378.

biblischer Konnotation kommentiert der Erzähler die Begegnung auf dem Eis:
»es war unmöglich, den Vater zu verkennen« (HA 8,214). Hier wird nicht nur
im Dunkeln eine Gestalt identifiziert, in der Dreieckskonstellation findet eine
Konfrontation mit den eigenen Triebkonflikten statt. Hilarie stürzt zu Boden,
Flavio hält ihr Haupt, der Major macht sich auf die Suche nach einem Schlitten:

> sie gelangten spät nach dem Schlosse, das junge Paar einzeln, sich nicht zu berühren,
> sich nicht zu nähern wagend, der Vater mit dem leeren Schlitten, den er vergebens
> ins Weite und Breite hülfreich herumgeführt hatte. (HA 8, 214)

»Hülfreich? Alles andere: Hilfloser und ungeschützter steht im ganzen Roman
keine Figur wie der Mann von funfzig Jahren in diesem einen Satz.«[50] Der Knoten, in den die Beteiligten sich nun verwickelt sehen, ist so bald nicht mehr zu
lösen. Die Mitglieder der Familie, die ihre Zeit gemeinsam zu verbringen gewohnt sind, halten sich in getrennten Zimmern auf. Der Zersplitterung der
Schauplätze entspricht der Zerfall der Gemeinschaft. Gespräche beschränken
sich auf das Nötigste und werden nicht mehr in direkter Rede wiedergegeben,
sondern nur noch summarisch referiert. Ein ausführlicher Erzählerkommentar
teilt uns zwar mit, daß von nun an alles auf die »Gemütszustände« ankomme
(HA 8,215); tatsächlich ist der Erzähler aber nur beim Major in der Lage, darüber
Auskunft zu geben, daß sich der Übergang »vom ersten Liebhaber zum zärtlichen Vater« (HA 8,216) schon vor der Begegnung mit dem jungen Paar auf dem
Eis angebahnt und der Major immer schon mehr Hilaries Glück als sein eigenes
im Sinn gehabt habe. Über Hilaries Innenleben sagt der Erzähler nichts. Von
ihr wird nur berichtet, was die Baronin als aufmerksame Beobachterin ihrer
Tochter von außen wahrnehmen kann. Statt, wie angekündigt, Gemütszustände
zu beschreiben, holt der Erzähler Parallelgeschichte nach oder verliert sich in
allgemeinen Sentenzen: »Der Übergang von innerer Wahrheit zum äußern Wirklichen ist im Kontrast immer schmerzlich [...]. Ja der Wahn hat, solange er dauert,
eine unüberwindliche Wahrheit« (HA 8,215). Weit davon entfernt, der Schlüssel
zur Interpretation des Textes zu sein, leiten diese Erzählerkommentare den Leser
eher in die Irre. Sie stellen eine Eindeutigkeit her, die die Novelle als ganze gerade
problematisiert. Wer in welcher Art Wahn befangen ist, scheint mir eine offene
Frage. Ist der Wechsel vom Erzählen zum Räsonieren nicht eher als Rückzugs-
gefecht des auktorialen Erzählers zu betrachten, der sich zum Eingeständnis gezwungen sieht, über die Gemütszustände, auf die jetzt alles ankommt, selber
nichts zu wissen? Von nun an gibt es nämlich keine klaren Paarkonstellationen
mehr. Was die eine Figur für nötig hält, stellt eine andere in Frage. Das wirklich
Unerhörte der Novelle bleibt ein Rätsel, Hilaries »Nein« zur Verbindung mit Flavio
just in dem Moment, da ihr von seiten der Eltern nichts mehr im Wege zu stehen
scheint und diese glauben, auf einem Umweg zum Ziel gekommen zu sein:

---

50 Adolf Muschg: *Der Mann von funfzig Jahren*, S.378.

Die Begründung dieses Neins – die *innere* Hauptsache des Werks –, wird dem Leser ebenso vorenthalten wie die Auskunft über das schließliche Schicksal der Personen – die *äußere* Hauptsache des Werks. So brüskierend offen zu enden haben erst wieder die Autoren des 20. Jahrhunderts gewagt.[51]

Jene Interpreten, die Goethes Novelle mit dem rührenden Lustspiel[52] der Zeit verwechseln und immer schon gewußt haben, daß jung zu jung und alt zu alt gehört, lösen das Rätsel des offenen Schlusses auf. Von ihm aber heißt es, daß es »nur noch an eine Grille geknüpft *schien*« (HA 8,221, Hervorhebung von H.H.).[53] Zur Verblüffung aller Beteiligten bleibt Hilarie bei ihrem Standpunkt. Wie die Baronin zu Beginn des Textes eingestehen muß: »nach allen Symptomen ist es ein sehr ernstliches Gefühl, von welchem Hilarie durchdrungen ist« (HA 8,169), so sieht sie sich auch am Schluß genötigt, »vor der Hoheit und Würde des jungen Mädchens erstaunt« zurückzutreten (HA 8,220). Hilarie bleibt »so fest bei ihrer Überzeugung, als nur einer sein kann, dem etwas innerlich wahr geworden« (HA 8,221). Ist die Baronin der Tochter an Welterfahrung überlegen, so Hilarie der Mutter an seelischem Zartgefühl und innerer Konsequenz. So überzeugt Hilarie ist, keine Ehe mit Flavio eingehen zu können, so gewiß glaubt der Major, wie auch immer sie sich entscheide, auf Hilarie verzichten zu müssen. Beim Major scheinen sich Selbst- und Fremdwahrnehmung im Verlauf des Textes anzunähern, bei Hilarie voneinander zu entfernen. Sie ist aus Treue zu ihrem Schwur, er, getröstet, bereit zum Verzicht. Wer ist dann also einem Selbstbetrug erlegen? In diesem Text stellt immer eine Figur Vermutungen über eine andere an, und da letzlich alle in ihren perspektivischen Wahrnehmungsbeschränkungen befangen sind und am Ende sogar der Erzähler vor der Komplexität der Verhältnisse kapituliert, bleibt nicht ein einziger wirklich verläßlicher Informant.

Durch Makaries Eingreifen nimmt das Geschehen eine letzte überraschende Wendung. Es führt am Schluß die junge Witwe herbei, die den Briefwechsel der Baronin mit Makarie offenlegt. Nachdem wir sie bereits in dreifacher Spiegelung,

---

51 Peter von Matt: [Kommentar zu] *Der Mann von fünfzig Jahren*. In: *Goethe erzählt*, hrsg. von P.v.M., Zürich/ München 1982, S.159.

52 August von Kotzebues Dramenbearbeitung *Der Mann von vierzig Jahren* (Lustspiel in einem Aufzuge [1795]. In: *Theater von August v. Kotzebue*, Bd.5, Leipzig/ Wien 1840, S.117–154), in der der in sein Mündel verliebte Vormund zu sich selbst sagt: »Ein Mann von vierzig Jahren, und ein Mädchen von siebzehn. [...] um Gottes willen! mach' dich nicht lächerlich!« (op. cit., S.145f.), wurde von 1795 bis 1801 in Weimar mehrfach gespielt. Eine ernsthafte Anlehnung Goethes an sie hat Ernst Maaß (*Der Mann von fünfzig Jahren*, S.122f.) schon 1916 abgelehnt. Unter dem 2. Oktober 1823 zitiert Kanzler von Müller ein vertrauliches Liebesgeständnis Goethes und fährt fort: »Iffland könnte ein charmantes Stück daraus fertigen, ein alter Onkel, der seine junge Nichte allzuheftig liebt.« Biedermann/ Herwig: *Goethes Gespräche*, Bd.3.1, Zürich/ Stuttgart 1971, S.591. Vgl. dazu: August Wilhelm Iffland: *Der Vormund. Ein Schauspiel in fünf Aufzügen* (1795). In: *A. W. Ifflands theatralische Werke*, Bd.9, Leipzig 1860, S.129–241.

53 Der Grund für Lenardos »Grille«, die Angehörigen »nicht durch Briefe, nur durch Zeichen« (HA 8,133) wissen zu lassen, wo er sich auf seiner Reise befindet, ist ein Schuldgefühl, das sich als lebensbestimmend erweist.

erst mit den verliebten Augen Flavios, dann mit den wohlwollenden des Majors, sodann mit dem weiblichen Scharfblick der Baronin als »geborne[.] Kokette« (HA 8,194) gesehen haben, sehen wir sie jetzt mit den Augen Makaries, gewissermaßen von einem übergeordneten Standort aus. Die veränderte Optik macht aus der Frau, die nur Bekanntes zu bestätigen schien, eine Unbekannte: ihr »himmelschönes Innere[s]« (HA 8,224) tritt hervor. Sie geht in den circenhaften Formen der »Repräsentation« (HA 8,194), für die sie männliche Zuschauer braucht, nicht ganz auf. Im Gegenteil, sie ist fähig, die Verantwortung für ihren Lebenswandel zu übernehmen und ihre Schuld einzugestehen. Dabei bleibt sie trotz ihrer menschlichen Schwächen auch jetzt noch Herrin der Situation. Mehr als das erfahren wir hingegen nicht. Die hingeworfene Roh-Skizze, mit der die Novelle endet, ist auch stilistisch der denkbar größte Bruch. Vage Andeutungen wecken Erwartungen, für deren Einlösung sich niemand mehr verantwortlich fühlt. Der auktoriale Erzähler tritt hinter sein Arbeitsprotokoll zurück. Mit allen Paarkonstellationen ist auch seine Allwissenheit problematisch geworden. Das offene Ende wirkt vorerst als ein unverzeihlicher Defekt. Der Leser begreift nur: Von nun an steht der Major ernsthaft zwischen Hilarie und der erst jetzt erkannten fremden Frau. Wer Makarie ist, die als *dea ex machina* im Hintergrund die Fäden zieht, wird nicht geklärt. Deutlich wird nur, daß sie den Knoten durch ein Mittel lösen hilft,

> das man auch Indiskretion nennen kann: sie gibt die ihr im Vertrauen geschriebenen Briefe an die Leute weiter, von denen in diesen Briefen die Rede ist – anklagend, absprechend. Auf diese Weise pflegen sonst Intrigen gesponnen, nicht Entfremdungen aufgehoben zu werden. Aber: will dieser befremdliche Zug der ›Heiligen‹ nicht etwas zugleich Einfaches und Symbolisches besagen: daß nämlich nur offengelegte Verhältnisse entwicklungsfähig sind?[54]

Die Paarkonstellationen wechseln nicht nur innerhalb der Novelle von Segment zu Segment, der Roman übernimmt schließlich sogar das Personal und stellt weitere Paarungsmöglichkeiten zur Diskussion. Wiederum in einer Mondnacht geraten am *Lago maggiore*[55] Hilarie und die schöne Witwe mit Wilhelm und dem Maler in eine Situation »von traumhafter und keineswegs unzweideutiger Festlichkeit«[56], in der auch »ein gefaßter, geprüfter Geist, wie unsere schöne Witwe« (HA 8,233), die mit der Koketterie auch »die Kunst, im richtigen Augenblick Abschied zu nehmen«[57], gelernt hat, vorübergehend die Selbstbeherr-

---

[54] Adolf Muschg: *Der Mann von funfzig Jahren*, S.381.

[55] Die biographische Frage, ob Goethe selbst am *Lago maggiore* war, an dem Wilhelm im Roman mit den Frauenfiguren der Novelle zusammentrifft, hat Waldemar von Wasielewski (War Goethe am Lago maggiore? In: *JbGG* 9 [1922], S.182–198) aufgrund von drei fehlenden Tagen in Goethes Bericht an den Herzog über seine Rückkehr aus Italien positiv beantwortet.

[56] Adolf Muschg: *Der Mann von funfzig Jahren*, S.371.

[57] Maria Bindschedler: Goethe und die kokette Frau. In: *Neue Schweizer Rundschau* N.F. 17 (1949), S.383.

schung verliert. Auch hier bereitet das Sakrileg des Malers, Mignons Lied anzu-
stimmen, dem Zauber ein abruptes Ende. Die »edelsten, keuschesten Tränen«
(HA 8,239) der vier kurzfristig durch ein Gefühl Verbundenen sind das stärkste,
aber auch das letzte Zeichen der Gemeinsamkeit. Mit dem von Anfang an zi-
tathaft überdeutlichen romantischen Setting:

> Und nun vergegenwärtige man sich die viere, wie sie, im zierlichsten Raum beisam-
> men, gegen einander über sitzen in der seligsten Welt, von lindem Lufthauch an-
> geweht, auf glänzenden Wellen geschaukelt (HA 8,231),

wird ein Textfortführungsschema angedeutet, das Goethe nur ergreift, um es im
Sinne des Wanderns als Einübung ins Loslassen zu verwerfen: Hilarie und der
Maler, Wilhelm und die schöne Witwe.[58] Die überstürzte Abreise der Frauen
verwandelt die Insel der Seligen für die verlassenen Männer in eine Wüste. Vor
diesem Hintergrund ist die Tatsache, daß die Personen vor dem Auswandererbund dann doch noch »richtig« gepaart erscheinen, Hilarie mit Flavio, der inzwischen zum Abziehbild seines Vaters geworden ist, der Major »mit jener Un-
widerstehlichen, die nun seine Gemahlin geworden« (HA 8,438), eigentlich
kaum noch der Erwähnung wert. Wir sollten uns hüten, in dieser beiläufig nachgeholten Parallelgeschichte der Romanhandlung die Antwort auf die von der
Novelle gestellten Fragen zu erkennen. Was vorerst als Defekt der Novelle erschien, ihr abruptes Ende, ist ihre Qualität. Lesererwartungen werden nicht erfüllt, sondern verstört. Es handelt sich um einen Text, der sein Thema und die
Bedingungen seiner Darstellbarkeit immer wieder problematisiert. Hilarie kann
sich, zur Künstlerin geworden, schließlich doch mit Flavio verbinden. »Es ist
möglich [...], weil soviel anderes, soviel mehr möglich geworden ist«[59], das Denken in Alternativen den Absolutheitsanspruch ihres übereilten Schwurs: »Ich
bin dein auf ewig« (HA 8,180) relativiert. Im Schlußporträt, das der Redaktor
von Hilarie zeichnet, ist die Heldin der Novelle allerdings nicht mehr wieder-
zuerkennen:

> Hilarie kam mit ihrem Gatten, der nun als Hauptmann und entschieden reicher
> Gutsbesitzer auftrat. Sie in ihrer großen Anmut und Liebenswürdigkeit gewann
> sich hier wie überall gar gern Verzeihung einer allzu großen Leichtigkeit, von In-
> teresse zu Interesse übergehend zu wechseln, deren wir sie im Lauf der Erzählung
> schuldig gefunden. (HA 8,437)

Von »Schuld« war vorher nicht die Rede, und das moralische Urteil des Rah-
menredaktors entspricht nicht dem sympathetischen Ernst, mit dem der Novel-

---

[58] Aber das Schiff, das entfernt einer Gondel gleicht, legt auch einen anderen Bezug nahe.
Im achten der *Epigramme. Venedig 1790* (WA I 1, S.309) sagt Goethe: »Diese Gondel vergleich'
ich der sanft einschaukelnden Wiege,/ Und das Kästchen darauf scheint ein geräumiger Sarg./ Recht
so! Zwischen der Wieg' und dem Sarg wir schwanken und schweben/ Auf dem großen Kanal
sorglos durch's Leben dahin.«
[59] Adolf Muschg: *Der Mann von funfzig Jahren*, S.372.

lenerzähler Hilaries »Nein« aufgenommen hat. Vor einer Überordnung der Rahmenmoral über die Novellenmoral sollten wir uns hier wie anderswo hüten. Die
Novelle unterläuft *alle* zeitgenössischen Klischees. Die Drahtzieher des Geschehens scheitern gerade dort, wo sie glauben, eine Zweckverbindung aus Liebe
stiften und damit Gegensätze versöhnen zu können. Das Oberschichtmodell:
älterer Herr in gesicherter Stellung freit jüngere Frau, wird ebenso demontiert
wie das Unterschichtmodell: jung zu jung, alt zu alt. Es ist menschlich alles
möglich, wenn es nur menschlich ist. Was zählt, ist die Qualität der gegenseitigen
Wahrnehmung, nicht die Erfüllung des adligen oder des bürgerlichen Eheideals.
Und vor diesem Hintergrund könnte der ernsthaft um ihr Glück besorgte Major
für Hilarie tatsächlich der bessere Partner sein. Der Vater ist, was der Sohn erst
noch werden muß: Er ist fähig, von sich selber abzusehen.

 »Der Mann von funfzig Jahren« ist ein Text über Freiheit der Partnerwahl.
Er fragt, wie der Übergang von der äußeren Motivierung der Beziehung zu ihrer
inneren Begründung vor sich geht. Er ersetzt die ständisch-familienpolitische
durch die persönlich verantwortete Ehe, und das in einem Stand von Gutsherren
und Offizieren, die sich gezwungen fühlen, beides zu verkörpern. Die nicht nur
psychologische, sondern auch soziologische Zwischenstellung des Majors wird
besonders deutlich, wenn man sein Verhalten mit historischen Dokumenten zur
Familienpolitik des katholischen Stiftsadels konfrontiert, wie sie beispielsweise
Heinz Reif für den katholischen Adel Westfalens vor der Französischen Revolution aufgearbeitet hat.[60] Kindlicher Ungehorsam wie die Orientierung eines
Sohnes an aufklärerischen Idealen, seine Lösung von ständisch vorgeprägten Sinnhorizonten und seine Suche nach neuen, nicht-ständischen, individuell-leistungsbezogenen und gefühlsorientierten Verhaltensmustern hat drakonische Maßnahmen von seiten des Familienoberhaupts zur Folge: Aufbruch der Kammer und
der Schränke, Beschlagnahmung des Tagebuches, strikten Hausarrest für den
Sohn, Verpflichtung aller anderen Familienangehörigen auf dieselbe Härte, Verweigerung des Heiratskonsenses, Enterbung und soziale Exekution. In einem
solchen Kontext von individueller Neigung, sei es in bezug auf den Beruf, sei es
in bezug auf die Lebenspartnerin, auch nur reden zu wollen, ist geradezu lächerlich.

 Vor dem Hintergrund dieser Kontrastfolie erweist sich der Major – der
Rede von »unseren« Gütern, »unserem« Vorteil, »unserem« Besitz zum Trotz
– nicht als ein Hausvater im alten ständischen Sinn, sondern im bürgerlichen
Sinn als ein zärtlicher Vater, der die Gefühle seiner Kinder auskundschaftet,
bevor er über ihr Schicksal entscheidet. Im ersten großen Gespräch mit dem
Sohn hält der Vater die Information, daß Hilarie ihn liebt, zunächst zurück. Ist
das Zeichen der perfiden Strategie eines geilen Alten, der, einmal auf den Geschmack gekommen, dem Sohn die junge Braut abspenstig zu machen versucht?

---

[60] Heinz Reif: Väterliche Gewalt und »kindliche Narrheit«. In: *Die Familie in der Geschichte*,
hrsg. von H.R., Göttingen 1982, S.82ff.

Dann wäre der Mann von fünfzig Jahren eine Casanova-Figur, der zur Erreichung ihres Zieles jedes Mittel recht ist, und die Vater-Sohn-Beziehung müßte als zutiefst gestört betrachtet werden. Aber die Offenheit, mit der der Sohn dem Vater immer wieder seine Gemütslage anvertraut und ganz selbstverständlich Unterstützung erwartet, spricht doch wohl eher für großes Vertrauen. Dann aber ist das Schweigen des Majors nicht Bestandteil einer machtstrategischen Informationspolitik, sondern Zeichen einer Rücksichtnahme, die die Wünsche des Sohnes kennenlernen will, bevor sie in eigener Sache weitere Schritte unternimmt. Dann ist das Schweigen nicht Zeichen von Taktik, sondern von Takt. Und wenn der Major die Befürchtung, der Sohn könne in bezug auf die schöne Witwe einem Selbstbetrug erlegen sein, kaum daß sie ihm kommt, wieder von sich weist, müssen wir ihm zugestehen, daß auch er zum Opfer der Verschränkung von Erkenntnis und Interesse wird. Hier ist keine Böswilligkeit im Spiel. Nein, die Ironie des Textes will es, daß der Major gerade dort, wo er den Selbstbetrug des Sohnes erkennt, seinem eigenen erliegt. Von bewußter Täuschungsabsicht kann daher keine Rede sein, wohl aber von einem unbewußten ödipalen Triebkonflikt, der dazu führt, daß die Entstehung der Liebe an die »Bedingung des ›geschädigten Dritten‹«[61] gebunden ist. Der Major reagiert nämlich bei Hilarie und bei der Witwe wie jener Typus von Goethe-Mann, »der seit Werthers Zeiten immer schon eine vertrackte Vorliebe für gebundene Frauen bewies, ja dem die Bedingung der Gebundenheit häufig die Möglichkeit zur Leidenschaft allererst eröffnete«[62]. Was uns schon bei den Frauen auffiel, daß zur Liebe drei gehören, wiederholt sich auch zwischen den Männern.

Auch ein Fassungsvergleich macht die Sache nicht einfacher. Goethe hat die Novelle dreimal publiziert: im »Taschenkalender für Damen auf das Jahr 1818«, in der Erstfassung der »Wanderjahre« von 1821 und in der Zweitfassung der »Wanderjahre« von 1829, die ich dieser Analyse zugrunde gelegt habe. In den ersten beiden Fassungen endet die Novelle dort, wo sie in der letzten eigentlich erst beginnt, nach dem ersten Besuch bei der schönen Witwe und dem Dialog zwischen Vater und Sohn. Die von den Schlüssen implizierten Konsequenzen sind geradezu gegensätzlich. Im ersten Fall bricht der Text an der Stelle ab, wo Flavio seine Verbindung mit der schönen Witwe betreiben, der Major seine Ehe mit Hilarie vorbereiten will. Im zweiten Fall scheint sich ein Frauentausch aufzudrängen, den Hilaries »Nein« boykottiert. Am Ende der Zweitfassung des Romans kommt Goethe auf den Komödien-Schluß »jung zu jung, alt zu alt« zurück. Offenbar hat auch genügend Geld zur Liebe gefunden. Und doch ist die Lösung nicht so glatt, wie sie scheint. Bedingung der Familienharmonie ist ein »sorgfältig arrangierte[s] Einander-aus-dem-Wege-Gehen«[63], bei dem die bei-

[61] Sigmund Freud: Über einen besonderen Typus der Objektwahl beim Manne: ST 5,188.
[62] Claus Sommerhage: Familie Tantalos, S.81.
[63] Claus Sommerhage: Familie Tantalos, S.99.

den Paare sich nur begegnen, wenn die einen auf dem Weg in den paradiesischen Süden, die andern aus geschäftlichen Gründen auf dem Weg in den Norden sind: ein Chiasmus in der Horizontalen, den das Bild von Kastor und Pollux am Ende des Romans als Vertikalbewegung wiederholen wird. In der Erstfassung der »Wanderjahre« schreibt Hersilie zu Beginn des elften Kapitels an Wilhelm:

> Damit Sie aber meinen guten Willen gegen Sie recht deutlich erkennen, so vertrau ich Ihnen, daß zwei allerliebste Wesen unterwegs sind; woher sag ich nicht, wohin auch nicht; zu beschreiben sind sie nicht und ein Lob erreicht sie nicht. Ein jüngeres und ein älteres Frauenzimmer, unter denen einem immer die Wahl wehe tut; jene so liebenswürdig, daß von ihr geliebt zu werden jedermann wünschen muß; diese so anziehend, daß man mit ihr leben möchte und müßte, auch ohne geliebt zu werden. Ich wünschte doch wohl Sie drei Tage zwischen die beiden Herrlichkeiten eingeklemmt zu sehen, am Morgen des vierten würde Ihnen Ihr strenges Gelübde gar sehr zu statten kommen.[64]

In der Zweitfassung ist dieser Hersilienbrief mitsamt den Beischriften, die Wilhelm sagen, wo und wie er die beiden Frauen finden wird, gestrichen. Wie Wilhelm von dem Besuch der zwei Frauen am *Lago maggiore* erfährt, bleibt ungeklärt.[65] Die Versuchung, neue Bindungen einzugehen, wird nicht mehr vorausdeutend kommentiert, sie wird szenisch vergegenwärtigt. Flavio wählt am Schluß »nach vorübergehender Auflehnung diejenige zur Frau, die der Vater für ihn bestimmt hat«[66], womit Goethe literarisch die Brautwahl seines Sohnes wiederholt. Hilaries Zustimmung läßt aber auf sich warten. Sie hätte sich in der Zwischenzeit auch mit dem jungen Maler verbinden können, wenn die Sentimentalität echten Gefühlen Platz gemacht hätte. Goethe scheint keine Eindeutigkeit angestrebt zu haben, er hat Schlußvarianten ausprobiert. Die »Wanderjahre« sind ein »Mobile«[67], das ständig neue Konstellationen erzeugt. Goethe stellt Lösungen zur Diskussion, entläßt den Leser nicht mit Antworten, sondern mit Fragen.

Es ergibt sich folgender Befund: Flavios Selbstbetrug ist der einzige Irrtum im Text, an dem dieser keinen Zweifel läßt. Mit guten Gründen wehrt die Witwe seine leidenschaftliche Erlebnislyrik ab und gibt den deskriptiven Lehrgedichten des Majors den Vorzug, der Ekphrasis des Dauernden den vor dem Pathos, das den Augenblick verherrlicht.[68] Daß ihre Skepsis berechtigt ist, deutet sich bereits beim ersten Dialog zwischen Vater und Sohn an, als letzterer auf die Frage, wer die Person sei, die ihn so in den Bann geschlagen habe, antwortet: »Sie müssen

---

64 FA I 10, 104f.

65 Heinrich Düntzer: Über einige Versehen in der zweiten Redaction von Goethe's *Wanderjahren*, nebst einem Vorschlag zur Berichtigung. In: *Blätter für literarische Unterhaltung* (1847), Nr.208, S.831f.

66 Claus Sommerhage: Familie Tantalos, S.80.

67 Adolf Muschg: *Der Mann von funfzig Jahren*, S.373.

68 Dieter Borchmeyer: Spätstil, S.247.

dieses Wesen sehen, mein Vater: denn sie ist so unbeschreiblich als unbegreiflich.« (HA 8,182) Im Umgang mit dem Major gibt die Witwe aber klare und dezidierte Urteile ab. Sie hat nicht die geringste Ähnlichkeit mit dem »Rätsel Weib«, das der Sohn aus ihr macht. Wo der Diskurs der Leidenschaft am lautesten wird, hat er sich von seinem Gegenstand am weitesten entfernt. Er beruht nicht auf Liebe, er beruht auf Projektion. Allzu laute Gefühlsbekundungen scheinen sich geradezu selbst zu disqualifizieren. Leidenschaft spricht sich aus, Liebe schweigt. Dasselbe gilt für die von überraschenden Wendungen ausgelösten Affekte: Sie machen sprachlos. Wollen wir echten Gefühlen auf die Spur kommen, müssen wir nach den Zwischentönen suchen, nach Momenten, in denen die Sprache versagt.

Als die Baronin ihrem Bruder mitteilt, daß er von Hilarie geliebt wird, schweigt er vorerst betroffen. Als Hilarie Flavio in den Kleidern des Vaters sieht, tut sie dasselbe. Nach dem ersten Besuch bei der Witwe fühlt der Major sich »in einer Art von Taumel, von Unsicherheit seiner selbst« (HA 8,185). Die schöne Frau überreicht ihm ihrerseits ihre Brieftasche »mit einer Art von Verlegenheit, wodurch sie nur noch schöner ward« (HA 8,191). Der Major sieht sich »nicht ohne Verlegenheit in ein angenehmes Verhältnis verflochten« und scheidet »nicht ohne eine gewisse innere Zufriedenheit« (HA 8,192). Doppelte Negationen: Die Virtuosität des Erzählers will es, daß wir mehr durch die Syntax als durch die Semantik zu der Vermutung verleitet werden, der Major könnte sich verliebt haben. Auch die erwachende Liebe zwischen Flavio und Hilarie ist nicht dort überzeugend, wo sie sich in Wechselgedichten ausspricht – der Erzähler hat dieser »holden Kur« (HA 8,207) gegenüber nur ein schmunzelndes Lächeln übrig –, sondern in den sprachlosen Gesten, beiläufigen Berührungen, stummen Blicken und in den Tanzfiguren auf dem Eis. Als die Baronin nach dem Lob des Majors im Gespräch mit Hilarie auf den Sohn überzugehen beginnt, läßt Hilarie »ihre langen Augenwimpern fallen« und verrät durch die Mimik, was der sympathetische Erzähler »eine gewisse in diesem Fall höchst natürliche innere Bewegung« (HA 8,219) nennt. Und als der Major die schöne Witwe am Ende unerwartet wiedersieht und sie ihr »himmelschönes Inneres« offenbart, steht er in »äußerster Verwirrung« vor ihr, und es durchdringt ihn »eine unbekannte Rührung« (HA 8,223). Hier geht es nicht um aufgeregte Leidenschaft, hier bahnt sich Liebe an, und es ist auch ein liebender Blick, der auf den Figuren ruht. Diesem Blick ist nichts Menschliches fremd. Er ist nirgendwo parteiisch. Wie die Liebe eher sprachlos macht, ihrer selbst kaum je gewiß ist, sich – wenn überhaupt – verhalten äußert und am liebsten zu Symbolen greift, so zeugt auch die Rede über sie in diesem Text von einem Äußersten an Diskretion. Wenn explizit von Leidenschaft die Rede ist, liegt ein Irrtum vor. Echte Gefühle kann der Erzähler hingegen nicht genau klassifizieren. Er spricht von »Verwirrung«, »Unruhe«, »Ungeduld« und »gemischten Empfindungen«. Projektionsliebe wird durch Stilwechsel leise ironisiert, liebende Wahrnehmung des anderen hingegen nie. Ich weiß nicht,

was mich mehr bewegt an diesem Text: die Figuren, die so zu lieben wagen, oder
der Erzähler, der mit soviel Behutsamkeit von ihrer Liebe spricht. Wenn es in
den »Wanderjahren« einen Ort gibt, wo Utopie konkret wird, dann ist es diese
Erzählhaltung.

6.2 Grenzen und Reichweite mythologischer Deutungen

Hannelore Schlaffer macht die Romanhandlung am *Lago maggiore* zum Ausgangspunkt ihrer Betrachtung der Novelle und kommt von ihr aus zu einer
doppelten »Parusie« Hilaries, die in dem Maler und Sänger am *Lago maggiore*
einem »neue[n] Orpheus«[69] begegnet: Innerhalb der gesellschaftlichen Ordnung
wiederhole sich in ihr das Schicksal Mignons, die sie in den Bildern, die der
Maler und Sänger der Mignonlieder malt, auch vertritt; sie schwanke wie diese
zwischen Vater und Sohn, Liebe und Vertrauen. Ausgehend von der Hypothese,
daß das der Erstfassung der »Wanderjahre« vorangestellte Proömium »Ottilien
von Goethe«[70] die »Gesetzestafel« am Eingang des Romans sei, sieht sie die
Schuld beider Heldinnen darin, »durch Leidenschaft den ewigen Gang der Natur«, das mythische »Rad der Geburten« gestört, gegen das Gesetz der Generationenfolge verstoßen, Vater und Sohn verwechselt zu haben.[71] Die These, daß
Hilaries Rückzug in die Sprachlosigkeit dem orphischen Schweigegebot folge[72],
geht dann aber etwas zu leichtfertig über die Gespräche mit der Baronin hinweg – im Roman der abwesenden Mütter die einzig intakte Mutter-Tochter-In-
teraktion. Wenn Hilaries Ohnmacht dann auch noch Mignons Tod wiederholen
und sie als Luna die Schwester der sonnenhaft lichtzugewandten Witwe werden
muß, beginnt der fruchtbare Ansatz, die »Diaphanie« des Göttlichen im Alltäglichen zu suchen und den Roman als Palimpsest von Mythenfragmenten zu lesen[73], im Systemzwang zu erstarren. Bei Schlaffer zerstört die Vielfalt der mythologischen Bezüge die psychologische Differenziertheit der Darstellung. Wo
Goethe durch die Art des Sagens Fragen stellt, nimmt seine Interpretin Schuld-
zuweisungen vor. Ihrer Neigung, mit Mythosbezügen moralische Urteile zu begründen, ließe sich mit Schillers Rat an Goethe entgegenhalten: »Das Historische
und Mythische muß unangetastet bleiben, es ist ein unentbehrliches Gegengewicht des Moralischen, und was zur Phantasie spricht, darf am wenigsten
vermindert werden.«[74]

---

[69] Hannelore Schlaffer: »*Wilhelm Meister*«, S.17.
[70] FA I 10, 15.
[71] Hannelore Schlaffer: »*Wilhelm Meister*«, S.94f.
[72] Hannelore Schlaffer: »*Wilhelm Meister*«, S.95.
[73] Hannelore Schlaffer: »*Wilhelm Meister*«, S.9.
[74] Mit Bezug auf Goethes *Iphigenie* am 22. Januar 1802: NA 31, 92.

Anders – und meiner Meinung nach richtiger – sieht Claus Sommerhage das Verhältnis von Mythos und Psychologie in Goethes Novelle. Mit Schlaffer gegen Schlaffer konstatiert er »ein mytho-psychologisches Spiel mit losen, nicht sehr verbindlichen Regeln«[75]. Die Penelope-Anspielung aufgreifend, fragt er zunächst nach den Bezügen der Novelle zum Odysseus-Mythos. Odysseus muß am trojanischen Krieg teilnehmen und kehrt erst zwanzig Jahre später nach Ithaka zurück, von Athene in ein Bettlerkostüm gekleidet. Penelope wartet, hält Hof und ist »umringt von 120 Freiern, die alle zweierlei wollen: sie und ihr Vermögen, die Frau und das Erbe, den Thron«[76]. Diese aber hält sie handarbeitend hin, da sie vor dem Tod des Odysseus und seines Vaters keine neue Ehe eingehen darf und will. Ein Bogenschießen um Penelope, an dem sich auch der Sohn Telemachos beteiligt, gewinnt Odysseus selbst. Ihm wird eine zweite Verbannung und der Tod durch die Hand seines Sohnes prophezeit. Der erweiterte und nicht mehr in der »Odyssee« erzählte Mythos will, daß er, zum zweiten Mal zurückkehrend, dem Orakel gemäß von seinem Sohn getötet wird, allerdings nicht von Telemachos, sondern von dem, den er mit Circe gezeugt hat, von Telegonos. Die Wechselheirat[77] der Söhne mit der Mutter des jeweils andern beschließt in dieser Überlieferung des Mythos die Geschichte. Sommerhage sieht aber nicht nur die Analogie, sondern auch die Differenz: »Nun wird jedoch in der Erzählung über den *Mann von funfzig Jahren* niemand umgebracht, und offenbar heiratet niemand seine Mutter.« Trotzdem hält er fest, was beide Texte teilen: »das Wechselspiel von Eifersucht und Leidenschaft, das vom Bild der anrüchigen Frau beherrscht wird; die Bedingung des geschädigten Dritten; die Vater-Sohn-Rivalität«.[78] Hinzu kommt die Verbindung der erotischen Verführung mit dem Todesmotiv[79] und beider mit der Kunst. Die Handarbeit, mit der Penelope die Freier vertröstet, ist das Leichentuch des Laërtes. In die Handarbeit der schönen Witwe sind so viele Erinnerungen an vergangene Zeiten gewebt wie in das Jagdgedicht des Majors. In beiden Fällen ist die Kunst das Mittel der Verführung *und* die Mahnung an den Tod. Hilaries und Flavios Tanz auf dem Eis ist als Höhepunkt der Verführung auch die Peripetie der Familienharmonie. Da die Witwe explizit mit Penelope, Flavio explizit mit Orest verglichen wird, fragt Sommerhage nach dem mytho-psychologischen Bindeglied zwischen dem Odysseus- und dem Orest-Mythos. Die Antwort ist: Anrüchigkeit der Frauen, Inzest, Mord und Geschäft. Was hat das mit Goethes Novelle zu tun?

Sicher, in Goethes Familie Tantalos geht es unblutiger zu, und die in der *Iphigenie* proklamierte Humanisierung des Mythos scheint zur bürgerlich-sittlichen Selbstverständlichkeit geworden zu sein. Doch so lange noch immer Drei eine Liebe

[75] Claus Sommerhage: Familie Tantalos, S.88.
[76] Claus Sommerhage: Familie Tantalos, S.85.
[77] Benjamin Hederich: *Gründliches mythologisches Lexikon*, Sp.2300.
[78] Claus Sommerhage: Familie Tantalos, S.86.
[79] Diesen Zug teilt *Der Mann von funfzig Jahren* mit der Fischerknaben-Erzählung.

machen, so lange der Vater mit dem Sohn um die Witwe, die Mutter mit der Tochter um den Bruder konkurriert, so lange also hier erotische Verhältnisse auf höchst fatale Weise mit Familien-Verhältnissen sich decken, – so lange ist zumindest der eine Teil des Tantaliden-Fluchs erfüllt, und jenes Humane enthüllt die ihm zugrunde liegenden archaischen, mythischen Bilder [...].[80]

Diesen Zusammenhang bestätigt auch die Schatten-Metaphorik: »hier, bei diesen hohen drei Erlen find' ich euch wieder!« (HA 8,214) Die Funktion dieser Stelle im Rahmen der Novelle erhellt ein Blick in die »Odyssee«. Circe teilt Odysseus beim Abschied mit, daß er Persephones Haine an unfruchtbaren Weiden, hohen Erlen und Pappeln erkennen wird.[81] Der Major läuft, – wenn auch auch nicht direkt[82] – von der Witwe kommend und Hilarie suchend, auf dem Eis seinem »Schatten« (HA 8,213) hinterher. Die Konfrontation mit der Liebe der Jungen, die die schlimmsten Befürchtungen seiner Schwester bestätigt, kommt dem Abstieg in die Unterwelt seines mythischen Vorgängers gleich. Flavio hat sich mit den Kleidern des Vaters auch dessen Braut angeeignet. Odysseus wird von Telegonos ermordet, der anschließend die erste Frau des Vaters heiratet, Penelope. Bei Goethe wiederholt sich auf dem See, was vorher auf dem Eis geschah: »der fatale Zusammenhang von erotischer Verführung und Untergang im Erotischen«[83]. Mignons Lied erschüttert Hilarie, die wie diese Vater und Geliebten in einem gesucht hat. Da alle Kunst im Text, sei es Dichtung, Weberei, Malerei oder Musik, »Kunst der Verführung« ist, bleibt sie narzißtisch und damit wie der Inzest in einem letzten Sinn steril.[84] Mythische und psychologische Elemente arbeiten einander zu, aber Goethes Erzählung geht nicht im Mythos auf. Die »Hadesfahrt« des Majors ist nicht Vorwegnahme seines Todes, sie führt ihn an den Ausgangspunkt zurück. Mit seiner Werbung um die Witwe beginnt die Rivalität zwischen Vater und Sohn von neuem. Keiner der erotischen Familienkonflikte ist gelöst. Am Ende des Romans steht der Major nicht als Verlierer da, sondern als Sieger: Er hat den »Sohn ausgeschaltet«, die Witwe bekommen, die Nichte versorgt, und die Bedrohung, die von ihr ausgeht, durch das chiastische »Arrangement« gebannt.[85] Das Familienvermögen bleibt beisammen und ist um das der Witwe vermehrt. Der Mythos ist die Unterwelt der Novelle, »in ihm ist angegeben, was da gesittet und wovon entsagt werden muß«[86]. Er bewahrt die archaischen Bilder, die die Rahmendidaxe verdrängt, als produktives Ferment der Narrativik und ist nicht das Ende, sondern die Rettung der Kunst:

---

[80] Claus Sommerhage: Familie Tantalos, S.94.
[81] Homer: *Odyssee*, X 509f.
[82] Diesen Einwand hat Yahya A. Elsaghe (»Eins und doppelt«, S.226f.) zu Recht gegen Sommerhages Sicht erhoben.
[83] Claus Sommerhage: Familie Tantalos, S.100.
[84] Claus Sommerhage: Familie Tantalos, S.102f.
[85] Claus Sommerhage: Familie Tantalos, S.101.
[86] Claus Sommerhage: Familie Tantalos, S.97.

Durch den Perspektivismus der Mythosmontagen negieren die Novellen »das Entsagungspathos des Turms und setzen – namentlich im Erotischen, Poetischen – Orientierungen, die den Weg offenhalten: zur Entsagungsentsagung«[87]. Im Gegensatz zu Odysseus, der von seinem Sohn ermordet wird, darf Goethes Vaterfigur den Traum von der wiederholten Pubertät an der Seite der bezaubernd schönen Frau recht lebhaft weiterträumen. Vor dem Hintergrund ihrer mythologischen Vorlagen ist Goethes Novelle als Teil des »Wilhelm Meister«-Romans kein Plädoyer für die resignative Rückkehr vom Schein zum Sein, sondern eine Verteidigung der vitalen Möglichkeiten *jedes* Lebensalters und *jeder* unnarzißtischen Paarkonstellation.

---

[87] Claus Sommerhage: Familie Tantalos, S.104f.

KAPITEL 7

Die Fischerknaben-Erzählung:
Liebe, Freundschaft, Homoerotik und Tod – alles an einem Tag

Der Knabengeschichte kommt im Ganzen des Romans besondere Bedeutung zu. Als einzige Binnenerzählung der »Wanderjahre« gibt sie Aufschluß über ein prägendes Jugenderlebnis Wilhelms aus der Zeit vor seiner Beziehung zu Mariane. Insofern ist sie der Puppenspiel-Erzählung des jungen, frisch in Mariane verliebten Wilhelm vergleichbar (HA 7,15-33). Doch was damals ohne Rücksicht auf die fehlende Aufnahmebereitschaft der Zuhörerin aus ihm herausprudelte, kann jetzt nur mühsam aus dem inneren Verschluß befreit und einem Brief an die Geliebte anvertraut werden. Offenbar fällt es Wilhelm sehr viel leichter, das glückliche Schlüsselerlebnis der Kindheit zum Gegenstand der Intimkommunikation zu machen, als das tief ambivalente Schlüsselerlebnis der Adoleszenz. Während es bei der Puppenspiel-Erzählung um seine erste Bekanntschaft mit dem Bereich des Ästhetischen ging, geht es jetzt um seine psychosexuelle und soziale Initiation. Auch zeichnet sich das in der Erinnerung stilisierend verdichtete Geschehen diesmal durch eine außerordentliche Komprimiertheit aus. An einem einzigen Tag macht der Knabe die erste Erfahrung von Liebe, Freundschaft, Homoerotik und Tod.[1] Nach dem Tod der Fischerknaben und der gesellschaftlichen Reaktion auf diesen ist der junge Wilhelm so verändert wie sein Sohn Felix nach dem Fund des Kästchens. Durch diese Analogie leistet auch die Knabengeschichte einen Beitrag zur Deutung eines Zentralsymbols der »Wanderjahre«. Doch schauen wir uns zunächst die in der Forschung bisher vernachlässigte[2] Struktur der Knabengeschichte und den Romankontext, in dem sie steht, etwas genauer an.

---

[1] Alfred G. Steer: *Goethe's Science in the Structure of the »Wanderjahre«*, Athens 1979, p.71.

[2] Alle mir bekannten Stellungnahmen zur Knabengeschichte sind auf ihre Art einseitig. Einige Beispiele mögen hier für viele stehen: Henkel (*Entsagung. Eine Studie zu Goethes Altersroman*, 2. Aufl., Tübingen 1964, S.38) betont als erster die irritierende Form des Briefes, deutet sie aber nicht. Obwohl Peschken (*Entsagung in »Wilhelm Meisters Wanderjahren«*, Bonn 1968, S.96–105) fünfzehn Brieffragmente unterscheidet, die er drei verschiedenen Mitteilungsebenen zuordnet, opfert seine Feinanalyse das durch die Segmentierung Erreichte einem vorgefaßten Begriff der Dialektik von Erhebung und Zerfall. Waidson (Death by Water. In: *Modern Language Review* 56 [1961], pp.44-53) kommt über eine Inhaltsangabe und den Nachweis von Motivparallelen in anderen Werken Goethes nicht hinaus. Da Steers Sicht der Wunden (The Wound and the Physician. In: *Studies in German Literature [...]*, ed. by Siegfried Mews, 2. Edition, Chapel Hill 1972, pp.11–23) unkritisch die männliche Figurenperspektive übernimmt, erzeugt er den Eindruck, daß die Gesundheit der Männer bei Goethe auf Kosten derjenigen der Frauen gehen darf. So betont er die Wunde, die

7.1 Der Anfang des Natalienbriefs

Die Knabengeschichte wird nicht vom Redaktor der »Wanderjahre«, sondern von Wilhelm selbst in seinem vierten Brief an Natalie erzählt. Die ersten drei Natalienbriefe folgen im ersten, dritten und sechsten Kapitel des ersten Buchs in kurzen Abständen aufeinander. Danach stockt die Kommunikation mit der entfernten Geliebten für lange Zeit oder wird dem Leser vom Redaktor vorenthalten. Erst mit dem vierten, die früheren an Umfang weit übersteigenden Brief setzt sie nach langer Pause wieder ein. Auffällig ist auch, daß nie von einem Antwortschreiben Natalies die Rede ist. Natalie scheint Wilhelms Versuchen, ihr seinen Lebensweg transparent zu machen, so unbeteiligt gegenüberzustehen wie Wilhelm umgekehrt denjenigen Hersilies. Doch während Hersilies Beziehung zu Wilhelm und Felix ungeklärt ist, sie in ihrer Neigung sogar zwischen Vater und Sohn oszilliert, sind Wilhelm und Natalie seit dem Ende der »Lehrjahre« miteinander verlobt. Wenn Wilhelm nicht auf Hersilies Liebeswerben reagiert, kann das damit begründet werden, daß er der an ihm interessierten Frau keine falschen Hoffnungen machen will. Mit gleichem Recht ließe sich aber auch sagen: Er versagt in den »Wanderjahren« gegenüber Hersilie wie in den »Lehrjahren« gegenüber Mignon. Wenn aber Natalie die Versuche des Verlobten unbeantwortet läßt, die räumliche Trennung durch Briefe zu überbrücken und der Beziehung mittelbar zu geben, was ihr an Unmittelbarkeit fehlt, ist das im Rahmen der fiktiven Liebesbeziehung unentschuldbar.[3] Hier geht die Wilhelm abverlangte Entsagung zu weit. Über diese Zumutung setzt Mathias Mayer sich allzu rasch hinweg, wenn er Natalie als »die den Roman ermöglichende Muse der Abwesenheit«[4] bezeichnet und damit poetologisch deutet, was am Ende der

---

Marianes *infidelity* Wilhelm zugefügt hat, ohne zu sehen, daß diese Untreue eine von Wilhelm *unterstellte* ist, er also an einer Projektion erkrankt, die die Kehrseite der allzu großen Idealisierung ist. Bei Röder (*Glück und glückliches Ende im deutschen Bildungsroman*, München 1968, S.191–194) fehlt die Interpretation. Hinzes Versuch, Goethes vielzitierte Technik der »wiederholten Spiegelungen« zu konkretisieren (*Kommunikative Strukturen in Goethes Erzählungen*, Köln/ Wien 1975, S.78–89), bleibt in ersten Ansätzen stecken. Degering (*Das Elend der Entsagung*, Bonn 1982, S.200–224) läßt der marxistischen Kritik der bürgerlichen Erwerbsgesellschaft alle Nuancen der Goetheschen Gesellschaftsanalyse und Geschichtsphilosophie zum Opfer fallen. Mayer (*Selbstbewußte Illusion*, Heidelberg 1989, S.144–155) vernachlässigt die Figurenkommunikation aufgrund eines metatextuellen Erkenntnisinteresses. Elsaghe (Wilhelm Meisters letzter Brief. Homosexualität und Nekrophilie bei Goethe. In: *Forum Homosexualität und Literatur* 24 [1995], S.5–36) verbindet den berechtigten Hinweis auf die Homoerotik mit einer total überzogenen »Nekrophilie«-These.

[3] Natalie als Verkörperung der Ethik Spinozas, als Inbegriff der Identität von Menschenliebe und Gottesliebe zu sehen, mag am Ende der *Lehrjahre* eine gewisse Berechtigung haben, ist in den *Wanderjahren* aber nur noch ein abstrakter ethischer Bezugspunkt. Dazu: Hans-Jürgen Schings: Natalie und die Lehre des †††. Zur Rezeption Spinozas in *Wilhelm Meisters Lehrjahren*. In: *Jahrbuch des Wiener Goethe-Vereins* 89–91 (1985–87), S.37–88. Und: ders.: Goethes *Wilhelm Meister* und Spinoza. In: *Verantwortung und Utopie*, hrsg. von Wolfgang Wittkowski, Tübingen 1988, S.66.

[4] Mathias Mayer: *Selbstbewußte Illusion*, S.148. Mayers Interpretation liegt ein Begriff von aus unerfüllter Liebe geborener poetischer Schaffenskraft zugrunde, den er im Bezug auf die *Elegie*

»Lehrjahre« der Inbegriff des Glücks und der Hoffnung auf ein erfülltes gemeinsames Leben war. Weit davon entfernt, die Bedingung der Möglichkeit des
Schreibens zu sein, scheint die jahrelange Unterbrechung des Kontaktes Wilhelms Schreiben im Gegenteil erheblich zu erschweren. Der Brief setzt nämlich
nicht mit der Erinnerungssequenz, auf die es ankommt, ein, im Gegenteil: Wilhelm scheint sich an diese erst herantasten zu müssen. Er kann den Brief nur
beginnen, indem er seine Schreibhemmung thematisiert: »Schon Tage geh’ ich
umher und kann die Feder anzusetzen mich nicht entschließen« (HA 8,268).
Ihm fehlt das lebendige Vis-à-vis.[5] Offenbar kann er den Widerstand gegen das
Schreiben nur überwinden, indem er ihn selbst zum Thema macht. Dieser Widerstand dürfte mindestens so viel mit dem Beziehungsaspekt der Mitteilung zu
tun haben wie mit deren Inhaltsaspekt.[6] Vordergründig geht es darum, Wilhelms
Entscheidung, Wundarzt zu werden, für Natalie nachvollziehbar zu machen.
Warum ist das so schwierig?

Bis zur Französischen Revolution war der Wundarzt kein angesehener Beruf. Er stand auf der gleichen Stufe mit dem Barbier und war oft mit ihm identisch.[7] Erst im Gefolge der Französischen Revolution wurde »die auch in Frankreich übliche Trennung von gelehrtem Arzt und Wundarzt aufgehoben« und
beider Ausbildung angeglichen.[8] Noch die Weimarer »Medicinal-Ordnung vom
11. Jannuar 1814« gesteht nur denjenigen, die an einer Universität studiert und »die
Doctorwürde rechtmäßig erlangt haben«, das Recht zu, die Arzneikunst in ihrer
ganzen Breite auszuüben.[9] Der Wirkungskreis der Wundärzte, die mit Barbieren
und Badern im selben Kapitel abgehandelt werden, wird vom Grad ihrer in Prüfungen erwiesenen Geschicklichkeit abhängig gemacht, ein »Concessionsschein«
legt ihre Befugnis fest, die sich auf »Aderlassen, Schröpfen, Blasenpflasterlegen,
Klystier geben, Blut-Igel ansetzen, Fontanellen machen« oder Teile aus diesem
therapeutischen Spektrum erstrecken kann und bei Strafe nicht überschritten
werden darf.[10] Ohne zusätzliche Prüfung und ausdrückliche Erlaubnis ist es den
Wundärzten untersagt, »Mittel zum innerlichen Gebrauch zu verschreiben«.[11]

---

von Marienbad mit guten Gründen entwickelt hat (Dichten zwischen Paradies und Hölle. In: *ZfdPh*
105 (1986), H.2, S.234–256), den man für Goethe aber nicht verabsolutieren darf. Im Gegensatz
zur Marienbader *Elegie* wären die *Römischen Elegien* ein Beispiel für gelungene Poetisierung erfüllter Liebe und ihre metapoetische Selbstreflexion.
  [5] Klaus-Peter Hinze: *Kommunikative Strukturen*, S.85.
  [6] Paul Watzlawick et al.: *Menschliche Kommunikation*, 4. Aufl., Bern u.a. 1974 (amerik.
1967), S.56.
  [7] Eine hervorragende Darstellung des Wandels der englischen Verhältnisse von der Mitte
des 18. bis zur Mitte des 19. Jahrhunderts findet sich in: Irvine Loudon: *Medical Care and the
General Practitioner 1750–1850*, Oxford 1986.
  [8] FA I 10, 1144.
  [9] *Sammlung Großherzogl. S. Weimar-Eisenachischer Gesetze, Verordnungen und Circularbefehle [...]*, hrsg. von F. von Göckel, 2. Theil, Eisenach 1829, S.149–178, bes. S.150, Paragraph 9.
  [10] *Gesetze, Verordnungen und Circularbefehle*, S.158ff., Paragraph 46 und 50.
  [11] *Gesetze, Verordnungen und Circularbefehle*, S.160, Paragraph 51.

Zwar erlaubt Goethe dem Chirurgus Breme von Bremenfeld schon in den »Auf-geregten«, den Wundarzt in einer fulminanten Rede gegenüber dem akademisch gebildeten Mediziner aufzuwerten:

> ein Chirurgus ist der verehrungswürdigste Mann auf dem ganzen Erdboden. Der Theolog befreit dich von der Sünde die er selbst erfunden hat [...]; der Medikus kuriert dir eine Krankheit weg, die andere herbei und du kannst nie recht wissen ob er dir genutzt oder geschadet hat: der Chirurgus aber befreit dich von einem reellen Übel, das du dir selbst zugezogen hast, oder das dir zufällig und unverschul-det über den Hals kommt; er nutzt dir, schadet keinem Menschen, und du kannst dich unwidersprechlich überzeugen, daß seine Kur gelungen ist. (HA 5,173f.)

Gesprochen ist diese Apologie aber von einem Barbier, der aus der Geschick-lichkeit beim Schlagen des Seifenschaums die Anwaltschaft auf ein Ministeramt ableiten zu dürfen glaubt (HA 5,203) und im Verlauf des Stückes als Großmaul und potentieller Aufrührer denunziert wird. Wir sollten uns also davor hüten, in das politische Zeitstück von 1793 bereits die Wundarztthematik der »Wan-derjahre« hineinzulesen. Die »Lehrjahre« halten an der alten Unterscheidung zwischen Mediziner und Chirurgus ja noch fest. Dort sind die bedeutenden Leibärzte der adligen Familien selbstverständlich alle gebildete Ärzte.[12] Wilhelm entstammt dem wohlhabenden Bürgertum und ist im Begriff, eine Adlige zu heiraten. Er muß befürchten, daß sie einen bis vor kurzem noch wenig geachteten Beruf ihres zukünftigen Gatten als weitere soziale Degradierung empfinden könn-te.[13] Da Wilhelms berufliche Kompetenz als Wundarzt besonders den größeren Unfallrisiken ausgesetzten Reisenden zugute kommen wird, paßt sie im Grunde aber gut zur Ideologie des Auswandererbundes, den Natalie und ihre Familie mit dem Kreis um Lenardo geschlossen haben. Der Wechsel von der Seßhaftig-keit zur Mobilität verändert auch die Berufsstruktur und ihre implizite Hierar-chie. Diese ist demnach nicht legitimationsbedürftig. Von Natalies Weltanschau-ung aus kommt Wilhelms Wendung zum Nützlichen sogar einer Bekehrung gleich. Seine Schreibhemmung muß also andere Gründe haben. Kurt R. Eissler führt sie auf das Heikle einer Konfession zurück, die eine »offene Darstellung eines fast manifest homosexuellen Erlebnisses« Goethes sei.[14] Goethes Leben steht hier nicht zur Diskussion. Die Konfession entstammt Wilhelms Feder. Sie gelingt vergleichsweise gut. Was nicht gelingt, ist die Du-Ansprache Natalies. Woher soll Wilhelm nach der jahrelangen Trennung von Natalie die Gewißheit nehmen, daß sie an seinem Leben, an der Entwicklung seiner Triebstruktur noch interessiert ist? Zum prekären Inhalt gesellt sich die Kritik an einem Ent-sagungsprinzip, das die Schmerzgrenze überdehnt.

---

[12] Alfred G. Steer: The Wound and the Physician, p.19.
[13] Arthur Henkel: *Entsagung*, S.38.
[14] Kurt R. Eissler: *Goethe. Eine psychoanalytische Studie. 1775–1786*, Bd.2, München 1987, S.1594.

Der bei besserer medizinischer Versorgung vermeidbare Tod der Fischerknaben ist für Wilhelms berufliche Entwicklung so entscheidend wie das nicht
gehaltene Versprechen gegenüber Nachodine für die Entwicklung von Lenardos
Liebesfähigkeit. In beiden Fällen zeitigt ein frühes, halb verdrängtes Erlebnis
Spätfolgen mit lebensbestimmenden Konsequenzen. Wilhelm kann der Geliebten seine Berufswahl und ihre psychosexuellen Hintergründe zunächst nur indirekt mitteilen, in der Form der Gleichnisrede (HA 8, 268). Ein Jüngling, der
zufällig einen Ruderpflock findet, bettet das vorerst sinnlose Detail in einen
Funktionszusammenhang ein, indem er Ruder, Kahn, Segelstangen und Segel
dazu erwirbt: Er wird ein erfolgreicher Seefahrer. Was der Ruderpflock für ihn,
war der Kohlenmeiler für Montan. Ein Aphorismus aus den »Betrachtungen im
Sinne der Wanderer«[15] ergänzt die Bild- um die Sachhälfte:

> Es begegnet mir von Zeit zu Zeit ein Jüngling, an dem ich nichts verändert noch
> gebessert wünschte; nur macht mir bange, daß ich manchen vollkommen geeignet
> sehe, im Zeitstrom mit fortzuschwimmen, und hier ist's, wo ich immerfort auf-
> merksam machen möchte: daß dem Menschen in seinem zerbrechlichen Kahn eben
> deshalb das Ruder in die Hand gegeben ist, damit er nicht der Willkür der Wellen,
> sondern dem Willen seiner Einsicht Folge leiste. (BdW 37)

Es geht um den freien Willen des Menschen, ein Ziel des humanistischen Bil-
dungsideals, das Schiller in seinem letzten Brief an Wilhelm von Humboldt am
2. April 1805 so formuliert: »Und am Ende sind wir ja beide Idealisten und
würden uns schämen, uns nachsagen zu lassen, daß die Dinge uns formten und
nicht wir die Dinge.«[16] Doch kaum daß das Gleichnis erzählt ist, schränkt Wilhelm seine Übertragbarkeit auf sein Leben mit der Bemerkung ein, daß es »nur
im weitesten Sinne« (HA 8,268) hierher gehöre. Mit einer Klassifizierung der
menschlichen Fähigkeiten fällt das Allgemeine dem Besonderen erneut ins Wort.
Die Reflexionspassage ist umso merkwürdiger, als sie hinter die Einsichten, die
im Roman auch von Wilhelm an früherer Stelle schon gewonnen wurden, wieder
zurückfällt. Wenn er für natürlich erklärt, daß der Mensch »leisten will, was er
leisten sieht« (HA 8,269), scheint die einseitige Betonung der Nachahmung vergessen zu haben, was das Nachahmungstalent, dem keine andere Begabung zu
Hilfe kam, in den »Lehrjahren« aus Serlo gemacht hat:[17]

> Bei der innerlichen Kälte seines Gemütes liebte er eigentlich niemand; bei der Klar-
> heit seines Blicks konnte er niemand achten, denn er sah nur immer die äußern

---

[15] Er ist 1825 unter dem Eindruck des dreimonatigen Besuchs des Großneffen von Staatsrat
Georg Heinrich Ludwig Nicolovius bei Goethe entstanden: WA IV 40, S.146f. und WA IV 50,
S.243–246.

[16] NA 32, 206.

[17] Ähnlich kritisch äußert sich Schiller im erwähnten Brief an Wilhelm von Humboldt mit
Bezug auf den Mangel an neuen poetischen Werken (NA 32, 208): »Dagegen regt sich die eselhafte
Nachahmungssucht der Deutschen mehr als jemals, eine Nachahmung die bloß in einem identischen
Widerbringen und Verschlechtern des Urbilds besteht.«

Eigenheiten der Menschen und trug sie in seine mimische Sammlung ein. Dabei aber war seine Selbstigkeit äußerst beleidigt, wenn er nicht jedem gefiel, und wenn er nicht überall Beifall erregte. [...] Ja, durch eine seltsam scheinende, aber ganz natürliche Wirkung und Gegenwirkung stieg durch Einsicht und Übung seine Rezitation, Deklamation und sein Gebärdenspiel zu einer hohen Stufe von Wahrheit, Freiheit und Offenheit, indem er im Leben und Umgang immer heimlicher, künstlicher, ja verstellt und ängstlich zu werden schien. (HA 7,272f.)

Und dem Superlativ: »das Natürlichste jedoch wäre, daß der Sohn des Vaters Beschäftigung ergriffe« (HA 8,269), steht nicht nur Wilhelms frühe Absage an die väterlichen Werte gegenüber, sondern auch Lenardos Warnung: »Der Helden Söhne werden Taugenichtse« (HA 8,141). Nicht umsonst wächst Felix, vom Vater getrennt, in der Pädagogischen Provinz auf, eine Trennung, die am Ende des Romans allerdings wieder aufgehoben wird: »Wenn ich leben soll, so sei es mit dir!« (HA 8,459) Für die Sentenzen, die Wilhelm hier zum Besten gibt, gilt, was Hersilie über die des Oheims sagt, daß sich mit gleichem Recht auch das Gegenteil behaupten ließe. Erst der erneute Wechsel auf die Metaebene: »Das ist nun das Traurige der Entfernung von Freunden [...]« (HA 8,269) macht die Beziehungsstörung selbst zum Thema. Und sogar hier, wo Wilhelm sich endlich zur Beziehungskommunikation durchringt, wird das Besondere seiner Liebe zu Natalie im Kollektivbegriff »Freunde« begraben. Die intime Ich-Erzählung streckt er ihr plötzlich wie ein schlecht verpacktes Geschenk entgegen, nach den Schwierigkeiten, mit ihr anzufangen, überraschend kühl und abrupt (HA 8,269).

7.2 Das Jugenderlebnis

Wir in einer alten, ernsten Stadt erzogenen Kinder hatten die Begriffe von Straßen, Plätzen, von Mauern gefaßt, sodann auch von Wällen, dem Glacis und benachbarten ummauerten Gärten. Uns aber einmal, oder vielmehr sich selbst ins Freie zu führen, hatten unsere Eltern längst mit Freunden auf dem Lande eine immerfort verschobene Partie verabredet. Dringender endlich zum Pfingstfeste ward Einladung und Vorschlag, denen man nur unter der Bedingung sich fügte: alles so einzuleiten, daß man zu Nacht wieder zu Hause sein könnte; denn außer seinem längst gewohnten Bette zu schlafen, schien eine Unmöglichkeit. (HA 8,269f.)

Auf den ersten Blick baut der Anfang der Erzählung eine räumliche Opposition zwischen städtischer Enge und ländlicher Weite auf. Für einmal dürfen die Kinder aus den Stadtmauern heraustreten, sich der unbegrenzten Weite der offenen Landschaft erfreuen. Doch schon in der Eröffnungssequenz schränken die zeitlichen Bestimmungen ein, was die räumlichen versprechen. Warum wurde die Landpartie so oft verschoben? Warum wird der Vorschlag der Freunde unwillig, fast unter Nötigung, akzeptiert? Warum darf der Ausflug auf das Land nicht länger als einen Tag dauern? Welchen Gefahren soll das zeitliche Zwangskorsett vorbeugen, in das die lustvolle Landpartie gesteckt wird?

> Die Freuden des Tags so eng zu konzentrieren, war freilich schwer: zwei Freunde sollten besucht und ihre Ansprüche auf seltene Unterhaltung befriedigt werden; indessen hoffte man, mit großer Pünktlichkeit alles zu erfüllen. (HA 8,270)

Die große »Pünktlichkeit« nimmt sich in diesem Kontext seltsam aus: Sie paßt mehr zum Werk- als zum Feiertag, besser zum öffentlichen Amtsgeschäft als zum Privatbesuch, mehr zum städtischen Kulturraum als zur ländlichen Befreiung von ihm. Kann eine Unterhaltung mit der Stoppuhr den Ansprüchen von Freunden, die man selten sieht, genügen? Die Fixierung auf den Ablauf torpediert das Ziel des Ausflugs. Sie ist ein Schutz vor dem Inkalkulablen. Ein heimlicher Lehrplan scheint den offiziellen zu unterlaufen. Der Bürger nimmt sich selbst und seine Normen mit, auch wenn er die Enge der Stadtmauern verläßt. Zwischen Eltern und Kindern bestehen mehr Normenkonflikte, als der Familienmythos einzugestehen erlaubt.

Zunächst geht alles ganz nach Plan: Die Reisenden stehen frühzeitig auf, der Wagen fährt »zur bestimmten Stunde« vor, das »Beschränkende der Straßen, Tore, Brücken und Stadtgräben« bleibt zurück, man kommt zu »rechter Zeit« im befreundeten Pfarrhaus an; unterwegs geben Frühlingsgrün und Baumblüte »den Vorschmack glücklicher, paradiesischer Stunden« (HA 8,270). Die Naturwahrnehmung wird von Farben beherrscht: vom Weiß über helleres zu kräftigerem Grün. Es dominieren die optischen Eindrücke. Auffällig ist die Paradies-Metapher, die sich in mehr als einem Sinn als adäquat erweisen wird. Der »auf das Neue und doch Begreifliche gerichtete frische Blick« (HA 8,270) nimmt den ländlichen Haushalt als Idylle wahr. Zierlich aufgeschichtet, wirkt sogar der Unrat ästhetisch. Doch der neugierige Blick der Kinder wird sofort von den »Lekkerbissen« (HA 8,270) angezogen, die ländliche Gaumenfreuden, das heißt: orale Lust, versprechen. Auch als die Kinder »eilig« in den Wald aufbrechen, um »ein Geschäft zu vollbringen, das eine alte wohlgesinnte Tante ihnen aufgetragen hatte« (HA 8,270f.), scheint die Idylle trotz der erforderlichen Hast und der Sprache der Ökonomie noch nicht gestört. Das Sammeln von Schlüsselblumen für den gesunden Tee der Tante wirkt vorerst so harmlos wie die Freude am Anblick der appetitlichen Kuchen. Als sich zu den lebhaft beschäftigten Stadtkindern auch noch Dorfkinder gesellen, die jenen beim Blumenpflücken helfen, scheint »der liebliche Duft« der Frühlingsblumen »immer erquickender und balsamischer zu werden« (HA 8,271). Mit den von allen Kindern gemeinsam zusammengetragenen Blüten intensiviert sich die Naturerfahrung. Denn neben dem Gesichts- und Geschmackssinn ist jetzt auch der Geruchssinn angesprochen. Da das Hören zwar unerwähnt bleibt, aber vermutlich beteiligt ist, fehlt eigentlich nur noch die Berührung. Man fühlt sich an die Eingangsverse von Goethes »Reineke Fuchs« erinnert:

> Pfingsten, das liebliche Fest, war gekommen; es grünten und blühten
> Feld und Wald; auf Hügeln und Höhn, in Büschen und Hecken
> Übten ein fröhliches Lied die neuermunterten Vögel;
> Jede Wiese sproßte von Blumen in duftenden Gründen,
> Festlich heiter glänzte der Himmel und farbig die Erde.
> Nobel, der König, versammelt den Hof; und seine Vasallen
> Eilen gerufen herbei mit großem Gepränge [...]. (HA 2,285).

Wie bei »Reineke Fuchs« im höfischen, suggeriert die Exposition der Knabengeschichte im bäuerlich-ländlichen Kontext »die heilig-heile Einheit von Schöpfer und Schöpfung, Natur und Gesellschaft«[18], eine Einheit, deren schönster Ausdruck das christliche Pfingstfest ist. Doch wie beim »Reineke Fuchs«:

> Niemand sollte fehlen! und dennoch fehlte der Eine,
> Reineke Fuchs, der Schelm! der viel begangenen Frevels
> Halben des Hofs sich enthielt (HA 2,285),

mischt sich auch in Wilhelms Jugendgeschichte schon zu Beginn ein Mißklang
in den sonst so harmonischen Anfangsakkord. Das Schlüsselblumen-Sammeln
der Kinder ist nicht so zweckfrei wie die anderen Freuden des Tages, die da-
heimgebliebene »haushältische Matrone« (HA 8,271) nicht so gutartig, wie das
wertende Adjektiv »wohlgesinnt« suggeriert. Hinter ihrem Wunsch nach Schlüsselblumen steckt in mehr als einem Sinn ein Verwertungsinteresse. Obwohl die
Kinder diesen Zusammenhang nicht durchschauen, werden die Blumen von ihnen bald nur noch als »Masse« (HA 8,271) wahrgenommen. Sie gehen schließlich
sogar dazu über, für den Tee schon die Blütenkronen auszuzupfen und durch
die Rücksicht auf die Ökonomie die Ästhetik der Pflanzen zu zerstören.[19]

Mit dem Beginn des folgenden Abschnitts wird aus der Gruppe der fleißig
beschäftigten Kinder ein einzelner Junge herausgehoben:

> Der ältere dieser Knaben jedoch, an Jahren wenig vor mir voraus, der Sohn des
> Fischers, den dieses Blumengetändel nicht zu freuen schien, ein Knabe, der mich
> bei seinem ersten Auftreten gleich besonders angezogen hatte, lud mich ein, mit
> ihm nach dem Fluß zu gehen, der, schon ansehnlich breit, in weniger Entfernung
> vorbeifloß. (HA 8, 271)

Älter als die andern, dem Blumenpflücken entwachsen und an andern – knaben-
hafteren – Beschäftigungen interessiert, ist er für den Ich-Erzähler ungleich attraktiver. Wilhelm kommt dem Vorschlag, sich zum Fluß zu begeben, freudig
nach, womit sich das ältere Knabenpaar von der Gruppe der Kinder isoliert. Mit
dem neuen Freund allein am Fluß, bringt der Fischersohn dem Stadtjungen zunächst das Angeln bei. Allmählich scheint auch Wilhelm die Beherrschung der
Fauna größere Lust zu bereiten als der ungleich harmlosere Umgang mit der

---

18 Peter Schneider: *Das unheilige Reich des Reineke Fuchs*, Frankfurt/M. 1990, S.9.
19 Thomas Degering: *Das Elend der Entsagung*, S.211.

Flora. Ein gewisser Jagdeifer scheint sich seiner zu bemächtigen, eine Freude an seiner technischen Geschicklichkeit (HA 8,271). Unmerklich hat sich auch die Berührung eingeschlichen, die wir oben im Spektrum der Sinneserfahrungen noch vermißt haben, denn die Knaben sitzen »zusammen aneinandergelehnt« (HA 8,271), bis es dem Fischersohn langweilig zu werden beginnt. Er kann der »Versuchung« zu baden »nicht widerstehen« und ist, ehe Wilhelm sich versieht, »unten, ausgezogen und im Wasser« (HA 8,271). Die Rede von der »Versuchung« wäre nicht so biblisch, wenn ihr die Absonderung des Paares nicht vorausginge und die Nacktheit nicht auf dem Fuße folgte. So aber ist der Anklang an die Sündenfallgeschichte deutlich, nur daß wir es hier nicht mit Mann und Frau, sondern mit zwei vermutlich pubertierenden Knaben zu tun haben, die mit dem Element auch ihren eigenen Körper entdecken. Auch geht die Versuchung nicht von der Schlange aus, sondern von Sonne und Wasser. Als guter Schwimmer wagt der Sohn des Fischers sich ins tiefe Wasser. Er wird selbst fast zum Fisch, so leicht und gleitend bewegt er sich in ihm, eine männliche Nixe, die den andern Jungen durch ihr Beispiel und ihre Nacktheit zum Baden verführt. In dem Moment wird Wilhelms ohnehin schon wachen Sinnen »wunderlich zumute« (HA 8,271), er erfährt die Natur, die ihn umgibt, plötzlich »als belebt«[20]:

> Grashupfer tanzten um mich her, Ameisen krabbelten heran, bunte Käfer hingen an den Zweigen, und goldschimmernde Sonnenjungfern, wie er sie genannt hatte, schwebten und schwankten geisterartig zu meinen Füßen, eben als jener, einen großen Krebs zwischen Wurzeln hervorholend, ihn lustig aufzeigte, um ihn gleich wieder an den alten Ort zu bevorstehendem Fange geschickt zu verbergen. Es war umher so warm und so feucht, man sehnte sich aus der Sonne in den Schatten, aus der Schattenkühle hinab ins kühlere Wasser. (HA 8,271f.)

Der jugendliche Held ist von Kopf bis Fuß erotisiert. Alles um ihn her tanzt, schwebt, lebt, vibriert.[21] Vom Wasser gleichzeitig angezogen und abgestoßen, die elterlichen Warnungen im Ohr, befindet er sich »in ganz wunderlicher Bewegung« (HA 8,272). Zur Freude an der Beherrschung der Natur kommt die Versuchung zur Hingabe an sie. Die »Scheu vor dem unbekannten Elemente« (HA 8,272) hat einen deutlichen Doppelbezug. Sie gilt vordergründig den gefährlichen Strömungen des Wassers, hintergründig aber auch dem nackten Knaben, der ihn in diese Strömungen hineinverführt, der erwachenden Sexualität. Die Furcht vor den Eltern dürfte durch denselben Doppelbezug begründet sein. Wie bei Hilarie und Flavio das Eis, wird jetzt das Wasser zum »tragenden Elemente« (HA 8,272), in dem sich mindestens der Fischerknabe leicht hin- und herbewegt. Wilhelm kann der Verlockung, der wiederholten Einladung zum Bad

---

20 Bernd Peschken, *Entsagung*, S.97.
21 Schwankende Boote (HA 8,231f.), schwebende Schlittschuhe (HA 8,213f.), schwimmende Körper (HA 8,272), immer wieder setzt das Wasser in den *Wanderjahren* die Sinnlichkeit frei, indem es eine andere Bewegungsqualität ermöglicht.

nicht widerstehen.[22] Doch er wagt sich nur gerade so weit ins Wasser, daß er den Boden nicht unter den Füßen verliert. Damit bleibt das unbewußte Liebesspiel hier im Gegensatz zu Hilarie und Flavio komplementär. Adolf ist der Führer, Wilhelm der Geführte. Noch trägt das Element nur den älteren Knaben, der etwas jüngere und in natürlichen Dingen deutlich unerfahrenere kann sich ihm nicht richtig anvertrauen. Erst als sie beide nackt am Ufer stehen, schwindet der Erfahrungsunterschied:

> und als er sich heraushob, sich aufrichtete, im höheren Sonnenschein sich abzutrocknen, glaubt' ich meine Augen von einer dreifachen Sonne geblendet: so schön war die menschliche Gestalt, von der ich nie einen Begriff gehabt. Er schien mich mit gleicher Aufmerksamkeit zu betrachten. (HA 8,272)

Nackt im Sonnenlicht überwiegt die natürliche Gleichheit. Beide erkennen die Schönheit des menschlichen Körpers und im männlichen Körper des anderen vermutlich auch ihre eigene Körperlichkeit. So mindestens kann man die »dreifache Sonne« deuten, von der Wilhelm sich geblendet fühlt: das Gestirn am Firmament, der konkrete nackte Jüngling, im Anblick des einen Knaben ein Begriff von der Schönheit des Menschen. Der Blick ist reziprok. Beide betrachten sich gegenseitig mit äußerstem Wohlgefallen. Das ist wohl die größte Differenz zum alttestamentlichen Sündenfall, daß mit der Erkenntnis der eigenen Nacktheit kein Schamgefühl verbunden ist. Auch bleibt die Anziehung nicht äußerlich, sie erfaßt das Gemüt. Nachdem beide wieder angekleidet sind, wird die vorher nur angedeutete Berührung zur vollen gegenseitigen Umarmung. Mit ihr ist die Distanz, die der Blick noch garantiert hat, für einen Augenblick aufgehoben: »und unter den feurigsten Küssen schwuren wir eine ewige Freundschaft« (HA 8,272). Mephisto, der für Fausts Schwüre ewiger Liebe gegenüber Gretchen nur Hohn und Spott übrig hat (HA 3,97f.)[23], hätte auch an diesen Schwüren seine helle Freude. Denn der Widerspruch zwischen verbaler und non-verbaler Kommunikation ist eklatant. Während die Körpersprache von einer starken homoerotischen Anziehung zeugt, schwören die Münder sich gegenseitig »Freundschaft«. Dieser Name scheint ein Deckname für Gefühle zu sein, die in ganz andere Schichten der Person reichen. Und die Ewigkeit dieser »Freundschaft« ist wohl auch nur dem jugendlichen Überschwang zuzuschreiben.[24] Was Wilhelm erlebt und mit Hilfe

---

[22] Im 19. Buch von *Dichtung und Wahrheit* beschreibt Goethe seine mit Freunden unternommene Schweizreise und, wie die »guten harmlosen Jünglinge, welche gar nichts Anstößiges fanden, halb nackt wie ein poetischer Schäfer, oder ganz nackt wie eine heidnische Gottheit sich zu sehen«, von andern erinnert werden, daß das den Sitten des Landes widerspricht, und als sie der Versuchung, in einem abgelegenen Tal in der Sihl zu baden, doch nicht widerstehen können, von unbekannter Hand mit Steinen beworfen werden (HA 10,153f.). In den *Briefen aus der Schweiz* verschafft Werther, der noch keinen rechten Begriff von der menschlichen Gestalt hat, sich zunächst den Anblick eines nackten Jungen, nachdem dieser ihn überwältigt hat, den eines nackten Mädchens (WA I 19, S.213).

[23] *Faust I*, V.3052–3067.

[24] In *Der Mann von funfzig Jahren* schwört Hilarie dem Oheim (HA 8,180): »Ich bin dein auf ewig.«

dieser Schwüre festhalten will, ist der erfüllte Augenblick[25], ein Geschenk, das
ihm unvermutet zugefallen ist, die glückliche Entsprechung von Selbst- und
Fremdwahrnehmung im reziproken Liebesblick, die Geburt des Ichs aus dem
Wasser, der Liebe und der Sexualität.

Zunächst aber fallen die Knaben aus der Zeitvergessenheit abrupt heraus:
»eilig eilig gelangten wir nach Hause« (HA 8,272). Das Diktat, unter dem der
Ausflug angetreten wurde, fordert von Wilhelm wieder sein Recht. Damit ist
der Augenblick der Zweisamkeit vorbei. Was auf die Höhe der Erfüllung folgt,
ist der Einbruch der *Zeit* und mit dieser der der Außenwelt: Normen, Erwartungen, Restriktionen. Vorher war die Zeit wie angehalten, jetzt ist alles wieder
Folge. Eben schon fast autonome Erwachsene, sind die Knaben jetzt wieder
Kinder. Ins Pfarrhaus zurückgekehrt, wird Wilhelm gezwungen, sich der Gesellschaft, die zur Wohnung des Amtmanns, aufbrechen will, wieder anzuschließen und sich auf Wunsch der Pfarrerin auf halbem Weg von seinem Freund zu
verabschieden. Die Pfarrersfrau hält es für unschicklich, daß der Fischerknabe
die Gesellschaft zum Hause des Amtmanns begleitet. Eben noch der Inbegriff
menschlicher Schönheit, wird der Junge zum dressierten Hund. Der Wunsch
der Pfarrerin, »sie müsse bei ihrer Nachhausekunft notwendig schöne Krebse
vorfinden, die sie den Gästen als eine Seltenheit nach der Stadt mitgeben wolle«
(HA 8,272), ist dem sozial Unterlegenen Befehl. Angekleidet und sozial verortet,
tut sich zwischen den Knaben, die unverhüllt Ebenbürtige waren, der Abgrund
des Standesunterschiedes auf.

Was ist das für ein »Müssen«, was ist das für eine »Notwendigkeit«? Warum
legt die Frau so viel Wert darauf, den Gästen ein Geschenk mitgeben zu können?
Warum müssen es ausgerechnet Krebse sein? Wir kennen sie bereits von den
Schwimm- und Tauchbewegungen des Fischerjungen her. Doch wie anders ist
der Gebrauch, den die Pfarrersfrau von ihnen macht. Für den Taucher war der
eine Krebs ein Spielzeug, ein Mittel, seinem neuen Freund seine Geschicklichkeit
zu zeigen und seine Kenntnis der Natur zu beweisen: pubertäres Imponiergehabe. Dem Krebs wurde dabei kein Schaden zugefügt. Solange er mit dem neuen
Freund allein ist, zeigt der Junge Respekt vor der Lebendigkeit der Kreatur. Was
die Pfarrersfrau wünscht, ist der massenhafte Krebsfang. Die Krebse werden Teil
eines sozialen Rituals, bei dem man sich andere verpflichtet, indem man ihnen
wertvolle Geschenke macht. Die Krebse wie der Junge, der sie beschafft, sind
nichts als ein Mittel zum Zweck. So rücken sie in die Nähe der Schlüsselblumen,
deren Frühlingspracht auch einem Verwertungsinteresse geopfert werden mußte.
In beiden Fällen ist das Spiel in Ernst gekippt.

Im Amthaus angekommen, finden die Städter einen ländlichen Zustand »höherer Art«, doch die anspruchsvollere Haushaltsführung bewirkt auch eine Ver-

---

25 Vgl. Fausts Wette mit Mephistopheles in *Faust I* (V.1699–1702; HA 3,57): »Werd' ich zum
Augenblicke sagen:/ Verweile doch! du bist so schön!/ Dann magst Du mich in Fesseln schlagen,/
Dann will ich gern zugrunde gehn!«

spätung des Mittagessens, die Wilhelm noch einmal einen zeitlichen Freiraum verschafft. Diesmal führt ihn kein älterer Knabe an den Fluß, sondern ein jüngeres Mädchen in einen »wohlgehaltenen Ziergarten«:

> Frühlingsblumen aller Art standen in zierlich gezeichneten Feldern, sie ausfüllend oder ihre Ränder schmückend. Meine Begleiterin war schön, blond, sanftmütig, wir gingen vertraulich zusammen, faßten uns bald bei der Hand und schienen nichts Besseres zu wünschen. So gingen wir an Tulpenbeeten vorüber, so an gereihten Narzissen und Jonquillen; sie zeigte mir verschiedene Stellen, wo eben die herrlichsten Hyazinthenglocken schon abgeblüht hatten. Dagegen war auch für die folgenden Jahreszeiten gesorgt: schon grünten die Büsche der künftigen Ranunkeln und Anemonen; die auf zahlreiche Nelkenstöcke verwendete Sorgfalt versprach den mannigfaltigsten Flor; näher aber knospete schon die Hoffnung vielblumiger Lilienstengel gar weislich zwischen Rosen verteilt. Und wie manche Laube versprach nicht zunächst mit Geißblatt, Jasmin, reben- und rankenartigen Gewächsen zu prangen und zu schatten. (HA 8,273)

Wieder wird Wilhelm von jemandem, der mehr davon versteht als er, in die Geheimnisse der Natur eingeweiht, doch wie anders ist die Art der Darstellung. In diesen »zierlich gezeichneten Feldern« ist alles Ordnung und Planung. Jede Pflanze hat einen ihr genau zugemessenen Platz. Wenn die eine abblüht, blüht eine andere auf. Gartenplanerische Vorausschau hat die Blütenfolge so organisiert, daß sie den Wechsel der Jahreszeiten spiegelt und sich im Jahresablauf nie ein blütenloses Beet präsentiert. Die Blumen werden nur gezeigt und betrachtet, nicht ausgerissen oder gepflückt, vereinnahmt oder verwertet. Von einer Überwältigung durch die Natur, ihre Farben, Lichtspiegelungen, Bewegungen und Gerüche, kann hier keine Rede sein. Es herrscht ein »interesseloses Wohlgefallen«[26] vor. Der Sehsinn wahrt zum Gegenstand der Betrachtung Distanz. Auch durch die Reflexion auf die Blütenfolge bleibt der Abstand zum Betrachteten gewahrt. So wird die lückenlose Blütenkette zum Symbol einer Harmonie des Menschen mit dem Werden und Vergehen des Lebens, zum Ausdruck einer Harmonie mit der Zeit. In entsprechend geordneten Bahnen bewegt sich auch die Annäherung zwischen Wilhelm und seiner schönen Begleiterin. Nach einer gewissen Zeit gehen die jungen Leute scheinbar »wunschlos«[27] Hand in Hand. Von einer stürmischen Umarmung, von »feurigsten Küssen« (HA 8,272), wie Wilhelm sie mit Adolf ausgetauscht hat, ist der gesittete Spaziergang durch zierlich angelegte Blumenbeete weit entfernt. Hier ist nichts eruptiv, feucht oder schwül. Kein Element lockt verführerisch und bedrohlich. Die Natur wird nicht als Ausbruch von erotischer Sehnsucht am eigenen Körper erlebt. Als zitierte Versatzstücke erinnern »Geißblatt« und »Jasmin« aber auch an Titanias Elfen-

---

[26] Immanuel Kant: *Kritik der Urtheilskraft*, Akademie-Ausgabe, Bd.5, Berlin 1908, S.204f., 223 und 247, Paragraph 2, 13 und 24.
[27] Bernd Peschken: *Entsagung*, S.98.

reich in Shakespeares »Sommernachtstraum«[28]. Sofern der Garten Symbol ist, die lückenlose Blütenkette mit den Jahreszeiten auch auf die Lebensalter[29] und die Generationenfolge verweist, wird die knospende »Hoffnung« in Wilhelms Bekenntnisbrief in mehr als einem Sinne zeichenhaft. Weil sie im Gegensatz zur Männerfreundschaft Folgen haben kann, ist die Beziehung zwischen Mann und Frau ungleich größerer Kontrolle unterworfen, wird sie wie dieser Garten zivilisatorisch überformt, gesellschaftlich geregelt und sozial geplant. Den Fischerjungen ließe der Amtmann vermutlich nicht mit seiner Tochter in seinem Garten spazierengehen. Der aus wohlhabendem städtischem Bürgertum stammende junge Mann tut das ungestört. Vielleicht war die Einladung der Freunde aus der Stadt sogar berechnet und das Alleinsein Wilhelms mit dem Mädchen eingeplant. Im Vergleich zu Wilhelms Begegnung mit dem Knaben wirkt sein Spaziergang mit dem Mädchen spannungsloser, domestizierter. Hier scheint alles Stille, Sitte, Mäßigung. Und doch ist diese kontrollierte, feine Form der Annäherung gerade deshalb lebensfähiger, weil ihr die eruptive Leidenschaft der Knabenliebe fehlt. Im Gegensatz zu dem nebeneinanderher gehenden, in gemeinsame Betrachtung eines Dritten versunkenen Paar sind Wilhelm und Adolf zwei Sonnen, die aufeinander zu zu stürzen und ineinander zu verglühen drohen. Die Komposition stellt dem plötzlichen Ausbruch der Leidenschaft das allmähliche Liebeswachstum gegenüber, dem einen Liebesbegriff einen kategorial anderen. Die fruchtbare, lebensspendende, Wachstum befördernde Liebe zwischen den Geschlechtern ist eine Utopie, die Goethe im Bild des Pflanzenlebens auch in einem seiner schönsten Christiane-Gedichte gestaltet hat, in jenen zarten Strophen, die unter dem Titel »Gefunden« eine Kontrafaktur zum »Heidenröslein«[30] der Sturm-und-Drang-Zeit sind. Mit ihnen feierte der inzwischen fast Vierundsechzigjährige im stillen seine »silberne Hochzeit«[31]:

Ich ging im Walde
So für mich hin,
Und nichts zu suchen,
Das war mein Sinn.

Im Schatten sah ich
Ein Blümchen stehn,
Wie Sterne leuchtend,
Wie Äuglein schön.

[28] William Shakespeare: *Ein Sommernachtstraum*, übers. von August Wilhelm von Schlegel, Stuttgart 1981 (1972), S.21.
[29] Jane K. Brown: *Goethe's Cyclical Narratives*, p.117.
[30] Goethe: *Gedichte in zeitlicher Folge*, Bd.1, 8. Aufl., Frankfurt/M. 1989 (1958), S.92–104. Dazu: Herman Meyer: Goethe: *Kleine Blumen, kleine Blätter*. In: *Zum jungen Goethe*, hrsg. von Wilhelm Große, Stuttgart 1982, S.28–33.
[31] WA IV 23, S.402. Dazu: Max Morris: *Goethe-Studien*, Bd. 2, 2. Aufl., Berlin 1902, S.106f.

Ich wollt es brechen,
Da sagt' es fein:
Soll ich zum Welken
Gebrochen sein?

Ich grub's mit allen
Den Würzlein aus,
Zum Garten trug ich's
Am hübschen Haus.

Und pflanzt' es wieder
Am stillen Ort;
Nun zweigt es immer
Und blüht so fort. (HA 1,254f.)

Indem der Natalienbrief den homosexuellen Impuls auf die Frau verschiebt, synchronisiert er zwei Phasen der libidinösen Entwicklung. Narzißtische Liebe wird im Zeitraffer in Objektliebe überführt, ohne vor Regressionen geschützt zu sein. Denn kaum hat Wilhelm sich dem Mädchen zugewendet, zieht es ihn unwiderstehlich zum homoerotischen Liebesobjekt zurück. Das traumatisch Ungelöste der Erfahrung besteht darin, daß der Tod des geliebten Knaben diese Rückkehr vereitelt und dem überlebenden Jüngling sogar »als Konsequenz seiner Untreue«[32] erscheinen kann. Die reflexive Deutung beider Erlebnisse aus großer zeitlicher Distanz sucht die »Freundschaft« eindeutig dem Knaben, die »Liebe« (HA 8,273) eindeutig dem Mädchen zuzuordnen. Noch dort, wo er Natalie sein Innerstes zu offenbaren sucht, unterliegt Wilhelms Beichte einer Selbstzensur.

»Es dämmerte schon, als wir uns der Waldecke wieder näherten, wo der junge Freund meiner zu warten versprochen hatte« (HA 8,274); diese Rückkehr zur Narration begleitet auf der Ebene der erzählten Zeit ein drastischer Umschlag der Atmosphäre. Wilhelms Hoffnung auf ein Wiedersehen mit dem Freund wird enttäuscht. Der Abend scheint nicht halten zu wollen, was der Morgen versprach. Stilistisch unterstreichen das die Negationen: »er war nicht zu sehen und antwortete nicht« (HA 8,274). Wilhelms Ungeduld drückt sich in motorischer Unruhe aus und steigert sich allmählich zu Angst und Verzweiflung. Er empfindet »zum erstenmal einen leidenschaftlichen Schmerz« (HA 8,274). Die »Forderung vertraulicher Zuneigung« (HA 8,274) wird in dem Maße unmäßig, wie sie unbefriedigt bleibt. Seine Vorwürfe: »ich tadelte laut den guten Knaben wegen verletzter Freundschaft, wegen vernachlässigter Zusage« (HA 8,274) sind ganz vom Ich her gedacht. Auf den Gedanken, daß dem Freund etwas zugestoßen sein könnte, kommt Wilhelm nicht. Die eigene Untreue wird dem anderen unterstellt. Wilhelm ist so aufgebracht wie ein versetzter Liebhaber. Er ist nicht nur enttäuscht, seine Selbstliebe ist gekränkt. »Bald aber sollten mir schwe-

---

[32] Kurt R. Eissler: *Goethe*, Bd.2, S.1597.

rere Prüfungen zugedacht sein« (HA 8,274), worin bestehen diese »Prüfungen«?
Ein »Trauerzug« (HA 8,274) zeugt von einem großen Unglück. In der ganzen
Erzählung kommt nur an dieser Stelle direkte Rede vor. Auf Fragen von unbe-
stimmten Sprechern: »Sie sind ertrunken, alle, sämtlich ertrunken! Der! wer?
welcher?« wird eine bestimmte Antwort erteilt, und sie ist an eine bestimmte
Adresse gerichtet: »ertrunken ist Adolf selbfünfe, er wollte sein Versprechen
halten und meins« (HA 8,275), das sagt der Fischer, der aus der Menge heraus-
tritt, gezielt zur Pfarrersfrau. Es ist Adolfs Vater, der seinen Sohn hier auch bei
seinem Namen nennt. Ein kleiner Junge, der einzige Überlebende des verhängnisvollen Krebsfangs, reicht der Pfarrerin die Krebse, die sie »notwendig« (HA
8,272) vorfinden mußte und vereinbarungsgemäß bekommt. »Man entsetzte sich
davor wie vor dem Schädlichsten« (HA 8,275), die Reaktion der Tante in der
Stadt wird eine andere sein. Raffend wird der Unfallhergang rekonstruiert:
»Adolf, als guter Schwimmer, hätte sich gerettet, alles aber hielt in der Angst
sich an ihn, er ward niedergezogen.« (HA 8,275) Der Sohn des Fischers starb,
weil er der Älteste, Erfahrenste und dem heimtückischen Element als einziger
gewachsen war.

Nun kennen wir die Parallelgeschichte dieses Nachmittags, wissen, was geschah, als Wilhelm sich in jenem »Ziergarten« mit der Blondine und im Hause
des Amtmanns mit einem verspäteten Mittagsmahl amüsierte, kennen den
Grund, warum Adolf zur vereinbarten Stunde nicht an der Waldecke erschien.
Die erhoffte Erneuerung des Bundes kam nicht aus Untreue, sondern aus allzu
großer Treue nicht zustande. Für den Fischerjungen war das Versprechen, Krebse für die Gäste zu beschaffen, bindend. Er kam beim Versuch, die Luxusbedürfnisse eines Standes zu befriedigen, der ihn ausschließt, ums Leben. Der soziale und ökonomische Zweck störte seinen Instinkt für den richtigen Umgang
mit dem Element. Adolf hatte nicht zu wenig, wie Wilhelm ihm in seiner ersten
Wut unterstellte, sondern im Gegenteil zu viel Verantwortungsgefühl. Die Krebse waren nicht für irgendwen bestimmt, sondern für Wilhelms Eltern. Der Dienst
für sie war auch ein indirekter Liebesdienst für Wilhelm. Adolf trug ferner bereits
eine Mitverantwortung für das Fischgeschäft seines Vaters. Solche Verpflichtun-
gen sind dem von allen ökonomischen Zwängen entlasteten Bürgersohn völlig
fremd. Adolfs letzte Verantwortung für die um ihr Leben kämpfenden jüngeren
Kinder kostete ihn selbst das Leben. Damit ist der Fischerknabe auch ein Beispiel
für einen Sohn, der in die Fußstapfen des Vaters tritt und daran stirbt, weil er
das Handwerk doch noch nicht so gut beherrscht wie dieser und im Moment
der Verliebtheit das Gespür für die eigenen Grenzen verliert. Für Wilhelm wird
aus dem »Vorschmack glücklicher, paradiesischer Stunden« (HA 8,270) die Vertreibung aus dem Liebesparadies durch den Tod. Wilhelm selbst ist, obwohl *er*
der Unerfahrene und im Wasser eigentlich zutiefst Gefährdete war, heil davon-
gekommen. Trotzdem sind *ihm* »schwerere Prüfungen« zugedacht; selbst in der
Retrospektive verstimmt noch das selbstbezügliche Dativobjekt.

In dieser Erzählung beleuchtet »der volle Mond [...] die Pfade des Todes« (HA 8,275) wie in »Der Mann von funfzig Jahren« die Pfade der Liebe:

> ich folgte leidenschaftlich, man wollte mich nicht einlassen; ich war im schrecklichsten Zustande. Ich umging das Haus und rastete nicht; endlich ersah ich meinen Vorteil und sprang zum offenen Fenster hinein. In dem großen Saale, wo Versammlungen aller Art gehalten werden, lagen die Unglückseligen auf Stroh, nackt, ausgestreckt, glänzend-weiße Leiber, auch bei düsterm Lampenschein hervorleuchtend. Ich warf mich auf den größten, auf meinen Freund; ich wüßte nicht von meinem Zustand zu sagen, ich weinte bitterlich und überschwemmte seine Brust mit unendlichen Tränen. Ich hatte etwas von Reiben gehört, das in solchem Falle hülfreich sein sollte, ich rieb meine Tränen ein und belog mich mit der Wärme, die ich erregte. (HA 8,275f.)

Hier ist das Reiben so wenig »hülfreich« wie dort das Hin-und-Her-Ziehen des Schlittens auf dem mondbeschienenen nächtlichen Eis. Doch was dort nur zur Einsicht in die Ohnmacht des Alters angesichts der Jugend führt, ist hier die Erfahrung der Ohnmacht des Menschen angesichts des Todes.[33] Die Erwachsenen wollen Wilhelm von der direkten Erfahrung des Todes ausschließen, doch im Gegensatz zu Sankt Joseph dem Zweiten, der das Haus, in dem sein späteres Stiefkind geboren wird, nicht betreten darf, erzwingt Wilhelm hier den Einlaß. Durch diese Motivverknüpfung werden Geburt und Tod, als Heteronomie des Anfangs wie des Endes unseres Lebens die größten Herausforderungen für das sich gern autonom imaginierende Subjekt, miteinander verbunden. Der Leidenschaft, mit der Wilhelm sich den Anblick der toten Knaben verschafft, entspricht die Direktheit der Konfrontation mit dem Tod. Wieder, wie am Morgen am Wasser, sieht er Adolf »nackt«, doch wie groß ist der Unterschied. Was dort die Sonne war, ist jetzt ein düsteres Lampenlicht. Stand dort die singuläre menschliche Erscheinung aufrecht, sind jetzt fünf »glänzend-weiße Leiber« liegend ausgestreckt. Folgte dort die Wärme der lebendigen gegenseitigen Umarmung, umfängt Wilhelm jetzt einseitig einen kalten Leichnam: »die Lippen, auf denen der Abschiedskuß noch zu ruhen schien«, versagen »auch das leiseste Zeichen der Erwiderung«; wo »menschliche Hülfe« versagt, bleibt nur noch die Wendung zum »Gebet« (HA 8,276). Auch die göttliche Hilfe bleibt aus. Wilhelm ist nicht Jesus Christus, der »Wunder« (HA 8,276) tun und Tote auferwecken kann. Hier unter Hinweis auf Philippe Ariès' »Korpus makabrer Erotik« von »Nekrophilie«[34] zu sprechen, scheint mir der Gipfel des Zynismus. Wilhelm umarmt nicht lustvoll einen toten Körper, er umarmt einen jungen Menschen, dessen Tod er noch gar nicht begriffen hat. Unter dem Eindruck des Schocks nimmt der Junge die Zuschauer nur noch als anonyme Masse wahr:

---

[33] Kurt R. Eissler (*Goethe*, Bd.2, S.1595f.) hält das reale Erlebnis des Autors von Ende Juli 1774 (WA IV 2, S.181) nur für »das äußere Gewand«, in das traumatische Verbindungen von Homosexualität und Tod aus der Zeit der Vorpubertät eingeflossen sind.

[34] Yahya A. Elsaghe: Wilhelm Meisters letzter Brief, S.27.

> Man riß mich weg; weinend, schluchzend saß ich im Wagen und vernahm kaum, was die Eltern sagten: unsere Mutter, was ich nachher so oft wiederholen hörte, hatte sich in den Willen Gottes ergeben. Ich war indessen eingeschlafen und erwachte verdüstert am späten Morgen in einem rätselhaften, verwirrten Zustande. (HA 8,276)

Verblüffend ist der erstaunliche Mangel an Beistand, der Wilhelm in dieser Grenzsituation zuteil wird. Niemand scheint das völlig verstörte Kind in die Arme nehmen und durch körperliche Wärme über die Kälte des Todes hinwegtrösten zu wollen. Als schützende Maßnahme fällt den Beteiligten offenbar nur die Entfernung ein. Und Worte, die das Kind nicht erreichen, sind so gut wie in den Wind gesprochen. Sie können erst aus der Distanz und dank ihrer häufigen Wiederholung zur Verarbeitung des Erlebnisses herbeigezogen werden. Intratextuell hat die Wagenfahrt vom Lande zurück in die Stadt Ähnlichkeit mit Albertines Heimfahrt nach dem Kutschenunfall in »Nicht zu weit«. Doch während Albertine nur den Illusionscharakter einer falschen Liebe, einer falschen Freundschaft und einer falschen Häuslichkeit zu betrauern hat, weint Wilhelm über das Unabänderliche des Lebensverlusts. Nichts ist so unerbittlich wie der Tod. Aber Goethes Helden dürfen schlafen, wenn die Seele zu zerspringen droht. Wilhelm fällt wie Faust nach Gretchens Hinrichtung, Orest in Iphigenies Nähe und Egmont im Angesicht der ihn lähmenden Sorge in einen tiefen Schlaf; der Unterschied ist nur, daß er nicht so erquickt wie jene aus dem »Heilschlaf«[35] erwacht. An der Hilflosigkeit der Erwachsenen gegenüber der Verdüsterung des Knaben hat auch der Wechsel der Tageszeit und des Schauplatzes nichts geändert. Für das verstörte Kind hat niemand Zeit. Man ist mit Wichtigerem beschäftigt:

> Als ich mich aber zum Frühstück begab, fand ich Mutter, Tante und Köchin in wichtiger Beratung. Die Krebse sollten nicht gesotten, nicht auf den Tisch gebracht werden; der Vater wollte eine so unmittelbare Erinnerung an das nächstvergangene Unglück nicht erdulden. Die Tante schien sich dieser seltenen Geschöpfe eifrigst bemächtigen zu wollen, schalt aber nebenher auf mich, daß wir die Schlüsselblumen mitzubringen versäumt (HA 8,276).[36]

Im Streit der Erwachsenen sind die Kriechtiere, die den Tod von fünf Kindern verursacht haben, aufdringlich lebendig. Den Gästen trotz des Unglücks von der Pfarrersfrau mitgegeben, tragen sie einen Konflikt in die städtische Familie hinein. Während der Vater die Krebse aus Pietät nicht auf den Tisch gebracht sehen will, zeichnet sich das Verhalten der Tante durch völlige Pietätlosigkeit aus. Sie hat sogar die Stirn, einen Knaben, der am Vorabend einen fünffachen Kindertod erlebt hat, wegen der über dem Unglück vergessenen Schlüsselblumen auszuschelten. An den Schlüsselblumen wie an den Krebsen interessiert sie nur

---

[35] Emil Staiger: *Goethe*, Bd.3, Zürich/ Freiburg/Br. 1959, S.275.
[36] Daß die Tante die Behandlung der Krebse mit der Köchin bespricht, schafft einen Bezug zum Barbier in *Die neue Melusine* (HA 8,354–376). Wie hier der Tod fällt dort die im Kästchen symbolisierte Schwangerschaft der Frau dem ökonomischen Interesse zum Opfer.

die Verwertungsmöglichkeit. Unabhängig vom Kontext, in den der Vortag sie gestellt hat, sind sie für sie funktionsäquivalent.

Dieses monströse Verhalten empfindet der Erzähler als erklärungsbedürftig, denn er schließt eine nachträgliche Charakterzeichnung der anfangs von ihm selbst als »wohlgesinnte Tante« (HA 8,271) eingeführten Verwandten an:

> Die Eigenschaften, von denen sie beherrscht wurde, konnte man, sittlich betrachtet, keineswegs rühmen; und doch brachten sie, bürgerlich und politisch angesehen, manche gute Wirkung hervor. Sie war im eigentlichen Sinne geldgeizig, denn es dauerte sie jeder bare Pfennig, den sie aus der Hand geben sollte, und sah sich überall für ihre Bedürfnisse nach Surrogaten um [...]./ Diese Gesinnung und was daraus folgte, konnte man ihr sehr gerne zugeben, da ihre emsig gesammelte Barschaft der Familie doch endlich zugute kommen sollte [...]./ Eine andere Leidenschaft jedoch, eine tätige, die sich unermüdet geschäftig hervortat, war der Stolz, für eine bedeutende, einflußreiche Person gehalten zu werden. (HA 8,276f.)

Mit dem Auftritt der Tante hat sich der Fokus der Narration verschoben. Vom Moment an, da sie die familiäre Bühne betritt, wird eine völlig andere Geschichte erzählt. Wir sind nicht mehr gezwungen, über die Natur des Menschen und seine existentielle Gefährdung nachzudenken, sondern über die »Natur« der bürgerlichen Gesellschaft. Diese wird in erster Linie vom Geld, in zweiter von Beziehungen beherrscht. Jeder Handlungszug der Tante gilt dem Geld- oder Prestige-Gewinn. Doch während die Familie ersteres toleriert, weil sie als zukünftiger Erbe davon profitieren wird, ist ihr letzteres ein Ärgernis. Mit ihren Heiratsmanipulationen und Intrigen verkörpert die Tante eine Welt des Zweckrationalismus, bei dem die Zwecke *jedes* Mittel heiligen. Bei den Heiraten, die sie stiftet, bleibt – vorsichtig gesagt – »wenigstens der eine Teil vielleicht zufrieden« (HA 8,277). Als Witwe »eines rechtlichen, strengen Mannes« hat sie gelernt, »wie man diejenigen durch Kleinigkeiten gewinnt, denen man durch bedeutendes Anerbieten nicht beikommen kann« (HA 8,277f.). Im konkreten Fall will sie einen einflußreichen Beamten dazu veranlassen, »einen Unwürdigen« (HA 8, 278) zu begünstigen, indem sie seine kulinarischen Gelüste mit seltenen Delikatessen befriedigt. Das ist eine schwach getarnte Form der Korruption. Ihre Art, sich andere zu verpflichten, indem sie ihren heimlichen Lastern entgegenkommt, macht sie zum »born lobbyist«[37]. Auf den für Wilhelm relevanten Beruf des Wundarztes übertragen, heißt das, daß die Tante, wenn es ihr nützte, auch Kurpfuscher befördern und damit Menschenleben gefährden würde. Diese Skrupellosigkeit steht in schärfstem Gegensatz zum Berufsethos des Auswandererbundes, der in jedem Fach nur die Tüchtigsten nach Amerika mitzunehmen gewillt ist. Damit ist die Tante nicht, wie Degering behauptet, eine »Vertreterin des

---

[37] Alfred G. Steer: *Goethe's Science*, p.71.

Menschenschlags«, den »der Bund repräsentiert«[38], sondern steht zu diesem in Opposition.

Nachdem er die Tante ausreichend beschrieben hat, um ihr monströses Verhalten verständlich zu machen, ist es an der Zeit, daß Wilhelm auch den Vater näher charakterisiert. Sein Denken und Handeln ist nicht von polit-ökonomischen Zwecken, sondern von philanthropischen Aufklärungsidealen geprägt. Er möchte im Rahmen des politisch Möglichen und jenseits von Standesinteressen die Lebensbedingungen der Menschen verbessern, wobei er besonders an gesellschaftliche Randgruppen, Kranke und Gefangene, denkt und die öffentliche Gesundheitspflege fördert.[39] Er leistet Hilfe um ihrer selbst willen, nicht um sein Ansehen zu steigern. Das Engagement für ein humaneres Strafrecht verbindet ihn mit Lenardos Oheim, der die Gefangenen bei aller Seltsamkeit ihrer Gefangennahme doch menschlich behandeln und sich dabei von den Strafrechtsreformen Cesare Beccarias und Gaetano Filangieris leiten läßt.[40] In seinem aktiven Einsatz für eine bessere medizinische Versorgung, besonders für die raschere Verbreitung der Pockenschutzimpfung – an der Goethe aufgrund eigener leidvoller Erfahrungen als Kind ein persönliches Interesse hatte[41] – ist der Vater Wilhelm offenbar ein Vorbild. Er verkörpert eine für die Spätaufklärung typische Synthese von Aufklärungsmedizin und Sozialreform. Die »Wiederbelebung der für tot Gehaltenen« (HA 8,279) war ihm offenbar schon ein Anliegen, bevor der Tod der Fischerknaben ihm neue Aktualität velieh. In diesem Zusammenhang kann Wilhelm ein Gespräch belauschen, aus dem hervorgeht, daß man jene Kinder durch eine falsche Sofortmaßnahme »gewissermaßen erst ermordet« habe, »daß durch einen Aderlaß vielleicht ihnen allen wäre zu helfen gewesen« (HA 8,279). Mit dieser Wendung erscheint der Tod der Kinder noch einmal in einem neuen Licht: Er war kein unabänderliches Verhängnis, er ging auf menschliches Versagen zurück. Fünf Kinder wurden Opfer ärztlicher Kurpfuscherei. Der mütterlichen Schicksalsgläubigkeit wird die aufgeklärte Sicht des Vaters gegenübergestellt, der theologischen Deutung die medizinische Hypothese, dem Unvermeidlichen das Vermeidbare. Es ist eingetreten, was wir uns oben als schlimmstmögliche Konsequenz der Beförderungspolitik der Tante ausgemalt haben: der Tod von Menschen aufgrund fehlender medizinischer Fachkompetenz. Wilhelm, der zum Zeitpunkt dieses Unglücks noch ein Kind ist, nimmt

---

[38] Thomas Degering: *Das Elend der Entsagung*, S.216.

[39] Vgl. dazu die Beschreibungen von amerikanischen Krankenhäusern und Gefängnissen in dem von Goethe zum Druck beförderten Reisebericht Herzog Bernhards: *Reise Sr. Hoheit des Herzogs Bernhard zu Sachsen-Weimar-Eisenach durch Nord-Amerika in den Jahren 1825 und 1826*, hrsg. von Heinrich Luden, Weimar 1828, Bd.1: S.88ff., 226ff., Bd.2: S.22, 256ff.

[40] *Goethe Handbuch*, Bd.1, hrsg. von Alfred Zastrau, 2. Aufl., Stuttgart 1961, Sp.930f.

[41] Goethe wurde, da er wegen der in Deutschland stark verbreiteten Widerstände gegen die Schutzimpfung nicht geimpft worden war, als Kind vermutlich 1755 stark von den Pocken befallen. Vgl. dazu die Darstellung im ersten Buch von *Dichtung und Wahrheit* (HA 9,36f.) und: Hermann Cohn: Goethe über den Impfzwang. In: *GJb* 23 (1902), S.216–218.

sich vor, die nötigen Maßnahmen zur Unfallhilfe selbst zu lernen, vergißt den Vorsatz aber über den Ablenkungen der Jugend. Erst Jahre später kehrt er zu seinem kindlichen Entschluß zurück und läßt sich in den besten Schulen zum Wundarzt und »plastische[n] Anatom« (HA 8,331) ausbilden. Den versäumten Aderlaß, durch den er sich dazu motivieren ließ, es bei gegebenem Anlaß besser zu machen, darf der erwachsene und inzwischen ärztlich ausgebildete Wilhelm am Ende des Romans mit geradezu märchenhaftem Erfolg bei seinem eigenen Sohn anwenden:

> Entseelt scheinend lag der holde Jüngling im Schiffe [...]. Landen, den Körper ans Ufer heben, ausziehen und abtrocknen war eins. Noch aber kein Zeichen des Lebens zu bemerken, die holde Blume hingesenkt in ihren Armen!/ Wilhelm griff sogleich nach der Lanzette, die Ader des Arms zu öffnen; das Blut sprang reichlich hervor, und mit der schlängelnd anspielenden Welle vermischt, folgte es gekreiseltem Strome nach. Das Leben kehrte wieder (HA 8,459).

Die Hilfe, die der Wilhelm der »Lehrjahre« aus falschem Stolz und projektiver Fehleinschätzung Marianes bei der Geburt seines Sohnes versäumte, gelingt am Ende der »Wanderjahre« dem geistesgegenwärtig und fachmännisch operierenden Chirurgen[42]. Indem die zweite Geburtshilfe den Schluß des Romans mit dem Anfang verbindet, bestätigt sie Wilhelms Vaterschaft erneut. Diese steht jetzt im Zeichen von Kastor und Pollux, im Zeichen der durch Solidarität zwischen Vater und Sohn verhinderten Sterblichkeit. Da der Aderlaß die im ersten Drittel des 19. Jahrhunderts »kaum noch als solche kenntliche Spätform eines symbolischen Eingriffs« ist, »die ursprünglich stellvertretend für den wirklichen Vollzug der Menschen-Opferung«[43] praktiziert wurde, stiftet er eine geheimnisvolle Verbindung zwischen Blut und Opfer. Er ist geradezu prädestiniert dafür, Leben als Wechsel von Werden und Vergehen zu symbolisieren. Als medizinische Therapie war er bei der Niederschrift der Erzählung historisch bereits obsolet.

Unter anthropologischen Gesichtspunkten verdient auch Wilhelms Ausbildung zum plastischen Anatomen noch etwas Aufmerksamkeit. Sie entspringt seinem Widerstand gegen das Zertrennen des menschlichen Körpers. Er kann den schönen Arm der Selbstmörderin nicht sezieren. Seine Berufswahl ist vom Wunsch, den menschlichen Körper unversehrt zu erhalten, geprägt. Das ist nicht als Ästhetisierung des Todes zu verstehen. Wo die zelebriert wurde, anläßlich von Mignons Exequien in den »Lehrjahren«, mußte er sich abwenden (HA 7, 577). Seine Empfindung wehrte sich gegen die therapeutisch verordnete »Annullierung durch einen kalten, distanzierenden Blick«[44] auf den durch die ästhe-

---

[42] Walter Müller-Seidel: Dichtung und Medizin in Goethes Denken. Über Wilhelm Meister und seine Ausbildung zum Wundarzt. In: *Idealismus mit Folgen. Die Epochenschwelle um 1800 in Kunst und Geisteswissenschaften*, hrsg. von Hans-Jürgen Gawoll und Christoph Jamme, München 1994, S.107–137.

[43] *Goethe Handbuch*, Bd.1, 2., vollkommen neu gest. Aufl., Stuttgart 1961, Sp.63.

[44] Peter Utz: *Das Auge und das Ohr*, München 1990, S.143.

tische Präparierung doppelt getöteten Körper. In der Bildhauerwerkstatt, in der er sich in den »Wanderjahren« ausbilden läßt, werden nach dem Vorbild antiker Plastiken Modelle des menschlichen Körpers für den anatomischen Unterricht hergestellt. Dieses Verfahren wird damit begründet, daß »Aufbauen mehr belehrt als Einreißen, Verbinden mehr als Trennen, Totes beleben mehr als das Getötete noch weiter töten« (HA 8,326). Die »Rekonstruktion der menschlichen Gestalt aus dem Geiste der Kunst«[45] durch den arbeitslos gewordenen Sakralkünstler erlaubt eine Verbindung von Heilkunde, Anthropologie und Ästhetik, die Wilhelms ganzheitlichem Menschenbild entspricht. Die plastische Anatomie ist für ihn insofern ein Kompromiß, als sie zugesteht, daß der Chirurg bei der Ausübung seines Handwerks eine Vorstellung vom Körperinnern haben muß, sie aber nicht an *Leichen*[46], sondern an *Modellen* gewinnen soll. Was der Kompromiß zwischen Helfen-Wollen und Zerstören-Müssen unterschlägt, ist, daß die plastische Anatomie ihr Wissen über das Innere des Menschen der sezierenden Anatomie verdankt.

Goethe spricht nicht von Krankheiten und ihrer Genese, sondern von überraschend zugezogenen Wunden, Unfällen, die nach Soforthilfe verlangen. Er hat nicht den allmählichen Verfall, sondern die akute Verletzung des Körpers im Blick. Er denkt vom Leben her, nicht vom Tod. Das Ende des Romans zeigt Wilhelm als einen praktizierenden Wundarzt, bei dem Sehen, Denken, Eingreifen zusammenfallen. Wilhelm tut, ohne groß zu fragen, das Richtige; er weiß aufgrund einer soliden Ausbildung aber auch, was das Richtige ist. Die schnelle lebensrettende Aktion steht in größtmöglichem Gegensatz zu der stillen Beobachtung der Symptome in jener Nacht, da Wilhelm und Natalie in den »Lehrjahren« glaubten, daß Felix sich vergiftet habe (HA 7,602). Während Wilhelm damals nur abwarten konnte, was der nächste Tag bringen würde, ist er jetzt in der Lage zu handeln. Die Chirurgie hat die Symptombeschreibung ersetzt. Das Plädoyer für den raschen Eingriff ist ein Plädoyer für die Verbindung von Fachkompetenz und Instinktsicherheit, birgt aber auch die Gefahr der Übereilung. Dem Unfall geht eine »Herzenserkrankung« voraus. Diese gehört ebenso zum Unfallhergang wie der Pferdesturz. Wer das Wohl des Menschen will, muß sich um den ganzen Menschen, Leib und Seele kümmern. Goethe kennt die Bedeutung der Medizin für die Konstituierung der Wissenschaften vom Menschen, ergänzt sie aber um die Erfahrungsseelenkunde, den Mythos und die Kunst. Er läßt nicht zu, daß in die von den Göttern hinterlassene Leere nur die Sprache

---

[45] Jürgen Barkhoff: Goethes Ehrfurchtsgebärden in den *Wanderjahren* als Anthropologie vom Leibe her. In: *Anthropologie und Literatur um 1800*, hrsg. von Jürgen Barkhoff und Eda Sagarra, München 1992, S.165.

[46] Die ab 1794 erneut einsetzenden Versuche der Franzosen, Mainz zu erobern, führen hier zu einem Überangebot an Leichen. Soemmerring schreibt Goethe am 19. Juni 1794 aus Mainz: »Beschäftigung giebts die Menge zb gestern hatte ich unter 46 Körpern die Auswahl«. *Goethe und Soemmerring. Briefwechsel 1784–1828*. Textkritische und kommentierte Ausgabe, hrsg. von Manfred Wenzel, Stuttgart/ New York 1988, S.69 und S.71, Fußnoten 1 und 2.

der Medizin strömt. Die Schöpferkraft des Menschen ist für ihn der Garant seiner Unsterblichkeit. Goethes Anthropologie bleibt auch dort noch ästhetisch, wo er die Geburt der modernen Medizin aus dem Geist der Anatomie in die Darstellung einbezieht. Im Zweifelsfall lieber ein Rückgriff auf den Mythos, die Dioskuren bei Felix und Wilhelm, die Renaissance-Kosmologie bei Makarie, die katholische Mythologie[47] bei Faust, als eine vom Tod her entwickelte Anthropologie[48].

7.3 Medizinhistorische Hintergründe

Vom biographischen Standpunkt aus dürften in der Vaterfigur der Knabengeschichte Züge von Goethes Großvater Johann Wolfgang Textor, der die Schwierigkeiten bei der Geburt des Enkels zum Anlaß nahm, das Hebammenwesen zu reformieren (HA 9,10), mit solchen des Herzogs Karl August wie der beiden Weimarer Ärzte zusammengeflossen sein, die sich ab 1785 für die Verbreitung der Pockenschutzimpfung im Herzogtum Sachsen-Weimar-Eisenach einsetzten: Johann Christian Stark der Ältere und Christoph Wilhelm Hufeland.[49] Da das Herzogtum alle fünf bis sechs Jahre von einer Pockenepedemie heimgesucht wurde, »der 1777 allein in Weimar 136 und 1782 86 Menschen [...] zum Opfer gefallen waren«[50], hatte Hufeland sowohl seine Erstlingsschrift von 1786 »Neue Aussicht zu Vertilgung der Blattern«[51] wie seine erste Buchveröffentlichung[52] von 1789 dem Problem der Pockenbekämpfung gewidmet. Obwohl man den Impfstoff zu diesem Zeitpunkt noch aus dem Blut von pockenkranken Menschen gewann und deshalb gelegentlich mit Todesfällen rechnen mußte – die Mortalität lag bei den natürlichen Blattern aber fünfzigmal höher als bei den geimpften[53] –, folgte Herzog Karl August dem Rat seiner gegenüber der neuen medizinischen Entwicklung mindestens in diesem Punkt[54] aufgeschlossenen

---

[47] Vgl. dazu: Jochen Schmidt: Die »Katholische Mythologie« und ihre mystische Entmythologisierung in der Schluß-Szene des *Faust II*. In: *JbDSG* 34 (1990), S.230–256.

[48] Michel Foucault: *Die Geburt der Klinik*, Frankfurt/M. 1996 (franz. 1963), S.160.

[49] Manfred Wenzel: *Goethe und die Medizin*, Frankfurt/M./ Leipzig 1992, S.18f.

[50] Manfred Wenzel: »Hufland hat mir ein böses Frühstück geschickt«. Medizingeschichtliches aus dem alten Weimar. In: *Gießener Universitätsblätter* 24 (1991), S.34.

[51] Der zweite Teil trägt den Titel »Über die gänzliche Vertilgung der Blattern«, beide erschienen in: *Der Teutsche Merkur* (1786), Viertes Vierteljahr, S.167–181 und S.253–265.

[52] Christoph Wilhelm Hufeland: *Bemerkungen über die natürlichen und geimpften Blattern zu Weimar im Jahr 1788*, Zweyte vermehrte Aufl., Leipzig 1793 (1789). Die Zweitauflage enthält einen *Anhang über die wesentlichen Vorzüge der Inoculation*, der das »Hofmannische System« zurückweist, das von der Annahme ursprünglicher, angeborener Pockendrüsen auf der Haut ausgeht.

[53] Christoph Wilhelm Hufeland: *Bemerkungen über die natürlichen und geimpften Blattern*, S.204.

[54] Daß Hufeland sonst eher veraltete, teilweise sogar gefährliche »Heilmittel« wie Quecksilbersalbe und Opium anwendete, zeigen die elf Krankengeschichten im selben Band: *Bemerkungen über die natürlichen und geimpften Blattern*, S.163–200.

Ärzte und ließ seine beiden Kinder impfen. »Die Vorbildfunktion des Landes-
vaters erhöhte bei vielen Eltern die Bereitschaft, ebenfalls das Risiko einzugehen,
und somit wurden 1787/88 noch rund weitere 100 Kinder in Weimar geimpft,
ohne daß hierbei Todesfälle aufgetreten wären.«[55] Doch als im Juni 1788 die
nächste Pockenepedemie ausbrach, bei der 650 Kinder erkrankten, forderte sie
vor allem unter den Ein- und Zweijährigen wieder zahlreiche Opfer.[56] Ein
Durchbruch in ganz Deutschland gelang erst, nachdem Edward Jenner 1796 eine
Impfmethode mit aus Kuhpocken-Lymphe hergestelltem Serum entwickelt hatte, die um 1800 von Georg Philipp Lehr und Samuel Thomas Soemmerring auch
in Frankfurt am Main eingeführt wurde.[57] Da Goethe seit 1784 mit Soemmerring
in regelmäßigem Briefwechsel stand und ihn 1803 erfolglos an die Universität
Jena zu berufen suchte[58], dürfen wir annehmen, daß die Frankfurter Bemühungen um die Eindämmung der Pocken auch in Weimar bekannt waren. Nachdem
Bayern und Hessen die Schutzimpfung schon 1807 gesetzlich verordnet hatten,
kündigten die Weimarer Behörden »erstmals 1809 Bestrafungen im Falle der
Erkrankung Ungeimpfter an«.[59] 1814 fand der Impfzwang in die Weimarer »Medicinal-Ordnung«[60] Eingang. Typisch für die Aufklärungsmedizin ist dabei die
besondere Betonung der Krankheitsprophylaxe. Wenn Wilhem im Natalienbrief
von seinem Vater sagt:

> Mein Vater war jener Zeit einer der ersten, der seine Betrachtung, seine Sorge über
> die Familie, über die Stadt hinaus zu erstrecken durch einen allgemeinen, wohlwol-
> lenden Geist getrieben ward. Die großen Hindernisse, welche der Einimpfung der
> Blattern anfangs entgegenstanden, zu beseitigen, war er mit verständigen Ärzten
> und Polizeiverwandten bemüht (HA 8,278),

dann stehen ganz konkrete medizinhistorische Vorgänge in Weimar und Frankfurt am Main im Hintergrund. Das gilt auch für das Interesse des Vaters an der
»Wiederbelebung der für tot Gehaltenen« (HA 8,279). Denn die Angst vor dem
Scheintod und dem Lebendig-begraben-Werden nahm im Weimar des ausgehenden 18. Jahrhunderts fast die Form einer kollektiven Hysterie an und ging
soweit, daß man Särge mit Luftröhren versah oder mit Werkzeugen zur Selbstbefreiung ausstattete.[61] Das ist insofern begreiflich, als die gängigen Methoden,

---

    [55] Manfred Wenzel: »Hufland hat mir ein böses Frühstück geschickt«, S.34f.
    [56] Christoph Wilhelm Hufeland: *Bemerkungen über die natürlichen und geimpften Blat-
tern*, S.4f.
    [57] Samuel Thomas Sömmerring/ Georg Philipp Lehr: *Prüfung der Schutz- oder Kuhblattern
durch Gegenimpfung mit Kinderblattern*, Frankfurt/M. 1801.
    [58] Vgl. Goethes Anfrage vom 8. Juni 1803: *Goethe und Soemmerring. Briefwechsel 1784–1828*,
bearb. und hrsg. von Manfred Wenzel, Stuttgart/ New York 1988, S.118ff.
    [59] Manfred Wenzel: »Hufland hat mir ein böses Frühstück geschickt«, S.35.
    [60] *Gesetze, Verordnungen und Circularbefehle*, S.156, Paragraph 36.
    [61] Christoph Wilhelm Hufeland: *Ueber die Ungewißheit des Todes und das einzige untrüg-
liche Mittel sich von seiner Wirklichkeit zu überzeugen, und das Lebendigbegraben unmöglich zu
machen nebst der Nachricht von der Errichtung eines Leichenhauses in Weimar*, Weimar 1791,
Fußnote, S.32f.

den Tod eines Menschen festzustellen, Spiegelprobe und Befühlen des Pulses, tatsächlich unsicher waren und das Urteil zudem meist von Laien gefällt wurde. Das Stethoskop, mit dem man die Herztöne abhören kann, wurde erst 1816 erfunden, und die ärztliche Leichenschau war noch nicht obligatorisch. Wieder war es Christoph Wilhelm Hufeland, der auf den Notstand reagierte. Nachdem er schon in seiner Göttinger Dissertation über den Gebrauch der elektrischen Kraft beim Scheintod[62] nachgedacht und vergebliche Versuche angestellt hatte, »Tierleichen durch die Entladungsstöße einer Elektrisiermaschine wiederzubeleben«[63], unterbreitete er unter dem Eindruck der Angst der Bevölkerung, scheintot begraben zu werden, Herzog Karl August den Plan zur Errichtung eines Leichenschauhauses[64]. In ihm sollten die Leichen solange aufgebahrt und der Aufsicht eines Wärters unterstellt werden, bis sich als sichere Zeichen des Todes Totenflecken zeigen würden.[65] Hufeland ging sogar so weit zu empfehlen, daß man die Hände und Füße der aufgebahrten Toten über Fäden mit einer Schelle in Verbindung bringen sollte, die jede Bewegung sofort hörbar machen würde.[66] Die Mittel für den Bau des Leichenhauses kamen auf dem Subskriptionsweg rasch zusammen.

Noch bis weit ins 19. Jahrhundert galten Aderlaß und »kalte[.] Sturzbäder«[67] als Mittel der Wiederbelebung Scheintoter. Bei Adolf und den andern vier ertrunkenen Knaben wurde der Aderlaß versäumt. Medizinhistorisch liegt eine gewisse Ironie darin, daß die unterlassene Behandlung, die, zur rechten Zeit eingesetzt, die Knaben angeblich hätte retten können, von einer fortgeschrittenen Stufe der medizinischen Erkenntnis aus als völlig falsche Therapie erscheint, umgekehrt Wilhelms kindlicher Irrtum: »In der Verwirrung dacht' ich ihm Atem einzublasen« (HA 8,276) als die richtige. Es bleibt das erstaunliche Phänomen zu erklären, daß ein so heilkundiger Dichter wie Goethe seiner am Ende des 18. Jahrhunderts schreibenden Figur 1828 noch festen Glauben an die lebensrettende Wirkung des Aderlasses im Fall von Ertrinken zuspricht. Wußte Goethe, ein seit der Leipziger Studienzeit mit vielen Ärzten in Kontakt stehender, medizinisch gebildeter Naturforscher, zu diesem Zeitpunkt noch nicht, daß Ertrunkene nicht zur Ader gelassen werden sollten, sondern sich erbrechen und beatmet werden müssen? Selbst Hufeland, von 1783 bis 1793 Goethes Arzt, ab 1801 an

---

62 Der Originaltitel lautet: *Dissertatio inauguralis medica sistens usum vis electricae in asphyxia, experimentis illustratum [...]*, Göttingen 1783. Ein Exemplar befand sich in Goethes Bibliothek (Ruppert; Nr.4694). Nachdruck in: Christoph Wilhelm Hufeland: *Kleine medizinische Schriften*, Bd.1, Berlin 1822, S.1–92.

63 Manfred Wenzel: »Hufland hat mir ein böses Frühstück geschickt«, S.35.

64 Manfred Wenzel: »Hufland hat mir ein böses Frühstück geschickt«, S.36.

65 Christoph Wilhelm Hufeland: *Ueber die Ungewißheit des Todes*, S.23, 25, 27ff.

66 Christoph Wilhelm Hufeland: *Ueber die Ungewißheit des Todes*, S.45.

67 Carl Vogel: *Versuch einer neuen Darstellung der practischen Heilmittellehre*, Berlin 1830, S.177. Christoph Wilhelm Hufeland: *Ueber die Ungewißheit des Todes*, S.42.

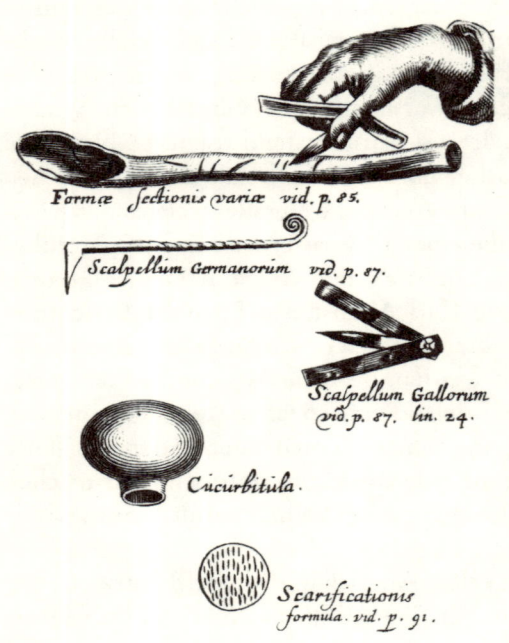

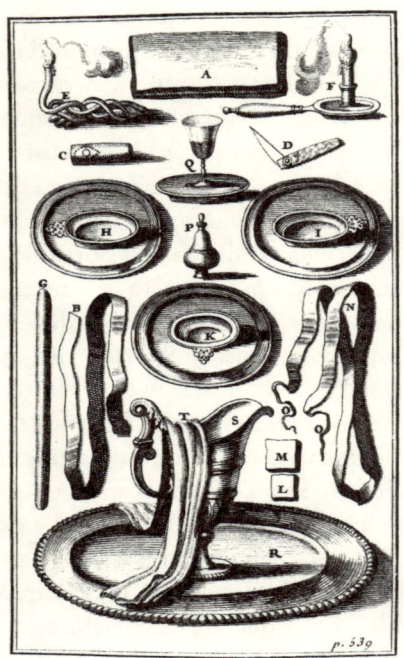

Abb. 6: Aderlaß-Besteck (Pierre Dionis, 1707)

der Berliner Charité, kommt, nachdem er lange selbst ein überzeugter Aderlasser war[68], im Jahre 1827 zu der Einsicht:

> Wer Blut entzieht, nimmt nicht ein Organ des Lebens, sondern Leben selbst. [...]
> Kein Mittel aber vermag die Schwächung des Lebensprincipes, des Grundquelles
> aller Heilkraft der Natur so mächtig zu bewirken [...] als der Aderlass.[69]

Goethe war im Verlauf seines langen, von vielen Krankheiten geplagten Lebens selbst aber immer wieder Aderlässen ausgesetzt. Gelegentlich schien die eintretende Heilung den Erfolg der Therapie auch zu bestätigen.[70] So wurde er im Januar 1801 zur Ader gelassen, als er an einem blasenbildenden Erysipel erkrankt war, das Augen, Gaumen, Rachen und Kehlkopf ergriff.[71] Im Februar 1823 be-

---

[68] Selbst in seinem *Lehrbuch der allgemeinen Heilkunde* (Jena 1818, S.346) sagt Hufeland noch zum allgemeinen Aderlaß: »Es gehört zu den entscheidendsten und unmittelbar auf die Quelle des Lebens wirkenden Mitteln. Es kann daher das tödlichste Gift, aber auch der schnellste und einzige Retter des Lebens werden.«

[69] Hufeland, zitiert nach: Josef Bauer: *Geschichte der Aderlässe*, 2. Aufl., München 1966 (1870), S.214.

[70] Manfred Wenzel: *Goethe und die Medizin*, S.55, 88, 94, 97, 102f.

[71] Vgl. den Brief Charlotte von Steins an ihren Sohn Fritz vom 12. Januar 1801. In: *Goethes Gespräche*, hrsg. von Biedermann/ Herwig, Bd.1, Zürich 1965, S.787f.

handelten die Ärzte seinen Herzinfarkt mit Aderlaß[72], Blutegel, Meerrettich-Kompressen und Arnikatee. Im November 1823 wendeten sie dieselben Mittel gegen seine akuten Herzbeschwerden an. Von nun an wurde sein Bluthochdruck mit Aderlaß behandelt, ebenso der schwere Blutsturz im November 1830. Bei seiner letzten tödlichen Erkrankung im März 1832, die nach heutigen Erkenntnissen wahrscheinlich ein auf eine Lungenentzündung folgender »Herzinfarkt mit Lungenödem«[73] war, scheint Hofrat Vogel ihm den Aderlaß erspart[74] zu haben. Trotzdem war Goethes letzter behandelnder Arzt nicht auf der Höhe der neuesten medizinischen Forschung. In seiner »Heilmittellehre« von 1830 hatte er Blutentziehungen noch als Heilmittel gegen die Begleiterscheinungen von Lungenentzündungen empfohlen.[75] Daß Goethe in seinen letzten Lebensjahren diese obsolet gewordene Methode, einem besonders an Herz- und Atembeschwerden leidenden Patienten Erleichterung zu verschaffen, noch für unbestritten hielt, ist unwahrscheinlich. Er hatte sich schon 1801 gegen den ärztlich verordneten Aderlaß zur Wehr gesetzt[76] und ihn schon in den »Aufgeregten« (HA 5,181) mit dem Volksaberglauben in Verbindung gebracht. Doch erst das 19. Jahrhundert brachte das allmähliche Verschwinden eines jahrtausendealten Ritus, der die Patienten anämisierte.[77]

7.4 Auseinandersetzung mit der Aufklärungsphilosophie

Wie passen die Medizinal- und Sozialreformen von Wilhelms Vater zu seiner Gesellschaftstheorie?

> Er sah die bürgerliche Gesellschaft, welcher Staatsform sie auch untergeordnet wäre, als einen Naturzustand an, der sein Gutes und sein Böses habe, seine gewöhnlichen Lebensläufe, abwechselnd reiche und kümmerliche Jahre, nicht weniger zufällig und unregelmäßig Hagelschlag, Wasserfluten und Brandschäden; das Gute sei zu ergreifen und zu nutzen, das Böse abzuwenden oder zu ertragen; nichts aber, meinte er, sei wünschenswerter als die Verbreitung des allgemeinen guten Willens, unabhängig von jeder andern Bedingung. (HA 8, 278f.)

[72] Friedrich von Müller an Karl Ludwig von Knebel am 22. Februar 1823. In: *Goethes Gespräche*, op. cit., Bd.3/1, Zürich 1971, S.443.

[73] Manfred Wenzel: *Goethe und die Medizin*, S.104.

[74] Dr. Carl Vogel wurde 1826 von Herzog Karl August als Leibarzt nach Weimar berufen. In seinem 1833 in Hufelands *Journal der practischen Heilkunde* erschienenen Bericht *Die letzte Krankheit Goethes* (Nachdruck: Darmstadt 1961, S.19 und 27) ist kein Aderlaß als Maßnahme gegen Goethes letzten großen Schmerzanfall erwähnt, wohl aber, daß Goethes »Vollblütigkeiten« und der Lungenblutsturz von 1830 Aderlässe nötig gemacht hatten.

[75] Carl Vogel: *Heilmittellehre*, S.331.

[76] Am 22. Januar 1801 schreibt Caroline Herder über die schwere Erkrankung Goethes an Karl Ludwig von Knebel: »Er wollte sich nicht zur Aderlaß verstehen, die Huschke, sein Arzt, für notwendig hielt.« *Goethes Gespräche*, op. cit., Bd.1, S.788.

[77] Erwin H. Ackerknecht: *Therapie von den Primitiven bis zum 20. Jahrhundert*, Stuttgart 1970, S.108.

In dieser uns von Wilhelm nur in indirekter Rede referierten väterlichen Sicht der Gesellschaft steckt eine Auseinandersetzung mit der Aufklärungsphilosophie. Dabei weist die Betonung des *guten Willens* wie seiner Unabhängigkeit von jeder Bedingung den Vater als Kantianer aus: »Es ist überall nichts in der Welt, ja überhaupt auch außer derselben zu denken möglich, was ohne Einschränkung für gut könnte gehalten werden, als allein ein *guter Wille*«, so beginnt der erste Abschnitt von Kants »Grundlegung zur Metaphysik der Sitten«[78]. »Denn die Metaphysik der Sitten soll die Idee und die Principien eines möglichen *reinen* Willens untersuchen und nicht die Handlungen und Bedingungen des menschlichen Wollens überhaupt«[79], das betont die Vorrede zum selben Text. Für Kant ist der gute Wille an sich gut, nicht durch das, was er bewirkt. Er vergleicht ihn mit einem »Juwel«, das »für sich selbst« glänzt und »seinen vollen Werth in sich selbst hat«[80]. Indem Wilhelms Vater den guten Willen des Menschen dem negativ gesehenen »Naturzustand« überordnet, stellt er ganz im Sinne von Kant das Sittengesetz über das Naturgesetz. In der zweiten Form des *kategorischen Imperativs* lautet das Sittengesetz: »Handle so, daß du die Menschheit sowohl in deiner Person, als in der Person eines jeden andern jederzeit zugleich als Zweck, niemals bloß als Mittel brauchst.«[81] Die Tante unterstellt ihr Streben nach »Macht, Reichthum, Ehre, selbst Gesundheit«[82] dem guten Willen nicht. Von den Schlüsselblumen über die Krebse bis zu den Menschen ist ihr alles nur Mittel zum Zweck. Indem Goethe es über den Krebsen zwischen ihr und dem Vater zu einem Konflikt kommen läßt, mißt er die idealistische Moralphilosophie der Spätaufklärung am Pragmatismus des bürgerlichen Aufstiegsstrebens. Wilhelms Vater, angesehen und dank glücklicher Erbschaftsverhältnisse von pekuniären Sorgen entlastet, kann es sich leisten, die Aufklärungsphilosophen zu lesen und Werte zu kultivieren, die der Geschäftswelt und dem korrupten Beamtentum fremd sind. Damit ist die Bedeutung, die er dem »Naturzustand« zuschreibt, allerdings noch nicht geklärt. Wenn er sagt, daß der »Naturzustand« »sein Gutes und sein Böses« habe, spiegelt die Ambivalenz dieser Wertung die Doppeldeutigkeit des Begriffs der Natur, die sowohl als paradiesisch gut, wie als nach-paradiesisch schlecht gedacht werden kann. Eine rousseauistische Idylle[83] ist also eindeutig nicht gemeint, auch kein Zustand pa

---

[78] Immanuel Kant: *Grundlegung zur Metaphysik der Sitten* (1785). In: *Kants Werke*, Akademie-Textausgabe, Bd.4, Berlin 1968 (1903), S.393. Ein Exemplar der 1792 in Riga erschienenen dritten Auflage befand sich in Goethes Bibliothek (Ruppert; Nr.3084).

[79] Kant: *Metaphysik der Sitten*, S.390.

[80] Kant: *Metaphysik der Sitten*, S.394.

[81] Kant: *Metaphysik der Sitten*, S.429.

[82] Kant: *Metaphysik der Sitten*, S.393.

[83] Zwar hatte Jean-Jacques Rousseau sowohl im *Discours sur les Sciences et les Arts* (1750) wie auch im *Discours sur l'Origine de l'Inégalité parmi les Hommes* (1755) den Naturzustand facettenreich geschildert. Allerdings haben viele seiner Leser übersehen, daß der *homme naturel* für ihn lediglich eine gedankliche Hypothese war. Er wollte entwirren: »ce qu'il y a d'originaire et d'artificiel dans la nature actuelle de l'homme, et de bien connaître un état qui n'existe plus, qui n'a

radiesisch unverdorbener Natur und engelhafter Herrschaft über sie im stoisch-patristischen Sinn. Um einen postlapsaren Zustand »allgemeiner Barbarei, Recht- und Friedlosigkeit«[84], die »Freyheit des Raubthiers«, von der Friedrich Schiller in seiner Antrittsvorlesung[85] spricht, kann es sich aber auch nicht handeln, da sie bei ihm in Opposition zur durch die »Herrschaft der Verträge« ermöglichten »Freyheit des Menschen« steht, während der Vater den Begriff »Naturzustand« zur Charakterisierung der bürgerlichen Gesellschaft verwendet, also auf jenen zivilisatorisch fortgeschrittenen Zustand der Menschheitsentwicklung bezieht, den Sozialverträge und die Vereinbarung einer Rechtsordnung aus der Barbarei schon herausgeführt haben. Warum aber setzt der Vater den Naturzustand mit dem Gesellschaftszustand gleich, der in den Geschichtsphilosophien Lessings, Kants und Schillers auf ihn folgt und eine Zwischenstufe vor dem idealen Menschheitszustand[86] ist? Offensichtlich ist er nicht der Meinung, daß der Ge-

peut-être point existé, qui probablement n'existera jamais, et dont il est pourtant nécessaire d'avoir des notions justes, pour bien juger de notre état présent« (*Schriften zur Kulturkritik*, französisch-deutsch, übers. von Kurt Weigand, 4., erw. Aufl., Hamburg 1983, S.66). Das hinderte manche Rousseau-Leser nicht daran, den *homme naturel* tatsächlich in den Wäldern zu suchen. Laut Rousseau war die ursprüngliche, natürliche Güte (*bonté naturelle*) des Menschen solange nicht gefährdet, wie dieser allein lebte. Mit der Vergesellschaftung beginnt die menschliche Degeneration; der Zivilisationsprozeß des Menschen wird zur Verfallsgeschichte. Diese Einsicht kolportierte der junge Goethe im Brief vom 12. Oktober 1767 seiner Schwester Cornelia (WA IV 1, S.110).

[84] H. Hofmann: Naturzustand. In: *Historisches Wörterbuch der Philosophie*, Bd.6, hrsg. von Karlfried Gründer, Basel 1984, Sp.653.

[85] Friedrich Schiller: *Was heißt und zu welchem Ende studiert man Universalgeschichte?* In: NA 17, S.366.

[86] In Lessings *Die Erziehung des Menschengeschlechts* (1780) führt Gott die Menschheit durch das Mittel der Offenbarung aus dem Naturzustand in den Zustand »der Vollendung«, in dem der Mensch »das Gute thun wird, weil es das Gute ist, nicht weil willkührliche Belohnungen darauf gesetzt sind« (Paragraph 85, Lachmann 10, Berlin 1839, S.327). Kant unterstellt in seiner *Idee zu einer allgemeinen Geschichte in weltbürgerlicher Absicht* (1784) einen »regelmäßigen Gang« des Spiels der individuellen Freiheiten »im Großen«, also ein »System«, wo sonst nur ein »planloses Aggregat menschlicher Handlungen« in Erscheinung träte. Die vollständige Entwicklung der menschlichen Naturanlagen hält er »nur in der Gattung, nicht aber im Individuum«, für erreichbar. Im Gegensatz zu Rousseau wertet er den Naturzustand negativ. In einem »arkadischen Schäferleben« würden alle menschlichen Anlagen zu vernünftigem Dasein eingeschläfert. Gerade die »un-gesellige« Seite seiner Natur zwinge den Menschen, seine Vernunft dafür einzusetzen, eine »allgemein das Recht verwaltende[.] bürgerliche[.] Gesellschaft« herbeizuführen, die die größte Freiheit für den einzelnen mit der Begrenzung dieser Freiheit durch die Freiheit des anderen verbindet und ewigen Frieden garantiert (*Kants Werke*, Akademie-Textausgabe, Bd.8, Berlin 1968 [1912/23], S.17, 31, 18ff.). Schiller verbindet in den Briefen *Über die ästhetische Erziehung des Menschen* (1795) eine Theorie des Schönen mit einer Gesellschaftstheorie. Die Aufgabe, ein mündiges Volk zu be-fähigen, am Leitbild eines idealen Naturzustands einen Unrechtsstaat aufzuheben und einen »sitt-lichen« Staat zu errichten, die bei Lessing Gott zufiel, übernimmt bei Schiller die Kunst. Dieser schreibt er gerade wegen ihrer Freiheit von Notwendigkeit eine gemeinschaftsbildende Funktion und damit die Fähigkeit zu, Freiheit und Notwendigkeit zu versöhnen (vgl. den 3., 26. und 27. Brief; NA 20, 313ff. und 398–412). Im Gegensatz zu Kant und Schiller sieht Herder den Geschichts-verlauf nicht evolutionär. Als Ziel der Menschheitsentwicklung gibt er in den *Ideen zur Philosophie der Geschichte der Menschheit* (1784–1791) zwar die »Gottähnliche Humanität« an, bleibt aber skeptisch, was die Möglichkeit ihrer Verwirklichung angeht, weil »niedrige Triebe den erhabnen

sellschaftszustand schon erreicht, man dank der Herrschaftsverträge über das natürliche Fressen und Gefressen-Werden schon hinaus sei. Die Französische Revolution und die Befreiungskriege haben die Opposition zwischen »Freyheit des Raubthiers« und »Freyheit des Menschen«, die Schiller im Mai 1789 noch aufstellen konnte, für Wilhelms Vater inzwischen gründlich erschüttert. Das Verhalten seiner Schwester oder Schwägerin ist für ihn das beste Beispiel dafür, daß das *bellum omnium contra omnes* im Sinne von Thomas Hobbes in der bürgerlichen Gesellschaft nicht an sich aufgehört, sondern nur elegantere Formen angenommen hat. Der Vater der Knabengeschichte spricht von einer deutlich skeptischeren Warte aus als der junge Schiller, hält den *guten Willen* aber für umso nötiger. Was in seinen Worten zum Ausdruck kommt, ist viel Sympathie für die Moralphilosophie, aber tiefe Skepsis gegenüber der Geschichtsphilosophie der Aufklärung. Er spricht nicht wie Schiller vom Ideal-Zustand, sondern vom Ist-Zustand der Gesellschaft, sieht keine ideale Stufenfolge, sondern ein realhistorisches Gemisch aller drei geschichtsphilosophischen Phasen. Doch trotz dieser kritischen Optik zeugen die Naturmetaphern, die er auf den Gesellschaftszustand bezieht, von einem politisch naiven Gesellschaftsbild. Denn ökonomische, soziale und politische Krisen kommen nicht wie Wasserflut und Hagel. Sie haben im Deutschland des aufgeklärten Absolutismus mit der Hofhaltung der Fürsten, der Kabinetts- und Kriegspolitik, der Entwicklung des Binnen- wie des Außenhandels, der Steuergesetzgebung, der Entwicklung des Weltmarktes, dem Unterhalt stehender Heere und der Entwicklung des Bankwesens[87] zu tun. Die Krisenursachen sind sehr wohl benennbar. Als wirtschaftlicher Berater seines Herzogs wußte Goethe nur zu gut, woran zum Zeitpunkt seines Amtsantritts zum Beispiel der Weimarer Staatshaushalt krankte: an rückständigen Ackerbaumethoden, einer darniederliegenden Seiden- und Bergwerksindustrie, teuren Hobbies des Herzogs wie Mätressen, Parks, Schlösser, Hunde, Jagden, einer Armee mit eigener Reitschule, die eigentlich »nur ein Zierstück war«, und – gemessen an den Möglichkeiten des Kleinstaates – an einer viel zu aufwendigen Hofhaltung.[88] Auch die anders gelagerten Probleme der freien deutschen Reichsstädte waren dem gebürtigen Frankfurter vertraut. Im Gegensatz zu diesen sehr konkreten Vorstellungen Goethes scheint Wilhelms Vater sich

---

Menschen zum Thier« hinunterziehen und ihm dabei noch die Instinktsicherheit des Tieres fehlt. Fortschritte seien daher immer auch von Rückfällen begleitet. Da die Vernunft des Menschen »eine Summe der Erziehung« des Geschlechts ist, die der einzelne »nach gegebnen fremden Vorbildern [...] an sich vollendet«, ist »auch die Geschichte der Menschheit nothwendig ein Ganzes«, eine Kette von Traditionen. Doch der einzelne, in dem die Erziehung der Gattung konkret wird, ist nicht nur Mittel zum Zweck, sondern selbst der Zweck (*Herders Sämmtliche Werke*, Suphan 13, Berlin 1909, S.189ff., 345 und 350).

[87] Vgl. die »Chymisterei« der »Papiergeldschöpfung«, der »Wertschöpfung aus dem Nichts«, im ersten Akt von *Faust II*, V.5987–6172 (HA 3,185–190), und den Kommentar von Hans Christoph Binswanger: *Geld und Magie*, Stuttgart 1985, S.24–32, Zitate: S.24ff.

[88] Walter H. Bruford: *Die gesellschaftlichen Grundlagen der Goethezeit*, Frankfurt/M./ Berlin/ Wien 1975, S.39–49.

im Roman mit seiner naturmetaphorischen Redeweise so in das scheinbar Unabänderliche der gesellschaftlichen Verhältnisse zu fügen wie Wilhelms Mutter sich beim Tod der Fischerknaben in den Willen Gottes.

7.5 Die Wassersymbolik

Im Rahmen von Goethes Natursymbolik ist der furchtbare Unfall, der zum Tod der Fischerknaben führt, zunächst ein Zeichen für die bei aller menschlichen Geschicklichkeit letztendliche Unberechenbarkeit und Unbeherrschbarkeit der Natur; ein Symbol für die tägliche, ja stündliche Gefährdung des Lebens, wie sie in Wilhelms Ausruf am Ende des Romans zum Ausdruck kommt: »Wirst du doch immer aufs neue hervorgebracht, herrlich Ebenbild Gottes! [...] und wirst sogleich wieder beschädigt, verletzt von innen oder von außen.« (HA 8,460) Und doch hat dieser Tod auch eine gesellschaftliche Komponente: Wie in den »Wahlverwandtschaften« der Tod des Knaben Otto steht er für eine tiefgreifende Störung der menschlichen Beziehungen, welche die planvolle äußere Lebensgestaltung nur notdürftig übertüncht. In den »Wanderjahren« kann der strikte Zeitplan Wilhelms erotisches Erwachen so wenig verhindern wie den Tod der Fischerknaben. In den »Wahlverwandtschaften« verhält sich die Perfektionierung der Parkanlage zur Entwicklung der menschlichen Beziehungen geradezu umgekehrt proportional. Doch während der Konflikt in den »Wahlverwandtschaften« mehr privater Natur ist, die intimsten Hoffnungen und Wünsche der Figuren betrifft, ist es in den »Wanderjahren« eher ein sozialer. Hier geht es stärker um das Verhältnis zwischen den Ständen und Berufsgruppen als um das zwischen Individuen. Es ist kein Zufall, daß Adolf stirbt, nicht Wilhelm, obwohl jener das Element ungleich besser beherrschte als dieser: der Junge, der ein Handwerk lernen will, das in seiner alten Form nicht länger lebensfähig ist, weil es durch die technische Neuerung des Einsatzes von Reusen so bedroht wird[89] wie das Heimwebertum im Gebirge durch die Webmaschinen. Als Symbol für die Zukunft des Berufszweigs gelesen, ist der Fischerknabe in den »Wanderjahren« so wenig lebensfähig wie in den »Wahlverwandtschaften« Charlottes Sohn, jenes aus doppeltem gedanklichen Ehebruch gezeugte, von niemandem gewollte Kind, das die Gesichtszüge des jeweiligen Wunschpartners trägt. Und in beiden Fällen ist der Zeitpunkt zeichenhaft, zu dem der Tod des Knaben eintritt. Die ihr im

---

[89] 1772 wandten sich 76 Einwohner eines Dorfes in Maine an das *House of Representatives* mit der Beschwerde, daß der Einsatz von Reusen durch die reichen Einwohner die Fischbestände im nahegelegenen Fluß verringere, die Fischpreise auf dem lokalen Markt hochtreibe und denen, die mangels Kapital auf den Fang mit Handnetzen angewiesen seien, damit nicht nur die Existenzgrundlage, sondern auch die politischen Rechte entzöge. Dirk Hoerder: Vom korporativen zum liberalen Eigentumsbegriff: Ein Element der amerikanischen Revolution. In: *Geschichte und Gesellschaft. Sonderheft 2*, hrsg. von Hans-Ulrich Wehler, Göttingen 1976, S.95.

Weg stehende Frucht einer unglücklichen Ehe wird von Ottilie unbewußt just
in dem Moment fast ins Wasser »geworfen«, da sie sich der Hoffnung auf eine
legitime Vereinigung mit dem geliebten Mann einen Augenblick überlassen zu
dürfen glaubt und – durch den vermeintlichen Anblick Charlottes am anderen
Seeufer gleichzeitig an ihre Pflicht erinnert – zwischen Über-Ich- und Es-An-
sprüchen zerrissen wird. Adolf, im Begriff, die Luxusbedürfnisse der Städter zu
befriedigen, stirbt, nachdem der Freund, der ihm eben noch »ewige Treue« ge-
schworen hat, ihn bereits mit der hübschen Tochter des Amtmanns »betrogen«
hat. Als Wilhelm den Leichnam aufgebahrt sieht, macht er einen körperlichen
Wiederbelebungsversuch. Auch Ottilie setzt im Moment, da ihre »Besonnenheit« zurückkehrt, ihren Körper als Mittel der Wiederbelebung ein:

> Sie sucht Hülfe bei sich selbst. [...] Sie entkleidet das Kind und trocknets mit ihrem
> Musselingewand. Sie reißt ihren Busen auf und zeigt ihn zum erstenmal dem freien
> Himmel; zum erstenmal drückt sie ein Lebendiges an ihre reine nackte Brust, ach!
> und kein Lebendiges. Die kalten Glieder des unglücklichen Geschöpfs verkälten
> ihren Busen bis ins innerste Herz. Unendliche Tränen entquellen ihren Augen und
> erteilen der Oberfläche des Erstarrten einen Schein von Wärme und Leben. Sie läßt
> nicht nach, sie überhüllt es mit ihrem Schal, und durch Streicheln, Andrücken, An-
> hauchen, Küssen, Tränen glaubt sie jene Hülfsmittel zu ersetzen, die ihr in dieser
> Abgeschnittenheit versagt sind./ Alles vergebens! (HA 6, 457)

»An menschlicher Hülfe verzweifelnd« (HA 8,276), wenden beide sich zum Gebet. Was bei Wilhelm wirkungslos bleibt, bringt Ottilie wenigstens einen Teil-
erfolg: »Ein sanfter Wind erhebt sich und treibt den Kahn nach den Platanen.«
(HA 6,458) Damit ist das Kind zwar nicht gerettet, aber Ottilie immerhin in die
Lage versetzt, das treulose, unzugängliche Element (HA 6,457) zu verlassen. An
einer anderen Stelle der »Wahlverwandtschaften« wird über dasselbe Element
eine entgegengesetzte Aussage gemacht:

> Das Wasser ist ein freundliches Element für den, der damit bekannt ist und es zu
> behandeln weiß. Es trug ihn, und der geschickte Schwimmer beherrschte es. Bald
> hatte er die vor ihm fortgerissene Schöne erreicht; er faßte sie, wußte sie zu heben
> und zu tragen; [...]. Ein lichtes Feuer brannte, wollne Decken wurden über ein Lager
> gebreitet, Pelze, Felle und was Erwärmendes vorrätig war, schnell herbeigetragen.
> Hier überwand die Begierde zu retten jede andre Betrachtung. Nichts ward ver-
> säumt, den schönen, halbstarren, nackten Körper wieder ins Leben zu rufen. Es
> gelang. Sie schlug die Augen auf, sie erblickte den Freund, umschlang seinen Hals
> mit ihren himmlischen Armen. So blieb sie lange; ein Tränenstrom stürzte aus ihren
> Augen und vollendete ihre Genesung. (HA 6,439f.)

Hier kann der gute Schwimmer sich das Element sogar dafür zunutze machen,
die Ertrinkende zu erreichen. Dank menschlicher Geistesgegenwart und der Mithilfe freundlicher Elemente gelingt nicht nur die Rettung eines leichtfertig weg-
geworfenen jungen Menschenlebens, sondern auch die Vereinigung eines Paares,
das ein merkwürdiges Schicksal auseinanderzuhalten schien. Der märchenhaft-

wunderbare Schluß der in die »Wahlverwandtschaften« eingebetteten Novelle »Die wunderlichen Nachbarskinder« steht Ottos Tod so kontrapunktisch gegenüber wie die Rettung von Felix am Ende der »Wanderjahre« dem Tod der Fischerknaben. Die Kontrapunktik der Wassersymbolik von Rahmen- und Binnenhandlung in beiden Romanen beweist, daß das Wasser bei Goethe nicht immer »treulos« ist, wir also nicht das Element allein für den Tod der Kinder verantwortlich machen dürfen. Es kommt in beiden Fällen menschliches Versagen hinzu. An der versäumten Heilung des verletzten Körpers kann Wilhelms Ausbildung zum Wundarzt etwas ändern, an der Sozialstruktur, die Rollenverteilungen erzwingt, bei denen die einen für die sexuellen Bedürfnisse (Ottilie) oder politischen Machenschaften (Pfarrerin/ Tante) der anderen zugrunde gehen, ändert sie nichts.

7.6 Die Krebssymbolik

Das Bindeglied zwischen der Knabengeschichte im engeren Sinne und der Gesellschaftsanalyse des Vaters sind die Krebse. Es lohnt sich, zusammenfassend noch einmal gegenüberzustellen, wie die verschiedenen Figuren im Text mit den Krebsen umgehen:

- Adolf hat, solange er mit dem Freund allein ist, trotz unverkennbarer Jagdlust ein eher spielerisch-ästhetisches Verhältnis zu den Krebsen. Wenn er für das väterliche Geschäft tätig ist, muß er sie notgedrungen fangen, die Naturbeherrschung über den Naturgenuß stellen.
- Wilhelm ist von Adolfs Geschicklichkeit fasziniert und hat zunächst ebenfalls eine spielerische Freude an den Tieren. Zu »lebhaft durcheinander kriechenden Mißgestalten« (HA 8,276) werden sie für ihn erst, nachdem sie durch das Unglück zum Symbol des Todes wie der verlorenen Liebe geworden sind.
- Für das humane Gefühl des Vaters sind die Krebse als Ursache und Zeugen eines fünffachen Kindertodes ekelerregend. In typisch aufgeklärter Manier zieht er aus den Fehlern der Vergangenheit konstruktive Schlüsse für die Zukunft, indem er sich für die Präventivmedizin und für die Verhinderung des Lebendig-begraben-Werdens einsetzt. Obwohl er die natürliche Unfallursache kennt, ist sein Empfinden auch für die soziale Dimension des Unglücks nicht stumpf. Ihm dürfte bewußt sein, daß die Kinder noch am Leben wären, wenn Adolf seinen Sohn zum Hause des Amtmanns hätte begleiten dürfen.
- Für die Tante sind die Krebse »seltene[.] Geschöpfe« (HA 8,276), Delikatessen, die sich nicht nur auf den Tisch bringen, sondern dabei noch machtpolitischen Zwecken dienstbar machen lassen. Damit werden sowohl die Krebse wie die Schlüsselblumen zum Bestandteil eines Verwertungsinter-

esses, das innerhalb der bürgerlichen Gesellschaft universal geworden ist
und im nur wenig später entstandenen fünften Akt von »Faust II« (HA
3,338-342)[90] zur Ermordung von Philemon und Baucis führt. Wie der im
Altersstarrsinn eingefrorene Faust verkörpert auch die Tante eine Form der
Sucht nach Akkumulation von Macht und Geld, bei der die bürgerliche
Regsamkeit in Menschenverachtung umschlägt.

Der Vergleich der vier Figurenperspektiven macht deutlich, daß die Krebse und
die Schlüsselblumen als Symbol für die Art des Umgangs mit der Natur gelesen
werden müssen. Einer rücksichtslosen Ausbeutung der Natur steht der Respekt
vor der Natur gegenüber, ja im Fall des väterlichen Einsatzes für die Pockenschutzimpfung sogar die bewußte Förderung der natürlichen Abwehr- und Selbsthei-
lungskräfte des Menschen. Dabei wird die christliche Symboltradition, die in
den Schlüsselblumen Himmelsschlüssel, den Krebsen Auferstehungszeichen
sieht, so stark säkularisiert, daß die in ihnen aufbewahrte Hoffnung nur in der
Aussicht auf eine Reform der Sozialordnung weiterlebt.

7.7 Die Pfingstsymbolik

»Pfingsten, das liebliche Fest, war gekommen; es grünten und blühten/ Feld und
Wald« (HA 2,285); so rasch wie die anfänglich inszenierte Harmonie von Schöp-
fungsordnung und menschlicher Rechtsordnung in Goethes Bearbeitung des
»Reineke Fuchs« zerstört und als Bündnis von Autorität und Intelligenz zur
Erhaltung der Macht[91] kenntlich gemacht wird, so rasch schlägt die jugendlich
imaginierte Omnipotenz in Goethes Knabengeschichte in eine Ohnmachtser-
fahrung um, die neben natürlichen auch gesellschaftliche Ursachen hat. Dieser
Zusammenhang wird deutlich, wenn wir die Krebssymbolik mit der Pfingstthe-
matik verbinden, mit der Wilhelms Jugendgeschichte beginnt. Das Unglück, das
Wilhelms Leben verändert, ereignet sich ja am dritten Tag des Pfingstfestes. Das
Pfingstwunder im engeren Sinn ist ein »Sprechwunder«[92]. Der Heilige Geist, der
sich in Form von feurigen Zungen auf die Häupter der Apostel niedersenkt,
stattet einfache Fischer mit der Fähigkeit aus, in ungelernten fremden Sprachen
zu reden, mit genau jener Fähigkeit, die sie brauchen, um den Missionsauftrag
erfüllen zu können. Dieser besteht darin, das Zeugnis der Überwindung des
Todes durch die Auferstehung des Herrn auf der ganzen Erde zu verbreiten und
die Bekehrten zu taufen. So jedenfalls legt die Pfingstpredigt des Petrus (Apg.2,
14-40) die Zeichen der Theophanie aus.

---

[90] *Faust II*, V.11233–11383.
[91] Peter Schneider: *Das unheilige Reich des Reineke Fuchs*, S.66f.
[92] N. Adler: Pfingstwunder. In: *Lexikon für Theologie und Kirche*, Bd.8, hrsg. von Josef
Höfer und Karl Rahner, 2., völlig neu bearb. Aufl., Freiburg/Br. 1963, Sp.422.

Im Gegensatz zur Apostelgeschichte fallen die Fischerknaben in den »Wanderjahren« der Tücke eines Elements und einer Sozialstruktur zum Opfer, die die einen für den Genuß der andern arbeiten und sterben läßt. Der Tod wird nicht überwunden, er wird ökonomisch verwertet. Während Reinekes Hasenmord die mittelalterliche Rechtsordnung als Fassade eines Machtstaates entlarvt, in dem der Mörder nicht verurteilt werden kann, weil der Herrscher zur Erhaltung seiner Macht auf ihn angewiesen ist, zeigt die Wirkung der feinen Krebsgerichte auf den hohen Beamten die bürgerliche Leistungsideologie als ein System von gut getarnter Korruption und Protektion. Wie in der Apostelgeschichte schließt sich an das Erlebnis des Todes auch in den »Wanderjahren« ein Missionsauftrag an. Dieser betrifft aber nicht die Verkündigung der Auferstehung eines Toten, sondern die Wiederbelebung der Scheintoten. Wilhelms Vater setzt sich für die Verbreitung der Aufklärungsmedizin ein. Wilhelm läßt sich selbst zum Wundarzt ausbilden. Beide wollen das *irdische* Leben verlängern. Beide widmen ihre Kräfte dem Kampf gegen den vorzeitigen Tod. Ist damit die Hoffnung auf ewiges Leben vom Jenseits ins Diesseits verlegt und der Tod, der zwar hinausgezögert, aber nicht verhindert werden kann, verdrängt? Ergebenheit ins gottgewollte Schicksal, wie sie beim Tod der Fischerknaben die Haltung der Mutter bestimmt, predigt Goethe jedenfalls nicht. »Wer nicht verzweifeln könne, müsse nicht leben; nur christlich sich ergeben, sei ihm das Verhaßteste«, diesen Ausspruch Goethes überliefert Kanzler von Müller vom 5. April 1824.[93] Müssen wir den vom Vater erkannten und vom Sohn verinnerlichten weltlichen Missionsauftrag als eine radikale Säkularisation der christlichen Frohen Botschaft von der Überwindung des Todes verstehen, als eine Reduktion des Heiligen Geistes auf das handwerkliche Können des Dr. med.? Diese Interpretation suggeriert die Antwort Montans auf Wilhelms Geständnis, daß das Wundarzt-Besteck ihn immer an seinen »eigentlichen Beruf« (HA 8,281) erinnert habe: »Willst du dich ernstlich dem göttlichsten aller Geschäfte widmen, ohne Wunder zu heilen und ohne Worte Wunder zu tun, so verwende ich mich für dich.« (HA 8,282) Wir wissen, daß Montan sein Versprechen gehalten und den Abbé dafür gewonnen hat, Wilhelm von der Verpflichtung zur unsteten Lebensform zu befreien. Das »Wunder«, das der junge Möchte-gern-Christus in der Knabengeschichte nicht bewirken konnte, gelingt am Ende des Romans dem erwachsenen Fachmann. Einerseits hatte Wilhelms Berufswahl mit dem bohrenden Schuldgefühl zu tun, brav und angepaßt reagiert und den Freund vor dem Standesdünkel, der ihn das Leben kostete, nicht geschützt zu haben. Im Resultat ist sie aber auch die Wiedergutmachung jener sehr viel schwerer wiegenden Verfehlung, deren Wilhelm sich gegenüber Mariane schuldig gemacht hat. Indem er dem Kind, bei dessen Geburt er aus Selbstmitleid abwesend war, am Ende des Romans das Leben

---

93 Kanzler Friedrich von Müller: *Unterhaltungen mit Goethe*, hrsg. von Renate Grumach, München 1982, S.123.

rettet, erwirbt er sich Marianes Verzeihung stellvertretend in ihrem gemeinsamen Sohn. War bei Felix' erstem Pferdesturz, der Hersilie zu dem Kommentar veranlaßte: »Leibärzte braucht man nur selten, Wundärzte jeden Augenblick« (HA 8,72), noch ein anderer Chirurg zur Stelle, nimmt bei Felix' zweitem Pferdesturz (HA 8,459) der eigene Vater den rettenden Eingriff vor. Damit ist Wilhelms Wunde zwar geheilt, aber weder Adolf noch Mariane von den Toten auferweckt. Dadurch daß er einen neuen frühzeitigen Tod verhindert, werden die früheren kein bißchen sinnvoller. Daß die Frage nach dem Verhältnis von Glauben und Wissen, religiöser Tradition und moderner Wissenschaft mit Wilhelms Ausbildung zum Wundarzt nicht erschöpfend beantwortet ist, beweist im Roman das Vorhandensein Makaries. Wir dürfen die anläßlich von Schillers Kritik an der fehlenden begrifflichen Klarheit der »Lehrjahre« gemachte Briefbemerkung Goethes vom 9. Juli 1796 auch auf Wilhelms Selbstdarstellung in den »Wanderjahre« übertragen:

> Es ist keine Frage, daß die scheinbaren, von mir ausgesprochenen Resultate viel beschränkter sind als der Inhalt des Werks, und ich komme mir vor wie einer, der, nachdem er viele und große Zahlen über einander gestellt, endlich muthwillig selbst Additionsfehler machte, um die letzte Summe aus Gott weiß was für einer Grille zu verringern.[94]

7.8 Das Ende des Natalienbriefs

Wirkte der Anfang des Natalienbriefs vordergründig wie eine Entschuldigung, hintergründig als Ausdruck einer Beziehungskrise, zeugt die Präsentation der inzwischen erfolgreich erworbenen Berufsausbildung am Ende von einem gewissen »Stolz« (HA 8,283). Wilhelm weiß also sehr wohl, daß er die adlige Verlobte durch seinen neuen Beruf nicht erniedrigt, sondern sich als Mitglied für den Bund, dem sie angehört, qualifiziert hat. So gesehen erscheint seine medizinische Ausbildung rückblickend auch als eine späte Erfüllung *ihrer* heimlichen Wünsche. Denn das von Wilhelm zum »Fetisch« (HA 8,281) gemachte Wundarzt-Besteck erinnert nicht nur an den Moment, da eine alte Schuld für ihn in eine neue Bestimmung umschlug, es markiert auch den Beginn seiner Liebe zu Natalie. Damit erweist sich die Entscheidung für eine medizinische Laufbahn auch als ein Liebesbeweis für Natalie. Indem er ihren Werten nachlebt, bleibt er ihr über die Distanz hinweg verbunden und bereitet sich auf ein zukünftiges Leben mit ihr vor. Die Gegenliebe, die ihm in den »Lehrjahren« ganz unvermutet zugefallen war, verdient er sich nachträglich in den Jahren der Entsagung. Da er

---

[94] WA IV 11, 123. Dazu: Wilfried Barner: »Die Verschiedenheit unserer Naturen«. Zu Goethes und Schillers Briefwechsel über *Wilhelm Meisters Lehrjahre*. In: *Unser Commercium. Goethes und Schillers Literaturpolitik*, hrsg. von Wilfried Barner, Eberhard Lämmert und Norbert Oellers, Stuttgart 1984, S.379–404.

Natalie seine Liebe nicht mit Worten, sondern mit Taten bewiesen hat, kann er ihr nun mit Aussicht auf Absolution auch seine erotischen Irritationen und sein moralisches Versagen beichten. Damit ist der Natalienbrief doch kein Ausdruck messianischer Selbstüberschätzung des Arztes, der den Tod aus eigener Kraft überwinden zu können glaubt, sondern Ausdruck der Hoffnung, aus Fehlern lernen und, was man an einem Menschen verbrochen hat, an einem andern wiedergutmachen zu können. In seiner Verbindung von Lebensbeichte und Liebesbeweis stellt der Brief implizit auch die scheue Frage, ob der Schreiber nach erfolgter Bewährung berechtigt sei, Anspruch auf die Nähe der Geliebten zu erheben. Da Wilhem am Ende des Romans erfährt, daß Natalie mit Lothario, Therese und dem Abbé bereits nach Amerika aufgebrochen ist, ohne auf den Gefährten gewartet zu haben, erscheint Wilhelms Beschwörung zukünftigen Glücks (HA 8,280) jetzt als Zweckoptimismus. Wenn Natalie bei einem Schritt dieser Tragweite »ihren Bruder nicht von sich lassen« (HA 8,436) kann, den zukünftigen Mann aber sehr wohl, geht die Bindung an die Herkunftsfamilie über die an den neuen Lebensgefährten. Die Störung der Beziehung, von der die Form des Natalienbriefs zeugte, bestätigt am Ende des Romans Natalies Loyalitätspriorität.

KAPITEL 8

Die neue Melusine:
Bewährungsmärchen oder Zerstörung des Wunderbaren durch die Ökonomie?[1]

> Goethe ist zwar in den *Wanderjahren* durchaus der Lehrer der Entsagung, aber zugleich auch der Verkünder des Lebens. Welche Fülle schäumenden Temperaments in den Novellen, welche vitale Kraft – und der Dichter liebt sie. Ein Buch, das die Entsagung schon im Titel trägt und leitmotivisch als Thema durchführt – man erwartet etwas Bitteres, Strenges, Schmerzliches. Statt dessen: welche Heiterkeit! (HA 8,537)

Dieses Urteil von Erich Trunz gilt für keine Erzähleinlage der »Wanderjahre« so sehr wie für »Die neue Melusine«. Trotzdem ist die heitere »Erzählung von dem reisenden Taugenichts, der prächtigen Kutsche und dem possierlichen Zwergenreich« nicht nur eine helle Oberstimme, die den »Generalbaß« des Entsagungsthemas »überklingt« (HA 8,651), sondern auch eine ernsthafte Studie des historischen Wandels mann-weiblicher Beziehungen. Denn im Gewand des märchenhaft-schelmischen Pikaro-Romans bietet Goethe uns die Geschichte einer lebensverändernden Erfahrung. Der vorliegenden Untersuchung liegt die letzte Fassung der »Neuen Melusine« von 1829 zugrunde. Sie liest den Text als einheitliches Ganzes, dessen Brüche und Unwägbarkeiten nicht auf schwindende Gestaltungskraft des alten Dichters zurückzuführen sind, sondern auf einen gewollt offensichtlichen Palimpsestcharakter, der den Funktionswandel bekannter Formen und Motive akzentuieren will. Zunächst wird die Entstehungsgeschichte des Textes nachgezeichnet. Die anschließende Analyse wird immer dort den intertextuellen Dialog der »Neuen Melusine« mit dem Volksbuch der »Melusine«[2]

---

[1] Ein gekürzter Vorabdruck dieses Kapitels erschien als: Mann und Frau in Goethes Märchen *Die neue Melusine*: Text, Kontext und Intertextualität. In: *Colloquium Helveticum* (1993), Nr.17, S.39–54.

[2] Goethe gibt schon durch den Titel zu erkennen, daß er sich auf eine Vorlage bezieht, eine französische Sage aus dem Poitou, die Jean d'Arras und Couldrette bearbeitet haben und Thüring von Ringoltingen durch seine Übersetzung von 1456 (ältester bisher bekannter Druck: Augsburg 1474) in Deutschland bekannt gemacht hat. Siehe: Thüring von Ringoltingen: *Melusine*, nach den Handschriften kritisch hrsg. von Karin Schneider, Berlin 1958. Und: ders.: *Melusine*. In: *Romane des 15. und 16. Jahrhunderts*, nach den Erstdrucken hrsg. von Jan-Dirk Müller, Frankfurt/M. 1990, S.9–176. Zu den französischen Vorlagen und deren Quellen: Jacques Le Goff: Melusine - Mutter und Urbarmacherin. In: ders.: *Für ein anderes Mittelalter*, Frankfurt/M./ Berlin/ Wien 1984, S.147–174. Karl Heisig: Über den Ursprung der Melusinensage. In: *Fabula* 3 (1960), S.170–181. Weitere Forschungsliteratur im Kap.: »Literaturwissenschaftliches und Linguistisches« der Bibliographie.

[3] *Die Erzählungen aus den tausendundein Nächten*, die Undinensage, *Gulliver's Travels* von Jonathan Swift, *Stumme Liebe* und *Die Bücher der Chronika der drei Schwestern* von Johann Karl

und zahlreichen weiteren literarischen Vorlagen[3] herausarbeiten, wo der durch Montage und Motivkombination veränderte Funktionszusammenhang für das Verständnis der »Neuen Melusine« unentbehrlich ist. Die Sprechsituation im Kontext der »Wanderjahre«, die Differenz zwischen der Fremdbeurteilung des Barbiers durch Lenardo und seiner Selbstpräsentation durch das angeblich selbst erlebte Märchen, seine Stellung im Auswandererbund und das Verhältnis des »Rotmantels« (HA 8,353) von Goethe zum gleichnamigen Schloßgespenst des Musäus, kommen erst in einem letzten Schritt zum Tragen.

8.1 Die Entstehungsgeschichte des Textes

Der Melusinenstoff hat Goethe mehr als vierzig Jahre lang beschäftigt. Briefe, Tagebücher und autobiographische Selbstzeugnisse belegen, daß er sich seinem Melusinenmärchen in immer neuen Anläufen zugewendet hat[4], bis er es im »Taschenbuch für Damen« von 1817/19 in zwei Teilen erstmals veröffentlichte. Der erste Teil endet mit dem Liebesverrat des Mannes und der Ankündigung der Trennung durch die um ihre Hoffnungen betrogene Frau, der zweite Teil beginnt mit der Selbstenthüllung und der Herkunftsgeschichte der Melusine. Während dem ersten Teil das Motiv der Erlösung eines Elementargeistes durch die Liebesbewährung des menschlichen Partners zugrunde liegt, das dem Volksbuch der »Melusine« entlehnt ist, ist die Inkongruenz der Partner das beherrschende Thema des zweiten Teils. Dieser lehnt sich mit seiner Zwergenkosmogonie an die prosaische Vorrede zum deutschen »Heldenbuch«[5] an, die Goethe, wenn nicht im Original, dann aus dem dritten Buch von Herders Sammlung »Alter Volkslieder«[6] kannte. Will die Melusine im ersten Teil »durch Liebe zu einem Menschen werden«, so will sie im zweiten Teil »den Geliebten zum Zwerg machen«[7]. Dominiert im ersten Teil die Frage nach wahrer und falscher Liebe, scheint der zweite Teil von der Frage beherrscht, was die Vereinigung ungleicher Liebender verhindert. Hans M. Wolff begründet diese Zweiteilung, den kaum verhüllten »Bruch« im Geschehensablauf und in der Motivverwendung, mit der Entstehungsgeschichte des Textes. Seiner Meinung nach gehört der erste Teil in

August Musäus, der Zwergenmythos des *Heldenbuchs*, um nur die wichtigsten zu nennen. Die Vermutung von Rudolf Fürst (Das undenische Pygmäenweibchen. In: *GJb* 21 [1900], S.267f.), daß das Motiv der Frau im Kästchen auf Mademoiselle de Luberts Märchen *La Princesse Camion* (In: *Le Cabinet des Fées*, Tome 33, Genève/ Paris 1786, pp.210–288) zurückgehe, wird von Gonthier-Louis Fink (Goethes *Neue Melusine* und die Elementargeister. In: *Goethe* 21 [1959], S.146, Anm.25) mit guten Gründen bestritten.

[4] Hans M. Wolff: *Goethe in der Periode der Wahlverwandtschaften (1802–1809)*, München 1952, S.103ff.

[5] *Das deutsche Heldenbuch*, nach dem muthmasslich ältesten Drucke neu hrsg. von Adelbert von Keller, Stuttgart 1867, S.1f. Dazu: Henrik Becker: Eine Quelle zu Goethes *Neuer Melusine*. In: *ZfdPh* 52 (1927), S.150f.

[6] *Herders Sämmtliche Werke*, Suphan 25, Berlin 1885, S.64.

[7] Hans M. Wolff: *Goethe in der Periode der Wahlverwandtschaften*, S.105.

die Sturm-und-Drang-Phase des Autors, während der zweite Teil ein Thema der
»Wahlverwandtschaften«-Zeit variiert: »Liebe zwischen Personen, die infolge
tiefgreifender Wesensverschiedenheit nicht zueinander passen und trotz inniger
wechselseitiger Liebe nicht miteinander glücklich werden können«[8]. Zur Begründung dieser These führt er folgende Belege an: Im Mai 1807 – kurze Zeit nach
der offiziellen Sanktionierung seines Lebens mit Christiane – nimmt Goethe erst
in Jena, dann in Karlsbad die Arbeit an der »Neuen Melusine« wieder auf, nachdem er schon im April desselben Jahres mit Vorarbeiten zu den novellistischen
Teilen der »Wanderjahre« begonnen hat. Das Tagebuch[9] und die »Tag- und Jahreshefte«[10] machen deutlich, daß in dieser Zeit »der neue Raimond« entsteht, der
zweite Teil des Märchens, während sich die Arbeit am ersten Teil, der lange vor
1807 ausgeführt worden sein muß, auf redaktionelle Überarbeitung beschränkt.
Sucht man nach Spuren der Entstehung des ersten Teils, muß man weit zurückgehen. Eine frühe mündliche Version der »Neuen Melusine« fällt vermutlich
schon in die Straßburger Zeit. Im zehnten Buch von »Dichtung und Wahrheit«
berichtet Goethe von einem Märchen, das er in einer Laube im Sesenheimer
Kreis um Friederike Brion erzählt und später »unter dem Titel *Die neue Melusine*
aufgeschrieben habe« (HA 9,446), im elften Buch erwähnt er »komische Ge-
genbilder« zu »Raymond und Melusine« (HA 9,463), die sich auf die zuvor
erwähnte Märchenimprovisation beziehen. Die biographische Faktizität des Er-
eignisses ist in der Forschung allerdings umstritten. Während Bielschowsky behauptet, Goethe habe sich mit einer von der späteren Form sicher stark abwei-
chenden Geschichte gegen eine mögliche Heiratserwartung Friederikes schützen
wollen[11], bestreitet Morris die Wahrscheinlichkeit der Sesenheimer Erzählsituation mit dem Argument, der junge Mann habe seiner neuen Freundin kein Märchen erzählen können, in dem er als Mensch, sie als dem Menschen unterlegene
Zwergin vorkomme, die von ihrem männlichen Begleiter geschwängert worden
sei.[12] Wolff geht sogar so weit, die Erzählsituation nicht im Elsaß, sondern im
Böhmen von 1808 anzusiedeln und sie mit Goethes Silvie-Erlebnis in Verbindung zu bringen, hält es aber trotzdem für wahrscheinlich, daß die Frühfassung
der »Neuen Melusine« in die Zeit vor Goethes Ankunft in Weimar fällt.[13] 1782
erwähnt Goethe das Märchen in zwei Briefen an Frau von Stein. Nachdem er
kurz zuvor auf seine Arbeit am »Wilhelm Meister« hingewiesen hat, schreibt er
im Brief vom 17. September:

> Ganz stille habe ich mich nach Hause begeben, um zu lesen, zu kramen und an
> dich zu dencken. [...] Ich versuchte mir den ersten Theil, vielmehr den Anfang

---

8 Hans M. Wolff: *Goethe in der Periode der Wahlverwandtschaften*, S.106f.
9 WA III 3, S.211 und 216f.
10 WA I 36, S.11f.
11 Albert Bielschowsky: *Friederike Brion*, Breslau 1880, S.34ff.
12 Max Morris: *Goethe-Studien*, Bd.2, 2. Aufl., Berlin 1902, S.92f.
13 Hans M. Wolff: *Goethe in der Periode der Wahlverwandtschaften*, S.106f.

meines Mährgens ausführlicher zu dencken und stellenweise Verse zu versuchen,
es ginge wohl wenn ich Zeit hätte, und häusliche Ruhe.[14]

Daß mit dem Märchen »Die neue Melusine« gemeint sein muß, hat man aus dem
Umstand geschlossen, daß Goethe am 17. November desselben Jahres in einem
anderen Brief an Frau von Stein die sagenhafte Melusine explizit erwähnt: »Ich
strich um mein verlassen Häusgen, wie Melusine um das ihrige wohin sie nicht
zurückkehren sollte«[15]. Und im Jahr davor, am 10. März 1781, hatte Goethe in
einem Brief an die geliebte Frau von seinem schwer erziehbaren Herzog gesagt:
»und das Kind und der Fischschwanz gucken eh man sich's versieht wieder
hervor«, und als *post scriptum* hinzugefügt:

> Übrigens ist's in mir so still wie in einem Kästgen voll allerley Schmucks, Gelds und
> Papiere das in einen Brunnen versinkt. Adieu es soll alles für Sie aufgehoben seyn.[16]

Goethe bringt die eigene Gemütsverfassung, die Ruhe, das Gefühl der Heimat-
vertriebenheit, wenn er von Charlotte getrennt lebt, die Sehnsucht nach ihr, bereits in diesen frühen Briefen mit der Melusine in Verbindung. Auch das Motiv
des Kästchens, in das das Kostbarste verschlossen wird, bis die Liebe es wieder
zum Leben erweckt, taucht hier schon auf. Wolff schließt aus der wiederholten
Erwähnung der Melusine zu einer Zeit, da Goethe am »Wilhelm Meister« ar-
beitete, daß ein erster schriftlicher Entwurf des Märchens schon 1782 ausgeführt
war und damals dem ersten Buch des »Wilhelm Meister« angehörte, »aus dem
es erst nachträglich herausgestrichen wurde«.[17] Die Ähnlichkeit des ersten Teils
der »Neuen Melusine« mit der Marianenhandlung der »Lehrjahre« – leidenschaftlich verliebter junger Mann scheitert an der ersten Liebesprobe – verleitet ihn
sogar zu der weitergehenden Hypothese, daß die Melusine schon 1773 Teil der
ersten Fassung des »Wilhelm Meister« gewesen sei. Als Bestätigung führt er
einen Brief an Betty Jacobi vom Herbst 1773 an, in dem Goethe ein allerdings
nicht näher bestimmtes Märchen erwähnt.[18] Fink hält diesen einen, nicht einmal
eindeutigen Beleg für einen zu schwachen Beweis.[19]

Die ältesten eindeutigen Zeugnisse der Auseinandersetzung Goethes mit
dem Melusinenstoff weisen ins Jahr 1797. In zwei Briefen an Schiller nimmt
Goethe explizit auf die »Melusine« Bezug. Am 4. Februar teilt er dem Freund
mit: »Das Mährchen mit dem Weibchen im Kasten lacht mich manchmal auch
wieder an, es will aber noch nicht recht reif werden.«[20] Der Brief vom 12. August

---

14 WA IV 6, S.58.
15 WA IV 6, S.91. Bei Thüring von Ringoltingen (*Melusine*, hrsg. von Jan-Dirk Müller, op.
cit., S.123) lautet die Stelle: »Melusina schoß durch den lüfft schnell vnd vmbfür das schloß dreistund
/ vnd ließ zů yedem mal einen grossen schrey gar zůmal erpermlichen / Vnd schoß also durch den
lufft hin schnell Das von stund darnach alles volck noch nyemandt mer sy gesehen mochte« [...].
16 WA IV 5, S.73f.
17 Hans W. Wolff: *Goethe in der Periode der Wahlverwandtschaften*, S.106.
18 WA IV 2, S.118f.
19 Gonthier-Louis Fink: Goethes *Neue Melusine*, S.142, Anm.12.
20 WA IV 12, S.31f.

enthält so viele in unserem Zusammenhang interessante Hinweise, daß er ausführlicher zitiert zu werden verdient:

> Für einen Reisenden geziemt sich ein skeptischer Realism. Was noch idealistisch an
> mir ist wird in einem Schatullchen, wohlverschlossen, mitgeführt wie jenes unde-
> nische Pygmäenweibchen, Sie werden also von dieser Seite Geduld mit mir haben.
> Wahrscheinlich werde ich Ihnen jenes Reisegeschichtchen auf der Reise zusammen-
> schreiben können.[21]

Auffällig ist nicht nur, daß Goethe dem kritischen Berater gegenüber eine Haltung legitimatorischer Selbstironie einnimmt, die dazu dient, die Reste seines
Idealismus zu verteidigen, sondern auch, daß er sein Schreibprojekt durch die
Häufung der Diminutive verniedlicht und dem Schreibprozeß eine Leichtigkeit
und Beiläufigkeit zu attestieren bemüht ist, die in deutlichem Kontrast zur Länge
der Entstehungsgeschichte des Textes steht. So nebenbei, wie er hier glauben
machen will, konnte Goethe sein »Reisegeschichtchen« gerade nicht zusammen-
schreiben. Es spricht im Gegenteil vieles dafür, daß er in zahlreichen Anläufen
um die Gestaltung dieses Stoffes gerungen hat, und zwar mehr als ein halbes
Leben lang. Ferner legt die Formulierung »undenisches Pygmäenweibchen« nahe,
daß Goethe seine Figur schon 1797 als Zwitterwesen konzipiert hat, das zwischen
Nymphe und Zwergin oszilliert. Der Doppelcharakter ist also nicht erst durch
den 1807 angehängten zweiten Teil in die Figur hineingekommen. Wenn Spuren
dieser Doppelnatur auch in der Endfassung noch enthalten sind, wo die Undi-
nen-Schicht scheinbar jeder Motivation entbehrt, so handelt es sich um ein Phänomen, das nicht einfach auf redaktionelle Nachlässigkeit[22] zurückgeführt werden darf. Für die Deutung des Kästchen-Symbols relevant ist darüber hinaus,
daß es Goethes eigener, vor den Ansprüchen des Realismus versagender Idealismus ist, der – »wohlverschlossen« im »Schatullchen« – auch auf Reisen mitgeführt wird, nicht nur als situationsunangemessen schamhaft vor dem Licht der
Welt verborgen, sondern auch als das Kostbarste, das man besitzt, vor dem Zugriff der Alltagspragmatik geschützt.

1807 wird an die Fassung von 1797 der bereits erwähnte zweite Teil angeschlossen. Im Juni 1808 liest Goethe das Märchen Hofrat Meyer, Knebel und
der Familie Ziegesar vor, 1812 erfolgt die Reinschrift, und im Vorwort zur Erstver-
öffentlichung des ersten Teils der »Melusine« im »Taschenbuch für Damen auf
das Jahr 1817« nimmt der Autor noch einmal auf die in »Dichtung und Wahrheit« erwähnte frühe mündliche Version Bezug:

> Man hat das Mährchen verlangt, von welchem ich zu Ende des zweyten Bandes
> meiner Bekenntnisse gesprochen. Leider werde ich es jetzo in seiner ersten unschul-
> digen Freyheit nicht überliefern; es ist lange nachher aufgeschrieben worden [...].[23]

---

[21] WA IV 12, S.231.
[22] Gonthier-Louis Fink: Goethes *Neue Melusine*, S.144.
[23] *Taschenbuch für Damen auf das Jahr 1817*, S.1.

Als »Die neue Melusine« 1821/29 in den »Wanderjahren« ihren endgültigen Platz findet, ist die im »Taschenbuch für Damen« noch bewahrte Zweiteilung aufgehoben. Aufgrund veränderter ästhetischer Normen traut Goethe seinem Märchen inzwischen offenbar zu, als zusammenhängendes Ganzes zu wirken. Die beiden Teile weisen jetzt aufeinander, nicht mehr auf verschiedene, entstehungsgeschichtlich bedingte Obsessionen.

8.2 Die Lage der Forschung

Trotz der Fülle der Sekundärliteratur ist die Forschungslage unbefriedigend. Ältere Arbeiten neigen dazu, die Melusine biographistisch mit einer der Frauen, die in Goethes Leben eine Rolle gespielt haben, gleichzusetzen, je nach Schaffensphase mit Friederike Brion[24], Christiane Vulpius[25] oder Silvie von Ziegesar[26]. Theodor Kalepky deutet das Märchen sogar als Allegorie der »Ehescheu« Goethes.[27] Arthur Henkel liest es als Geschichte der Vereinigung mit einem dämonischen Wesen, die in der Konsequenz von Goethes Begriff des Dämonischen das ethische System aufhebe.[28] Entsprechend wird die Frage nach der »Moralität der Prüfungen« negativ beantwortet: »das Ganze ist doch eine magische Veranstaltung, auf bedingungslose Fesselung angelegt«[29]. Laut Henkel verfehlt der Barbier die Entsagung nicht deshalb, weil er sich auf die Verführung durch die Unbekannte einläßt und alle Versprechen, die er ihr gegeben hat, bricht, sondern weil das – ironisch persiflierte – Ideal »voriger Größe« (HA 8,375) ihn dazu verleitet, aus der »Seligkeit im Kleinen« wieder auszubrechen.[30] Gonthier-Louis Fink macht die entstehungsgeschichtlich bedingte Zweiteilung des Märchens nicht nur am thematischen Wechsel vom Liebesversagen zum gesellschaftlichen Scheitern fest, sondern auch am Übergang vom episodisch-dramatischen zum gleichförmig-epischen Erzählen. Seine Deutung der Geschichte fällt insofern hinter Henkel zurück, als er die Ironie in Goethes Hinweis auf den »Maßstab voriger Größe« (HA 8,375) überliest, wodurch der Text zu einer simplen Läuterungsgeschichte wird. Der zweite Teil des Märchens symbolisiert für Fink, »daß einen grundlegenden Unterschied, den die Natur oder die Gesellschaft zwischen zwei

---

[24] Albert Bielschowsky: *Friederike Brion*, S.34. Ernst Traumann: Goethes sesenheimer Märchen. In: *Das literarische Echo* 25 (1922/23), Sp.203–208. Zweifel an Goethes Selbstaussage in *Dichtung und Wahrheit* meldete allerdings schon Heinrich Düntzer (Goethes Märchen *Der neue Paris* und *Die neue Melusine*. In: *Westermann's illustrirte deutsche Monats-Hefte* 47 [1879/80], S.638f.) an.

[25] Max Morris: *Goethe-Studien*, Bd.2, S.93.

[26] Hans M. Wolff: *Goethe in der Periode der Wahlverwandtschaften*, S.107.

[27] Theodor Kalepky, zu: »Eine Quelle zu Goethes *Neuer Melusine*.« In: *ZfdPh* 52 (1927), S.403.

[28] Arthur Henkel: *Entsagung*, 2. Aufl., Tübingen 1964, S.87. Dazu auch Goethes Deutung des Dämonischen im 20. Buch von *Dichtung und Wahrheit* (HA 10,175f.).

[29] Arthur Henkel: *Entsagung*, S.87f.

[30] Arthur Henkel: *Entsagung*, S.91.

Menschen gelegt hat, nichts überbrücken kann«[31]. Daß Goethes Sicht des Menschen derart fatalistisch war, wage ich zu bezweifeln. Im Gegensatz zu Fink, der eine Fülle von Quellen aufdeckt, akzentuiert Erich Trunz vor allem den Bezug des Textes zum Volksbuch der »Melusine«, dem Goethe die Hauptmotive entnahm: das Verhältnis von Mensch und Elementargeist sowie das Glück, das an Bedingungen geknüpft ist und durch deren Übertretung verscherzt wird (HA 8,650). Oskar Seidlin geht insofern über Trunz hinaus, als er in Anlehnung an Spruch 179 »Aus Makariens Archiv« in Goethes »Paraphrase eines Stückes altvertrauten [...] Erzählgutes« eine »enharmonische Umgestaltung« der Vorlage erkennt, die das Thema der Liebesbewährung nur anschlägt, um es komisch-parodistisch aufzuheben.[32] Katharina Mommsen weist in »Goethe und 1001 Nacht« nach, daß Goethe wie für die »Unterhaltungen deutscher Ausgewanderten« so auch für die »Wanderjahre« nach einem Integrationsprinzip suchte, das an der Rolle der Scheherezade und ihren Erzählstrategien orientiert ist.[33] In bezug auf die »Neue Melusine« stellt Mommsen zwar fest, daß Goethe das Motiv vom »Weibchen im Kasten«[34] einer Episode aus den »Erzählungen aus den tausendundein Nächten« entnimmt, die dort »den dramatischen Angelpunkt der Rahmenhandlung« bildet[35], diskutiert aber den Funktionswandel der Beziehung zwischen Zwergin und Riese nicht, die in der arabischen Vorlage mit dem Gedanken der nicht domestizierbaren Sexualität der Frau verbunden ist. Als weitere Anklänge an die »Erzählungen aus den tausendundein Nächten« zählt Mommsen auf:

– das Motiv des Geldbeutels, der nicht abnimmt,
– Liebhaber, die zu Opfern geldgieriger Frauen werden,
– Wachslichter als »Staffage einer Liebesszene«,
– die Bezeichnung der Unbekannten als »die Schöne«,
– das Lautenspiel der Geliebten,
– das improvisierte Lied als Antwort auf eine Liebeskränkung,
– Aussicht auf Glück, das unter den Händen zerrinnt,
– Feen, die um den Mann werben dürfen,
– die Umkehrung von Geschichten, in denen der Held dank freiwilliger Selbstbeschränkung im Feenreich verbleibt,

---

[31] Gonthier-Louis Fink: Goethes *Neue Melusine*, S.144.
[32] Oskar Seidlin: *Melusine* in der Spiegelung der *Wanderjahre*. In: *Aspekte der Goethezeit*, hrsg. von Stanley A. Corngold u.a., Göttingen 1977, S.151 und 157.
[33] Als Goethe im Frühjahr 1807 mit der Arbeit an den *Wanderjahren* begann, las er nicht nur Teile der Gallandschen Ausgabe von *Les Mille et une nuit* von 1786 wieder, die er vom 23. April bis zum 6. Mai 1807 aus der Weimarer Bibliothek ausgeliehen hatte (Keudell; Nr.487), sondern auch seine eigenen *Unterhaltungen deutscher Ausgewanderten* (WA I 36, S.388f.). Dazu auch: Katharina Mommsen: *Goethe und 1001 Nacht*, Frankfurt/M. 1981 (1960), S.118f.
[34] Vgl. Goethes Brief an Schiller vom 4. Februar 1797 (WA IV 12, S.31f.).
[35] Katharina Mommsen: *Goethe und 1001 Nacht*, S.140.

– den zur Schwangerschaft führenden Bund der Gülnare, »Urbild aller Undinen und Melusinen«, mit einem Sterblichen.[36]

Bei blendender Materialfülle kommt die Autorin über Belegstellen-Additionen nicht hinaus. Jens Tismar wendet den »Bänkelsängersblick«, den Goethe in seiner schneidenden Kritik an Friedrich Wilhelm Zachariäs Bearbeitung[37] des populären Melusinenstoffes fordert[38], auf Goethes eigene Version der Melusinensage an und ordnet den reisenden »Barbier und Glücksritter« der »Jahrmarktsszene« zu.[39] Er betont die Verfremdung des Melusinenstoffes durch die Verbindung mit der Zwergenkosmogonie und die Zweiteilung des Textes in Reisegeschichte mit frivoler Liebesbegegnung zwischen ungleichen Partnern und Geschichte der »Entfremdung vom Selbst«.[40] Ingrid Kreuzer arbeitet einen »paradoxen Chiasmus« der physischen und sozialen Veränderungen des Antihelden und der Melusine heraus[41], ohne ihn zu deuten. Wenn Hans Geulen betont, nicht die Melusine falle einem unzuverlässigen Mann zum Opfer, sondern der ahnungslose Erzähler einem wohlberechneten »Weiberzweck«[42], treibt er eine interpretatorische Einseitigkeit lustvoll mit einer anderen aus. Monika Schmitz-Emans berücksichtigt, daß Goethe in der »Neuen Melusine« gewollt unlogisch »Märchen- und Sagen-Motive verschiedenster Provenienz« kombiniert, und zieht den metapoetischen Schluß, daß der freie Umgang mit dem tradierten Material Zeichen für »eine implizite Reflexion der Poesie auf ihr eigenes Verfahren« sei, mit der Goethe zur Mythendiskussion der Zeit Stellung nehme, besonders zu Herder, Hegel, Friedrich Schlegel und Jean Paul.[43] Mathias Mayers poetologische Lektüre nimmt den richtigen Befund, daß schon im Titel »Die neue Melusine« ein Hinweis auf den Zitatcharakter des Stoffes steckt, nur insofern auf, als er betont, daß die Literarizität des Textes sich hier selbst thematisiere und das Märchen als Poesie der Poesie gelesen werden wolle.[44] Die interessantere Frage, in welchen Funktionszusammenhang die Traditionsfragmente im neuen Kontext treten, wird weder

---

[36] Katharina Mommsen: *Goethe und 1001 Nacht*, S.140–147.

[37] Friedrich Wilhelm Zachariä: *Zwey schöne neue Mährlein. I. Historia von der edlen und schönen Melusine*. In: ders.: *Poetische Schriften*, Bd.2, neue, rechtmäßige Aufl., Braunschweig 1772, S.40–59.

[38] »Der Herr Student, der diese Märlein versifiziert hat, versifiziert sehr rein, soll aber dem ohngeachtet keine Märlein mehr versifizieren, denn ihm fehlt der Bänkelsängersblick, der in der Welt nichts als Abenteuer, Strafgericht, Liebe, Mord und Totschlag sieht, just wie alles in den Quadraten seiner gemalten Leinwand steht.« Goethe in seiner Rezension der *Zwei schönen neuen Märlein* in den *Frankfurter gelehrten Anzeigen* von 1772 (JA 36, 30).

[39] Jens Tismar: *Kunstmärchen*, 2. Aufl., Stuttgart 1983, S.31.

[40] Jens Tismar: *Kunstmärchen*, S.32.

[41] Ingrid Kreuzer: Strukturprinzipien in Goethes Märchen. In: *JbDSG* 21 (1977), S.244.

[42] Hans Geulen: Goethes Kunstmärchen *Der neue Paris* und *Die neue Melusine*. Ihre poetologischen Imaginationen und Spielformen. In: *DVjs* 59 (1985), S.89.

[43] Monika Schmitz-Emans: Vom Spiel mit dem Mythos. Zu Goethes Märchen *Die neue Melusine*. In: *GJb* 105 (1988), S.317 und 332.

[44] Mathias Mayer: *Selbstbewußte Illusion*, Heidelberg 1989, S.180 und 183.

von Schmitz-Emans noch von Mayer gestellt. Trotz wertvoller quellengeschicht-
licher Hinweise und interessanter Einzelanalysen hat die Forschung das Sinn-
potential von Goethes Melusinenmärchen bisher nicht erschöpft.

8.3 Eros und Ökonomie

> Als ein lebhafter Bursche hatte ich von jeher die Gewohnheit, sobald ich in ein
> Wirtshaus kam, mich nach der Wirtin oder auch nach der Köchin umzusehen und
> mich schmeichlerisch gegen sie zu bezeigen, wodurch denn meine Zeche meistens
> vermindert wurde./ Eines Abends, als ich in das Posthaus eines kleinen Städtchens
> trat und eben nach meiner hergebrachten Weise verfahren wollte, rasselte gleich
> hinter mir ein schöner zweisitziger Wagen, mit vier Pferden bespannt, an der Türe
> vor. Ich wendete mich um und sah ein Frauenzimmer allein, ohne Kammerfrau,
> ohne Bedienten. (HA 8,354)

Die Ich-Erzählung des Barbiers beginnt nicht mit dem Besonderen, sondern mit
dem Alltäglichen, nicht mit dem einmaligen Ereignis, sondern mit dem iterativ
Habituellen. Mit zwinkerndem Auge weiht der gereifte Erzähler uns in das Er-
folgsgeheimnis seines jüngeren Selbst ein, sich auf Reisen dadurch aus der finanziellen Klemme zu helfen, daß er mit jenen Frauen flirtet, die die Höhe seiner
Zeche bestimmen, also die Macht des Eros gegen die Verfügungsgewalt über
lebensnotwendige Ressourcen ausspielt. Der Erzähler macht gar nicht erst den
Versuch, authentisches Interesse vorzutäuschen. Ganz im Sinne der galanten
Tradition[45], sozial nur ein paar Stufen tiefer, gibt er den Tauschcharakter seiner
früheren Aufmerksamkeiten für Frauen und den strategischen Einsatz seiner
erotischen Ausstrahlung unumwunden zu. Das Thema der Verbindung von Eros
und Ökonomie ist vom ersten Satz an etabliert, nicht als die Ausnahme, als die
Regel, eine Art männliche Prostitution, die nicht schamhaft verborgen, sondern
mit schelmischem Stolz zur Basis der Identitätspräsentation gemacht werden
kann. Was die Frau entwerten würde, ihre Gunst zu verkaufen, wertet den Mann
sogar auf. Er darf Glücksritter sein, auch Don Juan. Das beschriebene Muster

---

[45] Auf der Suche nach einem Bindeglied zwischen den aus dem gesellschaftlichen Leben aus-
gegrenzten Intimbeziehungen und »allgemeingültigen Formen der geselligen Interaktion in der Oberschicht« im Frankreich des späten 17. und frühen 18. Jahrhunderts stößt Niklas Luhmann auf die
Rolle der Galanterie: »In der Form der Galanterie kann die Werbung auch unter den Augen Dritter,
gewissermaßen unverbindlich, durchgeführt werden. Galantes Verhalten ist nach beiden Seiten, zur
Intimität und zur Geselligkeit hin, anschlußfähig. Es kann Rangunterschiede überbrücken. Galanterie
will nur gefallen, ohne sich und den anderen zu engagieren [...]. Die Galanterie bewahrt in ihren
Sprachformen und ihren Implikationen eine romanhaft-idealistische Semantik - für jeden Gebrauch.
Sie ist für täuschendes und verführendes Verhalten ebenso wie für wahrhaft-liebendes Werben gesellschaftlich verbindlicher Stil; mit der Konsequenz, daß es schwer fällt, das Verhalten zu dechiffrieren
und die wahre Liebe zu erkennen«. Niklas Luhmann: *Liebe als Passion. Zur Codierung von Intimität*, 5. Aufl., Frankfurt/M. 1990, S.97f. Zur Begriffsgeschichte: Else Thurau: »*Galant*«, *ein Beitrag
zur französischen Wort- und Kulturgeschichte*, Frankfurt/M. 1936 (Nachdruck: Hildesheim 1975).

galanten Verhaltens gibt die Folie ab, vor der sich die Geschichte der Begegnung mit der Melusine als *exemplum* oder Gegenbeispiel abhebt. »Eines Abends«, erst mit dieser Einleitungsformel beginnt das eigentliche Märchen.

Der zweifache Erzählanfang schafft eine Konfrontation des Typus mit dem Kasus, des Alltäglichen mit dem Wunderbaren, der »hergebrachten Weise«, mit Frauen zu verfahren, mit dem außergewöhnlichen Fall einer außergewöhnlichen Frau. Dabei lassen die Kutsche und das Pferdegespann auf eine Frau von Stand schließen.[46] Doch zum Hohn der Geschlechtsrollenzwänge einer Gesellschaft, die die Begegnungsmöglichkeiten von Männern und Frauen höherer sozialer Schichten überwacht, reist diese Dame allein. Der Bruch mit dem weiblichen Verhaltenskodex der Zeit ist so drastisch, daß der Mangel an Begleitung in dreifacher Form hervorgehoben zu werden verdient: »ein Frauenzimmer allein, ohne Kammerfrau, ohne Bedienten« (HA 8,354). Wie skandalös das ist, zeigt ein Blick in die Sozialgeschichte des Reisens.[47] Im Gegensatz zu den Reisenormen der Zeit erlaubt die Frau dem fremden Mann, der ihr beim Aussteigen behilflich ist, hier sogar, ihr auf ihr Zimmer zu folgen. Die Kooperation zwischen ihrer Hilfsbedürftigkeit und seiner Dienstbereitschaft läßt genau jene Situation entstehen, die durch die Reisebeschränkungen für Frauen verhindert werden soll, weil sie zur Intimität geradezu verlockt, eine Begegnung zwischen Fremden beiderlei Geschlechts, fernab jeder sozialen Kontrolle, im geschlossenen, extra-sozialen Raum: »Nun waren wir allein in dem Zimmer« (HA 8,355). Entsprechend fällt sein Handkuß dann auch »ehrerbietig, aber feurig« (HA 8,355) aus. Statt den verwegenen Mann in die Schranken des Anstands zurückzuweisen, belohnt die Dame seine versteckte Respektlosigkeit mit einer Einladung zum Abendessen. Dem, der immer am Tisch der Köchin saß, wird in Aussicht gestellt, mit einer Dame zu speisen, eine »Aschenputtel«-Konstellation mit vertauschter Geschlechtsrol-

---

[46] Auch wenn die Kutsche als Statussymbol sich »unter den Repräsentanten der bürgerlichen Öffentlichkeit« um die Wende zum 18. Jahrhundert immer größerer Beliebtheit erfreut, ist der Unterhalt eines eigenen Wagens und von Pferden ein Luxus, den sich bis weit ins 18. Jahrhundert hinein nur reiche Adelige leisten konnten. Der bürgerliche Bildungsreisende, der die adelige Kavalierstour vorerst imitiert, dann variiert, ohne von pekuniären Sorgen befreit zu sein, reist in der Regel mit der Ordinari-Post. Wo sich verarmter Adel weder einen eigenen Wagen noch einen Lohnkutscher leisten kann, reist er – wie James Boswell 1764 auf seiner Reise von Potsdam nach Braunschweig – *inkognito*. Klaus Beyrer: *Die Postkutschenreise*, Tübingen 1985, S.63f., 150 und 189f.

[47] Ein weibliches Pendant zur *Kavalierstour* der jungen Aristokraten gab es nicht. Die wenigen adeligen Damen, die sich diese Freiheit nahmen, galten als Abenteurerinnen. Nur »der Besuch bei Freunden« oder »der verlängerte Aufenthalt bei Verwandten« stand den adeligen oder vermögenden bürgerlichen Damen zu. Manche Frauen »reisen nur ein einziges Mal in ihrem Leben anläßlich ihrer Hochzeit«. Es spricht für sich, daß die Reiseführer der Zeit – beispielsweise der *Guide de l'Allemagne* (Neuausgabe: Paris 1971) –, die »den Dienern, Kutschern und Gastwirten einen großen Raum zugestehen, praktisch keine spezifischen Ratschläge für die Damen enthalten«. Selbst eine so privilegierte, weltgewandte und erfolgreiche Frau wie Sophie von La Roche konnte erst nach dem Tod ihres Mannes und, nachdem ihr Erfolgsroman *Die Geschichte des Fräuleins von Sternheim* ihr eigene finanzielle Mittel verschafft hatte, eigenständige Reisen unternehmen und auch dann nie ohne Begleitung. Marie-Claire Hoock-Demarle: *Die Frauen der Goethezeit*, München 1990, S.27f. und 118.

lenverteilung. Doch der Eindruck des märchenhaft Wunderbaren entsteht nicht durch den Wechsel der Realitätsebenen, sondern nur durch die Häufung der Normenverstöße. »Bestellen Sie das Abendessen für uns beide« (HA 8,355), nicht nur suggeriert die Dame schon an dieser Stelle ein Gemeinschaftsgefühl mit dem Mann, den sie eben erst kennengelernt hat, indem sie ihre Einladung in die Form der ersten Person Plural kleidet, sie ergreift auch die Initiative zur Fortsetzung des Kontakts. Dieser Handlungszug, mit dem sie sich nicht nur über die Standesgrenze, die gemeinsame Mahlzeiten der Herrschaft mit der Dienerschaft verbietet, sondern erneut auch über die Geschlechtsrollenzwänge hinwegsetzt, muß von ihm geradezu als Aufforderung verstanden werden, seine erste kleine Unverschämtheit zukünftig noch zu überbieten. So hält die Triebkontrolle denn auch nur für einen Abend vor. Daß das sexuelle Begehren bei ihm locker sitzt, keinerlei innere Schranken zwischen dem Anblick der schönen Frau und dem Sexualwunsch bestehen, wird deutlich, als er in einem Anflug von »Neigung, Schalkheit und Verwegenheit« (HA 8,355) die schöne Unbekannte schon am nächsten Tag in die Arme nimmt – ein Verhalten, das in die Küche paßt, aber nicht in die Suite. Andererseits liegt die rasante Steigerung des Intimitätsgrades aber ganz in der Konsequenz ihrer impliziten Ermutigungen. Die Entschuldigung: »verzeih, aber es ist unmöglich!« (HA 8,356) kann auf beide Figuren bezogen werden. Wenn man sie auf den Barbier bezieht, muß man sinngemäß ergänzen: »verzeih, aber es ist unmöglich, dir zu widerstehen«. Dann entschuldigt sich der Mann hier für eine Grenzüberschreitung, die er deshalb nicht weniger heftig begeht. Wenn sie vorausverweist auf den folgenden Satz: »Mit unglaublicher Gewandtheit entzog sie sich meinen Armen« (HA 8,356), verstärkt sie verbal die nonverbale Zurückweisung des Mannes durch die Frau. Diese muß für ihn nach allem, was er bisher über diese Frau gelernt hat, wie ein Schock kommen. Hat er die Zeichen falsch verstanden? Vermutlich nicht. Denn die Nähe, die auf der Ebene des propositionalen Gehalts negiert wird, wird durch den Wechsel der Anredeform vom förmlichen »Sie« zum persönlichen »Du« und die Bitte um Verzeihung gleichzeitig wieder bestätigt. In der Form des Berührungstabus wiederholt sich die Ambivalenz, die den Umgang der Melusine mit dem fremden Mann während der ganzen Erstbegegnung kennzeichnet: ein Oszillieren zwischen respekterheischender Würde und einem Hauch von Frivolität. Damit sind alle drei Bedingungen einer Doppelbindungssituation[48] erfüllt. Einer impliziten Aufforderung zur Grenzüberschreitung wird ein explizites Berührungsverbot gegenübergestellt:

> Halten Sie solche Ausbrüche einer plötzlichen leidenschaftlichen Neigung zurück, wenn Sie ein Glück nicht verscherzen wollen, das Ihnen sehr nahe liegt, das aber erst nach einigen Prüfungen ergriffen werden kann (HA 8,356),

---

[48] Gregory Bateson u.a.: Auf dem Weg zu einer Schizophrenie-Theorie. In: ders. u.a.: *Schizophrenie und Familie*, Frankfurt/M. 1978 (1969), S.11–43.

und da der Mann bereits Feuer gefangen hat, gibt es für ihn auch kein Zurück. Seine Triebstruktur und ihr Handlungsziel haben vorzüglich kooperiert. Was als galantes Spiel begann, kippt in den Ernst einer Lebensbewährung. Unversehens haben sich die Rollen vertauscht: Der verwegene Verführer ist zum Prüfling geworden, die hilfsbedürftige Frau zu seiner Zuchtmeisterin. Ohne zu zögern, läßt der Mann sich auf alle Bedingungen ein: »Fordere, was du willst, englischer Geist! [...] aber bringe mich nicht zur Verzweiflung« (HA 8,356). Seine projektive Fehleinschätzung »englischer Geist« verrät aber gleichzeitig, wie wenig er die Partnerin kennt, mit der einen Vertrag zu schließen er im Begriff ist. Ihre Heimat ist nicht der Himmel, sondern die Erde; sie kam nicht von oben, sondern von unten; sie ist kein Engel, sondern eine Zwergin. Nur insofern sie Bedürfnisaufschub fordert, die Verinnerlichung der Liebe, die Bindung der Triebe ans Gemüt, steht sie als umgekehrter Mephisto den Engeln näher als dem Teufel.

Vorerst ganz im Sinne der Liebeskonzeption des Mittelalters, die dem Mann als Nachahmung des Herrendienstes im Minnedienst endloses Werben um eine unerreichbare Dame auferlegt und so die »Liebe der Ferne«[49] zum ethischen Bildungsprinzip erhebt, verlangt die schöne Unbekannte Liebesbewährung in gelebtem Minnedienst[50]. Platzhalter ihrer selbst ist das Kästchen. Denn der Respekt, der der Dame gebührt, soll dem Kästchen erwiesen werden. Dadurch wird das Kästchen, das bisher nur ein kostbarer Gegenstand war, mit einem Geheimnis umgeben. Und das Geheimnis des Kästchens wird mit dem der rätselhaften Frau verknüpft. Mephistophelisch aber ist die Strategie: Die Frau hat die Mittel der galanten Konversation benutzt, um das Gegenteil von galantem Spiel zu erreichen, und der Meister des unverbindlichen Flirts ist in eine Falle getappt, aus der nur Verbindlichkeit herausführt. Psychologisch besteht die dämonische Kraft, die den Mann der Frau schon nach dem ersten Kuß »leibeigen« (HA 8,356) werden läßt, in der Unauflösbarkeit der Doppelbindung, soziologisch in der Belohnung liebender Treue mit Geld. Denn die schöne, reiche Frau – und nur als solche nimmt der Held sie wahr – bietet sich nicht nur als Liebesobjekt an, sondern auch als eine sozio-ökonomische Sicherheitsgarantie: »Sie drückte mir zuletzt einen Beutel mit Gold in die Hand, und ich meine Lippen auf ihre Hände.« (HA 8,356) Der »Minnedienst«, den die Frau dem Partner abverlangt, wird in klingender Münze bezahlt. Indem er zum bürgerlichen Tauschobjekt herabsinkt, büßt er genau jenen sittlichen Bildungswert ein, der ihm dank des Anklangs an die mittelalterliche Folie vorerst zuzukommen schien. Als Modell der Beziehung zwischen der Melusine und dem, den sie für ihren »Ritter« (HA 8,368) hält, wird die Minne-Konzeption des Mittelalters nur zitiert, um desto wirkungsvoller zerstört zu werden.

[49] Arnold Hauser: *Sozialgeschichte der Kunst und Literatur*, München 1975 (1953), S.212.
[50] Friedrich Neumann: Hohe Minne. In: *Der deutsche Minnesang*, hrsg. von Hans Fromm, Darmstadt 1961, S.180–196.

Die Dynamik der Erstbegegnung zwischen der Melusine und dem Barbier bewegt sich zunächst ganz im Bereich des Alltäglichen. Es geschieht nichts, was außerhalb der Welt der Kausalgesetze läge oder nicht mehr psychologisch motivierbar wäre. Der sexuell stimulierte Mann erhält den Auftrag, sich bei mehr als üppiger Kostendeckung auf einen Weg mit unbestimmtem Ziel zu begeben und der Frau, die er begehrt, damit seine Treue zu beweisen. Auf der Ebene des explizit Gesagten scheint die Prüfung nur darin zu bestehen, dem geheimnisvollen Kästchen alle denkbare Sorgfalt zuteil werden zu lassen und die verheißene Wiederkunft der Geliebten geduldig abzuwarten, nichts als ein Test seiner Versagungstoleranz. So hat unser Held denn auch keine Bedenken, sich auf die Abmachung einzulassen. Erst mit dem Schlüssel, der seinen Besitzer mit magischer Potenz ausstattet, kommt ein Zauberrequisit ins Spiel; erst mit ihm verlassen wir den »Bereich praktisch nüchterner Lebensführung«[51]; erst mit ihm betreten wir die Welt des Märchens. Von nun an ist dem Helden »sonderbar zumute« (HA 8,356). Erst jetzt kommt eine Ahnung davon auf, daß er sich auf ein Experiment mit ungewissem Ausgang eingelassen hat, auf etwas, das seinen bisherigen Erfahrungshorizont übersteigt. Denn der Schlüssel, den die Melusine ihrem Freund anvertraut, hat die Eigenschaft, seinem Besitzer alle Türen zu öffnen, sie gleichzeitig aber jedem fremden Zugriff zu verschließen. Er schließt das Kästchen ein und die Öffentlichkeit aus, ermöglicht den exklusiven Zutritt zu einem quasisakralen Raum. Damit ist dem Prüfling Macht in die Hand gegeben. Teil der Prüfung ist seine Art des Umgangs mit der Macht. Die Sequenz endet damit, daß der Schlüssel seine erste Probe besteht und dem Mann den Zugang zum Kästchen, mit dem er von nun an allein ist, verschafft. Von ihm unbemerkt hat das Kästchen seine schöne Freundin ersetzt.

Doch eine symbiotische Beziehung mit einem Platzhalter weiterzuführen, erweist sich für einen, der gewohnt ist, seine Triebe spontan zu befriedigen, bald als unzumutbar. Zwar erfüllt unser Held die Befehle seiner Herrin buchstabengetreu, verschwendet an ihren Sinn aber keinen Gedanken. Es ist daher nicht verwunderlich, wenn ein so veräußerlichter »Minnedienst« sein Gemüt nicht beschäftigen kann, wenn er das entstehende Vakuum damit füllt, Gesellschaft »an Wirtstafeln und an öffentlichen Orten« zu suchen und sich »unvorsichtig einem leidenschaftlichen Spiel« zu »überlassen« (HA 8,357). Die psychische Disposition, jedem Stimulus zu folgen, die es ihm ermöglicht hat, sich auf das Minne-Abenteuer einzulassen, ist genau jene, die ihn daran scheitern läßt, es zu bestehen. Denn mit den Möglichkeiten wachsen auch die Schwierigkeiten. Es wird zunehmend deutlicher, daß die Prüfung nicht nur darin besteht, durch Bedürfnisaufschub Triebkontrolle einzuüben, sondern auch darin, Außenlenkung in Innenlenkung zu verwandeln, ein von Außenreizen getriebenes Leben in ein von inneren Entscheidungen getragenes. Doch statt sein Leben selber in die Hand

---

51 Oskar Seidlin: *Melusine*, S.147.

zu nehmen, scheint der Held seine Passivität eher noch zu überbieten. Er ergeht sich in Selbstvorwürfen larmoyanter Natur und erwartet die Lösung der selbstverschuldeten Krise wieder von außen:

> Auf meinem Zimmer angekommen, war ich außer mir. Von Geld entblößt, mit dem Ansehen eines reichen Mannes eine tüchtige Zeche erwartend, ungewiß, ob und wann meine Schöne sich wieder zeigen würde, war ich in der größten Verlegenheit. Doppelt sehnte ich mich nach ihr und glaubte nun gar nicht mehr ohne sie und ohne ihr Geld leben zu können. (HA 8,357)

Diesmal soll nicht die Gunst der Wirtin eine kleine Zeche verringern, diesmal soll die Gunst einer Adeligen eine große Zeche begleichen. »Auf einmal höre ich in dem verschlossenen Zimmer nebenan eine leise Bewegung« (HA 8,357f.), durch signifikanten Wechsel vom epischen Präteritum zum szenischen Präsens[52] läßt der Erzähler uns an seiner eigenen Überraschung teilhaben, die Schöne just in dem Moment wiederzusehen, da er sich »ganz ungebärdig« (HA 8,357) benimmt. Nicht nur bleibt die erwartete Strafe aus, die Probe wird einfach erneuert und der finanzielle Vorschuß sogar noch erhöht. Statt mit Liebesentzug reagiert die schöne Frau mit dem, was man in der Kommunikationstheorie »mehr desselben« nennt, und gibt dem Geliebten »noch mehr Gold« (HA 8,358) mit auf den Weg. Von nun an füllt der Geldbeutel sich sogar immer wieder selber auf, wodurch die Versuchung, seine magische Kraft zu mißbrauchen, steigt.

Wieder verblüfft der erstaunliche Mangel an Fragen. Ohne sich über den Zusammenhang des Verschwindens der »geheimnisvollen Freundin« (HA 8,358) mit dem Zimmer, in dem das Kästchen steht, Gedanken zu machen, setzt der Held seine Reise fort und vergißt alle guten Vorsätze. Was beim ersten Mal das Spiel war, sind von nun an die Frauen, die ihre Gunstbeweise so geschickt zu verzögern wissen, daß der Mann, der um sie wirbt, sich verausgabt.[53] Während er für immer mehr Geld immer weniger bekommt, stellt seine Freundin ihm für wachsenden Liebesverrat immer mehr Geld zur Verfügung. Der Zusammenhang von Leidenschaft und Geld ist sozusagen umgekehrt proportional. Doch die wundersame Geldvermehrung scheint an blindes Vertrauen gebunden. Im Moment, da der Held sein Geld zu zählen und sich die Summe zu merken beginnt, büßt der Beutel »die Tugend, unzählbar zu sein« (HA 8,359), ein. Leichtfertigkeit ja, methodische Ausbeutung nein. Mit ihr scheint eine Grenze überschritten. Diesmal reagiert der Mann nicht nur mit Selbstvorwürfen, sondern macht sogar die Freundin für seine Lage verantwortlich. Die Tendenz, andern die Verantwortung für sein Leben aufzubürden, hat sich mit den größeren finanziellen Möglichkeiten eher noch verstärkt. Deshalb glaubt er sich auch berechtigt, sich für den plötzlichen Geldmangel mit den Juwelen entschädigen zu dürfen, die er

---

[52] Harald Weinrich: *Tempus*, 2. Aufl., Stuttgart u.a. 1971, S.42–50.
[53] Dieses Schicksal wird in den *Erzählungen aus den tausendundein Nächten* zwei Brüdern des erzählenden Barbiers zuteil (Katharina Mommsen: *Goethe und 1001 Nacht*, S.141).

in jenem Kästchen vermutet, das seiner Obhut anvertraut worden ist. Während der Mann, der die Melusine zu lieben glaubt, sich unter dem Inhalt des Kästchens nur wertvollen Schmuck vorstellen kann, hat der Kellner, der ihr nur einmal auf der Treppe begegnet ist, einen anderen Begriff von jenem »Schatz«, der da mit soviel Sorgfalt und Geheimnistuerei gehütet wird:

> Wir vermuteten bei Euch viel Geld und Kostbarkeiten; nun aber haben wir den Schatz die Treppe hinuntergehen sehn, und auf alle Weise schien er würdig, wohl verwahrt zu werden. (HA 8,358)[54]

Die Ironie des Textes will es, daß die frivole Anspielung des Fremden dem Geheimnis der Melusine näher kommt als alle Spekulationen ihres Freundes. Wofür der Kellner Augen hat, dafür ist der Geliebte blind.

Erstaunlicherweise wird der Prüfling dann aber für sein Scheitern belohnt. Kam die Freundin beim ersten Mal, als er im Spiel verloren hatte, kommt sie beim zweiten Mal, als er mit Wunden, die er sich im Kampf um eine andere Frau zugezogen hat, »halbtot nach Hause getragen« (HA 8,359) wird. Vom Bewährungsschema der alten »Melusine« bleibt in Goethes Palimpsest nur der vorläufige Triebverzicht, und selbst diese Minimalforderung wird erstaunlich schnell fallen gelassen. Indem sie Zuwendung nicht von Gehorsam abhängig macht, Versagen nicht mit Liebesentzug bestraft, bricht die Frau die Prüfungssituation, die sie aufgebaut hat, selber auf. Die Vereinigung der Liebenden folgt nicht auf Treue und Liebesbewährung, sondern auf männliche Ungeduld, Leidenschaft, Maßlosigkeit und Erpressung.

---

[54] Auch in einer andern Volksbuch-Bearbeitung Goethes spielt ein Schatz eine zentrale Rolle: im *Reineke Fuchs* (HA 2,285–436). Im dritten Gesang gäbe die Köchin des Pfarrers einen »Schatz von Golde«, wenn sie die Verletzung der Genitalien ihres Herrn damit rückgängig machen könnte (III,155f.). Im vierten (IV,237.) und zehnten Gesang (X,1 ff.) gewinnt Reineke das Vertrauen des Königspaars durch erdichtete Schätze und magische Kleinodien zurück. Ebenfalls im zehnten Gesang berichtet Reineke, wie Venus die Gunst des Paris gewann, indem sie ihm Helena, »die Schöne, den Schatz der Schätze« (X,105) versprach. Am Ende wird deutlich, daß der Schatz, auf den der Herrscher nicht verzichten kann, nicht Reinekes ohnehin nicht vorhandener Reichtum ist, sondern seine scharfe Intelligenz, Zeichen für den historischen Wandel des Feudalstaates durch allmähliche Bürokratisierung. Siehe dazu: Peter Schneider: *Das unheilige Reich des Reineke Fuchs*, Frankfurt/M. 1990, S.74. Noch deutlicher wird die Gleichsetzung von Gold, kreatürlicher Sexualität und Nichts in der »Walpurgisnacht«- Szene von *Faust I*, die Albrecht Schöne anhand der in der Letztfassung unterdrückten Paralipomena Goethes gegen den kanonisierten Text (re-)konstruiert hat. Dort lautet Satans Rede an die Böcke: »Euch giebt es zwei Dinge/ So herrlich und groß/ Das glänzende Gold/ Und der weibliche Schoos./ Das eine verschaffet/ Das andre verschlingt/ Drum glücklich wer beyde/ Zusammen erringt.« Und die an die Ziegen: »Für Euch sind zwey Dinge/ Von köstlichem Glanz/ Das leuchtende Gold/ Und ein glänzender Schwanz«. Die aus der endgültigen Fassung herausgebrochene sexuelle Orgie, in die das Walpurgisnachttreiben als Höhepunkt hätte münden müssen, steht in Opposition zur Gretchen-Erscheinung, die Faust in letzter Minute vor der Versuchung zur Teufelsbuhlschaft bewahrt; die wahl- und lieblose Geschlechtlichkeit in Opposition zur - auch geschlechtlichen - personalen Liebe. Dazu: Albrecht Schöne: *Götterzeichen, Liebeszauber, Satanskult*, München 1982, S.107–230, bes.: S.160ff. und 173ff. In der Szene »Grablegung« in *Faust II* bringt die als Begierde erfahrene Liebe zu den herabschwebenden Engeln Mephisto um den größten Schatz, die Seele Fausts: »Mir ist ein großer, einziger Schatz entwendet:/ Die hohe Seele, die sich mir verpfändet,/ Die haben sie mir pfiffig weggepascht.« (V.11829–11831; HA 3,356)

Als sie zaudernd mit einer Erklärung zurückhielt, geriet ich ganz außer mir, riß den doppelten und dreifachen Verband von den Wunden, mit der entschiedenen Absicht, mich zu verbluten. Aber wie erstaunte ich, als ich meine Wunden alle geheilt, meinen Körper schmuck und glänzend und sie in meinen Armen fand. (HA 8,360)

Die überraschende Wendung, die Liebe, Nacktheit, Wunden, Blut und Heilung zusammenbringt und an Wilhelms Erstbegegnung mit der Amazone erinnert, ersetzt die kindliche Schwarz-Weiß-Moral des Märchens durch eine Ethik, die eher von Christi Umgang mit jener namenlosen »Sünderin« (Lk.7,37–50) inspiriert ist, die in der liturgischen Tradition gern mit Maria Magdalena (Lk.8,2) gleichgesetzt wird. Melusines Liebe wird hier auch jenem zuteil, der ihrer nicht würdig zu sein scheint. Das hat im Volksbuch der »Melusine« insofern eine Vorlage, als Melusines Mutter Presine ebenfalls darauf verzichtet, den geliebten Mann für einen Treuebruch zu strafen. Die Rache wird nicht von Presine, sondern eigenmächtig von ihren Töchtern vollzogen, wofür die Mutter sie mit einem Fluch belegt.[55]

> Melusines erster und einziger Ausdruck affirmativer und unkontrollierter Willensäußerung, ihre Rache am Vater Elinas, wird sofort und nachhaltig geahndet; zur Strafe muß sie als Wissende den Verrat des unwissenden Ehemanns erdulden und ihre Erlösungshoffnung bis ans Ende der Welt aufgeben.[56]

In Goethes Melusine fließen Züge der alten Melusine und ihrer Mutter Presine in einer Figur zusammen; sie wird dadurch, daß sie keinen Racheimpuls kennt, christlich humanisiert. Doch die Veränderung der alten »Melusine« wird über diesen Punkt noch hinausgetrieben. Als der Held nach einer glücklichen Zeit der Gemeinsamkeit, die zur Schwangerschaft der Frau geführt hat, unfreiwilligerweise wieder allein mit dem Kästchen reist, bricht aus diesem eines Nachts ein rätselhafter Lichtschein hervor. Wie groß ist seine Überraschung, als er im Innern des Kästchen einen »königlichen Saal« (HA 8,361) und darin seine schwangere Frau erblickt, die »nach dem allerkleinsten Maßstabe zusammengezogen« (HA 8,362) ist. Die Frau, die er abwesend glaubte, war permanent anwesend; er hat sie im Kästchen mit sich herumgetragen. Während die alte »Melusine« damit endet, daß Raimund das »Wesensgeheimnis der Gefährtin« antastet und schließlich auch der Öffentlichkeit preisgibt, ist das »Nachforschungsbedürfnis« des Mannes in Goethes Bearbeitung des Stoffes »kümmerlich entwickelt«[57]: Nicht nur wird das Verbot, der Lebensgefährtin nachzuspüren, nicht ausgesprochen, mit dem Riß im Kästchen drängt die Frau dem Mann ihr Geheimnis förmlich auf. »Das Geheimnis wird nicht ans Licht gezerrt, sondern – es verrät sich selbst«.[58] Dadurch wird das Prüfungsmotiv umgedeutet. Die Prü-

---

[55] Thüring von Ringoltingen: *Melusine*, hrsg. von Jan-Dirk Müller, op. cit., S.161f.

[56] Gerhild Scholz Williams: Mélusine / Melusine: Erfahrungsdeterminierter Realismus im frühneuzeitlichen Roman. In: *Zeitschrift für Literaturwissenschaft und Linguistik* 89 (1993), S.13.

[57] Oskar Seidlin: *Melusine*, S.155 und 157.

[58] Oskar Seidlin: *Melusine*, S.157.

fung besteht nicht mehr darin, das Nichtwissen zu ertragen, sondern das Wissen. Was dem Helden abverlangt wird, ist, das radikale Anderssein der Partnerin auszuhalten und in sein Verständnis der Beziehung zu integrieren. Sein Versagen besteht darin, ihr nicht nachgespürt zu haben, für das Geheimnis des Kästchens unempfindlich geblieben zu sein. Offenbar hat der Mann gar kein Interesse daran, die Frau, die er zu lieben vorgibt, kennenzulernen. Er gibt sich sofort mit einem Bild von ihr zufrieden. Entsprechend liegt der Kern des Liebesverrats nicht in der öffentlichen Bloßstellung, sondern in der inneren Ablehnung dessen, was die Identität der Partnerin ausmacht. Melusine sagt nicht: »versprich mir, diesen Umstand niemals Dritten gegenüber zu erwähnen«, in wörtlicher Rede sagt sie: »versprich mir, dieser Entdeckung niemals vorwurfsweise zu gedenken« (HA 8,363). Das ist im Vergleich zur Vorlage eine radikale Verinnerlichung der Loyalitätsforderung. Die »Froschkönig«-Variante des Erlösungsmotivs[59], bei der die Prinzessin die Forderung des Frosches, an ihrem Tischlein zu essen und in ihrem Bettlein zu schlafen, auf Drängen ihres Vaters hin äußerlich zwar erfüllt, innerlich aber mit Ekelgefühlen begleitet, hat im Kontext der »Wanderjahre« keine Aussicht mehr auf Erfolg. Das Märchenmotiv der Erlösung durch Begattung erscheint einerseits psychologisiert, andererseits kollektiviert. Erlöst kann nur werden, wer von einem anderen in seinem Wesen angenommen wird. Und davon kann bei der Umarmung des Frosches durch die Prinzessin so wenig die Rede sein wie bei der Wahrnehmung der Melusine durch den Barbier. Die von der Melusine bewußt intendierte Erlösung gilt hingegen nicht ihrer Person, sondern ihrem von genetischer Degeneration bedrohten Volk. Doch die Erlösung der Gemeinschaft ist in diesem Fall nur um den Preis des Glücks des Paares zu haben.

In Goethes Adaptation macht das traditionelle Motiv des an Bedingungen geknüpften Glücks einen Funktionswandel durch, der für jenen kulturgeschichtlichen Prozeß kennzeichnend ist, den David Riesman Übergang von der traditionsgeleiteten zur innengeleiteten Gesellschaft genannt hat.[60] Wendet man Kohlbergs Stufenmodell der moralischen Entwicklung darauf an, könnte man sagen, daß »Die neue Melusine« im Vergleich zur alten und ihren Äquivalenten eine autoritätsgelenkte durch eine prinzipiengeleitete Moral ersetzt.[61] Raimund verliert seine Frau, weil seine Neugier ihn verleitet, ihr auch dann nachzuspüren, wenn sie allein sein will und muß. Wir haben es mit einem analog zum biblischen Sündenfall gebildeten Verlaufsschema zu tun, bei dem das Essen vom Baum der Erkenntnis zur Vertreibung aus dem Paradies führt. Der verwunschene Froschkönig wird erlöst, weil der königliche Vater seine Tochter ermahnt: »Was du versprochen hast, das mußt du auch halten«[62], und die Einlösung des Versprechens

---

[59] Brüder Grimm: *Der Froschkönig oder der eiserne Heinrich*. In: *KHM* 1, Nr.1, S.29–33.

[60] David Riesman: *Die einsame Masse*, übertr. von Renate Rausch, 16. Aufl., Hamburg 1977 (amerikan. 1950), S.26–33.

[61] Lawrence Kohlberg: Moral Stages and the Idea of Justice. In: ders.: *The Philosophy of Moral Development. Essays on Moral Development*, vol.1, San Francisco 1981, pp.97–226.

[62] Brüder Grimm: *KHM* 1, Nr.1, S.31.

persönlich überwacht. Der Barbier versagt doppelt: Nicht nur ändert sich seine Wahrnehmung seiner Frau vom Moment an, da er sie als Zwergin im Kästchen gesehen hat in einer Weise, die deutlich macht, daß er nicht mehr auf die Person und den situativen Kontext, sondern auf kulturelle Vorurteile reagiert:

> und da es eben im Zimmer dämmerte, so kam sie mir länger vor, als ich sie sonst zu sehen gewohnt war, und ich erinnerte mich, gehört zu haben, daß alle vom Geschlecht der Nixen und Gnomen bei einbrechender Nacht gar merklich zunähmen. Sie flog wie gewöhnlich in meine Arme, aber ich konnte sie nicht recht frohmütig an meine beklemmte Brust drücken. (HA 8,362)

Er kann auch ihr Anders-Sein letztlich nicht akzeptieren. Als Wein und Zorn ihm die Zunge lösen, verrät er sie innerlich und äußerlich in einer Form, die die Urschicht der alten Melusine durchschimmern läßt und den von ihm unterstellten Doppelaspekt ihres magischen Seins öffentlich an den Pranger stellt: »Wasser ist für die Nixen! [...] Was will der Zwerg?« (HA, 8,365) Vom Moment an, da er sie als Zwergin sah, hört der Mann auf, seine Frau als Menschen wahrzunehmen. Und wie Odoard in »Nicht zu weit« weiß er von nun an nicht mehr, ob er die Wiederbegegnung mit ihr »wünschen oder fürchten« (HA 8,362) soll. Doch statt sich mit dieser Ambivalenz auseinanderzusetzen und die zweite Erscheinungsform der Frau als zu ihr gehörig anzuerkennen, tut er sie erst als Traumgesicht ab und setzt sich schließlich mit einem Scherz über sie hinweg:

> Ist es denn ein so großes Unglück, eine Frau zu besitzen, die von Zeit zu Zeit eine Zwergin wird, so daß man sie im Kästchen herumtragen kann? Wäre es nicht viel schlimmer, wenn sie zur Riesin würde und ihren Mann in den Kasten steckte? (HA 8,363)

Die Umkehrung der Machtverhältnisse in der Beziehung zwischen den Geschlechtern, die hier nur ein Gedankenspiel ist, wird Gulliver im Lande Brobdingnag bei Swift wirklich zuteil:

> my master made his daughter Glumdalclitch ride behind him. She carried me on her lap in a box tied about her waist. The girl had lined it on all sides with the softest cloth she could get, well quilted underneath, furnished it with her baby's bed, provided me with linen and other necessaries, and made every thing as convenient as she could. [...] She often took me out of my box at my own desire, to give me air, and show me the country, but always held me fast by leading-strings.[63]

[63] Jonathan Swift: *Gulliver's Travels* (1726). In: *Gulliver's Travels and Other Writings*, ed. by Louis A. Landa, Boston 1960, p.80. In der Übersetzung von Franz Kottenkamp und Roland Arnold (*Gullivers Reisen*, Frankfurt/M. 1974, S.134f.): »Mein Herr ließ seine Tochter Glumdalclitch hinter sich aufsitzen. Sie trug mich auf dem Schoß in einem Kästchen, das ihr am Leib angebunden war. Das Mädchen hatte es an allen Seiten mit dem weichsten Tuch ausgeschlagen, das sie bekommen konnte, und darunter noch gut gepolstert, sie hatte es mit ihrem Puppenbett ausgestattet, mich mit Wäsche und anderen nötigen Dingen versehen, und alles so bequem wie möglich eingerichtet. [...] Sie nahm mich auch oft auf meinen eigenen Wunsch aus dem Kästchen, um mich frische Luft schöpfen zu lassen und mir das Land zu zeigen; sie hielt mich aber immer an einem Gängelband fest.«

Und dort, wo die Verhältnisse umgekehrt sind, in der Rahmenerzählung von
»Tausendundeine Nacht«, rächt die kleine Frau sich an dem großen Dämon,
indem sie sich für die entgangene Hochzeitsnacht mit jedem Mann, der ihr begegnet, wenn der Riese schläft, entschädigt:

> Fürwahr, dieser Dämon hat mich in meiner Brautnacht entführt; dann hat er mich
> in eine Schachtel gesteckt und die Schachtel in einen Kasten, und vor den Kasten
> hat er sieben starke Schlösser gelegt, und so hat er mich auf den Boden des brau-
> senden, wogengepeitschten Meeres gelegt. Aber er wußte nicht, daß eine jede von uns
> Frauen, wenn sie etwas durchsetzen will, sich durch nichts zurückhalten läßt [...].[64]

Größe allein schützt offenbar nicht vor Machtmißbrauch. Und ein Machtgefälle
ist beziehungsfeindlich, unabhängig davon, ob die Riesin den kleinen Mann oder
der Riese die kleine Frau in einen Kasten steckt.[65] Davon hat der Freund der
Melusine bei Goethe keinen Begriff. Seine Bereitwilligkeit, ihre ungewöhnliche
Identität zu akzeptieren, ist nicht Wahrnehmung ihrer Eigenheit, sie beruht auf
Verleugnung. Sein viel zu rasch gegebenes Versprechen, notfalls auch mit einer
Zwergin zusammenzuleben, war innerlich nicht gedeckt. Erst nachdem er sie
öffentlich mit Schmutz beworfen, vom Sockel ihrer geheimnisvollen Aura her-
untergerissen hat, verändert sich seine Wahrnehmung seiner Frau: »Zum erstenmal sprach die Musik mich an.« (HA 8,365) Jetzt hört er, was er eben noch
abgewehrt hat, die Stimme der gekränkten Liebe.

Der öffentliche Liebesverrat, mit dem die Beziehung in der alten »Melusine«
endet, ist in Goethes Version nicht der Schluß der Beziehungsgeschichte, sondern der Auftakt für einen zweiten Anlauf. »Die neue Melusine« unterscheidet
sich nicht nur darin von der alten, daß sie das Prüfungsmotiv durch Verinnerlichung überbietet; sie spielt, nachdem der Versuch der Zwergin, als Frau in der
Welt des Mannes zu leben, gescheitert ist, eine neue Lösungsvariante durch: seine
Anpassung an ihr Wesen. Sofern es sich auch hier um eine bedingungslose Aus-
lieferung handelt, wiederholt seine Verwandlung zum Zwerg auf der physiologischen Ebene die psychologische Forderung des ersten Teils. Bezeichnenderweise fragt der Mann nach den näheren Lebensumständen seiner Gefährtin erst
in dem Moment, da sie ihm den Abschied androht. Erst jetzt erhält sie Gelegenheit, die Geschichte ihrer Herkunft zu erzählen und ihm ihre Identität preiszu-

---

[64] *Die Erzählungen aus den tausendundein Nächten*, übertr. von Enno Littmann, Bd.1,
Frankfurt/M. 1976, S.25.
[65] Das zeigt auch der intertextuelle Dialog von Goethes Melusinenmärchen mit Swifts phan-
tastischem Reiseroman *Gulliver's Travels*, der wie kein anderer Text der Weltliteratur von der
Relativität der Wahrnehmung, ihrer Abhängigkeit von der Perspektive und vom Vergleichsmaßstab,
lebt. Gerade auch was den Respekt vor dem andern als sexuellem Wesen angeht, macht Gulliver
beim Übergang vom ersten zum zweiten Buch gewisse Wechselbäder durch: Während die Lilipu-
taner-Soldaten, die unter seinen gespreizten Beinen hindurchmarschieren müssen, vor seiner Männlichkeit in ehrfurchtsvolles Schweigen sinken, betrachtet eine der Brobdingnager Ehrendamen ihn
als Spielzeug, das sie auf ihrer Brustwarze reiten lassen kann (*Gullivers Reisen*, op. cit., S. 56 und 166).

geben: »Die Gestalt, in der du mich im Kästchen erblicktest, ist mir wirklich
angeboren und natürlich; denn ich bin aus dem Stamm des Königs Eckwald, des
mächtigen Fürsten der Zwerge« (HA 8,366). Im Verlauf ihrer Erzählung wird
die Sprecherin jedoch vom Subjekt zum Objekt. Erschien sie eben noch als selbständige, über gesellschaftliche Normen erhabene, von ihrem Freund verkannte
Frau, tritt sie jetzt als Vollzugsorgan der staatspolitischen Entschlüsse ihres Volkes in Erscheinung: »und kurz und gut, der Entschluß ward gefaßt, mich auf
die Freite zu schicken« (HA 8,369). Die schöne Frau war offenbar die ganze
Zeit schon einem fremden Willen unterstellt. Nicht umsonst dominieren den
Bericht der Melusine von nun an unpersönliche Formulierungen: das »man« in
der Position des grammatischen Subjekts und das Passiv als *Genus verbi* der
Täterverschweigung. Doch ihre Wendung vom Subjekt zum Objekt reißt auch
ihn in den Strudel mit hinein. Die gemeinsame Geschichte erscheint jetzt in völlig
verändertem Licht. Nicht sie ist verraten worden, sondern er. Ihr Geständnis,
daß ihr Volk von immer kleiner werdenden zwergenhaften Kriegeradligen ihr
den Auftrag erteilt hat, »sich mit einem ehrsamen Ritter zu vermählen, damit
das Zwergengeschlecht wieder angefrischt und vom gänzlichen Verfall gerettet
sei« (HA 8,368), reduziert ihn auf einen besseren Zuchtbullen, den sie für seinen
Liebesdienst mit einem luxuriösen Lebensstil bezahlt.

Wie eng die Bereitschaft zum Minnedienst unter den Kriegeradligen des
Mittelalters an das Bedürfnis nach sozialem Aufstieg gebunden war, hat Michael
Schröter im Anschluß an Norbert Elias anhand der deutschsprachigen Epik des
13. Jahrhunderts aufgezeigt:

> In vielen Geschichten vom aufwühlenden Anblick einer Frau fließen [...] mehr oder
> minder manifest Sexual- und Karrierewünsche zusammen. Die sexuelle Eroberung
> einer hochstehenden Frau hat in einer sozialen Formation, in der Eheverbindungen
> ein entscheidendes Instrument der Rangerhaltung und Rangerhöhung darstellen,
> unmittelbar die Vermögensvermehrung zur Folge und zum Zweck. Der Libido-
> haushalt scheint bis zu einem gewissen Grad auf diese Struktureigentümlichkeit abge-
> stimmt zu sein. Und umgekehrt bedient sich die Gesellschaft ganz unbefangen auch
> physischer Triebaspekte, um mit ihrer Hilfe soziale Distinktionen zu wahren und
> auszudrücken. Frauen (aber auch Männer) werden, mit anderen Worten, relativ
> ungesondert als Sexual- und als Standeswesen wahrgenommen und erlebt. Gemein-
> sam ist beiden diesen Reaktionen, von der Warte höher entwickelter Gesellschaften
> aus betrachtet, ihr kaum personalisierter Charakter.[66]

Selbstverständlich ist unser Held eher ein vagabundierender Tagedieb des frühen
bürgerlichen Zeitalters als ein spätmittelalterlicher Ritter; seine Aufstiegsorien-
tierung und Bestechlichkeit machen ihn für die Zwergenprinzessin aber doch
zum geeigneten Objekt der Verführung. In der Begegnung der Melusine mit

---

[66] Michael Schröter: Wildheit und Zähmung des erotischen Blicks. Zum Zivilisationsprozeß
von deutschen Adelsgruppen im 13. Jahrhundert. In: *Merkur* 41 (1987), S.470.

dem Barbier prallen dann aber zwei Liebeskonzeptionen aufeinander, die verschiedenen Phasen der Geschichte der Zivilisationsentwicklung angehören, der Liebesbegriff eines frühbürgerlichen *libertin*, der offen zugibt, daß er sich bereichern will, und ein hocharistokratisches Minneideal, das gar nicht den Versuch macht, die Familienpolitik zu verschleiern. So fließt dann auch der Geldstrom nur solange, wie die Familieninteressen gewahrt werden. Umgekehrt stellt der Held keine weiteren Fragen mehr, als er erfährt, daß ihnen das Geld auszugehen beginnt. Die Verbindung des bürgerlichen Taugenichts mit der an einen legendären familiären Auftrag gebundenen Prinzessin ist insofern eine ironische Umkehr der bürgerlich-adeligen Mesalliancen der Zeit, als es nicht der Bürger ist, der den Adel finanziell saniert, sondern die Adelige, die dem Bürgerlichen aus der Klemme hilft. Was er in den Kuhhandel einbringt, ist seine männliche Potenz. Doch das Minneideal, das ihm vorerst gelegen kommt, erweist sich als Zwangsjacke aus Stammesinteressen und Familienpolitik, die er als Freigeist nicht ertragen kann. Für den Verlust der Identität kann der Reichtum letztlich doch nicht entschädigen. Der Liebesvertrag, in den die Dame ihn hineinverführt, indem sie sein Bedürfnis nach sozialem Aufstieg befriedigt, wird an genau jener psychischen Disposition scheitern, die ihn zuallererst ermöglicht hat: an der Instrumentalisierung des Eros und seiner Abspaltung vom Gemüt. Übrig bleibt nur der schale Geschmack eines gescheiterten Experiments.

Indem Goethe beide Partner schuldig werden läßt, gibt er der Vorlage eine dialektische Wendung. Dadurch wird die Melusinenfigur in mehr als einem Sinne zum Zwitterwesen: Nicht nur existiert sie in zweierlei Gestalt als Zwergenprinzessin und bezaubernd schöne Frau sowie in einer aktiven und einer passiven Rolle; ihre magisch-märchenhafte Identität ist – mindestens in der Fremdwahrnehmung durch den Geliebten – selbst noch einmal zweigeteilt in Zwergin und Nixe. Während die Verwandlung der Zwergin zur Frau aber Teil ihres Auftrags ist und, preisgegeben, konstitutives Element der Intimkommunikation werden könnte, ist das Oszillieren zwischen Zwergin und Nixe eine Fremdzuschreibung aufgrund kultureller Vorurteile. Melusine sagt an keiner Stelle, daß ihr Element das Wasser sei. Der Text rechnet also nicht nur auf seiten des Lesers mit der Kenntnis der Märchen- und Legendentradition, sondern legt die Auseinandersetzung mit der kulturellen Überlieferung in die Figurenkommunikation hinein. Diese scheitert sowohl an der vorurteilsbehafteten Wahrnehmung des Mannes wie an der allzu lang verzögerten Selbstoffenbarung der Frau. Die Tendenz zur Aufweichung klarer Gegensätze durch dialektische Umschläge wird auch vom Wandel des Kästchenmotivs bestätigt. Es lohnt sich, die verschiedenen Stationen dieses Wandels im Zusammenhang zu betrachten.

8.4 Der Wandel des Kästchenmotivs

»In Goethes poetischem Haushalt ist es das Motiv des Geheimsten, des ›Tief-
verborgenen‹, dem Scheu und schweigende Distanz gebührt, an welches sich
Unheil und Segen knüpft«[67]: Stimmt diese Deutung des Kästchenmotivs auch in
diesem Fall? Für Faust ist das Kästchen das Mittel der Verführung[68], Felix ist in
den »Wanderjahren« nach dem Fund des Kästchens kein Kind mehr, in »Wer
ist der Verräter?« ist das Kästchen Antonis Brautgeschenk, in »Der Mann von
funfzig Jahren« enthält es die Ingredienzien für die unentbehrliche Verjüngungskur. Wofür steht das Kästchen im Melusinenmärchen? Vorerst ist es hier nichts
als ein kostbarer Gegenstand, von dem die Dame zu erkennen gibt, daß sie ihn
mit größter Sorgfalt behandelt sehen möchte. Zunächst hat das Kästchen nur die
Funktion eines Reisebegleiters, in Momenten glücklicher Gemeinsamkeit des
Paares reist es »am Platze der dritten Person« (HA 8,360). Das in der fahrenden
Kutsche eingeschlossene Dreieck Mann-Frau-Kästchen wird zum symbolischen
Bild einer Liebe, aus der das Kind erwachsen wird. Was anfangs nur symbolische
Aktion zu sein schien, die Stellvertreterfunktion des Kästchens für die Dame in
Zeiten ihrer Abwesenheit, wird im weiteren Verlauf der Geschichte konkret.
Der Barbier trägt mit dem Kästchen nicht nur ein Symbol der Lebenswelt der
Frau mit sich herum, sondern ohne sein Wissen diese selbst. Seine Schuld besteht
nicht darin, in das Geheimnis des Kästchens eingedrungen, sondern darin, diesem
gegenüber gleichgültig geblieben zu sein. Die äußere Sorge für das Kästchen war
zu Beginn zwar gegeben, die innere Repräsentanz der Beziehung hingegen nicht.
Für ihn war das Kästchen nur eine Schmuckkassette, die er aufzubrechen gedachte, als ihm das Geld auszugehen drohte. Seine Fixierung auf eine vom Geld
regierte Welt verstellt ihm den Blick für das Wunderbare. Mit dem Riß im Kästchen
zwingt die Melusine ihren Partner, ihre Doppelexistenz endlich wahrzunehmen.
Doch der Preis für die Selbstoffenbarung des Wunders ist seine Zerstörung als
Wunder. Die magische Allgegenwart der Fee war nichts als die physische Präsenz
der Zwergin, ihre Allwissenheit Resultat ihrer günstigen Beobachtungsposition;
was Vertrauen schien, war Kontrolle. Damit ist das Geheimnis des Kästchens
gelüftet: Es ist der Zwergenpalast, in dem die Melusine lebt, wenn sie in ihre alte
Identität zurückschlüpft. Für eine Reisegeschichte sind die räumlichen Verhältnisse
verblüffend klaustrophobisch: Zimmer im Kästchen in Kutsche oder Zimmer
im Kästchen im Zimmer, die Innenräume dominieren den Gesamteindruck. Ob
fahrend oder stationär, ob bei Tag oder bei Nacht, im Zentrum der drei inein-
andergeschachtelten »kubischen Käfige [.]« wohnt die schwangere Frau.[69] In der

---

[67] Arthur Henkel: *Entsagung*, S.89, im Anschluß an: Wilhelm Emrich: *Die Symbolik von
»Faust II«*, Berlin 1943, S.177.

[68] Mephistopheles: »Hier ist ein Kästchen leidlich schwer,/ Ich hab's wo anders hergenommen./ Stellt's hier nur immer in den Schrein,/ Ich schwör' Euch, ihr vergehn die Sinnen;/ Ich tat
Euch Sächelchen hinein,/ Um eine andre zu gewinnen.« *Faust I* (V.2731–2736; HA 3,88).

[69] Auf diese räumlichen Verhältnisse hat Ingrid Kreuzer (Strukturprinzipien, S.243) aufmerksam gemacht.

Binnenerzählung wird das Kostbarste, der Lebensraum der Frau, die ein Kind erwartet, in immer tiefere Innenräume versenkt, während das Kästchen in der Rahmenhandlung von Felix aus seinem Versteck im Kasten im Riesenschloß ans Licht gebracht und damit auch den Blicken anderer ausgesetzt wird. Während der Rahmen mit Anklang an die eleusinischen Mysterien die Geschichte einer Initiation erzählt, geht der Barbier merkwürdig uneingeweiht aus seinem Liebesabenteuer hervor. Beide, die klaustrophobisch abgeschottete wie die allzu laut verkündete Liebe, erscheinen als gefährdet: Im einen Fall fehlt der Bezug zur Mit- und Außenwelt, im andern der Schutz der Intimität. In der Binnengeschichte nimmt die Tendenz zur Rationalisierung des Wunders sogar stetig zu. Erst präsentiert sich das Spielzeugzimmer dem zum Zwerg gewordenen Mann wirklich als Palast. Aber weil er zur Heirat gezwungen wird, empfindet er diesen bald als Gefängnis. Er flüchtet, bis er von Ameisenheeren gefangen genommen und zurückgebracht wird. Je mehr er in das Geheimnis des Kästchens eingeweiht wird, desto mehr erscheint es ihm nur als mechanisches Machwerk, als »künstliche[r] Schreibtisch von Röntgen« (HA 8,372). Nachdem er seine alte Größe zurückgewonnen und mit der Liebe auch die Märchenwelt zerstört hat, nimmt er das Kästchen nur noch als »Schatulle« (HA 8,376) wahr, die er – da sich auch noch das »Schlüsselchen« (HA 8,376) findet – aufschließen, ausleeren und als Handelsware losschlagen kann. Was das Geheimnis der Liebe und der Schonraum ihrer Folgen war, wird in ein Zahlungsmittel umgesetzt. Der zunehmenden Versachlichung des Kästchens in der Binnenerzählung steht in der Rahmenhandlung die Weigerung des alten Goldschmieds gegenüber, das Geheimnis des Kästchens preiszugeben (HA 8,458). Eine sonderbare Verkehrung der Gattungskonventionen sorgt dafür, daß das Märchen das Wunder rationalisiert, während der realistische Roman auf der Unantastbarkeit des Geheimnisses beharrt. Damit schwankt das Zentralmotiv der »Wanderjahre« merkwürdig janusköpfig zwischen dem Heiligsten und dem Profansten, zwischen einem Symbol für das Wunder des Lebens und einem ausgeleerten wertlosen Objekt, dessen Leere für Volker Dürr »symbolisch für den Glaubens- und Substanzverlust einer Welt« steht, die kein Ort der Offenbarung mehr ist[70].

8.5 Die Bindungsmotive des Paares

Beide Partner handeln strategisch, beide verfolgen einen Zweck. Während der Mann finanziell versorgt werden will, steht die Frau unter Druck, den Wunsch ihrer Familie zu erfüllen. Wolff schließt aus dem Auftrag, einen menschlichen Gatten zu suchen, daß die Melusine nie beabsichtigt habe,

---

[70] Volker Dürr: Geheimnis und Aufklärung: Zur pädagogischen Funktion des Kästchens in *Wilhelm Meisters Wanderjahren*. In: *Monatshefte* 74 (1982), S.17.

ihren Zwergenstand zu verlassen; ihr Auftreten unter den Menschen bildete von vornherein nur ein Gastspiel, das zum Abschluß kommen sollte, sobald sie einen Gatten gefunden hat, der bereit ist, auf seine menschliche Natur zu verzichten und selbst zum Zwerg zu werden. Mit dieser Enthüllung werden nun aber die Prüfungen des ersten Teiles gegenstandslos, denn ob sich der Mann bewährt oder nicht, [...] ist jetzt gleichgültig; somit ist trotz seiner Treulosigkeit den liebsten Wünschen der Melusine volle Erfüllung beschert, und soweit sein Glück in der Ehe mit der Melusine besteht, hat er es durchaus nicht verscherzt.[71]

Abgesehen davon, daß diese Lesart die Undinenschicht des Textes übersieht, die mit dem Motiv der »Beseelung durch Begattung«[72] mindestens anklingen läßt, daß es die Menschwerdung eines Elementargeistes[73] ist, die zur Disposition steht, zeugt sie auch sonst von einem merkwürdigen Verständnis weiblicher Wünsche. Was nutzt der Melusine eine Ehe, die durch äußeren Druck erzwungen, innerlich aber nie ratifiziert wird, die den Mann im Moment, da er sich bindet, schon in die Flucht treibt und nur zustande kommt, weil »Gulliver im Lande Brobding-nag« sich vor dem Heer der Ameisen nicht retten kann? Erfüllt sind Melusines Wünsche nur insofern, als sie zum Zeitpunkt des ersten wie des zweiten Liebes-verrats bereits schwanger ist, mindestens den Teil des Auftrags, der die Rettung ihres degenerierenden Volkes betrifft, also erfüllt hat. Daß damit ihre »liebsten Wünsche« schon erschöpft seien, wage ich zu bezweifeln. Wahrscheinlicher ist, daß sie nicht nur einen Reisegefährten sucht, sondern auch einen Lebenspartner, nicht nur einen Erzeuger, sondern auch einen Vater für ihr Kind. Überdies macht der Text mehr als deutlich, daß die Anpassung des großen Mannes an die kleine Welt der Frau so wenig die Lösung des Problems ist, wie die Anpassung der Zwergin an die Menschenwelt. Wenn der Erzähler seine Totalkapitulation kon-junktivisch in indirekter Rede wiedergibt: »ans Wunderbare seit geraumer Zeit schon gewöhnt, zu raschen Entschlüssen aufgelegt, schlug ich ein und sagte, sie möchte mit mir machen, was sie wolle« (HA 8,371), steckt die Distanzierung des erzählenden Ichs vom erzählten schon in der Form der Wiedergabe des Ent-schlusses. Es überrascht daher nicht, wenn das äußerste Mittel, die Beziehung zu retten, sich als das denkbar untauglichste erweist. Mit dem letzten Ausweg werden die vorherigen Prüfungen nicht »gegenstandslos«, sondern überboten.

---

71 Hans M. Wolff: *Goethe in der Periode der Wahlverwandtschaften*, 104f.
72 Jens Tismar: Kunstmärchen, S.50.
73 Elementargeister waren seit Erscheinen von Paracelsus' *Liber de nymphis, sylphis, pygmaeis et salamandris et de caeteris spiritibus* (Altdeutsche Übungstexte, Bd.16, hrsg. von Robert Blaser, Bern 1960) im Jahre 1591 allgemein bekannt. Dazu: Gerhild Scholz Williams: Magie entzaubert: Melusine, Paracelsus, Faustus. In: *Entzauberung der Welt. Deutsche Literatur 1200–1500*, hrsg. von James F. Poag und Thomas C. Fox, Tübingen 1989, S.53–71; dies.: Frühmoderne Transgressionen: Sex und Magie in der *Melusine* und bei Paracelsus. In: *Daphnis* 21 (1991), S.81–100; Volker Mertens: Melusinen, Undinen. Variationen des Mythos vom 12. bis zum 20. Jahrhundert. In: *Festschrift für Walter Haug und Burghart Wachinger*, Bd.1, hrsg. von Johannes Janota u.a., Tübingen 1992, S.201–231. Friedrich de la Motte Fouqués romantisch-sentimentale *Undine* erschien 1811 und kann Goethes Bearbeitung der *Melusine* von 1807 nicht beeinflußt haben, dürfte ihm 1812 bei der Rein-schrift aber bekannt gewesen sein.

Es geht nicht mehr nur um Triebkontrolle und Selbstbeherrschung, jetzt geht es um den Einsatz der ganzen Person. Die schwerste Prüfung, die der gelebten Vaterschaft, steht nach wie vor noch aus. An ihr scheitert der Barbier so wie der junge Wilhelm im ersten Teil des »Meister«-Romans. Am Ende steht der fahrende Geselle nicht nur dümmer da als zuvor, sondern auch schuldbeladen. Nur eine zynische, die bereits erfolgte Vaterschaft ignorierende Lesart kann sagen, daß das Durchfeilen des Ringes ein »eminent sittlicher Akt«[74] sei, ein Akt der Selbstbefreiung, durch den der verirrte Held sich vor der dämonischen Frau rettet und seine »vorige[.] Größe« (HA 8,375) dadurch wiedergewinnt, daß er der Leidenschaft entsagt. Seidlin scheint mir hier richtiger zu liegen, wenn er die Flucht des Helden so versteht, daß es »um Existenzeinsatz und echte Lebensbindung ohnehin nie ging«[75]. Goethe führt mit der »Melusine« nicht vor, daß der Kampf gegen den Dämon der Leidenschaft schließlich doch noch gelingt, sondern wirft die Frage nach den Bedingungen der Möglichkeit eines beglückenden Zusammenlebens von Mann und Frau auf, einer Form des Zusammenlebens, die auch Raum schafft für ein Kind. Indem er die Anpassung des einen an den andern in beiden Varianten scheitern läßt und ein äußerliches Eheverständnis *ad absurdum* führt, fragt er nach der Möglichkeit der Selbstbewahrung in der Liebe, nach der Möglichkeit einer »Identitätsbalance«[76] beider Partner in lebendiger ehelicher Interaktion.

Die Schwierigkeit, in der Anpassung die eigene Identität zu bewahren, spiegelt sich in den komplementären raum-zeitlichen Lebensbahnen beider Partner, die von Ingrid Kreuzer nachgewiesen worden sind. Der »paradoxe Chiasmus«, daß das Menschenleben für die Zwergin nur um den Preis des sozialen Abstiegs zu haben ist, der soziale Aufstieg zum Prinzgemahl für den Taugenichts nur um den Preis der physischen Verkleinerung zum Zwerg, zeigt in der Vertikale ein komplementäres Schema von Auf- und Abstieg bzw. Ab- und Aufstieg, in der Horizontalen ergibt sich durch die Rückkehr beider an den Ausgangspunkt eine Kreisbewegung.[77] Mit trockenem Humor hält der Erzähler fest, daß er sich schließlich wieder dort einfand, von wo sein Abenteuer seinen Anfang nahm, am Herd der Köchin. Die erfüllte Mission gibt dem Weg der Zwergenprinzessin zwar einen finalistischen Zug, doch auch sie kehrt am Ende an den Ausgangspunkt zurück, zum Palast ihres Vaters. Aber Kreislauf ist nicht gleich Kreislauf. Die Ausgewogenheit der spiegel-symmetrischen Bewegungsverläufe täuscht. Bei näherem Hinsehen zeigt sich, daß die Partner, ihren zeitweiligen liebenden Vereinigungen zum Trotz, eigentlich nie zueinanderkamen, jedenfalls nicht unter symmetrischen Bedingungen, ein raum-zeitliches Bewegungsschema, das in »Nicht zu weit« radikalisiert wird. »Unter der Heiterkeit dieses pikaresken Schwankmär-

---

[74] Arthur Henkel: *Entsagung*, S.89.
[75] Oskar Seidlin: *Melusine*, S.156.
[76] Lothar Krappmann: Soziologische Dimensionen der Identität, 4. Aufl., Stuttgart 1975, S.70ff.
[77] Ingrid Kreuzer: Strukturprinzipien, S.244.

chens enthüllt sich unvermutet eine Miniaturtragödie«: Während er seinen Le-
bensfaden genau an der Stelle wieder aufnimmt, wo er dank des Einbruchs des
Wunderbaren abgerissen war, entläßt der »Kreislauf ihrer Reise« die Melusine
»physisch und psychisch zutiefst verändert [...] wie eine Amazone, gefährtenlos,
mit dem Kind, das ihrem Stamm gehört«.[78] Die Sorge für das Wohl ihres Volkes
hat sie ihres persönlichen Glückes beraubt, die Erlösung des Kollektivs ging auf
Kosten des Individuums. Nur wenn man die Erzählsituation im Kontext der
»Wanderjahre« einbezieht, die Authentizitätsfiktion akzeptiert und danach fragt,
wie das erzählende Ich das erinnerte Geschehen rückblickend kommentiert, erscheint auch der Geliebte der Melusine in leicht verändertem Licht. Die Tatsache,
daß er dem Bund der Entsagenden beigetreten ist, auf die Alltagskommunikation
verzichtet hat und die Geschichte ihn »noch immer in der Erinnerung unruhig«
macht (HA 8,354), läßt darauf schließen, daß auch der Mann nicht unversehrt
aus diesem Abenteuer hervorgegangen ist. Erst der Rahmen – und mit ihm die
Zeit – nimmt dem Märchen den Stachel der schmerzlichen Asymmetrie.

Ob man in der Melusine wie Wolff eher die geschickte Strategin sieht, die
ihr Ziel erreicht, oder wie Kreuzer die Amazone, die ihr Lebensglück verspielt,
hängt davon ab, welchen Aspekt ihres Zwitterwesens man aktualisiert: Als Fa-
milienmitglied, in der Rolle der Stammesangehörigen, hat sie das Ziel, ihr Volk
zu retten, zwar erreicht; als Person aber hat sie versagt. Auch sie zerstört das
Glück, nach dem sie sucht, indem sie es funktionalisiert. Sie macht den Mann
zum Werkzeug ihrer Pläne und Familienbindungen; sie stellt maßlose Forderungen; sie nimmt ihn so wenig wahr wie er sie. Deshalb nimmt die Sehnsucht
des Mannes nach der sonderbaren Frau geradezu Suchtcharakter an. Der Text
gebraucht die asymmetrische Rollenverteilung des Bewährungsmärchens nur,
um sie zu destruieren. Er führt uns vor Augen, wie sehr in der Anlage der Prüfungssituation an sich schon ein Machtgefälle liegt, das die Liebe zerstört. Damit
wird auch das Entsagungsmotiv hinfällig. Die alte Melusine wäre eine Entsagungsgeschichte gewesen, Goethes Palimpsest, seine »enharmonische Verwechslung«[79] hingegen nicht. Es geht weder um Schuld und Sühne, Prüfung und Bewährung, noch um Entsagung. Es geht um die Frage nach der Identitätsbewahrung in
der Liebe, nach dem Verhältnis von Intimität und Geselligkeit, Leidenschaft und
dauerhafter Bindung.

8.6 Der Barbier als »Rotmantel«: Goethe und Musäus im Vergleich

Der »Neuen Melusine« kommt in den »Wanderjahren« insofern eine Sonder-
stellung zu, als sie die einzige vollständige Ich-Erzählung unter den Binnenge-

---

[78] Ingrid Kreuzer: Strukturprinzipien, S.245.
[79] Oskar Seidlin: *Melusine*, S.147.

schichten mit anwesendem Erzähler ist. Schon bevor dieser Gelegenheit erhält, sein Lügenmärchen zu erzählen, ruft Wilhelm, den er schweigend rasiert hat, ihm nach:

> »Wahrlich! [...] Ihr seid jener Rotmantel, wo nicht selbst, doch wenigstens gewiß ein Abkömmling; es ist Euer Glück, daß Ihr den Gegendienst von mir nicht verlangen wollt, Ihr würdet Euch dabei schlecht befunden haben.« (HA 8,315)

Kurz darauf wird der Barbier von Lenardo als ein Mann vorgestellt, der Verzicht auf das Geschwätz geleistet hat. Seine Form der Beschränkung »von einer gewissen Seite« (HA 8,353) bestehe darin, seine Erfahrungen nicht in Alltagsgesprächen zu verzetteln, sondern zu Geschichten zu verdichten. Wenn Lenardo die Erzählungen des Barbiers als »wahrhafte Märchen und märchenhafte Geschichten« (HA 8,353) bezeichnet, läßt er die Textsorte bewußt zwiespältig zwischen authentischem Lebenszeugnis und Fiktion oszillieren. Die Ich-Form aber verleiht der Geschichte den Anstrich des selbst Erlebten.

Der Name »Rotmantel«, mit dem erst Wilhelm scherzhaft den schweigenden, dann der Redaktor ernsthaft den sein Ich-Märchen erzählenden Barbier benennt (HA 8,353), ist dem Märchen »Stumme Liebe« von Musäus[80] entlehnt. Im Kontext der »Wanderjahre« nimmt dieser Name sich eigentümlich fremd aus; er steht wie ein funktionslos gewordenes Versatzstück da. Dafür bietet Katharina Mommsen folgende Erklärung an:

> Im Frühjahr 1817 »redigierte« [Goethe] für das Weimarer Theater: »Der Rothmantel. Ein Volksmärchen von Musäus, für die deutsche Bühne bearbeitet von Kotzebue« (Leipzig 1817). Es war das eine seiner letzten Amtshandlungen als Bühnenleiter. Bei der im Februar 1821 geschriebenen Schilderung des Barbiers der *Wanderjahre* wird Goethe vor allem auch durch das moderne Stück des populären Dramatikers veranlaßt worden sein, sich an den Rotmantel zu erinnern.[81]

Auch wenn die »Neue Melusine« weder direkt auf »Stumme Liebe« von Musäus noch auf seine Dramatisierung durch Kotzebue antwortet, entscheidet Goethe sich in der Fassung von 1821, ein poetologisches Zeichen zu setzen, das den Vergleich seiner Erzählung mit dem Musäus-Märchen provoziert. Dieser impliziten Leseanweisung will ich im folgenden nachgehen.

In den »Wanderjahren« charakterisiert der Name »Rotmantel« mehr den sonderbaren Erzähler des Märchens als dieses selbst. Was aber hat der inzwischen geläuterte und in den Bund der Entsagenden aufgenommene Barbier mit dem Schloßgespenst des Musäus gemein, das solange dazu verflucht ist, jeden Gast, der über Nacht im Hause weilt, kahl zu scheren, bis eines seiner Opfer ihm den Gegendienst erweist und es dadurch von seinem Fluch erlöst? Vorerst nichts als

---

[80] Johann Karl August Musäus: *Volksmärchen der Deutschen*, veränd. Neuaufl., München 1976, S.497–578.
[81] Katharina Mommsen: *Goethe und 1001 Nacht*, S.138. Vgl. Goethes Tagebuch vom 2., 11. und 16. März 1817 (WA III 6, S.18 und 21f.).

den Beruf! Auch die Figurenkonstellation scheint nicht übereinzustimmen. Bei Musäus ist der junge Wanderer das Opfer des Barbiers, bei Goethe dessen jüngeres Selbst. Was bei Musäus auf zwei Figuren verteilt ist, fällt bei Goethe in einer zusammen. Für jugendliche Mutwilligkeit gestraft werden bei Musäus beide, der Held und das Gespenst. Franz versteht die stummen Gesten des Gespensts deshalb instinktiv richtig, weil ihm in diesem ein Bild seines eigenen Fluches entgegentritt. Schließlich ist der junge Erlöser selbst erlösungsbedürftig. Er ist dazu verdammt, der schönen Meta sein Begehren auf sprachlose Weise verständlich zu machen, bis er das aus Leichtsinn verspielte Vermögen des Vaters wiedererlangt hat. Just von dem schweigsamen, nach seiner Befreiung aber umso geschwätzigeren Nachtbarbier erhält er den alles entscheidenden Rat. Wie hier der Junge den Alten erlöst, indem er »das Vergeltungsrecht«[82] an ihm verübt, zieht der Alte bei Goethe Konsequenzen, die er den Erfahrungen des jüngeren Selbst verdankt. Die Stummheit, zu der das Gespenst bei Musäus verurteilt ist, wird bei Goethe zu einem selbst auferlegten Schweigegebot. Wenn Goethe jugendlichen Leichtsinn und bewußte Mäßigung auf ein jüngeres und ein älteres Ich derselben Person verteilt, zieht er eine Linie aus, die in der wechselseitigen Abhängigkeit des Alten vom Jungen und des Jungen vom Alten bei Musäus schon angelegt ist, dort aber wunderbare Koinzidenz bleibt. Bei Goethe tritt der ältere Barbier als Ich-Erzähler der Geschichte nur in der Rahmenhandlung auf, bei Musäus bringt er als erlöster Erlöser die entscheidende Wende innerhalb der Geschichte selbst. Im Zentrum des Märchens von Musäus steht der Prozeß einer Läuterung dank endlos verzögerter Liebeserfüllung, im Zentrum des Märchens von Goethe die durch ein allzu rasch zugefallenes Glück bedingte Versuchung und der mit ihm verbundene Selbstverlust. Die Läuterung ist bei Goethe das Ausgesparte, das nur aus der Differenz des erzählenden Ichs vom erlebenden Ich erschlossen werden kann. Während der Held von Musäus seine Prüfungen aus Instinktsicherheit besteht und die von Ferne geliebte Meta am Ende gewinnt, verstrickt Goethes Held sich umso tiefer in Schuld, je näher er der Geliebten kommt und je mehr er sich seinen spontanen Regungen überläßt. Das Lautenspiel, an dem die Liebenden sich bei Musäus erkennen, bringt bei Goethe die Wesensunterschiede an den Tag. Gipfelt die märchenhafte Wunscherfüllung bei Musäus in jenem Zusammenfall der Liebesheirat mit der Vernunftehe, des Begehrens mit dem gut florierenden Geschäft, der schließlich auch Mutter Brigitta zur besten aller Schwiegermütter macht, scheitert Goethes Paar an der Aufgabe, sagenhaft-mythische und historische Realität, männliche und weibliche Identität, familiären Auftrag und persönliches Glücksverlangen zu versöhnen. Indem Goethes Erzählung dem tragischen Verlaufsschema der Melusinensage folgt, entfernt sie sich weit von Musäus' aufgeklärter, mit humoristischem Schmunzeln allerdings auch als Fiktion kenntlich gemachter Idylle. Indem Goethe den inzwischen

---

[82] Musäus: *Volksmärchen der Deutschen*, S.555.

geläuterten Ich-Erzähler mit jenem spukenden »Rotmantel« gleichsetzt, der den jungen Helden bei Musäus auf dem Umweg über die Traumerzählung eines Dritten wieder mit seiner Herkunft in Verbindung bringt und den entscheidenden Schatz im väterlichen Garten finden läßt, bricht er die Tragik der Binnenerzählung auf der Ebene der Rahmenhandlung und macht jene Rettung, die Musäus noch dem Wunderbaren vorbehält, zu einem selbst nicht erzählten Prozeß der Selbsterkenntnis des Erzählers. Was dank der Kombination alter Sagenstoffe und -motive[83] bei Musäus märchenhaft wunderbar bleibt, wird in der Rahmenhandlung der »Wanderjahre« psychologisiert und als innerseelischer Prozeß dem Bereich des Nicht-Gesagten anvertraut.

Natürlich muß dieser Versuch, den Spuren eines intertextuellen Verweises nachzugehen, in Rechnung stellen, daß Goethes Verhältnis zu jenem Pagenhofmeister und späteren Professor am Weimarer Gymnasium, der ihn seit seinem Erscheinen in Weimar im Jahre 1775 mit Polemik verfolgte und dem Sturm und Drang »noch über den Tod der Bewegung hinaus« einen Seitenhieb nach dem andern versetzte[84], schwierig gewesen ist[85]. In »Richilde« setzt Musäus Turnierkämpfer und Stechbahnläufer »alter Sitte« mit Selbstmördern aus Liebe gleich, die bereit sind,

> nach heutigem Brauch zu weinen, zu girren, zu winseln, trübsinnig in den Mond zu schauen, zu rasen, vor Liebeswut Gift zu fressen, sich den Hals abzustürzen, ins Wasser zu rennen, sich aufzuhängen, die Gurgel abzuschneiden, oder ehrsamer eine Kugel sich durchs Hirn zu jagen;[86]

und erklärt beide zur projektiven Wunscherfüllung selbstgefällig überhitzter Mädchenphantasien. Goethes Namenszitat kann vor dem Hintergrund dieser Art der »Werther«-Polemik auch als späte Replik gelesen werden, die dem Eingeweihten deutlich macht, daß in der biederen Moral der Läuterungsgeschichte »Stumme Liebe« mehr naiver Glaube an die Liebe als Erziehungsmittel steckt als in dem Melusinenmärchen jenes Autors, dem Musäus »Sentimentalsucht«[87]

---

[83] Das Motiv des Wanderers, der in ein Spukhaus gerät und das Gespenst erlöst, weil er sich *nicht* vor ihm fürchtet, findet sich auch in dem *Märchen von einem, der auszog, das Fürchten zu lernen* der Brüder Grimm (*KHM* 1, op. cit., Nr.4, S.41–51), und der Traum von der Brücke, auf der man sein Glück findet, in *Judas Der Ertz-Schelm* von Abraham a Santa Clara (4 Bde., Salzburg 1686–1695).

[84] Norbert Miller: Der Romancier J.K.A. Musäus und seine *Volksmärchen der Deutschen*. In: Musäus: *Volksmärchen der Deutschen*, S.898.

[85] Im Gegensatz zu anderen berühmten Zeitgenossen wie Johann Georg Hamann, Jean Paul, Christian Schubart und Wieland, die die *Volksmärchen der Deutschen* enthusiastisch begrüßten, stand Goethe Musäus kritisch gegenüber (BA 1,469 und WA IV 6, S.181. Dazu: Dorothea Berger: *Die Volksmärchen der Deutschen* von Musäus, ein Meisterwerk der deutschen Rokokodichtung. In: *PMLA* 69 [1954], Sp.1202f.). Viel positiver urteilen August von Kotzebue in *Einige Züge aus dem Leben des guten Musäus, von der Hand seines Schülers entworfen* (*Nachgelassene Schriften des verstorbenen Professor Musäus*, hrsg. von A.v.K., Leipzig 1791, S.1–24) und Herder in seiner Begräbnisrede *Andenken des Professor Musäus* (Suphan 30, Berlin 1889, S.137–141) über Musäus.

[86] Musäus: *Volksmärchen der Deutschen*, S.85.

[87] Musäus im *Vorbericht an Herrn David Runkel* zu den *Volksmärchen der Deutschen*, S.6.

vorwerfen zu müssen glaubte. Denn während Musäus den Lernerfolg seines Helden mit der Erfüllung seiner Liebessehnsucht belohnt, drückt Goethes Melusinenmärchen einen tiefen Zweifel an der Kraft der Liebe aus, den Graben zwischen wesensmäßig verschiedenen Menschen zu überbrücken.

Außer »Stumme Liebe« haben auch noch andere Märchen aus der Sammlung des Musäus Spuren in Goethes »Melusine« hinterlassen. Doch während der Wassergeist in »Die Nymphe des Brunnens«[88] nur entfernt Ähnlichkeit mit der Melusine hat, kann die Vermutung, daß Goethe Elemente aus »Die Bücher der Chronika der drei Schwestern«[89] in »Die neue Melusine« übernahm, mehr Plausibilität für sich beanspruchen. Schatz, Schlüssel, Kiste, Kutsche, Verwandlung und Leben in zweierlei Gestalt, all diese Motive finden sich schon in den »Büchern der Chronika«, doch wie verschieden ist ihre Funktion! Zwar teilt die Geschichte jenes Grafen, der seine zerrütteten Finanzen dadurch saniert, daß er eine Tochter nach der andern an einen monströsen Tierbräutigam verkauft und dabei nach außen mit zunehmender Berechnung, nach innen mit zunehmender Verschwiegenheit vorgeht, den Grundgedanken mit Goethes »Melusine«, daß die Töchter die Vollzugsorgane des väterlichen Willens sind; doch bei Goethe kommt der Frau dabei eine aktive Rolle zu, bei Musäus eine durch und durch passive. Während Goethes Melusine sich den Partner selber sucht und ihn dazu verführt, in ihre Kutsche einzusteigen, wird Wulfild von der Staatskarosse des Bärenprinzen gegen ihren Willen abgeholt. Daß die drei verwünschten Prinzen drei Frauen mit ins Unglück reißen und zu jahrelanger Gefangenschaft verurteilen, nimmt das Märchen von Musäus als Voraussetzung für die heroische Rettung durch den Bruder einfach hin. Die radikale Anpassung des einen an den andern wird bei Goethe im Gegensatz dazu in beiden Varianten verworfen. Der Schlüssel öffnet in den »Büchern der Chronika« die goldgefüllte Kiste, mit der der Bär die Braut losgekauft hat, bleibt also ein Schlüssel im konkreten Sinn. Wenn der Schlüssel bei Goethe am Schluß des Märchens in das zur »Schatulle« (HA 8,376) gewordene Kästchen paßt und die Doppelbedeutung von »Schatz« auf den Geldwert reduziert, wird er zum Zeichen für die Selbstzerstörung des Wunders durch die Ökonomie. In den »Büchern der Chronika« heißt es im Gegensatz dazu: »Nun gingen die Eltern zwar aller schönen Töchter verlustig; aber sie besaßen einen unermeßlichen Schatz.«[90] Die Priorität erscheint dabei abhängig vom Geschlecht: Während der Vater rasch zur Geschäftsordnung übergeht, wird die Mutter ihres Lebens nicht mehr froh. Wenn der letzte Erzählerkommentar »das ehrwürdige Elternpaar«[91] vereint, schüttet er den Graben zwischen den Geschlechtern, den die Geschichte aufgerissen hat, wieder zu. Die Harmonie, die er dem Märchenschluß schuldig zu sein glaubt, ist handlungslo-

---

88 Musäus: *Volksmärchen der Deutschen*, S.277–325.
89 Musäus: *Volksmärchen der Deutschen*, S.17–72.
90 Musäus: *Volksmärchen der Deutschen*, S.34.
91 Musäus: *Volksmärchen der Deutschen*, S.70.

gisch unmotiviert. Das eigentliche Skandalon des Textes – und zugleich sein historisches Substrat – ist die väterliche Heiratspolitik: Diese macht die Mädchen zur Handelsware, damit der Vater einen adeligen Lebensstil fortsetzen kann, der seine ökonomische Basis eingebüßt hat. Daß die beginnende Verbürgerlichung des Adels in die Erzählung eingeflossen ist, wird besonders augenfällig, als die Mutter gegenüber dem Vater ein Schimpfwort gebraucht, das in Holland zur »Bezeichnung für das unsaubere Gewerbe der Werber für den Schiffs- und Kolonialdienst«[92] gebräuchlich war: »Schandbarer Seelenverkäufer«[93]. Wie dort die Arbeitskraft von Männern wird hier der Liebesdienst von Frauen verkauft; und davon, daß ein solcher Mädchenhandel Menschenrechte verletzt, hat wenigstens die Mutter einen Begriff. Am Ende ersetzt die Natur, was die Kultur verschleudert hat: Der Muschelperlenschatz des dritten Eidams stellt den Wohlstand wieder her, der nachgeborene Sohn befreit die verschacherten Töchter, und das Enkelkind streckt »seine kleinen Arme dem Großpapa lächelnd« entgegen[94]. So billig ist der Ausgleich zwischen Liebe und Geld für Goethe nicht einmal im Märchen zu haben. Bei ihm kehrt die Bewegung seines Helden am Ende an den Ausgangspunkt zurück. Der Tisch der Köchin ist kein trauriges Zwischenspiel, das glücklich überwunden wird wie die »frugalen Kartoffelmahlzeiten«[95] der gräflichen Familie bei Musäus. Während der Schlüssel bei Musäus nur die märchenhafte Aussöhnung zwischen aristokratischer Heiratspolitik, bürgerlichem Gewinnstreben und gefühlvoller Familienbindung sicherstellen muß, macht die Differenz der Bedeutungen im Rahmen und in der Binnenerzählung Schlüssel und Kästchen in den »Wanderjahren« zu Symbolen, die an tiefste Geheimnisse des Lebens rühren.

Doch auch Musäus steht der glatten Lösung skeptisch gegenüber. Das wird deutlich, wenn man die »Bücher der Chronika« mit einer ihrer Vorlagen vergleicht, dem im späten 18. Jahrhundert weit verbreiteten Märchen »La belle et la bête« von Madame Leprince de Beaumont.[96] Von der innigen Liebe zwischen Vater und Tochter bleibt bei Musäus nichts als die Wertschätzung des Kapitals; vom freiwilligen Liebesopfer der Frau nur ihr Verkauf und die gewaltsame Entführung; von der Bekehrung der Schönen und der Befreiung des Prinzen von der Tiergestalt durch ihre Liebe die tollkühne Befreiungstat des Sohns; von der einfachen Moral: »Güte geht vor Schönheit und Geist« die kühle Diagnose, daß das Geschäftsinteresse über ethische Bedenken siegt. Wo familiäre Bindungen

92 Norbert Miller: Anmerkung, zu: Musäus: *Volksmärchen der Deutschen*, S.832.
93 Musäus: *Volksmärchen der Deutschen*, S.28.
94 Musäus: *Volksmärchen der Deutschen*, S.70.
95 Musäus: *Volksmärchen der Deutschen*, S.29.
96 Madame Leprince de Beaumont: *Die Schöne und das Tier* (1757), übers. von Maria Dessauer, Frankfurt/M. 1983 (1977). Als zweite Quelle diente Musäus Giambattista Basiles Märchen *Die drei Tierbrüder* (*Der Pentamerone*, Nr.33: Vierter Tag, drittes Märchen, deutsch von Felix Liebrecht, Frankfurt/M. 1982, S.38–49), die Geschichte des Prinzen Tittone, der auszieht, seine drei Schwestern zu suchen, die mit einem Falken, einem Hirsch und einem Delphin verheiratet sind.

im Verhältnis zur Vorlage so stark entmystifiziert werden, gibt die bürgerliche Familienidylle in der Aristokratenfamilie sich selbst als Wunschvorstellung zu erkennen. Wir kommen zu dem paradoxen Resultat, daß Goethes vorgeführte Zerstörung des Wunders durch die Ökonomie in der Wirkungsintention utopischer ist als Musäus' märchenhafte Überwindung der Ökonomie durch das Wunder. Während Musäus der Gattungskonvention folgt, ihr utopisches Anliegen aber ironisch demontiert, rettet Goethe das utopische Potential, indem er auf den wunderbaren Märchenschluß verzichtet.

KAPITEL 9

Die gefährliche Wette:
Verunglückter Schwank oder kritischer Beitrag zur
Sozialgeschichte der Ehre und des Duells?

In unmittelbarer zeitlicher Nähe zum Melusinenmärchen entstanden[1] und wie dieses eine Barbiergeschichte[2], fällt »Die gefährliche Wette« schon aufgrund ihrer Gattungszugehörigkeit aus den übrigen Erzählzusammenhängen der »Wanderjahre« heraus. Auch kommt sie wie das Märchen als Erlebnisbericht eines Mitgliedes des Auswandererbundes daher, als Ich-Erzählung, die »über-wundene[.] eigene[.] Entwicklungsstufen«[3] rekapituliert. Im dritten Buch der »Wanderjahre«, unmittelbar vor den beiden großen Reden mit ihrer Darstellung der zukunftsweisenden Projekte, bevor der Makarienmythos offenbart wird, der die Welt der historischen und psychosozialen Konflikte endgültig transzendiert, führt Goethe seine Leser noch einmal in die Niederungen des Alltäglichen, des Lasterhaften und des Komischen, läßt er das Personal einer Erzähleinlage zum Opfer seiner Spiellust, Leidenschaften und Affekte werden. Das kann kein Zufall sein und ist mit der Befürchtung, daß man »für dergleichen Unregelmäßigkeiten fernerhin keine Stelle finden« (HA 8,378) möchte, im besten Fall ironisch mo-tiviert. Ursprünglich toposgemäß in geselliger Runde erzählt[4], doch inzwischen verschriftlicht, wird der »Schwank« (HA 8,378) durch die Überschrift schon

---

[1] Elf Tage nach der Niederschrift erster Teile der *Neuen Melusine* diktiert Goethe am 1. Juni 1807 in Karlsbad *Die gefährliche Wette* (WA III 3, S.218). Das Diktat der Reinschrift erfolgt wie-derum in unmittelbarer zeitlicher Nähe zur Arbeit an der *Neuen Melusine* Ende September 1812. Vor der Aufnahme in die Zweitfassung der *Wanderjahre*, wo die *Gefährliche Wette* erstmals ver-öffentlicht wurde, arbeitet Goethe sie noch einmal um. Vgl.: Fußnote 13.

[2] Schwänke werden gern in Barbierstuben erzählt. Der Barbier hat – sonst untypische – Nähe zu anderen Menschen. Knigge rät, »sich vor Geschwätzigkeit und Vertraulichkeit in dem Umgange mit Friseurs, Barbiers und Putzmacherinnen zu hüten«, da sie geneigt seien, was sie im einen Haus gehört haben, ins andere zu tragen, »Intrigen, Ränke, Klatschereien anzuspinnen und sich zu allerlei unedeln Diensten brauchen zu lassen«. Adolph Freiherr von Knigge: *Über den Umgang mit Menschen*, Neudruck nach dem Text der 3. Aufl., Hannover 1790, hrsg. von Gert Ueding, Frankfurt/M. 1977, S.231.

[3] HA 8,654. Im zweiten Buch von *Dichtung und Wahrheit* schildert Goethe ein Kindheits-erlebnis, bei dem der Barbier, den der Vater gerade einseifte, durch eine Rezitation satanischer Verse aus Klopstocks *Messias* von seiten der Kinder derart erschreckt wurde, daß er das Seifenbecken in des Vaters Hemdbrust goß, so daß es »einen großen Aufstand« gab und »eine strenge Untersu-chung« abgehalten wurde, bei der die Kinder sich genötigt sahen, ihre verbotene Lektüre zu geste-hen. Rückblickend kommentiert Goethe diesen Unfug: »So pflegen Kinder und Volk das Große, das Erhabene in ein Spiel, ja in eine Posse zu verwandeln; und wie sollten sie auch sonst imstande sein, es auszuhalten und zu ertragen!« (HA 9,82)

[4] Hermann Bausinger: Schwank und Witz. In: *Studium Generale* 11 (1958), S.703.

graphisch von der Rahmenhandlung abgerückt. Dabei stimmt uns das vom Redaktor vorausgeschickte Gattungs-Etikett auf komische Mißverhältnisse, das Titel-Adjektiv auf Kippeffekte ein. Auch der Name des Erzählers St. Christoph, der an den Christusträger und Schutzpatron der Reisenden[5] wie an Sankt Joseph den Zweiten[6] erinnert, will zu der Vorausdeutung des Geschehens als Produkt des Übermuts nicht recht passen. Da St. Christoph seine Geschichte auch mit dem Hinweis auf die vermeintlich offensichtliche Moral beendet, stellt er sie vorsätzlich in einen didaktischen Rahmen.

Das Thema »Übermut« (HA 8,378), das der Eröffnungsaphorismus angeschlagen hat, nimmt auch der erste narrative Satz wieder auf: »mutwillige Studenten«, die die Gewohnheit haben, »während der Ferien scharenweis das Land zu durchziehen und nach ihrer Art Suiten zu reißen« (HA 8,378), sind das Subjekt der Handlung. Das ist eine Variante des Wandermotivs, die komische Verwicklungen verspricht. Auch scheint die Wanderseligkeit Adoleszenten verschiedenster sozialer Herkunft zu verbinden, die wenig voneinander wissen und unter anderen Umständen kaum etwas gemeinsam hätten:

> Sie waren gar verschiedener Art, wie sie das Burschenleben zusammenführt und bindet. Ungleich von Geburt und Wohlhabenheit, Geist und Bildung, aber alle gesellig, in einem heitern Sinne miteinander sich fortbewegend und treibend. (HA 8,378f.)

Hier stellt der Diskurs[7] an den Anfang, was die *story* erst am Ende offenbart: wie entscheidend die Heterogenität der vermeintlich homogenen »Brüderschar«[8] für die Geschichte ist. Denn die durch Spitznamen wie »Raufbold« scheinbar nivellierten Standesunterschiede, die nur in den Anredeformen gewahrt bleiben, werden im Verlauf der Geschichte zur Quelle von Normenkonflikten, die alles andere als komisch sind. Das plan- und ziellose Herumziehen hebt die Standesunterschiede unter den Studenten nur vorübergehend auf und macht auch die Durchgangsorte ihrer Wanderschaft nur aus ihrer Sicht zum extra-sozialen Raum. Was man auf Reisen tut, bleibt folgenlos, das scheint die Prämisse der fahrenden Scholaren zu sein. Nicht zufällig spielt die Geschichte in einem »Bergdorf« mit »Poststation«, wo man »die Zeit verschlendern, verliebeln« und eine Menge »Geld vergeuden« kann (HA 8,379). So beiläufig die dreifache Alliteration der Vorsilbe »ver« Zeit, Liebe und Geld im selben Atemzug nennt, das formale Indiz gibt schon hier einen Hinweis, warum der metaphorische Schlag, der in der Etymologie von »Schwank« angelegt ist[9], am Ende zum konkreten Hieb wird. Doch bleiben wir

---

[5] F. Werner: Christophorus. In: *Lexikon der christlichen Ikonographie*, hrsg. von Wolfgang Braunfels, Bd.5, Rom u. a. 1973, Sp.497f.

[6] Ferdinand Gregorovius: *Göthe's Wilhelm Meister [...]*, 2. Ausg., Schwäb. Hall 1855, S.192.

[7] Ich gebrauche den Diskursbegriff hier narratologisch im Sinn von Seymour Chatman: *Story and Discourse*, fifth printing, Ithaca/ London 1989 (1978).

[8] Yahya A. Elsaghe: Nil praeter nasum? Zur Symbolik des Leibes in Goethes *Gefährlicher Wette*. In: *Symbolik des menschlichen Leibes*, hrsg. von Paul Michel, Bern u.a. 1995, S.317.

[9] »Das mhd. swanc (ahd. -swanch) ist eine Nominalbildung zu schwingen und bedeutet ›schwingende Bewegung, Schwung; Schlag, Hieb, Streich oder Erzählung eines solchen‹. [...] Wohl beeinflußt

noch eine Weile beim Beginn: Worin besteht der scherzhafte Einfall, der listige Streich, das waghalsige Abenteuer wie die Literatur gewordene Erzählung eines solchen?

Schwankhaft in diesem Sinn ist eigentlich nur der erste Teil. Dieser ist rasch erzählt: St. Christoph kommt beim Anblick eines vornehmen Herrn, an dem ihm zuerst die »große wohlgebildete Nase« auffällt, spontan[10] der Gedanke, mit den Wandervögeln, die ihn in ihre Runde aufgenommen haben, eine Wette abzuschließen, daß er den »vornehmen Rührmichnichtan« berühren, den Großnäsigen[11] buchstäblich an der Nase herumführen, ja sich damit sogar »einen gnädigen Herrn an ihm verdienen« (HA 8,379) könne. Da es die Zeit »nach Tisch« ist, die Studenten sich teilweise »im erhöhten«, teilweise »im erniedrigten Zustand« befinden und einige nach Gelegenheiten suchen, »auf irgendeine mutwillige Weise« ihren Rausch auszulassen (HA 8,379), verwetten sie jeder einen Louisdor für den Fall, daß St. Christoph die *Suite* gelänge. Nicht zufällig nimmt dieser Raufbold[12] das Versprechen ab, den Betrag von den anderen einzukassieren und sich so für die verwettete Summe zu verbürgen. Denn Raufbold ist – was in der Erstfassung schon hier gesagt wird[13] – Baron und kann als Edelmann sein Wort nicht brechen. Ein mit einem Ehrenmann vor Zeugen mündlich geschlossener Vertrag ist auch für den sozial Niedrigerstehenden eine ausreichende Sicherheitsgarantie. Doch während Faust im Umgang mit Mephisto eindeutig *die Zeit* verwettet[14], die wir, je nach Interpretant, als seine Lebenszeit oder auch als Menschheitszeit[15] verstehen können, bleibt St. Christophs Einsatz bei seiner

---

durch die Fachterminologie des Fechtens ist Schwank in mhd. und frühnhd. Zeit negativ: ›boshafter oder listiger Streich, Ränke, Finte‹. Von hier führt die Entwicklung zum ›komischen, spaßhaften Streich, den man jemandem zur Belustigung und Unterhaltung spielt‹«, und zur scherzhaften Erzählung eines solchen. Erich Straßner: *Schwank*, 2., überarb. u. erg. Aufl., Stuttgart 1978, S.1.

[10] Im Unterschied dazu wird der Märchenheld von Musäus zum Barbier, weil er glaubt, dem Gespenst, das ihn zu nachtschlafender Zeit rasiert hat, den Gegendienst erweisen zu müssen. Johann Karl August Musäus: *Stumme Liebe*. In: ders.: *Volksmärchen der Deutschen*, nach dem Text der Erstausgabe von 1782–86, veränderte Neuauflage, München 1976 (1961), S.497–578, bes.: S.550ff.

[11] Laut Grimms *Wörterbuch* (Bd.4, Leipzig 1935, Sp.574) wird »grosznäsig« »auch im Sinne von *hochnäsig* gebraucht und für Standespersonen, die ihren Stand zur Schau stellen.

[12] Der Name ist Friedrich Wilhelm Zachariäs scherzhaftem Heldengedicht *Der Renommiste* (1744) entnommen. Vgl.: ders.: *Poetische Schriften*, Bd.1, neue, rechtmäßige, von dem Verf. selbst durchges. Aufl., Braunschweig 1772, S.1–92. Am Schluß von *Faust II* ist »Raufebold« der Name eines der »drei Gewaltigen« (V.10331ff., HA 3,312), die Faust zum Einsatz bringt.

[13] In der ursprünglichen Fassung wird der Schwank nicht von St. Christoph erzählt, sondern von einem anonymen »Schalk«. »Raufbold« hat dort keinen Spitznamen, sondern wird von Anfang an mit dem Adelstitel »der Baron« eingeführt. Die Begründung, warum St. Christoph in erster Linie ihm die Flucht ermöglicht, wird nicht in direkter Rede gegeben, sondern erst verheimlicht, dann narrativ nachgeliefert. Am Ende gibt es eine Schlägerei zwischen einigen der Studenten und den Dienern des Herrn, die durch den Wirt beendet wird. Der Schluß kommt ohne Moraldidaxe aus, erinnert dafür aber nochmal an das mit unlauteren Mitteln erworbene Geld. *Wilhelm Meisters Wanderjahre. Ein Novellenkranz*, nach dem ursprünglichen Plan hrsg. von Eugen Wolff, Frankfurt/M. 1916, S.113–122. Vgl. auch die Lesarten: WA I 25 II, S.163–165.

[14] *Faust I*, V.1699ff. (HA 3,57).

[15] Hans Christoph Binswanger: *Geld und Magie. Deutung und Kritik der modernen Wirtschaft anhand von Goethes »Faust«*, Stuttgart 1985, S.79.

Wette bis zum Schluß eine Leerstelle. Deutlich wird nur, daß mit dem Herrn, der hier zum Gegenstand des Spotts gemacht wird, *nicht* zu scherzen ist. Davon, daß das den Wettenden durchaus bewußt ist, zeugt der Kommentar des »Kleine[n]«: »Ich möchte lieber einem Löwen ein Haar von der Schnauze raufen« (HA 8,380). Wovor der Kleine durch die Fabel warnt, dafür hat der Hüne kein Gehör. Entscheidend für *ihn* ist *die Zeit.* Er kann die Wette nämlich nur gewinnen, wenn seinem rasch gefaßten Plan, dem unrasierten Herrn seine Dienste als Barbier antragen zu lassen und damit einen Situationskontext zu schaffen, der es ihm erlaubt, diesen ungestraft an der Nase zu fassen, kein anderer Barbier zuvorkommt. Entsprechend lautet seine Replik auf die besorgte Äußerung des Kleinen: »Ich habe keine Zeit zu verlieren« (HA 8,380). Die Geschwindigkeit, mit der auf die Wahrnehmung des starken Bartes die Folgerung, daß keiner der Diener des Herrn rasieren kann, auf diese der Handlungsplan und auf diesen die Handlung folgt, ist für das Erreichen des Ziels konstitutiv. Subjekt der Handlung ist die Zeit. Sehen, Schließen, Planen, Wetten, Tun sind eins.

Zunächst geht alles ganz nach Plan. Unwissentlich fungiert der Kellner als Gelegenheitsmacher. Ihm wird für den Fall, daß St. Christoph sein Ziel erreicht, sogar »Ehre« (HA 8,380) in Aussicht gestellt. Da der Amateur sein Handwerk tatsächlich beherrscht, übersteht er die skeptische Gesichtsprüfung des Herrn durch selbstbewußte Berufung auf sein Können. Auch ist der Vorwand, unter dem es ihm gelingt, die Fenster zu öffnen, damit die Freunde dem Schauspiel zuschauen können, klug gewählt, da er den Herrn bei seiner Eitelkeit und seiner Standesehre packt. Was dem »Barbier« an Identifikation mit seiner Rolle fehlt, kompensiert er mit derart ausgesuchter Höflichkeit und Unterwürfigkeit, daß die vermeintliche Fehlleistung, den Herrn an der Nase berührt zu haben, verzeihlich scheint, obwohl er, wie die Zuschauer wissen, mit ihr das heimliche Handlungsziel erreicht. Als der gut rasierte Mann sich mit Wohlgefallen im Spiegel betrachtet, zeigt sich, wie genau St. Christoph die Schwäche eines Herrn vorausberechnet hat, der – seinem Stand entsprechend – auf Repräsentanz[16] angewiesen ist. Durch eine großzügige Bezahlung und eine gut gemeinte Belehrung erweist der Herr, der vielleicht auch deshalb außerordentlich zufrieden ist, weil Christophs »weibliche« Linke[17] ihn besonders sanft rasiert hat, dem vermeintlichen Barbier gleich zweifach seine Gunst. Damit hat der Schwankheld beide Teile des Versprechens eingelöst und seine Wette gewonnen: ein Glanzstück dialogstrategischer Berechnung von Standesrollen und handwerklichen Geschicks des Amateurs.

Doch mit der theatralisch inszenierten Narretei ist die Erzählung nicht zu Ende. Der Streich ist Teil eines komplexeren Ganzen, das sich unter spieltheo-

---

16 FA I 10, 1209.
17 Darauf, daß hier auch die alte »Sexualisierung« der »Körperlateralität« zum Tragen kommt, hat Yahya A. Elsaghe (Nil praeter nasum?, S.310) aufmerksam gemacht.

retischen Gesichtspunkten noch besser fassen läßt als unter dialoglinguistischen. Die Beobachtung, daß die Überschriften vieler Schwänke ihr Vokabular dem »Bereich des Spiels« entnehmen, hat Hermann Bausinger dazu veranlaßt, den Schwank als »Spiel« oder »Wettkampf« aufzufassen und die verschiedenen Formtypen der Gattung mit Hilfe von Spielkategorien zu beschreiben.[18] Dabei kristallisierten sich drei Formtypen des Schwanks heraus, die er »Ausgleichstyp«, »Steigerungstyp« und »Spannungstyp« nennt, wobei der Ausgleich wie die Steigerung sowohl durch Revanche wie durch Übermut zustande kommen kann.[19] Der »Ausgleichstyp Revanche« zeichnet sich dadurch aus, daß eine Partei B sich durch eine List einen Vorteil über die Gegenpartei A verschafft, die nun ihrerseits etwas unternimmt, was dieses Ungleichgewicht wieder ausgleicht. List provoziert hier also Gegenlist, die das gestörte Gleichgewicht wieder herstellt. Beim »Ausgleichstyp Übermut« läßt eine Partei B aufgrund eines falschen Gefühls der Überlegenheit auf eine erste gelungene Aktion gegenüber Partei A eine zweite Aktion folgen, die dann gründlich mißlingt. Beim »Steigerungstyp Revanche« scheitert die Gegenlist von Partei A, womit die Überlegenheit der Partei B, die zuerst aktiv wurde, doppelt bestätigt ist. Beim »Steigerungstyp Übermut« folgt auf eine erste mißlungene Aktion von Partei B aus falscher Selbsteinschätzung eine zweite, die die Unterlegenheit von Partei B gegenüber Partei A noch drastischer deutlich werden läßt. Die vier bisher vorgestellten Schwanktypen sind zweiphasig. Bausinger glaubt im zweiphasigen Schwank die »›ursprüngliche‹ Gattungsform« zu erkennen und hält im Vergleich zu ihr den »Spannungstyp«, bei dem ein Ereignis eintritt, das von zwei Parteien verschieden interpretiert wird und mit dieser Deutungsdiskrepanz stehen bleibt, für eine Schrumpfform der Gattung.[20]

Wenn wir versuchen, Bausingers spieltheoretisch fundierte Klassifizierung von Schwanktypen auf den uns interessierenden Goethe-Text anzuwenden, kommen wir zu folgenden Ergebnissen: Auch bei Goethes Schwank taucht die Spielmetapher schon im Titel auf: »Die gefährliche Wette«. Auch hier werden wir eingeladen, die Schwankhandlung als Wettkampf aufzufassen, erkennen aber bald, daß es sich dabei um zwei ineinandergeschachtelte Formen des Kräftemessens handelt, die beide davon leben, daß die Parteien von ungleichen Startvoraussetzungen ausgehen. Das erste Spiel besteht darin, daß der unheilige Lastenträger St. Christoph sich durch die rasche Antizipation einer Narrenposse einen Vorteil über die Studenten verschafft, die ihn in ihren Kreis aufgenommen haben. Der sozial Unter-, körperlich Überlegene weiß, daß er den geistig Aktiven auch an Witz in nichts nachsteht, und verspricht, das gegen Geld, das er nötig hat, zu beweisen. Da die andern das von ihm im voraus kalkulierte Rollenspiel nicht durchschauen, ihre Neugier aber angestachelt ist, gehen sie auf sein Angebot,

---

[18] Hermann Bausinger: Bemerkungen zum Schwank und seinen Formtypen. In: *Fabula 9 (1967)*, S.118–136, Zitate: S.125.
[19] Hermann Bausinger: Bemerkungen, S.126ff.
[20] Hermann Bausinger: Bemerkungen, S.134.

eine Wette abzuschließen, ein. Die Voraussetzungen sind insofern symmetrisch, als beide Parteien wissen, daß sie sich auf ein Spiel mit ungleichen Voraussetzungen eingelassen haben, unvergleichlich aber ist der Einsatz. Während die Kopfarbeiter die Rolle der passiven Zuschauer übernehmen und – vorerst – nur ein bißchen Geld aufs Spiel setzen, initiiert der Handarbeiter eine Intrige, die ihn Kopf und Kragen kosten kann. Denn das zweite Spiel, das er beginnt, um das erste zu gewinnen, setzt voraus, daß der Gegner nicht die leiseste Ahnung davon hat, *daß* er eine Rolle in einem Spiel übernommen hat. Darin, daß er ihm dieses Stück Information vorenthält, besteht die List, die St. Christoph den für das Gewinnen der Wette nötigen Vorteil über den Gegner seines zweiten Spiels verschafft. Was der Herr, den er rasiert, für eine Dienstleistung im Rahmen der ständischen Gesellschaft hält, ist für den »Barbier« inszeniertes Theater, bei dem die Fenster offen stehen müssen, weil die Zuschauer im gegenüberliegenden Zimmer verdeckte Logenplätze eingenommen haben. Aus der Diskrepanz zwischen dem Wissen der einen Partei und dem Nichtwissen der andern entsteht für die dritte der komische Kontrast. Die Komik lebt hier eindeutig von der spielerischen Umkehrung der Machtverhältnisse der ständischen Gesellschaft. Was der Herr zu sein glaubt, ist er nur zum Schein, weil der ihm zugeführte Kammerdiener seine tiefe Ehrerbietung *spielt*. Verstärkt wird diese Diskrepanz noch durch die Anrede des vermeintlich dienstseifrigen Knechts mit »Er« und die gut gemeinte Belehrung:

> Nur eines merk' Er sich: daß man Leute von Stande nicht bei der Nase faßt. Wird Er diese bäurische Sitte künftig vermeiden, so kann Er wohl noch in der Welt sein Glück machen. (HA 8,381)

Das ist insofern der Gipfel der Komik, als St. Christoph sich mit genau jener »bäurische[n] Sitte«, für die er gerügt wird, soeben einen Vorteil über Bürgersöhne und einen jungen Baron verschafft und, wie er vorerst meint, dadurch »sein Glück« gemacht hat. Bei dieser Pointe ist es nicht verwunderlich, daß die Studenten auf ihrem Beobachtungsposten sich vor Lachen kaum noch halten können. Doch als »Krisenantwort des Körpers«[21] auf die Überrumpelung durch eine Situation, in der die kognitiven und emotiven Muster der Verarbeitung versagen, ist dieses exzessive Lachen auch Symptom für eine tiefergehende Verstörung. Wolfgang Iser hat überzeugend dargelegt, daß die im komischen Kontrast zusammengeschlossenen Teile einer Opposition sich wechselseitig negieren, weil jede Position die andere kippen läßt. Komische Verhältnisse sind seiner Meinung nach deshalb so instabil,

> weil das Kollabieren der einen Position nicht notwendigerweise die andere triumphieren läßt, sondern diese in die Kettenreaktion ständigen Umkippens einbezieht. Die Negation scheint anzuzeigen, daß die negierte Position in ihr Gegenteil kippt

---

21 Helmuth Plessner: *Lachen und Weinen*, 2. Aufl., Bern 1950, S.203f.

– weshalb wir vom Entlarvungseffekt des Komischen sprechen; doch gleichzeitig
verliert die negierende Position in solchen Augenblicken ihren Gegenhalt und beginnt ihrerseits zu kippen. Wechselseitige Negation heißt dann nicht mehr, daß die
eine Position bestritten und die andere zur Orientierung der entstandenen Strittigkeit
wird, sondern heißt, daß die gekippte Position nun etwas an der anderen zu sehen
erlaubt, durch das die scheinbar triumphierende ebenfalls zum Kippen gebracht wird.[22]

Vor dem Hintergrund dieser Theorie erscheint auch der Höhepunkt von St. Christophs Streich als komisches »Kipp-Phänomen«[23]. Im Moment, da er den Herrn
an seiner großen Nase faßt, zeigt er den andern zwar, daß der unberührbare
Edelmann auch nur ein Mensch ist und einen Körper mit kreatürlichen Funktionen und Bedürfnissen hat, doch mit der Herrenpose kippt auch die Diener-
rolle, die St. Christoph spielt und die angesichts des *ecce homo*, das er provoziert,
ihren Gegenhalt im Rollenrepertoire der ständischen Gesellschaft verliert. Wenn
die Standesrollen mit dem Hinweis auf die Kreatürlichkeit des Menschen aufgehoben werden, ist die Bloßstellung der Schwäche eines andern kein die
soziale Inferiorität kompensierender legitimer Scherz mehr, sondern eine menschliche Gemeinheit. Der Höhepunkt der komischen Aktion wird deshalb gleichzeitig zu ihrem Wendepunkt. St. Christoph hat mit der Durchführung eines
Streichs, den er blitzschnell antizipiert und ebenso umgehend ausgeführt hat,
seine Überlegenheit als Possenreißer, Schauspieler und Barbier über die arro-
ganten Weggenossen zwar bewiesen – er geht auch klar als Sieger aus der ersten
Runde seines ersten Spiels hervor –, aber eben nur aus der ersten. Das Glück,
mit Goldstücken und einem »wohlverdienten Gulden« (HA 8,382) für einen
Betrug doppelt belohnt worden zu sein, erweist sich als äußerst instabil. Denn
der Schlag löst den Gegenschlag und eine Kettenreaktion des Kippens fester
Positionen aus:

> Aber uns war nicht bestimmt, mit Zucht und Ordnung zu scheiden. Die Geschichte
> war zu reizend, als daß man sie hätte bei sich behalten können, so sehr ich auch
> gebeten und beschworen hatte, nur bis zur Abreise des alten Herrn reinen Mund
> zu halten. (HA 8,382)

Eben noch lachender Sieger, nimmt St. Christoph jetzt bereits die inferiore Haltung eines Bittstellers ein. Denn die für das Gewinnen des ersten Spiels unabdingbare Zeugenschaft beim Sieg über den Gegenspieler seines zweiten ist auch
die Quelle seiner äußersten Gefährdung. Er hat den Freunden, die er überlistet
hat, mit seiner Posse Herrschaftswissen zugespielt. Wo ein Geheimnis geteilt
wird, besteht auch die Möglichkeit des Verrats. Die undichte Stelle des Kom-
plotts ist das Liebespaar. Denn »der Fahrige« (HA 8,382) erzählt die Posse der
Wirtstochter, diese kann sie ihrerseits nicht für sich behalten, so daß sie dem

[22] Wolfgang Iser: Das Komische: ein Kipp-Phänomen. In: *Das Komische, Poetik und Hermeneutik* 7, hrsg. von Wolfgang Preisendanz und Rainer Warning, München 1976, S.399f.
[23] Wolfgang Iser: Das Komische, S.398.

gefoppten Herrn zu Ohren kommt. Schwankhaften Geschlechtsstereotypen zum Trotz, erweist sich der männliche Teil des Liebespaars hier als ebenso *geschwätzig* wie der weibliche. Die Indiskretion trägt dem Herrn jene Informationen zu, die ihn erkennen lassen, in welche Art von Spiel er unwissentlich verwickelt worden ist, und fordert *seinen* Gegenschlag heraus. Daß sich auch das zweite Spiel nach dem »Ausgleichstyp Revanche« zu entwickeln droht, betont St. Christophs selbstironischer Kommentar: »der Teufel hat uns bei der Nase!« (HA 8,382). Sprachlich zeigt sich der Kippeffekt bis hinein in die Alliterationen: Was vorher das studentische »Gelächter« und »Geschrei« (HA 8,381), ist jetzt das »Gepolter« (HA 8,382) auf der Treppe. Das Unheil ist unpersönlich. »Maschinenmäßig« (HA 8,382) erfolgt auch der Rückzug der Studenten ins zweite Zimmer, Indiz dafür, daß von nun an ein Regelwerk abläuft, das niemand mehr kontrolliert. Offenbar ist den Handelnden die Kontrolle über die Ereignisfolge längst entglitten. Wieder beweist St. Christoph seine Überlegenheit nicht nur mit seiner Körperkraft, sondern auch mit der Konfliktantizipation: »Rettet euch! hier sind Schläge zu fürchten nicht allein, aber Beschimpfung, das Schlimmere für den Edelgebornen.« (HA 8,382) Wie recht er damit hat, den Baron daran zu hindern, seinen Degen – bei ihm ein Standesattribut – zu ziehen, zeigt das Ende der Geschichte. Die Teilnahme eines Standesgenossen an der Verhöhnung eines Adeligen hat im Rahmen des feudalen Rechtsempfindens einen andern Stellenwert. Einen Untertan kann ein Herr verprügeln, ja sogar erschlagen lassen, einen Ebenbürtigen muß er fordern.

Das erste Spiel wird dadurch ausgeglichen, daß der Narr, der die andern zum Narren hielt, am Ende selbst genarrt wird. Während er den Flüchtenden den Rücken freihält, ziehen sie ihm vom Boden aus die rettende Leiter weg. Der den Namen des Retters aus der Seenot[24] trägt, gerät selbst in Not. Da die Großmäuler kleinlaut geflohen sind, bleibt nur »der eigentliche Verbrecher« (HA 8,383) am Tatort zurück und vorerst als einziger der Rache des gekränkten Herrn ausgesetzt. Doch wie die Boten, die Hiob eine Schreckensnachricht nach der andern überbringen, nachdem der Herr beschlossen hat, ihn durch den Satan prüfen zu

---

[24] Erasmus von Rotterdam läßt in den *Colloquia familiaria* einen der am Lehrgespräch *Naufragium* Beteiligten einen selbsterlebten Schiffbruch erzählen, bei dem einer der in Not Geratenen dem Hl. Christophorus für die Rettung eine riesengroße Wachskerze versprach und, auf die Folgen angesprochen, zugab, daß er, gerettet, sein Versprechen niemals einlösen würde (deutsch: *Vertraute Gespräche*, übertragen von Hubert Schiel, Köln 1947, S.20). Der Sprecher will beides, das Tauschgeschäft mit dem überirdischen Helfer *und* die Zerstörung des Aberglaubens durch die Ökonomie. Analog auch in Georg Wickrams *Rollwagenbüchlein* (1555), nach der Ausgabe von Johannes Bolte, Stuttgart 1979, Nr.2, S.15f. Vgl.: Norbert Neumann: *Vom Schwank zum Witz. Zum Wandel der Pointe seit dem 16. Jahrhundert*, Frankfurt/M./ New York 1986, S.48ff. In seinem Sturm-und-Drang-Gedicht *Seefahrt* (BA 1,324f.), das im September 1776, kurz nach der Übersiedelung nach Weimar, entstanden ist, ersetzt Goethe das traditionelle Vertrauen in den Nothelfer durch das Selbstvertrauen. In seinem Altersroman nimmt er diese Form menschlicher Hybris wieder zurück, indem er die Lösung scheinbar unlösbarer Konflikte Makarie und damit einem transindividuellen Prinzip anvertraut.

lassen (Hiob 1,15–19), lebt der »Märtyrer« noch, den Ausgang der Geschichte zu erzählen. Er kann demnach nicht erschlagen worden sein. Die Antwort auf die Frage, warum er, exponiert, wie er war, mit heiler Haut davon gekommen ist, bleibt er den Hörern schuldig. Just in dem Moment, da er vom epischen Präteritum ins besprechende Präsens[25] wechselt, bezeichnet er die eigene Geschichte sogar ausdrücklich als »Märchen« (HA 8,383). Ist die Authentizitätsfiktion der Ich-Erzählung damit aufgehoben, der Erlebnisbericht als Predigtmärlein enttarnt? Dem scheint der Ausgang der Geschichte, den St. Christoph jetzt noch raffend nachliefert, zu widersprechen:

> Der alte Herr, tief gekränkt von Verhöhnung ohne Rache, zog sich's zu Gemüte, und man behauptet, dieses Ereignis habe seinen Tod zur Folge gehabt, wo nicht unmittelbar, doch mitwirkend. Sein Sohn, den Tätern auf die Spur zu gelangen trachtend, erfuhr unglücklicherweise die Teilnahme Raufbolds, und erst nach Jahren hierüber ganz klar, forderte er diesen heraus, und eine Wunde, ihn, den schönen Mann, entstellend, ward ärgerlich für das ganze Leben. Auch seinem Gegner verdarb dieser Handel einige schöne Jahre, durch zufällig sich anschließende Ereignisse. (HA 8,383)

Was dem »Ausgleichstyp Revanche« hätte folgen sollen, folgt aufgrund einer Eigendynamik, die keiner vorausberechnet hat, dem »Steigerungstyp Revanche«. Dem ersten Sieg über den Herrn schließt sich, da ihm die Rache nicht gelingt, der zweite an, von niemandem gewollt, sein Tod. Im Moment, da der Ehrenkodex des Adels berührt wird, kippt der Scherz in buchstäblich tödlichen Ernst. Die Regeln des sozialen Rollenspiels, das jetzt gespielt wird, sind nicht mehr ins Belieben seiner Mitspieler gestellt. St. Christoph kommt, sofern das Ganze nicht erfunden ist, vermutlich deshalb mit heiler Haut davon, weil er für einen Mann von Stand kein adäquater Kontrahent ist. Da er nicht satisfaktionsfähig ist, kann er nicht zum Duell gefordert werden, der Baron, von dessen Teilnahme der Sohn des adeligen Herrn nach Jahren erst erfährt, hingegen schon. Dieser hat jetzt nicht mehr nur die Verhöhnung, sondern den Tod seines Vaters zu rächen. Doch da wir das Personalpronomen »ihn« in dem Satz »und eine Wunde, ihn, den schönen Mann entstellend, ward ärgerlich für das ganze Leben« wohl auf den Sohn des Entehrten zurückbeziehen müssen, da auch von seinem Vater gesagt worden ist, daß er »ein sehr schöner Mann« (HA 8,381) war, wird die indirekte Tötung des Vaters jetzt noch durch eine Verwundung des Sohnes überboten, die diesen für sein Leben entstellt. Das ist die dritte – meist übersehene[26] – Steigerung

---

[25] Harald Weinrich: *Tempus. Besprochene und erzählte Welt*, 2., völlig neu bearb. Aufl., Stuttgart u. a. 1971.

[26] Das Erwartungsschema »Revanche« und der mit ihm verbundene Ergänzungszwang ist im Bewußtsein der meisten Interpreten so stark verankert, daß sie die *Nicht*einlösung der Erwartung gar nicht bemerken. Anneliese Klingenbergs Behauptung: »und einer der Studenten wird im Duell mit dem rachesuchenden Sohn schwer verwundet und für immer gezeichnet«, mag für viele stehen. In: dies.: *Goethes Roman »Wilhelm Meisters Wanderjahre oder die Entsagenden«*, Berlin/ Weimar 1972, S.141.

einer vorher schon sinnlosen Handlung, an der schon lange nichts mehr schwankhaft ist. Nicht zufällig und im Kontext der »Wanderjahre« zeichenhaft, ist die »Wunde« in diesem Satz grammatisches Subjekt. Erst das Leben stellt den Ausgleich, wenn auch nur durch Zufall, her, indem es auch Raufbold, den Sieger des Duells, in Schwierigkeiten bringt. Mit Peuckert könnte man von einem Schwank »mit Nachhieb«[27] sprechen, wenn der Scherz nicht in Ernst umgeschlagen wäre, die bewußt inszenierte Komödie in eine ungewollte Tragödie.[28] Daß das Duell, das nicht zwischen Täter und Opfer, sondern zwischen den Stellvertretern beider geführt wird, kein altes Unrecht ausgleicht, sondern neues Unrecht schafft[29], deutet die knappe Skizze der Ereignisse am Schluß nur noch an. Statt einer Schwanklösung nach dem Muster des »Ausgleichstyps Revanche« zeigt Goethe uns die Steigerung der Absurdität, die eintritt, wenn der adelige Ehrbegriff sich verselbständigt. St. Christoph, der das Drama angezettelt hat, steht im Schlußakt aus ungenannten Gründen abseits. Heißt das, daß das Handwerk, das sein Fach versteht, den Adel, der sich selbst zugrunde richtet, überlebt?

Das erste Spiel war zweiphasig, das zweite, das begonnen werden mußte, um das erste gewinnen zu können, ist mindestens dreiphasig, wenn nicht infinit. Der Zusammenbruch der komischen Opposition hat eine Kettenreaktion von Kippeffekten ausgelöst. Damit hat sich die Komposition dieser Erzähleinlage von traditionellen Schwankformen weit entfernt. Was aber ist ihre Wirkungsintention? Ist die Tragödie dieses schwankhaft fiktiven Erlebnisberichts die einer fehlgeleiteten Intelligenz oder die eines falsch verstandenen Ehrbegriffs? Ergießt sich der Spott über den Mann, der seiner Standesherrlichkeit auch in bewegten Zeiten und an unbekannten Orten so sicher ist, daß er sich von einem zugelaufenen Barbier buchstäblich an der Nase herumführen läßt; über die fahrenden Scholaren, die, was sie durch Witz gewinnen, durch Geschwätzigkeit verlieren;

---

[27] Will-Erich Peuckert: *Deutsches Volkstum in Märchen und Sage, Schwank und Rätsel*, Berlin 1938, S.166.

[28] Im Schauspieler-Milieu der *Lehrjahre* bleibt das Duell, das zwischen Friedrich und dem Stallmeister nicht mit Degen auf Leben und Tod, sondern mit bemalten Rapieren um Kreidestriche und Philine geführt wird (HA 7,140f.), im Gegensatz hierzu Komödie. Ernst ist die Sache nur für Wilhelm, dem mit der theatralischen Aktion der Spiegel seines Seelendramas vorgehalten wird. Von Melina »auf der Schwelle aufgehalten« (HA 7,134) und daran gehindert, zu Philine hinaufzueilen, war Wilhelm, als er zusehen mußte, wie Friedrich ihm zuvorkam, eben noch so vom Affekt übermannt, daß der Erzähler sagen kann: »Er hätte in den ersten Augenblicken den Jungen bei den Haaren rückwärts die Treppe herunterreißen mögen« (HA 7,135). Da die Stärke der Eifersucht nicht situationsadäquat ist, kann sie nur von der Wiederholung des Mariane-Traumas herrühren, das seinerseits an das noch ungelöste ödipale Kindheitsdreieck rührt, von dem die Vorliebe für das Bild vom kranken Königssohn zeugt.

[29] Im Gegensatz dazu ist die Stimmung des Vergeltungsliedes »Unter dem Felsen am Wege/ Erschlagen liegt er«, das Goethe aus dem Arabischen übertragen, in das »Araber«-Kapitel der *Noten und Abhandlungen zu besserem Verständnis des West-östlichen Divans* (WA I 7, S.12–17) aufgenommen und noch im hohen Alter »mit volltönender Stimme« und blitzenden Augen auswendig rezitiert hat, glühend rachsüchtig. *Goethes Gespräche*, hrsg. von Biedermann/ Herwig, Bd.3/2, Zürich 1972, S.759–761. Dazu: Katharina Mommsen: Blutrache bei Goethe? In: *Einheit in der Vielfalt*, red. betreut von Gisela Quast, Bern u. a. 1988, S.343–354.

über St. Christoph, auf den das *ecce homo*, das er inszeniert hat, zurückfällt, weil die vermeintlichen Freunde ihn achtlos am Tatort zurücklassen; über den Baron, der die Suppe, die ihm ein anderer eingebrockt hat, auslöffeln muß, weil die Pseudo-Kollegialität des Burschenlebens ihn vorübergehend seinen Stand vergessen ließ; über den Sohn des alten Herrn, »der einen adeligen Ehrbegriff am falschen Orte anwendet«[30]? Geht die Funktion dieses kalkulierten Kontrasts zu den Gemeinschaftsutopien der Rahmenhandlung in solchen Formen der Moraldidaxe auf? Worin, wenn ja, besteht dann die Moral? Es wäre eine Reihe von Antworten denkbar:

- Hüte dich vor Übermut!
- Tue im Rausch nichts, was andere betrifft!
- Spiele nicht mit den Schwächen anderer Menschen!
- Rühre nicht an die Ehre eines Adeligen!
- Hüte deine Zunge auch und gerade in der Liebe!
- Nimm Scherz nicht als Ernst!
- Hüte dich vor Sippenhaftung!

Auch wenn alle diese Lehren etwas für sich haben, geht die Geschichte nicht in der Moraldidaxe auf. Schließlich ist es die Funktion allen komischen Erzählguts, Heiterkeit zu erzeugen und vom Anspruch der Tugenden zu entlasten. Schwankstoffe sind traditionellerweise der Triebsphäre entnommen, handeln von Essen, Trinken, Verdauungsvorgängen, von der Sexualität oder den Unzulänglichkeiten des menschlichen Zusammenlebens.[31] Der Schwank zeigt den Menschen als schlecht, schwach, triebhaft, tölpelhaft, als ein *animal rationale*, bei dem das Animalische überwiegt. Wenn er nicht hätte zeigen wollen, daß auch diese Facette zum Menschenbild der »Wanderjahre« gehört, hätte Goethe »Die gefährliche Wette« wohl kaum so spät noch umgearbeitet und in die Zweitfassung des Romans integriert. Wir sollten uns deshalb davor hüten, sie allzu *rasch* mit der didaktischen Brille der Rahmenhandlung zu lesen und das Ärgernis mit der Begründung, daß es nichts als ein Negativexempel[32] sei, aus der Welt zu schaffen. Goethe steigt hier ganz bewußt noch einmal in die Niederungen der Trieb- und Normenkonflikte, bevor er sich in die vergeistigte Sphäre des Makarienbereichs erhebt. Heißt das nicht, daß das Niedrige wie das Hohe zum Menschen gehört? Nun spielt das Fäkalische in unserm Beispiel keine Rolle, das Orale nur, soweit es die rausch-

---

30 HA 8,655.
31 Erich Straßner: *Schwank*, S.4.
32 Trunz spricht von einem liebevoll gezeichneten »Gegenbild zu dem Idealbild des Handwerkerbundes mit seiner straffen Gemeinschaft« (HA 8,654). Klingenberg (*Goethes Roman*, S.141) betont, daß St. Christoph die Ehrfurcht vor seinesgleichen fehle, Wolff (*Novellenkranz*, S.30) rügt seinen Übermut, Brown (*Goethe's Cyclical Narratives*, p.105) wirft ihm asoziales Verhalten vor, Steer (*Goethe's Science*, p.81) sieht die Funktion der *Gefährlichen Wette* im Romanganzen so: »Christoph has learned to quit using his huge strength (and quick wit) only for his own amusement and come to devote them instead to the service of others«.

hafte Erhöhung bzw. Erniedrigung der Studenten bewirkt, und das Erotische scheint nur in der knappen Form eines Halbsatzes auf: »und Gott weiß, ob er sie nicht besser zu unterhalten wußte« (HA 8,382), dafür aber an zentraler Stelle. Das Stelldichein des »Fahrigen« mit der Tochter des Hauses ist das entscheidende Zwischenglied, das nötig ist, damit es zum Verrat des Geheimnisses und zum Ausgleich des ersten Spielvorteils kommt. Ansonsten beschränkt der Erzähler sich darauf, das erotische Textfortführungsschema anzudeuten, seine Konkretisierung aber der Vorstellung des Lesers zu überlassen. Dank einer Schwebelage, die mit der Tradition des Sexualschwanks[33] spielt, ohne das Gattungsmuster zu bedienen, bleibt die Ungewißheit und damit das Wesen des Erotischen gewahrt. Ebenso indirekt ist auch das Spiel mit dem Obszönen, das nur vor dem Hintergrund der Traditionskontexte sichtbar wird. Auslöser für den Streich waren die »große, wohlgebildete Nase« (HA 8,379) des vornehmen Fremden und sein starker Bart. Die Ambivalenz der Beschreibung scheint sowohl dem Anspruch der Märe, männliche Personen adligen Standes rühmend einzuführen, wie dem Bedürfnis des Schwanks nach einer komischen Spottfigur Genüge tun zu wollen. Handlungspraktisch gibt die Art der Einführung des Herrn St. Christoph für die Scherzantizipation das entscheidende Indiz. Umgekehrt macht das dringende Bedürfnis, rasiert zu werden, den Herrn unvorsichtig und veranlaßt ihn, dem erstbesten Barbier, der ihm empfohlen wird, zu gestatten, ihn an die Kehle und – was in unserem Zusammenhang wichtiger ist – an die Nase zu fassen.

Die sexuelle Bedeutung der Nase ist nicht erst seit Freuds Behauptung, daß »in der Symbolik des unbewußten Denkens die Genitalien durch das Angesicht ersetzt werden«[34], ein Gemeinplatz. Sie hat in Fastnachtsspielen[35], Schwänken, Sprichwörtern und erotischen Karikaturen[36] eine lange Tradition[37]. Das Motiv

---

[33] Das Sexuelle überwiegt im Gegensatz zu den frühneuzeitlichen Schwanksammlungen von Martinus Montanus, *Wegkürtzer* und *Das Ander Theyl der Gartengesellschaft* (als *Schwankbücher* hrsg. von Johannes Bolte, Tübingen 1899), und Michael Lindener, *Rastbüchlein* und *Katzipori* (hrsg. von F. Lichtenstein, Tübingen 1883), bei Goethe auch im Schwank nicht. Da seine Darstellung ausgespart wird, kann auch die Grenze zum Verletzenden nicht überschritten werden. In den sexuell freizügigeren Prosaschwänken des 15. und 16. Jahrhunderts liegt diese Grenze bei der Hervorhebung sexueller Details: Kyra Heidemann: »Grob und teutsch mit nammen beschryben«. Überlegungen zum Anstößigen in der Schwankliteratur des 16. Jahrhunderts. In: *Ordnung und Lust*, hrsg. von Hans-Jürgen Bachorski, Trier 1991, S.415–426.

[34] Sigmund Freud: *Die Traumdeutung* (1900). In: ders.: ST 2, Frankfurt/M. 1972, S.379.

[35] Bei Hans Sachs beispielsweise *Der Nassentanz* (1550) und *Der doctor mit der grosen nasen* (1559). In: *Sämmtliche Fastnachtspiele* von Hans Sachs, nach den Originalen hrsg. von Edmund Goetze, Bd.2, Halle/S. 1881, S.82–92 und Bd.7, 1887, S.113–125.

[36] Honoré Daumier läßt in seinen Karikaturen »lange, schlechterdings erigierte Nasen in Richtung attraktiver Frauen oder Frauenbilder geradezu zielen«. Yahya A. Elsaghe: Nil praeter nasum?, S.306, Fußnote 9.

[37] François Rabelais legt im 40. Kapitel des *Gargantua* (übers. von Wolf Steinsieck, Stuttgart 1992, S.135) dem Bruder Johannes auf die Frage, warum er »eine so schöne Nase« habe, die Antwort in den Mund: »Nach der richtigen Mönchsphilosophie liegt das daran, daß meine Amme schöne weiche Brüste hatte, und wenn sie mich stillte, versank meine Nase darin wie in Butter. Da konnte sie

der Nase ist »eines der verbreitetsten Motive der Weltliteratur, es findet sich in
fast allen Sprachen«[38]. Mit ungeschminkt sexueller Konnotation vermerkt das
»Handwörterbuch des deutschen Aberglaubens«: »Man sieht's einem an der N[ase]
an, was er für ein Kerl ist«[39]. Und daß der »Kerl« »in derber geheimer rede der
penis« ist, weiß auch das Grimmsche »Wörterbuch«[40]. Weit über die Renaissance
hinaus rechnen komische Spiel- und Erzählkontexte mit dem verbreiteten Glauben, daß die Größe der Nase beim Mann ein Indiz für die Größe und Leistungsfähigkeit des Penis sei. Von diesem »Pointenwissen«[41] lebt auch die Komik in
einem englischen Roman, von dem wir mit Sicherheit sagen können, daß er die
Konzeption der »Wanderjahre« beeinflußt hat; gemeint ist der »Tristram Shandy«
von Laurence Sterne[42].

Mit humoristischem Schalk läßt Sterne uns wiederholt darüber im unklaren,
ob Tristram bei seiner Geburt mit dem Kopf oder der Hüfte zuerst herauskam
und ob die Geburtszange ihm den Nasenrücken oder ein anderes Körperteil
zertrümmert hat, was seinen Vater in tiefe Verzweiflung stürzt, weil kurze Nasen
seit drei Generationen das Schicksal der Familie Shandy überschatten. Um die
derart stimulierte Phantasie der Leser*in* von weiteren Spekulationen über die
Art der Verwundung abzuhalten, legt Tristram schließlich ein für allemal fest,
was in seinem Sprachgebrauch unter einer Nase zu verstehen sei:

> I define a nose, as follows, --- intreating only beforehand, and beseeching my rea-
> ders, both male and female, of what age, complexion, and condition soever, for the
> love of God and their own souls, to guard against the temptations and suggestions
> of the devil, and suffer him by no art or wile to put any other ideas into their minds,
> than what I put into my definition. ---For by the word *Nose*, throughout all this
> long chapter of noses, and in every other part of my work, where the word *Nose*
> occurs,--- I declare, by that word I mean a Nose, and nothing more, or less.[43]

---

aufgehen und wachsen wie Teig in einem Backtrog. [...] *Ad formam nasi cognoscitur ad te levavi.*«
Heinrich Zschokke widmet der Nase noch Mitte des 19. Jahrhunderts einen eigenen Essay: *Über
die Nasen.* In: ders.: *Gesammelte Schriften*, Bd.28, Aarau 1854, S.295–309.

[38] Michail Bachtin: *Literatur und Karneval*, übers. von Alexander Kämpfe, Frankfurt/M./
Berlin/ Wien 1985, S.15.

[39] Hrsg. von Hanns Bächtold-Stäubli, Bd.6, Berlin/ Leipzig 1934, Sp.969.

[40] Bd.5, Leipzig 1873, Sp.591.

[41] Norbert Neumann: *Vom Schwank zum Witz*, S.92.

[42] Goethe kannte den *Tristram Shandy* dank Herders Empfehlung schon seit der Straßburger
Zeit. Seinen ersten Lektüreeindruck erneuerte er später noch dreimal: 1817, 1826 und 1830. In seiner
Bibliothek befand sich der *Tristram Shandy* laut Ruppert (Nr.1533) im englischen Original in der
new edition, Altenburgh/ Leipzig 1772. Am 1. Oktober 1830, nicht lange nach Erscheinen der
Zweitfassung der *Wanderjahre*, schrieb Goethe in sein Tagebuch (WA III 12, S.311): »Zuletzt im
Tristram Shandy und bewunderte aber- und abermal die Freyheit, zu der sich Sterne zu seiner Zeit
emporgehoben hatte, begriff auch seine Einwirkung auf unsre Jugend. Er war der Erste, der sich
und uns aus Pedanterey und Philisterey emporhob.«

[43] Laurence Sterne: *The Life and Opinions of Tristram Shandy, Gentleman* (1759–1767), ed.
by Howard Anderson, Norton Critical Edition, New York/ London 1980, p.159. In der deutschen
Übersetzung von Otto Weith (*Leben und Meinungen von Tristram Shandy, Gentleman*, Stuttgart
1982, S.252f.): »deshalb/ definiere ich eine Nase wie folgt – wobei ich im vorhinein meine Leser,

Die am Ende des dritten Buches endlich erreichte definitorische Klarheit hebt zu Beginn des vierten Buches die Slawkenbergius-Erzählung wieder auf. In ihr bringt der vornehme Fremde, der – was den Vergleich mit Goethes »Wette« nahelegt – trotz seiner übergroßen Nase ein Muster an Schönheit, Höflichkeit und Großzügigkeit ist, nicht nur zahlreiche Nonnenklöster samt ihrer Äbtissinnen um den Nachtschlaf, er versetzt die ganze Stadt Straßburg derart in Aufruhr, daß für geschlagene vier Wochen an Handel und Gewerbe nicht mehr zu denken ist. Stattdessen finden überall in der Stadt Vorträge, Streitgespräche und gelehrte Dispute darüber statt, ob eine Nase dieses Ausmaßes echt sein könne und was die Möglichkeit einer solchen Nase vom Embryonalzustand an für die *conditio humana* bedeute. Auf der Gasse ist die Hypothesenbildung deutlich von geschlechtsspezifischen Interessen geprägt. Während die Männer die Nase des Fremden schon aus Schutz vor einem Vergleich, der für sie unvorteilhaft ausfallen könnte, zur Attrappe erklären müssen, wollen die Frauen sich durch Berührung von ihrer Echtheit überzeugen:

> [...] is it not, said she, whispering her husband in his ear, is it not a noble nose?
> »Tis an imposture, my dear, said the master of the inn --- »tis a false nose.---
> »Tis a true nose, said his wife.---
> »Tis made of fir-tree, said he,--- I smell the turpentine.---
> There's a pimple on it, said she.
> »Tis a dead nose, replied the inn-keeper.
> »Tis a live nose, and if I am alive myself, said the inn-keeper's wife, I will touch it.[44]

Berührung seiner Nase ist nun aber das, was der vornehme Reisende unter allen Umständen verhindern will bzw. allenfalls seiner Geliebten Julia gestatten würde. Um jederzeit bereit zu sein, seine Nase zu verteidigen, trägt er den Säbel ohne Scheide. Am Tag seiner erwarteten Rückkehr treibt die Neugier die Straßburger in Scharen auf die Landstraße der Nase des Fremden entgegen, wobei sie die Stadttore so weit offenstehen lassen, daß die Franzosen ihrer eigenen Nase folgen, einfallen und Straßburg erobern können: »it is not the first --- and I fear will not be the last fortress that has been either won --- or lost by Noses.«[45] Dank

männliche wie weibliche, von welchem Alter, Charakter und Stand auch immer, bei der Liebe zu Gott und zu ihren eigenen Seelen nur darum anflehe und beschwöre, vor den Versuchungen und Einflüsterungen des Teufels auf der Hut zu sein und nicht zuzulassen, daß er ihnen durch List oder Trug irgendeinen anderen Begriff in den Kopf setzt, als ich in meine Definition lege. – Denn unter dem Wort *Nase* in diesem langen Nasenkapitel und in jedem anderen Teil meines Werkes, wo das Wort *Nase* vorkommt – verstehe ich, so stelle ich fest, eine Nase und nichts mehr oder weniger.«

[44] *Tristram Shandy,* op. cit., p.181. In der Übersetzung von Otto Weith, op. cit., S.289ff.: »[...] ist das nicht, sagte sie ihrem Mann flüsternd ins Ohr, ist das nicht eine noble Nase?/ Ein Schwindel ist's, meine Liebe, sagte der Gastwirt –'s ist eine falsche Nase. – / Eine echte Nase ist's, sagte seine Frau. – / Sie ist aus Kiefernholz gemacht, sagte er,– ich rieche Terpentin. – / Es ist ein Pickel an ihr, sagte sie./ 's ist eine tote Nase, erwiderte der Gastwirt./ 's ist eine lebendige Nase, und so wahr ich selber lebendig bin, sagte die Frau des Gastwirts, ich will sie anfassen.«

[45] *Tristram Shandy,* op. cit., p.196. In der Übersetzung von Otto Weith, op. cit., S.315: »es ist nicht die erste – und wird, befürchte ich, auch nicht die letzte Festung sein, die durch Nasen genommen oder verloren wurde.«

militärischer Denotation, sexueller Konnotation stellt das Schlußwort des fiktiven
Erzählers der Binnengeschichte die Doppelsinnigkeit des Wortes »Nase«, die Tristram in der Rahmenhandlung kategorisch ausgeräumt hatte, ironisch wieder her.

Davon daß der Penis mitgedacht wird, wenn die übergroße Nase eines edlen
Fremden berührt wird, konnte Goethe nicht zuletzt wegen der großen Sterne-
Begeisterung weiter Teile des deutschen Lesepublikums ausgehen.[46] Im Unterschied zum Volksmund wird die große Nase, die den ersten Eindruck, den der
Fremde hinterläßt, dominiert, hier aber nicht als »Gurke«[47] bezeichnet. Im Gegenteil, daß sie wie die Nase von Sternes Reisendem »wohlgebildet« ist, muß ihr
auch der pubertäre Neid lassen. Und wie die Nase *groß*, ist der Bart *stark*. Beide,
das vermeintlich ikonische *und* das indexikalische Zeichen des Geschlechts, unterstreichen die außergewöhnliche männliche Potenz.[48] Ist die Posse, über die
die Scholaren sich vor Lachen ausschütten, weil sie auf eine nur schwach ver-
schlüsselte symbolische Kastration[49] hinausläuft, die Rache der Besitzlosen an
dem, der alles hat, was ihnen fehlt? Der Vornehme reist im Herrschaftswagen,
sie fahren mit der Ordinari-Post. Er ist im Vollbesitz seiner Männlichkeit, sie
sind sich ihrer Geschlechtsidentität noch nicht gewiß. Elsaghe vermutet zu Recht,
daß »der Fahrige« das Geheimnis beim Stelldichein mit der Tochter des Hauses
vermutlich deshalb durchsickern läßt, weil er die Geliebte *nicht anders* als verbal
zu unterhalten«[50] weiß. Wo beim Alten Potenz ist, ist bei den Jungen Potenz-
gehabe. Wenn die symbolische Kastration das Gefühl der Minderwertigkeit gegenüber der vollausgebildeten Männlichkeit des Herrn kompensiert, dann kippt
mit dem Glauben an *seine* Potenz auch der an die *eigene*, dann rührt die lachend
gelöste Verstörung über *seine* »Entmannung« an die eigene Kastrations*angst*. Die
Tabuverletzung gehört zur Gattungsnorm. Warum aber verlangt hier, was aus
Unkenntnis verzeihlich wäre, noch bis in die folgende Generation nach Rache?

Der »politische Gehalt einer Pointe läßt sich nicht vom Witztext erschließen«[51]. Um ihn zu verstehen, muß kultur- und sozialhistorisches Kontextwissen
beigezogen werden, in diesem Fall zur Sozialgeschichte der Ehre und des Duells.

---

[46] Die Subskriptionsliste für die lang erwartete *Tristram Shandy*-Übersetzung J.J. Chr. Bodes
(1774) umfaßt »über 600 Eintragungen, unter denen ein großer Teil der illustren Namen der Epoche
zu finden ist«, selbstverständlich auch derjenige Goethes. Peter Michelsen: *Laurence Sterne und
der deutsche Roman des achtzehnten Jahrhunderts*, Göttingen 1962, S.52. Zur Übersetzungsge-
schichte des *Tristram Shandy* auch: Wolfgang Hörner: Lorenz Sterne (I): Early German Translations, 1763–1800. In: *The Shandean* 4 (1992), pp.11–48.

[47] »*Große, unförmliche* Nasen heißt das Volk *Gurken* und vergleicht damit den Penis.« *Handwörterbuch des deutschen Aberglaubens*, Bd.6, Sp.970.

[48] Yahya A. Elsaghe: Nil praeter nasum?, S.311.

[49] Während die Nase hin- und hergebogen wird, fährt das Messer dem Fremden an die Kehle.
Elsaghe denkt hier an die »Entmannung des Kronos« durch »einen seiner Söhne« und deutet sie
im Anschluß an Freuds *Totem und Tabu* als Überwältigung des Vaters durch die »Brüderschar«.
Yahya A. Elsaghe: Nil praeter nasum?, S.315.

[50] Yahya A. Elsaghe: Nil praeter nasum?, S.313f.

[51] Norbert Neumann: *Vom Schwank zum Witz*, S.42.

Norbert Elias hat in seinen Untersuchungen über den »Prozeß der Zivilisation« gezeigt, wie das Vorrücken der Scham- und Peinlichkeitsschwellen mit dem Wandel des Gesellschaftsaufbaus der abendländischen Welt zusammenhängt, bei dem die natürlichen Verrichtungen des Menschen den Blicken der anderen zunehmend entzogen werden. In der absolutistisch-höfischen Phase erhält »jede Aktion im Zusammensein der Menschen den Sinn eines Prestigewertes«[52]. Verhaltensweisen werden im Bezug auf andere Menschen beurteilt und, »wenigstens in der weltlichen Oberschicht, untersagt, weil sie anderen lästig und peinlich sein können, oder weil sie einen ›Mangel an Respekt‹ verraten«[53]. Da den Herren der Anblick kreatürlicher Verrichtungen der Bedienenden zunehmend unangenehm wird, drängen sie »die sozial Niedrigstehenden in ihrer unmittelbaren Umgebung zu einer Zurückhaltung, die sie sich selbst zunächst durchaus nicht auferlegen«[54]. Wenn der Diener vor dem Herrn auf den Boden spuckt oder sich in die Hand, statt ins Taschentuch, schneuzt, ist das Ausdruck von Respektlosigkeit; der Herr kann sich umgekehrt vor dem Diener benehmen, wie er will. Für das Verständnis unserer Geschichte heißt das: Wenn der Herr dem Knecht befohlen hätte, ihn beim Rasieren an der Nase zu packen, läge keine Ehrverletzung vor. Daß der Barbier den Herrn von sich aus an der Nase faßt, ist zwar eine Grenzüberschreitung, die als »bäurische Sitte« (HA 8,381) gerügt wird, aber kein Verbrechen; im Gegenteil, mit der Ermahnung, Leute von Stande nicht bei der Nase zu fassen, sucht der Herr den Diener sogar vor zukünftigen »ungewollten« Respektverletzungen zu bewahren. Solange er mit ihm bei geschlossenen Türen und Fenstern allein ist, darf der Kammerdiener von der Kreatürlichkeit des Herrn durchaus wissen, die geteilte Intimität ist im Gegenteil sogar ein besonderer Gunstbeweis.[55] Zur Ehrverletzung wird die indezente Berührung erst dadurch, daß sie den Ehrenmann vor Zeugen öffentlich blamiert.[56] Er kann aus sozialen Gründen auf die Erniedrigung, die öffentlich geworden ist, weil sie beobachtet wurde und sich herumgesprochen hat, nicht *nicht* reagieren. In einem Wertsystem, in dem nur zählt, was einer in den Augen der anderen zu sein scheint, hat jede Form der Begegnung zwischen Menschen Repräsentationsfunktion. Ein Herr, der eine Beleidigung unbeantwortet läßt, verliert den Respekt seiner Standesgenossen,

---

[52] Norbert Elias: *Über den Prozeß der Zivilisation*, Bd.1, 5. Aufl., Frankfurt/M. 1978, S.188f.. Auch wenn die Scham, wie Hans Peter Dürr in *Intimität. Der Mythos vom Zivilisationsprozeß* (Bd.2, Frankfurt/M. 1990, bes.: S.256–269) behauptet hat, eine anthropologische Grundkonstante sein sollte, bleiben die Bemühungen von Elias, den historischen Wandel ihrer je besonderen und kulturell geprägten Ausformungen zu beschreiben, nach wie vor anerkennenswert.

[53] Norbert Elias: *Über den Prozeß der Zivilisation*, S.203f.

[54] Norbert Elias: *Über den Prozeß der Zivilisation*, S.205.

[55] Norbert Elias: *Über den Prozeß der Zivilisation*, S.189.

[56] Gemessen an Knigges Empfehlungen für das »Betragen des Dieners gegen den Herrn« verstößt St. Christoph gleichzeitig gegen drei Verhaltensregeln: Er mißbraucht das »Zutraun« des Herrn, dessen Brot er – wenn auch nur vorübergehnd – ißt, er stellt dessen körperlichen »Fehler« vor anderen aus und er überschreitet »die Grenzen der Ehrerbietung«. Adolph Freiherr von Knigge: *Über den Umgang mit Menschen*, S.232.

die feudale Identität.[57] Diese Schmach trifft mit der Ehre des einzelnen die des ganzen Standes, setzt selbst die des Königs, dem dieser dient, herab. Denn zur Zeit des Absolutismus war die Ehre »das staatserhaltende politische Prinzip monarchischer Staaten«[58]. Durch das Ehrprinzip wurde der Adel, der

> zunehmend in wirtschaftliche Abhängigkeit vom König geriet, in zweifacher Weise an den König gebunden. Zum einen lebt im Ehrbegriff der traditionelle Treue- und Pietätsgedanke gegenüber dem König fort; zum andern ist die ›Ehre‹ Voraussetzung für königliche ›Gunsterweise‹ und für ein vom König honoriertes Dienstverhältnis, also im Fall eines minderbegüterten Adligen [...] die materielle Basis eines standesgemäßen Lebens.[59]

In Lessings »Minna von Barnhelm« versucht die Titelheldin, »die Funktion des Ehrprinzips als eines politischen und sozialen Regulativs, das auch in die Privatsphäre hineinwirkt«[60], zu untergraben. In einem ihrer großen Dialoge führt sie Tellheims Berufung auf das Ehrprinzip durch die tautologische Replik: »Die Ehre ist – die Ehre«[61] *ad absurdum*. Sein Beharren auf der Ehrverletzung ist für sie Ausdruck der Fixierung auf die feudalistische Ideologie, die ein standesgemäßes Leben davon abhängig macht, daß es von außen zuerkannt wird.

Nachdem schon Luther den Begriff *honestum* im moralischen Sinn gebraucht hatte, Puritanismus und Pietismus für eine weitere Verinnerlichung des Ehrbegriffs gesorgt hatten, banden die Morallehren der Aufklärung von Wolff über Gottsched bis zu Justi die Ehre an ein tugendhaftes Leben und ersetzten die *äußere Ehre* zunehmend durch die *innere Ehre*, den Geburtsadel durch den Tugendadel. Die Überzeugung, daß »die Ehre unabhängig von der Beurteilung durch andere und allein dem persönlichen sittlichen Urteil über die eigenen Handlungen unterworfen«[62] sei, drang seit der Mitte des 18. Jahrhunderts in die Sittenlehren ein und fand ihren schärfsten Ausdruck in Kants Lehre von der sittlichen Autonomie des Menschen[63]. 1795 erklärte Fichte in dem Rechenschaftsbericht, in dem er sein Verlassen Jenas begründete, die Ehre zwar zu seinem höchsten handlungsleitenden Prinzip, band sie aber an das Urteil, das er selbst über die eigenen Handlungen fällte und das davon abhängig sei, ob er durch sie mit sich

---

[57] FA I 10, 1209.

[58] Wilfried Barner u.a.: *Lessing. Epoche – Werk – Wirkung*, 5., neubearb. Aufl., München 1987, S.261.

[59] Wilfried Barner u.a.: *Lessing*, S.261.

[60] Wilfried Barner u.a.: *Lessing*, S.262.

[61] *Minna von Barnhelm, oder das Soldatenglück*. In: *Gotthold Ephraim Lessings sämtliche Schriften*, Lachmann/ Muncker, Bd.2, Stuttgart 1886, S.242.

[62] Friedrich Zunkel: Ehre, Reputation. In: *Geschichtliche Grundbegriffe. Historisches Lexikon zur politisch-sozialen Sprache in Deutschland*, hrsg. von Otto Brunner u.a., Bd.2, Stuttgart 1975, S.26.

[63] Immanuel Kant: *Kritik der praktischen Vernunft*, Akademie-Ausgabe, Bd.5, Berlin 1908, Paragraph 7 und 8, S.30–39.

selbst »in Uebereinstimmung« bleibe.[64] In der Konsequenz dieses Ehrbegriffs liegt es, daß man *nur* von *sich selbst* entehrt werden kann.[65] Diese Entwicklung führte besonders im Offizierkorps zu Spannungen zwischen den sich ausschließenden Begriffen der inneren Ehre und der durch empfindliche rechtliche und soziale Sanktionen gewahrten ständischen Ehre. Im Offizierkorps herrschte schon aus Gründen der geistigen Kriegsvorbereitung ein ausgeprägtes Gruppenethos, das den einzelnen darauf verpflichtete, mit seiner Ehre zugleich die des ganzen Kollektivs zu wahren.[66] Weil sich in ihm zur Zeit des beginnenden Staatsabsolutismus offenbar die Anschauung herausgebildet hatte: »Wer den Degen führt [...], der ist in Dingen der niederen Gerichtsbarkeit frei, sein eigener Richter, sein eigener Rächer«[67], geriet das Offizierkorps zunehmend mit den Landesgesetzen in Konflikt. Schuld daran war sein ständischer Ehrbegriff und die mit ihm verbundene Praxis des Duells.

Das Ehren-Duell war eine spezifisch neuzeitliche Erscheinung. In Deutschland trat es unter spanischem und französischem Einfluß seit dem 16. Jahrhundert auf und verbreitete sich »durch die Völker- und Kulturmischung des Dreißigjährigen Krieges [...] fast in allen Ständen«[68]. Als eine Art Fehde, deren häufigstes Motiv die Rache war, war das Duell aber ein Bruch des Reichs- und Landfriedens. Seine Form der Selbsthilfe war mit der Bemühung des absoluten Monarchen unvereinbar, alle staatliche Machtvollkommenheit und allen Rechtsschutz in seiner Hand zu zentrieren. Deshalb wurden von Beginn des 17. Jahrhunderts an in fast allen deutschen Territorien Antiduellgesetze erlassen, die im Fall der Gesetzesübertretung strenge Strafen androhten. Schon 1617 schritt Kaiser Matthias in einem Edikt gegen solch ein »unzeitiges, unrechtmäßiges, vermessenes, blutiges Selbstgericht« ein und verfügte, daß die Suche nach einem Ausgleich der Obrigkeit zu überlassen sei.[69] Die Lösung eines Ehrkonflikts an obrigkeit-

---

[64] *Johann Gottlieb Fichte's Leben und literarischer Briefwechsel*, hrsg. von Immanuel Hermann Fichte, Bd.2, 2., verm. und verb. Aufl., Leipzig 1862, S.45f.

[65] In England vertritt der *Spectator* diesen Gedanken schon zu Beginn des Jahrhunderts. In Deutschland findet er erst seit der Jahrhundertmitte Anklang, beispielhaft in dem Fortsetzungsartikel *Die Raserey der Duelle*, der zwischen dem 11. und 29. August 1764 in den *Gelehrten Beyträgen zu den Braunschweigischen Anzeigen* (64.–69. Stück, S.506ff.) anonym erschien und so beginnt: »Der unsinnigste Irthum von der Welt ist die Einbildung, daß die Ehre durch eine Beleidigung verlohren gehe, und durch die Selbstrache wieder erlangt werde. Man mag diesen Irthum ansehen, von welcher Seite man will, so muß man eben so sehr über die Gewalt der Vorurtheile, womit er unzählig viel Menschen verblendet, als über die Raserey, worinn er sie stürzt, erstaunen. Das größte Erstaunen macht, daß dieser Irthum im Schooße des Christenthums, das uns die richtigsten, und reinsten Begriffe der Ehre gelehrt hat, groß gewachsen ist. Wir kennen keine andre Ehre, als diejenige, welche aus dem Zeugnisse, welches uns das Gewissen von unsrer Tugend giebt, herrührt [...]: *Niemand wird beleidigt als nur von sich selbst.*«

[66] Die folgenden Ausführungen stützen sich weitgehend auf Karl Demeters Studie *Das deutsche Offizierkorps in Gesellschaft und Staat 1650–1945*, Frankfurt/M. 1962, S.108–144, und die im Anhang zitierten Quellentexte: S.260ff.

[67] Karl Demeter: *Das deutsche Offizierkorps*, S.115.

[68] Karl Demeter: *Das deutsche Offizierkorps*, S.113.

[69] Karl Demeter: *Das deutsche Offizierkorps*, S.113.

liche Gerichte zu delegieren, galt im Offizierkorps jedoch als unehrenhaft. Wer beleidigt wurde, mußte vom Beleidiger Satisfaktion fordern und durch die Bereitschaft, das Leben für die Ehre aufs Spiel zu setzen, beweisen, daß die Beleidigung unberechtigt war. Wer nicht dazu bereit war, sich diesem Ehrbegriff zu unterwerfen, wurde aus dem Offizierkorps ausgeschlossen. Das erste preußische Duellverbot vom 17. September 1652[70] stellte das Duell zwar juristisch noch auf eine Stufe mit der Rauferei, »fürnehme Juristen« wollten das Duell allerdings gestatten, »wann ein fürnehmer Mann an seinen Ehren hefftig angegriffen worden/ und (copiam judicis) keinen Richter haben/ oder doch sein *contrapart* für Gericht zu erscheinen nicht angehalten werden kan«[71]. Sie billigten diesen offenbar das *ius de non appellando* zu, was faktisch auf eine »Usurpation eines nur den auserwählten Spitzen des Adelsstandes verliehenen Vorzugsrechtes durch die Gesamtheit dieses Standes«[72] hinauslief. Staatsrechtlich und staatspolitisch lag in dieser Inanspruchnahme eines Sonderstatus ein Anachronismus. Sie widersprach dem Gefüge des absoluten, zentralisierten Staates. Entsprechend wurden die Versuche der Gesetzgeber immer dringlicher, auch die Offiziere der geltenden Rechtsordnung zu unterwerfen.

Das Duell-Edikt von Kurfürst Friedrich III. – später der erste preußische König – vom 6. August 1688 betonte schon in der Einleitung, daß »der höchste GOTT seiner Majestät die Rache alleine vorbehalten«[73] habe. Auf die Duelle, die »dem gemeinen Besten grossen und unersetzlichen Schaden zufügen«, indem sie ihm nützliche Diener und die auf Akademien »studirende Jugend« entreißen, stand bis zur nächsten Revision des Gesetzestextes die Todesstrafe.[74] König Friedrich Wilhelm I. schränkte die Strafe 1713 aber wieder ein. Der Entwurf eines allgemeinen preußischen Landrechts von 1785 hielt in Paragraph 77 der Einleitung zwar unmißverständlich fest: »Dagegen ist Niemand sich durch eigene Gewalt Recht zu schaffen befugt«, sah bei Ehrstreitigkeiten aber ein Ehrengericht von Standesgenossen vor, womit der Zwiespalt »zwischen dem Recht des Staates und dem Ehrenkodex eines Standes« als Faktum anerkannt, »indirekt die Selbsthilfe der Offiziere in Ehrensachen sanktioniert« und »die Unzulänglichkeit des soeben erst neu kodifizierten Staatsgrundgesetzes offen eingestanden« war.[75] Selbst ein Herrscher vom Format Friedrichs des Großen kapitulierte vor der Macht der Standessitte und der Standeswillkür seiner Offiziere. Da er schon im folgenden Jahr starb, blieb das Allgemeine Landrecht Entwurf. Von nun an erhielt die konservative Richtung wieder Oberwasser. Kriegsrecht und Landesgesetz driften mehr und mehr auseinander. Einem kriegsgerichtlichen Urteil von 1809,

---

[70] Wortlaut in: Johann Friedrich Schulze: *Corpus Juris Militaris*, Berlin 1693, S.93–95.
[71] Johann Friedrich Schulze: *Corpus Juris Militaris*, S.92.
[72] Karl Demeter: *Das deutsche Offizierkorps*, S.114f.
[73] Wortlaut in: Johann Friedrich Schulze: *Corpus Juris Militaris*, S.219–236, Zitat. S.220.
[74] Johann Friedrich Schulze: *Corpus Juris Militaris*, S.220 und 225.
[75] Karl Demeter: *Das deutsche Offizierkorps*, S.119f.

daß in Duellsachen nur die Ehre anwendbar sei, widersprach König Friedrich Wilhelm III. zwar mit aller Schärfe: Nach den Duell-Gesetzen des Landes hänge es allein von »Seinem Befinden« ab, »ob und wie Er das ›Vorurteil‹ berücksichtigen und Gnade für Recht ergehen lassen wolle«.[76] Faktisch folgte der Verurteilung eines Duellanten die Begnadigung nach wie vor auf dem Fuße. Mit den Kabinettsordren vom 13. Juni 1828 und vom 29. März 1829 machte Friedrich Wilhelm III. zwar den Versuch, die Offiziersehre mit den Staatsgesetzen und den Vernunftprinzipien in Einklang zu bringen, indem er den Schwerpunkt der Ehre vom Äußeren ins Innere des Menschen verlegte und es zum Zeichen wahrer Ehre erklärte, Duelle durch sittliches Benehmen zu vermeiden. Aber schon die Immediatkommission zur Revision der Militärgesetze, die 1837 zusammentrat, um die Rolle der Ehrengerichte zu bestimmen, fiel in den alten Standesgeist zurück.[77] Davon, daß die rechtlichen Auswirkungen der Standesehre trotz der allmählichen Anerkennung der *inneren Ehre* in Deutschland noch bis weit ins 19. Jahrhundert wirksam blieben, zeugen die politischen Debatten über die Begriffe »Ehrenhaftigkeit«, »Bescholtenheit« und »Genugthuung« im Ersten Vereinigten Landtag in Berlin 1847[78] und im Bereich der Literatur Texte wie Hebbels »Maria Magdalene« (1844), Sudermanns »Die Ehre« (1890) und Fontanes »Effi Briest« (1896).

Vom Moment an, da der adelige Ehrbegriff zur Anwendung kommt, verselbständigt sich das Geschehen bei Goethe so, daß es eigentlich keine Handlungssubjekte mehr gibt. Die vermeintlichen Täter sind Opfer normativer Zwänge. Die Frage, wer an dem tragischen Ausgang schuld sei, wird, wenn nicht hinfällig, so doch zweitrangig. Indem Goethe den Begriff der Standesehre auf die jugendliche Respektlosigkeit diesem äußeren Ehrbegriff gegenüber prallen läßt, führt er uns die Normenkonflikte einer Zeit des Wertewandels vor Augen, in der die Notwendigkeit einer Satisfaktion vom Standort des Betrachters abhängt. Das vorerst komische, dann aber tragische Unverhältnis der Dinge besteht auf seiten des adeligen Herrn darin, einen Scholarenscherz ernst zu nehmen, mit Kanonen auf Spatzen zu schießen und sich darüber, daß man nicht getroffen hat, zu Tode zu grämen. Da der Herr Situationskomik als Ehrendelikt behandelt, ist die Schwankhandlung nicht – wie in der Gattung üblich – ort- und zeitlos. Sie setzt eine prekär gewordene Ständeordnung voraus, deren äußerer Ehrbegriff zwar noch weiterwirkt, aber zunehmend mit einem Begriff der inneren Ehre in Konflikt gerät, der standesunabhängig ist. Von ihm aus wären auch andere Reaktionsmöglichkeiten auf die Posse denkbar gewesen, auf die Goethes Schwank gerade dadurch verweist, daß er sie *nicht* ergreift.

---

[76] Karl Demeter: *Das deutsche Offizierkorps*, S.121.
[77] Karl Demeter: *Das deutsche Offizierkorps*, S.124.
[78] *Der Erste Vereinigte Landtag in Berlin 1847*, hrsg. von Eduard Bleich, Zweiter Theil, Berlin 1847, S.255ff. und 493ff.

Abb. 7: Rekrutenaushebung (Feder in Schwarz, grau laviert, über Bleistiftspuren, auf
weißem Papier, satirische Goethe-Zeichnung, März 1779)

So hätte ein humorvollerer Herr den Streich auch mit einem Gegenstreich beantworten, die öffentliche Bloßstellung umkehren und das gestörte Gleichgewicht auf heiterere Weise wieder herstellen können. Da das nicht geschieht, zeigt
der Text die Folgen einer Standesehre, die in Zeiten der Bedrängnis so zum
Korsett geworden ist, daß derjenige, der etwas zu verlieren hat, nicht mehr situationsgemäß reagiert, sondern reflexartig den Besitzstand verteidigt. Die un-
verhältnismäßig starke Reaktion auf die Verhöhnung seiner Herrenrolle ist ein
Zeichen dafür, daß der »Löwe« vorher schon angeschossen, die Selbstverständlichkeit der Standesprivilegien ohnehin schon untergraben war. Denn je mehr
der Adel im Gefolge der Französischen Revolution auch in Deutschland unter
Legitimationsdruck gerät, desto empfindlicher reagiert er auf Verletzungen seiner Standesehre, desto rigoroser klagt er den Respekt, der ihm gebührt, notfalls
auch mit gewaltsamen Mitteln ein. Gerade weil die »verkehrte Welt« in Frank-

reich Realität geworden ist, können fahrende Scholaren auch in Deutschland keine Fasnacht spielen, hat der Scherz auch hier zu viel sozialkritische Brisanz.

Der Herr, der seine fraglich gewordenen Standesprivilegien verteidigt wie ein Tier seine Jungen, ist ein Gegenbild zu Lothario in den »Lehrjahren« und Lenardo in den »Wanderjahren«. Ihren Bemühungen, auf dem Weg der Besitzreform gerechtere ökonomische und stabilere gesellschaftliche Verhältnisse zu schaffen, steht in ihm die reaktionäre Erstarrung der adeligen Standesehre gegenüber, die als Mittel des Ausgleichs einer Rechtsverletzung nur die moderne Form des Zweikampfs zwischen Gleichgestellten kennt: das Duell.[79] Läge eine mittelalterliche Märendichtung vor, dann müßte die Handlung in die Wiederherstellung eines ursprünglich verletzten Rechtszustandes münden. Hier wird die Ehre des gekränkten Herrn hingegen nie rehabilitiert; im Gegenteil, der Duell-Sieg des Barons über den Sohn des Gegners potenziert das Unrecht noch. Märchenhaft gerettet steht der eigentliche Täter abseits und kann die Hiobsbotschaft von der aus inneren Widersprüchen hervorgehenden Selbstzerstörung des Adels einer Gruppe von Menschen überbringen, die sich auf neue Gesellschaftsmodelle zubewegen. Wurde aus der »Überlistung des scheinbar überlegenen *tumben* durch den *wîsen*«[80] bei Goethe zunächst die unfreiwillige Selbstüberlistung des Klugen, dessen Torheit darin bestand, beim übereilten Gelderwerb die Unverläßlichkeit seiner Freunde nicht bedacht und die Folgen der Ehrverletzung eines Mannes von Stand nicht vorausberechnet zu haben, so wird daraus am Schluß die Selbstauflösung dieses Ehrprinzips. Im Gegensatz zu Elsaghe, der moniert, daß die schlechten Folgen »für das ganze Leben« (HA 8,383) sich »ohne innere Motivierung«[81] an die Schwankhandlung anschließen, halte ich die Erwähnung der Folgen für eine intendierte Erzählstrategie, die den »Kollaps des Erwartungsschemas«[82] *Ausgleich durch Revanche* herbeiführen will. Dann ist der Schluß der »Gefährlichen Wette« nicht Ausdruck von Goethes Vorbehalt gegen neue Gesellschaftsentwürfe[83], sondern ein indirekter Appell, die neue Ordnung nicht auf einem Unrechtsfundament zu errichten, ein Plädoyer für die Evolution.

---

[79] Albrecht von Boguslawski (*Die Ehre und das Duell*, Berlin 1896, S.91) bestimmt die Funktion des Duells auch am Ende des 19. Jahrhunderts noch so: »*Das Duell ist eine Form geregelter Selbsthülfe* auf einem Gebiet, wo der Rechtsschutz versagt [...]: Das Duell ist ferner eine Wiederherstellung der gegenseitigen Achtung durch das *Eintreten mit der Person*; und endlich ist das Duell ein *ehrenvoller Austrag* von Streitigkeiten, in denen Keiner dem Anderen weichen will.«

[80] Erich Straßner: *Schwank*, S.36.

[81] Yahya A. Elsaghe: Nil praeter nasum?, S.319.

[82] Wolfgang Preisendanz: *Über den Witz*, Konstanz 1970, S.28.

[83] Ulrich Stadler: Wilhelm Meisters unterlassene Revolte. In: *Euphorion* 74 (1980), S.360–374.

KAPITEL 10

Nicht zu weit:
Die Liebe wird tragisch oder zur Unversöhnlichkeit
von Liebe und Ehe

> Die Novelle stellt sich sinnlos um das Sinnlose darzustellen, sie gibt sich zerfahren,
> wahllos, zufällig um das Schwankende, Haltlose des Zustandes zu schildern, sie ist als
> Erzählung so wenig wie Odoardos und Albertinens Verbindung als Ehe lebensfähig.
> [...] Mit großem Formverstand strebt der Erzähler den Eindruck der sinnlos unvoll-
> ständigen Form an. Wir sind wieder überlistet. Es war nichts als eine neue Maske des
> Erzählers, der in einem Akt äußerster Willkür das Formlose selbst als Form setzte [...].[1]

Wie kommt Ernst Friedrich von Monroy zu diesem Urteil über die von
Goethe erst 1828 ausgearbeitete und als sperriges Versatzstück ins zehnte
Kapitel des dritten Buches der »Wanderjahre« eingefügte[2] Novelle »Nicht zu
weit«? Wie ihre romanischen Vorbilder hat auch diese Novelle ihren sozialen Ort
im gesprächsweisen Austausch eines geselligen Kreises. Im Kontext des Romans
kommt ihr die Funktion zu, die Handlungsmotive eines Mannes, der spät und
unmotiviert zum Bund der Auswanderer hinzustößt, für die neuen Freunde und
die Leser transparent zu machen. Sie erzählt die Vorgeschichte Odoards, der,
indem er mit seinem Projekt der Binnenkolonisation zu Lenardos Auswanderungsplan in Konkurrenz tritt, spät zum Gegenspieler der wichtigsten männlichen Figur im Text wird. Obwohl die Novelle auf einer von Friedrich gestalteten
Ich-Erzählung Odoards beruht, mit der dieser den Vorstehern des Bundes »von
den Angelegenheiten seines Geistes und Herzens fragmentarische Rechenschaft
zu geben« (HA 8,393) sucht, beginnt die schon durch den Titel »Nicht zu weit«
vom Romangeschehen abgerückte Erzählung auktorial:

> Es schlug zehn in der Nacht, und so war denn zur verabredeten Stunde alles bereit:
> im bekränzten Sälchen zu vieren eine geräumige, artige Tafel gedeckt, mit feinem
> Nachtisch und Zuckerzierlichkeiten zwischen blinkenden Leuchtern und Blumen
> bestellt. Wie freuten sich die Kinder auf diese Nachkost, denn sie sollten mit zu
> Tische sitzen (HA 8,393f.).

Was hat diese mit viel Liebe zum Detail geschilderte Biedermeieridylle mit Odoards
eben noch großspurig verkündetem Anliegen gemeinsam, den um Lenardo ver-

---

[1] Ernst Friedrich von Monroy: Zur Form der Novelle in *Wilhelm Meisters Wanderjahre*. In:
GRM 31 (1943), S.16 (falsche Interpunktion im Zitat).
[2] In einem seiner Schemata zu den *Wanderjahren* notiert Goethe (WA I 25 II, S.256): »Fragment, Man wage nicht zu viel.«

sammelten Männern, die sich zur Auswanderung nicht entschließen können, »auf mehrere Jahre« (HA 8,392) Arbeit und Brot zu bieten? Mit abruptem Wechsel vom Gesellschaftspolitischen zum Privaten, von der Zukunft des Kollektivs zur Vergangenheit des Individuums, reißt die Geschichte uns mitten in Vorbereitungen zu einer Geburtstagsfeier hinein, die trotz des epischen Präteritums szenisch vergegenwärtigt werden. Vorerst wird nicht einmal deutlich, daß der Vater, der das von den Kindern zu Ehren der Mutter einstudierte »Festgespräch« (HA 8,394) abhört, mit Odoard identisch ist. Es könnte sich um irgendeine Feier in irgendeiner Kleinfamilie handeln, wobei die vier Gedecke auf dem Tisch, für den Vater, die Mutter und trotz der späten Stunde ausnahmsweise auch für die beiden Kinder, auf ein bürgerliches Milieu schließen lassen. Im Adel wäre der Rahmen eines Festes nicht so intim.

10.1 Erzählsituationen, Perspektivierung, Interaktionsmuster zwischen den Figuren

»Die Zeit verstrich, von Viertel- zu Viertelstunde enthielt die gute Alte sich nicht, des Freundes Ungeduld zu vermehren« (HA 8,394), schon mit Beginn des zweiten Abschnitts mischen sich dunkle Töne in die Heiterkeit der Szenerie. Denn die Hauptperson fehlt. Sie stellt sich zur verabredeten Stunde nicht ein. Aufwendig vorbereitetes Geburtstagsfest ohne Geburtstagskind! Dafür, daß die Lücke in der Personenkonstellation nicht überspielt wird, sorgen die vom Erzähler in indirekter Rede wiedergegebenen Worte der Alten. Wiederholt malt sie dem Herrn die Konsequenzen des Fernbleibens seiner Frau anschaulich aus: Die Kerzen verlöschen, das Essen verkocht. Durch die Formulierung »enthielt sich nicht« deutet der Erzähler an dieser Stelle schon an, daß die Haushälterin gegen das Anforderungsprofil einer Dienstbotenrolle verstößt: Ihr Verhalten ist nicht nur indiskret, sondern intrigant. Sie bleibt im Verhältnis zu ihrer Herrschaft nicht neutral, sondern ergreift einseitig Partei. In einer an sich schon prekären Situation treibt sie noch einen Keil zwischen den Herrn und seine Frau. Wird sie vom Erzähler trotzdem als »gute Alte« bezeichnet, weil sie es wenigstens subjektiv gut meint mit ihrem Herrn, oder ist die positive Wertung ironisch gemeint? Die Idylle, die uns anfangs überraschte, ist jedenfalls jetzt schon gründlich zerstört. Stilistisch häufen sich die Negationen, Subjekt der Handlung ist die Ungeduld:

> Die Kinder aus Langerweile fingen erst *un*artig an, und aus *Un*geduld wurden sie *un*erträglich. Der Vater nahm sich zusammen, und doch wollte die angewohnte Gelassenheit ihm *nicht* zu Gebote stehen (HA 8,394, Hervorhebung von H.H.).

Kann das ungebärdige Benehmen der Kinder, die ein anderes Zeitempfinden haben als Erwachsene, auf das Warten an sich zurückgeführt werden, reicht es als Erklärung für die wachsende Unruhe des Vaters allein nicht aus. Objektiv ist auf der Ebene der erzählten Zeit erst eine halbe Stunde vergangen: »halb eilf Uhr war vorüber« (HA 8,394). Zudem gibt es keinerlei Hinweis darauf, daß er sich Sorgen um seine Frau macht. Der Verweis des Erzählers auf »die angewohnte Gelassenheit« des Herrn legt im Gegenteil die Vermutung nahe, daß dieser es gewohnt ist, auf seine Frau warten zu müssen, ihr Fernbleiben nicht die Ausnahme ist, sondern die Regel. Warum aber wirft ihn ein habituelles und damit erwartbares Verhalten seiner Frau so aus der Bahn?

> Zum Zeitvertreib forderte er noch eine Repetition von den Kindern; diese, im Überdruß unachtsam, zerstreut und ungeschickt, sprachen falsch, keine Gebärde war mehr richtig, sie übertrieben wie Schauspieler, die nichts empfinden. (HA 8,394)

Sind die Gebärden der Kinder nur durch die Repetition unecht geworden? Einstudiert waren sie ja von Anfang an. Je weiter der Abend voranschreitet, desto mehr drängt sich der Verdacht auf, daß das schöne Äußere des festlich geschmückten Sälchens ein gefährdetes Inneres maskieren, der zierlich gedeckte Tisch eine Familie zusammenführen soll, die keine ist, und das Geburtstagsgedicht für die Mutter Gefühle zum Ausdruck bringt, die niemand empfindet. Einmal stutzig geworden, fällt der Leserin die Häufigkeit auf, mit der der Erzähler gerade mit Bezug auf die Kinder Theatermetaphern gebraucht: die Kinder sind »geputzt und maskiert« und *erscheinen* »als die niedlichsten Zwillingsgenien« – als »solche wurden zum Beispiel Schlaf und Tod, Hypnos und Thanatos, dargestellt«[3] –, das »Festgespräch« wird inszeniert, nicht geführt, am Schluß wie von schlechten Schauspielern übertrieben, und wenn die herausgeputzten »Engelchen« (HA 8,394) am Ende ruhig auf dem Sofa schlafen, scheint diese Überwältigung durch ein kreatürliches Bedürfnis das Natürlichste an ihnen zu sein. Der Rest war von den Erwachsenen in Szene gesetzt. War die Rechnung ohne den Wirt gemacht? Wie verbindlich war die Verabredung für die Frau? Liegt ein Mißverständnis vor?

> Die Glocke schlug eilfe, meine Ungeduld war bis zur Verzweiflung gesteigert, ich hoffte nicht mehr, ich fürchtete. Nun war mir bange, sie möchte hereintreten, mit ihrer gewöhnlichen leichten Anmut sich flüchtig entschuldigen, versichern, daß sie sehr müde sei, und sich betragen, als würfe sie mir vor, ich beschränke ihre Freuden. In mir kehrte sich alles um und um, und gar vieles, was ich Jahre her geduldet, lastete wiederkehrend auf meinem Geiste. Ich fing an, sie zu hassen, ich wußte kein Betragen zu denken, wie ich sie empfangen sollte. (HA 8,394)

Wie die ersten beiden Abschnitte so beginnt auch der dritte mit einer präzisen Zeitangabe. Subjekt der Handlung ist die Zeit und die mit ihrem Verstreichen einhergehende Überwältigung durch die Gefühle. Odoards Affektreaktion steigert sich im Laufe einer Stunde von Ungeduld und leichtem Ärger zu Angst und Verzweiflung. Zudem entsteht durch den Wechsel von der Er-Erzählung zur Ich-Erzählung der Eindruck größerer Unmittelbarkeit. Denn nach kurzer auk-

---

³ FA I 10, 1230.

torialer Überleitung tritt der Redaktor zurück und überläßt dem Betroffenen selber das Wort. Mit der Änderung der Erzählsituation[4] geht ein Wechsel von der Außen- zur Innenperspektive einher, von der äußeren Handlung zum inneren Erleben. Dabei verschiebt sich der Fokus von der Gruppe auf den einzelnen, den Vater und sein ihm während des Wartens bewußt werdendes Verhältnis zu seiner Frau. Wir lernen die immer noch abwesende Gattin nur aus der gequälten Optik des Gatten kennen, werden in sein Erleben ihrer Verhaltensweisen hineingezogen. Denn die geschilderte Begegnung zwischen den Ehepartnern findet nur in seiner Vorstellung statt. Das Modalverb »möchte« und der Konjunktiv I unterstreichen die Möglichkeitsform der Interaktion. Was Odoard hier beschreibt, ist seine offenbar auf der Basis wiederholter Erfahrungen entwickelte Angstphantasie. Seine Aussageweise betont das Gewohnheitsmäßige, Habituelle des Interaktionsverlaufs. Dabei steht die Beiläufigkeit der von ihm ausgemalten Entschuldigung seiner Frau in auffälligem Kontrast zur Stärke seiner Affekte und seiner wenn auch nicht ausgesprochenen, so doch gedachten und allem Anschein nach berechtigten Vorwürfe. Die Tatsache, daß er eine Entschuldigung erwartet, impliziert seine Annahme, daß sie ihrerseits einen Vorwurf erwartet und diesem zuvorzukommen sucht, indem sie ihn umkehrt[5]: »und sich betragen, als würfe sie mir vor, ich beschränke ihre Freuden«. Dabei legen die »als ob«-Form der Aussage und der Konjunktiv II die Vermutung nahe, daß es sich nicht einmal in seiner Vorstellung um einen ausgesprochenen Vorwurf handelt, sondern um *seine Interpretation* ihres vermutlich *non*-verbalen Verhaltens. Ob die Gründe dafür, daß er von unausgesprochenen gegenseitigen Vorwürfen ausgeht, in ihm selbst liegen, in seiner Frau oder in der Geschichte ihrer Ehe, bleibt vorläufig offen. Ihre von ihm erwartete Versicherung, »daß sie sehr müde sei«, macht es allerdings wahrscheinlich, daß sie weder ihm explizit etwas vorzuwerfen noch sich seinen Vorwürfen zu stellen pflegt, sondern es normalerweise vorzieht, sich der Konfrontation mit dem Verweis auf ihre Müdigkeit zu entziehen. Wenn diese Vermutung stimmt, zeichnet sich diese Ehe dadurch aus, daß beide Partner auf der Basis stillschweigender Voraussetzungen miteinander umgehen, die nie offen ausgesprochen werden, weniger auf das Verhalten des anderen als auf die eigenen Erwartungen reagieren, so daß jeder mit seinen Ängsten, Hoffnungen, Befürchtungen allein und – da man »nicht nicht kommunizieren« kann[6] – auf Interpretationen des Verhaltens des anderen angewiesen bleibt. Ein solches In-

---

[4] Bei der Wahl der erzähltheoretischen Begriffe folge ich: Franz K. Stanzel: *Theorie des Erzählens*, 3. Aufl., Göttingen 1985, insbes. den Typenkreisen S.81 und 341.

[5] »Es scheint auch, daß die bevorzugte Angriffsmethode gegenüber dem anderen auf dem gleichen Prinzip basiert wie der Angriff, den man in der Beziehung des anderen zu einem selbst impliziert fühlt.« Ronald D. Laing: *Das geteilte Selbst*, 4. Aufl., Reinbek 1980 (engl. 1960), S.45. Dazu auch die eindrücklich verdichteten Beispiele eingeschliffener Interaktionsmuster in: Ronald D. Laing: *Knoten*, 8. Aufl., Reinbek 1980 (engl. 1970).

[6] Paul Watzlawick u.a.: *Menschliche Kommunikation*, 4.Aufl., Bern u.a. 1974 (amerik. 1967), S.53.

teraktionsmuster birgt die Gefahr, daß beide immer nur bestätigt finden, was sie
ohnehin schon gewußt haben, sich Vorurteile verfestigen und Emotionen, die
weder gezeigt noch beantwortet werden, aufstauen. Eines Tages reicht dann ein
nichtiger Anlaß aus, einen Dammbruch der Gefühle auszulösen. Diese zunächst
nur aus dem unterstellten Verhaltensmuster abgeleitete Konsequenz wird schon
im nächsten Satz von Odoard selber bestätigt: »In mir kehrte sich alles um und
um, und gar vieles, was ich Jahre her geduldet, lastete wiederkehrend auf meinem
Geiste.« Wie vorher die Zeit sind in Odoards Rede jetzt Erinnerungen und Gefühle das grammatische Subjekt, die sich durch ein Höchstmaß an Unbestimmtheit auszeichnen: »alles«, »vieles«. Was er den neuen Freunden als Ergebnis jahrelanger Selbstbeherrschung plausibel machen will[7], erscheint einem Leser nach
Freud eher als Resultat von Verleugnung und Verdrängung[8]. Wenn wir keine
bewußte Täuschungsabsicht unterstellen wollen, spricht die grammatische Form
seiner Aussageweise dafür, daß er nur in Ansätzen begreift, was in ihm vorgeht,
und der Gefühlsüberschwemmung hilflos gegenübersteht. Denn die Stärke des
Affekts: »Ich fing an, sie zu hassen«, steht in groteskem Mißverhältnis zu seinem
Auslöser. Mit der Wiederkehr des Verdrängten ist der abrupte Wechsel der Erwartungshaltung: »ich hoffte nicht mehr, ich fürchtete«, erklärt, die latente Ehekrise in eine manifeste umgeschlagen und Odoard seiner Verhaltenssicherheit
beraubt: »ich wußte kein Betragen zu denken, wie ich sie empfangen sollte.«
Auf die konventionalisierte Form des Umgangs miteinander, die dem Ehepaar
normalerweise hilft, prekäre Situationen zu überbrücken, kann er jetzt nicht
mehr zurückgreifen. Seine Reaktionen auf seine Frau lassen sich nicht mehr antizipieren. Er hat Angst vor sich selbst und weiß nicht, wie er das interaktive
Vakuum füllen wird. Was sich in dieser Lage einstellt, ist ein Fluchtimpuls: »Unter meinen Füßen brannte der Boden, ich begriff, ich verstand mich nicht, und
mir blieb nichts übrig als zu fliehen, bis nur die nächsten Augenblicke überstan-
den wären.« (HA 8,394) Odoard beherrscht seine Gefühle nicht, er wird von
ihnen beherrscht. Im Verlauf einer Stunde ist er vom Subjekt geplanter Aktivitäten zum Objekt instinktiver Impulse geworden und findet sich, ohne recht zu
wissen, wie er dahingekommen ist, auf der Straße. Bei Lichte besehen, ist sein
Konfliktlösungsverhalten von Albertines Art, zu versichern, daß sie sehr müde
sei, nicht so weit entfernt. Im Ernstfall neigen beide Partner dazu, einander auszuweichen. Rückblickend ist das erzählende Ich zwar in der Lage, sich vom
erlebenden Ich zu distanzieren: »Gleich dem jüngsten leidenschaftlichen Menschen, der nicht wo ein noch aus weiß, rannt' ich die Gassen hin und wider« (HA
8,395), nicht aber seinen Anteil an der Interaktionsdynamik zu verstehen.

Odoards Selbstdarstellung, die an dieser Stelle abbricht, sagt mehr, als ihm
selbst bewußt ist, über die Art der Interaktion in seiner Ehe aus, nichts aber

---

7 Klaus-Peter Hinze: *Kommunikative Strukturen in Goethes Erzählungen*, Köln/ Wien 1975, S.116.
8 Sigmund Freud: Die Verdrängung (1915). In: ders.: ST 3, S.103–118.

über deren Genese. Auf genau diesen Mangel weist der epische Erzähler hin, als er Odoards Bekenntnisrede mit einer auktorialen Leseransprache unterbricht:

> Wir haben, wie an dieser Stelle auffallend zu bemerken ist, die Rechte des epischen Dichters uns anmaßend, einen geneigten Leser nur allzu schnell in die Mitte leidenschaftlicher Darstellung gerissen. Wir sehen einen bedeutenden Mann in häuslicher Verwirrung, ohne von ihm etwas weiter erfahren zu haben (HA 8,395).

Mit diesem poetologischen Kommentar zieht der Erzähler den Leser aus dem Sog der Narration und befreit ihn von der Identifikation mit Odoards Perspektive. Indem er im folgenden die »gute Alte« sprechen und die Ereignisse desselben Tages noch einmal aus ihrer Sicht Revue passieren läßt, führt er eine neue, diesmal periphere Ich-Erzählerin ein und zeigt das Paar aus der Sicht einer vermeintlich unbeteiligten Zeugin:

> Ich hab' es längst gedacht, ich habe es vorausgesagt, ich habe die gnädige Frau nicht geschont, sie öfter gewarnt, aber es ist stärker wie sie. Wenn der Herr sich des Tags auf der Kanzlei, in der Stadt, auf dem Lande in Geschäften abmüdet, so findet er abends ein leeres Haus, oder Gesellschaft, die ihm nicht zusagt. Sie kann es nicht lassen. Wenn sie nicht immer Menschen, Männer um sich sieht, wenn sie nicht hin und wider fährt, sich an- und aus- und umziehen kann, ist es, als wenn ihr der Atem ausginge. (HA 8,395)

Die Wahrnehmung der Alten ist, das zeigt sich schon im ersten Satz, beschränkt, ihr Urteil durch und durch parteiisch. Sie berichtet nicht, sondern bewertet.[9] Für sie ist die Vergnügungssucht der Herrin an der Ehekrise schuld, der Herr ein Ausbund an Geduld. Dabei zeigt die Erinnerung an vergangene Gespräche, daß die Alte es gewohnt ist, sich in die Angelegenheiten der Familie einzumischen. Mit den Sprechakten des Warnens, Drohens, Ermahnens maßt sie sich gegenüber der Dame des Hauses sogar die überlegene Position einer Mutter oder Gouvernante an. Wie kommt die Dienerin dazu, selbst in Gedanken in diesem Ton mit der Herrin zu sprechen und dabei die rechthaberische Haltung derjenigen einzunehmen, die alles immer schon besser gewußt hat? Offenbar fällt sie ihre Werturteile von einem bürgerlichen Geschlechtsrollenverständnis aus, nach dem die Frau dem Mann ein trautes Heim bereiten soll, in dem er sich am Abend von den Strapazen des Arbeitstages erholen kann. Gegen diese fraglos anerkannte Norm verstößt die Gnädige in ihren Augen ständig, da sie das Haus zu oft verläßt oder den familiären Rahmen durch die Einladung von Gästen sprengt.[10] Auch scheint sie sich mehr für ihr Aussehen als für »Gesottenes und Gebratenes«

---

[9] Harald Weinrich: *Tempus. Besprochene und erzählte Welt*, 2. Aufl., Stuttgart u.a. 1971, bes.: S.28–54.

[10] Die fehlende abendliche Belohnung für die schwere Arbeit des Tages steht im Kontrast zur positiven Erwartung, mit der der tagsüber arbeitende Mann dem Abend in Goethes gleichzeitig entstandenem Altersgedicht *Der Bräutigam* (HA 1,386) entgegensieht. Dazu auch: Heinz Schlaffer: Poesie und Prosa. Liebe und Arbeit. Goethes *Bräutigam*. In: ders.: *Der Bürger als Held*, Frankfurt/M. 1973, S.51–85.

(HA 8,395) zu interessieren und ihre Repräsentationspflicht in einer Weise wahrzunehmen, die nicht dem Herrn zur Ehre gereicht, sondern ihr *eigenes* Bedürfnis
nach Bewunderung und Selbstbestätigung befriedigt. Wenn die Alte in der Un-
terschichtssprache, die ihre Redeweise kennzeichnet, über Albertine sagt: »es ist
stärker wie sie«, erscheint diese einem Leser des 20. Jahrhunderts als Opfer ihrer
Triebe, ein Zuhörer des 18. Jahrhunderts aber vernimmt ein vernichtendes moralisches Urteil. Triebhaft ist vielleicht ein Stallknecht, aber nicht die Herrschaft
– und schon gar nicht die verehrte gnädige Frau. Doch das Urteil scheint nicht
frei von Neid und Mißgunst, denn die Herrin nimmt sich Freiheiten heraus, die
der Haushälterin aufgrund ihres Alters und ihrer sozialen Stellung nicht zustehen. Zudem ist es aus akuter situativer Verärgerung heraus gesprochen, denn
die Alte muß das Nicht-Erscheinen Albertines als Mißachtung ihrer Vorberei-
tungsarbeit für das Festessen empfinden. Immerhin aber holt sie, indem sie den
Verlauf des Tages aufgebracht rekonstruiert, für uns das fehlende Stück Vorgeschichte des Geburtstags nach:

> Heute an ihrem Geburtstag fährt sie früh aufs Land. Gut! wir machen indes hier
> alles zurecht; sie verspricht heilig, um neun Uhr zu Hause zu sein; wir sind bereit.
> Der Herr überhört die Kinder ein auswendig gelerntes artiges Gedicht, sie sind
> herausgeputzt; Lampen und Lichter, Gesottenes und Gebratenes, an gar nichts fehlt
> es, aber sie kommt nicht. (HA 8,395)

Warum verbringt Albertine ihren Geburtstag außer Haus? Waren die Vorbereitungen, die getroffen wurden, nicht in ihrem Sinn? Fehlt es vielleicht doch an
etwas? »Lampen und Lichter, Gesottenes und Gebratenes«, wo es um den ihr
anvertrauten Bereich geht, spricht die sonst sprachlich beschränkte Alte in Alliterationen. Auch ihr Gebrauch der Personalpronomina verrät, welche Grup-
penbildung sie vornimmt: »sie« – »wir«, »sie« – »wir«, »der Herr« – »sie«. In
der modernen Filmtheorie würde man von einer Schnitt-Gegenschnitt-Technik
sprechen. Mit dem Herrn und den Kindern sieht die Alte sich in einer Front
gegen die allzu autonome gnädige Frau. Diese wird nie mit jemand anderem im
gleichen Atemzug genannt, sie steht allein. Ja es ist nicht übertrieben zu sagen,
daß die Alte in ihrer Rede den Platz der abwesenden Herrin einnimmt. In erotischen Dingen verrät ihr Urteil eine Orientierung an der bürgerlichen Doppelmoral. Eine gewisse Verführbarkeit, die sie der Dame vorwirft, gesteht sie dem
Herrn des Hauses durchaus zu. Bei ihm wäre ein Seitensprung, wenn er geschähe,
reaktiv: »eine Schöne paßt ihm längst auf, bemüht sich um ihn. Wer weiß, wie
er bisher gekämpft hat. Nun bricht's los« (HA 8,395f.). Ob Albertines Hunger
nach männlicher Aufmerksamkeit vielleicht auch auf einen Mangel *re*agiert, diese
Frage stellt sie sich nicht einmal. Ihre Verspätung trotz des heiligen Versprechens
kann für die vermutlich religiöse Alte nur bedeuten, daß nicht einmal ein religiöser Eid die Dame bindet. Was immer Albertine tut, die Alte wird ihr vorge-
faßtes Urteil nur bestätigt finden. Sie ist in bezug auf den weiblichen Teil ihrer

Herrschaft keine verläßliche Informantin. Dafür hat sie umso mehr Sympathie für den gnädigen Herrn. Ihre Beurteilung seines Verhaltens deckt sich weitgehend mit seiner Selbsteinschätzung:

> Der Herr hat viel Gewalt über sich [...]. Nun bricht's los, diesmal treibt ihn die Verzweiflung, seinen guten Willen nicht besser anerkannt zu sehen, bei Nacht aus dem Hause, da geb' ich alles verloren. Ich sagt' es ihr mehr als einmal, sie solle es nicht zu weit treiben. (HA 8,395f.)

Diese Stelle ist umso wichtiger als sie den Titel »Nicht zu weit«, den der Redaktor der Novelle vorangestellt hat, als Zitat des Urteils der Alten über Albertine ausweist, als Zitat einer Warnung, die trotz ihrer würdigen Herkunft aus der Antike[11] in diesem Fall einer parteiischen, spießig kleinbürgerlichen, zudem von Mißgunst geprägten Doppelmoral entspringt. Die durch den Titel suggerierte Frage, wer es hier in welcher Hinsicht wie zu weit treibe, wird durch die Haltung derjenigen Figur diskreditiert, die eine allzu rasche Antwort auf sie parat hat. Offenbar verfolgt der Redaktor hier eine Redestrategie, die in der klassischen Rhetorik als *permissio* bekannt ist, als scheinbare Aufforderung zur Befolgung eines falschen Rates.[12] An der Absichtserklärung des Erzählers, mit dem Monolog der Alten »einigermaßen den Zustand aufzuklären« (HA 8,395), in dem Odoard sich befindet, fällt rückblickend vor allem das Modaladverb auf. Je klarer die Urteile jener Frau, die wir von Anfang an als parteiisch kennengelernt haben, sind, desto schwieriger wird die Deutung des Geschehens für den Leser. Auch der zu Odoards Perspektive zurückführende poetologische Kommentar: »Suchen wir den Freund nun wieder auf und hören ihn selber« (HA 8,396) deutet an, daß mit dem Urteil der Alten über diese Ehe nicht das letzte Wort gesprochen ist.

Mit der Darstellung seiner nächtlichen Ankunft »in dem angesehensten Gasthofe« (HA 8,396) setzt im epischen Präteritum Odoards Ich-Erzählung wieder ein. Seine Frage an den Kellner, »ob nicht Fremde angekommen oder angemeldet seien?« (HA 8,396), ist dialogstrategisch zunächst Ausdruck der Verlegenheit, seinen Wunsch nach einem Nachtquartier in der Nachbarschaft seines eigenen Hauses zu motivieren. »Ich fand es meiner Lage gemäß, das Märchen fortzusetzen« (HA 8,396), so begründet Odoard vor dem Bund, daß er den Gasthof zum

---

11 Erich Trunz vergleicht die Funktion der Alten, die ein Urteil »aus der Welt des Mittelmaßes« ausspricht, mit der des antiken Chors (HA 8,658f.). Der griechische Leitspruch μηδέν ἄγαν: »nichts zu viel«, poetisch: »nicht zu weit«, geht auf Solon von Athen, einen der sieben Weisen zurück, der athenischer Staatsmann, Begründer der Demokratie und Landreformer war. Solons Spruch erscheint zum ersten Mal bei Platon im *Protagoras* (343 a–b. In: ders.: *Werke*, Griechisch und Deutsch, übers. von Friedrich Schleiermacher, Bd.1, Darmstadt 1990, S.170f.), dort allerdings ohne namentliche Zuschreibung. Der Selbstdarstellung in seinen Fragmenten nach (36, 3–15. In: *Delectus ex iambis et elegis Graecis*, vol.1: *Greek poetry*, ed. Martin Litchfield West, Oxford 1980, p.179) schaffte Solon die Schuldknechtschaft ab, befreite verpfändetes Land und holte emigrierte Landsleute zurück.

12 Heinrich Lausberg: *Elemente der literarischen Rhetorik*, 4. Aufl., München 1971, S.141, Paragraph 429,2.

Empfang fiktiver Gäste vorbereiten ließ. Im Kontext des Romans ist mit dem Zeichenträger »Märchen« zugleich aber auch ein indirekter Verweis auf »Die neue Melusine« gegeben. Während die Lügengeschichte des Barbiers damit beginnt, daß er beschreibt, wie er als junger Kerl durch Flirten mit der Köchin seine Zeche zu verringern suchte, erwähnt Odoard, daß er sich in jener Nacht freiwillig für die Zeche fiktiver Fremder verbürgte. Durch den intratextuellen Bezug auf das vermeintlich selbsterlebte Märchen gerät auch die Ich-Erzählung Odoards ins Zwielicht. Handelt es sich bei seiner Frage nach der Ankunft fremder Gäste wirklich nur um eine Notlüge? Oder haben wir es hier in mehr als einem Sinn mit einem »Märchen« zu tun? Wir sehen Odoard hin- und hergerissen zwischen Selbstanklage und -verteidigung, Rationalisierung und unbändigem »Verdruß«. Er ist vor die Alternative gestellt, sein Leben »im gewohnten Gange« (HA 8,396) fortzusetzen oder die Sprache der Gefühle ernst zu nehmen. Der Leserin scheint der »gewohnte« Gang für Odoards Ehe inzwischen mindestens so gefährlich wie Albertines Neigung, sich »mit ihrer gewöhnlichen leichten Anmut« flüchtig zu entschuldigen. Wieder steckt im Bezug auf die Verhaltensweisen von Mann und Frau schon in der Wortwahl eine verräterische Analogie. Beide verlassen sich lieber auf das Eingespielte, Konventionsgesteuerte als auf ihre aktuelle Wahrnehmung des Partners und der Situation. Damit kooperieren sie letztlich in der Kontraoperation.[13]

Odoard im inneren Widerstreit: An diesem Punkt schaltet sich der Redaktor wieder ein. In einer erneuten Leseransprache weist er explizit auf das Mißverhältnis zwischen der leidenschaftlichen »Bewegung« des Mannes und dem »gering scheinenden Vorfall« (HA 8,396), der sie ausgelöst hat, hin und provoziert damit die Leserin, sich nach den wahren Ursachen zu fragen. Spielerisch den Zusammenfall von Erzählzeit und erzählter Zeit fingierend: »Wir benutzen die Pause, die hier in das nächtliche Abenteuer eintritt [...]«, beginnt der Erzähler, auktorial die Vorgeschichte Odoards nachzuholen: »Wir lernen Odoard als den Sprößling eines alten Hauses kennen« (HA 8,396). Die auktoriale Form, obwohl auf Odoards »Bekenntnisaussage«[14] basierend, suggeriert ein erhöhtes Maß an Objektivität oder mindestens intersubjektiver Überprüfbarkeit. Was wir im Verlauf dieser Er-Erzählung über Odoard erfahren, ist folgendes: Odoard, vermutlich adlig von Geburt, was die »durch eine Folge von Generationen« *vererbten* »Vorzüge« (HA 8,396) nahelegen, hat durch militärische Schulung, Hofdienst, Reisen und diplomatische Sendungen eine so umfassende Bildung des Geistes, des gesellschaftlichen Anstands und des Verhandlungsgeschicks beim Umgang

---

[13] Die *conversational analysis* hat modelltheoretisch erfaßt, daß eine der jeder Interaktion zugrundeliegenden und stillschweigend als gegeben vorausgesetzten interaktionslogischen Regeln das Kooperativitätsprinzip ist, das auch dann wirksam bleibt, wenn die Partner miteinander streiten oder einander bekämpfen. Vgl.: H. Paul Grice: Logic and Conversation. In: *Speech Acts*, ed. by Peter Cole and Jerry L. Morgan, New York/ San Francisco/ London 1975, pp 41–58.

[14] Klaus-Peter Hinze: *Kommunikative Strukturen*, S.108.

mit streitenden Parteien erworben, daß ihm eine glänzende diplomatische Laufbahn ebenso sicher zu sein schien wie eine glänzende Partie:

> Einen so vorzüglichen Mann sich anzueignen, war der erste Minister bedacht; er
> verheiratete ihm seine Tochter, ein Frauenzimmer von der heitersten Schönheit und
> gewandt in allen höheren gesellen Tugenden. Allein wie dem Laufe aller mensch-
> lichen Glückseligkeit sich je einmal ein Damm entgegenstellt, der ihn irgendwo
> zurückdrängt, so war es auch hier der Fall. An dem fürstlichen Hofe wurde Prin-
> zessin Sophronie als Mündel erzogen [...] (HA 8,397).

Odoard hat Albertine also nicht geheiratet, sie wurde ihm *verheiratet*. Der um-
fassend gebildete, tüchtige und willensstarke Mann war – wie im Adel üblich –
nicht Subjekt, sondern Objekt dieser Wahl. Regie bei dieser Heiratspolitik führte
der Minister, dessen Wünschen Odoard sich aus Karrieregründen fügte. Darüber, ob das bereitwillig oder wider sein besseres Wissen geschah, sagt der Text
vorerst nichts aus. Auffällig ist nur, wie oberflächlich seine Frau charakterisiert
und wie beiläufig die Eheschließung erwähnt wird. Albertine scheint dieser Skizze zu Folge nur eine zwar schöne, aber leere Gesellschaftslarve zu sein. Verglichen mit späteren Erzählerkommentaren ist das auktoriale Urteil über sie hier
aber trotzdem noch neutral; »heiter« hat in der Alterssprache Goethes sogar
ausgesprochen positive Konnotationen. Doch unmittelbar auf die Erwähnung
der Heirat folgt bereits die erste adversative Konjunktion: »Allein«; kaum ist die
Ehe geschlossen, tritt schon die Dritte auf den Plan: Prinzessin Sophronie. Der
Erzähler geht sofort dazu über, deren Vorgeschichte nachzuholen, Albertine,
eben noch die Braut, ist schon kein Thema mehr. Wer mit Goethes Lyrik vertraut
ist, dem fällt an dem generalisierenden Erzählerkommentar der Gebrauch der
Wassermetaphorik auf. Das Bild jenes Staudammes, der dadurch entsteht, daß
ein zielstrebiger Wasserfall durch einen Bergsturz aufgehalten und zurückgestaut
wird, kennen wir aus »Mächtiges Überraschen« (HA 1,294), aus jenem Gedicht,
das den Sonett-Zyklus von 1807/08 einleitet.[15] Dort aber entsteht durch den
Zusammenprall zweier elementarer Kräfte etwas Neues: ein Stausee. In der Novelle liegen die Verhältnisse anders. Hier läßt es die Wassermetaphorik beim
Zusammenprall von Kraft und Gegenkraft bewenden. Was daraus entsteht, ist
eine offene Frage. So viel aber wird deutlich: Hier liegt der eigentliche Konflikt,
die Wende in Odoards vorher gradliniger Lebensbahn.

Prinzessin Sophronie, Kind des Hochadels, vaterlos, wird am Hof des Fürsten
»als Mündel erzogen« (HA 8,397) und kann weder über ihr Leben noch über ihr
Erbe selbständig verfügen. Sie ist Gegenstand höfischer Heirats- und Erbschafts-
politik. Von ihr wird Loyalität gegenüber dem Stammhaus und die Erhaltung des
Familienkapitals für kommende Generationen erwartet.[16] Um komplizierte Erör-

---

[15] Vgl. dazu den Kommentar von Erich Trunz: HA 1,540–544.
[16] Vgl. die Darstellung der historischen Familienkonflikte im katholischen Stiftsadel Westfalens in: Heinz Reif: Väterliche Gewalt und »kindliche Narrheit«. In: *Die Familie in der Geschichte*,
hrsg. von H.R., Göttingen 1982, S.90f.

terungen ihrer Vermögensverhältnisse zu vermeiden, will »man« sie ohne Rücksicht auf Alter und Neigung an den erheblich jüngeren Erbprinzen verheiraten.
So stehen die Dinge, als Odoard »in den Verdacht einer Neigung zu ihr« kommt,
den eine unvorsichtige Bemerkung von ihr zu seinen Gunsten noch verstärkt:
»man fand, er habe sie in einem Gedichte unter dem Namen Aurora allzu leidenschaftlich gefeiert« (HA 8,397). Selbstverständlich gibt es außer Odoard und Sophronie nur unpersönliche Subjekte, die Gerüchte-Köche und die Drahtzieher der
höfischen Interessenpolitik bleiben ungenannt. Einmal in die Welt gesetzt, wirkt
der »Verdacht« als Handlungsmotor. Alle folgenden Schritte sind durch ihn bestimmt. Sogar die Heirat Odoards erscheint in einem neuen Licht. Eben noch
ein positives Mittel der Karriereförderung, scheint sie jetzt negativ als Instrument,
den drohenden Karriereabbruch abzuwehren. Dadurch entsteht eine Diskrepanz
zwischen »story« und »discourse«[17], Geschehen und Geschichte. Die Chrono-
logie der Ereignisfolge wird gegenüber dem, was der Diskurs und die Bildlichkeit
vorerst suggeriert haben, umgekehrt. Odoards Hochzeit ging dem Zwischenfall
mit Sophronie nicht voraus, sondern folgte ihm. Die durch den Staudamm be-
hinderte »Glückseligkeit«, war nicht die durch die Dritte gestörte Zweisamkeit
der frisch Vermählten, sondern Odoards beruflicher Erfolg. Die Heirat mit Albertine wurde Odoard nicht nur nahegelegt, sie war Resultat der Erpressung durch
die Vorgesetzten. Eine Weigerung wäre einer Bestätigung des Verdachts, er betreibe insgeheim seine Beziehung zu Prinzessin Sophronie, gleichgekommen und
hätte seine soziale Ächtung zur Folge gehabt. Doch selbst mit der Eheschließung
kommt Odoard aus dem Gerede nicht heraus. Alles Wichtige spielt sich hinter
den Kulissen ab. Odoard muß sich durch seinen raschen Aufstieg Feinde gemacht
haben, die nach Gründen suchen, ihn vom Hof zu entfernen. Wieviel Wahres
an dem weiter genährten Gerücht und wieviel Zeit inzwischen verstrichen ist,
wissen wir nicht. Jedenfalls kommt es erneut zum Skandal. Diesmal sind die Verhältnisse noch verwickelter. Der Undurchsichtigkeit der politischen, dynastischen
und ökonomischen Schachzüge des Hochadels entspricht die Vagheit der Beschreibungssprache: »Die Staats- und Erbschaftsverhältnisse, ob man sie gleich so
wenig als möglich zu berühren suchte, kamen doch manchmal zur Sprache.« (HA
8,398) Offenbar gibt es Ratgeber des Fürsten und stille »Anhänger der Prinzessin«, eine Partei und eine Gegenpartei. Die eine wird vom Fürsten angeführt
und will – vermutlich, weil der Erbprinz für die Hochzeit noch zu jung ist –
Zeit gewinnen, die andere hofft auf Vermittlung durch den benachbarten alten
König und wünscht »die edle Dame in größerer Freiheit zu sehen« (HA 8,398).

Odoard kam in Verdacht, bei einer bloß zeremoniellen Sendung dorthin das Geschäft, das man verspäten wollte, wieder in Anregung gebracht zu haben. Die Wi-
dersacher bedienten sich dieses Vorfalls, und der Schwiegervater, den er von seiner

---

17 Ich gebrauche den Diskursbegriff hier und im folgenden im narratologischen, nicht im
poststrukturalistischen Sinne. Vgl.: Seymour Chatman: *Story and Discourse. Narrative Structure in
Fiction and Film*, fifth printing, Ithaca/ London 1989 (1978).

Unschuld überzeugt hatte, mußte seinen ganzen Einfluß anwenden, um ihm eine Art von Statthalterschaft in einer entfernten Provinz zu erwirken. (HA 8,398)

Die deiktische Richtungsangabe »dorthin« muß sich auf den Hof des benachbarten Königs beziehen. Seinem sonstigen Vermittlungsgeschick zum Trotz, muß Odoard dieses Mal auf dem höfischen Parkett ausgeglitten und zwischen die Fronten der Interessenpolitik geraten sein. Ihm wird vorgeworfen, ohne Auftrag am Königshof die Interessen der Prinzessin vertreten und damit die seines Fürsten verletzt zu haben. Wie ist dieses diplomatische Ungeschick zu erklären? Ist Odoard, gemessen an den höfischen Verhaltensregeln, wirklich so »unschuldig«, wie er seinen Schwiegervater glauben macht, oder beherrscht er die Spielregeln der Diplomatie nicht mehr, wenn er unbewußt in eigener Sache spricht? Wenn wir die Art der Fehlleistung nicht präzisieren können, so doch das Ausmaß ihrer Konsequenzen. Sie bricht dem erfolgversprechenden jungen Gesandten am Hof sozial das Genick, und nur die Strafversetzung in eine entlegene Provinz, die der Schwiegervater erwirkt, verhindert das vollständige Scheitern der Karriere. Doch die Hofintrige, die den kleinen Patzer hochgespielt hat, versetzt Odoard in eine Lage, in der er seine Kräfte und Talente weit besser nutzen kann als zuvor. Unerwartet macht die erzwungene Lebenswende seine volle berufliche Entfaltung möglich.

»Nicht so empfand es seine Gattin, welche nur in größern Zirkeln ihre Existenz fand und ihm nur später notgedrungen folgte.« (HA 8,398) Schärfer als durch diese Negation an pointierter Stelle könnte der Kontrast zwischen dem Zuwachs seines Handlungsspielraums und der Reduktion desjenigen seiner Frau kaum betont werden. Erstmals gibt uns der Erzähler einen Anhaltspunkt, wie die Geschichte dieser Ehe aus der Sicht der Frau aussehen könnte: Odoards Strafversetzung hat Albertine aus ihrem Bezugsfeld herausgerissen. Höfisch erzogen, ist sie auf dem Lande fehl am Platz. Ihr Lebensinhalt sind die großen gesellschaftlichen Anlässe. Sie findet im Gegensatz zu ihm für deren Verlust keine Entschädigung in der Arbeit. Auch wenn das Verlassen des Hofes objektiv auch für Albertine eine Chance sein könnte, sich von der Gesellschaftsdame zur gebildeten Frau und zur Partnerin Odoards zu entwickeln, wird es von ihr subjektiv nicht so empfunden. Sie sieht sich als Opfer der Intrige, die auch Odoard gestürzt hat. Ihre Erwartungen an ein Leben mit ihm werden enttäuscht. Ihr Lebensraum ist von nun an die Provinz. Da sie offenbar nicht bereit ist, sich mit Gegebenheiten abzufinden, an deren Zustandekommen sie unbeteiligt war, verspielt sie umgekehrt die Chance zur Intimisierung der menschlichen Beziehungen, die die eher bürgerliche Lebensform mit sich bringen könnte. Ihre Wahrnehmung ist auf den Verlust fixiert und übersieht den möglichen Gewinn. Umgekehrt ist seine fast übermenschliche Toleranz Aktivitäten gegenüber, die seinem Wertsystem nicht mehr entsprechen und sogar Besuche eines Verehrers einschließen, ein Wiedergutmachungsversuch:

Er betrug sich so schonend als möglich gegen sie und begünstigte alle Surrogate ihrer bisherigen Glückseligkeit, des Sommers Landpartien in der Nachbarschaft, im Winter

ein Liebhabertheater, Bälle und was sie sonst einzuleiten beliebte. Ja er duldete einen
Hausfreund [...], ob er ihm gleich keineswegs gefiel, da er ihm durchaus, bei seinem
klaren Blick auf Menschen, eine gewisse Falschheit anzusehen glaubte. (HA 8,398)

Wir beginnen zu verstehen, warum Albertine ihren Geburtstag außer Haus verbringt und die Kinder bis spät in die Nacht aufbleiben müssen, um ihrer Mutter
ein einstudiertes Gedicht aufsagen zu können. Albertine ist andere Feste gewöhnt. Der kleinfamiliäre Rahmen entspricht ihr nicht. Die verabredete Zweiteilung des Geburtstags: Albertine tagsüber »in guter Gesellschaft« (HA 8,403),
abends mit Mann und Kindern zu Hause, ist ein Kompromiß, ein Versuch, ein
adliges Lebenskonzept mit einem bürgerlichen zu versöhnen. Odoard, der dem
höfischen Lebensstil den Rücken gekehrt hat und sich zunehmend an bürgerlichen
Werten orientiert, kooperiert, weil er sich Albertine gegenüber schuldig fühlt,
setzt aber auch ein Minimum an eigenen Interessen durch. Mindestens am Abend
soll noch ein gemeinsames Essen stattfinden, wenigstens der Schein familiären Zu-
sammenhalts soll gewahrt bleiben. Die Theatermetaphern, die sich anfangs häuf-
ten, offenbaren ihren tieferen Sinn. Wir sind der Konfliktgenese auf der Spur.

Damit ist der Punkt erreicht, an dem der Erzähler unter Hinweis auf seinen
Informanten Friedrich die »vertrauliche[.] Eröffnung« (HA 8,398) abbrechen
und seinen Helden dort wieder aufsuchen kann, wo er ihn verlassen hat, in seinem Gasthofzimmer. Er-Erzählung geht wieder in Ich-Erzählung, Außenper-
spektive in Innenperspektive über, und mit dieser stellt sich auch der Ärger und
der vorwurfsvolle Hinweis auf das zuhause unberührt gebliebene Abendessen
wieder ein. Doch mit der tatsächlichen Ankunft der von ihm nur erfundenen
Fremden ändert sich die Szenerie. Der vierspännige Herrschaftswagen läßt auf
Reisende von hohem Stand schließen. Entsprechend hält der Kellner sie sofort
für die von Odoard erwarteten Gäste: »Da sind sie!« (HA 8,399) Im Gegensatz
zur Melusine kommt die anmutige junge Fremde hier nicht allein, sondern – wie
es den Reisevorschriften der Zeit entspricht – in Begleitung einer älteren Dame
und einer Kammerzofe an. Trotzdem hat die zumindest Odoard überraschende
Ankunft der Damen auch hier einen märchenhaften Zug. Eine *dea ex machina*
verhilft seiner Notlüge zur Realität. Als Erzähler, der die Ereignisse jener Nacht
rekonstruiert, erteilt Odoard nur dem Kellner direkt das Wort, die eigenen Ge-
prächsanteile gibt er, als müsse er sie so verschleiern wie den Fremden gegenüber
seine Anwesenheit, in indirekter Rede wieder.

Im Moment, wo der Kellner die Szene verläßt, teilt sich der Schauplatz in
ein Oben und Unten. Von nun an spielen sich im Gasthof zwei Handlungen
gleichzeitig ab. In seinem Zimmer im zweiten Stock wartet Odoard und wird
von einer »neue[n] Ungeduld« (HA 8,399) befallen. Unten empfängt der Kellner
die Gäste und führt sie in den Speisesaal. Odoard wird nur durch die Boten-
berichte des Kellners[18] über das, was unten vorgeht, informiert. Das Kammermäd-

---

18 Klaus-Peter Hinze: *Kommunikative Strukturen*, S.113.

chen, hungriger, lebhafter und deutlich unbefangener als die Damen, treibt den Kellner mit der Frage, »ob man hier denn immer so bereit sei, zu jeder Stunde des Tags und der Nacht unvermutet ankommende Gäste zu bewirten« (HA 8,400), in die Enge: »es sei ein Bedienter, es sei ein Herr gekommen, sei fortgegangen, wiedergekommen, zuletzt aber entfuhr es ihm, der Herr sei wirklich oben und gehe beunruhigt auf und ab.« (HA 8,400) Damit ist das Geheimnis heraus. Von nun an überstürzen sich die Ereignisse. Gleichzeitig wird der Erzählstil dramatischer. Reden und Gegenreden, Thesen und Gegenthesen machen deutlich, daß nur ein älterer Oheim von der Reise der Damen weiß. Diesen vermuten sie nun im Haus. Das wiederum zwingt den Kellner, Odoard zu nötigen, sich zu zeigen: »Sind denn das nicht die Personen, die Sie erwarteten?« (HA 8,400) Nein, bewußt hat Odoard, soviel wir wissen, niemanden erwartet. Warum geht er dann doch nach unten? Um Fremde zu treffen, »sich zu zerstreuen« (HA 8,401)? So jedenfalls motiviert der Erzähler diesen Schritt. Doch während Odoard hinabsteigt, ist ihm, »als ging' er einem bekannten ahnungsvollen Zustand entgegen« (HA 8,401). Ein halbbewußtes Gefühl widerspricht seiner bewußten Erwartung. Mit seinem Eintreten in die Gaststube ändert sich die Syntax, emphatische Ausrufe unterbrechen den epischen Erzählton: »Welch ein Zusammentreffen! Welch ein Anblick! [...] Die Silben ›Au-ro-ra!‹ erstarben auf seinen Lippen.« (HA 8,401) Die schöne Fremde ist die Odoard nur allzu Bekannte. Denn der Name »Aurora« war sein poetisches Pseudonym für Sophronie.[19] Ihr Schrei, sein Fußfall geben dem wechselseitigen Erkennen einen melodramatischen Zug. Beide scheinen überwältigt vom Gefühl. Dabei spiegelt Odoards Körpersprache sein Hin- und Hergerissen-Sein zwischen dem Wunsch nach spontaner Berührung und höfischer Affektkontrolle[20], zwischen innerer Verbotsübertretung und äußerer Selbstdisziplin. Die Hand, die er ergreift, muß er gleich wieder loslassen, der Kuß, der sie berührt, ist der bescheidenste, die Stimme versagt, kaum daß sie die Geliebte anspricht.[21] Bräche die Szene hier nicht ab, wären wir hart am Rande des Kitschs.[22] So »unschuldig«, wie er die neuen Freunde glauben machen wollte, war Odoard an jener Hofintrige, die ihn

---

[19] Hannelore Schlaffers Reduktion des Textes auf eine Mythenumschrift (*»Wilhelm Meister«. Das Ende der Kunst und die Wiederkehr des Mythos*, Stuttgart 1989, S.181ff.), die Verbindung des Cephalos- mit dem Tithonos-Mythos über die Göttin Aurora, trägt außer dem Nachweis einer Anspielung nichts zur Erhellung der Textaussage bei; das Motiv des Mißtrauens zwischen den Gatten wird durch die mythologische Folie im Gegenteil sogar enthistorisiert.

[20] Norbert Elias: *Über den Prozeß der Zivilisation*, Bd.2, 6. Aufl., Frankfurt/M. 1979, S.369–409.

[21] Die Szene scheint der mindestens für Tellheim überraschenden Wiederbegegnung mit Minna von Barnhelm in Lessings gleichnamigem Stück (2.Aufzug, 8.Auftritt) nachgebildet zu sein, in der Tellheim ebenfalls zunächst spontan auf Minna zustürzt, sogar die intime Anrede: »Ah! Meine Minna!–« gebraucht, nur, um sofort wieder zurückzuweichen und die Distanz auch verbal durch die formale Anrede: »Verzeihen Sie, gnädiges Fräulein,– das Fräulein von Barnhelm hier zu finden –« wiederherzustellen. *Minna von Barnhelm, oder das Soldatenglück*. In: *Gotthold Ephraim Lessings sämtliche Schriften*, Lachmann-Muncker, Bd.2, Stuttgart 1886, S.202.

[22] Ehrhard Bahr (*Die Ironie im Spätwerk Goethes*, Berlin 1972, S.96) spricht von einer »Affekt-Aposiopese«.

seine diplomatische Karriere kostete, also nicht. Auch wenn das außerhalb des
höfischen Bezugssystems kein Verbrechen, sondern menschlich nur allzu verständlich ist, hat er Prinzessin Sophronie doch geliebt.

Vom Moment an, da die Liebe zwischen Odoard und der Prinzessin offensichtlich wird, rückt eine neue Interpretation ihres märchenhaft zufälligen Wie-
dersehens in den Blick. Vielleicht handelt es sich gar nicht um einen Zufall, vielleicht waren Odoard und Sophronie in jener Nacht *verabredet*. Dann erklärt
sich die überschwängliche Emphase in der Darstellung der Begegnung durch
den theatralischen Aufwand, den die erst gespielte, dann den Freunden beschriebene Überraschung nötig macht. Dann war nicht die gegenüber dem Kellner
geäußerte Notlüge, Fremde zu erwarten, das »Märchen« (HA 8,396), sondern
diese Erwartung, die der Wahrheit entsprach, dem Auswandererbund als »Märchen« zu verkaufen. Dann ist Odoard im Bezug auf sein Verhältnis zu Prinzessin
Sophronie kein Opfer einer Selbsttäuschung, sondern ein Lügner. Dann entsteht
eine Spannung zwischen der Sympathiesteuerung des epischen Erzählers, der
uns durch die vielen positiven Attribute (»des Freundes«, »einen bedeutenden
Mann«, »dem edlen Manne«, »die edelsten Vorzüge«, einen »so vorzüglichen
Mann«) von Anfang an für Odoard eingenommen hat, und der Selbstentlarvung
der Figur. Läßt sich eine so radikale Umkehrung der Wertungsperspektive stützen? Ich meine, Klaus-Peter Hinze[23] habe gute Gründe dafür angeführt, daß ein
geplantes Rendez-vous mindestens als Möglichkeit in der Novelle angelegt ist.
Das Geständnis des Kellners gegenüber den Damen »es sei ein Bedienter, es sei
ein Herr gekommen, sei fortgegangen, wiedergekommen« (HA 8,400), das wir bisher als Ausflucht und Ausdruck der Schwierigkeit verstanden haben, das Odoard
gegebene Versprechen auch angesichts des Verhörs durch bezaubernde Damen
noch zu halten, könnte durchaus der Wahrheit entsprechen. Das hieße, daß Odoard
schon am Nachmittag einen Bedienten geschickt hat, sogar selbst vorbeigegangen
ist, um nachzufragen, ob die erwarteten Gäste angekommen seien. Von diesem
Deutungshorizont aus erscheint der ganze Abend in völlig verändertem Licht.
Die auffällige Diskrepanz zwischen objektiver Zeit und subjektivem Zeitempfinden Odoards, seine stetig wachsende Unruhe, sind dann nicht Zeichen seiner
Verärgerung über Albertines Verspätung, sondern Zeichen wachsender Sorge,
nicht rechtzeitig aus dem Haus zu kommen. Selbstverständlich muß der Gasthof,
den er aufsucht, dann der »angesehenste« sein; in einem anderen kann eine Dame
von so hohem Stand kaum absteigen. Auch der adverbiale Zusatz »und fragte
den herausschauenden Kellner mit bekannter Stimme« (HA 8,396), der vorerst
überflüssig schien, lädt sich rückwirkend mit Bedeutung auf: Natürlich kennt
der Kellner Odoards Stimme, wenn dieser schon am Nachmittag nach Fremden
gefragt hat. Für die Leserin, einmal stutzig geworden, häufen sich die Indizien,
die für ein geplantes Treffen sprechen. Warum sonst sollte die Prinzessin ihre

---

23 Klaus-Peter Hinze: *Kommunikative Strukturen*, S.116f.

Reiseroute so gewählt haben, daß sie just durch den entlegenen Provinzort führt, in den Odoard strafversetzt worden ist? Könnte die Tatsache, daß »die schöne Liebliche« (HA 8,399) bei Tisch auch nach der langen Reise keine Speise zu sich nimmt, statt aristokratischer Zierde nicht Ausdruck *ihrer* inneren Erwartungshaltung sein? Die unterdrückte Unruhe würde erklären, warum sie die erste ist, die aufspringt, als der Kellner die Anwesenheit eines Herrn im Gasthof erwähnt. Wenn wir die intertextuellen Anklänge der Begegnung im Gasthof an diejenige in Lessings »Minna von Barnhelm« mit in Rechnung stellen, könnte das Rendez-vous auch einseitig von Sophronie[24] geplant und Odoard tatsächlich überrascht[25] worden sein. Ihr als der sozial höher Gestellten stünde ein solcher Handlungszug durchaus zu, ihm hingegen nicht. Mit Zufall, einseitiger Überraschung und zweiseitiger Verabredung sind drei verschiedene Lesarten der Begegnungsszene in den Blick gerückt, von denen keine *eindeutig* verworfen oder bestätigt werden kann.

»Wenden wir unsern Blick nunmehr nach dem Hause unsres Freundes, so finden wir daselbst ganz eigne Zustände.« (HA 8,401) Warum erfolgt dieser Kameraschwenk von einem Schauplatz zum anderen gerade jetzt? Unser Interesse, unser Mitgefühl ist ganz bei Odoard. Um die Art seines Verhältnisses zu Sophronie und ihres zu ihm kreisen unsere Fragen. Wie im Fortsetzungsroman verläßt der Erzähler das Geschehen just, da es am dringlichsten nach einer Fortsetzung verlangt[26], und holt auktorial die Parallelhandlung des Abends und in groben Zügen schließlich auch das ländliche Geburtstagsfest des Tages nach. Spät kommt Albertine doch und findet ein herrenloses Haus. Von der Alten, der sie auf der Treppe begegnet, vernimmt sie, »ihr Gemahl sei vor einigen Stunden abgerufen worden« (HA 8,401). Jene ist offenbar sogar bereit, für ihren Herrn zu lügen. Albertine hält es ihrerseits nicht für nötig, der Alten ihre Verspätung zu erklären. Sie empfindet dieser gegenüber offensichtlich keinen Rechtfertigungsdruck. Gemessen daran, wie ereignisreich der Tag war, wird zwischen den Bewohnern dieses Hauses erstaunlich wenig gesprochen. Nur von dem Bedienten erfährt mit der Alten schließlich auch der Leser, daß sich unterwegs ein Unglück zugetragen hat. Dieses kleine, beiläufig nachgelieferte Detail läßt den Abend in einem neuen Licht erscheinen: Albertine kommt nicht mutwillig zu spät. Sie ist nicht an der verdorbenen Geburtstagsfeier schuld. Wenn einer von allem Mitgefühl verlassen war, dann sie. Daß ihr etwas zugestoßen sein könnte, daran nämlich hat den ganzen Abend *nie* jemand gedacht.

---

[24] In diesem Fall stünde ihr Verhalten im Kontrast zu ihrem sprechenden Namen: *sophron* als Adjektiv heißt im Griechischen »besonnen«, »maßvoll«; die *sophrosyne*, »Besonnenheit«, »Vernünftigkeit«, ist eine der vier Kardinaltugenden.

[25] In *Minna von Barnhelm* (2. Aufzug, 2. Auftritt, op. cit., S.196f.) verrät der Ring, den der Wirt Minna zeigt, ihr die Anwesenheit Tellheims im Gasthof. Daß beide gleichzeitig am selben Ort sind, ist Zufall, die Begegnung aber wird von Minna herbeigeführt, die Tellheim ohnehin gesucht hat.

[26] Mit Bezug auf die ganze Novelle: Ernst Friedrich von Monroy: Zur Form der Novelle, S.15.

Im Hause findet Albertine die gedeckte Tafel unberührt und die immer noch geputzten Kinder schlafend. »Was ist das für eine Maskerade?« (HA 8,401), so lieblos und gereizt die Frage klingt, sie trifft den Nagel auf den Kopf. Die Inszenierung des Geburtstags war ein inhaltsleeres Ritual, von seiten der Erwachsenen im Innern nicht gedeckt. Umgekehrt bringt Albertine für die Lage der vergeblich Wartenden auch keine Spur von Empathie auf. Sie nimmt an der Festlichkeit nur den Geschmack des Abgestandenen, nicht aber den guten Willen wahr. Die Kinder, abgerichtet, eine Rolle in einem Spiel zu übernehmen, dessen Spielregeln sie nicht verstehen, wiederholen, wach gerüttelt,

> ihren eingelernten Spruch. Von beiden Seiten verlegen, ging es eine Weile, dann, ohne Aufmunterung und Nachhülfe, kam es zum Stocken, endlich brach es völlig ab, und die guten Kleinen wurden mit einigen Liebkosungen zu Bette geschickt. Die Dame sah sich allein, warf sich auf den Sofa und brach in bittre Tränen aus. (HA 8,401f.)

Warum wurden die Kinder überhaupt geweckt? Glaubte man, die erkaltete Stimmung jetzt noch aufwärmen, das Versäumte jetzt noch nachholen zu können? Die Mutter ist ja ohnehin nicht fähig, auf ihre Kinder einzugehen. Nichts von dem, was diese für sie vorbereitet haben, ist mehr situationsgemäß. Am frühen Abend wie eine Spieluhr aufgezogen, werden sie jetzt wie eine solche abgestellt, ein Vorgang von beispielloser Trostlosigkeit. Ist es das, worüber Albertine weint? Hier, wo sie echt und vom Affekt überwältigt ist, diskreditiert der Erzähler sie ausnahmsweise nicht. Seine Wortwahl zeugt im Gegenteil von Mitgefühl. Weint Albertine »bittre Tränen«, weil sie den Kontakt zu ihren Kindern nicht mehr findet, um den Mann, der aus ihr unerfindlichen Gründen das Haus verlassen hat, über ein Tagesereignis, das wir noch nicht kennen, oder weint sie um sich selbst? In jedem Fall ist sie nicht ganz die Frau, als die sie uns von Odoard und der Alten vorgestellt worden ist.

»Doch es wird nun ebenfalls notwendig, von der Dame selbst und von dem, wie es scheint, übel abgelaufenen ländlichen Feste nähere Nachricht zu geben.« (HA 8,402) Offenbar ist analytisch erzählt, das Ergebnis der Landpartie dieser selbst vorangestellt worden. Die diskursive Verspätung, mit der die Vorgeschichte Albertines und die entscheidende Parallelhandlung des Tages nachgeliefert wird, ist vermutlich nicht Odoard, sondern den Wirkungsabsichten des epischen Erzählers zuzuschreiben. Warum aber zeichnet die nachgeholte auktoriale Charakterisierung Albertine wieder nicht als Person, sondern als Typus? Obwohl der Erzähler sie hier erstmalig bei ihrem Namen nennt, spricht er von ihr nicht im Singular, sondern im Plural:

> Albertine war eine von den Frauenzimmern, denen man unter vier Augen nichts zu sagen hätte, die man aber sehr gern in großer Gesellschaft sieht. [...] Ihre Anmut ist von der Art, daß sie, um sich zu äußern, [...] einen gewissen Raum braucht, ihre Wirkungen verlangen ein größeres Publikum, sie bedürfen eines Elements, das sie trägt, das sie nötigt, anmutig zu sein; gegen den einzelnen wissen sie sich kaum zu betragen. (HA 8,402)

Übernimmt der Erzähler hier die Wahrnehmungsform Odoards, oder gibt es über Albertine wirklich nicht mehr zu sagen? Mit dem Hausfreund und Florine wird nun auch ihr außerfamiliärer Bezugskreis vorgestellt. An den Freunden, die ihr helfen, ein Liebhabertheater zu betreiben, scheint sie hauptsächlich den Unterhaltungswert zu schätzen. Sie bieten das, was ihr, von Stadt und Hof getrennt, im Leben fehlt.

> Florine war ein munteres, neckisches Wesen, wie es schien, nirgends anhänglich, auch keine Anhänglichkeit fordernd noch verlangend. Leidenschaftliche Tänzerin, schätzte sie die Männer nur, insofern sie sich gut im Takte bewegten (HA 8,402).

Hier führt der Erzähler uns ein letztes Mal in die Irre. Er läßt uns trotz der auktorialen Form die Freundin mit den Augen Albertines sehen. Der Kutschenunfall, der jetzt folgt, zeigt ein ganz anderes Bild: einen Hausfreund, der Florine rettet und Albertine achtlos in der Kutsche stecken läßt; eine Freundin, die, aus der Ohnmacht erwachend, sich »mit der Wonne einer neu wiederauflebenden zärtlichsten Aneignung« (HA 8,403) demjenigen um den Hals wirft, den Albertine bis zu diesem Augenblick für ihren eigenen Freund gehalten hat. Die Körpersprache ist unmißverständlich. Nur im Theater waren die Rollen zwischen Albertine und Florine klar verteilt. Die Theaterrollen waren Lebensmaske und als solche der Wahrheit paradoxerweise näher als die Lebensrollen. Wo findet das Theater statt, auf der Bühne oder im Leben?

Ebenso fragwürdig wie das doppelte Gesellschaftsspiel der Figuren ist das rhetorische Spiel, das der Erzähler mit dem Leser treibt. Die Albertine-Handlung wird erst spät in die Novelle eingeführt. Zahlreiche Vorurteile aus zweiter, dritter, vierter Hand sind aufgebaut, bevor die Frau des Hauses erstmals selbst erscheint. Nicht nur quantitativ, auch was den perspektivischen Reichtum anbetrifft, wird ihr Teil der Geschichte stiefmütterlich behandelt. Sie wird mehr typisiert als charakterisiert und immer nur von außen gezeigt. Im Gegensatz zu Odoard wird ihr nie eine Ich-Erzählung und erst ganz am Schluß ein höchst verwirrtes Innenleben zugestanden. Ihre Theaterrollen scheinen ihrem Leben besser zu entsprechen als ihre Lebensrollen. Und doch ist fraglich, ob auch der epische Erzähler parteiisch sei: »Albertine stand vor sich hinschauend, einzeln, kaum bemerkt« (HA 8,403). Das ist der Eindruck, der bleibt. Albertine steht im Kreis ihrer vermeintlichen Freunde so allein da wie im Kreis ihrer Familie. Verraten, in mehr als einem Sinn verlassen, unverstanden und nichts und niemanden mehr verstehend, zeigt der Erzähler sie trotz des Anklangs an das Lustspiel-Schema des betrogenen Betrügers am Ende als die einsamste Figur. Als einziger Ausdruck ihres verfahrenen Lebens bleibt ihr das hilflose Weinen, das wir aufgrund der diskursiven Umkehrung der Reihenfolge der Ereignisse schon gesehen haben, bevor wir es uns erklären konnten. Zu den Fragen, die wir uns damals gestellt haben, kommt jetzt noch eine neue Frage hinzu: Wie konnte Albertine sich in denen, die sie für ihre Freunde hielt, so täuschen? Jetzt, da das geheime Verhältnis offengelegt worden ist, häufen sich auch die auktorialen Wertungen:

jene erholten sich, nahmen sich zusammen, der Schade war geschehen, man war denn doch genötigt, sich wieder in den Wagen zu setzen, und in der Hölle selbst könnten widerwärtig Gesinnte, Verratene mit Verrätern so eng nicht zusammengepackt sein. (HA 8,403f.)[27]

Die Höllenstrafe findet nicht im Jenseits statt, Hölle ist schon im Diesseits die unausweichliche Enge der sozialen Bezüge.[28] Mit diesem Deutungshinweis bricht die Novelle ab, mehr erfahren wir über den Fortgang des Geschehens nicht. Nicht einmal die Bezüge des auktorialen Schlußurteils sind eindeutig. Wer sind die Verratenen, wer die Verräter? Lelio und Florine sind Verräter, sicher. Doch Lelio und Florine interessieren uns nicht. Sie sind Randfiguren. Was bedeutet der Schlußsatz mit Bezug auf Odoard und Albertine? Sie sind in viel radikalerem Sinn als die Kutscheninsassen auf engstem Raum »zusammengepackt«. Sie sind miteinander verheiratet, haben gemeinsame Kinder, leben im selben Haus, doch sie begegnen sich im Verlauf dieses alles entscheidenden Abends nie. Ihre Lebenswege führen nicht nur auseinander, sie waren nie wirklich synchronisiert. Formal drückt sich das so aus, daß die diskursive Darstellung der Ereignisse bei beiden zwar im Haus beginnt und außer Haus endet, da Odoards Abend synthetisch, Albertines analytisch erzählt wird, beide Partner aber trotzdem nie zur selben Zeit am selben Ort sind. Während Odoard aus dem falschen Heim in die Arme Auroras flieht, flieht Albertine vor den falschen Freunden zurück ins Heim. Während bei Odoard das Innere nach außen bricht, bricht bei Albertine das Äußere zusammen.[29] Beide geraten »unabhängig voneinander – zufällig beinahe gleichzeitig – in eine Grenzsituation, die ein Fortführen der Ehe im gewohnten Stil verunmöglicht«[30], aber zwischen ihnen findet keinerlei Verständigung statt. In einer einzigen Nacht wird eine Ehe gleichzeitig von innen und von außen bedroht; der Konflikt ist

> qualvoll verschärft, [...] er fordert Austrag. Alles drängt zur Entscheidung. Aber die Entscheidung bleibt aus. [...] die Dissonanz wird schreiend, aber sie wird nicht aufgelöst. [...] die Pointe liegt nicht darin, daß das Unerwartete geschieht, sondern darin, daß unerwarteterweise nichts geschieht. [...] Diese Folgenlosigkeit der furchtbaren Anspannung ist das eigentlich Quälende der Novelle.[31]

Die Nicht-Kommunikation derer, die eigentlich zusammengehören, ist viel schmerzlicher als die falsche Kommunikation jener, die ohnehin nur der schöne Schein verbunden hat.

---

[27] In *Der Mann von funfzig Jahren* benutzt Flavio das Argument, daß man in den Equipagen »ohnehin schon zu enge« (HA 8,185) sitze, als Vorwand, den Vater vorausfahren zu lassen und die schöne Witwe unter vier Augen zu sprechen.
[28] Vgl. Sartres berühmten Satz: »l'enfer, c'est les Autres«. In: Jean-Paul Sartre: *Huis clos*. In: du même auteur: *Huis clos* suivi de *Les mouches*, Paris 1972 (1947), p.92.
[29] Irmgard Wirtz: *Die kommunikative Funktion des Fragmentcharakters von Goethes Novelle »Nicht zu weit« in ihrem gesellschaftlichen Kontext*, Bern: masch. 1988, S.4.
[30] Irmgard Wirtz: *Die kommunikative Funktion des Fragmentcharakters*, S.3.
[31] Ernst Friedrich von Monroy: *Zur Form der Novelle*, S.15.

10.2 Normenkonflikte einer soziohistorischen Übergangszeit

Gerade die ungelöste Spannung aber ist es, die uns zwingt, nach den Gründen für das Scheitern dieser Ehe zu fragen. Ist die Alte im Recht, wenn sie glaubt, daß Albertine es zu weit treibe? Ist Odoard die Schuld insofern zuzuweisen, als er sich vorzuwerfen habe, diese Ehe überhaupt eingegangen zu sein?[32] Was ist von Thomas Degerings These zu halten, »daß die Begründung für die zerrütteten inneren wie äußeren [...] Verhältnisse in der Person Odoards bzw. dem durch ihn herbeigeführten Verhältnis von Arbeit und Liebe zu suchen« sei, daß er, indem er »die Auflösung des starren feudalen Grundbesitzes« und die Durchsetzung des beweglichen bürgerlichen Privateigentums betreibe, die eigene Lebensgrundlage zerstöre?[33]

Das ist eine krasse Überzeichnung. Der Konflikt zwischen adligen und bürgerlichen Normen spielt in der Novelle unbestreitbar eine große Rolle, nicht aber in einem so einfachen Sinn. Es liegen viel kompliziertere Mischungsverhältnisse zwischen Liebe, Ehe, Leidenschaft, Arbeit und Allianz vor.[34] Odoards Ehe kommt nicht aufgrund einer Liebesbeziehung, die dann am bürgerlichen Arbeitsalltag scheitert, zustande. Der Text spricht hier eine deutliche Sprache: Odoard hat Albertine nicht aus Liebe geheiratet, sondern weil er von seinen Vorgesetzten erpreßt wurde. Er hat mit dieser Ehe einen drohenden Abbruch seiner Karriere als höfischer Gesandter, ja eine Zerstörung seiner ganzen sozialen Existenz abwenden und sich den – nach dem Fürsten – mächtigsten Mann im Staat verpflichten wollen. Es handelt sich also zunächst um eine ganz am adligen Allianzprinzip orientierte Eheschließung. Von einer personalen Beziehung, die die Individualität des anderen Menschen wahrnähme, kann kaum die Rede sein, wenn alles, was der Erzähler auf der Basis von Odoards Bekenntnis über Albertine aussagen kann, ist, daß sie zu jenen Frauen gehört, »denen man unter vier Augen nichts zu sagen hätte« (HA 8,402). Das ist so lange kein Problem, wie die Beteiligten sich auch nie »unter vier Augen« sehen, weil Mann und Frau auf je verschiedene Weise ihren Repräsentationspflichten am Hof nachgehen. Das ändert sich aber in dem Moment, da sie allein mit zwei Kindern, einer Haushälterin und einem Kindermädchen in einem Haus in der Provinz leben müssen. Jetzt wird das interaktive Vakuum zwischen den beiden Ehegatten und der Unterschied im Handlungsspielraum von Mann und Frau überdeutlich. Während Odoard in politischen, bürokratischen und staatswirtschaftlichen Geschäften ständig unterwegs ist, »lebt Albertine ein tödlich unausgefülltes Dasein«[35]. Das Problem ist nicht, daß er bürgerlich geworden, sondern daß sie ihr höfisches Bezugssystem verloren hat, für das sie auf dem Land nur schwer Ersatz findet. Tätig war er auch am Hof schon, nur dort war sie es auf ihre Weise auch. Eine unter ganz

---

[32] Erich Trunz: HA 8,658.
[33] Thomas Degering: *Das Elend der Entsagung*, S.461f.
[34] Jutta Greis: *Drama Liebe*, Stuttgart 1991.
[35] Thomas Degering: *Das Elend der Entsagung*, S.462.

anderen Voraussetzungen geschlossene Ehe soll plötzlich mit der bürgerlichen
Trennung von öffentlicher und privater Sphäre fertig werden, die mindestens
für die Frau nur dann erträglich ist, wenn sie auch mit einer Emotionalisierung[36]
der familiären Beziehungen einhergeht. Zu dieser Intimisierung des Privaten[37]
kommt es hier aber nicht, da Odoards Gefühle schon vor der Ehe an eine – ganz
und gar unbürgerliche – Idealfrau aus hocharistokratischem Haus gebunden waren und die eheliche Interaktion durch seine Schuldgefühle und Albertines stille
Vorwürfe vergiftet ist. Man kann sich sogar fragen, ob die Vehemenz, mit der
Odoard sich vor dem Auswandererbund für eine flexiblere Wirtschaftsordnung
und damit implizit auch für bürgerliche Werte einsetzt, eine Reaktion auf die
frühe Versagung ist, innerhalb des feudal-aristokratischen Systems um eine Frau
wie Prinzessin Sophronie nicht offen werben zu können. Mit der freieren Wirtschaftsordnung setzt er sich auch für eine Freiheit der Partnerwahl ein, die ihm
jetzt, da er mit Albertine schon verheiratet ist, nicht mehr zugute kommt. Von
Odoards Seite aus stellt sich das Dilemma so dar: Die er haben konnte, hat er
nicht frei gewählt, und die er gerne gewählt hätte, konnte er nicht haben.

Umgekehrt empfindet Albertine, die nie gefragt, von ihrem Vater verheiratet
und durch Odoards Mißgeschick dem höfischen Milieu entfremdet wurde, sich
Odoard gegenüber zu nichts verpflichtet und nimmt in erotischen Dingen eine
aristokratische Freizügigkeit für sich in Anspruch, die Odoards inzwischen eher
bürgerlichen Normen nicht mehr entspricht. Diese oberflächlichen Glückssur-
rogate wiederum berauben sie des einzigen Freundes, den sie bei mehr gegenseitiger Aufmerksamkeit und Achtung vielleicht haben könnte, ihres Mannes.
Da sie am Abend nie zuhause oder wenn, dann von Freunden umgeben ist, die
ihm nicht zusagen, hat die Ehe auch keine Chance, eine intimere Gesprächs-
und Gefühlskultur[38] zu entwickeln, die Albertine für das verlorene höfische Ge-
sellschaftsleben entschädigen könnte. Mit ihren falschen Freunden Lelio und
Florine verliert sie jene Betriebsamkeit, die ihrem Leben in der Provinz wenigstens
äußerlich eine Form gab, und steht, da sie innerlich keine Gefühlsbindungen hat,
nun vor einem doppelten Vakuum. Odoard ist von Albertine enttäuscht, weil ihr
die »gute Gesellschaft« über die Familie geht, hängt innerlich aber einer unterdrückten Liebe an, die bis in die zeremoniellen Ausdrucksformen des Gefühls hinein
dem höfischen Ideal der hohen Minne verpflichtet ist. Als Person kann Odoard
die Prinzessin kaum kennen. Der Name, der ihm einfällt, da er überraschend –
oder auch nicht – mit dem Gegenstand seiner Verehrung konfrontiert wird, ist nicht
»Sophronie«, sondern das literarische Pseudonym. Odoards Beziehung zu Sophronie kann bestenfalls im Stadium der Projektionsliebe stecken. Trotzdem ist sie
der unterschwellige Vergleichsmaßstab für die reale Interaktion mit seiner Frau.

---

[36] Reinhard Sieder: *Sozialgeschichte der Familie*, Frankfurt/M. 1987, S.125–145.
[37] Richard Sennett (*Verfall und Ende des öffentlichen Lebens. Die Tyrannei der Intimität*,
Frankfurt/M. 1983 [amerik. 1977]) hebt den mit diesem Prozeß einhergehenden Verlust an Möglichkeiten der Begegnung im öffentlichen Raum hervor und wertet ihn entsprechend kritisch.
[38] Reinhard Sieder: *Sozialgeschichte der Familie*, S.130ff.

Obwohl es sich zunächst – mindestens äußerlich – um eine Ehe zwischen Ebenbürtigen[39] handelte, prallen zwischen Odoard und Albertine ein bürgerliches und ein adliges Wertsystem aufeinander. Dabei ist das von Odoard in sich nochmal gespalten. Mit dem Hof entzweit, trotz adliger Herkunft einer zunehmend bürgerlichen Arbeitsethik und offensichtlich auch dem neuen Ideal der Kleinfamilie verpflichtet, erwartet er von Albertine, der er aus Allianz angehört, bürgerliche Familienbindung, toleriert aber notgedrungen ihre erotische Freizügigkeit, und verzehrt sich im Stillen in Sehnsucht nach einer Prinzessin. Das Objekt des Begehrens ist die höchste Inkarnation desjenigen Systems, das ihn gestürzt hat und an dessen – mindestens wirtschaftlicher – Auflösung er aktiv mitwirkt. Seine Triebstruktur hinkt der Entwicklung des Bewußtseins und der Lebensformen nach. Umgekehrt ist das, was uns von einem aufgeklärten Tugendkanon aus als Albertines oberflächliche Vergnügungs- und Gefallsucht, als Mangel an Geprächs- und Beziehungsfähigkeit, an Menschenkenntnis und an Reflexionsvermögen erscheint, Produkt einer auf Repräsentation ausgerichteten höfischen Erziehung, die Odoards Karriereplan zunächst entgegenkam. Die Umwelt, in der zu leben Odoard seine Frau nach seiner Lebenswende zwingt, ist nicht die, für die sie ursprünglich sozialisiert wurde. Entsprechend stehen ihr für die Bewältigung jener Rollen- und Beziehungskonflikte, die ihr Oszillieren zwischen bürgerlicher Intimität und landadliger Geselligkeit mit sich bringt, keine Lösungsstrategien zur Verfügung. Da sie nie gelernt hat, auf die innere Stimme zu hören, kennt sie ihre wahren Bedürfnisse selber nicht. So flüchtet sie an beiden Orten in den Schein des Rollenspiels, dessen Zusammenbruch sie jeder Orientierungsmöglichkeit beraubt. Was sich angesichts des häuslichen wie des außerhäuslichen Unglücks einstellt, sind Tränen als Ausdruck der totalen Ratlosigkeit: »Wie ihr geschah, wußte sie nicht, begriff sie nicht.« (HA 8,403)

Obwohl Albertine Odoard äußerlich mit dem Hausfreund und Odoard Albertine innerlich mit Sophronie betrügt, beginnen wir, die Figuren mehr als Opfer jener Diskrepanz zu sehen, die sich zwischen den Sozialisationsbedingungen der Vergangenheit und den Lebensbedingungen der Gegenwart auftut, und die Frage, ob Odoard sich Albertine gegenüber oder Albertine sich Odoard gegenüber schuldig gemacht hat[40], als unbrauchbar zu verwerfen. Woran die Figuren und ihre Beziehungen zerbrechen, ist nicht ihre fehlende moralische Integrität, son-

---

[39] FA I 10, 1217.

[40] Diese Frage hat die *Wanderjahre*-Forschung lange beschäftigt. Dabei neigen ältere Arbeiten (Deli Fischer-Hartmann, Arthur Henkel, Erich Trunz) dazu, die Schuld tendenziell eher Albertine zuzuschreiben, in ihrer einseitigen Identifikation mit dem Urteil der Alten über Albertine wohl am drastischsten bei Deli Fischer-Hartmann (*Goethes Altersroman*, Halle/S. 1941, S.53): »eine Ehe, die unglücklich ist durch die Schuld der Frau und die nur erträglich bleibt durch unendlich viel guten Willen und Selbstzucht des Mannes«. Ähnlich einseitig und christlich moralisierend urteilt noch Hannelore Schlaffer (»*Wilhelm Meister*«, S.183): »Dem Gesetz der Ehe unterworfen, verstrickt sich die Gattin in Schuld und sühnt sie mit ewiger Verdammnis.« Klaus-Peter Hinze und Thomas Degering sehen Albertine aus einem falsch verstandenen Feminismus heraus als Opfer.

dern sind die mitten durch sie hindurchlaufenden Normenkonflikte einer gesellschaftlichen, wirtschaftlichen und sozialen Umbruchszeit. Denn der seit der Mitte des 18. Jahrhunderts in Deutschland einsetzende Wandel von der feudal-aristokratischen zur bürgerlichen Gesellschaft verändert das Verhältnis des Individuums
zur Familie und zur Gesellschaft in einer Weise, die tradierte Familien- und
Geschlechtsrollen in Frage stellt und sie durch neue ersetzt, die im Gefühlsleben
noch nicht verankert sind. Einerseits verstärkt sich durch die »Konzentration
aller politischen Herrschaftsbefugnisse beim Fürsten und seiner weisungsgebun-
denen, wissenschaftlich gebildeten Fachbeamtenschaft«[41] der direkte Zugriff des
absolutistischen Staates auf den einzelnen und somit der Loyalitätsdruck von
Staat und Familie; andererseits bildet sich eine neue »›Öffentlichkeit‹ mit eigenen
Medien« (Zeitschriften, wissenschaftlichen Monographien, Romanen etc.) und
»Institutionen des ›Gesprächs‹« (geheimen Orden, Lesegesellschaften etc.) heraus, die Bürgerliche und Adlige umfaßt und »neue Formen der Sozialbeziehungen« erprobt.[42] In diesen Kreisen werden traditionale ständische Strukturen von
neuen Prinzipien aus kritisiert. Diese umfassen: die Ablösung der Geburtselite
durch die Leistungselite, Freiheit der Partner- und Berufswahl, Rechtsgleichheit,
Gleichwertigkeit der Geschlechter bei zunehmend komplementärer innerfami-
liärer Rollenverteilung und Gleichwertigkeit aller Kinder. Odoard, beruflich zum
Funktionär des aufgeklärten Absolutismus ausgebildet, scheitert privat an dessen
restriktiver Ehe- und Familienordnung. Indem er – Sophronie äußerlich entsa-
gend, innerlich immer noch angehörend – Albertine heiratet, zieht er diese in
den Sog der Normenkonflikte mit hinein. Vom Hof entfernt, findet sie weder
im bürgerlichen Heim noch in den Geselligkeitsformen des Landadels einen sozialen Ort und erwartet paradoxerweise von einem flüchtigen Liebhaber jenes
Maß an Authentizität, Verbindlichkeit und bürgerlicher Treue, das sie dem Ehemann von einem aristokratischen Standpunkt aus verweigert.[43] So werden beide
Ehepartner Opfer jener Normenkonflikte, die der auch nach der Französischen
Revolution noch nicht abgeschlossene Wandel von der feudal-aristokratischen
zur bürgerlichen Gesellschaft mit sich bringt. Der Unterschied ist nur, daß Odoard
aufgrund seiner Ausbildung eher als Albertine in der Lage ist, die Widersprüche
als solche zu erkennen und durch Reflexion zu dem schwebenden Gleichgewicht
zu finden, das man in der soziologischen Rollentheorie heute »Identitätsbalance«[44]

---

[41] Heinz Reif: Väterliche Gewalt und »kindliche Narrheit«, S.92.

[42] Heinz Reif: Väterliche Gewalt und »kindliche Narrheit«, S.92f.

[43] In grobschlächtig karikierender Form findet sich dieses Muster schon in Luise A.V. Gott-
scheds Lustspiel *Die ungleiche Heirath* (In: *Die deutsche Schaubühne*, Vierter Theil, hrsg. von
Johann Christoph Gottsched, Leipzig 1743, S.69–184) in der Figur der Philippine von Ahnenstolz
vorgebildet, die aus Gehorsam gegenüber dem verschuldeten Vater zwar bereit ist, den reichen Bürger
Wilibald zu heiraten, nicht aber, sich durch diese Ehe in ihrer erotischen Freizügigkeit gegenüber
dem adligen Herrn von Zierfeld beschneiden zu lassen. Dazu auch: Jutta Greis: *Drama Liebe*, S.22ff.

[44] Zum Konzept der Identitätsbalance vgl.: Lothar Krappmann: *Soziologische Dimensionen
der Identität*, 4. Aufl., Stuttgart 1975, S.70ff.

nennt. Jedenfalls ist sein Bekenntnis vor dem Auswandererbund mit der Darstellung der Lebenskrise auch ein Ansatz zu ihrer metakommunikativen Bewältigung. Wie seine Frau die Krise verarbeitet, wissen wir nicht. Immerhin aber besteht die Möglichkeit, daß ihr Weinen eine Entwicklung auslösen könnte, die für Albertine subjektiv erst jetzt notwendig wird, da mit den Konventionen, die sie bisher zuammengehalten haben, eine Ehe zerbricht, die »weder von der Seite der Generativität noch von der der Mesalliance bedroht«[45] war. Da Etikette und Repräsentation in Albertines Wertsystem an erster Stelle stehen, muß zuerst der Zusammenbruch des äußeren Scheins erfolgen, bevor die innere Bereitschaft zur Veränderung entstehen kann. Wenn sie nicht nur Ventilfunktion haben, könnten die Tränen deshalb ihre Chance, der Anfang ihrer Lebenswende sein. Daß das harte Urteil der andern nicht das letzte Wort sein muß, zeigt die Wandlung der schönen Witwe in »Der Mann von funfzig Jahren«, die von der Baronin und selbst vom Major vorerst ähnlich typisiert gezeichnet wurde wie Albertine von der Alten und vom Erzähler. Dieser Vergleich muß allerdings in Rechnung stellen, daß die Entwicklung der schönen Witwe im Text selbst angelegt ist, während die Geschichte Albertines mit ihrem Zusammenbruch abbricht und an keiner Stelle des Romans wieder aufgenommen wird. Odoard und Albertine gehören in den »Wanderjahren« nicht zum Kreis jener Figuren, denen Heilung im Makarienbereich zuteil wird. Ob ein Neubeginn allein, zu zweit, mit altem oder neuem Partner möglich ist, bleibt eine offene Frage.

10.3 Die Zeichenfunktion des Titels

Vor dem Hintergrund des bisher Gesagten muß die Zeichenfunktion des Titels neu überdacht werden. Als Proposition gelesen, fragt er nach dem richtigen Verhältnis von Nähe und Distanz der sozialen wie der intimen Beziehungen, »als topisches Argument sozialer Einbildungskraft« nach der notwendigen »Kompromißstruktur sozialen Verhaltens«[46]. Die Frage wird vom Text nur *ex negativo* beantwortet. Es gibt nur Figuren, die – wie die Kutscheninsassen – zu eng aufeinandersitzen oder – wie das Ehepaar – zu weit voneinander entfernt sind, das richtige Verhältnis von Nähe und Distanz gerade nicht finden und selbst dann scheitern, wenn sie sich wie Odoard und Albertine um die lebenspraktische Vermittlung konkurrierender Wertsysteme bemühen. Bei dieser Lesart sind wir aber in Gefahr, die Appellfunktion[47] des Titels zu vernachlässigen. Wenn wir weniger

---

[45] FA I 10, 1217.
[46] FA I 10, 1218.
[47] Wolfgang Iser: Die Appellstruktur der Texte. In: *Rezeptionsästhetik*, hrsg. von Rainer Warning, München 1975, S.228–252. Und: Wolfgang Iser: *Der Akt des Lesens*, München 1976.

seinen propositionalen Gehalt als den illokutiven Aspekt[48] betonen, ist er eine
Warnung, die vordergründig zwar der Rede der Alten entnommen und an Albertine gerichtet ist, hintergründig aber die Funktion einer *sermocinatio*[49] hat.
So gesehen, wird der Titel zur Warnung an den Leser, bei seinen Urteilen über
die dargestellten Beziehungen nicht zu weit zu gehen, sich mit den Wahrnehmungsbeschränkungen der Vermittler auch die Formen der eigenen Vorurteils-
bildung bewußt zu machen. Diese Vermutung bestätigt auch die Instanzenschichtung. Neumann/ Dewitz unterscheiden sechs Erzählinstanzen: den Autor, den
Erzähler, Friedrich – den Protokollanten der Turmgesellschaft –, das in dieser
Gesellschaft aufbewahrte kollektive Wissen, »die gute Alte« und Odoard als den
innersten, deshalb aber nicht unbedingt verläßlichsten Garanten des Geschehens.[50] Für einige Geschehensausschnitte müßte als siebente Vermittlungsinstanz
sogar noch der Kellner des Gasthofs hinzugefügt werden. Die Aussagen der
Figuren dienen weniger der objektiven Wahrheitsfindung als der Selbstcharak-
terisierung des Sprechers und der prismatischen Brechung des Gesamtbildes. So
werden die Perspektiven subjektiviert und die Werturteile relativiert. Der Fluchtpunkt der auktorialen Perspektive darf auch nicht an den expliziten Erzählerkommentaren festgemacht werden. Sie unterliegen derselben Relativierung durch
konkurrierende Sichtweisen wie die Figurenurteile. Der Erzähler ist ein schelmi-
scher »Verbergungskünstler«[51], der häufig gerade die subjektivsten Situations-
schilderungen in auktorialer Form wiedergibt und Sympathien wie Antipathien
nur aufbaut, um sie desto radikaler zu zerstören. Wir haben es mit einem ver-
unsicherten, die Verantwortung für die Wahrheit des Gesagten an diverse In-
stanzen delegierenden und zugleich virtuos Regie führenden Erzähler zu tun,
der zwischen Ohnmacht und Allmacht oszilliert und, indem er sich mit dem
Leser über die kommunikativen Verhältnisse der Erzählung verständigt, die »Er-
zählbarkeit des Subjekts«[52] problematisiert.

Zu den vielen paradoxen Umschlägen des Textes gehört auch, das Scheitern
der Vermittlung von sozialer und personaler Identität[53] mit dem Geburtstagsfest
gerade am Vollzug jenes neuzeitlichen Rituals vorzuführen, das diese Vermittlung zu verbürgen verspricht, indem es die Feier der Namensgebung durch den
Vater durch die Feier der Leibgebung durch die Mutter ablöst und das Prinzip
des »Lebensalters« wie der Identität im Wandel einführt[54]. Ausgerechnet an diesem Tag erweist sich der familiäre Umgang in Odoards Familie als Sozialtheater,

---

[48] Ich gebrauche die Begriffe im Sinne der Sprechakttheorie: John Langshaw Austin: *Zur
Theorie der Sprechakte (How to do Things with Words)*, deutsch von Eike von Savigny, Stuttgart
1972 (engl. 1962).
[49] Heinrich F. Plett: *Einführung in die rhetorische Textanalyse*, 3. Aufl., Hamburg 1975, S.66.
[50] FA I 10, 1223f.
[51] Mit Bezug auf Goethe selbst bei: Klaus-Peter Hinze: *Kommunikative Strukturen*, S.101.
[52] FA I 10, 1224.
[53] Erving Goffman: *Stigma*, 10. Aufl., Frankfurt/M. 1992 (amerik. 1963).
[54] FA I 10, 1228.

in dem alle drei Positionen – die von Vater, Mutter und Kind – mit Rollen besetzt sind, die plötzlich nicht mehr aufrechtzuerhalten sind. Als formale Antwort auf eine vielfach gebrochene soziale Situation, in der ständisch gebundene Geschlechtsrollen in ihrer adligen wie in ihrer bürgerlichen Spielart zu Konflikten führen, wird die »Zersplitterung der Erzählinstanz« von Goethe zwar »mit großer Bewußtheit« inszeniert.[55] Trotzdem müssen wir aus dem Autor, der hier nochmals alle Register seines erzähltechnischen Könnens zieht, keinen Poststrukturalisten machen, der das Subjekt ganz in Frage stellte. Auch wenn dieses auf der Darstellungsebene in unvermittelt nebeneinander stehende Rollen zerfällt, wird auf der Ebene der Rezeption noch mit ihm gerechnet. Die rhetorische Struktur der *permissio* kehrt die Titel-Warnung ja in eine Aufforderung an den Leser um, es noch weiter zu treiben, aus konventionalisierten Geschlechtsrollen nicht nur partiell, sondern ganz auszubrechen, keine faulen Kompromisse zwischen Allianzprinzip und Liebesprinzip mehr zu machen, ein falsches Gleichgewicht auch um den Preis vorübergehender Handlungsunfähigkeit zu sprengen. Indem der Text den Leser zwingt, das Scheitern traditioneller wie aufgeklärter Rollennormen auch in ihren Kompromißformen nachzuvollziehen, gibt er den neuen Gesellschaftsentwurf, in dem das Verhältnis der Stände und der Geschlechter neu zu bestimmen wäre, als Aufgabe an ihn weiter. Man kann sich fragen, ob die ironische Brechung nicht auch für den Untertitel des Romans »Die Entsagenden« gilt. Odoard entzieht seiner Ehe mit Albertine gerade aus ständisch geforderter, aber innerlich nicht vollzogener Entsagung gegenüber Sophronie die Grundlage. So gesehen, müßte der Novellentitel sogar auf den Untertitel des Romans zurückbezogen und die Frage gestellt werden, ob man es auch mit der Entsagung »nicht zu weit« treiben dürfe.

Dieser Schluß ist nicht so abwegig, wie er auf den ersten Blick erscheint. Ihn bestätigt das Ende der Erziehungsnovelle jenes Bandes, mit dem Goethes Novellenschreiben begann, der Schluß der Ferdinand-Erzählung in den »Unterhaltungen deutscher Ausgewanderten«. Ferdinands jugendlicher Fehltritt, das Bestehlen des eigenen Vaters, setzt dort eine Entwicklung in Gang, die dazu führt, daß er seinen eigenen Kindern gegenüber später ein ganz eigenwilliges Erziehungsprinzip geltend macht: Er gesteht ihnen nahezu unbegrenzte Freiheiten zu, verlangt dann aber plötzlich, daß sie einem Wunsch entsagen oder einen Tag in äußerster Pünktlichkeit zubringen. Die Kinder, von klein auf an die unmotiviert scheinenden Wechselbäder gewöhnt, befolgen seine seltenen, aber strikten Befehle selbstverständlich und mit großer Heiterkeit. Die Älteren haben die Norm bereits internalisiert und versagen sich wünschenswerte Dinge gelegentlich sogar aus eigenem Antrieb. Gegenüber dem befreundeten Geistlichen, der die Geschichte in den »Unterhaltungen« erzählt, begründet Ferdinand dieses Erziehungsprinzip damit, »daß eigentlich jeder Mensch sowohl sich selbst Ent-

---

[55] FA I 10, 1224f.

haltsamkeit als andern Gehorsam geloben sollte, nicht um sie immer, sondern um sie zur rechten Zeit auszuüben.« (HA 6,208) Dann dient die Entsagung des einzelnen aber nicht in erster Linie der Sozialharmonie[56], sondern der Einübung für den Notfall einerseits und der Steigerung des Genusses andererseits. Denn nichts nützt sich leichter ab als ein ständig erneuerter oder immer verfügbarer Sinnesreiz. Wenn wir Ferdinands sonderbares Erziehungsprinzip wörtlich nehmen, kann es uns als institutionalisierter Wackelkontakt erscheinen, als schizophrenogene Weitergabe seines Leidens am Widerspruch zwischen väterlichen und mütterlichen Normen an die eigenen Kinder. Wenn wir es aber parabolisch lesen, favorisiert es eine Form der Erziehung, die weder restriktiv noch permissiv ist, die Triebnatur des Menschen weder unterdrückt noch wuchern läßt, sondern vor dem Hintergrund großer Vitalität und persönlicher Freiheit Versagungstoleranz einübt.

Daß wir die jüngere auf die ältere Novelle zurückbeziehen dürfen, bestätigt nicht nur die Genese der »Wanderjahre«, die als Weiterführung der »Unterhaltungen« geplant waren, sondern auch die Figurenzeichnung. Mit seinem Siedlungsprojekt setzt Odoard im großen fort, was Ferdinand im kleinen beginnt, und Albertine zählt zu jenem Frauentypus, dem Ferdinand in Gestalt Ottilies entsagen lernen muß. Ottilie will Ferdinand so wenig aufs Land folgen wie Albertine Odoard; der Unterschied ist nur, daß hier die Ehe schon geschlossen ist, während sie dort aufgrund dieses Widerstands gar nicht zustande kommt. Wenn wir recht in der Annahme gehen, daß der Schlußsatz der Ferdinand-Novelle Goethes Begriff von Entsagung eher entspricht als der moralische Rigorismus der Alten in »Nicht zu weit«, hat das Konsequenzen für die Deutung des von Odoard vertretenen Reformprogramms.

10.4 Odoards Rede vor dem Auswandererbund und das Projekt der Binnenkolonisation

Eine rhetorische Analyse der Rede Odoards vor dem Auswandererbund muß berücksichtigen, daß diese doppelt kodiert ist. Vordergründig richtet Odoard sich zwar an die Handwerker, zu denen er als Figur im Roman spricht, hintergründig zeigt der Redaktor dem Leser eine Figurenposition. Der Stand der Vorkenntnisse ist bei beiden Adressatengruppen unterschiedlich. Während die Hand-

---

[56] Jane K. Brown (*Goethe's Cyclical Narratives*, Chapel Hill 1975, p.19f.) bleibt trotz des programmatischen Titels ihrer Studie einem hierarchischen Textmodell verhaftet, das von einer selbstverständlichen Überordnung der Rahmen- über die Binnenerzählungen und einem Wertsystem ausgeht, welches das Persönliche dem Sozialen unterordnet. Bezeichnend ist, daß sie bei ihrem Zitat von Ferdinands Entsagungsbegriff die einschränkende und exponiert am Schluß stehende zweite Hälfte »nicht um sie immer, sondern um sie zur rechten Zeit auszuüben« (HA 6,208), weglassen muß, um den Text auf die einfache Moral »social harmony through self-control and renunciation« reduzieren zu können.

werker Odoard nur in seiner öffentlichen Rolle kennen und sich von dieser beeindrucken lassen, hat der Leser über »Nicht zu weit« vorher schon Einblick in das verworrene Privatleben des Redners gewonnen. Vor dem Hintergrund der gestörten persönlichen Beziehungen wird vieles, was die Handwerker ernst nehmen müssen, für den Leser zum »Ironiesignal«[57]. Öffentliche Rede und intime Selbstdarstellung relativieren sich für diesen gegenseitig.

Der situative Kontext für Odoards Ansprache ist folgender: Lenardo hat seine Rede vor dem Auswandererbund schon gehalten, ein Großteil der Männer hat sich ihm bereits angeschlossen. Odoard, der den Verbliebenen sein Projekt bisher nur angedeutet, es vor ihnen aber noch nicht ausgeführt hat, kann das Wissen der Männer um die Probleme der Übervölkerung und ihre Bereitschaft, nach Handlungsalternativen zu suchen, als Hintergrund voraussetzen und schneidet seine Rhetorik gezielt auf diejenigen zu, die sich zur Auswanderung nicht entschließen können. Der Aufbau seiner Rede folgt der *dispositio* der klassischen *oratio*.

Ohne *salutatio*, mit vergleichsweise kurzer *captatio benevolentiae* – »diese Masse wackerer Männer« – und mit durch Litotes verstärkter thematischer Allusion an das den Zuhörern bereits Bekannte, lädt Odoard sie schon im ersten Satz zur Teilnahme an einem »bedeutende[n] Werk« (HA 8,408) ein, das sich im folgenden als Land- und Siedlungsreform erweist. Obwohl er zur Einrichtung der Siedlungen zunächst Bauhandwerker anwerben muß, ist das Endziel seines Unternehmens »offenbar agrarischer Natur«[58]. Der Spaltung des Bundes in Auswandernde und Bleibende entsprechend, lebt das *exordium* seiner Rede wesentlich vom Gegensatz zwischen der alten und der neuen Welt. Analog ist hier wie dort das Ziel, die wirtschaftliche Raumnutzung zu verbessern; die Differenz liegt in der Art der Hindernisse, die aus dem Weg zu räumen sind. Was in der neuen Welt »das Grenzenlose«, ist in der alten »das Einfachbegrenzte«; der »teilweise[.] Besitz«, der dort der Wildnis abgerungen werden muß, ist hier »schon ergriffen« (HA 8,408); die Herausforderung, die dort in der Zukunft liegt, liegt hier in der Vergangenheit, in der Macht der Tradition und unantastbarer Gewohnheitsrechte. »Die Natur ist durch Emsigkeit, der Mensch durch Gewalt oder Überredung zu nötigen.« (HA 8,403)[59] Mit dieser letzten Gegenüberstellung, die zugleich eine Handlungsaufforderung ist, bringt Odoard das Problem auf den Punkt. Veränderungen stoßen in der alten Welt auf den Widerstand jener Menschen, deren Interessen sie verletzen. Da der Besitz Thema ist, muß es sich bei der angesprochenen Gewalt um Enteignung handeln, um eine – wie wir später erfahren – obrigkeitlich verordnete, auf gesetzmäßigen Wegen erreichte, vermut-

---

[57] Harald Weinrich: *Linguistik der Lüge*, 5. Aufl., Heidelberg 1974, S.63.
[58] Gustav Radbruch: Goethe. Wilhelm Meisters sozialistische Sendung. In: ders.: *Gestalten und Gedanken*, neue, erw. Aufl., Stuttgart 1954, S.96.
[59] Darauf, daß Überredung und Gewalt auch bei Plutarch und Platon die beiden Möglichkeiten der Herrschaft von Menschen über Menschen sind, hat Paul Alfred Merbach (Zu *Wilhelm Meisters Wanderjahre*. In: *Euphorion* 22 [1915], S.91) hingewiesen.

lich teilweise Enteignung adliger Großgrundbesitzer, nicht um eine revolutionäre Vertreibung von Haus und Hof. Odoard fühlt sich offenbar dazu ermächtigt, »eine Wirtschafts- und Sozialpolitik von oben«[60] durchzusetzen, die wir uns als Kollektivierung der Landwirtschaft unter staatlicher Führung, als frühe Form des Staatssozialismus vorstellen können[61], aber nicht müssen. Denn es bleibt offen, ob das durch die Umverteilung und Neuvermessung gewonnene Land den neuen Siedlern zur Bearbeitung, zur Pacht oder zum erblichen Besitz gegeben werden soll.

In Preußen war im 18. Jahrhundert nicht die Zersplitterung der landwirtschaftlichen Nutzfläche das Problem, sondern im Gegenteil die häufig unwirtschaftliche Betriebsgröße des adligen Großgrundbesitzes. Die Vorschläge der Kameralisten zur Verbesserung der Landwirtschaft liefen entsprechend nicht auf Zusammenlegung von Ländereien hinaus, sondern im Gegenteil auf Zerschlagung des adligen Großgrundbesitzes zugunsten wirtschaftlich selbsttragender effizienterer kleiner Bauernbetriebe.[62] Justi legte es den Landesherren sogar nahe, eine progressive Grundsteuer einzuführen.[63] Diese Vorschläge wurden von Friedrich dem Großen, der die Struktur der Ständegesellschaft nicht auflösen, den Adel nicht schwächen und seine Privilegien nicht antasten wollte, aber nicht aufgegriffen. Statt den Großgrundbesitz gerechter aufzuteilen, siedelte er zur Schaffung von Bauernbetrieben neue Siedler auf bisher unkultiviertem Boden an, der größtenteils staatlichen Domänen entstammte und den Siedlern gegen Zinszahlungen erbrechtlich überlassen wurde. Das friderizianische Siedlungswerk, das der in den »Wanderjahren« entworfenen Binnenkolonisation als Vorlage gedient hat, lief also nicht auf Kollektivierung der Landwirtschaft hinaus, sondern schuf unter strenger staatlicher Kontrolle langfristig kleinen bäuerlichen Privatbesitz.

Da Odoard die Rechte und Pflichten der potentiellen Siedler in seiner Anwerbungsrede nicht konkretisiert, bleibt die Frage der zukünftigen Besitzverteilung offen. Deutlich wird nur, daß er – wie Lothario in den »Lehrjahren«, Lenardo und der Oheim in den »Wanderjahren« – das Privateigentum nicht durch die Art seines Erwerbs gerechtfertigt sieht, sondern durch die »Art seines Gebrauchs«[64]. Ihm sind die Privilegien des alten Adels offenbar nicht mehr »heilig« (HA 8,409).

---

60 Gustav Radbruch: Goethe, S.96f.

61 Arthur Henkel (*Entsagung*, 2. Aufl., Tübingen 1964, S.60) spricht davon, daß die »›sozialistische‹ Gesinnung, die mancherorts aufbricht«, der Verwirklichung von Odoards Plan entgegenkomme.

62 Gotthard Arndt: *Grundsätze der Siedlungspolitik und Siedlungsmethode Friedrichs des Großen*, Breslau 1934, bes.: S.11–18. Wenn man von den Einfärbungen durch die Ideologie des Nationalsozialismus auf den Seiten 16, 17, 18, 44, 50, 70 und 71 absieht, ist diese Studie außerordentlich informativ. Siehe zum Vergleich auch: Konrad Schünemann: *Österreichs Bevölkerungspolitik unter Maria Theresia*, Bd.1, Berlin 1935, bes. Kap. IV und V.

63 Johann Heinrich Gottlob von Justi: *Die Grundfeste zu der Macht und Glückseeligkeit der Staaten; oder ausführliche Vorstellung der gesamten Policey-Wissenschaft*, Bd.1, Königsberg/ Leipzig 1760, Paragraph 185, 186 und 188.

64 Gustav Radbruch: Goethe, S.90.

Schon in den »Lehrjahren« hat Lothario ganz im Sinne der Reformvorschläge Justis dazu aufgefordert, die Steuerfreiheit des Adels aufzuheben: »Mir kommt kein Besitz ganz rechtmäßig, ganz rein vor, als der dem Staate seinen schuldigen Teil abträgt.« (HA 7,507) Indem er sich für die Enteignung der Großgrundbesitzer einsetzt, geht Odoard in den »Wanderjahren« über diesen Vorschlag noch hinaus. Als Legitimation dient das Argument, daß, was dem einzelnen genommen wird, »dem Ganzen und durch Rück- und Mitwirkung auch jenem wieder« (HA 8,409) zugute komme.

»Schon mehrere Jahre steh' ich im Namen meines Fürsten einer Provinz vor, die, von seinen Staaten getrennt, lange nicht so, wie es möglich wäre, benutzt wird.« (HA 8,409) Mit dieser zeitlichen, örtlichen und personellen Konkretisierung beginnt die *narratio*, die das zunächst allgemein gehaltene Projekt wieder an Odoards Person bindet und die Geschichte der Projektentstehung nachholt. Was in »Nicht zu weit« eine Strafversetzung war, wird den nichtsahnenden Männern hier als Ehre verkauft, mehr noch dazu eingesetzt, Odoards autoritären Führungsanspruch zu legitimieren. Nachdem die *inventio* deutlich gemacht hat, daß es zur Überwindung der engen territorialen Grenzen im kleinstaatlich zersplitterten Deutschland um die Verbesserung des Verkehrs sowie der Wirtschafts- und Handelsbeziehungen einer von den Stammlanden des Fürsten getrennten Provinz geht, folgt die Vorgeschichte von Odoards Statthalterschaft, deren gewollte Unbestimmtheit in deutlichem Kontrast zur technischen Detailgenauigkeit von Lenardos Tagebuch steht:

> Mit unumschränkter Vollmacht gebot ich in diesem Lande. Manches Gute war zu tun, aber doch immer nur ein beschränktes; dem Bessern waren überall Riegel vorgeschoben, und das Wünschenswerte schien in einer andern Welt zu liegen. (HA 8,409)

Welcher Art seine Reformtätigkeit war, erfahren wir in der Rede so wenig wie in der Novelle, deutlich wird nur, *daß* Odoard in Vertretung des Fürsten als absolutistischer Herrscher regiert. »Ich hatte keine andere Verpflichtung, als gut hauszuhalten. Was ist leichter als das!« (HA 8,409) Was den Handwerkern als Emphase erscheinen muß, kann der Leser, der weiß, welche Schwierigkeiten Goethe in Weimar hatte, die Finanzen seines Herzogs in Ordnung zu bringen[65], nur ironisch verstehen. Die folgende durch die *repetitio* verstärkte Behauptung: »Dies alles ließ sich mit Verstand und Gewalt recht bequem leisten, dies alles tat sich gewissermaßen von selbst« (HA 8,409), hebt sich allein schon durch die

---

[65] Vgl. Goethes Brief an Knebel vom 17. April 1782 (WA IV 5, S.311f.): »So steig ich durch alle Stände aufwärts, sehe den Bauersmann der Erde das Nothdürftige abfordern, das doch auch ein behäglich Auskommen wäre, wenn er nur für sich schwizte. Du weißt aber wenn die Blattläuse auf den Rosenzweigen sitzen und sich hübsch dick und grün gesogen haben, dann kommen die Ameisen und saugen ihnen den filtrirten Safft aus den Leibern. Und so gehts weiter, und wir habens so weit gebracht, daß oben immer in einem Tage mehr verzehrt wird, als unten in einem organisirt (beygebracht) werden kann.« Dazu auch: Walter H. Bruford: *Die gesellschaftlichen Grundlagen der Goethezeit*, Frankfurt/M./ Berlin/ Wien 1975 (1936), S.37–49.

contradictio in adiecto selber auf. Da Odoard im eigenen Land behauptetermaßen keine Schwierigkeiten bei der Bewältigung seiner Aufgaben hat, richtet sich seine Aufmerksamkeit auf die Nachbarn, die seine Überzeugungen nicht teilen. Sie kann er nicht wie die eigenen Untertanen mit Gewalt bekehren. »Beinahe hätte ich mich resigniert [...], aber ich bemerkte auf einmal, das Jahrhundert komme mir zu Hülfe.« (HA 8,409) Hier kehrt Odoards Rhetorik die faktisch erfahrene berufliche und private Erniedrigung in eine Aufwertung des Selbst zum Partner des Jahrhunderts um. Mit dem durch die Französische Revolution und die beginnende Industrialisierung beschleunigten Normenwandel tritt die Projektentwicklung in eine neue Phase, weil die größere Reformbereitschaft des aufgeklärten Absolutismus und seiner Fachbeamtenschaft der von Odoard geplanten Land- und Wirtschaftsreform entgegenkommt.

»So sind nun unser drei über ansehnliche Landesstrecken zu gebieten befugt, unsere Fürsten und Minister sind von der Redlichkeit und Nützlichkeit unserer Vorschläge überzeugt« (HA 8,410). Der Wechsel vom Präteritum zum Präsens signalisiert den Übergang von der *narratio* zur *argumentatio*. Dabei dient die Berufung auf Autoritäten sowohl der Glaubwürdigkeitsversicherung wie der Legitimierung des Herrschaftsanspruchs über die zusammengelegten Landstriche. Wie in der Pädagogischen Provinz und im Auswandererbund wird die Herrschaft des einzelnen durch die einer Dreiergruppe ersetzt. Die Begründung für die Überzeugung der Fürsten und Minister »von der Redlichkeit« des Projekts aber ist von beispielloser Allgemeinheit, eine sentenzenhaft vage Opposition zwischen dem Kleinen und dem Großen, dem Gegenwärtigen und dem Zukünftigen unter Berufung auf irgendeine Notwendigkeit. Mit der rhetorischen Frage: »und wenn auch ein durchdringender Geist den Plan dazu fände, wie kann er hoffen, andere darin einstimmen zu sehen?« (HA 8,410) ist das Problem der Konsensfindung des Kollektivs, das die moderne Rechtsphilosophie sich als »Normendiskurs« im Sinne von Habermas[66] oder als »Widerstreit« im Sinne von Lyotard[67] vorstellen würde, zwar aufgeworfen[68]; das aber nur, um durch Rekurs auf den Zeitgeist gleich wieder fallen gelassen zu werden. Die personifizierte »Zeit, welche die Geister frei macht« und ihren Blick »ins Weitere« öffnet (HA 8,410), wird den unterstellten Gegensatz zwischen der Einigkeit über die Zwecke und

---

[66] Jürgen Habermas: Vorbereitende Bemerkungen zu einer Theorie der kommunikativen Kompetenz. In: *Theorie der Gesellschaft oder Sozialtechnologie – Was leistet die Systemforschung?*, hrsg. von J.H. und Niklas Luhmann, Frankfurt/M. 1979 (1971), S.115.

[67] Jean-François Lyotard: *Der Widerstreit*, München 1987 (franz. 1983).

[68] Goethe stand Majoritätsbeschlüssen bekanntlich skeptisch gegenüber. In den »Betrachtungen im Sinne der Wanderer« findet sich der Spruch: »Nichts ist widerwärtiger als die Majorität: denn sie besteht aus wenigen kräftigen Vorgängern, aus Schelmen die sich akkommodieren, aus Schwachen die sich assimilieren, und der Masse, die nachrollt, ohne nur im mindesten zu wissen, was sie will.« (BdW 165) Dazu auch: Karol Sauerland: Kann und darf das Volk herrschen? Bemerkungen zu Goethes, Schillers, Kants und Friedrich Schlegels Auffassungen von Volk und Volksherrschaft zwischen 1790 und 1800. In: *Literatur zwischen Revolution und Restauration*, hrsg. von Siegfried Streller und Tadeusz Namowicz, Berlin/ Weimar 1989, S.12–28 und 215f.

der Uneinigkeit über die Mittel überwinden helfen. Der Zweck aber, auf den allein es hier ja ankommt, bleibt vage und diffus: »Denn das wahre Große hebt uns über uns selbst hinaus und leuchtet uns vor wie ein Stern« (HA 8,410). Aufmerksame Leser muß der von Odoard gebrauchte Vergleich an Wilhelms Sternwartenerlebnis erinnern. Wie wenig aber hat der Redner, der das – auch im biblischen Kontext – heilige Bild des wegweisenden Sterns hier für profane Zwecke in Anspruch nimmt, mit der kosmischen Seherkraft Makaries gemein!

»Hier also haben wir zu wiederholen: Das Jahrhundert muß uns zu Hülfe kommen« (HA 8,410), mit dieser *repetitio* im Gestus unbescheiden imperativischer Anrufung, die das Jahrhundert als säkularisierten Gott anfleht und um übermenschlichen Beistand bittet, endet jener Teil der *argumentatio*, der die Zielvorstellungen Odoards betrifft, ohne daß »der höhere Vorteil«, der im Herzen der Menschen »den niederen verdrängen« (HA 8,410) soll, je präzisiert worden wäre. Explizit bricht die Aposiopese: »Hiermit sei es genug« (HA 8,410) den Gedankengang ab und vertagt die Konkretisierung der Zielsetzungen auf die Zukunft des gemeinsamen Lebens. In diesem Vertagen steckt insofern ein siegesgewisser Zug, als es die Teilnahme der Zuhörer an einem Projekt, für das sie durch die Rede erst gewonnen werden sollen, schon voraussetzt. Diese müssen, wenn sie sich Odoards Führung anvertrauen, sprichwörtlich gesagt »die Katze im Sack kaufen«, d.h. einem Konzept zustimmen, von dem sie sich kein konkretes Bild machen können. Allerdings hat die plötzliche Überleitung zu einem anderen Thema wegen der Diskrepanz zwischen Absichtserklärung und faktischem Tun hier zum Teil auch den Charakter einer Paralipse, eines bekundeten Übergehens von Redeteilen, deren *percursio* »einer teilweisen thematischen Durchführung gleichkommt«[69]. Denn Odoard läßt es ja nicht genug sein, sondern auf die Anrufung des Jahrhunderts zwei weitere Teile der *argumentatio* folgen. Der erste kommt ohne allen rhetorischen Schmuck aus und holt in zeitraffender, sachlicher Form die Beschreibung der bereits getroffenen Vorbereitungen für die Ansiedlung der Männer nach. Dabei erzeugt die Fülle der erwähnten Baupläne, Risse, Skizzen und Vermessungen[70] eine technokratische Pseudo-Sicherheit, die darüber hinwegtäuscht, daß alles noch in der Planungsphase steckt und die technische Rationalität eingesetzt hat, bevor die Wertediskussion geführt wurde. In diesem Teil ist der harte Kern der Beweisführung der Hinweis auf »die bereitliegenden Geldsummen« (HA 8,411), ohne die Odoard keine Straßen, Gasthöfe und Dörfer, sondern Luftschlösser bauen würde. Nachdem er seiner Hoffnung auf »eine vereinte Tätigkeit« (HA 8,411) erneuten Ausdruck verliehen hat, bezieht er die Lebenssituation seiner Zuhörer und ihr Bedürfnis nach Kriterien,

---

[69] Heinrich F. Plett: *Einführung in die rhetorische Textanalyse*, S.59.

[70] Ganz ähnlich Goethe selbst in seiner Rede *Zur Eröffnung des Gewerkentages* in Ilmenau am 7. Juni 1791 (In: *Goethes Reden und Ansprachen*, hrsg. von Gert Ueding, Frankfurt/M. 1994, S.27): »Verschiedene Vorschläge zu Fortsetzung des Werks werden mit Planen und Anschlägen zur Beurteilung vorgelegt werden.«

die ihnen als Entscheidungsgrundlage dienen könnten, erstmals explizit in seine
Rede ein und geht, indem er auf die zukünftige Organisationsform des Bundes
zu sprechen kommt, zum dritten Teil seiner *argumentatio* über.

»Sobald wir jenen bezeichneten Boden betreten, werden die Handwerke
sogleich für Künste erklärt und durch die Bezeichnung ›strenge Künste‹ von den
›freien‹ entschieden getrennt und abgesondert.« (HA 8,411) Kaum ist das Lob
der »vereinten Tätigkeit« erklungen, wird schon »entschieden« abgesondert, aus-
geschieden, abgegrenzt. Vereint werden nur diejenigen Berufe, die am »Aufbau«
(HA 8,411) beteiligt sind; sie werden in der *percursio* der am Hausbau beteiligten
Berufe aufgezählt. Indem Odoard die Handwerke zu »strengen Künsten« erklärt, neben denen er die sogenannten »freien« nicht mehr gelten läßt, stellt er
seine Zuhörer implizit über Künstler und Intellektuelle. Sein Lob des Handwerks muß für diejenigen, die sich durch das aufkommende Maschinenwesen
nicht nur in ihrer Existenz gefährdet, sondern auch in ihrer Berufsidentität entwertet fühlen[71], Balsam auf die wunde Seele sein. Doch während die Rechte hinter
leerer Rhetorik verschwinden, werden die Pflichten ausdrücklich betont. An die
Fachkompetenz und die Leistungsfähigkeit seiner künftigen Mitarbeiter stellt
Odoard allerhöchste Anforderungen.[72] Da der Leistungsanspruch und die kor-
porative Gestalt des Bundes durch das Bild vom Hausbau gerechtfertigt werden,
bei dem eine falsche Berechnung oder ein falsch gesetzter Stein das Ganze zum
Einsturz bringen kann, werden Zweifel an einer Arbeitsmoral, die vorwegnimmt,
was Max Weber später »protestantische Ethik«[73] nennen wird, im Ansatz er-
stickt. Das Gleichnis »ein einziges Glied, das in einer großen Kette bricht, vernichtet das Ganze« (HA 8,412) variiert denselben Gedanken in einem neuen
Bild. Es appelliert an die Zuverlässigkeit des einzelnen und rechtfertigt die Notwendigkeit scharfer Prüfungen sowie die einer strengen Selektion. Wenn wir das
Hausbau-Gleichnis als Symbol für den Gesellschaftsaufbau lesen, ergibt sich das
Bild einer arbeitsteiligen, auf komplementärer Rollenverteilung beruhenden, mit
den »Stufen von Lehrling, Gesell und Meister« (HA 8,411) an der hierarchischen
Zunftordnung orientierten Berufsgesellschaft, in der zwar Aufstieg durch Lei-
stung möglich ist, aber keine Gelehrten, keine Politiker und Diplomaten, keine
Künstler, keine Verwaltungsbeamten, keine Kaufleute, keine Bauern und keine
Frauen vorkommen. Das reicht als Konzept zwar für die Bautätigkeit der Be-
siedlungsphase, ist als Gesellschaftsentwurf aber in jeder Hinsicht defizitär. Man
fragt sich beispielsweise, wo die Boden-, Agrar- und Wirtschaftsreform geblie-

---

[71] Mit Bezug auf die Einführung mechanischer Webstühle und Spinnmaschinen in die Baum-
wollverarbeitung: Monika Wagner: Der Bergmann in *Wilhelm Meisters Wanderjahren*. In: *Internationales Archiv für Sozialgeschichte der deutschen Literatur* 8 (1983), S.163f.

[72] Die solide Beherrschung eines Handwerks fordert auch Montan, es entspricht dem Ar-
beitsideal der Turmgesellschaft, wie es auch in der Pädagogischen Provinz vertreten wird. Der beste
Kopf macht aus dem Handwerk eine Kunst.

[73] Max Weber: Die protestantische Ethik und der Geist des Kapitalismus. In: ders.: *Gesammelte Aufsätze zur Religionssoziologie*, Tübingen 1920, mit Bezug auf die *Wanderjahre*: Ebd., S.202f.

ben ist, auf die die Opposition zwischen der alten und der neuen Welt im *exordium* hinauszulaufen schien. Statt auf die Frage nach dem Verhältnis von Tradition und Innovation zurückzukommen, baut Odoard seinen Lieblingsgedanken aus und begründet die These von der Überlegenheit der strengen über die freien Künste damit, daß jene handlungspraktische Konsequenzen in der Realität haben, diese nicht. Dasselbe Argument führt in Schillers Spieltheorie im fünfzehnten seiner Briefe »Über die ästhetische Erziehung des Menschen« zum umgekehrten Schluß: »der Mensch spielt nur, wo er in voller Bedeutung des Worts Mensch ist, und *er ist nur da ganz Mensch, wo er spielt*«.[74] Auch wenn wir nicht selbstverständlich von einer Position Schillers auf diejenige Goethes schließen dürfen, ist der intertextuelle Bezug doch ein zusätzlicher Hinweis darauf, daß wir Odoards rigide Überordnung der alltagspraktischen Notwendigkeit über die künstlerische Freiheit als *sermocinatio* lesen müssen. Eine Welt, aus der alles Geistige und Künstlerische kategorisch ausgeschlossen ist, kann Goethe, auch lange nach Schillers Tod, unmöglich als Ideal erschienen sein.

Mit der Verweigerung der Wiederholung: »Ich wiederhole mich nicht« im Gestus der Überbietung: »denn unser ganzes Leben wird eine Wiederholung des Gesagten sein« (HA 8,412) leitet Odoard die *peroratio* ein. Auf mich wirkt dieser Schluß zutiefst *ironisch*: Derselbe Odoard, der in der Novelle nichts über die nächsten Minuten aussagen kann, da er seinen eigenen Reaktionen auf eine Frau nicht mehr traut, mit der er immerhin verheiratet ist, spricht hier im Futur I, Indikativ, zukunftsgewiß über das ganze Leben eines Kollektivs, dessen Mitglieder er kaum kennt: als ob eine große Gruppe von Menschen sich so einfach lebenslänglich gleichschalten ließe! Dem fügt auch der Nachtrag, der die Verbindlichkeit der einmal getroffenen Entscheidung unterstreicht, nichts Neues mehr hinzu. Die Beseelung der Hand, mit der die Rede schließt, kann als letztes Zugeständnis an die Adressatengruppe gelesen werden, wobei die Frage, was mit dem Geist, dem Gemüt, dem Geschlecht sei, unbeantwortet bleibt. Um ein ganzheitliches Menschenbild ist es Odoard nicht zu tun, er ist nur an der Erreichung seiner Ziele interessiert. Die Handwerker reagieren in einer dem restriktiven Charakter der Rede entsprechenden Weise: Statt sich einzeln zu verlieren, bilden sie um die Tafel der Oberen »einen regelmäßigen Kreis« (HA 8,413) und singen das von Odoard verteilte Lied vom Blatt.

Wenn wir die einzelnen Redesegmente abschließend im Zusammenhang betrachten, ergibt sich folgender Befund: Das *exordium* hat vor allem die Funktion, Odoards Projekt der Binnenkolonisation mit Lenardos Auswanderungsprojekt zu analogisieren und beide Antworten auf die aktuelle Notsituation als gleichwertig erscheinen zu lassen. Dabei wirft Odoard die dringliche Frage nach der Überwindung der Tradition in der alten Welt nur auf, um sie rhetorisch aus der Welt zu schaffen oder in der *narratio* als dank seiner Tüchtigkeit und der Gunst

---

[74] NA 20,359.

der Stunde schon gelöst hinzustellen. Die *narratio* dient in erster Linie der Versicherung der Glaubwürdigkeit des Redners. Im Gegensatz dazu gliedert die *argumentatio* sich in drei Teile, von denen der erste die Zielvorstellungen, der zweite die Siedlungsplanung und der dritte die Organisationsform des Handwerkerbundes betrifft. Wo Odoard die Ziele des Reformprojekts beschreibt, kommt er über leere Phrasen, die Überordnung des Großen über das Kleine, des höheren Zweckes über den niedrigen, nicht hinaus. Beruhigend wirkt hier nur die Versicherung, daß die Durchführung der Binnenkolonisation durch den Landesherrn unterstützt wird. Von der leeren Rhetorik des ersten hebt der zweite Teil der *argumentatio* sich wohltuend ab. Wo es um konkrete Vorbereitungen geht, die sich aus sachlichen Notwendigkeiten ergeben, sprechen die Fakten für sich. In dem Teil der *argumentatio* hingegen, der legitimationsbedürftig ist, weil er die Organisationsform des Bundes betrifft, ändert der Sprachstil sich drastisch. Die Rede wird apodiktisch, kategorisch, imperativisch. Neben den rhetorischen Formen des bildlichen Ausdrucks häufen sich Anordnungen und teilweise superlativisch verstärkte Restriktionen. Hier kann Odoard nicht überzeugen, hier muß er überreden. Rückfragen, Wiederholungen, Präzisierungen werden kategorisch abgelehnt. Damit wird jede konsensuelle Verständigung über Zielvorstellungen und Durchführungsbestimmungen des Projekts schon im Ansatz vereitelt. Odoard läßt zwischen den Männern, die sich ihm anvertrauen sollen, und der Führungsspitze des Bundes so wenig echte Kommunikation zu wie zuhause zwischen den Mitgliedern der Familie. Er verlangt bedingungslosen Gehorsam. Die Adressaten haben nur die Wahl, sich ihm anzuschließen oder sich von ihm abzukehren. Bezeichnenderweise gibt es in seiner Rede auch keine Prokatalepse, weil Odoard mit Einwänden, die vorwegnehmend widerlegt werden müßten, gar nicht rechnet. Odoard tritt als Mischung zwischen absolutistischem Herrscher und kapitalistischem Unternehmer auf, der, da er über die Mittel verfügt, auch die Anstellungsbedingungen diktieren kann. Wie die Männer ihr zukünftiges Lebensprogramm vom Blatt absingen müssen, mußten die Kinder zuhause ein einstudiertes Festgespräch aufsagen. Das Projekt ist autoritär und durch die fehlende Kompromiß- und Kommunikationsbereitschaft dessen zum Scheitern verurteilt, der es vertritt.

Wenn man die historische Vorlage, die durch Edikte und Kabinettsordre ebenfalls autoritär geführte und von oben kontrollierte Landbesiedlung Friedrichs des Großen zum Vergleich heranzieht, wird der Eindruck, daß Odoards Rede fast nur aus Leerstellen besteht, noch verstärkt. Die Fragen, die den Adressaten auf den Nägeln brennen müssen, weil sie ihre zukünftigen Wirtschafts- und Lebensbedingungen betreffen, kommen nicht einmal in Ansätzen zur Sprache. Wird ihnen das Reisegeld von Odoard bezahlt? Sind die Männer selbst die zukünftigen Siedler, oder wirbt Odoard sie nur als Lohnarbeiter für die Bauphase an? Wie hoch ist, wenn ja, ihr Lohn? Was wird aus den zahlreichen Handwerkern, wenn die Häuser der Bauerndörfer einmal alle stehen? Umlernen und Bauern werden dürfen sie Odoards Ideologie zufolge, die lebenslange Treue zum einmal erlernten Beruf verlangt, ja nicht. Ist die Ansiedlung städtischen Gewerbes auch Teil seines Siedlungsplans? Gäbe es in der entlegenen Provinz genügend Städte, in denen die Handwerker sich später als Meister niederlassen könnten, oder würde von ihnen erwartet, daß sie weiterziehen und sich anderswo wieder Arbeit und Brot suchen? Wenn sie selbst die Siedler sind, was die Liedzeilen »Wo dem Fremdling reicher Maßen/ Ackerfeld ist zugeteilt/ Siedeln wir uns an mit andern« (HA 8,413) suggerieren, wie ist dann das Verhältnis von Leistung und Gegenleistung? Wird die Ausstattung der Siedlerstelle mit Land, Gebäuden, lebendem und totem Inventar garantiert? Sollen die Handwerker dann Bauern oder Ackerbürger werden? Gehört das Land auch weiterhin dem Staat, oder geht es in den Besitz des Siedlers über? Darf er das Land, falls er es kostenlos oder gegen Bezahlung erhält, auch vererben? Schließt der Siedlungsunternehmer einen Erbzinskontrakt mit ihm ab? Ist das Land Kulturland, oder muß es durch aufwendige Rodungs- und Kultivierungsarbeiten erst ertragsfähig gemacht werden? Wer kommt für die Kosten dieser Arbeit und für die des Hausbaus auf? Odoard erwähnt zwar die bereitliegenden Geldmittel, nicht aber die Bedingungen, unter denen sie den Siedlern zur Verfügung gestellt werden. Wie hoch ist der Zins für diejenigen, die nicht genügend eigene Mittel mitbringen und staatliche Hilfe in Anspruch nehmen müssen? Muß nur für das Haus oder auch für das Land Zins gezahlt werden? Ist der Zins in bar oder in Naturalien zu leisten? Gibt es zinsfreie Jahre, wenn ja, wieviele? Reicht die Schonfrist aus, den Betrieb rentabel zu machen? In welchem Verhältnis steht der Zins zum Ertrag, der aus dem Boden oder dem Gewerbe herausgeholt werden kann? Wovon lebt der Siedler in den Jahren, die er braucht, den Betrieb, welcher Art er auch sei, aufzubauen? Was geschieht, wenn der Siedler die vertraglichen Vereinbarungen nicht einhalten kann? Muß er die Siedlerstelle – wie der Vater des nußbraunen Mädchens den gepachteten Hof – dann verlassen? Wird er für die bis zu diesem Zeitpunkt schon geleistete Aufbauarbeit irgendwie entschädigt, oder kommt sie dem Nachfolger und damit indirekt dem Staat zugute? Gibt es für die Männer, die sich zum Siedlungsaufbau verpflichten, irgendeine Sicherheit? Die friderizianische Siedlung war, wovon der häufige Besitzerwechsel bei den Siedlerstellen zeugte, oft nicht für den einzelnen, am Ende aber für den Staat ein großer Erfolg. Die Handelsbilanz, die unter Friedrich Wilhelm I. noch passiv war, wies 1783 einen Aktivüberschuß von 4 bis 5 Millionen Talern auf.[75] Was aus den Menschen wurde, die die Siedlerstellen, in die sie ihr ganzes Vermögen und jahrelang auch ihre ganze Arbeitskraft gesteckt hatten, wieder verlassen mußten, darüber sagt die staatliche Erfolgskontrolle nichts. Viele Siedler hatten sich von den Rechten, die der König ihnen zugestand: erblicher Besitz, Freiheit von Diensten für den Landesherrn, Freiheit von Gutsleistungen, blenden und in ein Unternehmen hin-

---

[75] Gotthard Arndt: *Grundsätze der Siedlungspolitik*, S.35.

einverführen lassen, dessen harter und entsagungsreicher Durchführung sie nicht gewachsen waren. Was sie erwartete, waren zehn bis dreißig Jahre Aufbauarbeit und ein täglicher Kampf um das Lebensnotwendigste. Lohnend wurden die Betriebe, die sie nicht geschenkt bekamen, sondern sich hart erarbeiten mußten, erst für die nächste Generation. Der Staat stellte zu dieser Arbeit im Bedarfsfall nur »die nötigen Betriebsmittel zur Verfügung«[76]. Vor dem Hintergrund dieser historischen Tatsachen erscheinen die leeren Versprechungen Odoards, der die Handwerker mehr zum Siedlungsgedanken erziehen als sie über die Vertragsbedingungen informieren zu wollen scheint und dem die Verwaltungsorganisation mehr am Herzen liegt als die wirtschaftliche Lage der Betroffenen, wie die Flötentöne des Rattenfängers von Hameln.

Aus den Leerstellen in Odoards Rede zu schließen, Goethe habe sich nicht für die konkreten Arbeitsbedingungen der Menschen interessiert, wäre angesichts seines Einsatzes für die Bergwerke in Ilmenau[77] und die Strumpfwirker in Apolda[78] wie seiner Lebensgemeinschaft mit einer Frau, die, als er sie traf, noch Fabrikarbeiterin war, völlig verfehlt. Die Leerstellen gehen nicht zu Lasten Goethes, sondern eindeutig zu Lasten Odoards. Wie der private »Grund«, auf dem das Ganze ruht, selbstbetrügerisch ist, so steht das große Unternehmen auf »tönernen Füßen«[79]. Odoard ist als Führer bei weitem nicht so glaubwürdig wie Lenardo und sicher nicht als Vorbildfigur konzipiert. Statt die Selbstentlarvung des Redners durch seine eigenen Worte zu untersuchen, ist die Forschung den expliziten Erzählerkommentaren auf den Leim gegangen, die die Einführung der Figur im neunten Kapitel des dritten Buches begleiten und die Sympathie des Lesers steuern, obwohl sie im Grunde nur das äußere Benehmen betreffen:

> Die Vorgesetzten [...] waren eben im Begriff, ihnen zu folgen und den gebührenden Platz einzunehmen, als ein Mann von einnehmendem Wesen zu ihnen trat und sich die Erlaubnis ausbat, an der Versammlung teilnehmen zu können. Ihm wäre nichts abzuschlagen gewesen, so gesittet, zuvorkommend und freundlich war sein Betragen, wodurch eine imposante Gestalt, welche sowohl nach der Armee als dem Hofe und dem geselligen Leben hindeutete, sich höchst anmutig erwies. Er trat mit den übrigen hinein, man überließ ihm einen Ehrenplatz (HA 8,384).

---

[76] Gotthard Arndt: *Grundsätze der Siedlungspolitik*, S.67.

[77] In der Bergwerkskommission, die seit 1777 bestand, setzte Goethe sich für die Wiederaufnahme des Betriebs der Ilmenauer Bergwerksanlagen ein, die seit dem Dammbruch von 1739 und dem Brand von 1752 zunehmend mehr verfielen. Er hoffte, der Bevölkerung Ilmenaus damit Arbeit zu verschaffen und das Herzogtum durch die Förderung von Rohstoffen finanziell zu sanieren. Faktisch war die Fördermenge aber viel zu gering, und mit dem Einsturz des Martinrodaer Stollens im Oktober 1796 zerschlugen sich alle Hoffnungen endgültig. Vgl. die Ilmenau-Reden in: *Goethes Reden und Ansprachen*, S.17–40, Anmerkungen: S.156–158.

[78] Vgl. den berühmten Brief vom 6. März 1779 an Charlotte von Stein (WA IV 4, S.18): »Hier will das Drama gar nicht fort, es ist verflucht, der König von Tauris soll reden als wenn kein Strumpfwürcker in Apolde hungerte.«

[79] Klaus-Peter Hinze: *Kommunikative Strukturen*, S.117.

10.5 Der Odoard der Novelle – der Odoard der Rede: ein Vergleich

In welchem Verhältnis steht nun aber die Novelle zur Rede, der Odoard der privaten Verstrickungen zum Odoard der öffentlichen Agitation? Wenn wir nicht von einer schizophrenen Spaltung, einem Bruch zwischen personaler und sozialer Identität ausgehen wollen, müssen wir uns fragen, wie der neue Odoard sich aus dem alten entwickelt haben kann. Dabei können wir nicht mit Sicherheit bestimmen, wieviel Zeit zwischen dem Ausgangszustand und dem Endzustand verstrichen ist. Richtig ist die Feststellung Henkels, daß Odoard »sich durch totale Entsagung in die Sachlichkeit eines großen Unternehmens gerettet«[80] hat, die Frage ist nur, wie wir das bewerten. Ist diese Entwicklung das Resultat eines Lernprozesses, eines Verdrängungsprozesses oder eines gelungenen Sublimationsvorganges[81]? Die Rigidität, Pedanterie und Kompromißlosigkeit seiner Rede deutet nach Freud auf ein unbewältigtes Trauma und damit auf Verdrängung hin. Daß seine Strenge »der Härte der Entsagung« entspricht[82], läßt sich zu folgender These verschärfen: Odoard hat sich zum Zwangscharakter entwickelt und reicht die Rigidität eines Normensystems, an dem er selbst zerbrochen ist, in veränderter Gestalt an seine Untergebenen weiter. Sein Reformprojekt schleppt die Spuren dessen mit, was es überwinden will. Das moderne Arbeitsethos, das er vertritt und welches in so wunderlichem Kontrast zum feudalabsolutistischen »Gehäuse«[83] steht, teilt mit diesem die Unerbittlichkeit der Anforderungen an den einzelnen. Daß die staatssozialistische Gesinnung nicht im Widerspruch zur feudalstaatlichen Verwaltungsorganisation und Regierungsform steht, kann den heutigen Leser nicht mehr überraschen, der den Zusammenbruch der sozialistischen Systeme am Ende des 20. Jahrhunderts erlebt hat und danach klarer sieht, daß der Staatssozialismus mit dem Absolutismus strukturelle Analogien teilt und teilweise sogar dessen Verwaltungsapparat übernommen hat. Mit ihrer Dialektik zwischen persönlichem Versagen und gesellschaftlichem »Erfolg« ist Goethes Konzeption der Odoard-Figur in diesem Punkt geradezu visionär.

---

[80] Arthur Henkel: Entsagung, S.59.
[81] Irmgard Wirtz: *Die kommunikative Funktion des Fragmentcharakters*, S.25.
[82] Arthur Henkel: Entsagung, S.61.
[83] Arthur Henkel: Entsagung, S.61.

KAPITEL II

Felix, Wilhelm, Hersilie und das Kästchen

für Ueli und Luca

11.1 Das Felix-Porträt des Romans

Ich »weiß nicht« (HA 8,7), das ist das erste Wort, das Wilhelm in den »Wanderjahren« spricht, und zugleich seine Antwort auf eine naturkundliche Frage seines Sohnes. Der Vater, schon in den »Lehrjahren« »nicht viel bekannter mit den Gegenständen, nach denen der Kleine wiederholt und unermüdet fragte«, weil er »den Dingen außer sich« bisher nur »ein schwaches Interesse« (HA 7,498) abgewonnen hatte, muß in diesem Lehrgespräch zwischen Vater und Sohn sein Nicht-Wissen eingestehen.[1] Seine provisorischen Antworten auf die Fragen nach Art und Bezeichnung des Gebirgsgesteins werden durch den Fachmann präzisiert. Dabei weist Jarno Wilhelms Vorwurf: »Du hast mit dem Kinde über diese Sachen nicht gesprochen, wie du mit dir selber darüber sprichst«, mit der Begründung zurück: »es ist Pflicht, andern nur dasjenige zu sagen, was sie aufnehmen können. Der Mensch versteht nichts, als was ihm gemäß ist.« (HA 8,32) Damit ist das geologische Gespräch zu einem pädagogischen geworden, die von der Vaterschaft erzwungene[2] Hinwendung zur Außenwelt mit dem richtigen Verhältnis von »Geheimnis und Aufklärung«[3] verknüpft. Die Frage wird von den Erwachsenen bereits im Allgemeinen diskutiert, bevor der Kästchenfund des Kindes sie an einen konkreten Gegenstand bindet.

Im Kontakt mit den Kindern der Josephsfamilie konterkariert Felix' geschickte *imitatio homini* die *imitatio dei* jener. Ohne zu zögern, übernimmt er »Palmzweig« und »Körbchen« (HA 8,10), die Attribute der heiligen Familie, von den Josephskindern: ein verschmitztes Rollenspiel, das kein Bewußtsein davon hat, daß es an Heiliges rührt. Als Wilhelm seinen Sohn mit den fremden

---

[1] In den *Lehrjahren* (HA 7,257) wirft Aurelie Wilhelm vor: »von außen kommt nichts in Sie hinein«.

[2] Der Erzähler der *Lehrjahre* beschreibt Wilhelms Befinden am Tag, da er Felix als seinen Sohn anerkennt, so: »er fühlte die Notwendigkeit, sich zu belehren, indem er zu lehren aufgefordert ward« (HA 7,498). Dazu: Anneliese Klingenberg: Das Verhältnis von Individuum und Gesellschaft in seiner Entwicklung von den *Lehr-* zu den *Wanderjahren*. In: *Weimarer Beiträge* 28 (1982), H.10, S.142.

[3] Volker Dürr: Geheimnis und Aufklärung: Zur pädagogischen Funktion des Kästchens in *Wilhelm Meisters Wanderjahren*. In: *Monatshefte* 74 (1982), S.11–19.

»Engelein« vergleicht, fällt ihm der Kontrast nicht nur beim Körperbau auf: »Für seine Jahre war er nicht groß, aber stämmig, von breiter Brust und kräftigen Schultern; in seiner Natur war ein eigenes Gemisch von Herrschen und Dienen« (HA 8,10). Mit der Obstfrau, die Kirschen zum Klosterbezirk heraufgetragen hat, beginnt der Knabe sofort »zu handeln« (HA 8,14) und zu feilschen. Die Nachahmungsgabe des Kindes verrät, was die der Erwachsenen kaschiert: Der Geist der Ökonomie hat auch das Sanktuarium erfaßt.

Angeblich »aus innerem geheimem Antrieb« (HA 8,43), vielleicht auch durch Fitz auf die Fährte gelockt, »findet« Felix in der Höhle des Gebirgsmassivs ein kostbares Kästchen in einem eisernen Kasten[4]. Da er den Kasten mit Werkzeug aufbrechen muß, um an das Kästchen heranzukommen, ist das »Finden« wohl eher ein »Aneignen«[5]. Aus der Falle, in die er bei diesem Diebstahl geraten ist, läßt er sich von seinem Vater, dem Einzigen, mit dem er das »Geheimnis« (HA 8,44) teilt, heraushelfen. Die erste selbständige Handlung des Knaben kann zwar allein begonnen, aber nicht ohne fremde Hilfe beendet werden. Und der Tatort ist insofern zeichenhaft, als Basalt auf Granit, vulkanisches Gestein auf Urgestein, bei Goethe für den Zusammenprall revolutionärer Kraft mit dem »Beharrenden in Natur- und Menschengeschichte«[6] steht.

Vom Moment an, da Felix das Kästchen gefunden hat, ist er verwandelt: »Die Säulen kamen ihm schwärzer, die Höhlen tiefer vor.« (HA 8,44) Der eben noch lebhaft von Fels zu Fels springende Knabe geht stundenlang sittsam neben seinem Vater her, der sonst so gesprächige Junge verstummt. Mit ihm muß eine tiefgreifende seelische Erschütterung vorgegangen sein, die nicht allein auf den unrechtmäßigen Besitz eines Schatzes zurückzuführen ist. Das Kästchen löst »eine erstaunliche Skala von Empfindungen«[7] aus, die von Unruhe über einen Fluchtreflex bis zu Besitzerstolz und Sorge reicht. Mitteilungsbedürfnis kämpft mit Verheimlichungslust, Freude am Herrschaftswissen mit Verlegenheit und Scham.[8] Merkwürdig unentschieden schwankt die Beschreibung des kostbaren Fundstücks zwischen »Kästchen« und »Prachtbüchlein«; und da es nur »von Gold zu sein« (HA 8,43) *scheint*, bleibt nicht nur sein symbolischer, sondern auch sein materieller Wert in der Schwebe. Wir haben es offenbar mit einem

---

[4] Kästchen im Kasten im Felsmassiv: wie im Melusinenmärchen, wo die Zwergenprinzessin in einem Kästchen lebt, das in wechselnden Gaststuben steht oder in der fahrenden Kutsche mitgeführt wird, ist auch hier das erotische Geheimnis in ineinandergeschachtelte Innenräume versenkt. Vgl. dazu: Ingrid Kreuzer: Strukturprinzipien in Goethes Märchen. In: *JbDSG* 21 (1977), S.243.

[5] Marianne Jabs-Kriegsmann: Felix und Hersilie. In: *Studien zu Goethes Alterswerken*, hrsg. von Erich Trunz, Frankfurt/M. 1971, S.79.

[6] Wilhelm Emrich: Das Problem der Symbolinterpretation im Hinblick auf Goethes *Wanderjahre*. In: ders.: *Protest und Verheißung*, 3. Aufl., Frankfurt/M./ Bonn 1968, S.60. Vgl. auch Goethes Aufsatz *Über den Granit* (HA 13,253–258).

[7] Bernd Peschken: *Entsagung in »Wilhelm Meisters Wanderjahren«*, Bonn 1968, S.47.

[8] Im Gegensatz zu dieser tiefen Ambivalenz war Felix in der Erstfassung der *Wanderjahre* »höchst vergnügt über den gefundenen Schatz, höchst glücklich, ein Geheimnis zu besitzen« (FA I 10, 45).

doppelten Sündenfall zu tun: Weil Felix der Natur ihr Geheimnis entwendet
hat, wird er aus dem Paradies seiner Kindheit vertrieben; und die Aneignung
von unrechtmäßigem Besitz ruft die Sorge[9] auf den Plan.

Das erste, was die Wanderer nach einer Phase langen Schweigens erblicken,
ist ein »großer Garten«, der »nur der Fruchtbarkeit« (HA 8,45) gewidmet scheint.
Da sie ihn, von Fitz verführt, gleichsam durch die Hintertür betreten, finden sie
sich plötzlich hinter Eisengittern gefangen. So ungewohnt still der Knabe vorher
war, so ungewohnt heftig fällt der Wutausbruch aus, mit dem er auf diese Gefangennahme reagiert. Sich Verschließen und Eingeschlossen-Werden sind für
Felix nicht dasselbe. Er empfindet den Oheimbezirk vorerst als Gefängnis. Die
Gitterfalle nimmt schon hier die Gefangenschaft in der Leidenschaft vorweg, die
ihr folgen wird. Weit davon entfernt, den Jungen aufzuklären, redet der Vater
ihn mit einer rechtshistorischen Belehrung in den Schlaf. Das gibt Wilhelm Gelegenheit, seinen Sohn wie Psyche den Gott Amor »mit Gefälligkeit« zu betrachten: »er lag im tiefsten Schlafe, schöner und frischer als je; denn eine Leidenschaft,
wie sie ihn sonst nicht leicht ergriff, hatte sein ganzes Innerste auf die vollen
Wangen hervorgetrieben.« (HA 8,47) Mit der Kindheit hat Felix aber auch seinen
Schutzengel eingebüßt.[10] Aufgewacht, befreit, bewirtet und in den Anblick Hersilies vertieft, zieht er sich seine erste Wunde zu:

> Indessen war die Richtung der feurigen Blicke des schönen Felix Hersilien keines-
> wegs entgangen, sie fühlte sich überrascht und geschmeichelt und sendete ihm die
> vorzüglichsten Bissen, die er freudig und dankbar empfing. Nun aber, als er beim
> Nachtisch über einen Teller Äpfel zu ihr hinsah, glaubte sie, in den reizenden Früch-
> ten ebenso viel Rivale zu erblicken. Gedacht, getan, sie faßte einen Apfel und reichte
> ihn dem heranwachsenden Abenteurer über den Tisch hinüber; dieser, hastig zu-
> greifend, fing sogleich zu schälen an; unverwandt aber nach der reizenden Nach-
> barin hinblickend, schnitt er sich tief in den Daumen. Das Blut floß lebhaft; Hersilie
> sprang auf, bemühte sich um ihn, und als sie das Blut gestillt, schloß sie die Wunde
> mit englischem Pflaster aus ihrem Besteck. Indessen hatte der Knabe sie angefaßt
> und wollte sie nicht loslassen; die Störung ward allgemein, die Tafel aufgehoben,
> und man bereitete sich zu scheiden. (HA 8,50f.)

Die Stelle ist unter intra- und intertextuellen Gesichtspunkten interessant. Im
Kontext des Romans wiederholt sie, ins Jugendliche transponiert und auf den
Sohn übertragen, die Erstbegegnung Wilhelms mit der Amazone. Sie nimmt das
schon in den »Lehrjahren« vielfach variierte Wundenmotiv wieder auf, wobei
der Messerschnitt besonders an den Dolchschnitt (HA 7,281) erinnert, mit dem
Aurelie Wilhelm auf sein Gelübde, keine Frau zu verletzen, verpflichten wollte.
Anläßlich von Wilhelms Verwundung durch die Räuberbande wurde dort das

---

[9] Vgl. den Auftritt der Sorge im fünften Akt von *Faust II* (V.11384–11510; HA 3,343–346).
[10] In den *Lehrjahren* rettet Mignons Aufmerksamkeit Felix vor dem Anschlag des Harfners
(HA 7,331f.) und die von Aurelie bekämpfte »Unart«, statt aus dem Glas aus der Flasche zu trinken,
vor dessen Opium (HA 7,604).

Arztbesteck eingeführt, an das sich in den »Wanderjahren« seine Berufsentscheidung bindet. Doch während die Natalie der »Lehrjahre« dem Arzt bei seiner ersten Nothilfe nur zuschaute (HA 7,227f.), bewährt Hersilie sich hier selbst als Samariterin. Es ist kein Wundarzt da, an den das Geschäft delegiert werden könnte. Und während der Wilhelm der »Lehrjahre« die Amazone bis zu seiner Ohnmacht nur mit Blicken verfolgen konnte, sucht der jüngere, in seinem Affektausdruck deutlich unkontrolliertere Felix Hersilie zu greifen und festzuhalten. Mit der Spontaneität eines Kindes, dem Begehren eines Mannes, berührt er die Geliebte und überschreitet damit eine Grenze, das Berührungstabu zwischen Fremden beiderlei Geschlechts. Felix *stiehlt*, was ihm geschenkt werden müßte, und will, was er einmal erobert hat, nicht mehr preisgeben. Wie die Äpfel für ihn zu »Rivalen« der Geliebten werden konnten, weil er, halb Kind, halb Jüngling, zwischen oraler und sexueller Begehrlichkeit schwankt, so zeugt auch die Weigerung, den unerlaubten Griff zu lockern, vom Kind im erwachenden Mann. Offenbar hat die erste Leidenschaft auch das Verlangen nach Dauer geweckt. Hersilie geht zwar fürsorglich auf Felix ein, doch im Moment, da sie die Liebeswunde, die sie mitverschuldet hat, zu heilen hilft, beginnt sie ihre Liebeswerbung um den Vater: »Sie lesen doch auch vor Schlafengehn?« (HA 8,51) Was sie hier einem Mann, den sie kaum kennt, als Bettlektüre empfiehlt, ist ihre Übersetzung der »Pilgernden Törin«, einer Geschichte, die nicht so harmlos ist, wie sie scheint. Das ist eine verfängliche Geste, wenn nicht sogar eine gezielte erotische Provokation. So gesehen wird der Fingerschnitt zur symbolischen Aktion: Felix, seit dem Fund der »cista mystica«[11] nicht mehr Kind, aber noch nicht Mann, hat sich nicht nur deshalb verletzt, weil er den Apfel und den Anblick der Schönen gleichzeitig genießen wollte, sondern auch, weil sein erstes Liebesobjekt – wie die Mutter, die er nie gekannt hat – den Vater begehrt.[12] Seine Einweihung in die Geheimnisse des Lebens, die in der Naturhöhle begann, wird durch die späte Einführung ins ödipale Drama komplettiert[13], die physiologische durch die psycho-soziale Initiation. »Hersilie hat dieser entschiedenen Neigung

---

[11] Friedrich Ohly (Zum *Kästchen* in Goethes *Wanderjahren*. In: *Zeitschrift für deutsches Altertum und deutsche Literatur* 91 [1961/62], S.255–262) hat die Identität des Kästchens mit der »cista mystica« der Eleusinischen Mysterien betont. Die »cista mystica« war ein geflochtenes Gefäß mit Deckel, das ein sakrales Geheimnis bewahrte, Demeters heiligen Schoß, der dem Mysten als Gegenstand der Einweihung am Ende des Ritus gezeigt wurde. Sie galt als sakramentales Zeichen für die durch Liebesvereinigung erworbene Gottesgemeinschaft. Dazu auch: Karl Kerényi: *Die Mysterien von Eleusis*, Zürich 1962. Lange bevor Goethe Sergej S. Graf von Uvarovs (Ouvaroffs) *Essai sur les mystères d'Eleusis* (St. Pétersbourg 1812; Ruppert, Nr.1981) einsehen konnte, hatte er der »cista mystica« schon die zwölfte der *Römischen Elegien* (HA 1,164f.) gewidmet.

[12] Die Rivalität zwischen Vater und Sohn wird schon in den *Lehrjahren* in Wilhelms Vorliebe für das Bild vom kranken Königssohn paradigmatisch verdichtet: Hellmut Ammerlahn: Goethe und Wilhelm Meister, Shakespeare und Natalie: Die klassische Heilung des kranken Königssohns. In: *JbFDH* (1978), S.47–84. Und: Christoph E. Schweitzer: Wilhelm Meister und das Bild vom kranken Königssohn. In: *PMLA* 72 (1957), pp.419–432.

[13] Da Felix als mutterloser Knabe aufwuchs, um den sich wechselnde Ersatzmütter kümmerten, Aurelie, Therese, Natalie, konnte er keine feste Bindung zu *einer* weiblichen Bezugsperson herstellen.

eines Kindes, von dem sie nicht wissen kann, daß es keins mehr ist, vorläufig nicht viel zu erwidern.«[14] Beim Abschied neckt sie den Jungen mit der Frage: »Und du artiger Taugenichts! Was wirst denn du lernen?« (HA 8,81) Seine Antwort ist so einfach wie schlagend: »schreiben« und »reiten« (HA 8,81), zwei Formen der Kontaktaufnahme mit der Geliebten. »Mit meinen zeitbürgerlichen Verehrern hat es mir niemals recht glücken wollen, es scheint, daß die folgende Generation mich nächstens entschädigen will.« (HA 8,81) Mit dieser Prognose endet die einzige Begegnung zwischen Felix und Hersilie, die dem Leser auktorial vermittelt wird; die weitere Entwicklung der Beziehung erfahren wir nur noch aus Hersilies Brieferzählungen.

»Felix Äpfel Fingerschnitt«, der schon in einem der Schemata[15] zur Zweitfassung der »Wanderjahre« hergestellte Motivzusammenhang wird bei einer quellengeschichtlichen Untersuchung noch interessanter. Er stammt aus dem Umkreis der Josephs-Legende, nicht aus ihrer biblischen Version, aber aus der XII. Sure des »Korans« und lautet in der Übersetzung Theodor Arnolds, die Goethe bei seiner letzten nachweisbaren Lektüre des »Korans« vorlag, wie folgt:

> Und gewisse Weiber sagten in der Stadt öffentlich, des Edelmanns Frau hat bey ihrem Knecht schlaffen wollen: Er hat ihre Brust mit Liebe entzündet; und wir sehen, daß sie sich schrecklich betrieget. Und als sie von ihrer Hinterlistigkeit hörte, sandte sie zu ihnen, und bereitete ein herrliches Gastmahl für sie zu; und sie gab einer jeden darunter ein Messer, und sagte zu dem Joseph, komme herfür zu ihnen! Und als sie ihn sahen, priesen sie ihn höchlich; und sie schnitten sich in ihre Finger und sprachen, o GOtt, dieses ist kein sterblicher Mensch, sondern ein wahrhaffter Engel, der die gröste Hochachtung verdienet. Da sprach seines Herrn Frau zu ihnen, dieser ist es, um dessent willen ihr mich so getadelt habt.[16]

Auch Joseph von Hammer-Purgstall, dem der Autor des »Divan« erklärtermaßen viel verdankte[17], hat dem Motiv in seiner orientalisierenden Verserzählung »Schirin« fünf achtzeilige Strophen gewidmet. Ich zitiere die letzten drei:

> Kurz; fühlt *Suleicha* gleich in ihrem Busen Liebe,
> So ist sie doch auch überzeugt, es bliebe
> Vor dieser himmlischen Gestalt
> Kein Weiberherz gefühllos oder kalt.
> Sie weiß, man dürfe ihn nur schauen,
> Um sich und Andern Alles zu verzeih'n,

---

[14] Marianne Jabs-Kriegsmann: Felix und Hersilie, S.81.

[15] WA I 25 II, S.219.

[16] *Der Koran [...]*, in das Engl. übers. [...] von George Sale [...], ins Teutsche verdolmetscht von Theodor Arnold, Cap.12, Lemgo 1746, S.270f. Goethe hat diese *Koran*-Übersetzung vom 28. September 1818 bis zum 5. Juni 1819 aus der Weimarer Bibliothek ausgeliehen (Keudell; Nr.1165). Dazu auch: Hans-J. Weitz: Mikrologisches zu Goethe. II. Ein Motiv in den *Wanderjahren*. Der *Fingerschnitt*. In: *Teilnahme und Spiegelung*, hrsg. von Beda Allemann und Erwin Koppen, Berlin/ New York 1975, S.287.

[17] WA I 7, S.234.

Deswegen ladet sie die tugendhaften Frauen,
Die viel auf sie geschmäht, zu einem Mahle ein.

Das Messer und Citronen haben sie
Nun eben in der Hand. Da öffnet sich die Thüre
Und *Jussuf* tritt herein. O eitle Tugendschwüre!
O übermächt'ge Sinnensympathie!
Der Frauen Blick verirrt sich in den Regionen
Der Schönheit, sie vergessen den Verstand,
Und schneiden, statt in die Citronen,
Wie sinnenlos, sich alle in die Hand.

So groß ist ihr Verlangen und ihr Sehnen,
Daß keine sich bewußt ist, was sie thut;
In ihren Augen stehen Thränen,
Und von den Fingern rinnet Blut,
Da ruft *Suleicha*: »Es haben euch die Flammen
Der Schönheit in das Herz gebrannt ein Maal,
Ihr Freundinnen! o seyd ein andermal
Nicht so geschwinde im Verdammen.«[18]

Die letzten beiden Verse erinnern unmittelbar an Hersilies Briefwort: »Ach welch
ein Unterschied ist es, ob man sich oder die andern beurteilt« (HA 8,267), mit
dem sie ihre *eigene* Neigung, die Liebe jüngerer Männer zu älteren Frauen zu
verurteilen, kritisiert. Bei ihr wird die Lehre, die im »Koran« den anderen erteilt
wird, selbstreferentiell. Mit der Vorlage überein stimmt die Schönheit von Felix.
Sie ist bei der zweiten Begegnung so blendend, daß Hersilie seiner feurigen Werbung
nicht widerstehen kann. In ihrem letzten Brief an Wilhelm wird sie ihn als »kleine[n]
Abgott« (HA 8,456) bezeichnen. Im Unterschied zum »Koran« und Hammer-
Purgstalls Gedicht sind die Geschlechtsrollen bei Goethe aber vertauscht. Auch
wird keine kollektive Hysterie beschrieben, die so weit geht, daß sie das Schmerz-
empfinden der von ihr erfaßten Frauen anästhesiert; ein schöner Knabe zieht
sich beim Anblick einer schönen Frau die erste Liebeswunde zu. Felix ist auch nicht
wie Joseph unberührbar, er sucht die Berührung aktiv herbeizuführen. Das Blut
fließt so heftig aus seiner Wunde wie das Flavios nach dem Aderlaß, nur daß
der Eingriff dort ein therapeutischer war. Auch hat die intime Tischgesellschaft
Hersilies nicht die gesellschaftliche Tragweite von Suleichas Gastmahl, das sprachlose »Duodramolett«[19] stört, im Gegenteil, die gesellige Konversation. Die Szene
ist nicht zur Korrektur einer bigotten öffentlichen Moral inszeniert, sie stößt zwei
jungen Menschen unfreiwillig zu, die mit dem, was sie irritiert, allein gelassen sind.
    Vom Moment des erotisch-sexuellen Erwachens an sehen wir Felix häufig
auf dem Pferd. Wo kein Pferd zugelassen ist – in Makaries Bereich – protestiert

---

[18] [Joseph von Hammer-Purgstall]: *Schirin. Ein persisches romantisches Gedicht nach morgenländischen Quellen*, Zweyter Theil, Zweyter Gesang, Str.90–92, Leipzig 1809, S.83.
[19] Hans-J. Weitz: Der *Fingerschnitt*, S.290.

er gegen die Beschneidung seiner Vitalität, indem er mutwillig »unsanft« (HA 8,115) an die Pforte klopft und, wo alle sitzen, sein Frühstück im Stehen (HA 8,116) verzehrt. Bei den weltanschaulichen Gesprächen Wilhelms mit Makarie und dem Astronomen muß das Kind entfernt werden, auch bei Wilhelms Sternwartenerlebnis ist es nicht zugegen. An Angelas Beistand wie an der Erziehung durch die Pädagogen interessiert Felix nur die Möglichkeit, schreiben und reiten zu lernen. Als er Hersilie Blumen bringen will, stürzt er vom Pferd (HA 8,71f.). Hersilie gibt Felix ihr »buntes, leichtes Halstuch« (HA 8,72) wie die Natalie der »Lehrjahre« Wilhelm ihren »Überrock« (HA 7,228), nachdem ein Wundarzt die Kopfwunde verbunden hat. Auch Demeters Tochter Persephone mußte in die Unterwelt hinabsteigen, weil sie sich beim Blumenpflücken von der Mutter entfernt hatte und in Plutos Hände geraten war. Alles, was Demeter noch aushandeln konnte, war die periodische Rückkehr Persephones auf die Erde, wodurch ihr Geschick zu einem Mythos über Tod und Wiedergeburt wird.[20] Vor dem Hintergrund dieser Folie ist Felix' erste Liebe auch die erste Begegnung mit Tod und Wiedergeburt.

In der Pädagogischen Provinz gefällt dem Aufseher die Freimütigkeit des Knaben. Als er die erste Grußgebärde ausprobiert, sagt Felix einen seiner wenigen Sätze in direkter Rede: »Dies gefällt mir nicht sonderlich, ich sehe ja nichts da droben« (HA 8,150). Vom Pferd herab in den Chorgesang einstimmend, fühlt er sich wieder in seinem Element. Auch ist er noch »Kind genug«, sich gleich unter die Zöglinge »zu mischen« (HA 8,153). Die erste Grußgebärde ahmt er jedoch »mit so schnackischer Miene« nach, »daß man wohl bemerken konnte, ein geheimer Sinn dabei sei ihm noch nicht aufgegangen« (HA 8,153). Nur seinem Vater wird die Lehre von den drei Ehrfurchten erteilt, die Einweihung in den Innenbezirk des säkularisierten Tempels wird sogar bei ihm vertagt und das Versprechen, sie nachzuholen, nie mehr eingelöst. Als der Sohn sich in der Pädagogischen Provinz von seinem Vater verabschieden muß, schaut er »dem weggeführten Pferde schmerzlicher nach« (HA 8,153) als dem Vater. Seine Liebe zum Singen und zur italienischen Sprache liegt nahe, weil Mignon, die Kindfrau, die ihn lange vor dem Vater als dessen Sohn erkannt hatte, seine Amme, Mutter, Schwester, Freundin war.

Vom Stalljungen zum Stallmeister herangereift, verbirgt der Junge, der Sprache und Pferd, Geist und Vitalität einzusetzen, wenn auch noch nicht zu beherrschen weiß, seine Identität hinter der dritten Person:

> Felix
> liebt
> Hersilien.
> Der Stallmeister
> kommt bald.
> (HA 8,265)

---

[20] Hannelore Schlaffer: «Wilhelm Meister». Das Ende der Kunst und die Wiederkehr des Mythos, Stuttgart 1989, S.179f.

Ein stürmischer Ritt auf unbesatteltem Pferd bringt Felix kurz darauf zu Hersilie, wo er den Liebesüberfall mit einer unbedacht hingeworfenen Zurückweisung bezahlt. So rasch, wie er auf unbeschlagenem Pferd in den Hof gesprengt kam, sprengt er wieder hinaus, seinem zweiten, diesmal lebensgefährlichen Pferdesturz entgegen. Felix wird nicht nur durch Montan und das Kästchen, er wird auch durch Hersilies »Nein« in die Geheimnisse des Lebens eingeweiht. Die Versicherung der Pädagogen, Felix so zu erziehen, daß der Vater ihn »nicht verworren, schwankend und unstät wiederfinden« (HA 8,164) werde, führt das Ende des Romans *ad absurdum*: Verworrener als jetzt war Felix nie. Sein Unfall bietet Wilhelm die Gelegenheit, sich als Wundarzt zu bewähren und, indem er seinem Sohn das Leben rettet, die Schuld abzutragen, die er bei seiner Geburt auf sich geladen hat: Marianes Tod.

Wie nach der Gefangennahme im Oheimbezirk betrachtet Wilhelm auch jetzt wieder den schlafenden Sohn: »Wirst du doch immer aufs neue hervorgebracht, herrlich Ebenbild Gottes! [...] und wirst sogleich wieder beschädigt, verletzt von innen oder von außen.« (HA 8,460) Dabei springt die Abwandlung des »Märchens von Amor und Psyche«[21] ins Auge. Der Moment des Erkennens, da Psyche, von unwiderstehlicher Neugier erfaßt, das Seh-Verbot des Gatten übertritt und das Licht über den schlafenden Gott der Liebe hält, ist bei Apuleius auch der des Erwachens einer unstillbaren Sehnsucht. Diese wird erst nach Psyches zahlreichen Bewährungsproben und Amors langer Krankheit überwunden – und zwar durch Jupiters Gnade. Im »Mann von funfzig Jahren« wird das Motiv strukturgleich eingesetzt. Dort ist es Hilarie, die in dem Moment von Liebessehnsucht übermannt wird, da sie die Kerze über den schlafenden Flavio hält (HA 8,204). Zwischen den Beginn der Sehnsucht und die endlich gewährte Erfüllung werden auch bei ihr noch Bewährungsproben geschoben. Hilfreich sind in Hilaries Fall nicht die Götter, dafür aber die Künste, vor allem die Malerei. Der direkte Weg zum Ziel, der den Erwachsenen begehbar scheint, ist für die von ihrer Liebe Verwirrte der denkbar unwegsamste. Sie muß noch eine Reihe von Umwegen machen, bevor sie Flavio heiraten kann.

Anders liegen die Dinge in der Rahmenerzählung: Psyches stygischer Schlaf[22] überfällt Felix zweimal: das erste Mal nach der Gefangennahme (HA 8,47), das zweite Mal, als er, nach seinem Wassersturz gerettet, zur Ruhe gebettet wird (HA 8,459). Zweimal ist der liebende Blick, der auf dem schlafenden Jüngling ruht, nicht jener der Geliebten, sondern der des liebenden Vaters. Die Vereinigung des Getrennten ist die zwischen Vater und Sohn. Der Vater erkennt in seinem schlafenden Sohn die Gottesebenbildlichkeit des Menschen, die Freude über den wiedergefundenen einzelnen weicht einer Reflexion über die Gattung.

---

[21] Apuleius: *Das Märchen von Amor und Psyche*, Lateinisch-Deutsch, Stuttgart 1988 (1983).
[22] Dieser Schlaf überfällt Psyche, als sie, «erneut von leichtsinniger Neugier ergriffen» (Apuleius: *Amor und Psyche*, op. cit., S.101), die Gabe Proserpinas öffnet, die sie als Schönheitsmittel für die Göttin Venus in der Unterwelt geholt hat.

Der Schluß des Romans ist eigentlich ein neuer Anfang, Zeichen, »daß alle Sicherung nichts nützt«, leidenschaftliche »Unvernunft« mit jeder Generation neu beginnt.[23] Aber Felix braucht nicht mehr an einem Unfall zu sterben, an dem Wilhelms Jugendfreund noch gestorben ist. Durch die richtige Maßnahme zur richtigen Zeit vor dem Tod durch Ertrinken bewahrt, schlägt er die Augen wieder auf und wirft sich »dem erkennenden und erkannten Retter« weinend »um den Hals« (HA 8,459). Am Anfang des Romans stand das Nichtwissen, am Ende steht das Wissen, was im Notfall zu tun ist. Der erste Satz des Vaters an den Sohn hieß: »Ich weiß nicht« (HA 8,7), der letzte des Sohnes an den Vater: »Wenn ich leben soll, so sei es mit dir!« (HA 8,459) Kann man da noch von einem Roman der Erziehung »zur Vermeidung des Irrens«[24] sprechen? Ist das nicht eher eine Absage an die pädagogischen Institutionen, die Erziehung in ein System pressen wollen, ein Plädoyer für die geteilte Erfahrung, das Voneinander-Lernen der Generationen?

Der Erzähler kommentiert die Wiedervereinigung zwischen Vater und Sohn mit den Worten: »So standen sie fest umschlungen, wie Kastor und Pollux, Brüder, die sich auf dem Wechselwege vom Orkus zum Licht begegnen« (HA 8,459).[25] Schon am Ende der »Lehrjahre« hat Wilhelm Felix zugerufen: »komm, mein Sohn! komm, mein Bruder, laß uns in der Welt zwecklos hinspielen, so gut wir können!« (HA 7,569) Schon dort war die Zukunftsvision der Brüderlichkeit zwischen Vater und Sohn die eigentliche Utopie. Warum aber ist das weibliche Element aus ihr ausgeschlossen? Wo bleibt die Mitwirkung der Frau? Hannelore Schlaffer deutet das Schlußbild des Romans als Verbindung der Eleusinischen Mysterien mit dem Dioskuren-Mythos. Beide Mythen suchen wie der Persephone-Mythos eine Form für Tod und Wiedergeburt. »Das zentrale Ereignis der Eleusinischen Mysterien ist die erotische Initiation, ihr Symbol im Roman ist das Kästchen.«[26] Der Myste Felix wird unter Mithilfe des Mystagogen Fitz vom Hierophanten Montan durch das »Prachtbüchlein« (HA 8,44) in das Buch der Natur eingeweiht. Auf die Einweihung in das Geheimnis des Lebens und die Erlösung von Schuld durch die Reinigung[27] folgt der symbolische Tod und die Wiedergeburt. Im Dioskuren-Mythos wird die Solidarität der Brüder zum Schutz vor der Sterblichkeit. Erst beide Mythen zusammen, die als Tod und Wiedergeburt gesehene gegengeschlechtliche Fruchtbarkeit und die nicht mehr als Rivalität verstandene Generationenfolge garantieren in den »Wanderjahren« die Unsterblichkeit.

---

[23] Eberhard W.J. Rumbke: Goethe, die Technik und Amerika. Über *Wilhelm Meisters Wanderjahre* und andere Texte. In: *«Zu lebendiger Zeit...»*, hrsg. von Gerhard Augst u.a., Siegen 1990, S.220.

[24] August Raabe: Das Dämonische in den *Wanderjahren*. In: *Goethe* 1 (1936), S.119.

[25] Positiv konnotiert gebraucht Goethe das Bild der Begegnung von Kastor und Pollux auf dem Weg in den Orkus bzw. aus ihm heraus schon im *Götz von Berlichingen* (HA 4,89f.).

[26] Hannelore Schlaffer: «*Wilhelm Meister*», S.175.

[27] Hannelore Schlaffer: «*Wilhelm Meister*», S.176ff.

Der Zusammenhang des Kästchenmotivs mit der erotischen Initiation läßt sich auch biographisch begründen: Im dritten Buch von »Dichtung und Wahrheit« kommt an entscheidender Stelle ebenfalls ein Kästchen vor. Weil Graf Thoranc, der französische Königsleutnant, der zur Zeit der französichen Besetzung Frankfurts im Hause Goethe einquartiert war und vorübergehend Goethes Vater entthront hatte, Freude an den Gemälden der Frankfurter Maler hatte, die Goethe von Jugend an kannte, duldete er die Gegenwart des Knaben im Malerzimmmer und profitierte von dessen kunsthistorischem Wissen. Der Zustand dieser märchenhaften Aufwertung eines Knaben durch Erwachsene fand ein jähes Ende, als geschah, was der alte Goethe im Rückblick so beschrieb:

> Einst fand ich hinter dem Ofen ein schwarzes Kästchen; ich ermangelte nicht, zu forschen, was darin verborgen sei, und ohne mich lange zu besinnen, zog ich den Schieber weg. Das darin enthaltene Gemälde war freilich von der Art, die man den Augen nicht auszustellen pflegt, und ob ich es gleich alsobald wieder zuzuschieben Anstalt machte, so konnte ich doch nicht geschwind genug damit fertig werden. Der Graf trat herein und ertappte mich. – »Wer hat Euch erlaubt, dieses Kästchen zu eröffnen?« sagte er mit seiner Königslieutenantsmiene. Ich hatte nicht viel darauf zu antworten, und er sprach sogleich die Strafe sehr ernsthaft aus: »Ihr werdet in acht Tagen«, sagte er, »dieses Zimmer nicht betreten.« – Ich machte eine Verbeugung und ging hinaus. Auch gehorchte ich diesem Gebot aufs pünktlichste (HA 9,89f.).

Das Kästchen, das der Knabe unerlaubterweise geöffnet hatte, enthielt eine erotische, vielleicht sogar eine pornographische Darstellung. Doch während Wilhelm seinem Sohn in den »Wanderjahren« dabei behilflich ist, den verbotenen Schatz zu heben, wird der junge Goethe von Graf Thoranc ertappt, beschämt und zeitweilig aus dem Bilderparadies verbannt. Wo der reale Übervater strafte, leistet der fiktive Vater aktiven Beistand. Es ist, als hätte Goethe im Rahmen der Fiktion ein Kindheitstrauma nachträglich korrigiert. Das Ziel der Mysterien von Eleusis ist die Reinigung von der Schuld und die »Integration in die Gemeinschaft«[28]. In den »Wanderjahren« scheinen die zwei Phasen der Initiation auf Anfang und Schluß des Romans verteilt: Am Anfang entdeckt Felix den Eros, am Schluß wird er durch den symbolischen Tod von der Leidenschaft befreit und wieder in die Gemeinschaft, aus der er sich entfernt hat, integriert. Das Schlußbild verbindet Natur und Kultur, das Schwinden des Lebens mit dem chirurgischen Eingriff, die Nacktheit mit der Bekleidung[29]. Wie in der Fischerknaben-Erzählung ist die Auseinandersetzung mit dem Eros auch eine solche mit dem Tod. Die »Wanderjahre« sind ein Versuch, Hoffnungsbilder zu finden, die helfen, den Tod zu ertragen.

---

[28] Hannelore Schlaffer: «*Wilhelm Meister*», S.179.
[29] Gerhard Wild: *Goethes Versöhnungsbilder,* Stuttgart 1991, S.107.

11.2 Die Hersilienbriefe

Zwischen dem Bergfest mit seinem Gipfelgespräch zwischen Wilhelm und Montan und Wilhelms großem Natalienbrief steht der erste Brief Hersilies an Wilhelm. Sie schreibt, daß ihre »Einbildungskraft« ihr »Vater und Sohn, bald zusammen, bald wechselweise, hin und wieder vor die Augen« (HA 8,264f.) führe, und kommentiert diesen Zustand so: »Ich komme mir vor wie eine unschuldige Alkmene, die von zwei Wesen, die einander vorstellen, unablässig heimgesucht wird.« (HA 8,265) Alkmene wird unschuldig schuldig, weil Jupiter in Gestalt ihres Mannes Amphitryon ihr Beilager gesucht und gefunden hat.[30] Wie kann ein Mensch die göttliche Verkleidung durchschauen? Wo die Götter selbst ins menschliche Leben eingreifen, ist dieses dem moralischen Urteil entzogen: Faktisch hat Alkmene mit Jupiter geschlafen, das aber in der vollen Überzeugung, ihren Mann zu umarmen. Wenn Hersilie sich mit Alkmene vergleicht, heißt das, daß Vater und Sohn für sie so ununterscheidbar sind wie für Alkmene Jupiter und Amphitryon. Was dort der kategorische Unterschied zwischen Mensch und Gott, ist hier nur der Unterschied zwischen den Generationen. In dem Vergleich steckt aber auch eine Anmaßung: Alkmene ist eine Ausgezeichnete, eine menschliche Frau, die ein Gott zur Geliebten begehrt.

> Ich sitze unter den hohen Linden und mache soeben ein Brieftäschchen fertig, ein sehr zierliches, ohne deutlichst zu wissen, wer es haben soll, Vater oder Sohn, aber gewiß einer von beiden; da kommt ein junger Tabulettkrämer mit Körbchen und Kästchen auf mich zu (HA 8,265).

»Körbchen«, »Kästchen«, »Sächelchen« und »Kleinigkeiten«, »das kleinste Schiefertäfelchen« in einem »weiße[n] Rähmchen« wie »für die kindischen Anfänge des Schreibens«, so kindlich wie der Zeichenträger und seine Verpackung ist die Botschaft, die ihr überbracht wird, nicht: »Felix/ liebt/ Hersilien./ Der Stallmeister/ kommt bald.« (HA 8,265) In den »Lehrjahren« sind die Stallmeister ungehobelte Burschen, sexuell aktiv und dabei rücksichtslos.[31] Entsprechend irritiert ist Hersilie über die eigene Reaktion: »Vor einem Knaben stand ich, an einen Knaben schrieb ich; sollte mich das aus der Fassung bringen?« (HA 8,266) Wird Hersilie durch diese Botschaft verwundet wie vorher Felix durch den Fingerschnitt? Die Distanz wahren wollte, sieht sich in ein Spiel verwickelt, dem sie sich nicht entziehen kann. Da der junge Krämer auf »ein Wörtchen Antwort« wartet und ihr »ein gleiches Täfelchen«(HA 8,266) reicht, schreibt sie unüberlegt eine Antwort, die Ton und Telegrammstil von Felix übernimmt: »Hersiliens/ Gruß/ an Felix./ Der Stallmeister/ halte sich gut.« (HA 8,266) Unzufrieden mit der Antwort wie der Major mit seiner poetischen Paraphrase will sie das Ge-

---

[30] Vgl. dazu: Heinrich von Kleist: *Amphitryon. Ein Lustspiel nach Molière*. In: ders.: *Sämtliche Werke und Briefe*, hrsg. von Helmut Sembdner, Bd.1, 2. Aufl., München 1961, S.245–320.

[31] Vgl. das Duell zwischen Friedrich und dem Stallmeister um Philine (HA 7,140f.).

schriebene in einem Akt der Selbstzensur wieder auswischen, als der Krämer es ihr aus der Hand nimmt und um eine »fürsorgliche Einhüllung« (HA 8,266) bittet. Ohne recht zu wissen, was sie tut, steckt sie »das Täfelchen in das Brieftäschchen« (HA 8,266) und reicht beides dem Knaben. Sie ist dabei durchaus aktiv. Die Botschaft wird ihr nicht entrissen. Wir kennen diese Sexualsymbolik schon aus *Der Mann von funfzig Jahren*, sie wird hier in der Diminutivform wiederholt. Was in der Novelle zwischen Erwachsenen geschah, geschieht in der Rahmenerzählung zwischen Menschen, die kindlich reden, ohne Kinder zu sein. Hersilie, die wie die schöne Witwe wartend handarbeitet, schwankt zwischen Freude am Zauber einer erstaunlich hartnäckigen Liebe und der sie nicht befriedigenden erfahrungsseelenkundlichen Erklärung, daß die »geheimnisvolle Neigung jüngerer Männer zu älteren Frauen« nur »eine Erinnerung an die Ammen- und Säuglingszärtlichkeit sei« (HA 8,267). Was aber ist die Funktion dieser brieflichen Weitergabe von Intimkommunikation an einen Dritten? Will sie den Vater wissen lassen, auf welche Abwege der Sohn geraten ist, oder will sie sich mit dem Begehren des Sohnes für den Vater interessant machen?

Der erste Hersilienbrief wird von geologischen, anthropologischen und geschichtsphilosophischen Diskursen und verkappten Hinweisen auf Wilhelms Berufswahl eingerahmt, die Geschichte der weiblichen »Kleinigkeiten« von den »großen« Projekten der Männer. Er provoziert auf seiten Wilhelms *keine* Reaktion. Statt Hersilie zu antworten, erzählt er Natalie ein Jugenderlebnis, das er bei seinem Sohn zu wiederholen in Gefahr ist. Wenn die Erwachsenen eine Hierarchie der Wichtigkeiten aufstellen, in der die Kindheitsnöte und Sorgen der Jugendlichen keinen Platz mehr haben, provozieren sie Katastrophen, die vermeidbar wären, wenn sie die »Kleinigkeiten« stärker beachtet hätten. In dieser Hinsicht ist der Erzählstrang Felix-Wilhelm-Hersilie wie der Roman als ganzer eine Studie zum Verhältnis von Haupt- und Nebensachen[32]. Am Schluß kann Wilhelm dank der Berufsausbildung, die er absolviert hat, einen Sohn vor dem Tod durch Ertrinken bewahren, der so vielleicht gar nicht verunglückt wäre, wenn er ihn besser durch die Jugendwirren begleitet hätte.

Der zweite Hersilienbrief wird von Szenen gerahmt, die Wilhelm beim Auswandererbund zeigen, und geht seinem Bericht über seine Ausbildung zum plastischen Anatomen voraus. Hersilie beginnt ihn mit einem Akt der Metakommunikation, mit einer Beschwerde über Wilhelms fehlende Dialogbereitschaft: »Parierend, ablehnend sind Ihre Briefe!« (HA 8,319) Ihr Einwand ist voll und ganz berechtigt. Denn Wilhelm geht an keiner Stelle, weder vorher noch nachher, auf Hersilies Briefe ein, weder auf ihre Ich-Botschaften noch auf ihre Appelle, ja nicht einmal auf die Mitteilungen, die seinen Sohn betreffen. Da ihr spötttischer Schalk auch in der Familie auf Unverständnis stößt, bleiben ihre Versuche,

---

[32] Vgl. den Abschnitt »Groß und klein« in Theodor W. Adornos *Minima Moralia* (Frankfurt/M. 1969 [1951], S.161–164).

mündlich zu kommunizieren, so echolos wie ihre schriftlichen. Gäbe es da nicht Felix, der hartnäckig um sie wirbt, Hersilie wäre die einsamste Figur der »Wanderjahre«.[33] Ihr Brief spielt in der Hoffnung mit Geschlechtsstereotypen, sie durch dieses Spiel außer Kraft zu setzen:

> wenn Sie, nach gelesenem diesem Blatt, nicht gleich vom Sitze aufspringen und als frommer Wanderer sich eilig bei mir einstellen, so erklär' ich Sie für den männlichsten aller Männer, d. h. dem die liebenswürdigste aller Eigenschaften unsers Geschlechts völlig abgeht; ich verstehe darunter die Neugierde, die mich eben in dem Augenblick auf das entschiedenste quält. (HA 8,319)

Hersilies Strategie, die Neugier *dieses* Mannes zu wecken, indem sie sie dem *Geschlecht* der Männer abspricht, mißlingt. Wilhelm *ist* der männlichste aller Männer. Er zeigt keinerlei Neugier für den Inhalt des geheimnisvollen Kästchens. Die Berufsarbeit und die Vorbereitungen für die Auswanderung absorbieren ihn. Wer sich »Männersachen« widmet, hat keine Zeit für »Weiberkram«. Daß vom »Weiberkram« auch sein Sohn betroffen ist, merkt der beschäftigte Vater nicht. Hersilie sucht Intimität zu erzeugen, indem sie Wilhelm das Geheimnis ihres Diebstahls anvertraut. Wie die schöne Witwe den Major durch ein Versprechen nimmt sie Wilhelm durch ein Geständnis in die Pflicht. Wilhelm wird von ihr wie anfangs von Lenardo in die Position eines Priesters gedrängt, der Absolution erteilen kann. Nur hat die Zuschreibung der Priesterrolle hier eine andere Funktion: Hersilie will sich nicht vom Gedanken an den Geliebten befreien, sie will sich in die Gedanken des Geliebten einschleichen. Ihr Brief soll in seiner Seele einer von jenen »Pfeile[n] mit Widerhaken« (HA 8,321) sein, wie sie sie in dem Schlüssel, dessen Abbildung[34] sie beilegt, zu erkennen glaubt. Der Blick der Liebenden sieht Amors Pfeile, wo nüchternere Betrachter freimaurerische[35] und religiöse Symbole[36] erkennen. Entsprechend dringend bittet Hersilie den Briefadressaten, »eiligst« zu kommen und das Kästchen mitzubringen:

---

[33] Françoise Derré: Die Beziehungen zwischen Felix, Hersilie und Wilhelm in *Wilhelm Meisters Wanderjahren*. In: *GJb* 94 (1977), S.48.

[34] Für André Gilg (»*Wilhelm Meisters Wanderjahre« und ihre Symbole*, Zürich 1954, S.135) weist die figurative Darstellung des Schlüssels im Text auf die Grenzen der Sprache hin. Bernd Peschken (*Entsagung*, S.39) weist nach, daß vom zweiten Hersilienbrief an »Schlüssel« und »Kästchen« das Wort »Geheimnis« ersetzen. Birgit Baldwin (*Wilhelm Meisters Wanderjahre* as an Allegory of Reading. In: *Goethe Yearbook* 5 [1990], p.225) betont, daß die zwei magnetisch verbundenen Hälften Bild- und Sachhälfte in der alten Symboldefinition entsprechen.

[35] Die These, daß der Schlüssel als neues »Zeichen eines *Liebesbundes*« aus zwei Teilen bestehe, »dem untern Teil des Chrismon [...] mit dem aufgesetzten zweiten Bundeszeichen«, stützt Friedrich Ohly (Goethes *Ehrfurchten* – ein *ordo caritatis*. In: *Euphorion* 55 [1961], S.420ff.) auf Goethes Lektüre von August Kestners *Die Agape oder der geheime Weltbund der Christen* (Jena 1819; Ruppert, Nr.2678), dessen Titelkupfer einen Turm über Felsen und Tor zeigt, der von christlich-freimaurerischen Bundessymbolen umgeben ist (WA III 7, S.73). Vor dem Hintergrund dieses Traditionsbezugs deutet Ohly den Schlüssel als allegorisches Bild für Goethes Ehrfurchtslehre. Zum Schlüssel als freimaurerisches Symbol auch: Wilhelm Emrich: Das Problem der Symbolinterpretation, S.63.

[36] Friedrich Ohly: Zum *Kästchen*, S.255–262.

Aber das Kästchen muß zwischen mir und Ihnen erst uneröffnet stehen und dann eröffnet das Weitere selbst befehlen. Ich wollte, es fände sich gar nichts drinnen, und was ich sonst noch wollte und was ich sonst noch alles erzählen könnte – doch sei Ihnen das vorenthalten, damit Sie desto eiliger sich auf den Weg machen. (HA 8,321)

Mit gewollt vielsagendem Abbruch der Bekenntnisse sucht Hersilie Wilhelms Neugier zu stimulieren und seine Wiederkehr zu beschleunigen. Dabei scheint die mädchenhafte Nachschrift die Worte der Frau, die sich dem Mann soeben angeboten hat, zurücknehmen zu wollen: »Was geht aber mich und Sie eigentlich das Kästchen an? Es gehört Felix, der hat's entdeckt, hat sich's zugeeignet, den müssen wir herbeiholen, ohne seine Gegenwart sollen wir's nicht öffnen.« (HA 8,321) Wie der erste Brief dem Vater die Liebeserklärung des Sohnes offenbarte, endet der zweite mit dem Wunsch, den Sohn in das mit dem Vater geteilte Geheimnis einzuweihen. Beidesmal wird die Linie zum Dreieck geöffnet. Als Briefschreiberin nimmt Hersilie eine für die Frau in der deutschen Aufklärung typische[37], für die Handlungszeit des Romans aber anachronistisch-passive Rolle ein. Daß sie auch als Frau inzwischen andere Handlungsspielräume hätte, führt Goethe im selben Roman in der selbständigen Verlegerin und Unternehmerin Susanne vor, die sich aus Not emanzipiert hat.

So erhitzt wie das Gemüt der Senderin ist das des Empfängers ihrer Botschaft nicht. Wilhelm, den die Nachricht des sonderbaren Schlüsselfunds auf Umwegen erreicht, ist »gegenwärtig zu ernstlich beschäftigt, als daß ihn auch nur die mindeste Neugierde, was in jenem Kästchen befindlich sein möchte« (HA 8,322), reizen dürfte. Arbeitsunfälle unter den Mitgliedern seiner Gesellschaft fordern den Einsatz seiner neuen »Kunst« (HA 8,322). Hersilie kann so viele Pfeile mit Widerhaken abschicken, wie sie will, Wilhelm bleibt dem Geheimnis des Kästchens gegenüber stumpf. Je erfolgreicher er als Mann der Pflicht und Mitverantwortlicher für das Kolonisationsprojekt ist, desto weniger geht ihn das märchenhafte Glückssymbol noch an. Prallt hier aufgeklärter Rationalismus auf einen Romantizismus, der sich von literarischen Fiktionen inspirieren läßt, Objekte mit magischer Bedeutung aufzuladen? Oder wird Wilhelms männlicher Pragmatismus durch eine weibliche Gegenstimme kritisiert, die dem Geheimnis der Liebe und des Lebens gegenüber hellhörig geblieben ist? Im Melusinenmärchen ist der Umgang des Mannes mit dem Kästchen Zeichen für seinen Umgang mit der Schwangerschaft der Frau. Hier ist der Berufsmann »zu ernstlich beschäftigt« (HA 8,322), das Kästchen, das Hersilie ihm hartnäckig ins Gedächtnis ruft, wahrzunehmen. Stehen Liebe und Beruf einander antagonistisch gegenüber, oder ist das eine falsche Alternative?

In der Geschichte seiner Ausbildung zum plastischen Anatomen preist Wilhelm den medizinisch-künstlerischen Fortschritt, der es erlaubt, anatomische

---

[37] Reinhard M.G. Nickisch: Die Frau als Briefschreiberin im Zeitalter der deutschen Aufklärung. In: *Wolfenbütteler Studien zur Aufklärung* 3 (1976), S.29–65.

Studien statt an Leichenteilen an künstlichen Modellen des menschlichen Körpers vorzunehmen. Hinter seiner Absage an die sezierende Anatomie steht die
Ablehnung einer medizinischen Anthropologie, die das Leben vom Tod her zu
verstehen sucht[38]. Ausgelöst wurde die Entscheidung, sich künstlichen Modellen
zuzuwenden, durch den Widerwillen, den er empfand, als er sich dazu aufgefordert sah, den »schönste[n] weibliche[n] Arm [...], der sich wohl jemals um
den Hals eines Jünglings geschlungen hatte« (HA 8,324f.), zu sezieren. Sein Blick
auf den menschlichen Körper blieb auch im Angesicht des Todes ein ästhetischer.
Der Arm – »Beute« einer Anatomie, für deren Erkenntnisinteresse Pietät zum
Fremdwort geworden ist, – gehörte einem schönen Mädchen, das, wie Ophelia
»verwirrt durch unglückliche Liebe, [...] den Tod im Wasser gesucht und gefunden hatte«, obwohl der Liebhaber nur durch »falschen Argwohn« (HA 8,324)
ihres Vertrauens verlustig gegangen war. Das richtige Wort zur richtigen Zeit
vom richtigen Mann hätte den Freitod verhindert. Wilhelm sieht sich durch den
Tod der Fischerknaben zwar veranlaßt, Wundarzt zu werden, und durch den
Arm der Selbstmörderin aus enttäuschter Liebe, sich zum plastischen Anatomen
ausbilden zu lassen; seinen Sohn vernachlässigt er dabei aber so, daß dieser in
Gefahr gerät, wie jene den Tod im Wasser zu finden. Nur weil ein poetischer
deus ex machina Felix vor den Augen des Vaters ins Wasser stürzen läßt, erhält
Wilhelm Gelegenheit, sein erworbenes Geschick an seinem Sohn zu erweisen,
und der Roman der ungelösten Widersprüche Anlaß, mit einem versöhnlichen
Schlußbild zu enden.

Hersilies dritter Brief (HA 8,376ff.) wird von den zwei Barbiergeschichten
eingerahmt, deren Erzähler schon dem Auswandererbund beigetreten sind. Er
nimmt das Geheimnis des Melusinenmärchens auf, das sich dem reisenden Barbier durch den Riß im Kästchen aufgedrängt hat wie Hersilie sich Wilhelm durch
ihre Briefe. Im Melusinenmärchen findet sich das Schlüsselchen zur Schatulle
(HA 8,376) in dem Moment, da die Zerstörung des Wunderbaren durch die
Ökonomie schon so weit fortgeschritten ist, daß das Kästchen kein Geheimnis
mehr enthält. Hersilie fällt das Kästchen zu, weil der Antiquitätenhändler gestorben ist und seinem Erben auferlegt hat, alles fremde Eigentum zurückzuge-
ben. Der Oheim, der die Verwahrung ablehnt, weil er es nicht historisch verorten
kann, wendet sich an Hersilie:

> »Das wär' ein hübsches Geschäft für dich, Hersilie; du hast ja auch allerlei Schmuck
> und zierliche Kostbarkeiten, leg' es dazu; denn ich wollte wetten, der Freund, der
> dir nicht gleichgültig blieb, kommt gelegentlich wieder und holt es ab.« (HA 8,377)

Was das Kästchen seinem Besitzer bedeutet, hängt vom Erkenntnisinteresse ab.
Während es für den Oheim ein wertloses Objekt ist, weil es keinen Aufschluß
über die Vergangenheit geben kann, ist es für Hersilie ein Symbol ihrer Zukunft

---

[38] Michel Foucault: *Die Geburt der Klinik*, Fankfurt/M. 1996 (franz. 1963), S.160.

und ihres Lebensglücks. Der Kubus im Kubus im Kubus, der in der »Neuen Melusine« das Kostbarste, die Frau, enthält, soll ihrer Ansicht nach nicht in tote Räume eingesperrt werden: »Mir widerte, das herrliche, dem holden Felix vom Schicksal zugedachte Schatzkästlein in dem alt-eisernen, verrosteten Depositenkasten der Gerichtsstube zu wissen« (HA 8,377). Ein Tagtraum stellt Hersilie den schmerzlich Vermißten als Zurückkehrenden vor. Daß sie dabei zur Autosuggestion greift, ist ihr bewußt (HA 8,377f.). Wie Hilarie am Ende der Novelle »Der Mann von funfzig Jahren« verliert auch Hersilie, als Schlüssel und Kästchen endlich zueinander finden, ihre Heiterkeit. Sie wird so ernst wie Felix nach dem Kästchenfund. Auch sie kann der Versuchung, sich den Schlüssel anzueignen, nicht widerstehen. Auch sie vertraut den Diebstahl nur Wilhelm an. Immer häufiger gebraucht sie die Worte »wunderlich«, »seltsam«, »Verwirrung«, »Verlegenheit«. Die begabte Frau, an deren sprühendem Witz auch der Erzähler seine Freude hatte, ist seltsam handlungsunfähig und macht sich abhängig von Wilhelm. Mit »nahezu abergläubische[m] Eigensinn«[39] erwartet sie die Lösung des Rätsels von ihm. Doch Wilhelm fehlt für die Not der jungen Frau jede Spur von Empathie. Von den vielen Dreieckskonstellationen, die Goethe im »Wilhelm Meister« gestaltet, liegt hier eine Variante vor, bei der die vom Sohn Geliebte den Vater begehrt, der ihr gegenüber vollständig gleichgültig bleibt.

Der vierte Hersilienbrief (HA 8,456ff.) holt die Parallelgeschichte nach, die sich mit Felix ereignete, als der Auswandererbund sich zum Aufbruch rüstete. Hersilie berichtet dem Vater den Besuch seines Sohnes und dessen Geständnis:

> »Ich habe nichts vom Kästchen noch vom Schlüssel! [...] dein Herz wünsch' ich zu öffnen, daß es sich mir auftäte, mir entgegenkäme, mich an sich drückte, mir vergönnte, es an meine Brust zu drücken.« (HA 8,457)[40]

Sein Versuch, eine Festung im Sturm zu erobern, die gar nicht sicher geschützt ist, mißlingt, weil er die Mittel verfehlt. Als Felix den Schlüssel ins Kästchen steckt, um es auch ohne Hersilies Einverständnis zu öffnen, bricht er den Schlüssel ab. Seine Liebeswerbung um Hersilie scheitert, weil sie übereilt und überschwenglich ist und keine Rücksicht nimmt auf die Verfassung des Dus. Wie bei Sankt Joseph dem Zweiten und Flavio liegt auch hier wieder ein Fall von »overhasty wooing«[41] vor. Noch in der berichteten Zurückweisung bleibt Hersilies Gefühlsausdruck ambivalent:

> Er [...] läßt das Kästchen stehen, fährt auf mich los und faßt mich in die Arme. Ich rang vergebens, seine Augen näherten sich den meinigen, und es ist was Schönes, sein eigenes Bild im liebenden Auge zu erblicken. Ich sah's zum erstenmal, als er seinen Mund lebhaft auf den meinigen drückte. Ich will's nur gestehen, ich gab ihm

[39] Françoise Derré: Die Beziehungen, S.44.
[40] Vgl. den Brief Goethes an Frau von Stein vom 6. Dezember 1781 (WA IV 5, S.231).
[41] Eric A. Blackall: *Goethe and the Novel*, Ithaca/ London 1976, p.265.

seine Küsse zurück, es ist doch sehr schön, einen Glücklichen zu machen. Ich riß
mich los [...], ich stieß ihn zürnend weg, [...] befahl ihm, nie wieder vor mir zu erscheinen [...]. »Gut!«, sagte er, »so reit' ich in die Welt, bis ich umkomme.« (HA 8,457)

Felix zeigt eine Werther-Reaktion, wie wir sie schon bei Flavio angetroffen haben. Liebesverlust ist für ihn gleichbedeutend mit Selbstverlust. Wie aber ist
Hersilies Reaktion zu verstehen? Warum erwidert sie seine Küsse nur, um ihn
von sich zu stoßen? Welche »Kluft« (HA 8,457) zwischen ihr und ihm ist zu
groß? Der Altersunterschied kann es kaum mehr sein, da Felix inzwischen zum
Mann geworden ist und auch sein Erfinder sich zeit seines Lebens wenig an
Altersgrenzen gestoßen hat. Muß sie lernen, das Unmögliche loszulassen, um
das Mögliche zu sehen?

Dafür spricht das Ende des letzten Hersilienbriefes. Er schließt mit einer
Bitte, die noch dringender ist, als die letzte war: »Um mich bekümmern Sie sich
eine Weile ja nicht, aber was ich inständig bitte, flehe, dringend empfehle: for-
schen Sie nach Felix« (HA 8,458). Hersilie sieht auch erst, als die Katastrophe
perfekt ist, von sich selber ab. Erst jetzt, da sie Felix zutiefst verletzt hat, überwiegt die Sorge um *sein* Leben die um die *eigene* Zukunft. Ist die Lockerung
der Fixierung auf die Bedeutung des Kästchens Voraussetzung dafür, daß es ihr
diese offenbaren kann? Im Maße, wie anderes wichtiger wird, entkrampft sich
die Beziehung zum Kästchen und damit auch die der Liebenden zueinander. Am
Ende steht nicht die Öffnung des Kästchens, sondern die Verschiebung des Fokus. Das Ende zeigt uns »weder ein glückliches noch ein unglückliches Paar,
sondern zwei einzelne Gestalten, die in ihrer Liebe und durch sie zu Erwachsenen geworden sind«.[42]

Da der Schlüsselbruch nicht rauh, sondern glatt war, fällt dem Juwelenhändler der Magnetismus zwischen seinen beiden Enden auf. Sie »halten einander
fest«, aber sie »schließen nur dem Eingeweihten« (HA 8,458). Felix ist durch
den Fund der »cista mystica« offenbar erst zum Teil eingeweiht: Er weiß seither,
daß es die Liebe gibt, er weiß noch nicht, wie man sie pflegt und bewahrt.
Er beherrscht das richtige Verhältnis von Nähe und Distanz zur Geliebten noch
nicht, das der alte Goldschmied im Umgang mit dem Kästchen wahrt. Diese
Lektion kann nur das Leben lehren. Wilhelm hört Hersilies Hilferufe so wenig wie in den »Lehrjahren« diejenigen Marianes und diejenigen Mignons.
Seine Wahrnehmungsblockade dort, wo er aufrichtig geliebt wird, ist eines
der größten Interpretationsprobleme des Romans. Im Gegensatz zu Odoard, an
dessen Lebenstragik ihr Schicksal heranreicht, kann Hersilie sich nicht in
»eine nützliche und altruistische« Arbeit retten[43]. Auch die Hilfe Makaries
wird ihr versagt.

---

[42] Marianne Jabs-Kriegsmann: Felix und Hersilie, S.93.
[43] Françoise Derré: Die Beziehungen, S.43.

11.3 Zur Symbolik des Kästchens

Um Lenardos Auftrag, Nachodine zu suchen, erfüllen zu können, macht Wilhelm sich von beidem, Sohn und Kästchen[44], frei. Im Dienst der Heilung von Lenardos Wunde übersieht er die des eignen Kindes. Für das Kästchen, das er loswerden will wie eine »Versuchung«[45], findet er einen Aufbewahrungsort beim alten Sammler, für den Sohn einen solchen in der Pädagogischen Provinz. Der Sammler, Inbegriff der Bewahrung, ist – als Freund Lenardos – Stützpunkt für die Vorkämpfer der Innovation. Nicht umsonst kann gerade er Wilhelm bei der Suche nach dem nußbraunen Mädchen weiterhelfen. Wer das Neue anstrebt, darf das Alte nicht vergessen, wer das Wachstum will, nicht die eigenen Wurzeln ausreißen. Indem der Sammler Wilhelm davon abrät, das Kästchen zu öffnen, und ihm empfiehlt, an ihm sein Glück zu prüfen, lädt er ein wertneutrales Objekt mit magischer Bedeutung auf: »Denn wenn Sie glücklich geboren sind und wenn dieses Kästchen etwas bedeutet, so muß sich gelegentlich der Schlüssel dazu finden, und gerade da, wo Sie ihn am wenigsten erwarten.« (HA 8,146) Als Beweis für das Unerhörte, das er eben gesagt hat, führt er das Beispiel eines holzgeschnitzten Kruzifixes an, zu dem sich die echten Arme fanden, nachdem man Imitationen in Auftrag gegeben hatte. Der Vergleich verbindet das Symbol heidnischer Liebesmysterien mit dem zentralen christlichen Symbol, zwei Formen des Glaubens an den Zusammenhang von Liebe, Tod und Auferstehung. Wilhelm nimmt den gut gemeinten Rat zwar an (HA 8,147), liest das religiöse Symbol aber ästhetisch. Die märchenhafte Glücksprobe versteht er, die Sprache des christlichen Glaubens versteht er nicht.

Von Anfang an wird das Kästchen mit einem Geheimnis umgeben. Es wird den jüngsten, in ihrer Vitalität ungebrochenen Figuren der Rahmenhandlung zugeordnet, deren Lebenskonzept noch nicht in lehrhafter Didaxe aufgegangen ist. Steht es für die bohrenden Fragen der Jugend, auf die auch die Alten keine Antwort wissen, die sich nur dadurch von den Jungen unterscheiden, daß sie keine solchen Fragen mehr stellen? Dabei tut es nichts zur Sache, daß Fitz, der mit allen Wassern Gewaschene, das Kästchen vermutlich versteckt hat, um seinem naiven Gefährten »ein Licht aufzustecken«[46]. Auch wenn die Initiation unsres Mysten in die Geheimnisse der »cista mystica« nur ein pubertärer Streich war, sie beendet die Kindheit von Felix. Für ihn steht das Kästchen von nun an für Hersilies Herz. Hersilie erwartet vom Inhalt des Kästchens eine Antwort auf die Frage nach ihrer Zukunft (HA 8,458). Sie setzt Kästchen und Schlüssel als Mittel ein, Vater und Sohn um sich zu versammeln. Wilhelm ruft sie damit aber erst in dem Moment auf den Plan, als das Leben seines Sohnes in Gefahr

---

[44] Das Kästchen wird in den Schemata I, II und III zu den *Wanderjahren* (WA I 25 II, S.209, 211 und 213) ausdrücklich erwähnt.

[45] Françoise Derré: Die Beziehungen, S.45.

[46] Emil Staiger: *Goethe*, Bd.3, Zürich/ Freiburg/Br. 1959, S.143.

ist. In der Rahmenerzählung wird das Geheimnis des Kästchens nie gelüftet. Wilhelm, der an ihm sein Glück prüfen wollte (HA 8,147), zeigt für den Inhalt kein Interesse. Das Motiv der Glücksprobe wird von Wilhelm auf Hersilie übertragen, die sich das Kästchen so ungebeten aneignet wie vorher Felix. Wenn man Schlüssel und Kästchen als Sexualsymbole deutet, finden die beiden jungen Menschen das Geschlecht des andern.[47] Der Juwelenhändler, der es, Distanz wahrend, öffnet, schlägt es mit den Worten wieder zu: »an solche Geheimnisse ist nicht gut rühren« (HA 8,458). Warum nicht? Was hat er gesehen? Etwas Göttliches, etwas Teuflisches, etwas Dämonisches, ein Offenbarungssymbol, ein erotisches Symbol[48], ein Todessymbol[49] oder ein leeres Symbol[50]? Was ist schwerer zu ertragen, das Nicht-Wissen oder das Wissen? Welche Wahrheit, die dem »Prachtbüchlein« (HA 8,44) entnommen werden kann, ist den jungen Menschen noch nicht zumutbar[51], sein Sinn oder die Abwesenheit jedes Sinns? Ist das Kästchen ein Glücksbringer oder ein Unheilsbote, eine Büchse der Pandora im misogynen Sinn der Überlieferung? Ist es ein Symbol für das Geheimnis des Lebens oder ein Symbol für das Geheimnis der Kunst, ein »Symbol des Symbolischen selbst«[52]?

Eros, Liebe, Leben, Wunde, Tod und Wiedergeburt, das sind die Motive, die das Kästchen verknüpft. Wenn es die Funktion, Sinnzentrum wechselnder Betrachter zu sein, behalten soll, darf es nicht entmystifiziert werden. Goethe hielt es nicht für richtig, alles, was man weiß, auch auszusprechen:

Ich habe es immer für ein Übel, ja für ein Unglück gehalten, welches in der zweiten Hälfte des vorigen Jahrhunderts mehr und mehr überhand nahm, daß man zwischen

---

[47] Marianne Jabs-Kriegsmann: Felix und Hersilie, S.86.

[48] Friedrich Ohly: Zum *Kästchen*, S.255–262.

[49] In William Shakespeares *The Merchant of Venice* (Englisch und Deutsch, Stuttgart 1992, II 7, II 9 and III 2, pp.66ff., 74ff. and 88ff.) müssen die Freier, die sich um die schöne Portia bewerben, die richtige Wahl zwischen drei Kästchen treffen, von denen eines aus Gold, eines aus Silber und eines aus Blei ist. Das richtige Kästchen ist jenes, welches das Bildnis der begehrten Frau enthält. Nachdem die ersten zwei Bewerber an der Schicksalsprobe gescheitert sind, weil sie Gold und Silber gewählt haben, gewinnt der dritte die Braut, die ihn liebt, indem er sich für das Blei entscheidet. In der Begründung seiner Wahl preist er das dumpfe, stumpfe Metall für seine Stummheit. Sigmund Freud (Das Motiv der Kästchenwahl. In: ST 10, S.184) deutet das Motiv des Kästchens als Symbol »des Wesentlichen an der Frau und darum der Frau selbst«. Eine Wahl zwischen drei Frauen, die seine Töchter sind, trifft auch King Lear (*King Lear*, Arden Edition, London 1952, pp.1–219). Zu spät erkennt er, daß Cordelia, die Schweigsame, die er verstieß, weil sie von ihrer Liebe kein Aufhebens machte, diejenige war, die ihn wirklich geliebt hat. Freud sieht die stumme Cordelia als »Todesgöttin«, deren Wahl allein den alten Mann mit seinem Schicksal versöhnen kann (Das Motiv der Kästchenwahl, S.193). Zur Verbindung der Liebeswahl mit den Tauschkategorien im *Merchant of Venice*: Karen Newman: Portia's Ring: Unruly Women and Structures of Exchange in *The Merchant of Venice*. In: *Shakespeare Quarterly* 38 (1987), No.1, pp.19–33.

[50] Volker Dürr: Geheimnis und Aufklärung, S.13.

[51] Jarno hatte schon am Anfang des Romans dafür plädiert, Menschen nichts zu sagen, was ihre Fassungskraft übersteigt (HA 8,32). Makaries Indiskretionen scheinen sagen zu wollen, dem Erwachsenen sei die Wahrheit zumutbar.

[52] Wilhelm Emrich: Das Problem der Symbolinterpretation, S.64. Ehrhard Bahr (*Die Ironie im Spätwerk Goethes*, Berlin 1972, S.111) nennt es ein »ironisch enigmatisches Sinnbild der *obscuritas*«.

Exoterischem und Esoterischem keinen Unterschied mehr machte, daß man die Grundsätze und Maximen, nach welchen man lehrt und handelt, früher als die Lehre und das Handeln selbst öffentlich werden läßt, da doch sowohl das Beyspiel der ältern Weisen als die Erfahrungen an dem neuern Thun und Treiben uns hätten aufmerksam machen sollen, daß man seinen Zweck vernichtet, indem man ihn voraussagt, daß eine Handlung, wenn sie glückt, nicht contestirt wird, wohl aber nichts mehr Widerspruch erleidet als eine vor, ja sogar nach der That ausgesprochene Maxime.[53]

Von der Liebe sollte man nicht reden, sie muß sich im Leben bewähren. Auch die Kunst zerstört sich dort, wo sie selbstexplikatorisch wird. Poststrukturalistische Lektüre sieht in Goethes Kästchen nur noch ein poetologisches Zeichen, ein Zeichen für die prinzipielle hermeneutische Unzugänglichkeit von Texten. Birgit Baldwin analogisiert Hersilies Zugang zum Kästchen mit dem Leseprozeß und reduziert die textimmanente Auseinandersetzung um die Symbolik des Kästchens auf eine Allegorie des Lesens.[54] Die dargestellte hermeneutische Aktivität der Figuren steuere und spiegele den Rezeptionsvorgang des Lesers, der Roman thematisiere die Bedingungen seiner Lesbarkeit. Analog schreibt sie dem Schlüssel »the meta-critical status of key to the whole novel« zu und warnt Hermeneuten: »An unselfconscious hermeneutic terminology of locks and keys may no longer be appropriate when it becomes entrapped in its own metaphors [...].«[55] Ihre Kritik richtet sich gegen Wilhelm Emrich, der vom Schlüssel noch als vom »Schlüssel« zum ganzen Roman sprach[56].

Solche Schlüssel gab es schon für Goethe nicht. Das Kästchen steht in den »Wanderjahren« für *vieles*: In »Wer ist der Verräter?« ist das kostbare »Juwelenkästchen« (HA 8,98) das vermeintliche Brautgeschenk Antonis für Lucinde, ein Mittel der Verführung wie im »Faust«[57]. In »Der Mann von funfzig Jahren« enthält das vielversprechende »Toilettenkästchen« (HA 8,174) kosmetische Verjüngungsmittel und eine Antwort auf die Frage nach dem richtigen Verhältnis des Menschen zu seinem Alter. Im Melusinenmärchen schützt das mitgeführte Kästchen die Frau, die »guter Hoffnung« (HA 8,362) ist. Für die Weberinnen im Gebirge ist es nur noch ein Behältnis, in dem sie ihr »Tagewerk« (HA 8,343) so aufbewahren können, wie der Freund der Melusine die »Schatulle« (HA 8,376) aufmachen, ausleeren und als Ware losschlagen kann, nachdem er für den Zauber des Kästchens und den seiner Frau unempfänglich geworden ist. Im einzigen novellistischen Strang der Rahmenhandlung, der Leidenschaft bis an die Grenze des Todes treibt, ist es ein vielfältig schillerndes, auch – aber nicht nur – poeto-

---

[53] Vgl. Goethes Brief an Franz Passow vom 20. Oktober 1811 (WA IV 22, S.182).
[54] Birgit Baldwin: *Wilhelm Meisters Wanderjahre*, pp.214ff.
[55] Birgit Baldwin: *Wilhelm Meisters Wanderjahre*, p.223. Ähnlich lange vor ihr: Clark S. Muenzer: *Figures of Identity*, Pennsylvania State University Park and London 1984, p.107.
[56] Wilhelm Emrich: Das Problem der Symbolinterpretation, S.64.
[57] Mephistopheles: »Hier ist ein Kästchen leidlich schwer,/ Ich hab's woanders hergenommen./ Stellt's hier nur immer in den Schrein,/ Ich schwör' Euch, ihr vergehn die Sinnen;/ Ich tat Euch Sächelchen hinein,/ Um eine andre zu gewinnen.« HA 3,88; V.2731–2736.

logisches Symbol. Vor diesem Hintergrund muß das »offenbar Geheimnis« der »Wanderjahre« neu überdacht werden. Marlise Helene Mehra hat es zu Recht auf die Natur, die Religion, die Liebe, die »Lebenspfade« und die Kunst bezogen.[58] In den »Wanderjahren« ist es immer wieder etwas anderes: das, was zwischen den Zeilen steht oder nur durch die Form gesagt wird; das, was – ausgesprochen – banal, weil seines Zaubers entkleidet wäre, so wie das Wunder des Lebens und der Liebe nicht dadurch besser zu verstehen ist, daß man Geschlechtsteile unter dem Mikroskop betrachtet oder hormonelle Schwankungen biochemisch analysiert. Man darf der Natur ihr Geheimnis nicht entreißen, so wenig wie dem Kunstwerk die Bedeutung, der Geliebten den Liebesbeweis, dem Leben sein unbekanntes Ziel.

---

[58] Marlis Helene Mehra: *Die Bedeutung der Formel «Offenbares Geheimnis» in Goethes Spätwerk*, Stuttgart 1982, S.195–229.

KAPITEL 12

Makarie:
Goethes Allegorie der Versöhnung neuzeitlicher Naturwissenschaft mit der Naturphilosophie der Renaissance

Drei Jahrhunderte nach Kopernikus, zwei Jahrhunderte nach Galilei und ein Jahrhundert nach Newton wagt Goethe in einem Roman, der den Gegensatz zwischen der alten und der neuen Welt zum Thema macht, die ökonomischen, technischen und industriellen Neuerungen seiner Zeit reflektiert und die Moderne in vielem schon vorwegnimmt – u.a. in seiner eigenen Darstellungsform –, noch einmal den Versuch einer kosmozentrischen Synthese von Ich und Welt. In einer Textwelt, in der die gesellschaftliche Arbeitsteilung schon so weit fortgeschritten ist, daß die Hauptfigur ihr ursprünglich am Adel orientiertes Ideal umfassender Bildung, der Synthese von privater Identität und öffentlicher Wirksamkeit, zugunsten der gesellschaftlichen Nützlichkeit des Arztberufes aufgeben muß, autorisiert der Autor seinen fiktiven Redaktor, diese Figur aufgrund von Archivfunden mit einer Gegenfigur zu konfrontieren, die als »lebendige Armillarsphäre« (HA 8,451) bezeichnet wird und als lebendes Instrument zur Bestimmung von Planetenbahnen in engstem Kontakt mit dem Sonnensystem steht: mit Makarie. Von den besonderen Fähigkeiten Makaries kann nur in Gleichnissen gesprochen werden. Als Figur im Roman ist sie nur eine kränkliche, alte Frau, die lieber Briefe schreibt als Reisen macht und Aufträge an andere delegiert, wenn sie sich wegen ihrer Kopfschmerzen nicht sogar ganz von der Familie zurückzieht. Von Angela, der Engelhaften, wird sie bedient, als Gesellschafter steht ihr ein Mathematiker und Astronom zur Seite, der zugleich ihr Arzt ist. »Was aber fangen wir mit Felix an?« (HA 8,117) ist einer der wenigen Sätze, die sie in direkter Rede spricht. Keines der großen weltanschaulichen Gespräche wird mit ihr geführt – was sie zu sagen hat, wird wie der mathematische Vortrag[1] ihres Begleiters nur summarisch referiert. Die grenzenlose Liebe zu Lenardo, den sie »auf dieser Erde nochmals zu sehen und im Abscheiden [...] herzlich zu segnen« (HA 8,128) wünscht, ist lange ihr einziger menschlicher Zug. So wenig sie spricht, so wirkungsmächtig ist sie in dem, was sie in anderen auslöst. Sie

---

[1] Salomon Kalischer macht in seinem Kommentar zu »Zur Geschichte einer astronomischen Episode in *Wilhelm Meister's Wanderjahren*« von Wilhelm Foerster (In: *Westermann's illustrirte deutsche Monats-Hefte* 47 [1879/80], S.130f.) den Vorschlag, für den in den *Wanderjahren* ausgesparten mathematischen Vortrag des Astronomen Goethes Aufsatz *Über Mathematik und deren Mißbrauch* (LA I 11, 273–283) vom 12. November 1826 einzusetzen.

beherrscht die Kunst des richtigen Rats am richtigen Ort zur richtigen Zeit. Wo sie als Person in Sozialsysteme eingreift, beispielsweise am Ende der Novelle »Der Mann von funfzig Jahren«, hält sie den Beteiligten einen sittlichen Spiegel vor und ermöglicht eine Form der Selbstbegegnung, die zur Selbsterkenntnis führt. Sie fragt, bevor sie urteilt, nach den Motiven von Verhaltensweisen. Der Maxime folgend: »Was soll man sich viel verstellen gegen die, mit denen man sein Leben zuzubringen hat!« (HA 8,77), schreckt sie auch vor dem nicht zurück, was gemeinhin als »Indiskretion«[2] gilt, und reicht Briefe, die an sie gerichtet sind, an jene weiter, von denen in ihnen, auch anklagend, die Rede ist. Indem sie die Handlungsmotive des einen dem andern transparent macht, fördert sie das gegenseitige Verstehen. So wird ihre Fähigkeit zum Perspektivenwechsel ohne aufdringliche Didaxe zur Empathie der anderen. Ihre sozialtherapeutischen Maßnahmen nehmen Prinzipien vorweg, für die erst die Psychologie des 20. Jahrhunderts eine Beschreibungssprache entwickelt hat.

Anders als Makaries Selbstpräsentation in Worten und Taten stellt sich die Rede über sie dar. Wo andere Romanfiguren, Angela, der Astronom oder vom Redaktor zitierte Archivmaterialien über ihr Wesen Auskunft geben, verbindet sich ein Denken und Sprechen, das den alten Kategorien der *analogia entis* verpflichtet ist, mit modernen naturwissenschaftlichen Prinzipien. Mit Makarie erinnert Goethe an das Natur- und Menschenbild der Renaissance. Diesem liegt die aus der Antike überlieferte Vorstellung zugrunde,

> daß der Mensch in seiner Physiologie, Psychologie und Pathologie als Mikrokosmos zu dem ihn umgebenden Makrokosmos in einem homologen Verhältnis stehe, daß dieser Makrokosmos und alles in ihm belebt sei, wenn auch in unterschiedlichen Graden, und daß vom niedrigsten Element bis zur höchsten Göttlichkeit eine stufenweise Annäherung das Teilhaben und Teilnehmen des einzelnen am Ganzen sichert[3].

Makarie ist der Inbegriff der Einheit von Mikrokosmos und Makrokosmos. Sie wandelt seit ihrer Kindheit spiralförmig »um die Sonne« (HA 8,449) und bewegt sich von diesem Mittelpunkt allmählich zur Peripherie. Dabei hält die Beschreibung ihrer Himmelsbahn von der Erde über den Mars zu Jupiter bis hin zum Saturn sich an den Aufbau des Kosmos, wie Johann Elert Bode ihn in seiner »Anleitung zur Kenntniß des Gestirnten Himmels« beschreibt.[4] Das Sonnenlicht kann ihr nichts anhaben, weil ihr Inneres selbst eine Sonne ist.[5] Ihre Annäherung an Saturn läßt die neuplatonische Vorstellung von Saturn als dem Allwissenden

---

[2] Adolf Muschg: *Der Mann von funfzig Jahren*. In: *Goethe im zwanzigsten Jahrhundert*, hrsg. von Hans Mayer, Frankfurt/M. 1987, S.381.

[3] Gerhild Scholz Williams: Gelächter vor Gott: Mensch und Kosmos bei Franck und Paracelsus. In: *Daphnis* 15 (1986), S.463.

[4] Johann Elert Bode: *Anleitung zur Kenntniß des Gestirnten Himmels*, 5., sehr umgearb. Aufl., Berlin 1788, S.38ff.

[5] Vgl. das Gedicht in der Einleitung zum »Didaktischen Teil« der *Farbenlehre* (LA I 4, 18): »Wär' nicht das Auge sonnenhaft,/ Wie könnten wir das Licht erblicken?/ Lebt' nicht in uns des Gottes eigne Kraft,/ Wie könnt' uns Göttliches entzücken?«

und Inbegriff des höchsten Intellekts anklingen wie auch den astrologischen Glauben, wonach dieser Planet beim Aufstieg Trauer und Melancholie verheiße.[6] Beide Vorstellungen schwingen mit, wenn Makarie indirekt so eingeführt wird:

> In krankem Verfall des Körpers, in blühender Gesundheit des Geistes ward sie geschildert, als wenn die Stimme einer unsichtbar gewordenen Ursibylle rein göttliche Worte über die menschlichen Dinge ganz einfach ausspräche. (HA 8,65)

Das Unwahrscheinliche, ihre Wanderung durch den Kosmos, wird naturwissenschaftlicher Prüfung unterzogen und erst als Tatsache akzeptiert, nachdem die sorgfältigen Messungen und Berechnungen des Mathematikers die Richtigkeit ihrer stellaren Visionen bestätigt haben.[7] Indem der Seherin ein notorischer Zweifler, der intuitiv Wissenden[8] der Astronom zur Seite gestellt wird, wird die rationalistische Skepsis gegenüber ihrer analogischen Erkenntnisform Teil des textimmanenten Wissenschaftsdiskurses. Insgesamt bietet er drei Rationalisierungen des Makarien-Wunders an:

- »Krankheit« (HA 8,450), als solche läßt Makarie ihr Wissen nach außen gelten;
- Täuschung, der Astronom glaubt zunächst, daß ihre Kenntnis des Kosmos angelernt sei;
- »geistiges Räderwerk« (HA 8,451), also eine Rückführung des Wunderbaren auf ein mechanistisches Prinzip.

Die Entrückung Makaries in den Sternenraum und ihre Teihabe an ihm wird deshalb aber nicht zurückgenommen. Sie bleibt eine Setzung, die von den übrigen Figuren hingenommen wird und auf die der Redaktor mit einem Verweis auf die eingeschränkte Authentizität der Quelle (HA 8,448f.) und einem Rückzug in den Unsagbarkeitstopos reagiert: »Dorthin folgt ihr keine Einbildungskraft.« (HA 8,452)[9] Wenn er Makaries Weltraumfahrt dann noch als »ätherische Dichtung« mit dem »terrestrischen Märchen« (HA 8,452) analogisiert, distanziert er sich von ihrem Wahrheitsanspruch schon durch die Gattungsbezeichnung.[10]

---

6 Raymond Klibansky/ Erwin Panofsky/ Fritz Saxl: *Saturn und Melancholie*, 2. Aufl., Frankfurt/M. 1994, S.249ff.

7 Im Gegensatz dazu schlägt Goethes Arzt Christoph Wilhelm Hufeland schon 1797 vor, Geistererscheinungen durch »Anlegung von Blutigeln an den Mastdarm« zu kurieren: *Sonderbare Geistererscheinung*. In: ders.: *Kleine medizinische Schriften*, Bd.2, Berlin 1823, S.378.

8 Auch in Platons *Trinkgelage* (übers. von Ute Schmidt-Berger, Frankfurt/M. 1985, S.64ff.) wird die intuitive Schau einer weiblichen Figur, Diotima, zugeordnet. Für Julius Schiff (Mignon, Ottilie, Makarie im Lichte der Goetheschen Naturphilosophie. In: *JbGG* 9 [1922], S.133–147) ist die der Anschauung und dem begrifflichen Denken überlegene Intuition das, was Makarie mit Mignon und Ottilie teilt.

9 Mit vergleichbarer Selbstbescheidungsgeste kommentiert Sokrates in Platons *Phaidon* (übers. von Otto Apelt, Leipzig 1913, S.128) seine Vorstellungen von der Unterwelt und vom Totengericht.

10 Ehrhard Bahr: *Die Ironie im Spätwerk Goethes*, Berlin 1972, S.127.

Im letzten Drittel des 18. Jahrhunderts konnte Johann Daniel Titius in seiner deutschen Übersetzung der »Contemplation de la nature« (1764/65) von Charles Bonnet den »Sitz der Seele« noch als »kleine ätherische Maschine« bezeichnen, die aus Teilen bestehe, denen Bonnet wachsende »Vollkommenheit« und »neue Sinne« zuspricht, welche »die Beziehungen des Menschen aufs ganze Weltgebäude unendlich vervielfältigen, seine Sphäre vergrößern, und sie der höhern Verstandswesen ihrer gleich machen«, ja den Menschen befähigen werden, wie das Licht »nach eignem Belieben, durch alle Puncte des Raumes sich erheben, und von einem Planeten zum andern, [...] schnell, wie der Blitz, hinfliegen« zu können.[11] Bei Bonnet dürfen sensualistische, nahezu materialistische Naturkonzepte (Locke, Condillac) noch mit dem Stufenmodell der Natur sowie mit religiös-transzendenten Überzeugungen verschmelzen und dabei den Anspruch erheben, eine wissenschaftliche Theorie der Natur zu sein.[12] Auch wenn Goethe Bonnets erbauliche Spekulationen später vor allem wegen ihrer physikotheologischen Implikationen verspottet[13], in der »Vorstellung von der Stufenordnung der Natur« ist er aufgewachsen, und »das Prinzip der Vervollkommnung« geht als Voraussetzung des Naturaufbaus in seine naturwissenschaftlichen Arbeiten ein[14]. Diese sind insofern genuin aufklärerisch, als er die Erkenntnis der Kontrolle der Sinne, die Natur nicht der *ratio*, sondern die *ratio* der Natur unterwirft.[15] Obwohl er im Alter in den Bereich der Fiktion entrücken muß, was als Naturtheorie nicht mehr glaubwürdig ist – Bonnets »ätherische Maschine« taucht in den »Wanderjahren« als »ätherische Dichtung« (HA 8,452) wieder auf –, wird Makaries Weltraumfahrt nicht *ad absurdum* geführt. Der Text nimmt ihr gegenüber sowohl eine skeptisch rationalistische wie eine ehrfurchtsvoll gläubige Haltung ein. Was Makarie tut und in anderen bewirkt, wird als Reflex dessen akzeptiert, was sie nach eigenem und fremdem Zeugnis ist, als ein aus ihrem

---

[11] Karl Bonnet: *Betrachtung über die Natur*, nach der neuesten sehr verm. Aufl. in dessen sämmtlichen Werken hrsg. von Johann Daniel Titius, Bd.1, 4. Aufl., Leipzig 1783 (1766), S.164f. Das Zitat gibt Bonnets Naturtheorie in der deutschen Übersetzung von Titius wieder.

[12] Charles Bonnets Palingenesie-Theorie gab seit Johann Caspar Lavaters Übersetzung *Herrn C. Bonnets [...] Philosophische Palingenesie* (2 Bde., Zürich 1769/70) auch in Deutschland der naturphilosophischen Theorie einer auch leiblichen Palingenesie »philosophischen Halt, naturwissenschaftliche Begründung und religiöse Rechtfertigung«. Rudolf Unger: Zur Geschichte des Palingenesiegedankens im 18. Jahrhundert. In: *DVjs* 2 (1924), S.269.

[13] In der *Campagne in Frankreich. 1792* (HA 10,314) macht er sich über die Neigung vieler Zeitgenossen lustig, mit Bonnet erbaulich »zu kontemplieren«. Analog in *Schicksal der Druckschrift* (HA 13,109).

[14] Dorothea Kuhn: Selbst – Natur – Welt. Modelle der Natur bei Goethe und seinen Zeitgenossen. In: *Allerhand Goethe*, hrsg. von Dieter Kimpel und Jörg Pompetzki, Frankfurt/M./ Bern/ New York 1985, S.37.

[15] Gottfried Willems: »*Daß ich Ideen habe ohne es zu wissen, und sie sogar mit Augen sehe«. Goethes Jenaer Begegnung mit Schiller im Juli 1794 und sein aufklärerischer Naturbegriff*, Erlangen/ Jena 1994, S.6f. Dazu auch: Panajotis Kondylis: *Die Aufklärung im Rahmen des neuzeitlichen Rationalismus*, München 1986 (1981), S.49ff. und 59ff.

besonderen Verhältnis zum Kosmos hervorgehender ethischer Auftrag: Wer mehr weiß, muß auch mehr tun.

Makarie interveniert, wo früher ständische, theologische und moralische Konventionen gegriffen hätten. Statt überlieferte Normen geltend zu machen, hilft sie den Figuren der »Wanderjahre«, jene Aufgaben zu bewältigen, die sich ihnen beim Übergang von der traditionalistischen zur modernen Gesellschaft stellen. Sie verhindert, daß inneres Fühlen und äußeres Handeln, personale und soziale Identität auseinanderfallen. Sie erleichtert denen, um die sie sich bemüht, den Übergang vom sozialen Rollenspiel zur Selbstbestimmung der Person.[16] In ihrer Nähe entwickeln sie das, was ein überzeugter Christ »Gottvertrauen« nennen würde. In Goethes Roman des sozialen Wandels, zwischen all den Wanderern, die immer nur aufbrechen, nie ankommen dürfen, »ist Makarie eine eigenartig ruhende, gleichsam ›seiende‹ Gestalt«; selbst krankheitshalber unbeweglich, ist sie der Pol, auf den die Dynamik der übrigen bezogen wird:

> Sie lebt priesterlich abgeschirmt; man nähert sich ihr in ritueller Choreographie; sie ist mit den Geheimnissen aller vertraut; ihrem Blick enthüllt sich ›die innere Natur eines jeden‹ [...]. Diese sakralisierende Exponierung ist jedoch nur äußere Erscheinung ihres Arkanums, das der Erzähler nur unter aufklärerischen Vorbehalten, fast widerwillig, einklammernd, verschachtelnd freigibt. Darin drückt sich das Bewußtsein Goethes aus, der gesellschaftlichen Entwicklung gegenüber hier an etwas regressiv Ungleichzeitiges, Unaufgeklärtes zu rühren, wovon doch unabweisbar ist, daß es zum Kern Goethescher Überzeugungen gehört.[17]

Gemeint ist ihre Weltraumfahrt und der intuitive Zusammenfall ihres Blicks in das Fern- und in das Nächstliegende, in die unendliche Weite des Alls und in das menschliche Herz. Indem das »Blatt« aus den »Archiven« (HA 8,448) ihr die Fähigkeit zuspricht, Entwicklungstendenzen der empirischen Welt zu antizipieren – sie hat die Planetoiden vor ihrer Entdeckung schon *gesehen* –, setzt es dem neuzeitlichen Rationalismus eine metaphysische Form der Naturerkenntnis entgegen, die im ersten Drittel des 19. Jahrhunderts ein Anachronismus ist und nur in der romantischen Naturphilosophie noch eine Heimat hat. Warum aber kommt Goethe hier nochmal auf die überwundene Vorstellung der Gestirnsreise einer Seele zurück?

Goethes Naturauffassung blieb ein Leben lang phänomenologisch. Eine völlige Abkehr vom analogischen Denken erfolgte nie. Rolf Christian Zimmermann geht in seiner profunden Studie über die philosophischen Überzeugungen des jungen Goethe, die dieser zwischen 1768 und 1775 entwickelt hat, sogar so weit zu behaupten, daß Goethes jugendliche Privatreligion ein Leben lang be-

---

[16] Zum Person-Begriff: Manfred Frank: Subjekt, Person, Individuum. In: *Individualität. Poetik und Hermeneutik 13*, hrsg. von M. F. und Anselm Haverkamp, München 1988, S.3–20.

[17] Hartmut Böhme: Lebendige Natur – Wissenschaftskritik, Naturforschung und allegorische Hermetik bei Goethe. In: *DVjs* 60 (1986), S.265.

stimmend blieb.[18] Wenn das stimmt, dürfen wir auch in den »Wanderjahren«
noch nach naturmystischen Vorstellungen suchen. Sie finden ihren dezidiertesten
Ausdruck in der Makarien-Darstellung. Goethe erinnert als Vermächtnis an die
neue Zeit im Alter noch einmal an die philosophischen Überzeugungen seiner
Jugend: die hermetische Tradition mit ihrem Glauben an die Ganzheit des Universums und die analogische Entsprechung von Mikrokosmos und Makrokosmos, Mensch und Natur. Daß er die Regulationsprinzipien der neuen, von einer
technokratischen und ökonomischen Vernunft geprägten Zeit erkennt, zeigt die
Rahmenhandlung der »Wanderjahre«: Maschinenwesen, Arbeitsteilung, Rationalisierung von Produktionsmethoden, Übervölkerung, Auswanderungsdruck,
Kolonisation und Binnenkolonisation, neue Wirtschaftsformen, sozialer Wandel
und die vier verschiedenen Gesellschaftsentwürfe, die auf ihn antworten. Wilhelm Voßkamp hat zu Recht betont, daß die aufgeklärte Philanthropie des Oheims,
das durchrationalisierte Erziehungssystem der Pädagogischen Provinz, Lenardos
auf Mobilität und unbedingte Leistungsbereitschaft gegründeter amerikanischer
Siedlungsplan und das autokratische Modell der europäischen Binnenkolonisation unter Führung des nahezu diktatorischen Odoard für Goethe eher Anti-
Utopien oder ironisch reflektierte Utopie-Zitate als Idealvorstellungen sind.[19]
Goethe vertritt diese Modelle des gesellschaftlichen Zusammenlebens nicht, er
stellt sie zur Diskussion. Was er ihnen entgegenhalten will, sagt er nicht direkt,
sondern in der indirekten Form der Makarien-Dichtung. Diese ist ein später
Reflex der religiösen Grundüberzeugungen des jungen Goethe.

Goethes jugendliche Privatreligion geht auf die deutsche hermetische Tradition zurück. Das Analogiedenken der Hermetik sucht nach Spuren des Göttlichen im Konkreten. Es setzt die Analogie der Naturdinge und Geschöpfe zum
Wesen der ihnen immanenten Gottheit voraus. Dieser Überzeugung fällt der
anthropomorphisierte Gott zum Opfer. Als Gegenbewegung gegen die materia-
listisch werdende Aufklärung und die Fortschritte der Naturwissenschaft blüht
die Hermetik im späten 18. Jahrhundert in ihrer alten böhmistischen Form wieder auf. Die geistigen Drahtzieher dieser erneuten Verbreitung der Hermetik,
auch unter Naturforschern, sind die Rosenkreuzer. Diese bringen durch Vermittlung von Friedrich Joseph Wilhelm Schröder und Johann Friedrich Metz
den schwäbischen Theologen Friedrich Christoph Oetinger[20] dazu, ihnen genau

---

[18] Rolf Christian Zimmermann: *Das Weltbild des jungen Goethe. Studien zur hermetischen
Tradition des deutschen 18. Jahrhunderts*, Bd.1, München 1969, S.48. Zur Hermetik siehe auch:
Hans-Georg Kemper: *Gottesebenbildlichkeit und Naturnachahmung im Säkularisierungsprozeß.
Problemgeschichtliche Studien zur deutschen Lyrik in Barock und Aufklärung*, 2 Bde., Tübingen 1981.
[19] Wilhelm Voßkamp: Utopie und Utopiekritik in Goethes Romanen *Wilhelm Meisters Lehrjahre* und *Wilhelm Meisters Wanderjahre*. In: *Utopieforschung*, Bd.3, hrsg. von W.V., Stuttgart 1982,
S.240f. und 243.
[20] Vgl.: *Des württembergischen Prälaten Friedrich Christoph Oetinger Selbstbiographie*, hrsg.
von Julius Hamberger, Stuttgart 1845. Und: Magdalene Maier-Petersen: *Der »Fingerzeig Gottes« und
die »Zeichen der Zeit«. Pietistische Religiosität auf dem Weg zu bürgerlicher Identitätsfindung, untersucht an Selbstzeugnissen von Spener, Francke und Oetinger*, Stuttgart 1984, S.303–462 und 532–554.

jene Schriften[21] zu verfassen, die sie zu ihrer eigenen Rechtfertigung brauchen. Indem er einen Großteil der Ärzteschaft für seine Zwecke gewinnt, verschafft der Orden einer simplifizierten Hermetik noch im letzten Viertel des 18. Jahrhunderts einen gewaltigen Echoraum. Daß ihr Fundament jene spätantiken Schriften waren, die im »Corpus Hermeticum«[22] überliefert sind, ist zu dieser Zeit auch den Gebildeten nicht mehr bewußt. Trotzdem findet die von den Rosenkreuzern verbreitete Popularphilosophie auch unter ihnen erstaunlich viel Anklang. Zimmermann wertet das als Zeichen dafür,

> daß unter der dünnen Oberfläche eines modernen aufklärerischen und wissenschaftlichen Bewußtseins [...] ein Bedürfnis nach ganzheitlicher und religiöser Weltanschauung in allergrößtem Umfang weiterschwelte und sich endlich in die Arme einer geistig armseligen aber politisch mächtigen Lug- und Trug-Organisation warf [...].[23]

Mit den Rosenkreuzern hatte Goethe nichts zu tun. Er gehörte seit 1782 sogar den Illuminaten[24] an, den Erzfeinden der Rosenkreuzer. Aber hermetisches Gedankengut erreichte ihn auf dem Umweg über die Medizin. Fast alle Ärzte im Umkreis Goethes hatten an der Universität Halle studiert, die damals eine Hochburg der alchemistischen Medizin war: Johann Juncker, bei dem Oetinger und Metz doktorierten, war ein Schüler Georg Ernst Stahls, der seinerseits von Hermann Boerhaave beeinflußt war. Goethes Lebensretter Metz, der seine schwere Erkrankung vom Winter 1768/69 mit einem alchemistischen Salz, einer Art Panazee, heilte, war der Sohn eines Alchemisten, von Jugend an mit Oetinger be-

---

[21] Rolf Christian Zimmermann (*Das Weltbild des jungen Goethe*, Bd.1, S.167) führt folgende Nachweise an: [Friedrich Christoph Oetinger]: *Entwurf einiger Grundsätze der Gesellschaft von Verbreitung der Patriarchalphysik. Auf Kosten der Gesellschaft*, o.O. 1772. Und: ders.: *Kurze Apologie für die Schriftlehre von der Genugthuung und Versöhnung Christi; auf Kosten einer Gesellschaft gedruckt*, [Langensalza] 1776.

[22] Der Begriff der Hermetik hatte sich von den *Hermetica* gelöst. »*Hermetica* ist die abkürzende Bezeichnung für eine Gruppe nichtchristlicher, religiöser Schriften des 2. und 3. Jahrhunderts n. Chr., die sich als Offenbarungen des Hermes Trismegistos, d. h. des ägyptischen Gottes Toth [...] geben. Die Masse dieser Schriften ist als geschlossenes Corpus überliefert. [...] Die Einkleidung ist ägyptisch, der Inhalt unzweifelhaft vorwiegend griechisch. Die Basis ist eine Umsetzung platonischer Philosophie in religiöse Offenbarung; es werden aber die philosophischen Elemente mit neupythagoreischen, orphischen, aber auch jüdischen Vorstellungen verquickt. Diese Schriften sind durchaus Erbauungsliteratur. Es gibt weder feste Begriffsbestimmungen noch eine Abgrenzung gegen die Lehren anderer, sondern in frommer Betrachtung und in oft symbolisierender Ausdrucksweise wird die Erschaffung der Welt durch den Nous und der Sündenfall der Seele beschrieben, oft predigtartig der Wiederaufstieg verheißen.« (H. Dörrie: Hermetica. In: *RGG*, Bd.3, 3., völlig neu bearb. Aufl., Tübingen 1959, Sp.265.) Das *Corpus Hermeticum* liegt in einer neuen englischen Übersetzung vor: *Hermetica. The Greek »Corpus Hermeticum« and the Latin »Asclepius«*, in a New English Translation by Brian P. Copenhaver, Cambridge 1992.

[23] Rolf Christian Zimmermann: *Das Weltbild des jungen Goethe*, Bd.1, S.171.

[24] W. Daniel Wilson (*Geheimräte gegen Geheimbünde*, Stuttgart 1991, S.13) stellt nach Auswertung der in der sogenannten »Schwedenkiste« aufbewahrten Dokumente die Behauptung auf, Goethe und der Herzog seien aus »Angst vor konspirativer Verschwörung«, also »zum Zweck der Überwachung« des Ordens, Mitglied geworden. Vgl. auch: Dirk Kemper: »[...] die Vorteile meiner Aufnahme«. Goethes Beitrittserklärung zum Illuminatenorden in einem ehemaligen Geheimarchiv in Moskau. In: *GJb* 111 (1994), S.315–322.

kannt, hatte in Halle Medizin studiert und gewann – vielleicht ohne recht zu
wissen, was er tat – Oetinger als Mitarbeiter für die Rosenkreuzer. Er empfahl
dem jungen Goethe die »Aurea Cateni Homeri«, die im katholisch-österreichi-
schen Raum entstanden und 1723 anonym erschienen war, und Georg von Wel-
lings »Opus mago-cabalisticum & theosophicum«[25] zur Lektüre. Daß Goethe
während seiner Frankfurter Inkubationszeit von 1768/69 diese hermetischen Schriften gelesen und nach seiner Genesung alchemistische Experimente gemacht hat,
gilt als erwiesen.[26] Sie haben ihn – wie die Suche nach dem wahren Christentum
– zutiefst bewegt. So fällt in diese Zeit, wie der spät entdeckte Briefwechsel mit
dem Jugendfreund Ernst Theodor Langer[27] zeigt, eine zweifache Bekehrung: Goethe »wurde Schüler in der Nachfolge Christi und Lehrling in der Magie«[28]. Auch
Jakob Reinbold Spielmann und Johann Friedrich Lobstein, bei denen Goethe
später in Straßburg Chemie und Anatomie studierte, waren Hermetiker. Der
junge Student beschäftigte sich auch mit Elektrizitätstheorien und Magnetismus,
einem Spezialgebiet der Hermetik, dem der Jesuitenpater Max Hell zu neuem
Ansehen verholfen hatte. Hell war Astronom und Leiter der Kaiserlichen Sternwarte in Wien. Er wurde 1769 auf den Beobachtungsposten in Wardö geschickt,
um einen Venus-Durchgang zu betrachten. Daß Goethe davon wußte, beweist
ein Brief vom 14. Februar 1769: »Frankreich und Spanien schicken Astronomen
nach Californien, den Spaziergang der Venus zu betrachten«[29]. Wenn wir davon
ausgehen, daß Goethe in den »Wanderjahren« auf seine jugendliche Privatreligion zurückgreift, dann könnte Hells Versuch, auf Wardö den Venus-Durchgang
zu beobachten, die Vorlage für Wilhelms Sternwarten-Traum gewesen sein. Unter dem Eindruck der Lektüre von Johann Georg Zimmermanns »Von der Erfahrung in der Arzneikunst« ändert sich 1775 zwar Goethes Verhältnis zur Alchemie: Von nun an sieht er sich aufgefordert, nicht mehr durch alchemistische
Experimente, sondern auf dem Weg der Induktion zu naturwissenschaftlicher
Erfahrung zu gelangen[30]. Trotzdem wird die Analogie als Erkenntniswerkzeug

---

[25] Homburg von der Höhe 1735. Vgl. Goethes Darstellung im achten Buch von *Dichtung
und Wahrheit* (HA 9,340ff.).
[26] Vgl. dazu Ronald D. Grays, in der Grundthese allerdings überzogene, Studie *Goethe the
Alchemist* (Cambridge 1952). Rolf Christian Zimmermann: *Das Weltbild des jungen Goethe*, Bd.1,
S.47ff. Und: Gustav F. Hartlaub: Goethe als Alchemist. In: *Euphorion* 48 (1954), S.19–40.
[27] Paul Zimmermann (Hrsg.): Goethes Briefe an E. Th. Langer. In: *Braunschweigisches Jahrbuch* N.F. 1 (1922), S.1–34, vor allem der Bekehrungsbrief vom 17. Januar 1769 (op. cit., S.16), in
dem sich der berühmte Satz findet: »Mich hat der Heiland endlich erhascht, ich lief ihm zu lang
und zu geschwind, da kriegt er mich bey den Haaren.«
[28] Andreas Bruno Wachsmuth: Goethe und die Magie. In: *Goethe* 8 (1943), S.103.
[29] An den Vater von Friederike Oeser: *Der junge Goethe*, hrsg. von Max Morris, Bd.1, Leipzig
1909, S.327.
[30] »Die Induction ist also die Königliche Strasse auf welcher ein scharfsinniger Geist in das
innerste der Natur dringt; sie führt viel gewisser als die Analogie, viel weiter als die Sinne, am
richtigsten von dem bekannten zu dem unbekannten; sie dähnt sich über die Arzneykunst aus, und
wird nur von dem Genie betreten.« Johann Georg Zimmermann: *Von der Erfahrung in der Arzneykunst*, 2. Theil, Zürich 1764, S.57.

nie vollständig verworfen. Davon zeugen noch Aphorismen in den »Betrachtungen im Sinne der Wanderer«, die allerdings auch die Grenzen ihrer Leistungsfähigkeit ins Auge fassen:

> Nach Analogien denken ist nicht zu schelten; die Analogie hat den Vorteil, daß sie nicht abschließt und eigentlich nichts Letztes will; dagegen die Induktion verderblich ist, die einen vorgesetzten Zweck im Auge trägt und, auf denselben losarbeitend, Falsches und Wahres mit sich fortreißt. (BdW 93)

> Jedes Existierende ist ein Analogon alles Existierenden; daher erscheint uns das Dasein immer zu gleicher Zeit gesondert und verknüpft. Folgt man der Analogie zu sehr, so fällt alles identisch zusammen; meidet man sie, so zerstreut sich alles ins Unendliche. In beiden Fällen stagniert die Betrachtung, einmal als überlebendig, das andere Mal als getötet. (BdW 115)

Auch wenn er sich von der »Magie als Wissenschaft« verabschiedet hat, »zu dem großen spekulativen Hintergrund«, auf dem sie ruhte, blieb Goethe »im lebendigen Kontakt«.[31] Wo er an letzte, eschatologische Fragen rührte, griff er auch im Alter noch auf die kosmologischen Vorstellungen seiner Jugend zurück, beispielsweise bei der Konzeption seiner Makarienfigur.

Schon die Zeitgenossen Goethes standen dieser Figur eher ratlos gegenüber. Von Riemer ist der Ausspruch überliefert: »›Weiß man doch eben nicht, was er sich dachte, der Schalk!‹ Es könnte ja wohl auch Ironie, Persiflage, oder gar Symbolik des Siderismus seyn.«[32] Über dieses Spektrum an Deutungshypothesen kam die Forschung, solange sie historistisch-biographistisch, wortsemantisch oder werkimmanent vorging, nicht wesentlich hinaus. So wurden historische Personen als Urbilder Makaries oder ihres Astronomen identifiziert: die Herzogin-Witwe Marie Charlotte Amalie von Sachsen-Gotha-Altenburg und ihr Astronom Franz Xaver von Zach[33], unter dessen Leitung die 1791 gegründete Sternwarte auf dem Gothaer Seeberg »zum Mittelpunkt der europäischem Astronomie aufstieg«[34]; Franz Anton Mesmer[35]; Friederike Hausse, die Seherin von Prevorst[36], deren Somnambulismus von Justinus Kerner[37] beschrieben worden war; Susanna Katharina von Klettenberg[38]. Diesen Gleichsetzungen literarischer

---

31 Andreas Bruno Wachsmuth: Goethe und die Magie, S.230.

32 Friedrich Wilhelm Riemer: *Mittheilungen über Goethe*, Bd.2, Berlin 1841, S.615f.

33 Wilhelm Foerster: Zur Geschichte einer astronomischen Episode in *Wilhelm Meister's Wanderjahren*. In: *Westermann's illustrirte deutsche Monats-Hefte* 46 (1879), S.334. Die wenigen erhaltenen Quellen sprechen eher für ein sachlich unterkühltes Verhältnis zwischen Goethe und von Zach.

34 Diedrich Wattenberg: Goethe und die Sternenwelt. In: *Goethe* 31 (1969), S.82.

35 Karl Bittel: Die Seherin Makarie. In: *Kölner Zeitung*, 28. Juli 1941, Nr.378, S.3.

36 Friedrich Lienhard: Makarie und die Seherin von Prevorst. In: ders.: *Der Meister der Menschheit*, Bd.1, Stuttgart 1919, S.193–216.

37 Justinus Kerner: *Die Seherin von Prevorst*, 2 Bde., 2., verm. und verb. Aufl., Stutgart/Tübingen 1832. Von ihr könnte Goethe durch den Jenaer Professor Dietrich Georg Kieser, den Mitherausgeber des *Archivs für den Thierischen Magnetismus* erfahren haben.

38 Robert R. Heitner: Goethe's Ailing Women. In: *Modern Language Notes* 95 (1980), p.497 and 515.

Figuren mit historischen Personen stehen Versuche gegenüber, die Bedeutung der Figur aus ihrer Namensetymologie zu erschließen, sie von griech. μακαρία bzw. lat. *macaria*: »die Selige«, abzuleiten[39], von süditalienisch *makkaria*: »Ruhe«, »Meeresstille«[40], oder von ägyptisch *maacheru*: was sinngemäß *Mitte zwischen dem Fließenden und dem Ruhenden* heißt[41]. Bemühungen, die Makarienfigur aus dem Werkkontext zu deuten, ersetzen oft nur eine Unbekannte durch die andere. Für Ernst Loeb ist sie der Inbegriff selbstloser, gemeinschaftsstiftender Liebe, als »Entselbstung in der reinsten Ausprägung des ›Ewig-Weiblichen‹« der Gegenpol von Fausts Eigenliebe[42]. Dabei ist der Gegensatz der Affektrichtung nachvollziehbar, die Geschlechterpolarisierung nicht. Angesichts ihrer Krankheit und nahezu völligen Vergeistigung fällt es schwer, in Makarie überhaupt noch eine Frau zu sehen: »So schwach dürfte die Mitte der Welt nicht besetzt sein: sonst hat Goethe ihren Sinn an einen kräftigen Gebrauch der Sinnlichkeit gebunden«, das moniert Adolf Muschg wohl zu Recht.[43] Eduard Spranger sieht in Makarie »die *Maria* der *Wanderjahre*«.[44] Diesen Gedanken nimmt Ehrhard Bahr wieder auf, wenn er sagt, daß die Liebe von oben in den »Wanderjahren« nicht wie in »Faust II« in »christ-katholischer«, sondern in »kosmischer Form«[45] vorkomme. Der Sinn des Wanderns besteht für Spranger in einem ständigen Perspektivenwechsel, der durch den Durchgang durch verschiedene Kulturepochen, Lebensalter und Berufe eine Art kumulatives Menschenbild erzeuge, welches durch Makarie noch dadurch überboten werde, daß sie sogar den »Standort in einem anderen Stern« einnehmen könne.[46] Wilhelms seelisches Ahnungsvermögen, wie es sich in seinem Sternwartentraum zeigt, beruhe auf einem geheimen Zusammenklang mit dem Universum, der auf die Entsprechung von Naturgesetz und Sittengesetz im Sinne Kants hinauslaufe.

Diese Behauptung von Spranger bedarf der Differenzierung. Auf Kant reduzieren darf man Goethe *nicht*. Die berühmte Formel, mit der der Beschluß von Kants »Kritik der praktischen Vernunft« beginnt:

---

[39] Zuerst: Heinrich Düntzer: *Wilhelm Meister's Wanderjahre*. In: ders.: *Studien zu Goethe's Werken*, Elberfeld/ Iserlohn 1849, S.348.

[40] Alexander Gode-von Aesch: Makarie. In: *Monatshefte* 34 (1942), S.32f.

[41] Hertha Machold: Wer aber ist Makarie? In: *Zeitschrift für Ganzheitsforschung* N.F. 11 (1967), III, S.152.

[42] Ernst Loeb: Makarie und Faust: eine Betrachtung zu Goethes Altersdenken. In: *ZfdPh* 88 (1969/70), S.594 und 587.

[43] Adolf Muschg: »Bis zum Durchsichtigen gebildet«. *Wilhelm Meisters Wanderjahre*. In: ders.: *Goethe als Emigrant*, Frankfurt/M. 1986, S.116.

[44] Eduard Spranger: Die sittliche Astrologie der Makarie in *Wilhelm Meisters Wanderjahren*. In: *Die Erziehung* 14 (1939), S.412.

[45] Ehrhard Bahr: *Die Ironie im Spätwerk Goethes*, S.128.

[46] Eduard Spranger: Die sittliche Astrologie, S.411.

Zwei Dinge erfüllen das Gemüth, mit immer neuer und zunehmender Bewunderung und Ehrfurcht, je öfter und anhaltender sich das Nachdenken damit beschäftigt: *der bestirnte Himmel über mir und das moralische Gesetz in mir*[47],

klingt im Roman zwar an, wenn Wilhelm angesichts des nächtlichen Sternenhimmels ergriffen ausruft: »Was bin ich denn gegen das All?«[48] und sich fragt:

Darfst du dich in der Mitte dieser ewigen lebendigen Ordnung auch nur denken, sobald sich nicht gleichfalls in dir ein beharrlich Bewegtes, um einen reinen Mittelpunkt kreisend, hervortut? (HA 8,119)

Doch es gibt neben der Analogie auch Differenzen: Kant spricht in Aussagesätzen, Wilhelm stellt eine Frage; Kant spricht im Indikativ, Wilhelm in einer vorsichtig tastenden Möglichkeitsform. Wilhelm ist angesichts der Weite des Alls und der Schönheit des Sternenhimmels tief verunsichert. Das kommentiert der Erzähler so: »Das Ungeheure hört auf, erhaben zu sein, es überreicht unsre Fassungskraft, es droht, uns zu vernichten.« (HA 8,119) Die Verläßlichkeit der Gestirne erinnert Wilhelm an die *Un*verläßlichkeit der Menschen. Nur der durch die Sterne provozierten Frage: »wie verhältst du dich zu Tag und Stunde?« (HA 8,119) fühlt er sich ausnahmsweise gewachsen. Sein Vorhaben, Makaries Familie glücklich zu vereinen, glaubt er auch »vor diesen himmlischen Heerscharen bekennen« (HA 8,120) zu dürfen, womit er ein christliches Bild kosmologisch wendet.

Die Gestirnsbewegung ist ein altes philosophisches Modell. Sie steht schon in der Antike für die allerstrengste Naturgesetzlichkeit. Kant rekurriert auf die Planetenbahn, weil es bei ihr keine Kontingenz gibt. Ihre von alters her fraglose[49] Regelmäßigkeit duldet keine Ausnahme. Sie verkörpert das Naturgesetz in seinem strengsten Sinn. Kant übernimmt hier eine Metaphorik, die älter ist als sein systematischer Standpunkt. Im Unterschied zu Aristoteles, von dem er die Metapher entlehnt, glaubt er an die *Einheit* der Natur; bei Aristoteles war die Natur noch *zweigeteilt* in eine supralunare und eine sublunare Sphäre. In Kants Formulierung: »der bestirnte Himmel über mir und das moralische Gesetz in mir« ist das Entscheidende aber die Analogie. Der Königsberger Philosoph will sicherstellen, daß das Sittengesetz unser Leben bestimmt. Das ist zunächst nur ein Postulat. Um diesem mehr Verbindlichkeit zu verleihen, analogisiert er das Sittengesetz mit dem Naturgesetz, für das er besser argumentieren kann.

---

47 Immanuel Kant: *Kritik der praktischen Vernunft* (1788). In: *Kant's Werke*, Akademie-Ausgabe, Bd.5, Berlin 1908, S.161.

48 Blaise Pascal hatte dieselbe Frage in den *Pensées*, II 72, (*Über die Religion und über einige andere Gegenstände*, übers. von Ewald Wasmuth, 7. Aufl., Heidelberg 1972, S.42ff.) noch so beantwortet, daß der Mensch das All bewundern, vor seiner Unendlichkeit erschauern und sich ihm durch die Weite seines Denkens würdig erweisen solle. Zu Wilhelms Frage auch: Ernst Troeltsch: *Der Historismus und seine Probleme*, Aalen 1977 (2. Nachdruck: Tübingen 1922), S.85f.

49 Aristoteles hat »Aither« in *Vom Himmel* (270, b 21. In: *Vom Himmel. Von der Seele. Von der Dichtkunst*, 2. Aufl., Zürich, 1983, S.62f.) im Sinne von »ewige Zeit«, »was sich ewig bewegt«, gebraucht.

Bei Goethe wird das Kant-Zitat identitätspsychologisch verschoben. Er gebraucht dieselbe Analogie, aber viel weniger apodiktisch. Was Kant schamlos zu denken wagt, das kann Goethe sich nur als vage Hoffnung vorstellen: den Zusammenfall von Naturgesetz und Sittengesetz. Nicht umsonst ist Wilhelms Inneres »ein beharrlich Bewegtes«, das »um einen reinen Mittelpunkt« (HA 8,119) kreist. Diese Formulierung benennt eine paradoxe Gleichzeitigkeit des Festen und des Veränderlichen. Goethe sieht Ich-Identität nicht als etwas Beständiges an, für ihn ist sie Dauer im Wechsel. Durch den Wechsel wird ein einmal erreichtes Gleichgewicht immer wieder gestört. Goethe steht auch Kants Bemühung, eine Hierarchie der Erkenntnisvermögen aufzustellen, verständnislos gegenüber. Die sinnliche Erfahrung ist für ihn nicht minderwertig, so wenig wie die Intuition.

> Der entscheidende und ihn von Kant absolut scheidende Grundzug seiner Weltanschauung ist der, daß er die Einheit des subjektiven und des objektiven Prinzips, der Natur und des Geistes *innerhalb ihrer Erscheinung selbst* sucht. Die Natur selbst, wie sie uns anschaulich vor Augen steht, ist ihm das unmittelbare Produkt und Zeugnis geistiger Mächte, formender Ideen.[50]

Innerhalb einer Philosophie, welche die rationale Erkenntnis in der Hierarchie der Erkenntnisvermögen an die oberste Stelle setzt, kann der Traum keine relevante Aussage machen, hat er keinen erkenntnismäßigen Wert. Im Gegensatz dazu kommt Wilhelm zu seiner entscheidenden Einsicht im Traum. In ihm erkennt er intuitiv die rational nicht erfaßbare Natur Makaries. Bei Goethe wird keine abstrakte Erhabenheit des menschlichen Bewußtseins mit der Unendlichkeit des Alls verglichen, sondern das Ideal einer Identitätsbildung aufgestellt, die das Gleichgewicht zwischen Mensch und Natur immer wieder neu ausbalanciert. Bei Goethe besteht menschliche Identität nicht nur aus Bewußtsein; sie braucht für ihre Konstitution mindestens ebenso sehr die sinnliche Erfahrung, das Gefühl, die Intuition und den Traum.

Wilhelms Frage, ob er sich »in der Mitte« des Alls auch nur *denken* dürfe, ist seit Kopernikus ein Topos. Die Transformation des geschlossenen Kosmos ins All ersetzte kein altes Weltbild durch ein neues, sondern öffnete einen ungewissen unendlichen Raum, in dem der Mensch sich nicht mehr orientieren konnte. Sie veränderte die Stellung des Menschen zum Universum und damit auch sein Verhältnis zu sich selbst. Bei dem »Gedanken, plötzlich aus dem Weltmittelpunkt hinausgeschleudert zu werden in eine doppelte Kreisbewegung, der Erde um sich selbst und zugleich um die Sonne«, überfiel die Menschen ein »Gefühl der Unsicherheit«[51]; die Preisgabe ihrer Mittelpunktstellung hatte aber

---

50 Georg Simmel: Kant und Goethe. In: *Die Kultur* 10 (1906), S.12. Vgl. auch Goethes Äußerungen zu Kant im Gespräch mit Eckermann vom 11. April 1827 (*Gespräche mit Goethe in den letzten Jahren seines Lebens*, hrsg. von Fritz Bergemann, 8. Aufl., Frankfurt/M. 1992, S.229f.).
51 Walther Kranz: *Kosmos. Archiv für Begriffsgeschichte*, Bd.2, Teil 1 u. 2, Bonn 1958, S.181.

auch etwas Befreiendes. Im historischen Teil der *Farbenlehre* beschreibt Goethe die Ambivalenz so:

> Doch unter allen Entdeckungen und Überzeugungen möchte nichts eine größere Wirkung auf den menschlichen Geist hervorgebracht haben, als die Lehre des Kopernikus. Kaum war die Welt als rund anerkannt und in sich selbst abgeschlossen, so sollte sie auf das ungeheure Vorrecht Verzicht tun, der Mittelpunkt des Weltalls zu sein. Vielleicht ist noch nie eine größere Forderung an die Menschheit geschehen: denn was ging nicht alles durch diese Anerkennung in Dunst und Rauch auf: ein zweites Paradies, eine Welt der Unschuld, Dichtkunst und Frömmigkeit, das Zeugnis der Sinne, die Überzeugung eines poetisch-religiösen Glaubens; kein Wunder, daß man dies alles nicht wollte fahren lassen, daß man sich auf alle Weise einer solchen Lehre entgegensetzte, die denjenigen, der sie annahm, zu einer bisher unbekannten, ja ungeahnten Denkfreiheit und Großheit der Gesinnungen berechtigte und aufforderte.[52]

Zu dem, was nunmehr »in Dunst und Rauch« aufging, gehörte auch der Gedanke, »die Welt sei um des Menschen willen geschaffen worden«[53]. Wenn sie nicht um des Menschen willen da ist, ist er ihr gegenüber auch zu nichts verpflichtet, wird sie zum Material, das er nach seinem Bilde formen kann, zum Rohstoff, zum Objekt seines technischen Zugriffs. Aus dem Geschöpf wird selbst ein Schöpfer, aus *Adam* wird *Prometheus*.[54] Wenn das Universum kein Kosmos mehr ist, kann das Geschöpf von seiner Stellung im kosmischen Gefüge nicht mehr auf seinen metaphysischen *Rang* schließen.[55] Von nun an kann der Mensch sein Selbstwertgefühl nur noch aus seinen Werken beziehen. Entsprechend mißt Wilhelm seinen Wert angesichts des Alls an dem, was er gerade *tut*. Wieder gibt der *Astronom* dem Zusammenfall von Wilhelms Traumvision mit dem Venusaufstieg die *astrologische* Deutung: »Möge uns nur dies nicht auf den Abschied der Herrlichen hindeuten, welcher früher oder später eine solche Apotheose beschieden ist.« (HA 8,122) Durch den Bezug von Wilhelms Sternwartenerlebnis auf Makarie deutet Goethe an, daß auch in einer heliozentrischen Welt, ja in einem azentrischen All, der Mensch der *ethische* Maßstab aller Dinge bleibt.

Georg-Karl Bauer weist in der Konzeption der Makarienfigur einen »Ansatz zu einem Goetheschen Unsterblichkeits- und Jenseitsmythos« nach, der sich mit lebhafter »Anteilnahme an den neuen Entdeckungen im Sonnensystem« verbinde[56],

---

[52] LA I 6, 133.

[53] Walther Kranz: *Kosmos*, S.182.

[54] Hans Blumenberg: Der kopernikanische Umsturz und die Weltstellung des Menschen. In: *Studium Generale* 8 (1955), S.641.

[55] Hans Blumenberg: Der kopernikanische Umsturz, S.639.

[56] Georg-Karl Bauer: Makarie. In: *GRM* 25 (1937), H.1/2, S.181f. und 184. Dazu auch: Franz Koch: *Goethes Stellung zu Tod und Unsterblichkeit*, Weimar 1932, S.294f. Zu Falk sagt Goethe am 25. Januar 1813, an Wielands Begräbnistag (*Goethes Gespräche*, hrsg. von Biedermann/ Herwig, Bd.2, Zürich 1969, S.775): »Ich würde mich so wenig wundern, daß ich es sogar meinen Ansichten völlig gemäß finden müßte, wenn ich einst diesem Wieland als einer Weltmonade, als einem Stern

der Entdeckung des Uranus[57] und der kleinen Planeten[58]. Die Frage nach der
Unsterblichkeit der Seele beschäftigt schon die deutschen Frühaufklärer. Leibniz
nimmt im Rahmen seiner Theorie der stetigen Höherentwicklung des Lebens
»Mittelwesen zwischen Menschen und Gottheit« an, »denen sich der Mensch,
etwa auf anderen Sternen, entgegen entwickeln werde«[59]. Wolff spricht zwar
auch nur den vernunftbegabten Wesen Unsterblichkeit der Seele zu, legt aber
keinen Wert darauf, diese irgendwie körperlich zu verankern, und überläßt die
Antwort auf die Frage nach der Existenz höherer Geister der Theologie. Eine
Kritik auch der eigenen Neigung, die naturwissenschaftliche Frage nach der Be-
wohnbarkeit der Planeten mit dem religiösen Glauben an die Seelenwanderung
zu vermengen, formuliert Kant schon 1766 in den »Träumen eines Geistersehers«.[60] Trotzdem bleibt die im abendländischen Kulturkreis schon bei Platon,
Plotin, Origines und Giordano Bruno vorgebildete[61] Vorstellung höherer en-
gelartiger oder dämonischer Wesen, die auf Gestirnen, namentlich Planeten leben, im Volksglauben, in der Dichtung, teilweise sogar in der philosophischen
Spekulation des 18. Jahrhunderts weiterhin bestehen[62]. Daß Spekulationen über
sie auch die Aufklärungsphilosophie noch beschäftigen, hängt für Rudolf Unger
»mit älteren, halb philosophischen, halb religiös mystischen Gedankenströmun-
gen« zusammen:

> mit dem spätantik-mittelalterlichen Weltbild, seinen Gestirnsphären, Astralgeistern
> und der Zuordnung der neuplatonischen Wesenshierarchie zur kosmischen Glie-
> derung einerseits, zu der schon *vor* der philosophischen Auswertung der koperni-
> kanischen Weltumwälzung aus der Deutung der Welt als Dei explicatio dem Ni-
> kolaus von Kues sich ergebenden Ansiedlung von Leben und vernünftigen Wesen

erster Größe, nach Jahrtausenden wieder begegnete und sähe und Zeuge davon wäre, wie er mit
seinem lieblichen Lichte alles, was ihm irgend nahe käme, erquickte und aufheiterte.« Im Brief an
Zelter vom 19. März 1827 schreibt er (WA IV 42, S.95): »Wirken wir fort bis wir, vor oder nacheinander, vom Weltgeist berufen in den Äther zurückkehren! Möge dann der ewig Lebendige uns
neue Thätigkeiten, denen analog in welchen wir uns schon erprobt, nicht versagen! [...] Die ente-
lechische Monade muß sich nur in rastloser Thätigkeit erhalten; wird ihr diese zur andern Natur,
so kann es ihr in Ewigkeit nicht an Beschäftigung fehlen.« Zu Eckermann sagt er am 4. Februar
1829 (*Gespräche mit Goethe*, op. cit., S.287f.): »Die Überzeugung unserer Fortdauer entspringt mir
aus dem Begriff der Tätigkeit; denn wenn ich bis an mein Ende rastlos wirke, so ist die Natur
verpflichtet, mir eine andere Form des Daseins anzuweisen, wenn die jetzige meinem Geist nicht
ferner auszuhalten vermag.«
   [57] Am 13. März 1781 durch Wilhelm Herschel in England. Vgl.: WA I 25, 2, S.203.
   [58] »Ceres« durch J. Piazzi 1801, »Pallas« durch Wilhelm Olbers 1802, »Juno« durch
K.L. Harding 1804 und »Vesta« durch Olbers 1807. Diedrich Wattenberg: Goethe und die Sternenwelt, S.85.
   [59] Rudolf Unger: Zur Geschichte des Palingenesiegedankens, S.260.
   [60] Rudolf Unger: »Der bestirnte Himmel über mir ...«. Zur geistesgeschichtlichen Deutung
eines Kant-Wortes (1924). In: ders.: *Gesammelte Studien*, Bd.2, Darmstadt 1966, S.48.
   [61] Georg-Karl Bauer: Makarie, S.187, Fußnote 3.
   [62] Rudolf Unger: Zur Geschichte des Palingenesiegedankens, S.261. Die philosophischen
Durchschnittsansichten spiegelt der Artikel »Geist« in: *Johann Georg Walchs philosophisches Lexicon*, 4. Aufl., vermehrt und fortgesetzt von Justus Christian Hennings, Leipzig 1775, Sp.1516–1534.

auf den Planeten anderseits, endlich auch mit mystisch-theosophischen Ideen von Seelenleib und der endlichen Verklärung auch des Irdisch-Materiellen.[63]

Rolf Christian Zimmermann erweitert diese Reihe um die Hermetik.[64] Noch bis in die Romantik verschmelzen christliche Auferstehungshoffnungen mit modernem Sensualismus und innerweltlicher Sinnsuche.

Julius Schiff vergleicht den Astrologen aus »Faust II« mit dem Astronomen der »Wanderjahre«: Während der eine als Scharlatan und Betrüger enttarnt wird, ist der andere der Inbegriff des wahren Weisen, der, obgleich skeptisch, nicht umhin kann, Makaries intuitives Wissen mit seinen mathematischen Berechnungen zu bestätigen.[65] Auch Albert Fuchs deutet Makarie, unter Einschränkung der Quellen auf die Arbeiten Ritters[66] und Eschenmayers[67] zum animalischen Magnetismus[68], als lebendes »Symbol der geistigen Integration des Menschen in den Kosmos«[69]. Jane K. Brown liest das Makarien-Porträt ironisch und fällt dabei von einem Extrem ins andere: von der Mythisierung Makaries in ihre rationalistische Demontage.[70] Hannelore Schlaffer macht den expliziten Vergleich Makaries mit dem Dichter zum Ausgangspunkt ihrer Deutung Makaries als Unsterblichkeitsmythos und »Poesie des Kosmos«[71], wählt statt der näherliegenden

---

[63] Rudolf Unger: Zur Geschichte des Palingenesiegedankens, S.263.

[64] Rolf Christian Zimmermann: *Das Weltbild des jungen Goethe*, Bd.1, S.18.

[65] Julius Schiff: Goethe und die Astrologie. In: *Preußische Jahrbücher* 210 (1927), S.91ff.

[66] Johann Wilhelm Ritter (1776–1810), der in Jena auch die romantische Naturphilosophie kennengelernt hatte, galt als einer der ersten Experimentalphysiker seiner Zeit. Goethe nahm häufig seinen Rat in Anspruch. In den *Tag- und Jahresheften* erwähnt er mehrfach den Galvanismus (WA I 35, S.72, 255; WA I 36, S.161, 218). Er verfolgte auch die Experimente, die Ritter nach seiner Berufung an die K. Bayerische Akademie der Wissenschaften in München 1807/8 mit dem Gesteins- und Wasserfühler Francesco Campetti und dem sogenannten siderischen Pendel vornahm, mit Interesse (WA III 3, S.300, 324, 327). Die Ottilie der *Wahlverwandtschaften* ist mit Campettis Fähigkeiten ausgestattet. Dazu: Graf Carl von Klinckowstroem: Goethe und Ritter. In: *JbGG* 8 (1921), S.135–151.

[67] Am 10. Juli 1816 leiht Goethe den ersten Band von C.A. Eschenmayers *Archiv für den Thierischen Magnetismus*, Altenburg/ Leipzig 1817 [!], aus der Weimarer Bibliothek aus (Keudell, Nr. 1060), den ein Brief an Boisserée sechs Tage später kritisch kommentiert (WA IV 29, S.241). In den *Tag- und Jahresheften* von 1820 (WA I 36, S.161) schreibt Goethe hingegen: »Der sich immer mehr an den Tag gebende, und doch immer geheimnißvollere Bezug aller physikalischen Phänomene auf einander ward mit Bescheidenheit betrachtet [...], als auf einmal in der Entdeckung des Bezugs des Galvanismus auf die Magnetnadel, durch Prof. *Oersted*, sich uns ein beinahe blendendes Licht aufthat.« Das Schema *Naturwissenschaftlicher Entwicklungsgang* vom 11. April 1821 (LA I 11, 219f.) vermerkt: »Glaube an die Verwandtschaft magnetischer und elektrischer Phänomene. [...] Mein Verhältniß zum tierischen Magnetismus.« Am 7. Oktober 1827 sagt Goethe zu Eckermann (*Gespräche mit Goethe*, op. cit., S.609): »Wir haben alle etwas von elektrischen und magnetischen Kräften in uns und üben wie der Magnet selber eine anziehende und abstoßende Gewalt aus, je nachdem wir mit etwas Gleichem oder Ungleichem in Berührung kommen.«

[68] Vgl. dazu: Jürgen Barkhoff: *Magnetische Fiktionen. Literarisierung des Mesmerismus in der Romantik*, Stuttgart/ Weimar 1995.

[69] Albert Fuchs: Makarie. In: ders.: *Goethe-Studien*, Berlin 1968, S.99, mit Bezug auf: Christian Lepinte: *Goethe et l'Occultisme*, Paris 1957.

[70] Jane K. Brown: *Goethe's Cyclical Narratives*, Chapel Hill 1975, pp.72–75.

[71] Hannelore Schlaffer: »*Wilhelm Meister*«. *Das Ende der Kunst und die Wiederkehr des Mythos*, Stuttgart 1989, S.185 und 187.

Renaissance-Kosmologie aber das orphische Rad der Geburten zum Bezugspunkt der Deutung. Christian Schärf sieht Makarie aus allegorisch-metapoeti-
scher Sicht als »die magische Kraft der perspektivischen Schreibweise«[72], wobei
er die Bedeutung der Figur vollständig enthistorisiert. Auch zu einer Interpretation Makaries als »höchste Animaerscheinung« des Autors, wie Teresa Salema
sie kürzlich aus psychologisierend-feministischer Perspektive angeboten hat[73],
kann nur eine methodologisch und wissenschaftshistorisch naive Zugangsweise
kommen.

Einer innerliterarischen Betrachtungsweise entgeht, daß Aufklärung ihren
Kern im Bereich der Naturwissenschaften hat. Hier aber setzt das 18. Jahrhundert nur fort, was im 16. und 17. Jahrhundert begann, die Ablösung des aristo-
telisch-thomistischen durch das kopernikanische Weltbild, das Programm der
technischen Naturbeherrschung und die wichtigsten technischen Erfindungen
(Francis Bacon), die dafür nötige Mathematisierung der Naturwissenschaften
(Descartes) und – forschungsstrategisch – die Ablösung der Beobachtung durch
das Experiment, der leibvermittelten Naturerfahrung durch die instrumenten-
vermittelte Erkenntnis von Naturgesetzen (Galilei, Newton).[74] Das ptolemäi-
sche Weltbild war ein Weltbild des Augenscheins. Nach der kopernikanischen
Wende beginnt Wissenschaft mit instrumentenvermittelter Beobachtung, wird
das Phänomen, das untersucht werden soll, methodisch erzeugt. Der Kunstcha-
rakter der Versuchsanordnung garantiert ihre Wiederholbarkeit und macht die
Formulierung von Gesetzen möglich. Dagegen wehrt sich Goethe. Er stellt der
neuzeitlichen *techné* die aristotelische *physis*[75] gegenüber, der gemachten oder
machbaren Natur die vom Menschen unabhängige, Newtons *experimentum
crucis* das Urphänomen[76]. Dem Maschinenmodell von Körper und Universum
(Descartes, La Mettrie, Leibniz, Holbach) setzt er einen nichtmaschinalen Naturbegriff[77] entgegen, der *natura vexata* die *natura naturans*[78], dem Quantifizier-

[72] Christian Schärf: *Goethes Ästhetik. Eine Genealogie der Schrift*, Stuttgart/ Weimar 1994,
S.240.

[73] Teresa Salema: Des Widerspenstigen Zähmung in der Gesellschaft *Wilhelm Meisters*: Ordnung der Natur oder Ironie der Kultur? In: *Der Widerspenstigen Zähmung*, hrsg. von Sylvia Wallinger und Monika Jonas, Innsbruck 1986, S.155.

[74] Hartmut Böhme: Lebendige Natur, S.253.

[75] Aristoteles: *Acht Bücher Physik*. Griechisch und Deutsch, hrsg. von Carl Prantl, Leipzig
1854, 2. Buch, Paragraph 1ff. Dazu auch: Gernot Böhme: Naturwissenschaft als Technik oder die
Frage nach einem neuen Naturbegriff. In: *Zeitschrift für Didaktik der Philosophie* 3 (1981), S.190ff.

[76] Dazu auch: Dietrich von Engelhardt: Quellen und Zeugnisse zur Wechselwirkung zwischen *Goethe* und den romantischen Naturforschern. In: *Leopoldina-Meeting zur Edition naturwissenschaftlicher Texte der Goethezeit*, Leipzig 1992, S.42.

[77] Die Enttäuschung des jungen Straßburger Studenten über Dietrich Thiery Baron von Hol-
bachs *Système de la nature* (1770) beschreibt Goethe im 11. Buch von *Dichtung und Wahrheit*: HA
9,490f.

[78] H. Siebeck: Ueber die Entstehung der Termini natura naturans und natura naturata. In:
Archiv für Geschichte der Philosophie 3 (1890), S.370–378. Vgl. auch Goethes 1820 entstandenen
Vorschlag zur Güte (WA II 11, S.65–67) und die im selben Jahr entstandene kantianisierende Notiz

baren das Qualifizierbare: »Es ist vieles wahr, was sich nicht berechnen läßt« (HA 12,458). Wenn die anorganische Materie das paradigmatische Objektfeld Newtons ist, dann ist der Organismus das Objektfeld des Naturforschers Goethe[79]: Natur als lebendigen Organismus kann man aber nur um den Preis ihres Todes zergliedern. Des Mordes an der Natur klagt die verwundete, tränenüberströmte, in ein zerrissenes Gewand gekleidete TERRA den Bergmann schon im »Iudicium Iovis« des Paulus Niavis[80] an. Montan, der Felix als erster in das esoterische Geheimnis der Natur einweiht, scheint, indem er »die Spalten und Risse als Buchstaben« (HA 8,34) behandelt, die ihm das Buch der Natur entziffern helfen[81], eher die Signatur der Steine lesen als die Erde zerstören zu wollen. Analog führt Wilhelms Kritik an der medizinischen Anatomie zu seinem Studium der plastischen Anatomie.[82] Schneiden, Öffnen, Zertrennen, Zerlegen, die Methoden neuzeitlicher Naturwissenschaft, widerstreben ihm zutiefst, wo er sie auf den vom Leichnam abgetrennten Arm einer schönen jungen Frau anwenden soll. Und als es ihm am Ende des Romans gelingt, Felix wiederzubeleben, rettet er nicht nur konkret seinen Sohn, sondern auch das »herrlich Ebenbild Gottes« (HA 8,460).

Daß man hinter das von Kant vermittelte Bewußtsein der Abhängigkeit der Wissensformationen von den Verstandesstrukturen nicht mehr zurück kann, ist dem Autor der »Wanderjahre« durchaus bewußt. Trotzdem greift Goethe mit Makarie noch einmal auf vorkritische und vormoderne Naturmodelle zurück, um an die mit dem Fortschritt der Naturbeherrschung verbundenen Verluste zu erinnern. Goethes Altershermetismus verdankt sich der Ahnung, daß etwas wieder wichtig werden könnte, was schon am Ende seiner Lebenszeit für unwichtig

---

Anschauende Urteilskraft (HA 13,30f.). In den *Materialien zur Geschichte der Farbenlehre* sagt Goethe in Auseinandersetzung mit Robert Boyle (LA I 6, 196): »Als man die teleologische Erklärungsart verbannte, nahm man der Natur den Verstand; man hatte den Mut nicht ihr Vernunft zuzuschreiben und sie blieb zuletzt geistlos liegen. Was man von ihr verlangte, waren technische, mechanische Dienste, und man fand sie zuletzt auch nur in diesem Sinne faßlich und begreiflich.«

[79] In *Campagne in Frankreich. 1792* (HA 10,313f.) beklagt er sich über die Isolation, in die seine Art der Naturbetrachtung, der »Hylozoismus«, ihn gestürzt habe, der ihn gegen jede Denkweise, die von toter Materie ausgehe, unempfindlich mache.

[80] Paulus Niavis: *Iudicium Iovis oder Das Gericht der Götter über den Bergbau* [zwischen 1485 und 1490 entst.], übers. und bearb. von Paul Krenkel, Freiberger Forschungshefte, Kultur und Technik D 3, Berlin 1953, S.15f. Dazu auch: Horst Bredekamp: Der Mensch als Mörder der Natur. Das *Iudicium Iovis* von Paulus Niavis und die Leibmetaphorik. In: *Vestigia Bibliae* 6 (1984), S.261–283.

[81] Das alte Gleichnis vom Lesen im Buch der Natur findet sich in der zweiten Hälfte des 18. Jahrhunderts bei Hamann, Herder, Goethe, Wilhelm von Humboldt, Novalis u.a. Dazu: Hans Blumenberg: *Die Lesbarkeit der Welt*, Frankfurt/M. 1981.

[82] Wie wichtig Goethe selber das Anliegen war, beweist der sechs Wochen vor seinem Tod, am 4. Februar 1832, an den Geheimen Oberfinanzrat im preußischen Ministerium für Handel und Gewerbe Peter Christian Wilhelm Beuth geschickte Brief, in dem er den beigelegten Aufsatz über *Plastische Anatomie* so einführt (WA IV 49, S.226): »Wo aber sollte ich dergleichen mit mehr Vertrauen niederlegen als da, wo Männern von Kenntniß, Einsicht, Urtheil und Geschmack so viele auslangende Mittel in die Hände gegeben sind, um allgemein wirksam aufzutreten?«

gehalten wurde, daß sich auf der Ebene der Wissensbestände wiederholen könnte, was mit Bezug auf den materiellen Besitz auch von den Figuren der »Wanderjahre« erkannt wird: Die Söhne verschleudern, was die Väter zusammengetragen haben, bis die Enkel kommen, es wieder einzusammeln (HA 8,146). Warum aber siedelt Goethe sein allegorisches Plädoyer für leibvermittelte Erkenntnis[83] gerade in der Sphäre der Astronomie an, obwohl er sich – von gelegentlichen, eher ästhetischen Himmelsbeobachtungen[84] abgesehen – nie ernsthaft mit Astronomie beschäftigt[85] und auf die Unterstellung der 1812 erbauten Jenaer Sternwarte unter seine Oberaufsicht über die Herzoglichen Institute für Wissenschaft und Kunst eher gereizt[86] reagiert hat? Warum kann Makarie die Position der Sterne und die Planetenbahnen, die Goethe mathematisch *nicht* berechnen konnte, *leiblich* erfahren? Daß »neuzeitliche Wissenschaft mit der mikroskopischen und telesko-

[83] Hartmut Böhme: Lebendige Natur, S.263.

[84] Zusammengestellt von: E. Kaiser: Zu Goethes Himmelsbeobachtungen. In: *Das Weltall* 43 (1943), S.161–164. Dazu auch: Diedrich Wattenberg: Goethe und die Sternenwelt, S.66–111. F. S. Archenhold: Goethe und die Kometen. In: *Das Weltall* 16 (1915), S.7–9. Während der Komet im *Götz von Berlichingen* (HA 4,156) noch im mittelalterlichen Sinn als Zeichen für den bevorstehenden Tod des Kaisers gedeutet wird, dient er im *Epilog zu Schillers »Glocke«* (HA 1,259) nur dem poetischen Vergleich mit dem verstorbenen Freund.

[85] Zu Eckermann (*Gespräche mit Goethe*, op. cit., S.220) sagt er am 1. Februar 1827, daß er sich trotz seiner weitausgreifenden naturwissenschaftlichen Interessen »nie mit Astronomie beschäftigt habe, weil hiebei die Sinne nicht mehr ausreichen, sondern weil man hier schon zu Instrumenten, Berechnungen und Mechanik seine Zuflucht nehmen muß, die ein eigenes Leben erfordern«. Diedrich Wattenberg (Goethe und die Sternenwelt, S.68 und 95f.) hält dieser Selbsteinschätzung entgegen, daß Goethes amtliche Stellung im Dienst eines astronomiebegeisterten Fürsten viele Berührungspunkte mit dieser Wissenschaft mit sich brachte, und betont die Beziehungen, die Goethe, schon seiner meteorologischen Interessen wegen, zu zahlreichen Astronomen seiner Zeit unterhielt, zu: Heinrich Wilhelm Brandes, Alois David, Ernst Florens Friedrich Chladni, Franz Paula von Gruithuisen, Georg Christoph Lichtenberg, Carl Felix von Seyffer, Franz Xaver von Zach, Bernhard August von Lindenau, Friedrich Posselt und Ludwig Schrön. Dazu auch das Gespräch mit Kanzler von Müller vom 16. Dezember 1812 (*Unterhaltungen mit Goethe*, hrsg. von Renate Grumach, München 1982, S.15).

[86] Friedrich Carl Ferdinand von Müffling, 1808 nach Weimar berufener Mathematiker in herzoglichem Dienst und Landschaftsvizepräsident, teilt ihm das schriftlich am 28. März 1812 mit. Goethes Antwort vom 31. März läßt an Deutlichkeit nichts zu wünschen übrig: »Sollte nun die neue astronomische Anstalt an die Museumscommission gewiesen und aus der Museumscasse auch diese jährlichen Bedürfnisse künftig bestritten werden, so würde dazu *Serenissimi* höchste Erklärung und Befehl, sowie auch eine verhältnißmäße Dotation erforderlich seyn. Eine solche Absicht unseres gnädigsten Herren läßt sich aber nicht wohl voraussetzen.« Er plädiert dafür, die Sternwarte, die auf Mathematik, nicht wie seine Institute auf Naturlehre gegründet sei, denjenigen Landesbehörden zu unterstellen, die aus ihr praktischen Nutzen (Calender, Zeit, Maß, Gewicht) ziehen und sie deshalb auch leichter unterstützen könnten (WA IV 22, S.307f.). Angesichts der ungeheuren Kosten bei angespannter Finanzlage zur Zeit der Kontinentalsperre und der eher zufälligen Instrumentierung der Sternwarte (E. Kaiser: Goethes Anteil an der Gründung und Entwicklung der Universitäts-Stern-Warte zu Jena. In: *Die Sterne* 27 [1951], S.47) äußert Goethe schon im *Jährliche[n] unterthänigste[n] Bericht über den Zustand der Museen und anderer wissenschaftlicher Anstalten zu Jena* vom 22. November 1812 (In: *GJb* 30 [1909], S.36f.) erhebliche Zweifel am Sinn der Gründung des Instituts. Dazu auch: Reinhard Schielicke/ Kathrin Blumenstein: Herzog Carl August, Goethe und die Einrichtung der Herzoglichen Sternwarte zu Jena. In: *GJb* 109 (1992), S.173–180.

pischen Erschließung des Raums beginnt«[87], war ihm sehr wohl bewußt. Für 400 Reichstaler kaufte er 1800 sogar ein Newtonsches Spiegelteleskop für die Herzogliche Bibliothek in Weimar.[88] Bei seinen Farbstudien kämpfte er *mit* Newtonschen Prismen *gegen* die Newtonsche Lehre von der Zerlegbarkeit des Lichts in Spektralfarben. Trotzdem bleibt der Mensch, »insofern er sich seiner gesunden Sinne bedient«, für ihn »der größte und genaueste physikalische Apparat« (AMA 90). Den Makaries stattet er sogar mit Fähigkeiten aus, die die Berechnungskünste des Mathematikers überbieten. Wie der Astronom die exoterische Kontrolle von Makaries esoterischem Wissen übernimmt, so macht Montan sich die leibvermittelte Erkenntnis des terrestrischen Mädchens zunutze. Dabei ist die Gesteinsfühlerin, die als lebendige »Wünschelrute« (HA 8,452) Wasser, Metalle und Steinkohle in der Erde aufspüren kann, die eigentliche Komplementärfigur der »lebendige[n] Armillarsphäre« (HA 8,451). Montan, sonst die ungleich stärkere Figur, erkennt die Überlegenheit ihres Zugangs zu den Geheimnissen der Natur so neidlos an wie der Astronom diejenige Makaries. Beide Esoterikerinnen verkörpern Goethes Wissenschaftskritik; beide sind Ausdruck seiner Überzeugung, daß der Leib des Menschen der »genaueste physikalische Apparat« sei. Montan ist Bergmann, Geognost. Kosmo- und geognostische Studien trieb Goethe in den frühen 80er Jahren, in zeitlicher Nähe zur Entstehung der einleitenden Kapitel von Herders »Ideen zu einer Philosophie der Geschichte der Menschheit«. Der einzige zusammenhängend erzählte kosmogonische Mythos fällt in die Zeit von Goethes Beschäftigung mit Alchemie.[89] Nur in ihr berühren sich in der Neuzeit Montanwissen, Astronomie und Medizin, die Wissenschaft, in der Wilhelm *Meister* wird, nachdem er in die Geheimnisse des Montanen und des Kosmischen eingeweiht worden ist. Damit erweist sich die im Roman durch Wilhelm, Montan und Makarie vertretene Trias von Mensch, Erde und Himmel als alchemistische Konstellation, mit der sich auch die in der Pädagogischen Provinz vermittelte Lehre von den drei Ehrfurchten vereinbaren läßt. Hinter der Verbindung des Universums mit der Erde und dem Leib steht die Vorstellung von Erde und Himmel als Leib und »des Leibs als Mikrokosmos, als Kosmos Anthropos«[90]. Auf sie greift Goethe in den »Wanderjahren« zurück, wenn er Wilhelm mit zwei Frauen zusammenführt, »die den Kosmos Anthropos in seinen zwei Dimensionen – Erde und All – repräsentieren«[91]. Durch diese Initiation wird der im neuzeitlich naturwissenschaftlichen Sinn ausgebildete Arzt an die holistische Medizin des Paracel-

---

[87] Hartmut Böhme: Lebendige Natur, S.263.
[88] Reinhard Schielicke/ Kathrin Blumenstein: Sternwarte, S.174f.
[89] Hans-Martin Rotermund: Zur Kosmogonie des jungen Goethe. In: *DVjs* 28 (1954), S.472–486.
[90] Hartmut Böhme: Lebendige Natur, S.269. Dazu auch: Heinrich Schipperges: *Kosmos Anthropos. Entwürfe zu einer Philosophie des Leibes*, Stuttgart 1981.
[91] Hartmut Böhme: Lebendige Natur, S.270.

sus[92] erinnert, die noch von den »Sympathien« des kosmischen Leibs zu den
Stoffen der Erde und zu den Planeten wußte. Dieses Wissen wird zum herme-
tischen Hintergrund seines ärztlichen Handelns. So gesehen, rettet er mit seinem
Sohn am Ende paradigmatisch auch den gefährdeten Zusammenhang von
Mensch und Natur. Die Romankonzeption zielt nicht auf Restituierung alche-
mistischer Naturkonzepte, aber auf eine »Kritik der Moderne in Bildern der
Vormoderne«, die historisch gerade eben noch erlebbar waren »vor ihrem Un-
tergang in der entzauberten Welt der Industrie«[93].

Wenn die »Wanderjahre« Goethes Jugendreligion überbieten, ohne sie völlig aufzuheben, drängt es sich auf, die Makarien-Dichtung des *alten* als späte
Antwort auf den Luzifer-Mythos des *jungen* Goethe zu lesen. Das will ich abschließend noch versuchen. Der Luzifer-Mythos ist das kosmologische Glau-
bensbekenntnis[94] des jungen Goethe, eine Mischung aus biblischer Schöpfungs-
geschichte und christlicher Magie[95]. Er findet sich überraschend am Ende des
achten Buchs von »Dichtung und Wahrheit« (HA 9,351ff.). Übereinstimmungen
zwischen Selbstaussagen des über Sechzigjährigen mit Eintragungen Goethes in
die Ephemeriden vom Februar 1770 sprechen dafür, daß der Luzifer-Mythos
der Autobiographie der religiösen Grundüberzeugung des jungen Goethe entspricht[96], also keine Rückprojektion von Glaubensinhalten des alten Dichters in
die Vorstellungswelt seiner Jugend ist. Traditionellerweise gibt die Geschichte
Luzifers eine Antwort auf die Frage, wie das Böse in die Welt kommt. Goethes
Umdeutung des Luzifer-Mythos beantwortet diese Frage so, daß die Frage selbst
irrelevant wird: Wenn das Böse des gefallenen Engels (Luzifer) und des gefallenen Menschen (Adam) eine Folge davon ist, daß Luzifer wie auch der Mensch
zugleich »unbedingt«, weil gottesebenbildlich, und durch Gott »begrenzt« (HA
9,351) ist, dann ist das sogenannt »Böse« eine Folge der allem geschöpflichen
Leben immanenten Spannung zwischen Freiheit und Notwendigkeit, göttlicher
Schöpferkraft und Abhängigkeit vom Schöpfer. Gut und Böse sind dann zwei
Seiten derselben Medaille. Vom »Bösen« kann man, so gesehen, eigentlich nicht
mehr reden. Das absolute Böse gibt es nicht. Es liegt in der Natur des Lebens,
daß es anderes Leben zerstört. In der Konsequenz der Verbindung von Natur-

[92] Vgl.: Karl Sudhoff: Paracelsus und Goethe. In: *Die Medizinische Welt* 6 (1932), S.1409–
1412. Und: Agnes Bartscherer: *Paracelsus, Paracelsisten und Goethes »Faust«. Eine Quellenstudie*,
Dortmund 1911.

[93] Hartmut Böhme: Lebendige Natur, S.271.

[94] Andreas Bruno Wachsmuth: Goethe und die Magie, S.99.

[95] Andreas Bruno Wachsmuth (Die Magia Naturalis im Weltbilde Goethes. In: ders.: *Geeinte
Zwienatur*, Berlin/ Weimar 1966, S.164) betont die zentrale Bedeutung einer von Goethe nicht
erwähnten Schrift: Johann Conrad Dippel: *Eröffneter Weg zum Frieden mit Gott und allen Crea-
turen*, 3 Bde., Berleburg 1747. Von Dippel kann Goethe durch seinen Straßburger Freund Heinrich
Jung-Stilling erfahren haben, der diesen hoch verehrte.

[96] Rolf Christian Zimmermann: *Das Weltbild des jungen Goethe*, Bd.1, S.76ff, 185f. und 190.
Und: Max Morris: *Der junge Goethe*, Bd.2, Leipzig 1910, S.33.

philosophie und Moral liegt jener philosophische Individualismus, der für den Goethe der Sturm-und-Drang-Zeit kennzeichnend ist und auch die Kunsttheorie dieser Zeit prägt. Den ethischen Immoralismus finden wir 1771 auch in Goethes Rede »Zum Shakespeares-Tag«:

> Das, was edle Philosophen von der Welt gesagt haben, gilt auch von Shakespearen, das, was wir bös nennen, ist nur die andere Seite vom Guten, die so notwendig zu seiner Existenz und in das Ganze gehört, als Zona torrida brennen und Lappland einfrieren muß, daß es einen gemäßigten Himmelsstrich gebe. (HA 12,227)

In ihr kommt auch die für den Luzifer-Mythos konstitutive Vorstellung von einem Ganzen vor, »das in polaren Gegensätzen wechselweise sich ergänzt«[97]. Im Straßburger »Fragment eines Romans in Briefen« wird die Polarität mit der Vorstellung von einem Lebenspuls verknüpft:

> Es ist mit der Liebe wie mit dem Leben, wie mit dem Athemhohlen. Freylich ziehe ich die Lufft in mich; willst du das auch Eigennutz nennen? Aber ich hauche sie wieder aus, und sage mir, wenn du in der Frühlingssonne sitzest, und für Wonne dein Busen stärcker athmet, ist das Hauchen nicht eine größere Wonne als das Athemholen, denn das ist Mühe, iens ist Ruhe [...].[98]

Goethes Version des Luzifer-Mythos ist von der Theosophie Samuel Richters[99] inspiriert, die ihrerseits auf Jakob Böhme zurückgeht[100]. Die Vorstellung, daß das Göttliche ein natürlicher Puls zwischen Konzentration und Expansion, Verselbsten und Entselbsten, sei, findet sich hingegen nicht bei Richter. Sie entstammt Friedrich Christoph Oetingers Versuchen, antike Naturlehren (Hippokrates, Heraklit, Demokrit, Platon) mit jüngsten naturwissenschaftlichen Entdeckungen in Einklang zu bringen und dabei sogar Newtons Gravitationsgesetze einzubeziehen. Bei Oetinger wird Newtons Gravitation zum hermetischen Puls. In seiner Schrift über den *sensus communis*[101] formuliert er

---

[97] Rolf Christian Zimmermann: *Das Weltbild des jungen Goethe*, Bd.1, S.187. Dazu auch: ders.: Goethes Polaritätsdenken im geistigen Kontext des 18. Jahrhunderts. In: *JbDSG* 18 (1974), S.304–347.

[98] *Der junge Goethe*, Bd.2, S.51. Daß Polarität und Steigerung auch den Naturbegriff des alten Goethe noch bestimmen, zeigt der Brief Goethes an den Kanzler von Müller vom 24. Mai 1828, in dem er den Aufsatz *Die Natur* (HA 13,45–47) in der Abschrift seines Schreibers Seidel rückblickend kommentiert: »Man sieht die Neigung zu einer Art von Pantheismus [...]. Die Erfüllung aber, die ihm fehlt, ist die Anschauung der zwei großen Triebräder aller Natur: der Begriff von *Polarität* und von *Steigerung*, jene der Materie, insofern wir sie materiell, diese ihr dagegen, insofern wir sie geistig denken, angehörig; jene ist in immerwährendem Anziehen und Abstoßen, diese in immerstrebendem Aufsteigen.« HA 13,48.

[99] Sincerus Renatus: *Theo-Philosophia Theoretico-Practica*, Breslau 1711.

[100] Rolf Christian Zimmermann: *Das Weltbild des jungen Goethe*, Bd.1, S.124f.

[101] Friedrich Christoph Oetinger: *Inquisitio In Sensum Communem Et Rationem*, Faksimile-Neudruck der Ausgabe Tübingen 1753, Stuttgart-Bad Cannstatt 1964. Die populär verfaßte deutsche Version dieser Schrift erschien im selben Jahr unter dem Titel: *Die Wahrheit Des Sensus Communis*. Mir lag die Ausgabe: Stuttgart o.J. [1784?] vor.

die Hermetik in Newtons Begriffen neu und reduziert dabei Newton auf Böhme[102].

Während Goethes Umdeutung des Luzifer-Mythos den Fall des ersten Engels und des ersten Menschen mit der Ambivalenz der Geschöpf-Natur begründet, gibt die Makarien-Dichtung eine Antwort auf die Frage, wie der gefallene Mensch wieder demütig in den Himmel aufsteigen, die Einheit mit dem Universum wieder herstellen, das Heil in die gefallene Welt zurückbringen kann. Während die Verbindung von Naturphilosophie und Moral im Luzifer-Mythos einen ethischen Immoralismus rechtfertigt, leitet Makarie aus ihrer Verbindung mit dem Kosmos einen ethischen Auftrag ab. Während der Luzifer-Mythos es nahelegt, die künstlerische Schaffenskraft mit der göttlichen Schöpferkraft gleichzusetzen, nimmt Makarie keine Schöpferkraft für sich in Anspruch. Was sie weiß, betrachtet sie als göttliches Geschenk. Während sich im einen Fall der Künstler selbst vergöttlicht, werden im andern Fall göttliche Gaben vermenschlicht. Während das Individuum im ersten Fall nach seiner Selbstverwirklichung fragt, stellt es seine Gaben im zweiten in den Dienst der menschlichen Gemeinschaft. Auf die Individualphilosophie des Sturm-und-Drang-Goethe antwortet der Goethe der Zweitfassung der »Wanderjahre« mit der Gemeinschaftsutopie gegenseitiger Heilung durch verzeihende Liebe und Empathie. Mit Makarie stellt Goethe einer Zeit der Atomisierung, Spezialisierung, Technisierung den Ganzheitsbegriff der Hermetik gegenüber, der Diagnose der Differenzierung die Therapie der mythischen Synthese. So gesehen, korrigiert der Makarien-Mythos den Luzifer-Mythos; so gesehen, bewahrt er den Ganzheitsbegriff der Hermetik unter Preisgabe ihrer individualphilosophischen Konsequenzen. Diese Preisgabe finden wir auch in jenem Brief an Zelter vom 20. Mai 1826, in dem Goethe sein Gedicht »Weltseele«[103] rückblickend kommentiert:

> Es ist seine guten dreißig Jahr alt und schreibt sich aus der Zeit her, wo ein reicher jugendlicher Muth sich noch mit dem Universum identificirte, es auszufüllen, ja es in seinen Theilen wieder hervorzubringen glaubte.[104]

Der »reiche[.] jugendliche[.] Muth« ist im Alter gebrochen, der unerschütterliche Glaube an die Selbstheilungskraft der Natur hingegen nicht. Goethe spricht hier als ein Zeuge untergehender Glaubens- und Wissenstraditionen: Er gibt das naturphilosophische Identitätsprinzip einer Zeit als Vermächtnis mit auf den Weg, die die Subjekt-Objekt-Spaltung technologisch zementiert und die wachsende Beherrschung der Natur durch den Menschen mit der systematischen Zerstörung sei-

---

102 Rolf Christian Zimmermann: *Das Weltbild des jungen Goethe*, Bd.1, S.153. Vermutlich hat Goethe den hermetischen Puls in Oetingers Buch *Swedenborgs und anderer Irrdische und himmlische Philosophie, zur Prüfung des Besten/ ans Licht gestellt* (Franckfurt/ Leipzig 1765) gefunden, das in der Bibliothek seines Vaters, später auch in seiner eigenen, stand und das er zu Beginn seiner Weimarer Zeit für Charlotte von Stein beschaffte (WA IV 3, S.115 und 121).
103 BA 1,89f.
104 WA IV 41, S.36.

ner Lebensgrundlagen bezahlt. Daß er ein klares Bewußtsein davon hatte, Relikt einer vergangenen Zeit zu sein, beweist der Brief an Zelter vom 6. Juni 1825:

> Laß uns soviel als möglich an der Gesinnung halten in der wir herankamen, wir werden, mit vielleicht noch wenigen, die Letzten seyn einer Epoche die sobald nicht wiederkehrt.[105]

Einer Zeit, die die Glücksverheißung darin sucht, daß sie die Gewinnchancen erhöht, die Transportwege verkürzt und den Informationsaustausch beschleunigt, setzt Goethe mit Makarie eine Figur entgegen, die ihren Seelenfrieden aus dem Gefühl der Einheit mit dem Kosmos bezieht. Makarie ist die Mahnung an die bedrohte Totalität einer untergehenden Welt, in der die Entsprechung von Gott, Mensch und Natur, Makrokosmos und Mikrokosmos, noch sinnstiftend gewirkt hat. Mit ihr erinnert Goethe an den Zusammenhang von Kosmologie und Anthropologie, Wissenschaft und Ethik. In ihr gibt er dem Bedürfnis des Menschen nach Sinngebung der eigenen Existenz Gestalt, das auch dem Aberglauben zugrunde liegt:

> Der Aberglaube gehört zum Wesen des Menschen und flüchtet sich, wenn man ihn ganz und gar zu verdrängen denkt, in die wunderlichsten Ecken und Winkel, von wo er auf einmal, wenn er einigermaßen sicher zu sein glaubt, wieder hervortritt. (BdW 61)

Mit Makarie integriert der alte Goethe das Andere der Vernunft in seinen Roman bewußter Lebensplanung und vernünftiger Gemeinschaftsorganisation. Was Faust vergeblich anstrebte, gelingt ihr ungewollt: zu erkennen, »was die Welt/ Im Innersten zusammenhält« (HA 3,20)[106]. Im Zusammenwirken von Makarie und ihrem Astronomen kommt Goethes ambivalente Haltung zur naturwissenschaftlich-technischen Entwicklung seiner Zeit zum Ausdruck. Die Wendung zu den Naturwissenschaften hat er erkannt:

> Wie kaum ein zweiter universell interessierter Zeitgenosse schenkte er ihnen seine Aufmerksamkeit und begriff sie als eine Säule seiner Bildung und ein wesentliches Element seines Weltbildes. Insofern Goethe selbst Naturforschung betrieb, hatte er teil an diesem Zeitgeist und muß als ein Mann der Moderne angesehen werden. [...] Ebenso klarsichtig erkannte Goethe auch die Gefahren der modernen Naturwissenschaften. So war Goethe der Auffassung: *Mikroskope und Fernröhre verwirren eigentlich den reinen Menschensinn.*[107]

---

[105] WA IV 39, S.216.

[106] Faust in *Faust I*; V.382f..

[107] Felix Höpfner: »Wirkungen werden wir gewahr [...]«. Goethes *Farbenlehre* im Widerstreit der Meinungen. In: *GJb* 111 (1994), S.209. Nachweis des Goethe-Zitats: HA 12,430. Auf der Sternwarte kommentiert Wilhelm den Blick durch das Fernrohr im selben Sinn: »ich habe im Leben überhaupt und im Durchschnitt gefunden, daß diese Mittel, wodurch wir unsern Sinnen zu Hülfe kommen, keine sittlich günstige Wirkung auf den Menschen ausüben. Wer durch Brillen sieht, hält sich für klüger, als er ist, denn sein äußerer Sinn wird dadurch mit seiner innern Urteilsfähigkeit außer Gleichgewicht gesetzt« (HA 8,120). Dazu auch: D. Pieter Strauss: Why did Goethe hate glasses? Two puzzling passages in the *Wahlverwandtschaften* and the *Wanderjahre*. In: *Journal of English and Germanic Philology* 80 (1981), pp.176–187.

Was er befürchtete, war, daß die durch optische Geräte ermöglichte Steigerung des Wahrnehmungsvermögens nicht mit einer entsprechenden Steigerung der inneren Fähigkeiten einhergehe. Davon, was geschieht, wenn die Sittlichkeit mit der Reichweite der Sinne nicht mitwächst, haben die Leserinnen und Leser des 20. Jahrhunderts eine viel genauere Vorstellung, als Goethe sie zu seiner Zeit haben konnte.

Vor diesem Hintergrund erscheint die »Heilige[.]« (HA 8,441) der »Wanderjahre« nicht mehr als Inbegriff des »Ewig-Weiblichen« (dafür ist sie als Frau sinnlich viel zu wenig konkret), auch nicht als Symbol des reinen Geistes (dafür ist sie viel zu sehr am Wohl ihrer Mitmenschen interessiert), sondern als Vermittlerin zwischen Individuum und Gesellschaft, Freiheit und Notwendigkeit, Denken, Fühlen und Tun, Mensch und Natur, Immanenz und Transzendenz, Naturwissenschaft und Naturphilosophie, Wissenschaft, Poesie und Ethik. Der kosmologische Anthropozentrismus[108], der noch die »Winckelmann«-Schrift von 1805 mit bestimmte, war für den alten Goethe nicht zu retten; den ethischen Anthropozentrismus aber verteidigte er gegen das Wissenschaftsideal seiner Zeit. Die zeitgenössische Physik wollte seine Mahnung an die Abhängigkeit des Menschen von der Natur nicht hören. Von einem unfruchtbaren Streit erschöpft, steckte er seinen unzeitgemäßen »Versuch, die Neuzeit zu hintergehen«[109], die Freiheit von theologischen Dogmen zu genießen, ohne die Sinnerfüllung preiszugeben, im Alter nochmals ins Gewand einer kosmologischen Allegorie. Auf die Wende zur technokratischen Vernunft antwortete er mit Rückkehr zur theosophischen. Den verlorenen Zusammenhang zwischen Mensch und Natur rettete er mit den Mitteln der Kunst. Aufhebung der Trennung zwischen sinnlicher Wahrnehmung und wissenschaftlicher Erkenntnis, Naturphilosophie und empirisch-experimenteller Naturwissenschaft, Versöhnung von Natur und Kultur durch Naturästhetik, das – nicht das Zwangskorsett der Pädagogischen Provinz, das Felix *nicht* domestiziert – ist das utopische Vermächtnis des Romans.

---

[108] »Wenn die gesunde Natur des Menschen als ein Ganzes wirkt, wenn er sich in der Welt als in einem großen, schönen, würdigen und werten Ganzen fühlt, wenn das harmonische Behagen ihm ein reines, freies Entzücken gewährt – dann würde das Weltall, wenn es sich selbst empfinden könnte, als an sein Ziel gelangt aufjauchzen und den Gipfel des eigenen Werdens und Wesens bewundern. Denn wozu dient alle der Aufwand von Sonnen und Planeten und Monden, von Sternen und Milchstraßen, von Kometen und Nebelflecken, von gewordenen und werdenden Welten, wenn sich nicht zuletzt ein glücklicher Mensch unbewußt seines Daseins erfreut?« HA 12,98.

[109] Heinz Schlaffer: Goethes Versuch, die Neuzeit zu hintergehen. In: *Bausteine zu einem neuen Goethe*, hrsg. von Paolo Chiarini, Frankfurt/M. 1987, S.9 und 21.

Schlußbemerkung

D ie »Wanderjahre« sind Goethes Roman der perspektivischen Brechungen. Sie lassen den klassischen Kunstbegriff der idealistischen Ästhetik ebenso weit hinter sich wie den Bildungsbegriff der »Lehrjahre«, ohne sich dem bei ihrem Erscheinen bereits dominanten Realismuspostulat zu beugen oder zum »Transzendentalroman«[1] im christlich-romantischen Sinn zu werden. Die von Goethe selbst vorgeschlagene Gattungsbezeichnung »Aggregat«[2] sprengt mit dem klassischen Kunst- auch den Werkbegriff. Die »Wanderjahre« sind ein Geschlinge unterschiedlichster thematischer Fäden und Erzählstränge, die in verschiedenste Richtungen weitergesponnen werden können und den dafür erforderlichen Rezeptionsmodus im Romangeschehen selber spiegeln. Die rationalistisch gesehen unscheinbaren Seiten der menschlichen Existenz, die psychologisch-realistische Motivierung von Verhaltensweisen, wie sie den anthropologischen Roman der Aufklärung auszeichnet, und die sozialhistorisch präzise Situierung von Figuren, wie sie sich im Realismus durchsetzt, sind in die Erzähleinlagen emigriert, sofern diese nicht märchenhaft phantastische oder wie die »Verräter«-Novelle physikalisch-experimentelle Form annehmen. Dabei legt sich Goethes erzählerische Virtuosität keinerlei Beschränkungen mehr auf und macht vom Märchen über den Schwank bis zum Astralmythos den ganzen Fundus erzählerischer Formen neuen Zwecken dienstbar. Die Erzähleinlagen wurden lange mißverstanden, weil sie als moralische Erzählungen gelesen und am Maßstab eines aus der Rahmendidaxe abgeleiteten Tugendkanons gemessen wurden. Dabei sind sie der Rahmenhandlung weder unter-, noch übergeordnet; sie verhalten sich zu ihr wie die Induktion zur Deduktion; beide Seiten werden von Makarie synthetisiert. Erst im Verhältnis wechselseitiger Korrektur und Ergänzung machen die novellistischen Teile und die programmatischen Entwürfe das Welt- und Menschenbild der »Wanderjahre« aus. Der Fluchtpunkt der auktorialen Perspektive liegt weder in den Maximen und expliziten Lehren der Rahmen-Erzieher noch in partikularistisch beschränkten Figurenperspektiven oder einzelnen Erzählerkommentaren und schon gar nicht in den sogenannten Gemeinschaftsutopien. Der pseudoaltruistische vorkapitalistische Oheimbezirk, das durchrationalisierte Erziehungssystem der Pädagogischen Provinz, Lenardos auf Mobilität und unbedingte Leistungsbereitschaft gegründeter amerikanischer Siedlungsplan und das europäische Binnenkolonisationsmodell unter Führung des nahezu diktatorischen Odoard[3]

---

[1] Ich verwende den Begriff im Sinne von Manfred Engel: *Der Roman der Goethezeit*, Bd.1, Stuttgart/ Weimar 1993.

[2] Goethe zu Kanzler von Müller am 18. Feb. 1830: *Goethes Gespräche*, hrsg. von Biedermann/ Herwig, Bd.3.2, Zürich 1972, S.571.

[3] Wilhelm Voßkamp: Utopie und Utopiekritik in Goethes Romanen *Wilhelm Meisters Lehrjahre* und *Wilhelm Meisters Wanderjahre*. In: *Utopieforschung*, Bd.3, hrsg. von W.V., Stuttgart 1982, S.240ff.

sind »faustische« Projekte, von männlichen Figuren ohne Einbezug von Frauen ausgedacht und ohne Rücksicht auf die menschlichen Verluste umgesetzt. Teilweise werden sie durch das novellistische Gegengift, weibliche Gegenstimmen und Makaries Interventionen schon im Text der Inhumanität überführt. Sie bringen eher Goethes Skepsis gegenüber perfektionierten politischen Ordnungsvorstellungen zum Ausdruck als seinen Glauben an durchrationalisierbare Sozialsysteme. Wenn man die für die »Wanderjahre«-Rezeption unheilvolle Überordnung der Rahmenhandlung über die Erzähleinlagen durch ein flexibles Perspektivenspiel ersetzt und die Trennung von Inhalts- und Formanalyse zugunsten einer Semantisierung der Form überwindet, die auch den Dialog des Textes mit Prä- und Intertexten einbezieht, wird die Spannung zwischen programmatischem Rationalismus und novellistischem Sensualismus, erklärtem Kollektivismus und gelebtem Individualismus, skeptischem Realismus und geheimem Idealismus und ihre allegorische Aufhebung in der Makarienfigur zur versteckten Anthropologie des Romans. Zu Goethes Bild vom »ganzen« Menschen gehören Sinnlichkeit und Verstand, Willens- und Einbildungskraft, Traditionsbindung und Erneuerungswunsch, der verletzliche, vom Tod bedrohte und durch den gelernten Wundarzt märchenhaft gerettete Leib wie die in Makarie unsterblich gewordene Seele, das »Männliche« und das »Weibliche«. Wie es in »Faust II« in der Rede des *Chorus Mysticus* vom »Ewig-Weibliche[n]« (HA 3,364)[4] nicht »um eine an die Geschlechter gebundene und sie unterscheidende Zuordnung geht, sondern [...] um die Zusammenführung komplementärer Grundverhaltensweisen zu einer Totalität des Menschen«[5], so heilt auch in den »Wanderjahren« Makaries »weibliche« Empathie die vom »männlich« Strebsamen verursachten Störungen des psychischen wie des sozialen Gleichgewichts. Das Wirklichkeitsmodell der »Wanderjahre« ist insofern humaner als das von »Faust II«, als die rettende Liebe sich nicht erst nach dem Tod des Protagonisten gnädig von oben herabneigt, sondern in Gestalt Makaries schon zu Lebzeiten der Figuren unter ihnen weilt und Konflikte schon im Diesseits entschärft. Durch die Makarien-Allegorie wird die Transzendenz Teil der Immanenz. Diese Setzung bewahrt den in seiner doppelten Frontstellung gegen feudalistische und wirtschaftsliberalistische Deformationen humaner Möglichkeiten skeptischen Altersroman vor dem Absturz in die Pragmatik. Diesen kann nur die erfolgreiche Synthese des »Ewig-Männliche[n]«[6] mit dem »Ewig-Weibliche[n]« verhindern. Bei den übrigen Frauenfiguren der »Wanderjahre« wird die Begrenzung ihrer Handlungsspielräume psychologisch, soziologisch oder ökonomisch motiviert, nie aber biologistisch. Vor den Veren-

---

[4] *Faust II*, V.12110. Die Ruinierung des Weimarer Theaters durch die herzogliche Mätresse Caroline Jagemann beklagte Goethe am 14. Dezember 1808 gegenüber Kanzler von Müller mit den Worten (*Goethes Gespräche*, op. cit, Bd.2, S.393): »Es ist unglaublich, wie der Umgang der Weiber herabzieht p.«

[5] Albrecht Schöne: Erläuterungen zu *Faust II* (FA I 7/2, 817).

[6] Albrecht Schöne mit Bezug auf das Binnenspiel des *Faust*-Dramas: FA I 7/2, 817.

gungen des zeitgenössischen Psycho-Physiologismus war Goethe dank seiner menschlichen Erfahrung, universellen Bildung und literarischen Sensibilität gefeit.

Vor dem Hintergrund meiner Neubestimmung des Verhältnisses der diskursiven zu den narrativen Wirklichkeitsmodellen der »Wanderjahre« ergibt sich eine neue Sicht der Erzähleinlagen. In »Sankt Joseph der Zweite« bilden die legendarischen und bildlichen Darstellungen des Weihnachtswunders den Hintergrund, vor dem die Geschichte einer Adoption zu etwas Wunderbarem wird. Dabei positiviert die unterschwellige Identifikation mit dem alttestamentlichen Joseph die offene Ironie gegenüber der dargestellten *imitatio* des neutestamentlichen. Goethe hält die Erinnerung an ein *humanum* wach, indem er das *arcanum* der Legende zerstört. In »Die pilgernde Törin« machen die Volksliedtradition der Mühlenerotik und der mehrfache Kontextwechsel der in die Novelle eingebetteten Romanze aus der Parodie des Wallfahrtsliedes eine Parodie der Parodie und aus der säkularisierten Pilgerschaft den hybriden Versuch, einen untreuen Freund auf den eigenen Liebesbegriff zu verpflichten und die Einlösung der verlorenen Glücksverheißung durch Werkgerechtigkeit zu erzwingen. Die absolute Treue zu einem verlorenen Partner erweist sich als Treue zur eigenen Wunde. In »Wer ist der Verräter?« überträgt Goethe das ihm bekannte Kipp-Phänomen der »entoptischen« Farben auf die Ebene der zwischenmenschlichen Beziehungen und hebt damit standortgebundene Wahrnehmungsbeschränkungen ins Bewußtsein. Als selbstreferentielles Zeichen für die Multiperspektivität der Kunst und ihres je nach Sprach- und Kunstbegriff wechselnden Verhältnisses zur Realität tritt der Spiegel neben das Kästchen, das viel diskutierte Zentralsymbol der »Wanderjahre«. In »Der Mann von funfzig Jahren« ersetzt Goethe in einem Stand von Gutsherren und Offizieren die ständisch-familienpolitische durch die persönlich verantwortete Ehe und unterläuft, indem er mehrere Schlußvarianten ausprobiert, alle zeitgenössischen Klischees: Es ist menschlich alles möglich, wenn es nur menschlich ist. So gesehen ist die Novelle der doppelten Ungleicheit des Alters kein Plädoyer für die Rückkehr vom Schein zum Sein und für »jung zu jung, alt zu alt«, sondern eine Verteidigung der vitalen Möglichkeiten *jedes* Lebensalters und *jeder* unnarzißtischen Paarkonstellation. Die Erzählung vom Tod der Fischerknaben zeigt eine Initiation in den Unterschied zwischen Liebe und Projektion, Freundschaft und Narzißmus, ärztlicher Kompetenz und Kurpfuscherei. Während der Tod der Kinder den Keim für Wilhelms Berufsentscheidung legt, läßt der Streit der Erwachsenen um die Krebse die Moralphilosophie der Spätaufklärung am Pragmatismus des bürgerlichen Aufstiegsstrebens scheitern. Wie »Sankt Joseph der Zweite« verrät das Melusinenmärchen seinen Palimpsestcharakter schon mit dem Titel. Im Gegensatz zur frühneuzeitlichen Vorlage geht es aber nicht mehr darum, das Nichtwissen zu ertragen, sondern das Wissen. »Die neue Melusine« unterscheidet sich nicht nur darin von der alten, daß sie das Prüfungsmotiv durch Verinnerlichung überbietet, sie zeigt auch, wie sehr der familiäre Auftrag den von der Zwergin gewählten »Ritter«

auf die Rolle des Erzeugers ihres Kindes reduziert und die Instrumentalisierung des Eros die Beziehung von beiden Seiten zerstört. Indem er die Anpassung des einen an den andern in beiden Varianten scheitern läßt, fragt Goethe nach der Möglichkeit der Selbstbewahrung in der Liebe, der Identitätsbalance beider Partner in lebendiger ehelicher Interaktion. Wenn man als zweite intertextuelle Folie auch noch die Volksmärchen von Musäus hinzuzieht, ergibt sich das paradoxe Resultat, daß Goethes vorgeführte Zerstörung des Wunders durch die Ökonomie in der Wirkungsintention utopischer ist als Musäus' märchenhafte Überwindung der Ökonomie durch das Wunder. Eine Erzählstrategie, die den Kollaps des Erwartungsschemas Ausgleich durch Revanche[7] anstrebt, führt in der »Gefährlichen Wette« die reaktionäre Erstarrung einer Standesehre *ad absurdum*, die so unter Legitimationsdruck gerät, daß ihr Vertreter nicht mehr situationsgemäß reagiert und auch im Scholarenscherz eine Ehrverletzung sieht. In »Nicht zu weit« wird das Titelurteil über eine Ehe durch das beschränkte Bewußtsein der Urteilsinstanz diskreditiert. Auch wenn Albertine Odoard äußerlich mit dem Hausfreund und Odoard Albertine innerlich mit Prinzessin Sophronie betrügt, erscheinen beide Partner einem unparteiischen Blick nicht als Täter, sondern als Opfer jener Konflikte, die sich aus dem Zusammenstoß eines bürgerlichen und eines adeligen Normensystems ergeben sowie aus der Diskrepanz zwischen den Sozialisationsbedingungen der Vergangenheit und den Lebensbedingungen der Gegenwart. Odoard, beruflich zum Funktionär des aufgeklärten Absolutismus ausgebildet, scheitert privat an dessen restriktiver Ehe- und Familienordnung; Albertine findet, wegen seiner Strafversetzung vom Hof entfernt, weder im bürgerlichen Heim noch in den Geselligkeitsformen des Landadels einen sozialen Ort und erwartet von einem flüchtigen Liebhaber jenes Maß an Verbindlichkeit, das sie dem Ehemann von einem aristokratischen Standpunkt aus verweigert. So gesehen ist der Titelappell eine Aufforderung an den Leser, sich mit den Wahrnehmungsbeschränkungen der Vermittlungsinstanzen auch die Bedingungen der eigenen Urteilsbildung bewußt zu machen. Die Geschichte von Wilhelm, Felix und Hersilie ist eine Studie zum Verhältnis von Haupt- und Nebensachen. Wenn die Erwachsenen eine Hierarchie der Wichtigkeiten aufstellen, in denen die Kindheitsnöte keinen Platz haben, provozieren sie Katastrophen, die vermeidbar wären, wenn sie die »Kleinigkeiten« stärker beachten würden. Am Schluß kann Wilhelm dank seiner Berufsausbildung seinen Sohn vor dem Ertrinken bewahren, der so vielleicht gar nicht verunglückt wäre, wenn er ihn besser durch die Jugendwirren begleitet hätte. Am Ende steht nicht die Öffnung des Kästchens, sondern auch bei Hersilie die Verschiebung des Fokus von der Selbst- zur Fremdwahrnehmung. In der erwachsenen Susanne-Nachodine zeigt Goethe eine Frau, die aus den Begrenzungen ihres pietistischen

---

[7] Hermann Bausinger: Bemerkungen zum Schwank und seinen Formtypen. In: *Fabula* 9 (1967), S.126ff.

Milieus herausgewachsen ist, sich zur selbständigen Unternehmerin entwickelt hat und klug genug ist, die Entwicklung der Technik mitzuverfolgen und in Langzeitperspektiven zu denken. Während der Faktor die Ehe mit ihr nur als Mittel der Besitzstandserweiterung betrachtet und nicht davor zurückschreckt, sie notfalls auch zu erpressen, läßt Lenardo ihr schweigend die Freiheit, sich auch *gegen* ihn zu entscheiden. Obwohl sie als Frau des Barons keine Existenzsorgen mehr hätte, einen erheblichen sozialen Aufstieg erleben, das ambivalente Vermächtnis des Vaters erfüllen würde und mit einem tüchtigen Mann nach Amerika auswandern könnte, verzichtet sie auf die naheliegende Lösung zugunsten einer Stelle bei Makarie. Obwohl ihr »Nein« dem Hilaries am Ende der Novelle »Der Mann von funfzig Jahren« gleicht, verhält Makarie sich jeweils völlig verschieden: Während sie dort Entwickungsmöglichkeiten öffnet, indem sie die Verhältnisse für alle Beteiligten transparent macht, nährt sie hier durch Verschweigen von Susannes abschlägiger Antwort Lenardos gegenwärtig unberechtigte, langfristig vielleicht berechtigte Hoffnung, eines Tages mit der Geliebten zu leben. Wo es auf Takt und menschliches Zartgefühl ankommt, gibt es auch für die kosmische Seherin, in der Goethes Hoffnung auf eine Synthese zwischen naturphilosophischem Glauben an eine sinnerfüllte Welt und mathematisch-exakter Naturwissenschaft allegorisch Gestalt gewonnen hat, kein Patentrezept. Wilhelms Ausbildung zum erfolgreich praktizierenden Wundarzt kann der Bedrohung des aufgeklärten Menschen durch die Endlichkeit seines Lebens nur im Bezug auf den vorzeitigen Tod entgegenwirken; die Makarien-Allegorie bewahrt auch den Glauben an die Unsterblichkeit der Seele. Diese Hoffnung ist ein empirieüberschreitendes Desiderat, das im ersten Drittel des 19. Jahrhunderts nur noch im Bereich der Ästhetik plausibilisiert werden kann.

Bibliographie

Werkausgaben

BA   *Werke*, Berliner Ausgabe, 22 Bde., 3. Aufl., Berlin/ Weimar 1976ff.

FA   *Sämtliche Werke, Briefe, Tagebücher und Gespräche*, hrsg. von Hendrik Birus u. a., Frankfurt/M. 1985ff.

GA   *Sämtliche Werke*, in 18 Bdn., unveränderter Nachdruck der Bände 1–17 der Artemis-Gedenkausgabe, hrsg. von Ernst Beutler, 2. Aufl., Zürich 1961–1966, Zürich/ München 1977.

HA   *Goethes Werke*, Hamburger Ausgabe in 14 Bdn., hrsg. von Erich Trunz, neubearb. Aufl., München 1981.

JA   *Goethes Sämtliche Werke*, Jubiläums-Ausgabe in 40 Bdn., hrsg. von Eduard von der Hellen, Stuttgart/ Berlin o.J. [1901–1908].

LA   *Die Schriften zur Naturwissenschaft*, vollständige mit Erläuterungen versehene Ausgabe, hrsg. im Auftrage der Deutschen Akademie der Naturforscher [Leopoldina] zu Halle, Abt. I–II, Weimar 1947ff.

MA   *Sämtliche Werke nach Epochen seines Schaffens*, Münchner Ausgabe, hrsg. von Karl Richter, München/ Wien 1985ff.

NA   *Schillers Werke*, Nationalausgabe, begründet von Julius Petersen, hrsg. im Auftrag der Nationalen Forschungs- und Gedenkstätten der klassischen deutschen Literatur in Weimar (Goethe- und Schiller-Archiv) und des Schiller-Nationalmuseums in Marbach von Lieselotte Blumenthal und Benno von Wiese, Weimar 1943ff.

WA   *Goethes Werke*, Weimarer Ausgabe, hrsg. im Auftrag der Großherzogin Sophie von Sachsen, Abt. I–IV, 133 Bde. (in 96), Weimar 1887–1919.

Goethe-Texte und -Lebenszeugnisse in besonderen Ausgaben

Alt-Weimars Abend. Briefe und Aufzeichnungen aus dem Nachlasse der Gräfinnen Egloffstein, hrsg. von Hermann Freiherrn von Egloffstein, München 1923.

Aus Ottilie von Goethes Nachlaß, nach den Handschriften des Goethe- und Schiller-Archivs hrsg. von Wolfgang von Oettingen, Schriften der Goethe-Gesellschaft, Bd.27 und 28, Weimar 1912–1913.

Briefe an Goethe, Gesamtausgabe in Regestform, 5 Bde. und Erg.-Bd., 1764–1810, hrsg. von Karl-Heinz Hahn, Weimar 1980–1995.

Briefwechsel der Brüder Jacob und Wilhelm Grimm mit Karl Lachmann, 2 Bde., hrsg. von Albert Leitzmann, Jena 1927.

Briefwechsel des Herzogs-Großherzogs Carl August mit Goethe, hrsg. von Hans Wahl, 3 Bde., Berlin 1916–1918.

Briefwechsel zwischen Goethe und Lichtenberg, hrsg. von Albert Leitzmann. In: *GJb* 18 (1897), S.32–48.

Carl Augusts Begegnungen mit Zeitgenossen. Ein Bild seiner Persönlichkeit in Briefen und Berichten, Tagebuchaufzeichnungen und Selbstzeugnissen, hrsg. von Alfred Bergmann, Weimar 1933.

Charlotte von Schiller und ihre Freunde, hrsg. von Ludwig Urlichs, 3 Bde., Stuttgart 1860–1865.

Die Erotica und Priapea aus den Sammlungen Goethes, hrsg. von Gerhard Femmel und Christoph Michel, Frankfurt/M. 1992.

Eckermann, Johann Peter: *Gespräche mit Goethe in den letzten Jahren seines Lebens*, hrsg. von Fritz Bergemann, revid. Ausgabe der textkritischen und kommentierten Edition von 1955, 8. Aufl., Frankfurt/M. 1992.

Elegie von Marienbad, Urschrift, hrsg. von Jürgen Behrens und Christoph Michel, Frankfurt/M./ Leipzig 1991.

Falk, Johannes: *Goethe aus näherm persönlichen Umgange dargestellt. Ein nachgelassenes Werk*, Leipzig 1832.

Gedichte in zeitlicher Folge, hrsg. von Heinz Nicolai, 2 Bde., 8. Aufl., Frankfurt/M. 1989.

Goethe. Sein Leben in Bildern und Texten, hrsg. von Christoph Michel, gestaltet von Willy Fleckhaus, Frankfurt/M. 1982.

Goethe, August von/ Pogwisch, Ottilie von: *Briefe aus der Verlobungszeit*, hrsg. von Heinz Bluhm, Weimar 1962.

Goethe erzählt. Geschichten, Novellen, Schilderungen, Abenteuer und Geständnisse, mit Begleittexten und einem Nachwort hrsg. von Peter von Matt, Zürich/ München 1982.

Goethe ueber seine Dichtungen, hrsg. von Hans Gerhard Gräf, 1.–3. Theil (in 9 Bdn.), Frankfurt/M. 1901–1914.

Goethe und Cotta. Briefwechsel 1797–1832. Textkritische und kommentierte Ausgabe, hrsg. von Dorothea Kuhn, 3 Bde. in 4, Stuttgart 1979–1983.

Goethe und die Kunst, hrsg. von Sabine Schulze, Ostfildern 1994.

Goethe und die Romantik, Briefe mit Erläuterungen, hrsg. von Carl Schüddekopf und Oskar Walzel, 2 Bde., Weimar 1898–1899.

Goethe und Soemmerring. Briefwechsel 1784–1828, Textkritische und kommentierte Ausgabe, hrsg. von Manfred Wenzel, Stuttgart/ New York 1988.

Goethes Amtliche Schriften, Veröffentlichung des Staatsarchivs Weimar, hrsg. von Willy Flach und Helma Dahl, 4 Bde., Weimar 1950–1987.

Goethes Briefe an Charlotte von Stein, hrsg. von Julius Petersen, 3 Bde., Leipzig 1908.

Goethes Briefwechsel mit seiner Frau, hrsg. von Hans Gerhard Gräf, 2 Bde., Frankfurt/M. 1916.

Goethes Gespräche. Eine Sammlung zeitgenössischer Berichte aus seinem Umgang. Auf Grund der Ausgabe und des Nachlasses von Flodoard Freiherrn von Biedermann ergänzt und hrsg. von Wolfgang Herwig, 5 Bde., Zürich 1965–1987.

Goethes pädagogische Ideen. Die pädagogische Provinz nebst verwandten Texten, hrsg. und erl. von Wilhelm Flitner, Godesberg 1948.

Goethes Reden und Ansprachen, hrsg. von Gert Ueding, Frankfurt/M./ Leipzig 1994.

Hagen, Erich von dem: *Goethe als Herausgeber von »Kunst und Alterthum« und seine Mitarbeiter*, Berlin 1912.

Hecker, Max: Goethe und Seebeck. Dreißig unbekannte Briefe Goethes. In: *JbGG* 10 (1924), S.163–189.

Jährlicher unterthänigster Bericht über den Zustand der Museen und anderer wissenschaftlicher Anstalten zu Jena (22. November 1812). In: *GJb* 30 (1909), S.21–37.

Mackall, Leonard L.: Briefwechsel zwischen Goethe und Amerikanern. In: *GJb* 25 (1904), S.3–37.

Maisak, Petra: *Johann Wolfgang Goethe, Zeichnungen*, Stuttgart 1996.

Maximen und Reflexionen. Nach den Handschriften des Goethe- und Schiller-Archivs hrsg. von Max Hecker, Schriften der Goethe-Gesellschaft, Bd.21, Weimar 1907.

Morris, Max: *Der junge Goethe*, Neue Ausgabe in 6 Bdn., Leipzig 1909–1912.

Müller, Kanzler Friedrich von: *Unterhaltungen mit Goethe*, hrsg. von Renate Grumach, 2. durchges. Aufl. der von Ernst Grumach und Renate Fischer-Lamberg 1959 besorgten »Kleinen Ausgabe«, München 1982.

Riemer, Friedrich Wilhelm: *Mittheilungen über Goethe.* Aus mündlichen und schriftlichen, gedruckten und ungedruckten Quellen, 2 Bde., Berlin 1841.

Römische Elegien, Faksimile der Handschrift, Transkription und »Zur Überlieferung« von Hans-Georg Dewitz, 3. Aufl., Frankfurt/M. 1988.

Sprüche in Prosa. Sämtliche Maximen und Reflexionen, hrsg. von Harald Fricke (FA I 13), Frankfurt/M. 1993.

Steiger, Robert: *Goethes Leben von Tag zu Tag. Eine dokumentarische Chronik*, 7 Bde. (ab Bd.6 mit bzw. von Angelika Reimann), Zürich/ München 1982–1995.

Tagebuch der ersten Schweizer Reise 1775, mit den Zeichnungen des Autors und einem vollständigen Faksimile der Handschrift, hrsg. von Hans-Georg Dewitz, Frankfurt/M. 1980.

Wilhelm Meisters Wanderjahre. Ein Novellenkranz, nach dem ursprünglichen Plan hrsg. von Eugen Wolff, Frankfurt/M. 1916.

Wilhelm Meisters Wanderjahre oder Die Entsagenden. Urfassung von 1821, mit einem Nachwort von Ehrhard Marz, Bonn 1986.

Wilhelm und Caroline von Humboldt in ihren Briefen, 1787–1835, 7 Bde., hrsg. von Anna von Sydow, Berlin 1906–1916.

Zimmermann, Paul (Hrsg.): Goethes Briefe an E. Th. Langer. In: *Braunschweigisches Jahrbuch* N.F. 1 (1922), S.1–34.

Xenien 1796. Schriften der Goethe-Gesellschaft, Bd.8, hrsg. von Erich Schmidt und Bernhard Suphan, Weimar 1893.

Bibliographien

Germanistik. Internationales Referatenorgan mit bibliographischen Hinweisen 21 (1980), H.1 – 36 (1995), H.1.

Goethe-Bibliographie 1988, bearb. von Hans Henning. In: *GJb* 107 (1990), S.295–338.

Goethe-Bibliographie 1989, bearb. von Hans Henning. In: *GJb* 108 (1991), S.305–335.

Goethe-Bibliographie 1990, bearb. von Günther Mühlpfordt und Heidi Zeilinger. In: *GJb* 109 (1992), S.257–298.

Goethe-Bibliographie 1991/92, bearb. von Heidi Zeilinger. In: *GJb* 110 (1993), S.421–483.

Goethe-Bibliographie 1993, bearb. von Heidi Zeilinger. In: *GJb* 111 (1994), S.355–397.

Hermann, Helmut G.: *Goethe-Bibliographie. Literatur zum dichterischen Werk*, Stuttgart 1991.

Neumann, Gerhard/ Dewitz, Hans-Georg: Literaturverzeichnis. In: Johann Wolfgang Goethe: *Wilhelm Meisters Wanderjahre*, FA I 10, 1307–1336.

Pyritz, Hans u. a.: *Goethe-Bibliographie*, 2 Bde., Heidelberg 1965–1968.

Trunz, Erich: Bibliographie zu *Wilhelm Meisters Wanderjahre*. In: HA 8, 695–700.

Wörterbücher, Lexika und Handbücher

Adelung, Johann Christoph: *Grammatisch-kritisches Wörterbuch der Hochdeutschen Mundart* [...], 2., verm. und verb. Ausgabe, 4 Theile, Leipzig 1793–1801.

Deutsches Wörterbuch, 16 Bde., hrsg. von Jacob und Wilhelm Grimm, Leipzig 1854ff.

Die deutsche Literatur des Mittelalters. Verfasserlexikon, Bd.7, hrsg. von Kurt Ruh, 2., völlig neu bearb. Aufl., Berlin/ New York 1989.

Die Religion in Geschichte und Gegenwart, hrsg. von Kurt Galling, 7 Bde., 3., völlig neu bearb. Aufl., Tübingen 1957–1965.

Duden. Lexikon der Vornamen, hrsg. von Günther Drosdowski, Mannheim 1968.

Encyclopédie, ou Dictionnaire Universel Raisonné des Connoissances Humaines, mis en ordre par M. de Felice, tome 1, Yverdon 1770.

Etymologisches Wörterbuch des Deutschen, erarb. unter der Leitung von Wolfgang Pfeifer, 3 Bde., Berlin/Ost 1989.

Geschichtliche Grundbegriffe. Historisches Lexikon zur politisch-sozialen Sprache in Deutschland, hrsg. von Otto Brunner, Werner Conze und Reinhart Koselleck, 7 Bde., Stuttgart 1972–1992.

Goethe Handbuch, Bd.1, hrsg. von Alfred Zastrau, 2., vollkommen neu gestalt. Aufl., Stuttgart 1961.

Goethe Wörterbuch, hrsg. von der Akademie der Wissenschaften der DDR, der Akademie der Wissenschaften in Göttingen und der Heidelberger Akademie der Wissenschaften, Stuttgart u. a. 1978 ff.

Handbuch der Dialoganalyse, hrsg. von Gerd Fritz und Franz Hundsnurscher, Tübingen 1994.

Handbuch des deutschen Romans, hrsg. von Helmut Koopmann, Düsseldorf 1983.

Handbuch des Volksliedes, 2 Bde., hrsg. von Rolf Wilhelm Brednich, Lutz Röhrich und Wolfgang Suppan, München 1973–1975.

Handwörterbuch des deutschen Aberglaubens, hrsg. von Hanns Bächtold-Stäubli, 10 Bde., Berlin 1927–1942.

Handwörterbuch des deutschen Märchens, hrsg. von Lutz Mackensen, 2 Bde., Berlin/ Leipzig 1930–1940.

Hederich, Benjamin: *Gründliches mythologisches Lexikon*, Darmstadt 1986 (Nachdruck: Leipzig 1770).

Herder Lexikon Symbole, hrsg. vom Verlag Herder, bearb. von Marianne Oesterreicher-Mollwo, 10. Aufl., Freiburg/Br. 1990.

Historisches Wörterbuch der Philosophie, hrsg. von Joachim Ritter (ab Bd.4 von Karlfried Gründer), Basel/ Stuttgart 1971ff.

Johann Georg Walchs philosophisches Lexicon, 4. Aufl. in zween Theilen, verm. und fortges. von Justus Christian Hennings, Leipzig 1775.

Kluge, Friedrich: *Etymologisches Wörterbuch der deutschen Sprache*, völlig neu bearb. von Elmar Seebold, 22. Aufl., Berlin/ New York 1989.

Lausberg, Heinrich: *Handbuch der literarischen Rhetorik*, 2 Bde., München 1960.

Lexikon der christlichen Ikonographie, 8 Bde., hrsg. von Engelbert Kirschbaum SJ [und Wolfgang Braunfels], Rom u. a. 1968–1976.

Lexikon der Pädagogik, hrsg. von Heinrich Kleinert u. a., 3 Bde., Bern 1950–1952.

Lexikon für Theologie und Kirche, hrsg. von Josef Höfer und Karl Rahner, 10 Bde., 2., völlig neu bearb. Aufl., Freiburg/Br. 1957–1967.

Lexikon der Symbole, hrsg. von Wolfgang Bauer und Irmtraud Dümotz, Wiesbaden 1980.

Marienlexikon, hrsg. im Auftrag des Institutum Marianum Regensburg e.V. von Remigius Bäumer und Leo Scheffczyk, 6 Bde., St. Ottilien 1988–1994.

Metzler Literatur Lexikon, hrsg. von Günther und Irmgard Schweikle, 2., überarb. Aufl., Stuttgart 1990.

Neues Handbuch theologischer Grundbegriffe, hrsg. von Peter Eicher, 4 Bde., München 1984–1985.

Nöth, Winfried: *Handbuch der Semiotik*, Stuttgart 1985.

Paulys Realencyclopädie der classischen Altertumswissenschaft, Neue Bearb., begonnen von Georg Wissowa, hrsg. von Wilhelm Kroll und Karl Mittelhaus, München 1894ff.

Theologische Realenzyklopädie, hrsg. von Gerhard Krause und Gerhard Müller, Berlin/New York 1977ff.

Wörterbuch der Deutschen Sprache, veranst. und hrsg. von Joachim Heinrich Campe, 5 Theile u. Erg.-Bd., Braunschweig 1807–1813.

Zedler, Johann Heinrich (Hrsg.): *Grosses vollständiges Universal-Lexicon Aller Wissenschafften und Künste*, 64 Bde., 3 Suppl.-Bde., Leipzig 1733–1752.

Primär- und Quellentexte

Abraham a Santa Clara: *Judas Der Ertz-Schelm Für ehrliche Leuth [...]*, 4 Bde., Salzburg 1686–1695.

Altdeutsches Liederbuch. Volkslieder der Deutschen nach Wort und Weise aus dem 12. bis zum 17. Jahrhundert, 2. Aufl., Leipzig 1913.

Anderson, James: *The Constitutions of the Free-Masons* (London 1723), Facsimile Edition 1976, pp.1–91.

[Anonym]: *La folle en pélerinage*. In: *Nouvelles Folies sentimentales, ou Folies par amour*, Paris 1786, pp.87–120.

[Anonym]: *La folle en pélerinage*. In: *Cahiers de Lecture*, No.II (1789), pp.121–141.

[Anonym]: *The Not-Browne Mayd*. In: Thomas Percy: *Reliques of Ancient English Poetry*. A New Edition, vol.2, London 1839, pp.28–45.

Apokryphen zum Alten und Neuen Testament, hrsg., eingel. und erläutert von Alfred Schindler, 5. Aufl., Zürich 1993.

Apuleius: *Das Märchen von Amor und Psyche*. Lateinisch-Deutsch, übers. und hrsg. von Kurt Steinmann, bibliographisch erg. Ausgabe, Stuttgart 1988 (1983).

Apuleius: *Der goldene Esel*, vollständige Ausgabe, übers. von Carl Fischer, München 1990.

Aristoteles: *Acht Bücher Physik*. Griechisch und Deutsch, hrsg. von Carl Prantl, Leipzig 1854.

Aristoteles: *Vom Himmel*. In: ders.: *Vom Himmel. Von der Seele. Von der Dichtkunst*, übertr. von Olof Gigon, 2. Aufl., Zürich 1983, S.9–180.

Athenaeum. Eine Zeitschrift (1798–1800), hrsg. von August Wilhelm Schlegel und Friedrich Schlegel, 3 Bde., Repograph. Nachdruck, Darmstadt 1992.

Augustinus: *Bekenntnisse*. Lateinisch und Deutsch, eingel., übers. und erläutert von Joseph Bernhart, Frankfurt/M. 1987 (1955).

Basile, Giambattista: *Das Märchen aller Märchen. »Der Pentamerone«*, Erster bis Fünfter Tag, deutsch von Felix Liebrecht, hrsg. von Walter Boehlich, Frankfurt/M. 1982.

Beaumont, Madame Leprince de: *Die Schöne und das Tier* (1757), übers. von Maria Dessauer, Frankfurt/M. 1983 (1977).

Birkbeck, Morris: *Notes on a Journey in America, from the Coast of Virginia to the Territory of Illinois*, The Fourth Edition, Ann Arbor 1966 (Reprint: London 1818).

Blan[c]kenburg, Friedrich [Christian] von: *Versuch über den Roman*, Leipzig/ Liegnitz 1774.

Boccaccio, Giovanni: *Das Dekameron des G. B.*, übers. von Ruth Macchi, 2 Bde., Berlin/ Weimar 1971.

Bode, Johann Elert: *Anleitung zur Kenntniß des Gestirnten Himmels*, 5., sehr umgearb. Aufl., Berlin 1788.

Bonnet, Charles: *Philosophische Palingenesie. Oder Gedanken über den vergangenen und künftigen Zustand lebender Wesen*, aus dem Französischen übers. von Johann Caspar Lavater, 2 Bde, Zürich 1769/70.

Bonnet, Karl: *Betrachtung über die Natur*, nach der neuesten sehr verm. Aufl. in dessen sämmtlichen Werken hrsg. von Johann Daniel Titius, 2 Bde., Leipzig 1783.

Brant, Sebastian: *Das Narrenschiff*, nach der Erstausgabe (1494) mit den Zusätzen der Ausgaben von 1495 und 1499 hrsg. von Manfred Lemmer, Tübingen 1962.

Brüder Grimm: *Kinder- und Hausmärchen*. Ausgabe letzter Hand, mit den Originalanmerkungen der Brüder Grimm, hrsg. von Heinz Rölleke, 3 Bde., Stuttgart 1980.

Campe, Joachim Heinrich: *Väterlicher Rath für meine Tochter*, Neudruck der Ausgabe Braunschweig 1796, Paderborn 1988.

Cervantes Saavedra, Miguel de: *Leben und Taten des scharfsinnigen Edlen Don Quixote von la Mancha*, aus dem Spanischen übers. von Ludwig Tieck, Berlin 1972.

Coudrette: *Le roman de Mélusine*, présenté, traduit et commenté par Laurence Harf-Lancner, Paris 1993.

Das deutsche Heldenbuch, nach dem muthmasslich ältesten Drucke neu hrsg. von Adelbert von Keller, Stuttgart 1867.

Delectus ex iambis et elegis Graecis, vol.1: *Greek poetry*, editit Martin Litchfield West, Oxford 1980.

Der Koran od. insgemein so genannte Alcoran des Mohammeds [...], in das Engl. übers. [...] von George Sale [...], ins Teutsche verdolmetscht von Theodor Arnold, Lemgo 1746.

Diderot, Denis: *Le Neveu de Rameau et autres dialogues philosophiques*, textes présentés par Jean Varloot, Paris 1972.

Die Apokryphen und Pseudepigraphen des Alten Testaments, übers. und hrsg. von E. Kautzsch, 2 Bde., Darmstadt 1994 (Nachdruck: Tübingen 1900).

Die Erzählungen aus den tausendundein Nächten, vollständige deutsche Ausgabe in zwölf Bänden, nach dem arabischen Urtext der Calcuttaer Ausgabe aus dem Jahre 1839, übertragen von Enno Littmann, Frankfurt/M. 1976 (Wiesbaden 1953).

Die Heilige Schrift des Alten und des Neuen Testaments. Zürcher Bibel, Zürich 1942.

Die schöne Seele. Bekenntnisse, Schriften und Briefe der Susanna Katharina von Klettenberg, hrsg. von Heinrich Funck, Leipzig 1911.

Dürer, Albrecht: *Die drei großen Bücher*, mit einem Nachwort und Erläuterungen von Horst Appuhn, 2., überarb. Aufl., Dortmund 1986.

Eichendorff, Joseph von: *Aus dem Leben eines Taugenichts*, nach dem Erstdruck, Berlin 1826, Stuttgart 1977 (1970).

Erasmus von Rotterdam: *Colloquia Familiaria. Vertraute Gespräche*, übers., eingel. und mit Anmerkungen vers. von Werner Welzig, Darmstadt 1967.

Erasmus von Rotterdam: *Vertraute Gespräche*, übertragen von Hubert Schiel, Köln 1947.

Evangelium Infantiae Salvatoris Arabicum. In: *Evangelia Apocrypha*, collegit atque recensuit Constantinus de Tischendorf, Editio Altera, Lipsiae MDCCCLXXVI, p.181–209.

Fouqué, Friedrich de la Motte: *Undine* (1811), Stuttgart 1990 (1953).

Franklin, Benjamin: *Lebenserinnerungen*. In der deutschen Erstübertragung Gottfried August Bürgers (Teil I, 1792) sowie der Kapp-Auerbachschen Fassung (Teil II–IV, 1876), durchges. u. nach d. krit. Ausgabe von L.W. Labaree (Yale 1964) erg. von Gottfried Krieger, hrsg. von Manfred Pütz, München 1983.

Fürstenwärther, Moritz Freyherr von: *Der Deutsche in Nord-Amerika*, Stuttgart/ Tübingen 1818.

Gall, Ludwig: *Meine Auswanderung nach den Vereinigten-Staaten in Nord-Amerika im Frühjahr 1819 und meine Rückkehr nach der Heimath im Winter 1820*, Erster und Zweiter Theil, Trier 1822.

[Guillaume de Deguileville]: *Die Pilgerfahrt des träumenden Mönchs*, aus der Berleburger Handschrift hrsg. von Aloys Bömer, Deutsche Texte des Mittelalters, Bd.25, Berlin 1915.

[Guillaume de Deguileville]: *Die Pilgerfahrt des träumenden Mönchs*, nach der Kölner Handschrift hrsg. von Adriaan Meijboom, Rheinische Beiträge und Hülfsbücher zur germanischen Philologie und Volkskunde, Bd. 10, Bonn/ Leipzig 1926.

Gellert, Christian Fürchtegott: *Leben der schwedischen Gräfin von G**** (2.Aufl., 1750), Stuttgart 1985 (1968).

Gellert, Christian Fürchtegott: *Die zärtlichen Schwestern* (1747), Stuttgart 1983 (1965), S.1–85.

Gesta Romanorum, Lateinisch/ Deutsch, ausgew., übers. und hrsg. von Rainer Nickel, Stuttgart 1991.

Goethe, Cornelia: *Briefe und Correspondance Secrète 1767–1769*, hrsg. und aus dem Französischen übertr. von Melanie Baumann u. a., Freiburg/Br. 1990.

[Gottsched, Luise Adelgunde Victorie]: *Die ungleiche Heirath*. In: *Die deutsche Schaubühne*, Vierter Theil, hrsg. von Johann Christoph Gottsched, Leipzig 1743, S.69–184.

Gottsched, Luise Adelgunde Victorie: *Die Pietisterey im Fischbein-Rocke; Oder die Doctormäßige Frau* (1736), Stuttgart 1986 (1979).

[Hammer-Purgstall, Joseph Freiherr von]: Schirin. *Ein persisches romantisches Gedicht nach morgenländischen Quellen*, Zweyter Theil, Leipzig 1809 (ohne Verfassername).

Heinroth, Joh[ann] Christian August: *Lehrbuch der Anthropologie*, Leipzig 1822.

Herder, Johann Gottfried: *Auch eine Philosophie der Geschichte zur Bildung der Menschheit* (1774). In: ders.: *Werke*, Bd.1, hrsg. von Wolfgang Proß, Darmstadt 1984, S.589–689 und 849–863.

Herder, Johann Gottfried: Andenken des Professor Musäus. An seinem Begräbnistage, 30. Oktober 1787 [...]. In: *Herders Sämmtliche Werke*, hrsg. von Bernhard Suphan, Bd.30 (Suphan 30), Berlin 1889, S.137–141.

Herder, Johann Gottfried: *Ideen zur Philosophie der Geschichte der Menschheit*, Suphan 13/14, Berlin 1887–1909.

Herder, Johann Gottfried: *Ueber die neuere Deutsche Litteratur*. Zwote Sammlung von Fragmenten (1767), Suphan 1, Berlin 1877, S.241–356.

Herder, Johann Gottfried: *Uebers Erkennen und Empfinden in der Menschlichen Seele* (1774), Suphan 8, Berlin 1892, S.236–262.

Herder, Johann Gottfried: *Volkslieder*, Zweiter Theil (1779), Suphan 25, Berlin 1885, S.311–645.

Herder, Johann Gottfried: *Vom Erkennen und Empfinden der menschlichen Seele* (1778), Suphan 8, Berlin 1892, S.165–235.

Hermetica. The Greek »Corpus Hermeticum« and the Latin »Asclepius«, in a New English Translation by Brian P. Copenhaver, Cambridge 1992.

Hirschfeld, Christian Cay Lorenz: *Theorie der Gartenkunst*, 5 Bde., Leipzig 1779–1785.

Homer: *Odyssee*, übertr. von Johann Heinrich Voß, München o.J.

Horaz: *Ars poetica*, Lateinisch/ Deutsch, übers. und hrsg. von Eckart Schäfer, revid. und bibliogr. erg. Aufl., Stuttgart 1994 (1984).

Horaz: *Oden und Epoden*, Lateinisch/ Deutsch, übers. und hrsg. von Bernhard Kytzler, 5. Aufl., Stuttgart 1990.

Hufeland, Christoph Wilhelm: *Bemerkungen über die natürlichen und geimpften Blattern zu Weimar im Jahr 1788*, Zweyte vermehrte Aufl., Leipzig 1793 (1789).

Hufeland, Christoph Wilhelm: *Die Kunst das menschliche Leben zu verlängern*, neue verm. Aufl., Jena 1800 (1796/97).

Hufeland, Christoph Wilhelm: *Dissertatio inauguralis medica sistens usum vis electricae in Asphyxia, experimentis illustratum [...]*, Göttingen 1783 (Nachdruck in: ders.: *Kleine medizinische Schriften*, Bd.1, Berlin 1822, S.1–92).

Hufeland, Christoph Wilhelm: *Kleine medizinische Schriften*, 4 Bde., Berlin 1822–1828.

Hufeland, Christoph Wilhelm: *Lehrbuch der allgemeinen Heilkunde*, Jena 1818.

Hufeland, Christoph Wilhelm: Neue Aussicht zu Vertilgung der Blattern. Und: Über die gänzliche Vertilgung der Blattern. In: *Der Teutsche Merkur* (1786), Viertes Vierteljahr, S.167–181 und 253–265.

Hufeland, Christoph Wilhelm: *Ueber die Ungewißheit des Todes und das einzige untrügliche Mittel sich von seiner Wirklichkeit zu überzeugen, und das Lebendigbegraben unmöglich zu machen nebst der Nachricht von der Errichtung eines Leichenhauses in Weimar*, Weimar 1791.

Humboldt, Wilhelm von: *Briefe an eine Freundin*, Leipzig o.J.

Iffland, August Wilhelm: *Der Vormund. Ein Schauspiel in fünf Aufzügen* (1795). In: *A. W. Ifflands theatralische Werke*, Bd.9, Leipzig 1860, S.129–241.

Johann Gottlieb Fichte's Leben und literarischer Briefwechsel, hrsg. von Immanuel Hermann Fichte, 2 Bde., Leipzig 1862.

Jung-Stilling, Johann Heinrich: *Henrich Stillings Jugend, Jünglingsjahre, Wanderschaft und häusliches Leben*, mit einem Nachwort u. Anmerk. von Dieter Cunz, nach den jeweiligen Erstausgaben, Stuttgart 1982 (1968).

Justi, Johann Heinrich Gottlob von: *Die Grundfeste zu der Macht und Glückseeligkeit der Staaten; oder ausführliche Vorstellung der gesamten Policey-Wissenschaft*, 2 Bde., Königsberg/ Leipzig 1760/61.

Kant, Immanuel: *Anthropologie in pragmatischer Hinsicht* (1798). In: *Kants Werke*, Akademie-Textausgabe, Bd.7, Berlin 1968 (1907/17), S.117–333.

Kant, Immanuel: *Grundlegung zur Metaphysik der Sitten* (1785). In: *Kants Werke*, Akademie-Textausgabe, Bd.4, Berlin 1968 (1903), S.385–463.

Kant, Immanuel: *Träume eines Geistersehers, erläutert durch Träume der Metaphysik* (1766), unter Verwendung des Textes von Karl Vorländer hrsg. von Klaus Reich, Hamburg 1975, S.1–70.

Kant, Immanuel: *Kritik der praktischen Vernunft* (1788). In: *Kant's Werke*, Akademie-Ausgabe, Bd.5, Berlin 1908, S.1–163 und 489–512.

Kant, Immanuel: *Kritik der Urtheilskraft* (1790). In: *Kant's Werke*, Akademie-Ausgabe, Bd.5, Berlin 1908, S.165–485 und 513–547.

Kant, Immanuel: *Idee zu einer allgemeinen Geschichte in weltbürgerlicher Absicht* (1784), Akademie-Textausgabe, Bd.8, Berlin 1968 (1912/23), S.15–31.

Kerner, Justinus: *Die Seherin von Prevorst. Eröffnungen über das innere Leben des Menschen und über das Hereinragen einer Geisterwelt in die unsere*, 2 Bde., 2., verm. und verb. Aufl., Stuttgart/ Tübingen 1832.

Kestner, August: *Die Agape oder der geheime Weltbund der Christen*, Jena 1819.

Kleist, Heinrich von: *Amphitryon. Ein Lustspiel nach Molière*. In: ders.: *Sämtliche Werke und Briefe*, hrsg. von Helmut Sembdner, Bd.1, 2. Aufl., München 1961, S.245–320.

Kleist, Heinrich von: *Erzählungen und Anekdoten*. In: ders.: Sämtliche Werke und Briefe, hrsg. von Helmut Sembdner, Bd.2, 7., erg. und revid. Aufl., München 1984.

Knigge, Adolph Freiherr von: *Über den Umgang mit Menschen*, nach dem Text der 3. Aufl., Hannover 1790, hrsg. von Gert Ueding, Frankfurt/M. 1977.

Kotzebue, August von: *Der Mann von vierzig Jahren*, Lustspiel in einem Aufzuge, nach dem Französischen des Fayan (Leipzig 1795). In: *Theater von August v. Kotzebue*, Bd.5, Leipzig/ Wien 1840, S.117–154.

Kotzebue, August von (Bearb.): J. K. A. Musäus: *Der Rothmantel*, ein Volksmärchen für die Bühne bearbeitet, Leipzig 1817.

La Mettrie, Julien Offray de: *L'homme machine. Die Maschine Mensch*, französisch-deutsch, übers. und hrsg. von Claudia Becker, Hamburg 1990 (franz. Original: 1748).

La Roche, Sophie von: *Geschichte des Fräuleins von Sternheim* (1771), Stuttgart 1983.

Lessing, Gotthold Ephraim: *Die Erziehung des Menschengeschlechts* (1780). In: *Gotthold Ephraim Lessings sämmtliche Schriften*, hrsg. von Karl Lachmann, neue rechtm. Ausgabe, Bd.10, (Lachmann 10), Berlin 1839, S.308–329.

Lessing, Gotthold Ephraim: *Minna von Barnhelm, oder das Soldatenglück*. In: Lachmann/ Muncker 2, Stuttgart 1886, S.171–262.

Lessing, Gotthold Ephraim: *Miß Sara Sampson*. In: Lachmann/ Muncker 2, S.205–352.

Lessing, Gotthold Ephraim: *Emilia Galotti*. In: Lachmann/ Muncker 2, S.377–450.

Lessing, Gotthold Ephraim: *Nathan der Weise*. In: Lachmann/ Muncker 3, Stuttgart 1887, S.1–177.

Lichtenberg, Georg Christoph: *Sudelbücher*, hrsg. von Franz H. Mautner, Frankfurt/M. 1984.

Lindener, Michael: *Rastbüchlein. Katzipori*, hrsg. von F. Lichtenstein, Bibliothek des literarischen Vereins in Stuttgart, Bd.163, Tübingen 1883.

Lubert, Mademoiselle de: *La Princesse Camion*. In: *Le Cabinet des Fées*, Tome 33, Genève/ Paris 1786, pp.210–288.

[Luther, Martin]: *D. Martin Luthers Werke. Kritische Gesamtausgabe, Tischreden*, Bd.4, Graz 1967 (Nachdruck: Weimar 1914).

Mann, Thomas: *Briefe 1937–1947*, Frankfurt/M. 1963.

Mann, Thomas: *Der Tod in Venedig*, 25. Aufl., Frankfurt/M. 1972.

Margarete von Navarra: *Das Heptameron*, Vollständige Ausgabe, aus dem Französischen übertr. von Walter Widmer, München 1960.

Möser, Justus: *Über das Recht der Menschheit, insofern es zur Grundlage eines Staates dienen kann* (1791). In: *Justus Mösers Sämtliche Werke*, Historisch-kritische Ausgabe, Bd.9, Oldenburg (Oldb.)/ Hamburg 1958, S.155–161.

Molière: *Scapins Streiche*, aus dem Französischen übertr. von Arthur Luther, Stuttgart 1987 (1968).

Montanus, Martinus: *Wegkürtzer. Das Ander Theyl der Gartengesellschaft*, als *Schwankbücher* hrsg. von J. Bolte, Bibliothek des literarischen Vereins in Stuttgart, Bd.217, Tübingen 1899.

Moritz, Carl Philipp (Hrsg.): *Gnothi sauton oder Magazin zur Erfahrungsseelenkunde als ein Lesebuch für Gelehrte und Ungelehrte*, neu hrsg. von Anke Bennholdt-Thomsen und Alfredo Guzzoni, 10 Bde., Lindau 1978–1979 (Nachdruck: Berlin 1783–1793).

Musäus, Johann Karl August: *Volksmärchen der Deutschen*, vollständige Ausgabe, nach dem Text der Erstausgabe von 1782–86, veränd. Neuaufl., München 1976 (1961).

Nachgelassene Schriften des verstorbenen Professor Musäus, hrsg. von seinem Zögling August von Kotzebue, Leipzig 1791.

Neutestamentliche Apokryphen, in deutscher Übersetzung hrsg. von Wilhelm Schneemelcher, 5. Aufl. der von Edgar Hennecke begründeten Sammlung, Bd.1: *Evangelien*, Tübingen 1987.

Newton, Isaac: *Optik oder Abhandlung über Spiegelungen, Brechungen, Beugungen und Farben des Lichts,* übers. und hrsg. von William Abendroth, Braunschweig/ Wiesbaden 1983 (Nachdruck: Leipzig 1898).

Niavis, Paulus: *Iudicium Iovis oder Das Gericht der Götter über den Bergbau*, übers. und bearb. von Paul Krenkel, Freiberger Forschungshefte, Kultur und Technik D 3, Berlin 1953.

[Oetinger, Friedrich Christoph]: *Des Württembergischen Prälaten Friedrich Christoph Oetinger Selbstbiographie*, hrsg. von Julius Hamberger, Stuttgart 1845.

Oetinger, Friedrich Christoph: *Die Wahrheit Des Sensus Communis* (1753), Stuttgart o.J. [1784?].

Oetinger, Friedrich Christoph: *Inquisitio In Sensum Communem Et Rationem*, Faksimile-Neudruck der Ausgabe Tübingen 1753, Stuttgart-Bad Cannstatt 1964.

Oetinger, Friederich Christoph: *Swedenborgs und anderer Irrdische und himmlische Philosophie, zur Prüfung des Besten/ans Licht gestellt*, Franckfurt/ Leipzig 1765.

Ovid: *Metamorphosen*, übers. und hrsg. von Hermann Breitenbach, Stuttgart 1982.

Paracelsus (Theophrastus von Hohenheim): *Liber de nymphis, sylphis, pygmaeis et salamandris et de caeteris spiritibus* (1591), Altdeutsche Übungstexte, Bd.16, hrsg. von Robert Blaser, Bern 1960.

Pascal, Blaise: *Über die Religion und über einige andere Gegenstände* (*Pensées*), übers. von Ewald Wasmuth, 7. Aufl., Neudruck der 5., überarb. und textlich erw. Aufl. von 1954, Heidelberg 1972.

Paul, Jean: *Vorschule der Ästhetik*, nach der Ausgabe von Norbert Miller hrsg. und textkrit. durchges. von Wolfhart Henckmann, Hamburg 1990.

Platner, Ernst: *Anthropologie für Aerzte und Weltweise*, Erster Theil, Leipzig 1772.

Platon: *Der Staat*. In: ders.: *Werke*, Griechisch und Deutsch, übers. von Friedrich Schleiermacher, hrsg. von Gunther Eigler, Bd.4, Darmstadt 1990.

Platon: *Phaidon*, übers. von Otto Apelt, Leipzig 1913.

Platon: *Protagoras*. In: ders.: *Werke*, Griechisch und Deutsch, übers. von Friedrich Schleiermacher, hrsg. von Gunther Eigler, Bd.1, Darmstadt 1990, S.83–217.

Platon: *Trinkgelage*, übers. von Ute Schmidt-Berger, Frankfurt/M. 1985.

Plotins Schriften, übers. von Richard Harder, Neubearbeitung mit griechischem Lesetext und Anmerkungen (ab Bd.2 fortgeführt von Rudolf Beutler und Willy Theiler), 6 Bde., Hamburg 1956–1971.

Properz: *Carmina/Liebeselegien*. In: Properz und Tibull: *Liebeselegien*, Lateinisch und Deutsch, hrsg. und übers. von Georg Luck, Zürich/ Stuttgart 1964, S.2–301.

Pustkuchen, Johann Friedrich Wilhelm: *Wilhelm Meisters Wanderjahre*, 5 Bde. (1821–1828), neue verbess. Aufl., Quedlinburg/ Leipzig 1823–1828.

Rabelais, François: *Gargantua*, übers. und kommentiert von Wolf Steinsieck (auf der Basis der maßgeblichen kritischen Edition von Abel Lefranc von 1913), Stuttgart 1992.

Reise Sr. Hoheit des Herzogs Bernhard zu Sachsen-Weimar-Eisenach durch Nord-Amerika in den Jahren 1825 und 1826, hrsg. von Heinrich Luden, Erster und Zweiter Theil, Weimar 1828.

Renatus, Sincerus: *Theo-Philosophia Theoretico-Practica*, Breslau 1711.

Romane des 15. und 16. Jahrhunderts. Nach den Erstdrucken mit sämtlichen Holzschnitten, hrsg. von Jan-Dirk Müller, Frankfurt/M. 1990.

Rousseau, Jean-Jacques: *Julie oder Die neue Héloïse*. Vollst. Ausgabe. In der ersten deutschen Übertragung von Johann Gottfried Gellius. Vollst. überarb. u. erg. nach d. Edition Rey (Amsterdam 1761), München 1988 (1978).

Rousseau, Jean-Jacques: *Emile oder Über die Erziehung*, hrsg. von Martin Rang, aus dem Französischen übertr. von M. R. u. a., Stuttgart 1986 (1963).

Rousseau, Jean-Jacques: *Discours sur les Sciences et les Arts* (1750). *Discours sur l'Origine de l'Inégalité parmi les Hommes* (1755). In: *Schriften zur Kulturkritik*, französisch-deutsch, eingel., übers. und hrsg. von Kurt Weigand, 4., erw. Aufl., Hamburg 1983.

Roussel, Pierre: *Système physique et moral de la femme ou Tableau philosophique de la Constitution, de l'Etat organique, du Tempérament, des Moeurs, et des Fonctions propres au Sexe*, Paris 1775.

Roussel, Pierre: *Physiologie des weiblichen Geschlechts*, übers. von Christian Friedrich Michaelis, Berlin 1786.

Sammlung Großherzogl. S. Weimar-Eisenachischer Gesetze, Verordnungen und Circularbefehle in chronologischer Ordnung, hrsg. von F. von Göckel, Zweiter Theil, Eisenach 1829.

Sachs, Hans: *Sämmtliche Fastnachtspiele*, in chronologischer Ordnung nach den Originalen hrsg. von Edmund Goetze, 7 Bde., Halle/S. 1880–1887.

Sartorius, Georg: *Ueber die Gefahren, welche Deutschland bedrohen, und die Mittel, ihnen mit Glück zu begegnen*, Göttingen 1820.

Sartre, Jean-Paul: *Huis Clos*. In: ders.: *Huis clos* suivi de *Les mouches*, Paris 1971 (1947), pp.7–94.

Schelling, Friedrich Wilhelm Joseph von: Einleitung zu dem Entwurf eines Systems der Naturphilosophie (1799). In: ders.: *Ausgewählte Schriften*, Bd.1, Frankfurt/M. 1985, S.337–394.

Schlosser, Johann Georg: *Das Nußbraune Mädchen*. Nebst dem Englischen Original. In: ders.: *Kleine Schriften*, 3.Theil, Basel 1783, S.267–304.

Schlosser, Johann Georg: *Xenocrates oder Ueber die Abgaben*, Basel 1784.

Schulze, Johann Friedrich: *CORPUS Juris Militaris*, Berlin 1693.

Schwankerzählungen des deutschen Mittelalters, ausgewählt und übers. von Hanns Fischer, 2.Aufl., München 1968.

Schweizer, Harald: *Joseph. Urfassung der alttestamentlichen Erzählung (Genesis 37–50)*, Tübingen 1993.

Shakespeare, William: *A Midsummer Night's Dream* (Arden Edition), ed. by Harold F. Brooks, Reprint, London 1993.

Shakespeare, William: *Ein Sommernachtstraum*, übers. von August Wilhelm von Schlegel, Stuttgart 1981 (1972).

Shakespeare, William: *Hamlet* (Arden Edition), ed. by Harold Jenkins, London/ New York 1982, pp.161–419.

Shakespeare, William: *Hamlet*, übers. von August Wilhelm Schlegel, Stuttgart 1993 (1969).

Shakespeare, William: *King Lear* (Arden Edition), ed. by Kenneth Muir, based on the edition of W. J. Craig, eighth edition, London 1952, pp.1–219.

Shakespeare, William: *The Merchant of Venice*, Englisch und Deutsch (englischer Text nach Arden Edition: London 1961), übers., kommentiert und hrsg. von Barbara Puschmann-Nalenz, Stuttgart 1992 (1975).

Simonde de Sismondi, J.-C.-L.: *Nouveaux principes d'économie politique, ou de la richesse dans ses rapports avec la population*, Tome premier, Seconde Edition, Paris 1827.

Smith, Adam: *An Inquiry into the Nature and Causes of Nations*, 2 vols., ed. by Roy H. Campbell and Andrew S. Skinner, Oxford 1976.

Sömmerring, Samuel Thomas/ Lehr, Georg Philipp: *Prüfung der Schutz- oder Kuhblattern durch Gegenimpfung mit Kinderblattern*, Frankfurt/M. 1801.

Spinoza, Baruch de: *Die Ethik nach geometrischer Methode dargestellt*, übers. von Otto Baensch, Nachdruck mit erg. Ausw.-Bibliogr. und verb. Einleitung, Hamburg 1994 (Philosophische Bibliothek, Bd.92).

Sterne, Laurence: *Leben und Meinungen von Tristram Shandy, Gentleman*, übers. von Otto Weith, Stuttgart 1982.

Sterne, Laurence: *The Life and Opinions of Tristram Shandy, Gentleman* (1759–1767), ed. by Howard Anderson, Norton Critical Edition, New York/ London 1980.

Sterne, Laurence: *A Sentimental Journey through France and Italy*. By Mr. Yorick with *The Journal to Eliza* and *A Political Romance*, ed. by Ian Jack, Oxford/ New York 1988 (1968).

Sterne, Laurence: *Yoricks Reise des Herzens durch Frankreich und Italien*. Aus dem Englischen übers. von Helmut Findeisen, Frankfurt/M. 1977.

Stiedenroth, Ernst: *Psychologie zur Erklärung der Seelenerscheinungen*, 1. und 2. Theil, Berlin 1824–25.

Swift, Jonathan: *Gulliver's Travels* (1726). In: *Gulliver's Travels and Other Writings*, ed. by Louis A. Landa, Boston 1960, pp.1–239.

Swift, Jonathan: *Gullivers Reisen*, übers. von Franz Kottenkamp, vervollst. und bearb. von Roland Arnold, Frankfurt/M. 1974.

Taschenbuch für Damen auf das Jahr 1809 [1810 und 1816 bis 1819], Tübingen bey Cotta.

Thornton, Henry: *An Enquiry into the Nature and Effects of the Paper Credit of Great Britain* (1802), ed. with an Introduction by F.A. v. Hayek, Fairfield, NJ, 1991 (Reprint: London 1939).

Thüring von Ringoltingen: *Melusine*, in der Fassung des Buchs der Liebe (1587), hrsg. von Hans-Gert Roloff, Stuttgart 1991 (1969).

Thüring von Ringoltingen: *Melusine*, nach den Handschriften kritisch hrsg. von Karin Schneider, Texte des Spätmittelalters, vol.8, Berlin 1958.

Tieck, Ludwig: *Franz Sternbalds Wanderungen* (1798). In: ders.: *Werke in vier Bänden*; nach dem Text der *Schriften* von 1828–1854 [...] hrsg. von Marianne Thalmann, Bd.1, München 1963, S.699–986.

Tieck, Ludwig: *Sehr wunderbare Historie von der Melusina* (1800). In: *Ludwig Tieck's Schriften*, Bd.13, Berlin 1829, S.67–170.

Tieck, Ludwig: *Die Verlobung* (1823). In: *Ludwig Tiecks ausgewählte Werke*, hrsg. von Georg Witkowski, Bd.2, Leipzig o.J., S.299–245.

Undinenzauber. Von Nixen, Nymphen und anderen Wasserfrauen, hrsg. von Frank Rainer Max, Stuttgart 1991.

Vogel, Carl: *Die letzte Krankheit Goethe's. Nebst einer Nachschrift von C. W. Hufeland* (1833), Sonderdruck, Darmstadt 1961.

Vogel, Carl: *Versuch einer neuen Darstellung der practischen Heilmittellehre*, Berlin 1830.

Wackenroder, Wilhelm Heinrich/ Tieck, Ludwig: *Herzensergießungen eines kunstliebenden Klosterbruders* (1796), Stuttgart 1977.

Wagner, Heinrich Leopold: *Die Kindermörderin. Ein Trauerspiel* (1776), Stuttgart 1983 (1969).

Wickram, Georg: *Rollwagenbüchlein* (1555), nach der Ausgabe von Johannes Bolte, Stuttgart 1979.

Wieland, Christoph Martin: *Agathon*, Gesammelte Schriften, I 6, Hildesheim 1986 (Nachdruck: Berlin 1937).

Wieland, Christoph Martin: *Das Hexameron von Rosenhain*, hrsg. von Peter Goldammer, Berlin 1991.

Wieland, Christoph Martin: *Das Hexameron von Rosenhain*. Vollständige Ausgabe, hrsg. von Friedrich Beißner, München 1983.

Wolfram von Eschenbach: *Parzival*, 2 Bde., nach der Ausgabe Karl Lachmanns revidiert und kommentiert von Eberhard Nellmann, übertr. von Dieter Kühn, Frankfurt/M. 1994.

Zachariä, Friedrich Wilhelm: *Zwey schöne neue Mährlein*. In: ders.: *Poetische Schriften*, Bd.2, neue, rechtmäßige, von dem Verf. selbst durchges. Aufl., Braunschweig 1772, S.38–68.

Zachariä, Friedrich Wilhelm: *Der Renommist* (1744). In: ders.: *Poetische Schriften*, Bd.1, neue, rechtmäßige, von dem Verf. selbst durchges. Aufl., Braunschweig 1772, S.1–92.

Zimmermann, Johann Georg: *Von der Erfahrung in der Arzneykunst*, Theil I und II, Zürich 1763/64.

Zschokke, Heinrich: *Ueber die Nasen.* In: ders.: *Gesammelte Schriften*, Bd.28, Aarau 1854, S.295–309.

Zürcher Evangelien-Synopse, von Carl Heinz Peisker, 12. Aufl., Wuppertal 1973.

Literatur zu Goethe, Goethe-Texten (außer dem *Wilhelm Meister*) und zur Goethezeit

Ackermann, E. W.: Die Ruinen von Paulinzelle. In: *Der neue Teutsche Merkur* (November 1795), 11. Stück, S.248–260.

Adler, Jeremy: Goethe und Newton. Ansätze zu einer Neuorientierung am Beispiel der chemischen Verwandtschaft. In: *Goethe im Kontext*, hrsg. von Wolfgang Wittkowski, Tübingen 1984, S.300–312.

Albertsen, Leif Ludwig: Die Anerkennung des Sexuellen vor und bei Goethe. Was war an den *Römischen Elegien* so aufregend? In: *Aufklärung und Sinnlichkeit in der zweiten Hälfte des 18. Jahrhunderts, Text & Kontext* 9.2 (1981), S.331–342.

Allerdissen, Rolf: Der empfindsame Roman des 18. Jahrhunderts. In: *Handbuch des deutschen Romans*, hrsg. von Helmut Koopmann, Düsseldorf 1983, S.184–203.

Anton, Herbert: *Heilungskraft. Motiv und Struktur der Dichtungen Goethes*, München 1987.

Archenhold, F. S.: Goethe und die Kometen. In: *Das Weltall* 16 (1915), S.7–9.

Arndt, Gotthard: *Grundsätze der Siedlungspolitik und Siedlungsmethode Friedrichs des Großen*, Breslau 1934.

Auberlen, Carl August: *Die Theosophie Friedrich Christoph Oetinger's nach ihren Grundzügen*, Tübingen 1847.

Aufklärung und Sinnlichkeit in der zweiten Hälfte des 18. Jahrhunderts, Text & Kontext 9.2 (1981), hrsg. von Klaus Bohnen und Conny Bauer, Kopenhagen/ München 1981.

Bahr, Ehrhard: »... diese sehr ernsten Scherze ...«. Zur rhetorischen Struktur und Funktion der Ironie in Goethes Spätwerk. In: *Goethe* 31 (1969), S.157–173.

Bailet, Dietlinde S.: *Die Frau als Verführte und als Verführerin in der deutschen und französischen Literatur des 18. Jahrhunderts*, Bern u. a. 1981.

Bardeleben, Karl von: Goethe als Anatom. In: *GJb* 13 (1892), S.163–180.

Barkhoff, Jürgen: *Magnetische Fiktionen. Literarisierung des Mesmerismus in der Romantik*, Stuttgart/ Weimar 1995.

Barkhoff, Jürgen/ Sagarra, Eda (Hrsg.): *Anthropologie und Literatur um 1800*, München 1992.

Barner, Wilfried u. a.: *Lessing. Epoche – Werk – Wirkung*, 5., neubearb. Aufl., München 1987.

Barner, Wilfried: Goethes Bild von der deutschen Literatur der Aufklärung. Zum Siebenten Buch von *Dichtung und Wahrheit*. In: *Zwischen Aufklärung und Restauration. Sozialer Wandel in der deutschen Literatur (1700–1848)*, hrsg. von Wolfgang Frühwald und Alberto Martino, Tübingen 1989, S.283–305.

Barth, Ilse-Marie: *Literarisches Weimar*, Stuttgart 1971.

Bartscherer, Agnes: *Paracelsus, Paracelsisten und Goethes »Faust«. Eine Quellenstudie*, Dortmund 1911.

Bauschinger, Sigrid: *Unterhaltungen deutscher Ausgewanderten* (1795). In: *Goethes Erzählwerk. Interpretationen*, hrsg. von Paul Michael Lützeler und James E. McLeod, Stuttgart 1985, S.134–167.

Bausinger, Hermann: Aufklärung und Aberglaube. In: *DVjs* 37 (1963), S.345–362.

Bausinger, Hermann: Bürgerlichkeit und Kultur. In: *Bürger und Bürgerlichkeit im 19. Jahrhundert*, hrsg. von Jürgen Kocka, Göttingen 1987, S.121–142.

Beaujean, Marion: Das Bild des Frauenzimmers im Roman des 18. Jahrhunderts. In: *Wolfenbütteler Studien zur Aufklärung* 3 (1976), S.9–27.

Becher, Ursula A. J.: Weibliches Selbstverständnis in Selbstzeugnissen des 18. Jahrhunderts. In: *Weiblichkeit in geschichtlicher Perspektive*, hrsg. von U. A. J. B. und Jörn Rüsen, Frankfurt/M. 1988, S.217–233.

Berger, Dorothea: *Die Volksmärchen der Deutschen* von Musäus, ein Meisterwerk der deutschen Rokokodichtung. In: *PMLA* 69 (1954), Sp.1200–1212.

Bersier, Gabrielle: Der Fall der deutschen Bastille. Goethe und die Epochenschwelle von 1806. In: *Recherches Germaniques* 20 (1990), S.49–78.

Beutler, Ernst: *Essays um Goethe*, 2., erw. Aufl., Leipzig 1941.

Biedrzynski, Effi: *Goethes Weimar. Das Lexikon der Personen und Schauplätze*, 2., überarb. Aufl., Zürich 1993.

Bielschowsky, Albert: *Friederike Brion*, Breslau 1880.

Bielschowsky, Albert: *Goethe. Sein Leben und seine Werke*, 2 Bde., 1.–3. Aufl., München 1896–1904.

Binder, Dieter A.: *Die diskrete Gesellschaft. Geschichte und Symbolik der Freimaurer*, 2., überarb. Aufl., Graz/ Wien/ Köln 1995.

Binder, Wolfgang: Das »offenbare Geheimnis«. Goethes Symbolverständnis. In: *Welt der Symbole*, hrsg. von Gaetano Benedetti und Udo Rauchfleisch, Göttingen 1988, S.146–163.

Binswanger, Hans Christoph: *Geld und Magie. Deutung und Kritik der modernen Wirtschaft anhand von Goethes »Faust«*, Stuttgart 1985.

Blackall, Eric A.: *Goethe and the Novel*, Ithaca and London 1976.

Blumenberg, Hans: Die Vorbereitung der Aufklärung als Rechtfertigung der theoretischen Neugierde. In: *Europäische Aufklärung, Herbert Dieckmann zum 60. Geburtstag*, hrsg. von Hugo Friedrich und Fritz Schalk, München 1967, S.23–45.

Bode, Wilhelm: *Charlotte von Stein*, 4., neubearb. Aufl., Berlin 1919.

Bode, Wilhelm: *Goethes Liebesleben*, Berlin 1914.

Bode, Wilhelm: *Goethes Sohn*, Berlin 1918.

Boerner, Peter: »Sie mögen mich nicht! Ich mag sie auch nicht!« – Goethe über die Deutschen. In: *Dichter und ihre Nation*, hrsg. von Helmut Scheuer, Frankfurt/M. 1993, S.138–150.

Boerner, Peter: *Johann Wolfgang von Goethe*, Reinbek 1986 (1964).

Boerner, Peter: Utopia in der Neuen Welt: Von europäischen Träumen zum American Dream. In: *Utopieforschung*, hrsg. von Wilhelm Voßkamp, Bd.2, Stuttgart 1982, S.358–374.

Boeschenstein, Hermann: Goethe. In: ders.: *Deutsche Gefühlskultur*, Bd.1, Bern 1954, S.223–324.

Böhme, Gernot: Naturwissenschaft als Technik oder die Frage nach einem neuen Naturbegriff. In: *Zeitschrift für Didaktik der Philosophie* 3 (1981), S.187–196.

Böhme, Hartmut: Einführung. In: *Der ganze Mensch. Anthropologie und Literatur im 18. Jahrhundert*, hrsg. von Hans-Jürgen Schings, Stuttgart/ Weimar 1994, S.139–144.

Böhme, Hartmut/ Böhme, Gernot: *Das Andere der Vernunft. Zur Entwicklung von Rationalitätsstrukturen am Beispiel Kants*, 2. Aufl., Frankfurt/M. 1992.

Borchmeyer, Dieter: Des Rätsels Lösung in Goethes *Alexis und Dora*. In: *Bausteine zu einem neuen Goethe*, hrsg. von Paolo Chiarini, Frankfurt/M. 1987, S.66–92.

Borchmeyer, Dieter: *Höfische Gesellschaft und Französische Revolution bei Goethe. Adliges und bürgerliches Wertsystem im Urteil der Weimarer Klassik*, Kronberg/Ts. 1977.

Borchmeyer, Dieter: *Weimarer Klassik. Portrait einer Epoche*, Weinheim 1994.

Borkenau, Franz: *Der Übergang vom feudalen zum bürgerlichen Weltbild. Studien zur Geschichte der Philosophie der Manufakturperiode*, Darmstadt 1971 (Nachdruck: Paris 1934).

Boyle, Nicholas: *Goethe: Der Dichter in seiner Zeit*, Bd.1: 1749–1790, aus dem Englischen übers. von Holger Fliessbach, München 1995.

Bredekamp, Horst: Der Mensch als Mörder der Natur. Das *Iudicium Iovis* von Paulus Niavis und die Leibmetaphorik. In: *Vestigia Bibliae* 6 (1984), S.261–283.

Brinkmann, Richard u. a.: *Deutsche Literatur und Französische Revolution*, Göttingen 1974.

Bruford, Walter H.: *Die gesellschaftlichen Grundlagen der Goethezeit*, übers. von Fritz Wölcken, ungek. Text nach der deutschen Ausgabe Weimar (1936), Frankfurt/M./ Berlin/ Wien 1975.

Bruford, Walter H.: *Kultur und Gesellschaft im klassischen Weimar 1775–1806*, Göttingen 1966.

Bruford, Walter H.: The Idea of »Bildung« in Wilhelm von Humboldt's *Briefe an eine Freundin*. In: *Stoffe, Formen, Strukturen. Studien zur deutschen Literatur. Hans Heinrich Borcherdt zum 75. Geburtstag*, hrsg. von Albert Fuchs und Helmut Motekat, München 1962, S.261–273.

Bubner, Rüdiger: Die Gesetzlichkeit der Natur und die Willkür der Menschheitsgeschichte. Goethe vor dem Historismus. In: *GJb* 110 (1993), S.135–145.

Buchheim, Wolfgang: *Der Farbenlehrestreit Goethes mit Newton in wissenschaftsgeschichtlicher Sicht*, Berlin 1991.

Buchwald, Reinhard: Versteckte und nachgetragene »Maximen und Reflexionen«. In: *Goethe* 19 (1957), S.233–239.

Büttner, Frank: Abwehr der Romantik. In: *Goethe und die Kunst*, hrsg. von Sabine Schulze, Ostfildern 1994, S.456–467.

Bulling, Karl: *Goethe als Erneuerer und Benutzer der jenaischen Bibliotheken*, Leipzig 1982 (Nachdruck: Jena 1932), im selben Band wie: Keudell, Elise von: *Goethe als Benutzer der Weimarer Bibliothek*, Leipzig 1982 (Nachdruck: Weimar 1931).

Burkhard-Wuhrmann, W.: Über Goethes Anteilnahme und Mitwirken am wirtschaftlichen Geschehen seiner Zeit. In: *Mitteilungen der List Gesellschaft* 3 (1960/62), Nr.5/ 6, S.155–226.

Cassirer, Ernst: *Die Philosophie der Aufklärung*, 3. Aufl., Tübingen 1973 (1932).

Cheesman, Tom: Goethes *Novelle*. Die Novelle und der Bänkelsang. In: *GJb* 111 (1994), S.125–140.

Chiarini, Paolo (Hrsg.): *Bausteine zu einem neuen Goethe*, Frankfurt/M. 1987.

Chiarloni, Anna: Goethe und der Pietismus. Erinnerung und Verdrängung. In: *GJb* 106 (1989), S.133–159.

Cocalis, Susan L.: Prophete rechts, Prophete links, Ästhetik in der Mitten. Die amerikanische und die französische Revolution in ihrem Einfluß auf die Romanform der deutschen Klassik und Romantik. In: *Der deutsche Roman und seine historischen und politischen Bedingungen*, hrsg. von Wolfgang Paulsen, Bern/ München 1977, S.73–89.

Cohn, Hermann: Goethe über den Impfzwang. In: *GJb* 23 (1902), S.216–218.

Conrady, Karl Otto: *Goethe. Leben und Werk*, Sonderausgabe, Frankfurt/M. 1987.

Damm, Sigrid: *Cornelia Goethe*, Frankfurt/M./ Leipzig 1992.

Danckert, Werner: *Goethe. Der mythische Urgrund seiner Weltschau*, Berlin 1951.

Danckert, Werner: *Offenes und geschlossenes Leben. Zwei Daseinsaspekte in Goethes Weltschau*, Bonn 1963.

Davis, William S.: »Frauenzimmerliche Handarbeiten«. Reflections on Goethe's poem *Magisches Netz*. In: *Jahrbuch für Internationale Germanistik* 22 (1990), H.2, pp.58–79.

Deichgräber, Karl: Goethe und Hippokrates. In: *Sudhoffs Archiv für Geschichte der Medizin und der Naturwissenschaften* 29 (1936), H.1/2, S.27–56.

Dörrie, H.: Hermetica. In: *RGG*, Bd.3, 3., völlig neu bearb. Aufl., Tübingen 1959, Sp.265.

Dorner, Rainer: »*Doktor Faust*«. *Zur Sozialgeschichte des deutschen Intellektuellen zwischen frühbürgerlicher Revolution und Reichsgründung (1525–1871)*, Kronberg/Ts. 1976.

Dotzler, Bernhard J.: »Seht doch wie Ihr vor Eifer schäumet ...«. Zum männlichen Diskurs über Weiblichkeit um 1800. In: *JbDSG* 30 (1986), S.339–382.

Du Bois-Reymond, Emil: *Goethe und kein Ende. Rede bei Antritt des Rectorats der Königl. Friedrich-Wilhelms Universität zu Berlin am 15. October 1882*, Berlin o.J.

Duchhardt, Heinz: *Das Zeitalter des Absolutismus*, München 1989.

Duden, Barbara: *Geschichte unter der Haut*, Stuttgart 1987.

Dyck, Martin: Goethes Verhältnis zur Mathematik. In: *Goethe* 23 (1961), S.49–71.

Eissler, Kurt R.: *Goethe. Eine psychoanalytische Studie. 1775–1786*, 2 Bde., München 1987 (amerik. 1963).

Emrich, Wilhelm: Symbolinterpretation und Mythenforschung. In: ders.: *Protest und Verheißung*, 3. Aufl., Frankfurt/M./ Bonn 1968, S.67–94.

Engelhardt, Dietrich von: Quellen und Zeugnisse zur Wechselwirkung zwischen *Goethe* und den romantischen Naturforschern. In: *Leopoldina-Meeting zur Edition naturwissenschaftlicher Texte der Goethezeit: vom 22. bis 23. Mai 1992 in Halle/S.*, Leipzig 1992, S.31–55.

Erpenbeck, John: »... die Gegenstände der Natur an sich selbst ...«. Subjekt und Objekt in Goethes naturwissenschaftlichem Denken seit der italienischen Reise. In: *GJb* 105 (1988), S.212–233.

Erpenbeck, John: »Werden und Sein zugleich [...]«. Goethe, Schelling, Jacobi und die Selbstorganisation in wissenschaftshistorischer Sicht. In: *GJb* 111 (1994), S.187–201.

Fabian, Bernhard/ Schmidt-Biggemann, Wilhelm/ Vierhaus, Rudolf (Hrsg.): *Deutschlands kulturelle Entfaltung. Die Neubestimmung des Menschen. Studien zum achtzehnten Jahrhundert*, Bd.2/3, München 1980.

Falta, Wolfgang. Die farbigen Schatten – Goethe und Rumford. In: *GJb* 104 (1987), S.318–331.

Fambach, Oscar (Hrsg.): *Goethe und seine Kritiker. Die wesentlichen Rezensionen aus der periodischen Literatur seiner Zeit* [...], Düsseldorf 1953.

Fetscher, Iring: Nachwort. In: Hans Christoph Binswanger: *Geld und Magie*, Stuttgart 1985, S.173–186.

Fink, Gonthier-Louis: Goethe und Napoleon. In: *GJb* 107 (1990), S.81–101.

Fink, Karl J.: *Goethe's history of science*, Cambridge u. a. 1991.

Fischer, Bernhard: Kunstautonomie und Ende der Ikonographie. Zur historischen Problematik von ›Allegorie‹ und ›Symbol‹ in Winckelmanns, Moritz' und Goethes Kunsttheorie. In: *DVjs* 64 (1990), S.247–277.

Foucault, Michel: *Die Geburt der Klinik. Eine Archäologie des ärztlichen Blicks*, Frankfurt/M. 1996 (franz. 1963).

Friedenthal, Richard: *Goethe. Sein Leben und seine Zeit*, München 1963.

Frühsorge, Gotthardt: Die Einheit aller Geschäfte. Tradition und Veränderung des »Hausmutter«-Bildes in der deutschen Ökonomieliteratur des 18. Jahrhunderts. In: *Wolfenbütteler Studien zur Aufklärung* 3 (1976), S.137–157.

Fuhrmann, Helmut: *Der androgyne Mensch. 'Bild' und 'Gestalt' der Frau und des Mannes im Werk Goethes*, Würzburg 1995.

Fuhrmann, Helmut: Der schwankende Paris. 'Bild' und 'Gestalt' der Frau im Werk Goethes. In: *JbFDH* (1989), S.37–126.

Gallas, Helga: Ehe als Instrument des Masochismus oder »Glückseligkeits-Triangel« als Aufrechterhaltung des Begehrens? Zur Trennung von Liebe und Sexualität im deutschen Frauenroman des 18. Jahrhunderts. In: *Untersuchungen zum Roman von Frauen um 1800*, hrsg. von H.G. und Magdalene Heuser, Tübingen 1990, S.66–75.

Geiger, Ludwig: Unbekanntes über F.W. Pustkuchen. In: *Zeitschrift für Bücherfreunde* N.F. 6 (1914), H.2, S.54–59.

Geitner, Ursula: Die »Beredsamkeit des Leibes«. In: *Das achtzehnte Jahrhundert* 14 (1990), S.181–195.

Geulen, Hans: Der galante Roman. In: *Handbuch des deutschen Romans*, hrsg. von Helmut Koopmann, Düsseldorf 1983, S.117–130.

Goldmann, Stefan: *Christoph Wilhelm Hufeland im Goethekreis*, Stuttgart 1993.

Görner, Rüdiger: Sich lösen – sich finden. Entsagung und das Problem der Kunst in Goethes *Wahlverwandtschaften*. In: *Weimarer Beiträge* 40 (1994), S.454–462.

Grätz, Manfred: *Das Märchen in der deutschen Aufklärung. Vom Feenmärchen zum Volksmärchen*, Stuttgart 1988.

Grappin, Pierre: Goethe und Napoleon. In: *GJb* 107 (1990), S.71–80.

Gray, Ronald D.: *Goethe the Alchemist*, Cambridge 1952.

Greis, Jutta: *Drama Liebe. Zur Entstehungsgeschichte der modernen Liebe im Drama des 18. Jahrhunderts*, Stuttgart 1991.

Guggisberg, Kurt: *Philipp Emanuel von Fellenberg und sein Erziehungsstaat*, 2 Bde., Bern 1953.

Gundolf, Friedrich: *Goethe*, 11. Aufl., Berlin 1922 (1916).

Guntermann, Georg: »Wiederholte Spiegelungen« in Goethes *Wahlverwandtschaften*. Noch einmal zum Verhältnis von Roman und Novelle. In: *GJb* 109 (1992), S.77–89.

Hahn, Karl-Heinz: Goethes Verhältnis zur Romantik. In: *Goethe* 29 (1967), S.43–64.

Hardin, James (ed.): *Reflection and Action: Essays on the Bildungsroman*, Columbia, SC, 1991.

Hartlaub, Gustav F.: Goethe als Alchemist. In: *Euphorion* 48 (1954), S.19–40.

Heckscher, William S.: Goethe im Banne der Sinnbilder. In: *Jahrbuch der Hamburger Kunstsammlungen* 7 (1962), S.35–54.

Hehn, Viktor: *Gedanken über Goethe*, 7.–9. Aufl., Berlin 1909.

Heinz, Jutta: *Wissen vom Menschen und Erzählen vom Einzelfall. Untersuchungen zum anthropologischen Roman der Spätaufklärung*, Berlin/ New York 1996.

Heinzle, Joachim: Schule des Lebens – Schule der Liebe. Erotik und Didaxe in der europäischen Novellistik zwischen Mittelalter und Neuzeit. In: *Annäherungsversuche. Zur Geschichte und Ästhetik des Erotischen in der Literatur*, hrsg. von Horst Albert Glaser, Bern/ Stuttgart/ Wien 1993, S.59–79.

Heisenberg, Werner: Die Goethesche und die Newtonsche Farbenlehre im Lichte der modernen Physik. In: *Goethe im zwanzigsten Jahrhundert*, hrsg. von Hans Mayer, Frankfurt/M. 1987, S.681–703.

Hentschel, Uwe: Goethe und die Reiseliteratur am Ende des 18. Jahrhunderts. In: *JbFDH* (1993), S.93–127.

Herbst, Hildburg: Goethe: Vater der deutschen Novelle? In: *Goethe im Kontext*, hrsg. von Wolfgang Wittkowski, Tübingen 1984, S.244–259.

Herrmann, Ulrich: »Kinderzucht« oder »Pädagogik«? Traditionelle Normierungen der Erziehung und Unterweisung und die innovative pädagogische Lebensalter-Konzeption in der Pädagogischen Anthropologie des 18. Jahrhunderts. In: *Tradition, Norm, Innovation*, hrsg. von Wilfried Barner unter Mitarbeit von Elisabeth Müller-Luckner, München 1989, S.233–250.

Hoerder, Dirk: Vom korporativen zum liberalen Eigentumsbegriff: Ein Element der amerikanischen Revolution. In: *Geschichte und Gesellschaft. Sonderheft 2: 200 Jahre amerikanische Revolution und moderne Revolutionsforschung*, hrsg. von Hans-Ulrich Wehler, Göttingen 1976, S.76–100.

Hölscher-Lohmeyer, Dorothea: *Entoptische Farben*. Gedicht zwischen Biographie und Experiment. In: *Etudes Germaniques* 38 (1983), S.56–72.

Hölscher-Lohmeyer, Dorothea: *Johann Wolfgang Goethe*, München 1991.

Höpfner, Felix: »Wirkungen werden wir gewahr [...]«. Goethes *Farbenlehre* im Widerstreit der Meinungen. In: *GJb* 111 (1994), S.203–211.

Hörner, Wolfgang: Lorenz Sterne (I): Early German Translations, 1763–1800. In: *The Shandean* 4 (1992), pp.11–48.

Hofmann, Frank: *Goethes Römische Elegien. Erotische Dichtung als gesellschaftliche Erkenntnisform*, Stuttgart 1994.

Honegger, Claudia: *Die Ordnung der Geschlechter. Die Wissenschaften vom Menschen und das Weib 1750–1850*, München 1996 (1991).

Hoock-Demarle, Marie-Claire: *Die Frauen der Goethezeit*, aus dem Französischen von Renate Hörisch-Helligrath, München 1990.

Irmscher, Hans Dietrich: Goethe und Herder im Wechselspiel von Attraktion und Repulsion. In: *GJb* 106 (1989), S.22–52.

Jackisch, Gerhard: *Johann Heinrich Lamberts »Cosmologische Briefe« mit Beiträgen zur Frühgeschichte der Kosmologie*, Berlin 1979.

Jacobs, Jürgen: Glück und Entsagung. Zur Bedeutung der Novelle von den *Wunderlichen Nachbarskindern* in Goethes *Wahlverwandtschaften*. In: *JbFDH* (1979), S.153–169.

Jantz, Harold: *Goethe's Faust as a Renaissance Man: Parallels and Prototypes*, Princeton, NJ 1951.

Jauss, Hans Robert: Deutsche Klassik – Eine Pseudo-Epoche? In: *Epochenschwelle und Epochenbewußtsein, Poetik und Hermeneutik 12*, hrsg. von Reinhart Herzog und Reinhart Koselleck, München 1987, S.581–585.

Jenisch, Erich: »Das Klassische nenne ich das Gesunde, und das Romantische das Kranke«. Goethes Kritik der Romantik. In: *Goethe* 19 (1957), S.50–79.

Jenisch, Erich: Vom Abenteurer- zum Bildungsroman. In: *GRM* 14 (1926), S.339–351.

Jeßing, Benedikt: *Johann Wolfgang Goethe*, Stuttgart/ Weimar 1995.

Johann Peter Eckermann. Leben im Spannungsfeld Goethes, hrsg. im Auftrage der Stiftung Weimarer Klassik vom Goethe-Nationalmuseum, Weimar 1992.

Jungmann, Albert: *Goethes Naturphilosophie zwischen Spinoza und Nietzsche. Studien zur Entwicklung von Goethes Naturphilosophie bis zur Aufnahme von Kants »Kritik der Urteilskraft«*, Frankfurt/M. u. a. 1989.

Käuser, Andreas: Anthropologie und Ästhetik im 18. Jahrhundert. In: *Das achtzehnte Jahrhundert* 14 (1990), S.196–206.

Kaiser, E.: Goethes Anteil an der Gründung und Entwicklung der Universitäts-Stern-Warte zu Jena. In: *Die Sterne* 27 (1951), H.3/4, S.46–48.

Kaiser, E.: Zu Goethes Himmelsbeobachtungen. In: *Das Weltall* 43 (1943), H.12, S.161–164.

Kaiser, Gerhard: *Wandrer und Idylle. Goethe und die Phänomenologie der Natur in der deutschen Dichtung von Geßner bis Gottfried Keller*, Göttingen 1977.

Kaiser, Gerhard: Zur Aktualität Goethes. Kunst und Gesellschaft in seiner *Novelle*. In: *JbDSG* 29 (1985), S.248–265.

Kantzenbach, Friedrich Wilhelm: *Johann Gottfried Herder*, Reinbek 1986 (1970).

Kaufmann, Sylke: *Henriette von Pogwisch und ihre Französische Lesegesellschaft. Ein Beitrag zur Weimarer Kultur in der ersten Hälfte des 19. Jahrhunderts*, Marburg 1994.

Kausch, Karl-Heinz: Goethes 'Knabenmärchen' *Der neue Paris* – oder 'Biographica und Aesthetica'. In: *JbDSG* 24 (1980), S.102–122.

Keller, Werner: Größe und Elend, Schuld und Gnade: Fausts Ende in wiederholter Spiegelung. In: *Das Wagnis der Moderne. Festschrift für Marianne Kesting*, hrsg. von Paul Gerhard Klussmann u. a., Frankfurt/M. u. a. 1993, S.105–127.

Kemper, Dirk: »[...] die Vorteile meiner Aufnahme«. Goethes Beitrittserklärung zum Illuminatenorden in einem ehemaligen Geheimarchiv in Moskau. In: *GJb* 111 (1994), S.315–322.

Kemper, Hans-Georg: *Gottesebenbildlichkeit und Naturnachahmung im Säkularisierungsprozeß. Problemgeschichtliche Studien zur deutschen Lyrik in Barock und Aufklärung*, 2 Bde., Tübingen 1981.

Keudell, Elise von: *Goethe als Benutzer der Weimarer Bibliothek. Ein Verzeichnis der von ihm entliehenen Werke*, Leipzig 1982 (Nachdruck: Weimar 1931).

King, Lester S.: *The Medical World of the Eighteenth Century*, Chicago 1958.

Kleinert, Andreas: Physik zwischen Aufklärung und Romantik: Die *Anfangsgründe der Naturlehre* von Erxleben und Lichtenberg. In: *Studien zum achtzehnten Jahrhundert*, Bd.2/3, hrsg. von Bernhard Fabian u. a., München 1980, S.99–113.

Kleßmann, Eckart: *Christiane. Goethes Geliebte und Gefährtin*, 3. Aufl., Zürich 1993.

Klinckowstroem, Graf Carl von: Goethe und Ritter. In: *JbGG* 8 (1921), S.135–151.

Koch, Franz: *Goethes Stellung zu Tod und Unsterblichkeit*, Weimar 1932.

Kocka, Jürgen: Bürgertum und Bürgerlichkeit als Probleme der deutschen Geschichte vom späten 18. zum frühen 20. Jahrhundert. In: *Bürger und Bürgerlichkeit im 19. Jahrhundert*, hrsg. von J.K., Göttingen 1987, S.21–63.

Kocka, Jürgen: Familie, Unternehmer und Kapitalismus. An Beispielen aus der frühen deutschen Industrialisierung. In: *Die Familie in der Geschichte*, hrsg. von Heinz Reif, Göttingen 1982, S.163–186.

Kocka, Jürgen (Hrsg.): *Bürger und Bürgerlichkeit im 19. Jahrhundert*, Göttingen 1987.

Kondylis, Panajotis: *Die Aufklärung im Rahmen des neuzeitlichen Rationalismus*, München 1986 (1981).

Kreutzer, Hans Joachim: *Der Mythos vom Volksbuch. Studien zur Wirkungsgeschichte des frühen deutschen Romans seit der Romantik*, Stuttgart 1977.

Kreutzer, Leo: Die kleineren Dramen zum Thema Französische Revolution: *Der Groß-Cophta, Der Bürgergeneral, Die Aufgeregten, Das Mädchen von Oberkirch*. In: *Goethes Dramen. Neue Interpretationen*, hrsg. von Walter Hinderer, Stuttgart 1980, S.197–209.

Krippendorff, Ekkehart: *»Wie die Großen mit den Menschen spielen«. Versuch über Goethes Politik*, Frankfurt/M. 1988.

Kuhn, Dorothea: Selbst – Natur – Welt. Modelle der Natur bei Goethe und seinen Zeitgenossen. In: *Allerhand Goethe*, hrsg. von Dieter Kimpel und Jörg Pompetzki, Frankfurt/M./ Bern/ New York 1985, S.31–44.

Kunisch, Hermann: *Goethe-Studien*, Berlin 1991.

Kunze, Kurt: Der Arbeiter und die Gemeinschaft der Werktätigen in Goethes Welt. In: *Dem Tüchtigen ist diese Welt nicht stumm*, Beiträge zum Goethe-Bild von Herbert Preisker u. a., Jena 1949, S.83–99.

Lahnstein, Peter: *Schillers Leben*, Frankfurt/M. 1984 (1981).

Langewiesche, Dieter: *Europa zwischen Restauration und Revolution 1815–1849*, 2. Aufl., München 1989.

Lepenies, Wolf: Naturgeschichte und Anthropologie im 18. Jahrhundert. In: *Studien zum achtzehnten Jahrhundert*, Bd.2/3, hrsg. von Bernhard Fabian u. a., München 1980, S.211–226.

Lepinte, Christian: *Goethe et l'Occultisme*, Paris 1957.

Loudon, Irvine: *Medical Care and the General Practitioner 1750–1850*, Oxford 1986.

Ludz, Peter Christian (Hrsg.): *Geheime Gesellschaften*, Heidelberg 1979.

Lützeler, Paul Michael/ McLeod, James E.: *Goethes Erzählwerk. Interpretationen*, Stuttgart 1985.

Macher, Heinrich: Goethes Entsagungsidee im Lichte der Schillerschen Auffassungen. In: *Friedrich Schiller. Angebot und Diskurs*, hrsg. von Helmut Brandt, Berlin/ Weimar 1987, S.518–529.

Mahl, Bernd: *Goethes ökonomisches Wissen*, Frankfurt/M./ Bern 1982.

Maier-Petersen, Magdalene: *Der »Fingerzeig Gottes« und die »Zeichen der Zeit«. Pietistische Religiosität auf dem Weg zu bürgerlicher Identitätsfindung, untersucht an Selbstzeugnissen von Spener, Francke und Oetinger*, Stuttgart 1984.

Mandelkow, Karl Robert (Hrsg.): *Goethe im Urteil seiner Kritiker. Dokumente zur Wirkungsgeschichte Goethes in Deutschland*, 4 Teile, München 1975–1984.

Mann, Thomas: Goethe als Repräsentant des bürgerlichen Zeitalters (1932). In: *Goethe im Urteil seiner Kritiker,* hrsg. von Karl Robert Mandelkow, Teil 4: 1918–1982, München 1984, S.137–159.

Marquard, Odo: Zur Geschichte des philosophischen Begriffs »Anthropologie« seit dem Ende des achtzehnten Jahrhunderts. In: *Collegium Philosophicum. Studien Joachim Ritter zum 60. Geburtstag*, von Ernst-Wolfgang Böckenförde u. a., Basel/ Stuttgart 1965, S.209–239.

Matt, Peter von: *Liebesverrat. Die Treulosen in der Literatur*, München/ Wien 1989.

Mayer, Hans: *Goethe. Ein Versuch über den Erfolg*, Frankfurt/M./ Leipzig 1992 (1973).

Mayer, Hans (Hrsg.): *Goethe im zwanzigsten Jahrhundert. Spiegelungen und Deutungen*, Frankfurt/M. 1987.

Mayer, Mathias: Dichten zwischen Paradies und Hölle. Anmerkungen zur poetologischen Struktur von Goethes *Elegie* von Marienbad. In: *ZfdPh* 105 (1986), S.234–256.

Meier, Albert: Von der enzyklopädischen Studienreise zur ästhetischen Bildungsreise. Italienreisen im 18. Jahrhundert. In: *Der Reisebericht*, hrsg. von Peter J. Brenner, Frankfurt/M. 1989, S.284–305.

Meier, Albert/ Proß, Wolfgang: Nachwort. In: Christoph Martin Wieland: *Das Hexameron von Rosenhain*. Vollständige Ausgabe, hrsg. von Friedrich Beißner, München 1983, S.139–158.

Menz, Egon: Die Humanität des Handelsgeistes. Amerika in der deutschen Literatur des ausgehenden 18. Jahrhunderts. In: *Amerika in der deutschen Literatur*, hrsg. von Sigrid Bauschinger u. a., Stuttgart 1975, S.45–62.

Mesenhöller, Peter: »Auf, ihr Brüder, laßt uns reisen fröhlich nach Amerika«. Reisebericht und Reiseliteratur im Kontext der deutschen Amerikaauswanderung des frühen 19. Jahrhunderts. In: *Der Reisebericht*, hrsg. von Peter J. Brenner, Frankfurt/M. 1989, S.363–382.

Metscher, Thomas: Faust und die Ökonomie. In: *Das Argument, Sonderband AS 3: Vom Faustus bis Karl Valentin* (1976), S.28–155.

Michelsen, Peter: Der unruhige Bürger. Der Bürger und die Literatur im 18. Jahrhundert. In: *Bürger und Bürgerlichkeit im Zeitalter der Aufklärung*, hrsg. von Rudolf Vierhaus, Heidelberg 1981, S.101–130.

Michelsen, Peter: *Laurence Sterne und der deutsche Roman des achtzehnten Jahrhunderts*, Göttingen 1962.

Miller, Norbert: Der Romancier J.K.A. Musäus und seine *Volksmärchen der Deutschen*. In: Johann Karl August Musäus: *Volksmärchen der Deutschen*, vollständige Ausgabe, München 1976 (1961), S.876–906.

Mittner, Ladislao: Freundschaft und Liebe in der deutschen Literatur des 18. Jahrhunderts. In: *Stoffe, Formen, Strukturen. Studien zur deutschen Literatur. Hans Heinrich Borcherdt zum 75. Geburtstag*, hrsg. von Albert Fuchs und Helmut Motekat, München 1962, S.97–138.

Möckl, Karl: Der deutsche Adel und die fürstlich monarchischen Höfe 1750–1918. In: *Europäischer Adel 1750–1950*, hrsg. von Hans-Ulrich Wehler, Göttingen 1990, S.96–111.

Molnár, Géza von: *Goethes Kant-Studien. Eine Zusammenstellung nach Eintragungen in seinen Handexemplaren der »Kritik der reinen Vernunft« und der »Kritik der Urteilskraft«*, Weimar 1994.

Mommsen, Katharina: Blutrache bei Goethe? In: *Einheit in der Vielfalt. Festschrift für Peter Lang zum 60. Geburtstag*, red. betreut von Gisela Quast, Bern u. a. 1988, S.343–354.

Mommsen, Katharina: *Faust II* als politisches Vermächtnis des Staatsmannes Goethe. In: *JbFDH* (1989), S.1–36.

Mommsen, Katharina: *Goethe und 1001 Nacht*, Frankfurt/M. 1981 (Berlin 1960).

Mommsen, Katharina: *Kleists Kampf mit Goethe*, erw. Ausgabe, Frankfurt/M. 1979 (1974).

Morris, Max: *Goethe-Studien*, 2 Bde., 2., veränd. Aufl., Berlin 1902.

Müller, Curt: Der Symbolbegriff in Goethes Kunstanschauung. In: *Goethe* 8 (1943), S.269–280.

Müller, Joachim: *»Weltseele«. Eine lyrisch-philosophische Triade Goethes*, Berlin 1984.

Muschg, Adolf: *Goethe als Emigrant*, Frankfurt/M. 1986.

Nager, Frank: *Der heilkundige Dichter. Goethe und die Medizin*, 2. Aufl., Zürich/ München 1991.

Namowicz, Tadeusz: Goethes Schriften zur Kunst aus der spätklassischen Zeit. In: *Literatur zwischen Revolution und Restauration*, hrsg. von Siegfried Streller und T.N., Berlin/ Weimar 1989, S.143–164 und 234–238.

Neumann, Gerhard: Charlotte von Stein. Ein Leben als Schattenriß. In: *Festschrift für Horst Gronemeyer zum 60. Geburtstag*, hrsg. von Harald Weigel, Herzberg 1993, S.421–459.

Neumann, Gerhard: *Ideenparadiese. Untersuchungen zur Aphoristik von Lichtenberg, Novalis, Friedrich Schlegel und Goethe*, München 1976.

Nickisch, Reinhard M.G.: Die Frau als Briefschreiberin im Zeitalter der deutschen Aufklärung. In: *Wolfenbütteler Studien zur Aufklärung* 3 (1976), S.29–65.

Niekerk, Carl: *Bildungskrisen. Die Frage nach dem Subjekt in Goethes »Unterhaltungen deutscher Ausgewanderten«*, Tübingen 1995.

Niggl, Günter: Verantwortliches Handeln als Utopie? Überlegungen zu Goethes *Märchen*. In: *Verantwortung und Utopie*, hrsg. von Wolfgang Wittkowski, Tübingen 1988, S.91–108.

Nisbet, Hugh Barr: Goethes und Herders Geschichtsdenken. In: *GJb* 110 (1993), S.115–133.

Nisbet, Hugh Barr: Herders anthropologische Anschauungen in den *Ideen zu einer Philosophie der Geschichte der Menschheit*. In: *Anthropologie und Literatur um 1800*, hrsg. von Jürgen Barkhoff und Eda Sagarra, München 1992, S.1–23.

Noé-Rumberg, Dorothea-Michaela: *Naturgesetze als Dichtungsprinzipien. Goethes verborgene Poetik im Spiegel seiner Dichtungen*, Freiburg/Br. 1993.

Parth, Wolfgang W.: *Goethes Christiane. Ein Lebensbild*, München 1980.

Pfotenhauer, Helmut: *Literarische Anthropologie*, Stuttgart 1987.

Pfotenhauer, Helmut: *Um 1800. Konfigurationen der Literatur, Kunstliteratur und Ästhetik*, Tübingen 1991.

Pikulik, Lothar: *Leistungsethik contra Gefühlskult. Über das Verhältnis von Bürgerlichkeit und Empfindsamkeit in Deutschland*, Göttingen 1984.

Porter, Roy: *Kleine Geschichte der Aufklärung*, aus dem Englischen von Ebba D. Drols-
hagen, Berlin 1991 (engl. 1990).

Probst, Christian: Das Menschenbild der praktischen Medizin im 18. Jahrhundert, gezeigt
an den Beispielen der Iatromechanik und des Epidemismus. In: *Studien zum achtzehnten Jahrhundert*, Bd.2/3, hrsg. von Bernhard Fabian u. a., München 1980,
S.155–170.

Prokop, Ulrike: Die Melancholie der Cornelia Goethe. In: *Feministische Studien* 1 (1982),
Nr.1, S.46–77.

Proß, Wolfgang: Die Konkurrenz von ästhetischem Wert und zivilem Ethos. Ein Beitrag
zur Entstehung des Neoklassizismus. In: *Der theatralische Neoklassizismus um
1800. Ein europäisches Phänomen?*, hrsg. von Roger Bauer, Bern u. a. 1986 (*Jahrbuch für Internationale Germanistik*, Reihe A, Bd.18), S. 64–126.

Proß, Wolfgang: Einleitung in die Diskussion. In: *Leopoldina-Meeting zur Edition naturwissenschaftlicher Texte der Goethezeit: vom 22. bis 23. Mai 1992 in Halle/S.*,
Leipzig 1992, S.21–32.

Proß, Wolfgang: Herder und die Anthropologie der Aufklärung. In: Johann Gottfried
Herder: *Werke*, Bd.2, hrsg. von W.P., München/ Wien 1987, S.1128–1216.

Proß, Wolfgang: Nachwort. In: *Deutsche Erzählungen des 18. Jahrhunderts. Von Gottsched bis Goethe*, hrsg. von Heide Hollmer u.a., München 1988, S.315–335.

Pütz, Peter: *Die deutsche Aufklärung*, 4., überarb. u. erw. Aufl., Darmstadt 1991.

Rahmeyer, Ruth: *Ottilie von Goethe. Das Leben einer ungewöhnlichen Frau*, Stuttgart
1988.

Reif, Heinz: Väterliche Gewalt und »kindliche Narrheit«. Familienkonflikte im katholischen Adel Westfalens vor der Französischen Revolution. In: *Die Familie in der
Geschichte*, hrsg. von H. R., Göttingen 1982, S.82–113.

Reif, Heinz: Vagierende Unterschichten, Vagabunden und Bandenkriminalität im Ancien
Régime. In: *Beiträge zur Historischen Sozialkunde* 11 (1981), S.27–37.

Ribbat, Ernst: Goethe, der Erzähler. Varianten eines Themas. In: *Literatur und Sprache
im historischen Prozeß. Vorträge des deutschen Germanistentages Aachen 1982*,
Bd.1, hrsg. von Thomas Cramer, Tübingen 1983, S.237–249.

Riedel, Wolfgang: Anthropologie und Literatur in der deutschen Spätaufklärung. Skizze
einer Forschungslandschaft. In: *Internationales Archiv für Sozialgeschichte der
deutschen Literatur*, 6. Sonderheft (1994), S.93–157.

Riemann, Robert: *Goethes Romantechnik*, Leipzig 1902.

Risse, Guenter B.: The Renaissance of Bloodletting: a Chapter in Modern Therapeutics.
In: *Journal of the History of Medicine and Allied Sciences* 34 (1979), pp.3–22.

Röpke, Wilhelm: Goethe und die Industriegesellschaft. In: *Kultur und Wirtschaft. Festschrift zum 70. Geburtstag von Eugen Böhler*, Zürich 1963, S.59–65.

Rotermund, Hans-Martin: Zur Kosmogonie des jungen Goethe. In: *DVjs* 28 (1954),
S.472–486.

Rothmann, Kurt: *Johann Wolfgang Goethe*, Stuttgart 1994.

Rüdiger, Horst: Von den *Erotica Romana* zu den *Römischen Elegien*. In: Goethe: *Römische Elegien*. Faksimile der Handschrift, Transkription und »Zur Überlieferung«
von Hans-Georg Dewitz, 3. Aufl., Frankfurt/M. 1980, S.123–145.

Ruppert, Hans (Bearb.): *Goethes Bibliothek. Katalog*, Leipzig 1978 (Nachdruck: Weimar
1958).

Sagave, Pierre-Paul: Ideale und Erfahrungen in der politischen Praxis Goethes im ersten Weimarer Jahrzehnt. In: *GJb* 93 (1976), S.105–115.

Saße, Günter: *Die aufgeklärte Familie. Untersuchungen zur Genese, Funktion und Realitätsbezogenheit des familialen Wertsystems im Drama der Aufklärung*, Tübingen 1988.

Sauder, Gerhard: Pragmatische Verantwortung: Goethe in seinen amtlichen Schriften. In: *Verantwortung und Utopie*, hrsg. von Wolfgang Wittkowski, Tübingen 1988, S.34–56.

Sauerland, Karol: Kann und darf das Volk herrschen? Bemerkungen zu Goethes, Schillers, Kants und Friedrich Schlegels Auffassungen von Volk und Volksherrschaft zwischen 1790 und 1800. In: *Literatur zwischen Revolution und Restauration*, hrsg. von Siegfried Streller und Tadeusz Namowicz, Berlin/ Weimar 1989, S.12–28 und 215f.

Schäfer, Walter E.: Cornelias Mann. Bericht über einen badischen Beamten. In: *Allmende* 28/29 (1990), S.130–140.

Schielicke, Reinhard/ Blumenstein, Kathrin: Herzog Carl August, Goethe und die Einrichtung der Herzoglichen Sternwarte zu Jena. In: *GJb* 109 (1992), S.173–180.

Schieth, Lydia: *Die Entwicklung des deutschen Frauenromans im ausgehenden 18. Jahrhundert*, Frankfurt/M. u. a. 1987.

Schings, Hans-Jürgen: Der anthropologische Roman. Seine Entstehung und Krise im Zeitalter der Spätaufklärung. In: *Studien zum achtzehnten Jahrhundert*, Bd.2/3, hrsg. von Bernhard Fabian u. a., München 1980, S.247–275.

Schings, Hans-Jürgen (Hrsg.): *Der ganze Mensch. Anthropologie und Literatur im 18. Jahrhundert*, Stuttgart/ Weimar 1994.

Schipperges, Heinrich: *Kosmos Anthropos. Entwürfe zu einer Philosophie des Leibes*, Stuttgart 1981.

Schlaffer, Heinz: Fausts Ende. In: *Das Argument* 18 (1976), H.99, S.772–779.

Schlaffer, Heinz: Goethes Versuch, die Neuzeit zu hintergehen. In: *Bausteine zu einem neuen Goethe*, hrsg. von Paolo Chiarini, Frankfurt/M. 1987, S.9–21.

Schlaffer, Heinz: Poesie und Prosa. Liebe und Arbeit. Goethes *Bräutigam*. In: ders.: *Der Bürger als Held*, Frankfurt/M. 1973, S.51–85.

Schmid, Pia: Zur Geschichte des weiblichen Körpers im 18. Jahrhundert. In: *Das achtzehnte Jahrhundert* 14 (1990), S.159–180.

Schmidlin, Bruno: *Das Motiv des Wanderns bei Goethe*, Winterthur 1963.

Schmidt, Alfred: *Goethes herrlich leuchtende Natur. Philosophische Studie zur deutschen Spätaufklärung*, München/ Wien 1984.

Schmidt, Jochen: Die »Katholische Mythologie« und ihre mystische Entmythologisierung in der Schluß-Szene des *Faust II*. In: *JbDSG* 34 (1990), S.230–256.

Schmidt, Jochen: »Was sich sonst dem Blick empfohlen,/ Mit Jahrhunderten ist hin«. 'Fortschritt' als Zerstörungswerk der Moderne am Ende des *Faust II*. In: *»Sinnlichkeit in Bild und Klang«, Festschrift für Paul Hoffmann zum 70. Geburtstag*, hrsg. von Hansgerd Delbrück, Stuttgart 1987, S.187–204.

Schmidt, Peter: Goethes schematische Kreise. Ein Beitrag zum mystischen Gebrauch der Farben. In: *JbFDH* (1965), S.168–185.

Schneider, Ivo: *Isaac Newton*, München 1988.

Schneider, Peter: *Das unheilige Reich des Reineke Fuchs*, Frankfurt/M. 1990.

Schöne, Albrecht: »... wie Teufel die Natur betrachten« (*Faust*, V.10 123). In: *GJb* 111 (1994), S.141–150.

Schöne, Albrecht: *Goethes Farbentheologie*, München 1987.

Schöne, Albrecht: *Götterzeichen, Liebeszauber, Satanskult*, München 1982.

Schöne, Albrecht: Über Goethes Brief an Behrisch vom 10. November 1767. In: *Festschrift für Richard Alewyn*, hrsg. von Herbert Singer und Benno von Wiese, Köln/ Graz 1967, S.193–229.

Schreiber, Carl F.: Goethe und Amerika. In: *JbGG* 18 (1932), S.71–79.

Schrimpf, Hans Joachim: Gestaltung und Deutung des Wandermotivs bei Goethe. In: *Wirkendes Wort* 3 (1952/53), S.11–23.

Schröder, Hans-Christoph: Das Eigentumsproblem in den Auseinandersetzungen um die Verfassung von Massachusetts, 1775–1787. In: *Eigentum und Verfassung*, hrsg. von Rudolf Vierhaus, Göttingen 1972, S.11–67.

Schröder, Hans-Christoph: Die amerikanische und die englische Revolution in vergleichender Perspektive. In: *Geschichte und Gesellschaft. Sonderheft 2*, hrsg. von Hans-Ulrich Wehler, Göttingen 1976, S.9–37.

Segebrecht, Wulf: *Johann Wolfgang Goethes Gedicht »Über allen Gipfeln ist Ruh« und seine Folgen. Zum Gebrauchswert klassischer Lyrik. Text, Materialien, Kommentar*, München/ Wien 1978.

Sengle, Friedrich: *Das Genie und sein Fürst*, Stuttgart/ Weimar 1993.

Sengle, Friedrich: *Neues zu Goethe. Essays und Vorträge*, Stuttgart 1989.

Sharpe, Lesley: Über den Zusammenhang der tierischen Natur der Frau mit ihrer geistigen. Zur Anthropologie der Frau um 1800. In: *Anthropologie und Literatur um 1800*, hrsg. von Jürgen Barkhoff und Eda Sagarra, München 1992, S.213–225.

Siebeck, H.: Ueber die Entstehung der Termini natura naturans und natura naturata. In: *Archiv für Geschichte der Philosophie* 3 (1890), S.370–378.

Silz, Walter: Goethe: »Der Wandrer«. In: *Stoffe, Formen, Strukturen. Studien zur deutschen Literatur. Hans Heinrich Borcherdt zum 75. Geburtstag*, hrsg. von Albert Fuchs und Helmut Motekat, München 1962, S.139–150.

Simmel, Georg: *Goethe*, Leipzig 1913.

Simmel, Georg: Kant und Goethe. In: *Die Kultur* 10 (1906), S.1–71.

Staiger, Emil: *Goethe*, 3 Bde., Zürich/ Freiburg/Br. 1952–1959.

Stanitzek, Georg: Bildung und Roman als Momente bürgerlicher Kultur. Zur Frühgeschichte des deutschen »Bildungsromans«. In: *DVjs* 62 (1988), S.416–450.

Starbatty, Joachim: *Die englischen Klassiker der Nationalökonomie. Lehre und Wirkung*, Darmstadt 1985.

Steenbuck, Kurt: *Silber und Kupfer aus Ilmenau. Ein Bergwerk unter Goethes Leitung*, Weimar 1995.

Stephan, Dieter: *Das Problem des novellistischen Rahmenzyklus. Untersuchungen zur Geschichte einer Darbietungsform von Goethe bis Keller*, Diss.: masch., Göttingen 1960.

Stöcklein, Paul: *Wege zum späten Goethe*, 2., neubearb. und erw. Aufl., Darmstadt 1973 (Nachdruck: Hamburg 1960).

Strack, Friedrich (Hrsg.): *Evolution des Geistes: Jena um 1800*, Stuttgart 1994.

Streller, Siegfried/ Namowicz, Tadeusz (Hrsg.): *Literatur zwischen Revolution und Restauration. Studien zu literarischen Wechselbeziehungen in Europa zwischen 1789 und 1835*, Berlin/ Weimar 1989.

Strich, Fritz: *Goethe und die Weltliteratur*, Bern 1946.

Sudhoff, Karl: Paracelsus und Goethe. In: *Die Medizinische Welt* 6 (1932), S.1409–1412.

Suphan, Bernhard: Goethe und Spinoza. 1783–86. In: *Festschrift zu der Zweiten Säcularfeier des Friedrichs-Werderschen Gymnasiums zu Berlin*, Berlin 1881, S.159–193.

Swales, Martin: Utopie und Bildungsroman. In: *Utopieforschung*, Bd.3, hrsg. von Wilhelm Voßkamp, Stuttgart 1982, S.218–226.

Träger, Christine: Goethes *Unterhaltungen deutscher Ausgewanderten* als Ausdruck eines novellistischen Zeitbewußtseins. In: *GJb* 107 (1990), S.144–157.

Träger, Christine: Novellistisches Erzählen bei Goethe. In: *GJb* 100 (1983), S.182–202.

Troeltsch, Ernst: *Der Historismus und seine Probleme*, Aalen 1977 (2. Nachdruck: Tübingen 1922).

Trunz, Erich: Goethes späte Lyrik. In: *Goethe im zwanzigsten Jahrhundert*, hrsg. von Hans Mayer, Frankfurt/M. 1987, S.483–509.

Tümmler, Hans: Konfliktsmomente im Verhältnis Goethes und Carl Augusts. In: *GJb* 96 (1979), S.174–191.

Ueding, Gert: Gesprächsgesellschaft in Utopia. Goethes *Unterhaltungen deutscher Ausgewanderten*. In: Johann Wolfgang Goethe: *Unterhaltungen deutscher Ausgewanderten*, Frankfurt/M. 1987, S.169–192.

Ueding, Gert: *Klassik und Romantik. Deutsche Literatur im Zeitalter der Französischen Revolution 1789–1815*, Hansers Sozialgeschichte der deutschen Literatur, Bd.4/1 und 4/2, München/ Wien 1988 (1987).

Unger, Rudolf: »Der bestirnte Himmel über mir ...«. Zur geistesgeschichtlichen Deutung eines Kant-Wortes. In: ders.: *Gesammelte Studien*, Bd.2, Darmstadt 1966, S.40–66.

Unger, Rudolf: Zur Geschichte des Palingenesiegedankens im 18. Jahrhundert. In: *DVjs* 2 (1924), S.257–274.

Unseld, Siegfried: *Goethe und seine Verleger*, 2., revid. Aufl., Frankfurt/M./ Leipzig 1993.

Utz, Peter: *Das Auge und das Ohr im Text. Literarische Sinneswahrnehmung in der Goethezeit*, München 1990.

Vaget, Hans Rudolf: Goethe the Novelist. In: *Goethe's Narrative Fiction. The Irvine Goethe Symposium*, ed. by William J. Lillyman, Berlin/ New York 1983, pp.1–20.

Vaget, Hans Rudolf: *Goethe. Der Mann von 60 Jahren*, Königstein/Ts. 1982.

Vierhaus, Rudolf: Aufklärung und Freimaurerei in Deutschland. In: *Das Vergangene und die Geschichte. Festschrift für Reinhard Wittram zum 70. Geburtstag*, hrsg. von Rudolf von Thadden u. a., Göttingen 1973, S.23–41.

Vierhaus, Rudolf: Der Aufstieg des Bürgertums vom späten 18. Jahrhundert bis 1848/49. In: *Bürger und Bürgerlichkeit im 19. Jahrhundert*, hrsg. von Jürgen Kocka, Göttingen 1987, S.64–78.

Vierhaus, Rudolf: *Deutschland im 18. Jahrhundert. Politische Verfassung, soziales Gefüge, geistige Bewegungen*, Göttingen 1987.

Vierhaus, Rudolf: Deutschland im 18. Jahrhundert: soziales Gefüge, politische Verfassung, geistige Bewegung. In: *Lessing und die Zeit der Aufklärung. Vorträge gehalten auf der Tagung der Joachim Jungius-Gesellschaft der Wissenschaften Hamburg am 10. und 11. Oktober 1967*, Göttingen 1968, S.12–29.

Vierhaus, Rudolf: Goethe und die Aufklärung. In: *Allerhand Goethe*, hrsg. von Dieter Kimpel und Jörg Pompetzki, Frankfurt/M./ Bern/ New York 1985, S.11–29.

Vierhaus, Rudolf (Hrsg.): *Bürger und Bürgerlichkeit im Zeitalter der Aufklärung*, Heidelberg 1981.

Vierhaus, Rudolf (Hrsg.): *Eigentum und Verfassung. Zur Eigentumsdiskussion im aus-
    gehenden 18. Jahrhundert*, Göttingen 1972.

Viëtor, Karl: *Der junge Goethe*, Neue Ausgabe, Bern 1950.

Vietor-Engländer, Deborah: Der Wandel des Christiane-Bildes 1916–1982. In: *GJb* 102
    (1985), S.280–284.

Völker, Werner: *Der Sohn August von Goethe*, Frankfurt/M./ Leipzig 1992.

Voßkamp, Wilhelm: Klassik als Epoche. In: *Epochenschwelle und Epochenbewußtsein,
    Poetik und Hermeneutik 12*, hrsg. von Reinhart Herzog und Reinhart Koselleck,
    München 1987, S.493–514.

Voßkamp, Wilhelm: *Romantheorie in Deutschland. Von Opitz bis Friedrich Blancken-
    burg*, Stuttgart 1973.

Wachsmuth, Andreas Bruno: *Geeinte Zwienatur: Aufsätze zu Goethes wissenschaftli-
    chem Denken*, Berlin 1966.

Wachsmuth, Andreas Bruno: Goethe und die Magie. In: *Goethe* 8 (1943), S.98–115 und
    215–231.

Wagner, Irmgard: Vom Mythos zum Fetisch: Die Frau als Erlöserin in Goethes klassi-
    schen Dramen. In: *Weiblichkeit in geschichtlicher Perspektive*, hrsg. von Ursula A.J.
    Becher und Jörn Rüsen, Frankfurt/M. 1988, S.234–258.

Wagner, Rudolph: *Samuel Thomas von Soemmerrings Leben und Verkehr mit seinen
    Zeitgenossen*, Erste und zweite Abteilg., Nachdruck der Ausgabe von 1844, hrsg.
    von Franz Dumont, Stuttgart/ New York 1986.

Wahl, Hans: Goethe und das Logenwesen. In: *Goethe* 1 (1936), S.234–240.

Wattenberg, Diedrich: Goethe und die Sternenwelt. In: *Goethe* 31 (1969), S.66–111.

Weizsäcker, Carl Friedrich von: Einige Begriffe aus Goethes Naturwissenschaft. In: HA
    13, 539–555.

Weizsäcker, Carl Friedrich von: Nachwort zur *Farbenlehre*. In: HA 13, 613–640.

Wellbery, David E.: *Die Wahlverwandtschaften* (1809). In: *Goethes Erzählwerk. Inter-
    pretationen*, hrsg. von Paul Michael Lützeler und James E. McLeod, Stuttgart 1985,
    S.291–318.

Wenzel, Manfred: »Hufland hat mir ein böses Frühstück geschickt«. Medizingeschicht-
    liches aus dem alten Weimar. In: *Gießener Universitätsblätter* 24 (1991), S.31–40.

Wenzel, Manfred: *Goethe und die Medizin. Selbstzeugnisse und Dokumente*, Frank-
    furt/M./ Leipzig 1992.

Wihan, Josef: *Johann Joachim Christoph Bode als Vermittler englischer Geisteswerke in
    Deutschland*, Hildesheim 1975 (Nachdruck: Prag 1906).

Wild, Reiner: Naivität und Terror. Die Französische Revolution im Urteil des klassischen
    Weimar. In: *Schreckensmythen – Hoffnungsbilder. Die Französische Revolution in
    der deutschen Literatur*, hrsg. von Harro Zimmermann, Frankfurt/M. 1989,
    S.47–80.

Wilhelmi, Bernd: Licht. Einige Bemerkungen aus der Sicht eines Naturwissenschaftlers.
    In: *GJb* 105 (1988), S.234–246.

Willems, Gottfried: »*Daß ich Ideen habe ohne es zu wissen, und sie sogar mit Augen
    sehe*«. *Goethes Jenaer Begegnung mit Schiller im Juli 1794 und sein aufklärerischer
    Naturbegriff*, Erlangen/ Jena 1994.

Willoughby, Leonard A.: Literary Relations in the Light of Goethe's Principle of »Wi-
    derspiegelung«. In: *Comparative Literature* 1 (1949), pp.309–323.

Willoughby, Leonard A.: The Image of the »Wanderer« and the »Hut« in Goethe's Poetry. In: *Etudes Germaniques* 6 (1951), pp.207–219.

Wilson, W. Daniel: *Geheimräte gegen Geheimbünde. Ein unbekanntes Kapitel der klassisch-romantischen Geschichte Weimars*, Stuttgart 1991.

Winter, Ingelore M.: *Goethes Charlotte von Stein. Die Geschichte einer Liebe erzählt nach seinen Briefen und Tagebüchern*, Düsseldorf 1992.

Wittkowski, Wolfgang (Hrsg.): *Goethe im Kontext. Kunst und Humanität, Naturwissenschaft und Politik von der Aufklärung bis zur Restauration. Ein Symposium*, Tübingen 1984.

Wittkowski, Wolfgang (Hrsg.): *Verantwortung und Utopie. Zur Literatur der Goethezeit. Ein Symposium*, Tübingen 1988.

Zehe, Horst: Etwas über »das Exemplar von Newtons Optik, welches Goethe gebraucht [...] hat«. In: *GJb* 104 (1987), S.360–362.

Zeman, Herbert: Goethes Elegiendichtung in der Tradition der Liebeslyrik des 18. Jahrhunderts. In: *GJb* 95 (1978), S.163–173.

Zimmermann, Rolf Christian: *Das Weltbild des jungen Goethe: Studien zur hermetischen Tradition des 18. Jahrhunderts*, 2 Bde., München 1969 und 1979.

Zimmermann, Rolf Christian: Goethes Polaritätsdenken im geistigen Kontext des 18. Jahrhunderts. In: *JbDSG* 18 (1974), S.304–347.

Zmegac, Viktor: *Geschichte der deutschen Literatur vom 18. Jahrhundert bis zur Gegenwart*, Bd.I/1+2, 1700–1848, 2., durchges. Aufl., Königstein/Ts. 1984 (1979).

Wilhelm Meisters Lehrjahre

Ammerlahn, Hellmut: Goethe und Wilhelm Meister, Shakespeare und Natalie: Die klassische Heilung des kranken Königssohns. In: *JbFDH* (1978), S.47–84.

Ammerlahn, Hellmut: *Natalie und Goethes Urbildliche Gestalt. Untersuchungen zur Morphologie und Symbolik von »Wilhelm Meisters Lehrjahren«*, Austin 1965.

ᵧ Ammerlahn, Hellmut: Wilhelm Meisters Mignon – ein offenbares Rätsel. Name, Gestalt, Symbol, Wesen und Werden. In: *DVjs* 42 (1968), S.89–116.

Asman, Carrie: »Der Satz ist die Mauer«. Zur Figur des Übersetzers bei Benjamin und Goethe: Werther, Faust, Wilhelm Meister. In: *GJb* 111 (1994), S.61–79.

Baioni, Giuliano: *Märchen – Wilhelm Meisters Lehrjahre – Hermann und Dorothea*. Zur Gesellschaftsidee der deutschen Klassik. In: *GJb* 92 (1975), S.73–127.

Barner, Wilfried: »Die Verschiedenheit unserer Naturen«. Zu Goethes und Schillers Briefwechsel über *Wilhelm Meisters Lehrjahre*. In: *Unser Commercium. Goethes und Schillers Literaturpolitik*, hrsg. von W.B., Eberhard Lämmert und Norbert Oellers, Stuttgart 1984, S.379–404.

Barner, Wilfried: Geheime Lenkung. Zur Turmgesellschaft in Goethes *Wilhelm Meister*. In: *Goethe's Narrative Fiction. The Irvine Goethe Symposium*, ed. by William J. Lillyman, Berlin/ New York 1983, pp.85–109.

Baumgart, Wolfgang: Goethes *Wilhelm Meister* und der Roman des 19. Jahrhunderts. In: *ZfdPh* 69 (1944/45), S.132–148.

Becker-Cantarino, Barbara: Die *Bekenntnisse einer schönen Seele*: Zur Ausgrenzung und Vereinnahmung des Weiblichen in der patriarchalen Utopie von *Wilhelm Meisters*

Lehrjahren. In: *Verantwortung und Utopie*, hrsg. von Wolfgang Wittkowski, Tübingen 1988, S.70–90.

Behler, Ernst: Goethes *Wilhelm Meister* und die Romantheorie der Frühromantik. In: *Études Germaniques* 44 (1989), S.409–427.

Behler, Ernst: *Wilhelm Meisters Lehrjahre* and the Poetic Unity of the Novel in Early German Romanticism. In: *Goethe's Narrative Fiction. The Irvine Goethe Symposium*, ed. by William J. Lillyman, Berlin/ New York 1983, pp.110–127.

Berghahn, Klaus L./ Pinkerneil, Beate: *Am Beispiel »Wilhelm Meister«. Einführung in die Wissenschaftsgeschichte der Germanistik*, 2 Bde., Königstein/Ts. 1980.

Bertaux, Pierre: *Wilhelm Meister*. In: ders.: *Gar schöne Spiele spiel' ich mit dir! Zu Goethes Spieltrieb*, Frankfurt/M. 1986, S.199–203.

Blessin, Stefan: Die radikal-liberale Konzeption von *Wilhelm Meisters Lehrjahren*. In: *DVjs* 49 (1975), S.190–225.

Bonds, Mark Evans: Die Funktion des *Hamlet*-Motivs in *Wilhelm Meisters Lehrjahre*. In: *GJb* 96 (1979), S.101–110.

Breuninger, Andreas: Zu Platon, *Phaidros (228–230)*, und Goethe, *Wilhelm Meisters Lehrjahre* (Buch II, Kapitel 4). In: *Euphorion* 80 (1986), S.319–325.

Brittnacher, Hans Richard: Mythos und Devianz in *Wilhelm Meisters Lehrjahren*. In: *Leviathan* 14 (1986), S.96–109.

Brown, Jane K.: The Theatrical Mission of the *Lehrjahre*. In: *Goethe's Narrative Fiction. The Irvine Goethe Symposium*, ed. by William J. Lillyman, Berlin/ New York 1983, pp.69–84 (slightly revised version in: *Reflection and Action*, ed. by James Hardin, Columbia, SC, 1991, pp.142–162).

Cersowsky, Peter: Von der Anthropologie zur Kunst. Zu Wilhelm Meisters *Hamlet*-Aufführung. In: *Archiv für das Studium der neueren Sprachen und Literaturen* 144 (1992), Bd.229, S.1–15.

Cohen, Gustav: Mignon. In: *JbGG* 7 (1920), S.132–153.

Cohn, Dorrit: Wilhelm Meister's Dream: Reading Goethe with Freud. In: *The German Quarterly* 62 (1989), pp.459–472.

Dürr, Volker: *Wilhelm Meisters Lehrjahre*: Hypotaxis, Abstraction and the »Realistic Symbol«. In: *Versuche zu Goethe. Festschrift für Erich Heller*, hrsg. von Volker Dürr und Géza von Molnár, Heidelberg 1976, S.201–211.

Ehrich-Haefeli, Verena: Vaters Haus und weite Welt – Heimat und Fremde. Zur Ausfahrt des Helden im *Wilhelm Meister* und im *Grünen Heinrich*. In: *Begegnung mit dem »Fremden«. Grenzen – Traditionen – Vergleiche*, Akten des VIII. Internationalen Germanisten-Kongresses, Tokyo 1990, Bd.9, hrsg. von Yoshinori Shichiji, München 1991, S.352–360.

Eichner, Hans: Zur Deutung von *Wilhelm Meisters Lehrjahren*. In: *JbFDH* (1966), S.165–196.

Eigler, Friederike: Wer hat »Wilhelm Schüler« zum »Wilhelm Meister« gebildet? *Wilhelm Meisters Lehrjahre* und die Aussparungen einer hermeneutischen Verstehens- und Bildungspraxis. In: *Goethe Yearbook* 3 (1986), pp.93–119.

Elsaghe, Yahya A.: »Einstweilen Laertes«. Zum Doppelgängermotiv in *Wilhelm Meisters Lehrjahren*. In: *GJb* 111 (1994), S.45–59.

Elsaghe, Yahya A.: Philine Blaútē. Zur Genese und Funktion mythologischer Reminiszenzen in *Wilhelm Meisters Lehrjahren*. In: *JbFDH* (1992), S.1–35.

Engel, Manfred: *Der Roman der Goethezeit*, Bd.1, Stuttgart/ Weimar 1993, S.229–320.

Fick, Monika: *Das Scheitern des Genius. Mignon und die Symbolik der Liebesgeschichten in »Wilhelm Meisters Lehrjahren«*, Würzburg 1987.

Fick, Monika: Destruktive Imagination. Die Tragödie der Dichterexistenz in *Wilhelm Meisters Lehrjahren*. In: *JbDSG* 29 (1985), S.208–247.

Fink, Gonthier-Louis: Die Bildung des Bürgers zum »Bürger«. Individuum und Gesellschaft in *Wilhelm Meisters Lehrjahren*. In: *Recherches Germaniques* 2 (1972), S.5–37.

Flashar, Dorothea: *Bedeutung, Entwicklung und literarische Nachwirkung von Goethes Mignon-Gestalt*, Nendeln/ Liechtenstein 1967 (Nachdruck: Berlin 1929).

Geiger, Ludwig: *Goethe und Pustkuchen*, 2., verm. Aufl., Berlin 1914.

Gerhard, Melitta: *Der deutsche Entwicklungsroman bis zu Goethes »Wilhelm Meister«*, Halle/S. 1926.

Gerstberger, Karl: Musik im *Wilhelm Meister*. In: *Das Innere Reich* 3 (1936/37), S.1348–1358.

Gillespie, Gerald: Afterthoughts of Hamlet: Goethe's Wilhelm, Joyce's Stephen. In: *Comparative Literary History as Discourse*, ed. by Mario J. Valdés et al., Bern u. a. 1992, pp.285–304.

Greiner, Bernhard: Dialogisches Wort als Medium des Über-sich-Redens: Goethes *Bekenntnisse einer schönen Seele* im *Wilhelm Meister* und die Friederiken-Episode in *Dichtung und Wahrheit*. In: *Freiburger literaturpsychologische Gespräche* 11 (1992), S.95–120.

Greiner, Bernhard: Puppenspiel und Hamlet-Nachfolge: Wilhelm Meisters »Aufgabe« der theatralischen Sendung. In: *Euphorion* 83 (1989), S.281–296.

Haas, Rosemarie: *Die Turmgesellschaft in »Wilhelm Meisters Lehrjahren«. Zur Geschichte des Geheimbundromans und der Romantheorie im 18. Jahrhundert*, Bern/ Frankfurt/M. 1975.

Habermas, Jürgen: Das Ende der repräsentativen Öffentlichkeit, illustriert am Beispiel Wilhelm Meisters. In: ders.: *Strukturwandel der Öffentlichkeit*, Frankfurt/M. 1990 (1962), S.67–69.

Hahn, Karl-Heinz: Adel und Bürgertum im Spiegel Goethescher Dichtungen zwischen 1790 und 1810 unter besonderer Berücksichtigung von *Wilhelm Meisters Lehrjahren*. In: *GJb* 95 (1978), S.150–162.

Hartung, Günter: *Wilhelm Meisters Lehrjahre* und das Faustische. In: *Weimarer Beiträge* 36 (1990), S.284–312.

Hass, Hans-Egon: Goethe. *Wilhelm Meisters Lehrjahre*. In: *Der deutsche Roman*, hrsg. von Benno von Wiese, Bd.1, Düsseldorf 1963, S.132–210.

Hauer, Bernard E.: Die Todesthematik in *Wilhelm Meisters Lehrjahre* und *Heinrich von Ofterdingen*. In: *Euphorion* 79 (1985), S.182–197.

Hennig, John: Stephen Hero and Wilhelm Meister – A study of parallels. In: *German Life and Letters* 5 (1951/52), pp.22–29.

Heselhaus, Clemens: Die *Wilhelm-Meister*-Kritik der Romantiker und die romantische Romantheorie. In: *Nachahmung und Illusion*, hrsg. von Hans Robert Jauß, 2. Aufl. München 1969, S.113–127 und 210–218.

Hörisch, Jochen: Glück und Lücke in *Wilhelm Meisters Lehrjahren*. In: ders.: *Gott, Geld und Glück*, Frankfurt/M. 1983, S.30–99.

Irmscher, Hans Dietrich: Beobachtungen zum Problem der Selbstbestimmung im deutschen Bildungsroman am Beispiel von Goethes Roman *Wilhelm Meisters Lehrjahre*. In: *Jahrbuch des Wiener Goethe-Vereins* 86/87/88 (1982/1983/1984), S.135–172.

Jacobs, Jürgen: *Wilhelm Meister und seine Brüder. Untersuchungen zum deutschen Bildungsroman*, 2. Aufl., München 1983.

Jacobs, Jürgen/ Krause, Markus: *Der deutsche Bildungsroman. Gattungsgeschichte vom 18. bis zum 20. Jahrhundert*, München 1989.

Janz, Rolf-Peter: Zum sozialen Gehalt der *Lehrjahre*. In: *Literaturwissenschaft und Geschichtsphilosophie*, hrsg. von Helmut Arntzen u. a., Berlin/ New York 1975, S.320– 340.

Kacandes, Irene: Representations of Time in *Wilhelm Meisters Lehrjahre*. In: *Seminar. A Journal of Germanic Studies* 26 (1990), pp.95–118.

Keferstein, Georg: Philine. In: *Goethe* 3 (1938), S.40–58.

Kieß, Martina: *Poesie und Prosa. Die Lieder in »Wilhelm Meisters Lehrjahren«*, Frankfurt/M. 1987.

Kittler, Friedrich A.: Über die Sozialisation Wilhelm Meisters. In: *Dichtung als Sozialisationsspiel. Studien zu Goethe und Gottfried Keller*, hrsg. von Gerhard Kaiser und F.A.K., Göttingen 1978, S.13–124.

Köpke, Wulf: *Wilhelm Meisters theatralische Sendung* (1777–1786). In: *Goethes Erzählwerk. Interpretationen*, hrsg. von Paul Michael Lützeler und James E. McLeod, Stuttgart 1985, S.73–102.

Kommerell, Max: *Wilhelm Meister*. In: ders.: *Essays, Notizen, Poetische Fragmente*, aus dem Nachlaß hrsg. von Inge Jens, Olten/ Freiburg/Br. 1969, S.81–186.

Koopmann, Helmut: Goethe: *Wilhelm Meisters Lehrjahre*. In: *Große Werke der Weltliteratur*, Bd.3, hrsg. von Hans Vilmar Geppert, Tübingen/ Basel 1993, S.73–90.

Koopmann, Helmut: *Wilhelm Meisters Lehrjahre* (1795/96). In: *Goethes Erzählwerk. Interpretationen*, hrsg. von Paul Michael Lützeler und James E. McLeod, Stuttgart 1985, S.168–191.

Kraft, Werner: Goethe. Wiederholte Spiegelungen. In: *Merkur* 40 (1986), S.228–234.

Krauß, Paul: Mignon, der Harfner, Sperata. Die Psychopathologie einer Sippe in *Wilhelm Meisters Lehrjahren*. In: *DVjs* 22 (1944), S.327–354.

Krolop, Kurt: Geteiltes Publikum, geteilte Publizität: »Wilhelm Meisters Aufnahme« im Vorfeld des *Athenaeums* (1795–1797). In: *Debatten und Kontroversen. Literarische Auseinandersetzungen in Deutschland am Ende des 18. Jahrhunderts*, hrsg. von Hans-Dietrich Dahnke und Bernd Leistner, Bd.1, Berlin/ Weimar 1989, S.270–384.

Kühl, Hans-Ulrich: Das Poetische in Goethes *Wilhelm Meisters Lehrjahre*. In: *GJb* 101 (1984), S.129–138.

Lachmann, Fritz R.: Goethes Mignon. Entstehung, Name, Gestaltung. In: *GRM* 15 (1927), S.100–116.

Ladendorf, Ingrid: *Zwischen Tradition und Revolution. Die Frauengestalten in »Wilhelm Meisters Lehrjahren« und ihr Verhältnis zu deutschen Originalromanen des 18. Jahrhunderts*, Frankfurt/M. u. a. 1990.

Lämmert, Eberhard: Goethe als Novellist. In: *Goethe's Narrative Fiction. The Irvine Goethe Symposium*, ed. by William J. Lillyman, Berlin/ New York 1983, pp.21–37.

Lukács, Georg: *Wilhelm Meisters Lehrjahre* (1936). In: ders.: *Schriften zur Literatursoziologie*, ausgewählt und eingeleitet von Peter Ludz, 5. Aufl., Neuwied/ Darmstadt/ Berlin 1972, S.383–402.

Mahlendorf, Ursula: The Mystery of Mignon: Object Relations, Abandonment, Child Abuse and Narrative Structure. In: *Goethe Yearbook* 7 (1994), pp.23–39.

Mahoney, Dennis F.: The Apprenticeship of the Reader: The Bildungsroman of the »Age of Goethe«. In: *Reflection and Action: Essays on the Bildungsroman*, ed. by James Hardin, Columbia, SC, 1991, pp.97–117.

Mannack, Eberhard: *Raumdarstellung und Realitätsbezug in Goethes epischer Dichtung*, Frankfurt/M. 1972, S.75–107.

Martini, Fritz: Der Bildungsroman. In: *DVjs* 35 (1961), S.44–63.

Meyer, Herman: Mignons Italienlied und das Wesen der Verseinlagen im *Wilhelm Meister*. Versuch einer gegenständlichen Polemik. In: *Euphorion* 46 (1952), S.149–169.

Minden, Michael: The Place of Inheritance in the Bildungsroman: *Agathon, Wilhelm Meisters Lehrjahre*, and *Der Nachsommer*. In: *Reflection and Action: Essays on the Bildungsroman*, ed. by James Hardin, Columbia, SC, 1991, pp.254–292.

Molnár, Géza von: *Wilhelm Meister* from a Romantic Perspective. In: *Versuche zu Goethe. Festschrift für Erich Heller*, hrsg. von Volker Dürr und G.v.M., Heidelberg 1976, S.235–247.

Neumann, Gerhard: »Ich bin gebildet genug, um zu lieben und zu trauern«. Die Erziehung zur Liebe in Goethes *Wilhelm Meister*. In: *Liebesroman – Liebe im Roman. Eine Erlanger Ringvorlesung*, hrsg. von Titus Heydenreich, Erlangen 1987, S.41–82.

Neumann, Michael: Roman und Ritus. »*Wilhelm Meisters Lehrjahre*«, Frankfurt/M. 1992.

Neumann, Michael: Die Macht über das Schicksal. Zum Geheimbundroman des ausgehenden 18. Jahrhunderts. In: *Literaturwissenschaftliches Jahrbuch der Görres-Gesellschaft* 28 (1987), S.49–84.

Neumann, Peter Horst: »Der Drachen alte Brut«. Ein Fundstück zu Goethes Mignon-Ballade. In: *Aurora* 52 (1992), S.129–135.

Nolan, Erika: Wilhelm Meisters Lieblingsbild: Der kranke Königssohn. In: *JbFDH* (1979), S.132–152.

Øhrgaard, Per: *Die Genesung des Narcissus. Eine Studie zu Goethe: »Wilhelm Meisters Lehrjahre«*, aus dem Dänischen übers. von Monika Wesemann, Copenhagen 1978.

Pöthe, Angelika: Goethes Bilder von Kindheit. Überlegungen zu einem Thema der literarischen Öffentlichkeit im 18. Jahrhundert. In: *Zeitschrift für Germanistik* N.F. 1 (1991), S.330–340.

Pütz, Peter: Der Roman der Klassik. In: *Handbuch des deutschen Romans*, hrsg. von Helmut Koopmann, Düsseldorf 1983, S.244–259.

Reed, Terence James: Revolution und Rücknahme: *Wilhelm Meisters Lehrjahre* im Kontext der Französischen Revolution. In: *GJb* 107 (1990), S.27–43.

Reiss, Hans S.: Das »Poetische« in *Wilhelm Meisters Lehrjahren*. In: *GJb* 101 (1984), S.112–128.

Reiss, Hans S.: Lustspielhaftes in *Wilhelm Meisters Lehrjahre*. In: *Goethezeit, Festschrift für Stuart Atkins*, hrsg. von Gerhart Hoffmeister, Bern/ München 1981, S.129–144.

Röder, Gerda: *Glück und glückliches Ende im deutschen Bildungsroman. Eine Studie zu Goethes »Wilhelm Meister«*, München 1968.

Roß, Werner: Kennst du das Land, wo die Zitronen blühn? Zur Vorgeschichte einer Goethe-Strophe. In: *GRM* N.F. 2 (1951/52) S.172–188.

Sagmo, Ivar: *Bildungsroman und Geschichtsphilosophie. Eine Studie zu Goethes Roman »Wilhelm Meisters Lehrjahre«*, Bonn 1982.

Sagmo, Ivar: Hier oder nirgend ist Amerika! Hier oder nirgend ist Herrenhut! Zur Lokalisierung des Turmbezirks in Goethes Roman *Wilhelm Meisters Lehrjahre*. In: *Text & Kontext* 8.1 (1980), S.63–87.

Saine, Thomas P.: Was *Wilhelm Meisters Lehrjahre* really supposed to be a Bildungsroman? In: *Reflection and Action: Essays on the Bildungsroman*, ed. by James Hardin, Columbia, SC, 1991, pp.118–141.

Sarasin, Philipp: Goethes Mignon. Eine psychoanalytische Studie. In: *Imago* 15 (1929), S.349–399.

Saße, Günter: Die Sozialisation des Fremden. Mignon oder: Das Kommensurable des Inkommensurablen in *Wilhelm Meisters Lehrjahren*. In: *Begegnung mit dem »Fremden«. Grenzen – Traditionen – Vergleiche*, Akten des VIII. Internationalen Germanisten-Kongresses, Tokyo 1990, Bd.11, hrsg. von Yoshinori Shichiji, München 1991, S.103–112.

Schings, Hans-Jürgen: *Agathon – Anton Reiser – Wilhelm Meister*. Zur Pathogenese des modernen Subjekts im Bildungsroman. In: *Goethe im Kontext*, hrsg. von Wolfgang Wittkowski, Tübingen 1984, S.42–68.

Schings, Hans-Jürgen: Natalie und die Lehre des †††. Zur Rezeption Spinozas in *Wilhelm Meisters Lehrjahren*. In: *Jahrbuch des Wiener Goethe-Vereins* 89–91 (1985–1987), S.37–88.

Schings, Hans-Jürgen: Wilhelm Meisters Geselle Laertes. In: *Euphorion* 77 (1983), S.419–437.

Schings, Hans-Jürgen: Wilhelm Meisters schöne Amazone. In: *JbDSG* 29 (1985), S.141–206.

Schlegel, Friedrich: Über Goethe's Meister. In: *Athenaeum*, 1. Bd., 2. Stück, Berlin 1798, S.147–178.

Schumann, Detlev W.: Die Zeit in *Wilhelm Meisters Lehrjahren*. In: *JbFDH* (1968), S.130–165.

Schweitzer, Christoph E.: Wilhelm Meister und das Bild vom kranken Königssohn. In: *PMLA* 72 (1957), S.419–432.

Selbmann, Rolf: *Der deutsche Bildungsroman*, Stuttgart 1984, bes.: S.63–101.

Selbmann, Rolf (Hrsg.): *Zur Geschichte des deutschen Bildungsromans*, Darmstadt 1988.

Sorg, Klaus-Dieter: *Gebrochene Teleologie. Studien zum Bildungsroman von Goethe bis Thomas Mann*, Heidelberg 1983.

Stadler, Ulrich: Wilhelm Meisters unterlassene Revolte. In: *Euphorion* 74 (1980), S.360–374.

Staiger, Emil: *Wilhelm Meisters Lehrjahre*. In: ders.: *Goethe*, Bd.2, Zürich/ Freiburg/Br. 1956, S.128–174.

Stanitzek, Georg: Bildung und Roman als Momente bürgerlicher Kultur. Zur Frühgeschichte des deutschen »Bildungsromans«. In: *DVjs* 62 (1988), S.416–450.

Steinecke, Hartmut: The Novel and the Individual: The Significance of Goethe's *Wilhelm Meister* in the Debate about the Bildungsroman, transl. by James Hardin. In: *Reflection and Action: Essays on the Bildungsroman*, ed. by James Hardin, Columbia, SC, 1991, pp.69–96.

Steinecke, Hartmut: *Wilhelm Meister* und die Folgen. Goethes Roman und die Entwicklung der Gattung im 19. Jahrhundert. In: *Goethe im Kontext*, hrsg. von Wolfgang Wittkowski, Tübingen 1984, S.89–118.

Steiner, Jacob: *Goethes »Wilhelm Meister«. Sprache und Stilwandel*, Stuttgart u. a. 1966 (Zürich 1959).

Stephan, Inge: Mignon und Penthesilea. Androgynie und erotischer Diskurs bei Goethe und Kleist. In. *Annäherungsversuche. Zur Geschichte und Ästhetik des Erotischen in der Literatur*, hrsg. von Horst Albert Glaser, Bern/ Stuttgart/ Wien 1993, S.183–208.

Stern, Lucie: *Wilhelm Meisters Lehrjahre* und Jean Pauls *Titan*. In: *Zeitschrift für Ästhetik und Allgemeine Kunstwissenschaft* 16 (1922), S.35–68.

Storck, Joachim W.: Das Ideal der klassischen Gesellschaft in *Wilhelm Meisters Lehrjahren*. In: *Versuche zu Goethe. Festschrift für Erich Heller*, hrsg. von Volker Dürr und Géza von Molnár, Heidelberg 1976, S.212–234.

Storz, Gerhard: Die Lieder aus *Wilhelm Meister*. In: ders.: *Goethe-Vigilien*, Stuttgart 1953, S.104–125.

Storz, Gerhard: Wieder einmal die *Lehrjahre*. In: *Versuche zu Goethe. Festschrift für Erich Heller*, hrsg. von Volker Dürr und Géza von Molnár, Heidelberg 1976, S.190–200.

Storz, Gerhard: *Wilhelm Meisters Lehrjahre* in den Briefen Goethes und Schillers. In: ders.: *Figuren und Prospekte*, Stuttgart 1963, S.104–132.

Storz, Gerhard: *Wilhelm Meisters Lehrjahre*. In: ders.: *Goethe-Vigilien*, Stuttgart 1953, S.61–103.

Strack, Friedrich: Selbst-Erfahrung oder Selbst-Entsagung? Goethes Deutung und Kritik des Pietismus in *Wilhelm Meisters Lehrjahre*. In: *Verlorene Klassik? Ein Symposium*, hrsg. von Wolfgang Wittkowski, Tübingen 1986, S.52–78.

Südhoff, Rüdiger: *Die intertextuelle Sinnkonstitution im Bildungsroman der Weimarer Klassik. Poetologische Paradigmen der Aufklärungsliteratur in Goethes »Lehrjahren«*, Stuttgart 1994.

Swales, Martin: Irony and the Novel: Reflections on the German Bildungsroman. In: *Reflection and Action: Essays on the Bildungsroman*, ed. by James Hardin, Columbia, SC, 1991, pp.46–68.

Utz, Peter: Die Sinnlichkeit des Textes und die Einbildungskraft des Lesers: *Wilhelm Meisters Lehrjahre*. In: ders.: *Das Auge und das Ohr im Text*, München 1990, S.124–146.

Thüsen, Joachim von der: Der Romananfang in *Wilhelm Meisters Lehrjahren*. In: *DVjs* 43 (1969), S.622–630.

Vaget, Hans Rudolf: Liebe und Grundeigentum in *Wilhelm Meisters Lehrjahren*. Zur Physiognomie des Adels bei Goethe. In: *Legitimationskrisen des deutschen Adels 1200–1900*, hrsg. von Peter Uwe Hohendahl und Paul Michael Lützeler, Stuttgart 1979, S.137–157.

Viëtor, Karl: Das Problem der Bildung. In: ders.: *Goethe. Dichtung – Wissenschaft – Bildung*, Bern 1949, S.129–150.

Voerster, Erika: *Märchen und Novellen im klassisch-romantischen Roman*, 2. Aufl., Bonn 1966.

Wagner, Walter: Goethes Mignon. In: *GRM* 21 (1933), S.401–415.

Wetzels, Walter D.: Schauspielerinnen im 18. Jahrhundert – zwei Perspektiven: *Wilhelm Meister* und die Memoiren der Schulze-Kummerfeld. In: *Die Frau von der Reformation zur Romantik*, hrsg. von Barbara Becker-Cantarino, Bonn 1980, S.195–216.

Windfuhr, Manfred: Herkunft und Funktion der Geheimgesellschaft vom Turm in Goe-
    thes *Wilhelm Meisters Lehrjahren*. In: ders.: *Erfahrung und Erfindung. Interpreta-
    tionen zum deutschen Roman vom Barock bis zur Moderne*, Heidelberg 1993,
    S.66–88.
Winter, Ingrid: *Wiederholte Spiegelungen: Funktion und Bedeutung der Verseinlage in
    Goethes »Iphigenie auf Tauris« und »Wilhelm Meisters Lehrjahre«*, New York/
    Bern/ Frankfurt/M. 1988.
Wolff, Eugen: *Mignon. Ein Beitrag zur Geschichte des Wilhelm Meister*, München 1909.
Wuthenow, Ralph-Rainer: Wilhelm Meister als Leser. In: ders.: *Im Buch die Bücher oder
    Der Held als Leser*, Frankfurt/M. 1980, S.74–86.

Wilhelm Meisters Wanderjahre und beide *Meister*-Romane

Abbott, Scott: »Des Maurers Wandeln/ Es gleicht dem Leben.« The Freemasonic Ritual
    Route in *Wilhelm Meisters Wanderjahre*. In: *DVjs* 58 (1984), pp.262–288.
Adler, Jeremy: »Die Sonne stand noch hoch ...«. Zu Landschaft und Bildung in *Wilhelm
    Meisters Wanderjahre*. In: *Text und Kritik: Johann Wolfgang von Goethe*, hrsg. von
    Heinz Ludwig Arnold, München 1982, S.222–239.
Aesch, Alexander Gode-von: Makarie. In: *Monatshefte* 34 (1942), S.31–33.
Amrine, Frederick: Romance Narration in *Wilhelm Meisters Wanderjahre*. In: *The Ger-
    man Quarterly* 55 (1982), No.1, pp.29–38.
Anonym (Rez.): Des falschen Wilhelm Meister's *Wanderjahre* (1821). In: *Neue Berliner
    Monatschrift für Philosophie, Geschichte, Literatur und Kunst* (1821), H.9 (Faksi-
    mile-Neudruck, Bd.2, Stuttgart-Bad Cannstatt 1988), S.240–246.
Anonym (Rez.): *Wilhelm Meister's Wanderjahre; oder die Entsagenden*, ein Roman von
    Goethe, 1ster Theil. In: *Literarisches Conversations-Blatt* (1821), No.192 (Nach-
    druck in: Friedrich Karl Julius Schütz: *Göthe und Pustkuchen, oder: über die beiden
    »Wanderjahre« Wilhelm Meister's und ihre Verfasser*, Halle 1823, S.252–258).
Anton, Herbert: »Überirdische Gesichte« und »Aretalogie« in *Wilhelm Meisters Lehr-
    und Wanderjahren*. In: *Textkritik und Interpretation. Festschrift für Karl Konrad
    Polheim zum 60. Geburtstag*, hrsg. von Heimo Reinitzer, Bern u. a. 1987, S.197–212.
Armstrong, Bruce: An Idyl Sad and Strange. The St. Joseph the Second Section and the
    Presentation of Craft Work in Goethe's *Wilhelm Meisters Wanderjahre*. In: *Mo-
    natshefte* 77 (1985), pp.415–432.
Arndt, Karl J.R.: The Harmony Society and *Wilhelm Meisters Wanderjahre*. In: *Com-
    parative Literature* X (1958), No.3, pp.193–202.
Arnold, Robert F.: *Wilhelm Meisters Meisterjahre*. In: *Chronik des Wiener Goethe-Ve-
    eins* 16 (1902), S.43–45.
Bahr, Ehrhard: *Die Ironie im Spätwerk Goethes: »... diese sehr ernsten Scherze ...«*, Berlin
    1972, S.88–130.
Bahr, Ehrhard: Goethe's *Wanderjahre* as an Experimental Novel. In: *Mosaic* 5 (1972),
    Nr.3, pp.61–71.
Bahr, Ehrhard: Realismus und Totalität. *Wilhelm Meisters Wanderjahre* als Roman des
    19. Jahrhunderts. In: *Formen realistischer Erzählkunst. Festschrift for Charlotte Jol-
    les*, ed. by Jörg Thunecke, Nottingham 1979, S.88–92.

Bahr, Ehrhard: Revolutionary Realism in Goethe's *Wanderjahre*. In: *Goethe's Narrative Fiction. The Irvine Goethe Symposium*, ed. by William J. Lillyman, Berlin/ New York 1983, pp.161–175.

Bahr, Ehrhard: *Wilhelm Meisters Wanderjahre oder Die Entsagenden* (1821/1829). In: *Goethes Erzählwerk. Interpretationen*, hrsg. von Paul Michael Lützeler und James E. McLeod, Stuttgart 1985, S.363–395.

Bahr, Ehrhard: *Wilhelm Meisters Wanderjahre, oder die Entsagenden* (1821–1829): From Bildungsroman to Archival Novel. In: *Reflection and action*, ed. by James Hardin, Columbia, SC, 1991, pp.163–194.

Baldwin, Birgit: *Wilhelm Meisters Wanderjahre* as an Allegory of Reading. In: *Goethe Yearbook* 5 (1990), pp.213–232.

Barkhoff, Jürgen: Goethes Ehrfurchtsgebärden in den *Wanderjahren* als Anthropologie vom Leibe her. In: *Anthropologie und Literatur um 1800*, hrsg. von J. B. und Eda Sagarra, München 1992, S.161–186.

Bastian, Hans Jürgen: Die Gesellschaftsproblematik in Goethes Roman *Wilhelm Meisters Wanderjahre oder die Entsagenden*. In: *Weimarer Beiträge* 12 (1966), S.984–986.

Bastian, Hans Jürgen: Zum Menschenbild des späten Goethe: Eine Interpretation seiner Erzählung *Sankt Joseph der Zweite* aus *Wilhelm Meisters Wanderjahren*. In: *Weimarer Beiträge* 12 (1966), S.471–488.

Bastian, Hans Jürgen: Die Makrostruktur von *Wilhelm Meisters Wanderjahren*. In: *Weimarer Beiträge* 14 (1968), S.626–639.

Bauer, Georg-Karl: Makarie. In: *GRM* 25 (1937), H.1/2, S.178–197.

Baumgarten, Konrad: *Die Quellen der »Pädagogischen Provinz« in den »Wanderjahren« von Goethe*, Diss.: masch., Jena 1922 (in Jena verschollen).

Baumann, Gerhart: *Maxime und Reflexion als Stilform bei Goethe*, Diss., Freiburg/Br. 1949.

Becker, Henrik: Eine Quelle zu Goethes *Neuer Melusine*. In: *ZfdPh* 52 (1927), S.150f.

Bennett, Benjamin: The New Holy Scripture of Humanity: The Reader of the Novel and the Mission of the Genre in *Wilhelm Meisters Wanderjahre*. In: ders.: *Beyond Theory. Eighteenth-Century German Literature and the Poetics of Irony*, Ithaca/ London 1993, pp.14–63.

Berghahn, Klaus L./ Pinkerneil, Beate: *Am Beispiel »Wilhelm Meister«. Einführung in die Wissenschaftsgeschichte der Germanistik*, 2 Bde., Königstein/Ts. 1980.

Bertheau, Friedrich: *Goethe und seine Beziehungen zur schweizerischen Baumwoll-Industrie nebst dem Nachweis, dass unter Frau Susanna, der Fabrikantenfrau in »Wilhelm Meisters Wanderjahren«, Frau Barbara Schulthess von Zürich zu verstehen ist*, Wetzikon 1888.

Beutler, Ernst: Die vierfache Ehrfurcht. In: *Modern Language Quarterly* 10 (1949), S.259–263.

Beutler, Ernst: Von der Ilm zum Susquehanna. Goethe und Amerika in ihren Wechselbeziehungen. In: ders.: *Essays um Goethe*, 2., erw. Aufl., Leipzig 1941, S.446–500.

Bielschowsky, Albert: *Wilhelm Meisters Wanderjahre*. In: ders.: *Goethe. Sein Leben und seine Werke*, Bd.2, 1.–3. Aufl., München 1904, S.513–568.

Bimler, Kurt: *Die erste und zweite Fassung von Goethes »Wanderjahren«*, Beuthen O.-S. 1907 (Diss., Breslau 1907).

Bindschedler, Maria: Goethe und die kokette Frau. In: *Neue Schweizer Rundschau* N.F. 17 (1949), S.380–385.

Binggeli, Ueli: *Amor versus Fama. Anmerkungen zu Goethes Novelle »Die pilgernde Törin«*, Bern 1994 (unveröff. Typoskript).

Bittel, Karl: Der Arzt-Astronom und die Seherin Makarie. Goethe und die Phänomene um F.A. Mesmer. In: *Die Propyläen* 38 (1940/41), Nr.17, 21. Januar 1941, S.66f.

Bittel, Karl: Die Seherin Makarie. In: *Kölner Zeitung*, 28. Juli 1941, Nr.378, S.3.

Blackall, Eric A.: *Goethe and the Novel*, Ithaca/ London 1976, pp.224–269.

Blackall, Eric A.: Wilhelm Meister's pious pilgrimage. In: *German Life and Letters* 18 (1964/65), pp.246–251.

Blessin, Stefan: Arbeitsteilung und Fortschritt in *Wilhelm Meisters Wanderjahren*. In: ders.: *Die Romane Goethes*, Königstein/Ts. 1979, S.110–268.

Böckmann, Paul: Voraussetzungen der zyklischen Erzählform in *Wilhelm Meisters Wanderjahren*. In: *Festschrift für Detlev W. Schumann zum 70. Geburtstag*, hrsg. von Albert R. Schmitt, München 1970, S.130–144.

Boerner, Peter: Amerika, du hast es besser? In: *Germanistik aus interkultureller Perspektive*, hrsg. von Adrien Finck und Gertrud Gréciano, Strasbourg 1988, S.227–238.

Böhler, Michael: »Huy, meine ich nun: das ist es ...« – »alberne Idee ...«. Leselektionen des Geheimrats von Goethe im Umkreis der *Wanderjahre*. In: *Hören Sagen Lesen Lernen. Festschrift für Rudolf Schenda zum 65. Geburtstag*, hrsg. von Ursula Brunold-Bigler und Hermann Bausinger, Bern u. a. 1995, S.23–38.

Böhme, Hartmut: Lebendige Natur – Wissenschaftskritik, Naturforschung und allegorische Hermetik bei Goethe. In: *DVjs* 60 (1986), S.249–272.

Böschenstein, Renate: Berufsfindung als psychisches Problem untersucht an ihrer Darstellung in literarischen Texten. In: *Freiburger literaturpsychologische Gespräche* 16 (1997), S.45–68.

Bollnow, Otto Friedrich: Über die Ehrfurcht. In: *Blätter für deutsche Philosophie* 16 (1942/43), S.345–369.

Bollnow, Otto Friedrich: Vorbetrachtungen zum Verständnis der Bildungsidee in Goethes *Wilhelm Meister*. In: *Die Sammlung* 10 (1955), S.445–463.

Borcherdt, Hans Heinrich: *Wilhelm Meisters Wanderjahre*. In: ders.: *Der Roman der Goethezeit*, Urach/ Stuttgart 1949, S.559–597.

Borchmeyer, Dieter: *Goethe, Mozart und die Zauberflöte*, Göttingen 1994, bes.: S.22ff.

Borchmeyer, Dieter: Spätstil in zweierlei Gestalt. Goethes *Der Mann von funfzig Jahren* und Stifters *Der fromme Spruch*. In: *Germanistik aus interkultureller Perspektive*, hrsg. von Adrien Finck und Gertrud Gréciano, Strasbourg 1988, S.239–251.

Borchmeyer, Dieter: *Weimarer Klassik. Portrait einer Epoche*, Weinheim 1994, bes.: S.520–529.

Broch, Hermann: James Joyce und die Gegenwart. In: ders.: *Schriften zur Literatur 1: Kritik, Kommentierte Werkausgabe*, hrsg. von Paul Michael Lützeler, Bd.9/1, Frankfurt/M. 1975, S.63–91.

Brown, Jane K.: *Goethe's Cyclical Narratives. »Die Unterhaltungen deutscher Ausgewanderten« and »Wilhelm Meisters Wanderjahre«*, Chapel Hill 1975.

Brück, Max von: Die Ehrfurcht des Wilhelm Meister. In: *Festgabe für Wilhelm Hausenstein*, mit Beiträgen von Rudolf Bach u. a., München 1952, S.113–126.

Bruford, Walter H.: Goethe: *Wilhelm Meisters Wanderjahre* (1829). In: ders.: *The German Tradition of Self-Cultivation*, Cambridge/ London 1975, pp.88–112.

Bruford, Walter H.: Goethes *Wilhelm Meister* als Bild und Kritik der Gesellschaft. In: Klaus L. Berghahn/ Beate Pinkerneil: *Am Beispiel »Wilhelm Meister«. Einführung in die Wissenschaftsgeschichte der Germanistik*, Bd.2, Königstein/Ts. 1980, S.211–233.

Buck, George C.: The Pattern of the Stowaway in Goethe's Works. In: *PMLA* 71 (1956), pp.451–464.

Bunzel, Wolfgang: »Das ist eine heillose Manier, dieses Fragmente-Auftischen«. Die Vorabdrucke einzelner Abschnitte aus Goethes *Wanderjahren* in Cottas *Taschenbuch für Damen*. In: *JbFDH* (1992), S.36–68.

Bunzel, Wolfgang: Ein anonymes Zeugnis zur Publikationsgeschichte von Goethes *Wanderjahren* und sein Verfasser K.A. Varnhagen von Ense. In: *Euphorion* 83 (1989), S.309–322.

Burkhardt, Wilhelm Georg: *Darstellung und Besprechung der Paedagogischen Provinz in Goethes »Wilhelm Meisters Wanderjahren«*, Diss., Jena 1903.

Buschinger, Philippe: *Die Arbeit in Goethes »Wilhelm Meister«*, Stuttgart 1986.

Christadler, Martin: Schock der Erfahrung: Goethes *Wilhelm Meister* und die amerikanische Romantik. In: *Allerhand Goethe*, hrsg. von Dieter Kimpel und Jörg Pompetzki, Frankfurt/M./ Bern/ New York 1985, S.303–322.

Cohn, Jonas: Datierung eines Paralipomenon zum *Wilhelm Meister*. In: *GJb* 32 (1911), S.188–190.

Cohn, Jonas: Der Erziehungsplan in Goethes *Wanderjahren*. In: *Die pädagogische Hochschule* 4 (1932), S.1–23.

Cohn, Jonas: *Wilhelm Meisters Wanderjahre*, ihr Sinn und ihre Bedeutung für die Gegenwart. In: *Logos* 1 (1910/11), S.228–256.

Cope, Russell Leslie: *A Structural Analysis of Goethe's Novel »Wilhelm Meisters Wanderjahre«*, Diss.: masch., University of New South Wales 1975.

Croce, Benedetto: Una novella del Goethe. Il secondo San Giuseppe. In: *La Critica* 31 (1933), pp.307–312.

Dahl, Hermann: Goethes sozialer Staat. In: *Die Tat* 11 (1919/20), S.912–917.

Dane, Gesa: *»Die heilsame Toilette«. Kosmetik und Bildung in Goethes »Der Mann von funfzig Jahren«*, Göttingen 1994.

David, Claude: Goethes *Wanderjahre* als symbolische Dichtung. In: ders.: *Ordnung des Kunstwerks. Aufsätze zur deutschsprachigen Literatur zwischen Goethe und Kafka*, hrsg. von Theo Buck und Etienne Mazingue, Göttingen 1983, S.29–44.

Degering, Thomas: *Das Elend der Entsagung: Goethes »Wilhelm Meisters Wanderjahre«*, Bonn 1982.

Deichgräber, Karl: Goethe und Hippokrates. In: *Sudhoffs Archiv für Geschichte der Medizin und der Naturwissenschaften* 29 (1936), H.1/2, S.27–56.

Deiters, Heinrich: Goethes Gedanken über Jugenderziehung in *Wilhelm Meisters Wanderjahren*. In: *Goethe* 22 (1960), S.21–38.

Derré, Françoise: Die Beziehungen zwischen Felix, Hersilie und Wilhelm in *Wilhelm Meisters Wanderjahren*. In: *GJb* 94 (1977), S.38–48.

Dichler, Gustav: *Wilhelm Meisters Wanderjahre* im Urteil deutscher Zeitgenossen. In: *Archiv für das Studium der neueren Sprachen* 87 (1932), Bd.162, S.23–29.

Dichler, Gustav: *Wilhelm Meisters Wanderjahre* und ihre Aufnahme. In: *Chronik des Wiener Goethe-Vereins* 44 (1939), S.14–26.

Dowden, Steve: Irony and ethical autonomy in *Wilhelm Meisters Wanderjahre*. In: *DVjs* 68 (1994), S.134–154.

Düntzer, Heinrich: Goethes Märchen *Der neue Paris* und *Die neue Melusine*. In: *Westermann's illustrirte deutsche Monats-Hefte* 47 (1879/80), S.634–641.

Düntzer, Heinrich: Über einige Versehen in der zweiten Redaction von Goethe's *Wanderjahren*, nebst einem Vorschlag zur Berichtigung. In: *Blätter für literarische Unterhaltung* (1847), Nr.208, S.831f.

Düntzer, Heinrich: *Wilhelm Meister's Wanderjahre*. In: ders.: *Studien zu Goethe's Werken*, Elberfeld/ Iserlohn 1849, S.318–375.

Düntzer, Heinrich: »*Wilhelm Meisters Wanderjahre*« von Goethe, Leipzig o.J. (Erläuterungen zu den deutschen Klassikern, Bd.9).

Düsing, Wolfgang: Der Novellenroman. In: *JbDSG* 20 (1976), S.539–556.

Dürr, Volker: Geheimnis und Aufklärung: Zur pädagogischen Funktion des Kästchens in *Wilhelm Meisters Wanderjahren*. In: *Monatshefte* 74 (1982), S.11–19.

Eiselen, F.: *Goethe's Pädagogik*, Frankfurt/M. 1881.

Elsaghe, Yahya A.: »Anni demunt«. Die drei Paraphrasen des *Mann[s] von funfzig Jahren*. In: *ZfdPh* 112 (1993), S.509–528.

Elsaghe, Yahya A.: »Eins und doppelt«. Zur Verdoppelung mythologischer Identitäten in Goethes *Der Mann von funfzig Jahren*. In: *Sprachkunst. Beiträge zur Literaturwissenschaft* 23 (1992), 2. Halbbd., S.213–232.

Elsaghe, Yahya A.: »Helle« und »Hölle«: Zur Rolle der Dichtung in *Wilhelm Meisters Wanderjahren*. In: *Goethe Yearbook* 7 (1994), S.118–132.

Elsaghe, Yahya A.: Nil praeter nasum? Zur Symbolik des Leibes in Goethes *Gefährlicher Wette*. In: *Symbolik des menschlichen Leibes*, hrsg. von Paul Michel, Bern u. a. 1995, S.305–328.

Elsaghe, Yahya A.: Wilhelm Meisters letzter Brief. Homosexualität und Nekrophilie bei Goethe. In: *Forum Homosexualität und Literatur* 24 (1995), S.5–36.

Emmel, Hildegard: Formprobleme des Romans im Spätwerk Wielands und Goethes. In: *Stil- und Formprobleme in der Literatur*, hrsg. von Paul Böckmann, Heidelberg 1959, S.267–272.

Emrich, Wilhelm: Das Problem der Symbolinterpretation im Hinblick auf Goethes *Wanderjahre*. In: ders.: *Protest und Verheißung*, 3. Aufl., Frankfurt/M./ Bonn 1968, S.48–66.

Emrich, Wilhelm: *Die Symbolik von »Faust II«. Sinn und Vorformen*, Berlin 1943.

Esau, Helmut: Die Landschaft in Goethes *Wilhelm Meisters Wanderjahren*. In: *Colloquia Germanica* (1973), S.234–251.

Ettig, Franz: Goethes Schau menschlicher Vollendung in der Gestalt Makariens. In: *Theosophische Kultur* 29 (1937), H.3, S.67–69.

Fadrus, Viktor: Goethes sozialpädagogisches und sozialpolitisches Vermächtnis. In: *Schulreform* 11 (1932), H.3, S.147–171.

Fink, Gonthier-Louis: Die Auseinandersetzung mit der Tradition in *Wilhelm Meisters Wanderjahren*. In: *Recherches Germaniques* 5 (1975), S.89–142.

Fink, Gonthier-Louis: Goethes *Neue Melusine* und die Elementargeister. In: *Goethe* 21 (1959), S.140–151.

Fink, Gonthier-Louis: *La Nouvelle Mélusine*. Goethe à la recherche d'un nouveau langage ésotérique. In: ders. u. a.: *Goethe*, Paris 1980, pp.145–177.

Fink, Gonthier-Louis: Le thème de la propriété dans *Wilhelm Meisters Wanderjahre* de Goethe. In: *Etudes Germaniques* 17 (1987), S.306–319.

Fink, Gonthier-Louis: Tagebuch, Redaktor und Autor. Erzählinstanz und Struktur in Goethes *Wilhelm Meisters Wanderjahre*. In: *Recherches Germaniques* 16 (1986), S.7–54.

Fink, Gonthier-Louis u. a.: Anhang. In: MA 17, S.955–1217.

Fischer-Hartmann, Deli: *Goethes Altersroman. Studien über die innere Einheit von »Wilhelm Meisters Wanderjahren«*, Halle/S. 1941.

Flashar, Dorothea: *Bedeutung, Entwicklung und literarische Nachwirkung von Goethes Mignongestalt*, Berlin 1929.

Fleischhauer-Oberspier, O.: Goethes *Wilhelm Meister*. In: *Die Grenzboten* 70 (1911), S.270–277.

Flitner, Wilhelm: »Aus Makariens Archiv«. In: *Goethe-Kalender* 36 (1943), S.116–174.

Flitner, Wilhelm: Die Pädagogische Provinz und die Pädagogik Goethes in den *Wanderjahren*. In: *Die Erziehung* 16 (1941), S.185–193 und 206–223.

Flitner, Wilhelm: Der Roman. *Wilhelm Meisters Wanderjahre*. In: ders.: *Goethe im Spätwerk*, Hamburg 1947, S.191–239.

Flitner, Wilhelm: Goethes Erziehungsgedanken in *Wilhelm Meisters Wanderjahren*. In: *Goethe* 22 (1960), S.39–53.

Flitner, Wilhelm: Sinn und Tat in *Wilhelm Meisters Wanderjahren*. In: *Die Erziehung* 13 (1938), S.244–266.

Foerster, Wilhelm: Zur Geschichte einer astronomischen Episode in *Wilhelm Meister's Wanderjahren*. In: *Westermann's illustrirte deutsche Monats-Hefte* 46 (1879), S.330–336.

[Förster, Friedrich Christoph] (Rez.): *Wilhelm Meister's Wanderjahre, oder die Entsagenden*. Ein Roman von Goethe. Erster Theil (1821). In: *Neue Berliner Monatschrift für Philosophie, Geschichte, Literatur und Kunst* (1821), H.9, Faksimile-Neudruck, Bd.2, Stuttgart-Bad Cannstatt 1988, S.237–239 (dort anonym).

[Förster, Karl] (Rez.): Ueber *Wilhelm Meisters Wanderjahre*, von Göthe. In: *Literarisches Conversations-Blatt* (1821), No.250f., S.997ff. (Nachdruck in: Friedrich Karl Julius Schütz: *Göthe und Pustkuchen*, S.290–311).

Frank, Emma: Bildungs- und Erziehungsprobleme in *Wilhelm Meister*. In: *Deutsche Lehrerinnen-Zeitschrift* 49 (1932), S.101–105.

Franz, Erich: Goethes Lehre von den drei Formen der Religion und der Ehrfurcht. In: *Die Christliche Welt* 41 (1927), Sp.807–814 und 883–887.

Freytag, Gustav: Wilhelm Meister im Verhältniß zu unsrer Zeit. In: *Die Grenzboten* 14 (1855), Bd.2, S.441–455.

Fuchs, Albert: Makarie. In: ders.: *Goethe-Studien*, Berlin 1968, S.97–117.

Fürst, Rudolf: Das undenische Pygmäenweibchen. In: *GJb* 21 (1900), S.267f.

Fullenwider, Henry Francis: *Prolegomena to an Interpretation of Goethe's »Wilhelm Meisters Wanderjahre«*, Diss., Kalifornien 1972.

Gerlach, Otto: *Goethe als Sozialpolitiker. Ein Beitrag zur Beurteilung der sozialen Frage*, Dessau/ Leipzig 1892.

Geulen, Hans: Goethes Kunstmärchen *Der neue Paris* und *Die neue Melusine*. Ihre poetologischen Imaginationen und Spielformen. In: *DVjs* 59 (1985), S.79–92.

Gidion, Heidi: *Zur Darstellungsweise von Goethes »Wilhelm Meisters Wanderjahre«*, Göttingen 1969.

Gilg, André: *»Wilhelm Meisters Wanderjahre« und ihre Symbole*, Zürich 1954.

Gille, Klaus F. (Hrsg.): *Goethes Wilhelm Meister. Zur Rezeptionsgeschichte der Lehr- und Wanderjahre*, Königstein/Ts. 1979.

Gille, Klaus F.: *Wilhelm Meister im Urteil der Zeitgenossen. Ein Beitrag zur Wirkungsgeschichte Goethes*, Assen 1971.

Godard, Roger: Macarie ou l'Anti-Grand Cophte. In: Gonthier-Louis Fink u. a.: *Goethe*, Paris 1980, pp. 241–263.

Goerlitz, Adelheid: *Der Bund der Wanderer und Entsagenden in Goethes Roman »Wilhelm Meisters Wanderjahre oder die Entsagenden«*, Diss.: masch., Marburg 1945.

Goes, Albrecht: Pädagogische Provinz. In: *Das Inselschiff* 20 (1938), S.12–26.

Göschel, Carl Friedrich: Die neue Melusine. In: ders.: *Unterhaltungen zur Schilderung Göthescher Dicht- und Denkweise*, Schleusingen 1834, Bd.1, S.128–153.

Göschel, Carl Friedrich: Geleitsbrief zu den *Wanderjahren* in Bruchstücken. Aus einem Kommentare zu den Versen vor den *Wanderjahren*. In: ders.: *Unterhaltungen zur Schilderung Göthescher Dicht- und Denkweise*, Schleusingen 1834, Bd.1, S.110–127.

Göschel, Carl Friedrich: Die Resignation. Aus dem dreizehnten Capitel der *Wanderjahre* erster Redaction. In: ders.: *Unterhaltungen zur Schilderung Göthescher Dicht- und Denkweise*, Schleusingen 1834, Bd.2, S.53–57.

Göschel, Carl Friedrich: Wilhelm Meisters Wanderbuch. Nach den Reimen vor den *Wanderjahren* erster Redaction. In: ders.: *Unterhaltungen zur Schilderung Göthescher Dicht- und Denkweise*, Schleusingen 1834, Bd.1, S.88–109.

Gregorovius, Ferdinand: *Göthe's »Wilhelm Meister« in seinen socialistischen Elementen entwickelt*, 2. Aufl., Schwäbisch Hall 1855 (1849).

Grimminger, Rolf: Löcher in der Ordnung der Dinge. *Wilhelm Meisters Lehr- und Wanderjahre*. In: ders: *Die Ordnung, das Chaos und die Kunst. Für eine neue Dialektik der Aufklärung*, Frankfurt/M. 1990 (1986), S.201–244.

Gross, Felix: Die Religion der Ehrfurcht in Goethes *Wilhelm Meister*. In: *Bayreuther Blätter* 33 (1910), S.191–199.

Günther, Guido Wolf: *Goethes sozialpädagogische Ansichten in »Wilhelm Meisters Wanderjahren« im Lichte der Gegenwart*, Leipzig 1920.

Gustafson, Susan: The Religious Significance of Goethe's »Amerikabild«. In: *Eighteenth-Century Studies* 24 (1990/91), pp.69–91.

Haas, Albert: *Wilhelm Meisters Wanderjahre*. In: *Phoenix* 15 (1929), S.199–211, 16 (1930), S.3–22.

Haas, Gerhard: Johann Wolfgang Goethe: *Wilhelm Meisters Wanderjahre*. In: ders.: *Studien zur Form des Essays und seinen Vorformen im Roman*, Tübingen 1966, S.89–99.

Halpert, Inge D.: *Hermann Hesse and Goethe with Particular Reference to the Relationship of »Wilhelm Meister« and »Das Glasperlenspiel«*, Diss., New York 1957.

Halpert, Inge D.: Vita activa and vita contemplativa. In: *Monatshefte* 53 (1961), pp. 159–166.

Halpert, Inge D.: Wilhelm Meister and Josef Knecht. In: *The German Quarterly* 34 (1961), pp.11–20.

Hamlin, Cyrus: Goethe und die Schule Hegels. H.G. Hothos Rezension von *Wilhelm Meisters Wanderjahre* in den *Jahrbüchern für wissenschaftliche Kritik*. In: *Die »Jahr-*

bücher für wissenschaftliche Kritik«. Hegels Berliner Gegenakademie, hrsg. von Christoph Jamme, Stuttgart-Bad Cannstatt 1994, S.396–434.

Hammer, Carl: *Wilhelm Meisters Wanderjahre* and Rousseau. In: *Southwest Goethe Festival*, ed. by Gilbert J. Jordan, Dallas/Texas 1949, pp.34–50.

Hardin, James (Rez.): *»Wilhelm Meisters Wanderjahre« und der Roman des Nebeneinander*. Von Waltraud Maierhofer. In: *The Journal of English and Germanic Philology* 91 (1992), No.3, pp.397–401.

Hatch, Mary Gies: The development of Goethe's concept of the calling in *Wilhelm Meisters Lehrjahre* and the *Wanderjahre*. In: *The German Quarterly* 32 (1959), pp.217–226.

Haupt-Fröhlich, Gertrud: *Goethes Novellen »Sankt Joseph der Zweite«, »Die pilgernde Thörin«, »Wer ist der Verräther?«*, Diss., Greifswald 1913.

Heinemann, Karl: Die Terzinen auf Schillers Schädel, 1826. In: *Goethekalender* (1926), S.79–104.

Heitner, Robert R.: Goethe's Ailing Women. In: *Modern Language Notes* 95 (1980), pp.497–515.

Hellersberg-Wendriner, Anna: America in the World View of the Aged Goethe. In: *The Germanic Review* 14 (1939), pp.270–276.

Hellersberg-Wendriner, Anna: Soziologischer Wandel im Weltbild Goethes. Versuch einer neuen Analyse von *Wilhelm Meisters Lehr- und Wanderjahren*. In: *PMLA* 56 (1941), S.447–465.

Henkel, Arthur: Bemerkungen zu einem »Spruch« Goethes. In: *Ideen und Formen*, hrsg. von Fritz Schalk, Frankfurt/M. 1965, S.143–151.

Henkel, Arthur: Die Quelle eines Goetheschen »Spruchs«. In: *GRM* 35 = N.F. 4 (1954), S.68f.

Henkel, Arthur: *Entsagung. Eine Studie zu Goethes Altersroman*, 2. Aufl., Tübingen 1964.

Henkel, Arthur: *Wilhelm Meisters Wanderjahre* – Kritik und Prognose der modernen Gesellschaft. In: *GJb* 97 (1980), S.82–89.

Henn, Marianne: *Goethes Verhältnis zum Überlieferten in seinem Alterswerk*, Heidelberg 1986.

Hennig, John: Englandkunde im *Wilhelm Meister*. In: *Goethe* 26 (1964), S.199–222.

Henriksen, Aage: Der Doppelroman *Wilhelm Meister* aus heutiger Vogelperspektive (übers. von Christoph Lutz). In: *Text & Kontext*, Sonderreihe, Bd.14 (1982), S.28–38.

Hering, Robert: *Wilhelm Meister und Faust und ihre Gestaltung im Zeichen der Gottesidee*, Frankfurt/M. 1952.

Herwig, Henriette: Mann und Frau in Goethes Märchen *Die neue Melusine*: Text, Kontext und Intertextualität. In: *Colloquium Helveticum* (1993), Nr.17, S.39–54.

Hettner, Hermann: Goethe und der Socialismus (1851). In: ders.: *Kleine Schriften*, Braunschweig 1884, S.433–451.

Hinze, Klaus-Peter: *Kommunikative Strukturen in Goethes Erzählungen*, Köln/ Wien 1975.

Hißbach, Karl: Die Region der Handwerker und bildenden Künstler in *Wilhelm Meisters Wanderjahren*. In: *Bericht über das Großherzogl. Reform-Realgymnasium i.E. mit Realschule [...] in Apolda von Ostern 1908 bis Ostern 1911*, Apolda 1911, S.3–25.

Hodgson, Jordan Vibert: *The Symbolic Function of Isolation in Goethe's »Wanderjahre«*, Diss., Stanford 1973.

Hoffmann, Arthur: Goethe und der werktätige Mensch. In: *Goethe* 11 (1949), S.205–248.

Hohlfeld, Alexander R.: Zur Frage einer Fortsetzung von Goethes *Wilhelm Meisters Wanderjahre*. In: *PMLA* 60 (1945), S. 399–420.

Hohlfeld, Paul: Drei Goethesche Stellen. In: *Archiv für Litteraturgeschichte* 6 (1877), S.561–566.

Hohmann, Manfred: Johann Wolfgang von Goethe: Die Pädagogische Provinz. In: ders.: *Die Pädagogische Insel*, Ratingen 1966, S.34–60.

Horwath, Peter: Zur Namengebung des »nußbraunen Mädchens« in *Wilhelm Meisters Wanderjahren*. In: *GJb* 89 (1972), S.297–304.

Hotho, Heinrich Gustav (Rez.): *Wilhelm Meisters Wanderjahre oder die Entsagenden*. Zweite Ausgabe [...]. In: *Jahrbücher für wissenschaftliche Kritik* (1829), Dez., Nr.108–112, Sp.863ff., (1830), März, Nr.41–48, Sp.321ff.

Ilwof, Franz: Goethe und die industrielle Revolution am Ende des 18. Jahrhunderts. In: *Chronik des Wiener Goethe-Vereins* 11 (1897), S.43f.

Irmscher, Hans Dietrich: Wilhelm Meister auf der Sternwarte. In: *GJb* 110 (1993), S.275–296.

Jabs-Kriegsmann, Marianne: Felix und Hersilie. In: *Studien zu Goethes Alterswerken*, hrsg. von Erich Trunz, Frankfurt/M. 1971, S.75–98.

Jacobs, Jürgen: *Wilhelm Meister und seine Brüder*, 2. Aufl., München 1983.

Jahn, Kurt: Zu den *Wanderjahren*. In: *GJb* 26 (1905), S.275–278.

Jantz, Harold: Die Ehrfurchten in Goethes *Wilhelm Meister*. In: *Euphorion* 48 (1954), S.1–18.

Jessen, Myra R.: Spannungsgefüge und Stilisierung in den Goetheschen Novellen. In: *PMLA* 55 (1940), S.445–471.

Jeßing, Benedikt: *Konstruktion und Eingedenken. Zur Vermittlung von gesellschaftlicher Praxis und literarischer Form in Goethes »Wilhelm Meisters Wanderjahre« und Johnsons »Mutmaßungen über Jakob«*, Wiesbaden 1991.

Jeßing, Benedikt: *Wilhelm Meisters Wanderjahre*. In: ders.: *Johann Wolfgang Goethe*, Stuttgart/ Weimar 1995, S.149–157.

Jockers, Ernst: Faust und Meister, zwei polare Gestalten. In: *The Germanic Review* 21 (1946), S.118–131.

John, Johannes: *Aphoristik und Romankunst. Eine Studie zu Goethes Romanwerk*, Rheinfelden 1987, bes.: S.121–195.

Johnson, Robert Cecil: *Spiral Aspects of Structure in the »Wanderjahre«*, Diss., Washington 1989.

Jung, Alexander: *Göthe's »Wanderjahre« und die wichtigsten Fragen des 19. Jahrhunderts*, Mainz 1854.

Jungmann, Karl: *Die pädagogische Provinz in W. Meisters Wanderjahren*. Eine Quellenstudie. In: *Euphorion* 14 (1907), S.274–287 und 517–533.

Jungmann, Karl: Eine neue schweizerische Quelle der »Pädagogischen Provinz« von Goethe. In: *Schweizerische Pädagogische Zeitschrift* 33 (1923), S.102–112.

Käuser, Andreas: Das Wissen der Anthropologie: Goethes Novellen. In: *GJb* 107 (1990), S.158–168.

Kahn, Ludwig W.: Goethes *Wilhelm Meister* und das Religiöse. In: *Monatshefte* 52 (1960), S.225–233.

Kalepky, Theodor: Eine Quelle zu Goethes *Neuer Melusine*. In: *ZfdPh* 52 (1927), S.402f.

Kalischer, Salomon: (Anm. zu: Zur Geschichte einer astronomischen Episode in *Wilhelm Meister's Wanderjahren*, von Wilhelm Foerster). In: *Westermann's illustrirte deutsche Monats-Hefte* 47 (1879/80), S.130f.

Karnick, Manfred: »*Wilhelm Meisters Wanderjahre*« *oder die Kunst des Mittelbaren. Studien zum Problem der Verständigung in Goethes Altersepoche*, München 1968.

Kaschuba, Karin: *Goethes Gesellschaftsauffassung in* »*Wilhelm Meisters Wanderjahre oder Die Entsagenden*«, Diss., Jena 1982.

Kayßler, A. B.: *Fragment aus Platons und Göthes Pädagogik*, Breslau 1821.

Keller, Leo: *Die Entwicklung der Berufsethik in der deutschen Literatur von Lessing bis G. Freytag*, Diss., Kiel 1932, S.40–64.

Kettner, Gustav: Goethes Novelle *Der Mann von funfzig Jahren*. In: *Neue Jahrbücher für das klassische Altertum, Geschichte und deutsche Literatur* 17 (1914), S.66–78.

Kittler, Friedrich A.: Über die Sozialisation Wilhelm Meisters. In: Kaiser, Gerhard/ Kittler, Friedrich A.: *Dichtung als Sozialisationsspiel. Studien zu Goethe und Gottfried Keller*, Göttingen 1978, S.13–124.

Klingenberg, Anneliese: Das Verhältnis von Individuum und Gesellschaft in seiner Entwicklung von den *Lehr-* zu den *Wanderjahren*. In: *Weimarer Beiträge* 28 (1982), H.10, S.142–145.

Klingenberg, Anneliese: Die Bedeutung der Goetheschen Naturauffassung für Gehalt und Struktur seines Romans *Wilhelm Meisters Wanderjahre*. In: *Goethe und die Wissenschaften*, bearb. von Helmut Brandt, Jena 1984, S.217–222.

Klingenberg, Anneliese: *Goethes Roman* »*Wilhelm Meisters Wanderjahre oder die Entsagenden*«, Berlin/ Weimar 1972.

Klingenberg, Anneliese: Zur ökonomischen Theorie Goethes in den *Wanderjahren*. In: *Goethe* 32 (1970), S.207–220.

Kohlmeyer, Otto: *Die pädagogische Provinz in* »*Wilhelm Meisters Wanderjahren*«. *Ein Beitrag zur Pädagogik Goethes*, Langensalza 1923.

Kohlmeyer, Otto: Goethes Ehrfurchtserziehung unter dem Einfluß der romanischen Mystik. In: *Magazin für religiöse Bildung* 105 (1942), S.104–108.

Korff, Hermann August: *Wilhelm Meisters Wanderjahre*. In: ders.: *Geist der Goethezeit*, Bd.4, Leipzig 1953, S.640–657.

Kraft, Werner: Das Ende der *Wanderjahre*. In: ders.: *Goethe: wiederholte Spiegelungen aus fünf Jahrzehnten*, München 1986, S.149–158.

Krause, Johanna: *Goethes Lehre von den drei Ehrfurchten*, Borna/ Leipzig 1928 (Diss., Kiel 1928).

Kreutzer, Leo: Die Wanderjahre Wilhelm Meisters in den Lehrjahren einer »unterentwickelten« Gesellschaft. In: *Leviathan* 14 (1986), S.78–95.

Kreuzer, Ingrid: Strukturprinzipien in Goethes Märchen. In: *JbDSG* 21 (1977), S.216–246.

Krogmann, Willy: Goethes dramatischer Entwurf *Der Mann von funfzig Jahren*. In: *Archiv für das Studium der neueren Sprachen* 95 (1940), Bd.177, S.73–85.

Krüger, Emil: *Die Novellen in* »*Wilhelm Meisters Wanderjahren*«, Diss. Kiel 1926, Rügenwalde 1927.

Küntzel, Gerhard: Einführung (zu *Wilhelm Meisters Wanderjahre*). In: GA 8, S.885–958.

Küntzel, Gerhard: *Wilhelm Meisters Wanderjahre* in der ersten Fassung 1821. In: *Goethe* 3 (1938), S.3–39.

Kunz, Josef: Die Novellen der *Wanderjahre*. In: ders.: *Die deutsche Novelle zwischen Klassik und Romantik*, 2., überarb. Aufl., Berlin 1971 (1966), S.25–41.

Lämmert, Eberhard: Goethe als Novellist. In: *Goethe's Narrative Fiction. The Irvine Goethe Symposium*, ed. by William J. Lillyman, Berlin/ New York 1983, pp.21–37.

Lämmert, Eberhard: Goethes empirischer Beitrag zur Romantheorie. In: *Goethes Erzählwerk. Interpretationen*, hrsg. von Paul Michael Lützeler und James E. McLeod, Stuttgart 1985, S.9–36.

Lange, Victor: Goethes Amerikabild. Wirklichkeit und Vision. In: *Amerika in der deutschen Literatur*, hrsg. von Sigrid Bauschinger u. a., Stuttgart 1975, S.63–74.

Lange, Victor: Zur Entstehungsgeschichte von Goethes *Wanderjahren*. In: *German Life and Letters* 23 (1969/70), S.47–54.

Langner, Beatrix Katharina: *Schöne Praxis. Struktur und Funktion von Erzählformen in Goethes Roman »Wilhelm Meisters Wanderjahre oder die Entsagenden«*, Diss., Berlin/Ost 1983.

Larrett, William: »Weder Kern noch Schale«: The »Novel« Epistemology of Goethe's *Wilhelm Meisters Wanderjahre*. In: *Publications of the English Goethe Society*. N.S. 56 (1987), pp.38–55.

Lederer, Max: Noch einmal Schillers Reliquien (Zur Frage einer Fortsetzung von Goethes Gedicht auf Schillers Schädel). In: *Modern Language Notes* 62 (1947), S.7–12.

Lehnert-Rodiek, Gertrud: *Das nußbraune Mädchen* in *Wilhelm Meisters Wanderjahre oder die Entsagenden*. In: *GJb* 102 (1985), S.171–183.

Lienhard, Friedrich: Makarie und die Seherin von Prevorst. In: ders.: *Der Meister der Menschheit*, Bd.1, Stuttgart 1919, S.193–216.

Lienhard, Johanna: *Mignon und ihre Lieder, gespiegelt in den »Wilhelm Meister«-Romanen*, Zürich 1978.

Linden, Walther: *Faust* und *Wilhelm Meister*. Von Kampf und Wechselbeziehung dichterischer Symbole. In: *GRM* 20 (1932), S.255–267.

Lissau, Rudolf: *»Wilhelm Meisters Wanderjahre«. A critical re-examination and revaluation*, Diss., London 1941.

Llewellyn, Robert T.: Parallel attitudes to form in late Beethoven and late Goethe: Throwing aside the appearance of art. In: *MLR* 63 (1968), pp.407–416.

Loeb, Ernst: Makarie und Faust: eine Betrachtung zu Goethes Altersdenken. In: *ZfdPh* 88 (1969/70), S.583–597.

Löwenthal, Leo: Vom *Werther* zum *Wilhelm Meister*. In: ders.: *Das Bild des Menschen in der Literatur*, Neuwied/ Berlin 1966, S.189–225.

Ludwig, Albert: Das Motiv vom kritischen Alter. Eine Studie zum *Mann von fünfzig Jahren* und ähnlichen Stoffen. In: *Euphorion* 21 (1914), S.63–72.

Luther, Hans: *Inwieweit lassen sich Goethes Ideen über Erziehung, wie sie in »Wilhelm Meister« niedergelegt sind, auf die Gegenwart anwenden?*, Wehlau 1910.

Maaß, Ernst: *Der Mann von funfzig Jahren*. In: *Neue Jahrbücher für das klassische Altertum, Geschichte und deutsche Literatur* 19 (1916), S.122–138.

Maaß, Ernst: Faust, Tell und Meister. In: *Internationale Monatsschrift für Wissenschaft, Kunst und Technik* 7 (1913), Sp.1471–1500.

Machold, Hertha: Wer aber ist Makarie? In: *Zeitschrift für Ganzheitsforschung* N.F. 11 (1967), III, S.145–153.

Mahoney, Dennis F.: *Der Roman der Goethezeit (1774–1829)*, Stuttgart 1988, bes.: S.57–64 und 155–162.

Maierhofer, Waltraud: »*Wilhelm Meisters Wanderjahre*« *und der Roman des Nebeneinander*, Bielefeld 1990.

Mannack, Eberhard: *Raumdarstellung und Realitätsbezug in Goethes epischer Dichtung*, Frankfurt/M. 1972, S.108–162.

Marahrens, Gerwin: Über die Schicksalskonzeptionen in Goethes *Wilhelm Meister*-Romanen. In: *GJb* 102 (1985), S.144–170.

Martens, Ludwig: Ein falscher Buchstabe in den *Wanderjahren*. In: *GJb* 32 (1911), S.195f.

Martens, Wolfgang: Goethes Gedicht *Bei Betrachtung von Schillers Schädel* motivgeschichtlich gesehen. In: *JbDSG* 12 (1968), S.275–295.

Martin, Laura: Who's the Fool Now? A Study of Goethe's Novella *Die pilgernde Törin* from His Novel *Wilhelm Meisters Wanderjahre*. In: *The German quarterly* 66 (1993), pp.431–450.

Marz, Ehrhard: *Goethes Rahmenerzählungen (1794–1821). Untersuchungen zur Goetheschen Erzählkunst*, Frankfurt/M./ Bern/ New York 1985.

Marz, Ehrhard: Nachwort. In: Johann Wolfgang Goethe: *Wilhelm Meisters Wanderjahre oder Die Entsagenden. Urfassung von 1821*, Bonn 1986, S.229–245.

Mautner, Franz H./ Feise, Ernst/ Viëtor, Karl: »Ist fortzusetzen«: Zu Goethes Gedicht auf Schillers Schädel. In: *PMLA* 59 (1944), S.1156–1172.

Maync, Harry: *Der Mann von 50 Jahren*. In: *Euphorion* 18 (1911), S.481f.

Mayer, Hans: Goethes Erbschaft in der deutschen Literatur. In: *Heute und morgen* (1949), H.1, S.3–10.

Mayer, Mathias: *Selbstbewußte Illusion. Selbstreflexion und Legitimation der Dichtung im »Wilhelm Meister«*, Heidelberg 1989.

Meads, William Custis: *The Question of Form in Goethe's »Wanderjahren«*, Diss., Stanford 1970.

Mehra, Marlis Helene: *Die Bedeutung der Formel »Offenbares Geheimnis« in Goethes Spätwerk*, Stuttgart 1982.

Meidinger-Geise, Inge: Zum Wortschatz Utopiens. Zur sprachlichen Anschaulichkeit des Erziehungsstaates in Goethes *Wilhelm Meister* (Pädagogische Provinz) und Hermann Hesses *Glasperlenspiel* (Kastilien). In: *Muttersprache* (1949), S.245–252.

Merbach, Paul Alfred: Zu *Wilhelm Meisters Wanderjahre*. In: *Euphorion* 22 (1915), S.91f.

Meyenburg, Erwin: *Der Mann von funfzig Jahren*. In: *GJb* (GG Japan) 1 (1932), S.17–34.

Meyer, Eva Alexander: *Goethes Wilhelm Meister*, München-Pasing 1947.

Meyer, Richard M.: Stockfleths und Goethes Macarie. In *GJb* 15 (1894), S.272–274.

Mickel, Karl: Die Entsagung. Vier Studien zu Goethe. In: *Sinn und Form* 20 (1968), S.686–696.

Mommsen, Katharina: »Krieg ist das Losungswort«. Zur Euphorion-Szene in *Faust II* und zu den letzten Novellen der *Wanderjahre*. In: *JbFDH* (1993), S.128–147.

Mommsen, Katharina: *Goethe und 1001 Nacht*, Frankfurt/M. 1981 (1960).

Monroy, Ernst Friedrich von: Zur Form der Novelle in *Wilhelm Meisters Wanderjahre*. In: *GRM* 31 (1943), S.1–19.

Morris, Max: *Die neue Melusine*. In: ders.: *Goethe-Studien*, Bd.2, 2., veränd. Aufl., Berlin 1902, S.90–95.

Muenzer, Clark S.: *Figures of Identity. Goethe's Novels and the Enigmatic Self*, Pennsylvania State University Park/ London 1984.

Müller, Günther: Goethe: Schillers Reliquien. In: *Gedicht und Gedanke*, hrsg. von Heinz Otto Burger, Halle/S. 1942, S.140–151.

Müller, Joachim: Phasen der Bildungsidee im *Wilhelm Meister*. In: *Goethe* 24 (1962), S.58–80.

Müller, Klaus-Detlef: Lenardos Tagebuch. Zum Romanbegriff in Goethes *Wilhelm Meisters Wanderjahre*. In: *DVjs* 53 (1979), S.275–299.

Müller-Seidel, Walter: Auswanderungen in Goethes dichterischer Welt. Zur Geschichte einer sozialen Frage. In: *Jahrbuch des Wiener Goethe-Vereins*, Bd.81–83 (1977–1979), S.159–183.

Müller-Seidel, Walter: Dichtung und Medizin in Goethes Denken. Über Wilhelm Meister und seine Ausbildung zum Wundarzt. In: *Idealismus mit Folgen. Die Epochenschwelle um 1800 in Kunst und Geisteswissenschaften*, hrsg. von Hans-Jürgen Gawoll und Christoph Jamme, München 1994, S.107–137.

Müllner, Adolph (Rez.): *Wilhelm Meisters Meisterjahre*. Erster Theil (Quedlinburg/ Leipzig 1824). In: *Literatur-Blatt* (zum Morgenblatt für gebildete Stände) 1824, Nr.55, S.219f.

Müllner, Adolph (Doppel-Rez.): *Wilhelm Meisters Wanderjahre oder die Entsagenden*. Ein Roman von Goethe. Erster Theil (1821). Und: *Wilhelm Meisters Wanderjahre* (Quedlinburg/ Leipzig 1821). In: *Literatur-Blatt* (zum *Morgenblatt für gebildete Stände)* 1822, Nr.7, S.26–28.

Mundt, Theodor (Rez.): *Wilhelm Meister's Wanderjahre oder die Entsagenden* (1829). In: *Blätter für literarische Unterhaltung* (1830), Bd.2, Nr.264–266, S.1053ff.

Muschg, Adolf: »Bis zum Durchsichtigen gebildet«. *Wilhelm Meisters Wanderjahre*. In: ders.: *Goethe als Emigrant*, Frankfurt/M. 1986, S.105–143.

Muschg, Adolf: *Der Mann von funfzig Jahren*. In: *Goethe im zwanzigsten Jahrhundert*, hrsg. von Hans Mayer, Frankfurt/M. 1987, S.362–382.

Muthesius, Karl: *Goethe und Pestalozzi*, Leipzig 1908.

Muthesius, Karl: Neue Quellen zu Goethes Pädagogischer Provinz. In: *Die Deutsche Schule* 27 (1923), S.448–454.

Nesseler, Thomas: Lebensreise und Todesangst. Die versteckte Autobiographie Goethes in *Wilhelm Meisters Wanderjahren*. In: Nesseler, Olga/ N., Th.: *Auf des Messers Schneide. Zur Funktionsbestimmung literarischer Kreativität bei Schiller und Goethe. Eine psychoanalytische Studie*, Würzburg 1994, S.211–379.

Neuhaus, Volker: Die Archivfiktion in *Wilhelm Meisters Wanderjahren*. In: *Euphorion* 62 (1968), S.13–27.

Neumann, Gerhard: Der Wanderer und der Verschollene: Zum Problem der Identität in Goethes *Wilhelm Meister* und in Kafkas *Amerika*-Roman. In: *Paths and Labyrinths*, ed. by J.P. Stern and J.J. White, London 1985, S.43–65.

Neumann, Gerhard (Rez.): Hannelore Schlaffer: »*Wilhelm Meister*«. *Das Ende der Kunst und die Wiederkehr des Mythos*. In: *Arbitrium* 3 (1985), S.288–293.

Neumann, Gerhard: »Ich bin gebildet genug, um zu lieben und zu trauern«. Die Erziehung zur Liebe in Goethes *Wilhelm Meister*. In: *Liebesroman – Liebe im Roman*, hrsg. von Titus Heydenreich, Erlangen 1987, S.41–82.

Neumann, Gerhard: *Ideenparadiese. Untersuchungen zur Aphoristik von Lichtenberg, Novalis, Friedrich Schlegel und Goethe*, München 1976, S.604–736.

Neumann, Gerhard/ Dewitz, Hans-Georg: Kommentar. In: FA I 10, S.775–1306.

Niggl, Günter: *»Fromm« bei Goethe*, Tübingen 1967.

Nitschke, Otfried: *Goethes pädagogische Provinz*, Würzburg 1937.

Oberdieck, Wilhelm: Vom Glück der Entsagenden. Goethes *Wilhelm Meister* und Raabes *Horn von Wanza*. In: *Jahrbuch der Raabe-Gesellschaft* (1973), S.117–134.

Oellers, Norbert: Goethes Novelle *Die pilgernde Thörinn* und ihre französische Quelle. In: *GJb* 102 (1985), S.88–104.

Ohly, Friedrich: Goethes *Ehrfurchten* – ein *ordo caritatis*. In: *Euphorion* 55 (1961), S.113–145 und 405–448.

Ohly, Friedrich: Zum *Kästchen* in Goethes *Wanderjahren*. In: *Zeitschrift für deutsches Altertum und deutsche Literatur* 91 (1961/1962), S.255–262.

Oldenberg, A.: *Grundlinien der Pädagogik Göthe's*, Zittau 1858.

Paasch, Richard: Goethes Gedicht *Vermächtnis*. In: *JbGG* 7 (1920), S.154–162.

Pannwitz, Rudolf: Die Lehren aus Goethes Pädagogischer Provinz. In: ders.: *Der Nihilismus und die werdende Welt*, Nürnberg 1951, S.195–205.

Peschken, Bernd: Das »Blatt« in den *Wanderjahren*. In: *Goethe* 27 (1965), S.205–230.

Peschken, Bernd: *Entsagung in »Wilhelm Meisters Wanderjahren«*, Bonn 1968.

Petritis, Aivars: *Die Gestaltung der Personen in Goethes »Wilhelm Meisters Lehrjahren« und »Wilhelm Meisters Wanderjahren«*, Diss., Köln 1967.

Pielow, Winfried: *Die Erziehergestalten der grossen deutschen Bildungsromane von Goethe bis zur Gegenwart*, Diss.: masch., Münster 1951.

Pleister, Michael: Zu einem Kapitel vergessener Rezeptionsgeschichte: Heinrich Gustav Hotho. Rezension der *Wanderjahre* von Goethe, analysiert unter Einbeziehung der Hegelschen Epos- und Romantheorie. In: *Euphorion* 87 (1993), S.387–407.

Ponzi, Mauro: Zur Entstehung des Goetheschen Motivs der »Entsagung«. In: *Zeitschrift für Germanistik* 7 (1986), H.1, S.150–159.

Prestel, Josef: Goethes Beitrag zur paedagogia perennis. In: *Pädagogische Welt* 3 (1949), S.387–397.

Raabe, August: Das Dämonische in den *Wanderjahren*. In: *Goethe* 1 (1936), S.119–127.

Radbruch, Gustav: Goethe. Wilhelm Meisters sozialistische Sendung. In: ders.: *Gestalten und Gedanken*, neue, erweit. Aufl., Stuttgart 1954, S.84–111.

Radbruch, Gustav: Wilhelm Meisters sozial-politische Sendung. In: *Logos* 8 (1919), H.2, S.152–162.

Rauh, Horst Dieter: *Im Labyrinth der Geschichte. Die Sinnfrage von der Aufklärung zu Nietzsche*, München 1990, S.283–286.

Rausch, Jürgen: Lebensstufen in Goethes *Wilhelm Meister*. In: *DVjs* 20 (1942), S.65–114.

Reiss, Hans S.: Bild und Symbol in *Wilhelm Meisters Wanderjahren*. In: *Studium Generale* 6 (1953), S.340–348.

Reiss, Hans: *Goethes Romane*, Bern 1963, bes.: S.72–142 und 206–275, 300–304 und 311–316.

Reiss, Hans S.: *Wilhelm Meisters Wanderjahre*. Der Weg von der ersten zur zweiten Fassung. In: *DVjs* 39 (1965), S.34–57.

Remak, Henry H.H.: Amerikanischer Geist in Goethes *Wilhelm Meisters Wanderjahren*. In: *Festschrift für Werner Neusefides [...]*, hrsg. von Herbert Lederer und Joachim Seyppel, Berlin 1967, S.34–43.

Ritter, Alexander: J.W. Goethe: *Wilhelm Meisters Wanderjahre*. In: ders.: *Darstellung und Funktion der Landschaft in den Amerika-Romanen von Charles Sealsfield*, Kiel 1969, S.85–104.

Röder, Gerda: *Glück und glückliches Ende im deutschen Bildungsroman. Eine Studie zu Goethes »Wilhelm Meister«*, München 1968.

Rosenkranz, Karl: *Göthe und seine Werke*, Königsberg 1847, S.422–478.

Rosenkranz, Karl: Ueber den Vergleich von Göthe's *Wanderjahren* mit G. Sand's *Compagnon du tour de France* (1856). In: ders.: *Göthe und seine Werke*, 2., verb. und verm. Aufl., Königsberg 1856, S.402–431.

Ruckstuhl, Karl (Rez.): *Wilhelm Meisters Wanderjahre oder die Entsagenden*. Ein Roman von Goethe. Erster Theil (1821) In: *Literatur-Blatt* (zum *Morgenblatt für gebildete Stände)* 1822, Nr.93–96, S.369ff.

Ruhtenberg, Grete: Der Schlüssel in *Wilhelm Meisters Wanderjahre*. In: *Erziehungskunst* 25 (1961), S.370–373.

Rumbke, Eberhard W.J.: Goethe, die Technik und Amerika. Über *Wilhelm Meisters Wanderjahre* und andere Texte. In: *»Zu lebendiger Zeit ...«. Festschrift für Gerhard Rimbach zum 65. Geburtstag*, hrsg. von Gerhard Augst u.a., Siegen 1990, S.204–222.

Ruprecht, Erich: Das Problem der Bildung in Goethes *Wilhelm Meister*. In: ders.: *Die Botschaft der Dichter*, Stuttgart 1947, S.183–209.

Ruyer, Raimond: Die Utopien in der ersten Hälfte des 19. Jahrhunderts. In: *Der utopische Roman*, hrsg. von Rudolf Villgradter und Friedrich Krey, Darmstadt 1973, S.231–240.

Sagave, Pierre-Paul: Französische Einflüsse in Goethes Wirtschaftsdenken. In: *Festschrift für Klaus Ziegler*, hrsg. von Eckehard Catholy und Winfried Hellmann, Tübingen 1968, S.113–131.

Sagave, Pierre-Paul: L'économie et l'homme dans *Les Années de Voyage de Wilhelm Meister*. In: *Etudes Germaniques* 7 (1952), p.88–104.

Sagave, Pierre-Paul: *Les Années de Voyage de Wilhelm Meister* et la critique socialiste (1830–1848). In: *Etudes Germaniques* 8 (1953), p.241–251.

Salema, Teresa: Des Widerspenstigen Zähmung in der Gesellschaft *Wilhelm Meisters*: Ordnung der Natur oder Ironie der Kultur? In: *Der Widerspenstigen Zähmung*, hrsg. von Sylvia Wallinger und Monika Jonas, Innsbruck 1986, S.143–156.

Sarter, Eberhard: *Zur Technik von »Wilhelm Meisters Wanderjahren«*, Hildesheim 1973 (Nachdruck: Berlin 1914).

Sax, Benjamin C.: A Fairy Tale for an Industrial Age: Symbol and Self-formation in *Wilhelm Meisters Wanderjahre*. In: ders.: *Images of Identity. Goethe and the Problem of Self-Conception in the Nineteenth Century*, New York u.a. 1987, pp.117–160.

Schädel, Christian Hartmut: *Metamorphose und Erscheinungsformen des Menschseins in »Wilhelm Meisters Wanderjahren«*, Marburg 1969.

Schärf, Christian: *Goethes Ästhetik. Eine Genealogie der Schrift*, Stuttgart/ Weimar 1994, bes.: S.228–239.

Schiff, Julius: Goethe und die Astrologie. In: *Preußische Jahrbücher* 210 (1927), H.1, S.86–96.

Schiff, Julius: Mignon, Ottilie, Makarie im Lichte der Goetheschen Naturphilosophie. In: *JbGG* 9 (1922), S.133–147.

Schillemeit, Jost: »Historisches Menschengefühl«. Über einige Aphorismen in Goethes *Wanderjahren*. In: *Wissen aus Erfahrungen, Festschrift für Herman Meyer zum 65. Geburtstag*, hrsg. von Alexander von Bormann, Tübingen 1976, S.282–299.

Schings, Hans-Jürgen: »Gedenke zu wandern«. Wilhelm Meisters Lebensreise. In: »*Der Buchstab tödt – der Geist macht lebendig*«, Festschrift zum 60. Geburtstag von Hans-Gert Roloff, hrsg. von James Hardin und Jörg Jungmayr, Bern u. a. 1992, Bd.2, S.1029–1044.

Schings, Hans-Jürgen: Goethes *Wilhelm Meister* und Spinoza. In: *Verantwortung und Utopie*, hrsg. von Wolfgang Wittkowski, Tübingen 1988, S.57–69.

Schlaffer, Hannelore: Nachwort. In: Johann Wolfgang Goethe: *Erzählungen*, hrsg. von H.S., Stuttgart 1989, S.354–368.

Schlaffer, Hannelore: »*Wilhelm Meister*«. *Das Ende der Kunst und die Wiederkehr des Mythos*, Sonderausgabe, Stuttgart 1989.

Schlaffer, Heinz: Exoterik und Esoterik in Goethes Romanen. In: *GJb* 95 (1978), S.212–226.

Schlechta, Karl: *Goethes Wilhelm Meister*, Frankfurt/M. 1985 (1953).

Schmidlin, Bruno: *Wilhelm Meisters Wanderjahre*. In: ders.: *Das Motiv des Wanderns bei Goethe*, Winterthur 1963, S.135–162.

Schmidt, Erich: (Rede über die *Wahlverwandtschaften* und *Der Mann von fünfzig Jahren*). In: *Friedrich Spielhagen. Dem Meister des … deutschen Romans zu seinem 70. Geburtstage*, hrsg. vom Festausschuss der Spielhagen-Feier, Leipzig 1899, S.5–8.

Schmidt, Jochen: *Wilhelm Meisters Wanderjahre*: Die Wendung gegen Genialität und Originalität in Goethes Alterswerk. In: ders.: *Die Geschichte des Genie-Gedankens in der deutschen Literatur, Philosophie und Politik 1750–1945*, Bd.1, Darmstadt 1985, S.344–353.

Schmitz-Emans, Monika: Vom Spiel mit dem Mythos. Zu Goethes Märchen *Die neue Melusine*. In: *GJb* 105 (1988), S.316–332.

Schneider, Helmut: Die Zusammenarbeit von Hotho und Varnhagen im Rahmen der *Jahrbücher für wissenschaftliche Kritik*. Hothos Rezension der *Wanderjahre*. In: *Die »Jahrbücher für wissenschaftliche Kritik«. Hegels Berliner Gegenakademie*, hrsg. von Christoph Jamme, Stuttgart-Bad Cannstatt 1994, S.377–395.

Schoeps, Richard: Zu Goethes *Wilhelm Meister*. Die historische Stellung besonders der *Wanderjahre*. In: *Jahresbericht der Königlichen Landesschule Pforta*, Nr.303, Naumburg/S. 1906, S.1–58.

Scholz, Heinrich: Goethes pädagogische Provinz. In: *Vierteljahrsschrift für wissenschaftliche Pädagogik* 5 (1929), S.321–346.

Schrimpf, Hans Joachim: *Das Weltbild des späten Goethe*, Stuttgart 1956.

Schubert, Johannes: *Die Philosophischen Grundgedanken in Goethes »Wilhelm Meister«*, Leipzig 1896.

Schultz, Werner: Der Gedanke der Peregrinatio bei Augustin und das Motiv der Wanderschaft bei Goethe. In: *Neue Zeitschrift für systematische Theologie und Religionsphilosophie* 8 (1966), S.79–110.

Schulz, Gerhard: Gesellschaftsbild und Romanform. Zum Deutschen in Goethes *Wanderjahren*. In: *Literaturwissenschaft und Geistesgeschichte. Festschrift für Richard Brinkmann*, Tübingen 1981, S.258–282.

Schütz, Friedrich Karl Julius: *Göthe und Pustkuchen, oder: über die beiden »Wanderjahre« Wilhelm Meister's und ihre Verfasser. Ein Beitrag zur Geschichte der deutschen Poesie und Poetik*, Halle 1823.

Schütz, Wilhelm von: Briefwechsel über die zwiefache Erscheinung von *Wilhelm Meisters Wanderjahren*. In: *Literarisches Conversations-Blatt* (1821), No.222, 225, 226, 232, 238, 242.

Schütz, Willy: *Die Staatsidee des »Wilhelm Meister«*, Diss. Heidelberg, Heilbronn 1934.

Schütze, Alfred: Goethe und die Ehrfurcht. In: *Von der dreifachen Ehrfurcht*, hrsg. von A. Sch., Stuttgart o.J., S.33–56.

Schweißer, Gerhard: *Goethes Novelle »Der Mann von funfzig Jahren« und ihre literarische Nachfolge*, Diss.: masch., Wien 1956.

Schwickert, Pauline: Das Problem der Erziehung zum Berufs- und Gemeinschaftsmenschen in Goethes *Wilhelm Meister*. In: *Die Bayerische Berufsschule* 1 (1950), H.5, S.11–17, und H.6, S.13–17.

Scott, Aurelia Grether: A new Goethe letter. In: *The Germanic Review* 24 (1949), pp.212–215.

Seidlin, Oskar: Goethe's vision of a new world. In: ders.: *Essays in German and Comparative Literature*, Chapel Hill 1961, pp. 70–83.

Seidlin, Oskar: Ironische Kontrafaktur: Goethes *Neue Melusine*. In: ders.: *Von erwachendem Bewußtsein und vom Sündenfall: Brentano, Schiller, Kleist, Goethe*, Stuttgart 1979, S.155–170.

Seidlin, Oskar: *Melusine* in der Spiegelung der *Wanderjahre*. In: *Aspekte der Goethezeit*, hrsg. von Stanley A. Corngold u. a., Göttingen 1977, S.146–162.

Seitz, M. Agnes: Die Erziehung zur Ehrfurcht im Anschluß an die »Pädagogische Provinz« in Goethes *Wilhelm Meister*. In: *Pharus* 18 (1927), 1. Halbbd., S.345–358.

Skonietzki, Horst-Hartmuth: Ehrfurcht als verborgene Systole der »Entsagenden« in Goethes *Wanderjahren* und bei Albert Schweitzer. In: *GJb* 109 (1992), S.163–166.

Sommerhage, Claus: Familie Tantalos. Über Mythos und Psychologie in Goethes Novelle *Der Mann von funfzig Jahren*. In: *ZfdPh* 103 (1984), Sonderheft: *Goethe: Neue Studien zu seinem Werk*, S.78–105.

Sørensen, Bengt Algot: Über die Familie in Goethes *Werther* und *Wilhelm Meister*. In: *Orbis Litterarum* 42 (1987), S.118–140.

Spranger, Eduard: Der psychologische Perspektivismus im Roman. In: *JbFDH* (1930), S.70–90.

Spranger, Eduard: Die Geheimnisse der Pädagogischen Provinz. In: *Das deutsche Wort* 11 (1935) *(Die literarische Welt* N.F. 3), S.6–8.

Spranger, Eduard: Die sittliche Astrologie der Makarie in *Wilhelm Meisters Wanderjahren*. In: *Die Erziehung* 14 (1939), S.409–417.

Spranger, Eduard: Goethe über die Welt der Arbeit. In: *Goethe* 14/15 (1952/53), S.1–14.

Spranger, Eduard: *Wilhelm Meisters Wanderjahre*. In: *Das Inselschiff* 23 (1942), S.208–223.

Springer, Robert: Ist Goethe ein Plagiator Lorenz Sterne's? In: *Deutsches Museum* 17 (1867), S.690–695.

Staiger, Emil: *Wilhelm Meisters Wanderjahre*. In: ders.: *Goethe*, Bd.3, Zürich/ Freiburg/ Br. 1959 (1956), S.128–178.

Staroste, Wolfgang: *Die Auslegung der Wirklichkeit in Goethes Spätdichtung. Untersuchungen zu Goethes »Wilhelm Meister«, den »Zahmen Xenien« und der »Novelle«*, Diss.: masch., Tübingen 1958.

Staroste, Wolfgang: Zum epischen Aufbau der Realität in Goethes *Wilhelm Meister*. In: *Wirkendes Wort* 11 (1961), S.34–45.

Staroste, Wolfgang: Zur Ding-»Symbolik« in Goethes *Wilhelm Meister*. In: *Orbis Litterarum* 15 (1960), S.44–58.

Steer, Alfred Gilbert: *Goethe's Science in the Structure of the »Wanderjahre«*, Athens 1979.

Steer, Alfred Gilbert: The Wound and the Physician in Goethe's *Wilhelm Meister*. In: *Studies in German Literature of the Nineteenth and Twentieth Centuries*, ed. by Siegfried Mews, Second Edition, Chapel Hill 1972, pp.11–23.

Stein, Heinrich von: Ueber Goethe's *Wanderjahre*. In: *Bayreuther Blätter* 4 (1881), S.217–233.

Steinecke, Hartmut: *Wilhelm Meister* und die Folgen. Goethes Roman und die Entwicklung der Gattung im 19. Jahrhundert. In: *Goethe im Kontext*, hrsg. von Wolfgang Wittkowski, Tübingen 1984, S.89–118.

Sticker, Georg: *Der Mann von funfzig Jahren*. In: *Forschungen und Fortschritte* 8 (1932), S.78f.

Stolte, Heinz: Utopia. Gedanken über eine romantisch-klassische Antithese bei Gelegenheit von Goethes Roman *Wilhelm Meisters Wanderjahre*. In: *Dem Tüchtigen ist diese Welt nicht stumm*, Beiträge zum Goethe-Bild von Herbert Preisker u. a., Jena 1949, S.64–82.

Strauss, D. Pieter: Why did Goethe hate glasses? Two puzzling passages in the *Wahlverwandtschaften* and the *Wanderjahre*. In: *Journal of English and Germanic Philology* 80 (1981), pp.176–187.

Strelka, Joseph: *Esoterik bei Goethe*, Tübingen 1980.

Strelka, Joseph: Goethes *Wilhelm Meister* und der Roman des zwanzigsten Jahrhunderts. In: *The German Quarterly* 41 (1968), S.338–355.

Streller, Siegfried: Weltgeschichtliche Erfahrungen und weltliterarische Bezüge im epischen Spätwerk Goethes. In: *Literatur zwischen Revolution und Restauration*, hrsg. von S.St. und Tadeusz Namowicz, Berlin/ Weimar 1989, S.125–142 und 232–234.

Thalmann, Marianne: *J.W. Goethe: »Der Mann von fünfzig Jahren«*, Wien 1948.

Thieme, Karl: Zu Goethes Ehrfurchten. In: *Theologische Studien und Kritiken* 90 (1917), S.88–96.

Traumann, Ernst: Goethes sesenheimer Märchen. In: *Das literarische Echo* 25 (1922/23), Sp.203–208.

Trunz, Erich: Die *Wanderjahre* als »Hauptgeschäft« im Winterhalbjahr 1828/29. In: *Studien zu Goethes Alterswerken*, hrsg. von E.T., Frankfurt/M. 1971, S.99–121.

Trunz, Erich: Nachwort zu *Wilhelm Meisters Wanderjahre oder die Entsagenden*. Und: Anmerkungen. In: HA 8,527–687.

Ueding, Gert: *Wilhelm Meister*. In: ders.: *Klassik und Romantik. Deutsche Literatur im Zeitalter der Französischen Revolution 1789–1815*, München/ Wien 1987, S.436–452.

Urzidil, Johannes: *Das Glück der Gegenwart. Goethes Amerikabild*, Zürich/ Stuttgart 1958.

Utz, Peter: Kosmos und Körper: astronomischer und ärztlicher Blick in *Wilhelm Meisters Wanderjahre oder die Entsagenden*. In: ders.: *Das Auge und das Ohr im Text*, München 1990, S.146–161.

Vaget, Hans Rudolf: Johann Wolfgang Goethe: *Wilhelm Meisters Wanderjahre*. In: *Romane und Erzählungen zwischen Romantik und Realismus. Neue Interpretationen*, hrsg. von Paul Michael Lützeler, Stuttgart 1983, S.136–164.

Varnhagen von Ense, Karl August: Erklärung. In: *Der Gesellschafter* 6 (1822), *Bemerker*, No.7, S.311.

Varnhagen von Ense, Karl August (Rez.): Goethe's neuestes Werk. In: *Der Gesellschafter* 5 (1821), Nr.94, S.435f.

Varnhagen von Ense, Karl August: »Im Sinne der Wanderer«. In: *Ueber Kunst und Alterthum*. Von Goethe. Aus seinem Nachlaß, hrsg. durch die Weimarischen Kunstfreunde, Bd.6, H.3, Stuttgart 1832, S.533–551.

[Varnhagen von Ense, Karl August]: Ueber *Wilhelm Meisters Wanderjahre*. In: *Der Gesellschafter* 5 (1821), Nr.131–138, S.609ff. (dort anonym).

Verweyen, Theodor: *Wilhelm Meisters Wanderjahre oder die Entsagenden*. In: *Kindlers Neues Literatur Lexikon*, hrsg. von Walter Jens, Bd.6, München 1989, S.531–535.

Verweyen, Theodor/ Witting, Gunther: Zum deskriptiven Gehalt des Utopiebegriffs. Dargelegt anhand von Grimmelshausens *Simplicissimus* und Goethes *Meister*-Romanen. In: *GRM* N.F. 43 (1993), S.399–416.

Viëtor, Karl: Goethe's Gedicht auf Schiller's Schädel. In: *PMLA* 59 (1944), S.142–183 (dazu: ebd., S.1166–1172).

Viëtor, Karl: Die *Wanderjahre*. In: ders: *Goethe. Dichtung – Wissenschaft – Weltbild*, Bern 1949, S.281–304.

Viëtor, Karl: Zur Frage einer Fortsetzung ... (Antwort). In: *PMLA* 60 (1945), S.421–426.

Voßkamp, Wilhelm: Utopie und Utopiekritik in Goethes Romanen *Wilhelm Meisters Lehrjahre* und *Wilhelm Meisters Wanderjahre*. In: *Utopieforschung*, hrsg. von V.W., Bd.3, Stuttgart 1982, S.227–249.

Wachsmuth, Andreas Bruno: Goethes naturwissenschaftliche Erfahrungen und Überzeugungen in dem Roman *Wilhelm Meisters Wanderjahre*. In: *Weimarer Beiträge* 6 (1960), S.1091–1107.

Wachsmuth, Bruno: Goethe und die Magie. In: *Goethe* 8 (1943), S.98–115 und 215–231.

Wadepuhl, Walter: *Goethe's Interest in the New World*, Jena 1934.

Wagenknecht, Christian Johannes: Goethes »Ehrfurchten« und die Symbolik der Loge. In: *ZfdPh* 84 (1965), S.490–497.

Wagner, Monika: Der Bergmann in *Wilhelm Meisters Wanderjahren*. In: *Internationales Archiv für Sozialgeschichte der deutschen Literatur* 8 (1983), S.145–168.

Waidson, Herbert Morgan: Death by Water: Or, the Childhood of Wilhelm Meister. In: *MLR* 56 (1961), pp.44–53.

Wasielewski, Waldemar von: War Goethe am Lago maggiore? Zugleich ein kleiner Beitrag zum *Wilhelm Meister*. In: *JbGG* 9 (1922), S.182–198.

Wattenberg, Diedrich: Goethe und die Sternenwelt. In: *Goethe* 31 (1969), S.66–111.

Weber, Max: Die protestantische Ethik und der Geist des Kapitalismus. In: ders.: *Gesammelte Aufsätze zur Religionssoziologie*, Tübingen 1920, bes.: S.202f.

Weidel, Karl: Goethes »Pädagogische Provinz«. In: *Verstehen und Bilden. Zeitschrift für Erziehung und Unterricht* 1 (1926), S.357–365.

Weitz, Hans-J.: *Ein Schweizer Maler bei Goethe,* hrsg. vom Kunsthaus Zürich und vom Kunstmuseum Bern, Zürich/ Bern 1978.

Weitz, Hans-J.: Mikrologisches zu Goethe. II. Ein Motiv in den *Wanderjahren*. Der *Fingerschnitt*. In: *Teilnahme und Spiegelung. Festschrift für Horst Rüdiger*, hrsg. von Beda Allemann und Erwin Koppen, Berlin/ New York 1975, S.286–294.

Wentzlaff-Eggebert, Friedrich W.: Zu Goethes Gedicht *Vermächtnis* (1829). In: *Stoffe, Formen, Strukturen. Studien zur deutschen Literatur. Hans Heinrich Borcherdt zum 75. Geburtstag*, hrsg. von Albert Fuchs und Helmut Motekat, München 1962, S.151–159.

Wergin, Ulrich: *Einzelnes und Allgemeines. Die ästhetische Virulenz eines geschichtsphilosophischen Problems. Untersucht am Sprachstil von Goethes Roman »Wilhelm Meisters Wanderjahre oder die Entsagenden«*, Heidelberg 1980.

Wertheim, Ursula: Der amerikanische Unabhängigkeitskampf im Spiegel der zeitgenössischen deutschen Literatur. In: *Weimarer Beiträge* 3 (1957), S.429–470.

Weydt, Günther: Zur Deutung der Pädagogischen Provinz. In: *Zeitschrift für Deutsche Bildung* 12 (1936), S.354–362.

Wiese, Benno von: Johann Wolfgang Goethe: *Der Mann von funfzig Jahren*. In: ders.: *Die deutsche Novelle von Goethe bis Kafka*, Bd.2, Düsseldorf 1962, S.26–52.

Wild, Gerhard: *Wilhelm Meisters Wanderjahre*. In: ders.: *Goethes Versöhnungsbilder. Eine geschichtsphilosophische Untersuchung zu Goethes späten Werken*, Stuttgart 1991, S.87–117.

Windfuhr, Manfred: Universalismus oder Spezialisierung? Zum Tätigkeitsideal in *Wilhelm Meisters Wanderjahren*. In: ders.: *Erfahrung und Erfindung*, Heidelberg 1993, S.89–102.

Winkler, Hans: Goethes Entwicklung zur Anerkennung der Berufsbildungsidee im *Wilhelm Meister*. In: *Zeitschrift für Handelsschulpädagogik* 2 (1930/31), S.67–75.

Wirtz, Irmgard: *Die kommunikative Funktion des Fragmentcharakters von Goethes Novelle »Nicht zu weit« in ihrem gesellschaftlichen Kontext*, Bern 1988 (unveröff. Typoskript).

Wolff, Eugen: Die ursprüngliche Gestalt von *Wilhelm Meisters Wanderjahren*. In: *GJb* 34 (1913), S.162–192.

Wolff, Hans M.: *Goethe in der Periode der Wahlverwandtschaften* (1802–1809), München 1952.

Wundt, Max: »Aus Makariens Archiv«. Zur Entstehung der Aphorismensammlungen in den *Wanderjahren*. In: *GRM* 7 (1915–1919), S.177–184.

Wundt, Max: *Goethes Wilhelm Meister und die Entwicklung des modernen Lebensideals*, Berlin/ Leipzig 1913.

Zauper, J.St.: *Wilhelm Meister's Wanderjahre* (1822), (Nachdruck in: Friedrich Karl Julius Schütz: *Göthe und Pustkuchen*, S.358–364).

Zenker, Markus: *Zu Goethes Erzählweise versteckter Bezüge in »Wilhelm Meisters Wanderjahre oder Die Entsagenden«*, Würzburg 1990.

Zimmermann, Rolf Christian: Franz von Baader und Goethes vier Ehrfurchten. In: *GRM* N.F. 14 (1964), S.267–279.

Verschollene oder nicht auffindbare *Wanderjahre*-Studien

Bartels, Klaus: *Arbeit, Technik, Kunst. Untersuchungen über die Wundarztthematik in Goethes »Wilhelm Meister«*, Diss.: masch., Hamburg 1974.

Bastian, Hans Jürgen: Die Gesellschaftsproblematik in Goethes Roman *Wilhelm Meisters Wanderjahre oder die Entsagenden*, Diss. Halle, Wittenberg 1966.

Baumgarten, Konrad: *Die Quellen der »Pädagogischen Provinz« in den »Wanderjahren« von Goethe*, Diss.: masch., Jena 1922.

Bourfeind, Paul: *Die gesellschaftlichen Umschichtungen im sozialen Roman zwichen 1830 und 1850 unter besonderer Berücksichtigung von Goethes »Wanderjahren«, Immermanns »Epigonen« und Gutzkows »Rittern vom Geiste«*, Diss.: masch., Bonn 1921.

Garnett, Richard: *Die neue Melusine*. In: *Publications of the English Goethe Society* N.S. 57 (1987), S.32–56.

Hasselbring, Albert: *Zur Entstehung und Charakteristik der Endgestalt von Goethes »Wanderjahren«*, Diss.: masch., Kiel 1913.

Sozialgeschichte und -psychologie, Religions- und Geistesgeschichte, Medizingeschichte, Zivilisations- und Gesellschaftstheorie (sofern nicht speziell zur Goethezeit)

Ackerknecht, Erwin H.: *Geschichte der Medizin*, 3., überarb. Aufl. von *Kurze Geschichte der Medizin*, Stuttgart 1977 (engl. 1955).

Ackerknecht, Erwin H.: *Therapie von den Primitiven bis zum 20. Jahrhundert*. Mit einem Anhang: *Geschichte der Diät*, Stuttgart 1970.

Anonym: Die Raserey der Duelle. In: *Gelehrte Beyträge zu den Braunschweigischen Anzeigen*, hrsg. von Joh. Joachim Eschenburg, in Fortsetzungen vom 11. bis 29. August 1764, 64.–69. Stück, S.506ff.

Adorno, Theodor W.: *Minima Moralia*, Frankfurt/M. 1969 (1951).

Adorno, Theodor W./ Horkheimer, Max: *Dialektik der Aufklärung*, 9. Aufl., Frankfurt/M. 1982 (New York 1944).

Ariès, Philippe: *Geschichte der Kindheit*, aus dem Französischen von Caroline Neubaur und Karin Kersten, 3. Aufl., München 1980 (Original 1960).

[Arnold, Gottfried]: *Gottfried Arnolds unpartheyische Kirchen- und Ketzer-Historie*. Vom Anfang des Neuen Testaments bis auf das Jahr Christi 1688, 3 Bde., neue verb. Aufl., Schaffhausen 1740–1742 (1699/1700).

Bateson, Gregory u. a.: Auf dem Weg zu einer Schizophrenie-Theorie. In: *Schizophrenie und Familie*, verf. von G.B. u. a., aus dem Englischen von Hans-Werner Saß, Frankfurt/M. 1978 (1969), S.11–43.

Bauer, Josef: *Geschichte der Aderlässe*, 2., um ein Register verm. Aufl., München 1966 (1870).

Becher, Ursula A.J./ Rüsen, Jörn (Hrsg.): *Weiblichkeit in geschichtlicher Perspektive*, Frankfurt/M. 1988.

Beyrer, Klaus: *Die Postkutschenreise*, Tübingen 1985.

Bleich, Eduard (Hrsg.): *Der Erste Vereinigte Landtag in Berlin 1847*, Zweiter Theil, Berlin 1847.

Blickle, Peter: *Unruhen in der ständischen Gesellschaft 1300–1800*, München 1988.

Bloch, Iwan: *Die Prostitution*, Bd.1, Berlin 1912.

Blumenberg, Hans: *Arbeit am Mythos*, 5. Aufl., Frankfurt/M. 1990 (1979).

Blumenberg, Hans: Der kopernikanische Umsturz und die Weltstellung des Menschen. In: *Studium Generale* 8 (1955), S.637–648.

Blumenberg, Hans: *Der Prozeß der theoretischen Neugierde*, erw. Neuausgabe, Frankfurt/M. 1988.

Blumenberg, Hans: *Die Lesbarkeit der Welt*, Frankfurt/M. 1981.

Boguslawski, Albrecht von: *Die Ehre und das Duell*, Berlin 1896.

Braun, Rudolf: Konzeptionelle Bemerkungen zum Obenbleiben: Adel im 19. Jahrhundert. In: *Europäischer Adel 1750–1950*, hrsg. von Hans-Ulrich Wehler, Göttingen 1990, S.87–95.

Brunner, Otto: Haus und Herrschaft. In: ders.: *Land und Herrschaft. Grundfragen der territorialen Verfassungsgeschichte Südostdeutschlands im Mittelalter*, Baden bei Wien u. a. 1939, S.277–410.

Bumke, Joachim: *Höfische Kultur. Literatur und Gesellschaft im hohen Mittelalter*, 2 Bde., 5. Aufl., München 1990 (1986).

Danckert, Werner: *Unehrliche Leute. Die verfemten Berufe*, Bern 1963.

Demeter, Karl: *Das Deutsche Offizierkorps in Gesellschaft und Staat 1650–1945*, Frankfurt/M. 1962.

Der Jakobsweg. Mit einem mittelalterlichen Pilgerführer unterwegs nach Santiago de Compostela. Ausgew., eingel., übers. und kommentiert von Klaus Herbers, Tübingen 1986.

Díaz y Díaz, Manuel C.: Der *Liber Sancti Jacobi*. In: *Santiago de Compostela. Pilgerwege*, hrsg. von Paolo Caucci von Saucken, ins Deutsche übers. von Dr. Marcus Würmli, Augsburg 1993.

Dippel, Horst: Die Wirkung der amerikanischen Revolution auf Deutschland und Frankreich. In: *Geschichte und Gesellschaft. Sonderheft 2: 200 Jahre amerikanische Revolution und moderne Revolutionsforschung*, hrsg. von Hans-Ulrich Wehler, Göttingen 1976, S.101–121.

Dülmen, Richard van: Fest der Liebe. Heirat und Ehe in der frühen Neuzeit. In: *Armut, Liebe, Ehre*, hrsg. von R.v.D., Frankfurt/M. 1988, S.67–106.

Dürr, Hans Peter: *Intimität*, Frankfurt/M. 1990.

Dürr, Hans Peter: *Der Mythos vom Zivilisationsprozeß*, Frankfurt/M. 1990.

Elias, Norbert: *Über den Prozeß der Zivilisation*, 2 Bde., 5. und 6. Aufl., Frankfurt/M. 1978–79 (1969).

Freud, Sigmund: *Studienausgabe*, 10 Bde. und Erg.-Bd., Frankfurt/M. 1989 (1982).

Gleichmann, Peter/ Goudsblom, Johan/ Korte, Hermann (Hrsg.): *Materialien zu Norbert Elias' Zivilisationstheorie*, 2 Bde., Frankfurt/M. 1979–1984.

Gleisberg, Hermann: Technikgeschichte der Getreidemühle. In: *Deutsches Museum. Abhandlungen und Berichte* 24 (1956), H.3, S.5–72.

Goffman, Erving: *Stigma. Über Techniken der Bewältigung beschädigter Identität*, aus dem Amerikanischen von Frigga Haug, 10. Aufl., Frankfurt/M. 1992 (amerik. 1963).

Graf, Fritz: Eleusinian Mysteries. In: *The Encyclopedia of Religion*, ed. by Mircea Eliade, vol.5, New York/ London 1987, pp.83–85.

Habermas, Jürgen: Vorbereitende Bemerkungen zu einer Theorie der kommunikativen Kompetenz. In: *Theorie der Gesellschaft oder Sozialtechnologie – Was leistet die Systemforschung?*, hrsg. von J.H. u.a., Frankfurt/M. 1979 (1971), S.101–141.

Häntzschel, Günter (Hrsg.): *Bildung und Kultur bürgerlicher Frauen 1850–1918. Eine Quellendokumentation aus Anstandsbüchern und Lebenshilfen für Mädchen und Frauen als Beitrag zur weiblichen literarischen Sozialisation*, Tübingen 1986.

Hausen, Karin: Die Polarisierung der »Geschlechtscharaktere« – Eine Spiegelung der Dissoziation von Erwerbs- und Familienleben. In: *Sozialgeschichte der Familie in der Neuzeit*, hrsg. von W. Conze, Stuttgart 1967, S.363–393.

Huard, Pierre/ Grmek, Mirko D.: *La Chirurgie Moderne. Ses Débuts en Occident: XVIe – XVIIe – XVIIIe Siècles*, Paris 1968.

Jung, C.G./ Kerényi, Karl: *Das göttliche Mädchen*, Amsterdam/ Leipzig 1941.

Kerényi, Karl: *Die Mysterien von Eleusis*, Zürich 1962.

Kerényi, Karl: *Der göttliche Arzt. Studien über Asklepios und seine Kultstätte*, Zürich 1948.

Klibansky, Raymond/ Panofsky, Erwin/ Saxl, Fritz: *Saturn und Melancholie. Studien zur Geschichte der Naturphilosophie und Medizin, der Religion und der Kunst*, übers. von Christa Buschendorf, 2. Aufl., Frankfurt/M. 1994 (engl. 1964).

Kranz, Walther: *Kosmos. Archiv für Begriffsgeschichte*, Bd.2, Teil 1 u. 2, Bonn 1958.

Kötting, Bernhard: *Ecclesia peregrinans. Das Gottesvolk unterwegs*, Bd.2, Münster 1988.

Kötting, Bernhard: *Peregrinatio Religiosa. Wallfahrten in der Antike und das Pilgerwesen in der alten Kirche*, Regensburg/ Münster 1950.

Kohlberg, Lawrence: Moral Stages and the Idea of Justice. In: ders.: *The Philosophy of Moral Development. Essays on Moral Development*, vol.1, San Francisco 1981, pp.97–226.

Krappmann, Lothar: *Soziologische Dimensionen der Identität*, 4. Aufl., Stuttgart 1975 (1969).

Laing, Ronald D.: *Das geteilte Selbst. Eine existenzielle Studie über geistige Gesundheit und Wahnsinn*, aus dem Englischen übertr. von Christa Tansella-Zimmermann, 4. Aufl., Reinbek 1980 (engl. 1960).

Laing, Ronald D.: *Knoten*, Deutsch von Herbert Elbrecht, 8. Aufl., Reinbek 1980 (Original 1970).

Landshut, Siegfried: Historische Analyse des Begriffs des »Ökonomischen«. In: *Geschichte und Ökonomie*, hrsg. von Hans-Ulrich Wehler, Köln 1973, S.40–53.

Luhmann, Niklas: *Liebe als Passion. Zur Codierung von Intimität*, 5. Aufl., Frankfurt/M. 1990 (1982).

Lyotard, Jean-François: *Der Widerstreit*, übers. von Joseph Vogl, München 1987 (franz. 1983).

Mead, George Herbert: *Geist, Identität und Gesellschaft*, 3. Aufl., Frankfurt/M. 1978 (amerik. 1934).

Meyer zur Capellen, Renée/ Werthmann, Annelore/ Widmer-Perrenoud, May: *Die Erhöhung der Frau. Psychoanalytische Untersuchungen zum Einfluß der Frau in einer sich transformierenden Gesellschaft*, Frankfurt/M. 1993.

Miller, Alice: *Das Drama des begabten Kindes und die Suche nach dem wahren Selbst*, Frankfurt/M. 1979.

Wallfahrt und Alltag in Mittelalter und Früher Neuzeit, Internationales Round-Table-Gespräch Krems an der Donau 8. Oktober 1990, Wien 1992.

Watzlawick, Paul/ Beavin, Janet H./ Jackson, Don D.: *Menschliche Kommunikation. Formen, Störungen, Paradoxien*, 4. Aufl., Bern/ Stuttgart/ Wien 1974 (amerik. 1967).

Wehler, Hans-Ulrich (Hrsg.): *Europäischer Adel 1750–1950*, Göttingen 1990.

Willi, Jürg: *Die Zweierbeziehung*, 8. Aufl., Reinbek 1978.

Wunder, Heide/ Vanja, Christina (Hrsg.): *Wandel der Geschlechterbeziehungen zu Beginn der Neuzeit*, Frankfurt/M. 1991.

Wunder, Heide: *»Er ist die Sonn', sie ist der Mond«. Frauen in der frühen Neuzeit*, München 1992.

Wunder, Heide: Von der *frumkeit* zur *Frömmigkeit*. Ein Beitrag zur Genese bürgerlicher Weiblichkeit (15.–17. Jahrhundert). In: *Weiblichkeit in geschichtlicher Perspektive*, hrsg. von Ursula A.J. Becher und Jörn Rüsen, Frankfurt/M. 1988, S.174–188.

Literaturwissenschaftliches und Linguistisches

Aust, Hugo: *Novelle*, Stuttgart 1990.

Austin, John Langshaw: *Zur Theorie der Sprechakte (How to do things with Words)*, deutsche Bearb. von Eike von Savigny, Stuttgart 1972 (engl. 1962).

Bachorski, Hans-Jürgen (Hrsg.): *Ordnung und Lust. Bilder von Liebe, Ehe und Sexualität in Spätmittelalter und Früher Neuzeit*, Trier 1991.

Bachtin, Michail: *Literatur und Karneval. Zur Romantheorie und Lachkultur*, Frankfurt/M./ Berlin/ Wien 1985.

Bauschinger, Sigrid/ Denkler, Horst/ Malsch, Wilfried (Hrsg.): *Amerika in der deutschen Literatur*, Stuttgart 1975.

Bausinger, Hermann: Bemerkungen zum Schwank und seinen Formtypen. In: *Fabula* 9 (1967), S.118–136.

Bausinger, Hermann: Schildbürgergeschichten. Betrachtungen zum Schwank. In: *Der Deutschunterricht* 13 (1961), H.1, S.18–44.

Bausinger, Hermann: Schwank und Witz. In: *Studium generale* 11 (1958), S.699–710.

Becker-Cantarino, Barbara: *Der lange Weg zur Mündigkeit: Frau und Literatur (1500–1800)*, Stuttgart 1987.

Becker-Cantarino, Barbara: Die Böse Frau und das Züchtigungsrecht des Hausvaters in der frühen Neuzeit. In: *Der Widerspenstigen Zähmung*, hrsg. von Sylvia Wallinger und Monika Jonas, Innsbruck 1986, S.117–132.

Becker-Cantarino, Barbara: Vom »Ganzen Haus« zur Familienidylle. Haushalt als Mikrokosmos in der Literatur der Frühen Neuzeit und seine spätere Sentimentalisierung. In: *Daphnis* 15 (1986), S.509–533.

Becker-Cantarino, Barbara (Hrsg.): *Die Frau von der Reformation zur Romantik*, Bonn 1980.

Bodenstein, Walter: *Geschichte der Ballade vom nussbraunen Mädchen*, Diss.: masch., Berlin 1921.

Bovenschen, Silvia: *Die imaginierte Weiblichkeit*, 2. Aufl., Frankfurt/M. 1980.

Brenner, Peter J. (Hrsg.): *Der Reisebericht. Die Entwicklung einer Gattung in der deutschen Literatur*, Frankfurt/M. 1989.

Mitscherlich, Alexander und Margarete: *Die Unfähigkeit zu trauern*, 11. Aufl., München 1979.

Ohler, Norbert: *Pilgerleben im Mittelalter. Zwischen Andacht und Abenteuer*, Freiburg/ Br. 1994.

Peikert, Ingrid: Zur Geschichte der Kindheit im 18. und 19. Jahrhundert. In: *Die Familie in der Geschichte*, hrsg. von Heinz Reif, Göttingen 1982, S.114–136.

Plessner, Helmuth: *Lachen und Weinen*, 2. Aufl., Bern 1950.

Plötz, Robert: Deutsche Pilger nach Santiago de Compostela bis zur Neuzeit. In: *Deutsche Jakobspilger und ihre Berichte*, hrsg. von Klaus Herbers, Tübingen 1988.

Reif, Heinz (Hrsg.): *Die Familie in der Geschichte*, Göttingen 1982.

Ridder-Symoens, Hilde de: Die Kavalierstour im 16. und 17. Jahrhundert. In: *Der Reisebericht*, hrsg. von Peter J. Brenner, Frankfurt/M. 1989, S.197–223.

Riesman, David: *Die einsame Masse*, aus dem Amerikanischen übertragen von Renate Rausch, 16. Aufl., Hamburg 1977 (Original 1950).

Rosenbaum, Heidi: *Formen der Familie. Untersuchungen zum Zusammenhang von Familienverhältnissen, Sozialstruktur und sozialem Wandel in der deutschen Gesellschaft des 19. Jahrhunderts*, 5. Aufl, Frankfurt/M. 1990 (Habil.-Schr., 1981).

Schapp, Wilhelm: *Beiträge zur Phänomenologie der Wahrnehmung*, 2. Aufl., Frankfurt/ M. 1981 (Nachdruck: Halle/S./ Göttingen 1910).

Schindler, Alfred: Die theologische und dogmatische Entwicklung. In: *Ökumenische Kirchengeschichte*, Bd.1, hrsg. von Raymund Kottje und Bernd Moeller, 2., durchges. und verb. Aufl., Mainz/ München 1977, S.172–198.

Schreiner, Klaus: *Maria. Jungfrau, Mutter, Herrscherin*, München/ Wien 1994.

Schröter, Michael: Staatsbildung und Triebkontrolle. Zur gesellschaftlichen Regulierung des Sexualverhaltens vom 13. bis 16. Jahrhundert. In: *Macht und Zivilisation. Materialien zu Norbert Elias' Zivilisationstheorie 2*, hrsg. von Peter Gleichmann u. a., Frankfurt/M. 1984, S.148–192.

Schröter, Michael: Wildheit und Zähmung des erotischen Blicks. In: *Merkur* 41 (1987), S.468–481.

Schünemann, Konrad: *Österreichs Bevölkerungspolitik unter Maria Theresia*, Bd.1, Berlin 1935.

Sennett, Richard: *Verfall und Ende des öffentlichen Lebens. Die Tyrannei der Intimität*, aus dem Amerikanischen übers. von Reinhard Kaiser, Frankfurt/M. 1983 (Original 1977).

Sieder, Reinhard: *Sozialgeschichte der Familie*, Frankfurt/M. 1987.

Signori, Gabriela: Ländliche Zwänge – städtische Freiheiten? Weibliche Mobilität und Geselligkeit im Spiegel spätmittelalterlicher Marienwallfahrten. In: *Frauen und Öffentlichkeit. Beiträge der 6. Schweizerischen Historikerinnentagung*, hrsg. von Mireille Othenin-Girard, Anna Gossenreiter und Sabine Trautweiler, Zürich 1991, S.29–61.

Stölting, Siegfried: *Auswanderer auf alter Zeitungsgrafik*, Lilienthal 1987.

Straus, Erwin: Das Zeiterleben in der endogenen Depression und in der psychopathischen Verstimmung. In: *Die Wahnwelten*, hrsg. von E.St. und Jürg Zutt, Frankfurt/M. 1963, S.337–351.

Vigarello, Georges: *Wasser und Seife, Puder und Parfüm. Geschichte der Körperhygiene seit dem Mittelalter*, aus dem Franz. von Linda Gränz, Frankfurt/M./ New York 1992 (franz. 1985).

Nachbemerkung

Die vorliegende Untersuchung wurde im Juni 1996 von der Philosophisch-historischen Fakultät der Universität Bern als Habilitationsschrift angenommen. Zur Veröffentlichung wurde sie leicht überarbeitet. Die Studienstiftung des Deutschen Volkes hat den akademischen Werdegang der Verfasserin durch ein langjähriges Stipendium ermöglicht. Der Schweizerische Nationalfonds zur Förderung der wissenschaftlichen Forschung hat die Drucklegung dieser Arbeit mit einem namhaften Beitrag unterstützt.

Eine Studie wie diese entsteht nicht ohne die Hilfe anderer. Ich danke allen, die zu ihrer Entstehung beigetragen haben, vor allem Prof. Peter Rusterholz und Dr. Sibylle Rusterholz für die jahrzehntelange fachliche Beratung und menschliche Begleitung; Prof. Ruth Meyer Schweizer für ihren persönlichen Einsatz und Prof. em. Wolfram Buddecke für seine Teilnahme aus der Distanz. Prof. Wolfgang Proß danke ich für seinen fachlichen Rat, Prof. Hubert Herkommer für die Unterstützung aller Gesuche, Prof. Stefan Bodo Würffel, Prof. Fritz Gysin und Annemarie Gysin für ihren freundschaftlichen Beistand, Claudio Veress für unser Kant-Gespräch. Babette und Konstantin Ladakakos haben den Fortgang der Arbeit durch unzählige bibliographische Recherchen erleichtert. Unter den vielen Helferinnen und Helfern, die das Manuskript auf Fehler durchgesehen haben, hatten Ursula Zürcher und Dr. Christoph Merki einen besonders scharfen Blick. Meiner Freundin Dr. Anne Zimmermann danke ich für die Sorgfalt, mit der sie das Layout dieser Arbeit erstellt hat, meiner Freundin Dr. Irmgard Wirtz Merki für ihre Begleitung eines unkonventionellen Lebenswegs.

Meine Mutter hielt auch die Ausbildung von Töchtern für unerläßlich. Dafür – und für vieles mehr – bin ich ihr unendlich dankbar. Meinen Brüdern Hermann und Jürgen, meiner Schwester Christl und meinem Schwager Norbert Kircher danke ich dafür, daß sie immer für mich da sind. Gewidmet ist dieses Buch meinem Mann Ueli Binggeli.

Bern, im August 1997   *Henriette Herwig*

Abbildungsnachweis

Titelbild   Goethe und Fritz von Stein, getuschte Schattenrißzeichnung, aquarellierter Rahmen, auf blauem Karton affichiert, unbez., o. J. (vor 1783, anonym), Wien, Porträtsammlung und Bildarchiv der Österreichischen Nationalbibliothek (unter Verwendung der Abb. 150 in: *Goethe und die Kunst*, hrsg. von Sabine Schulze, Stuttgart 1994, S.214).

Abb. 1   Abschied der Auswanderer, nach einem Gemälde von C. Hübener, 1856. (Unter Verwendung der Abbildung aus: Siegfried Stölting: *Auswanderer auf alter Zeitungsgrafik*, Lilienthal 1987, S.20.)

Abb. 2   Auswanderer auf dem Rhein, nach einem Gemälde von H. Leutemann. (Unter Verwendung der Abbildung aus: Siegfried Stölting: *Auswanderer auf alter Zeitungsgrafik*, S.11.)

Abb. 3   Im Zwischendeck des Auswandererschiffs, B. Woltze. (Unter Verwendung der Abbildung aus: Siegfried Stölting: *Auswanderer auf alter Zeitungsgrafik*, S.42.)

Abb. 4   Werbung irischer und deutscher Auswanderer an der *Battery* von New York, »Über Land und Meer«, 1865. (Unter Verwendung der Abbildung aus: Siegfried Stölting: *Auswanderer auf alter Zeitungsgrafik*, S.52.)

Abb. 5   Goethes Reise-Necessaire (Stiftung Weimarer Klassik, Museen), Foto: Stefan Renno, Eberhard Renno, Weimar.

Abb. 6   Aderlaß-Besteck, Pierre Dionis, 1707. (Unter Verwendung der Abbildung aus: Pierre Huard/ Mirko D. Grmek: *La Chirurgie Moderne. Ses Débuts en Occident: XVIe – XVIIe – XVIIIe Siècles*, Paris 1968, Fig. 26.)

Abb. 7   Rekrutenaushebung, satirische Goethe–Zeichnung, März 1779, Stiftung Weimarer Klassik, Goethe–Nationalmuseum.

Brenner, Peter J.: *Der Reisebericht in der deutschen Literatur. Ein Forschungsüberblick [...], Internationales Archiv für Sozialgeschichte der deutschen Literatur*, 2. Sonderheft, Tübingen 1990.

Broich, Ulrich/ Pfister, Manfred (Hrsg.): *Intertextualität. Formen, Funktionen, anglistische Fallstudien*, Tübingen 1985.

Chatman, Seymour: *Story and Discourse. Narrative Structure in Fiction and Film*, 5th printing, Ithaca/ London 1989 (1978).

Daux, Camille: *Les chansons des pèlerins de Saint-Jacques*. Avec introduction, notes historico-critiques et reproduction de vieilles estampes, Genève/ Paris 1981 (Nachdruck: Montauban 1899).

Dithmar, Reinhard (Hrsg.): *Fabeln, Parabeln und Gleichnisse*, 4. Aufl., München 1976 (1970).

Ertzdorff, Xenja von: Die Fee als Ahnfrau. Zur *Melusine* des Thüring von Ringoltingen. In: *Festschrift für Hans Eggers zum 65. Geburtstag*, hrsg. von Herbert Backes, Tübingen 1972, S.428–457.

Ertzdorff, Xenja von: *Romane und Novellen des 15. und 16. Jahrhunderts in Deutschland*, Darmstadt 1989.

Frank, Manfred: Subjekt, Person, Individuum. In: *Individualität. Poetik und Hermeneutik 13*, hrsg. von M.F. und Anselm Haverkamp, München 1988, S.3–20.

Frank, Manfred/ Haverkamp, Anselm: *Individualität. Poetik und Hermeneutik 13*, München 1988.

Fromm, Hans (Hrsg.): *Der deutsche Minnesang*, Darmstadt 1961.

Genette, Gérard: *Die Erzählung*. Aus dem Französischen von Andreas Knop, München 1994.

Goff, Jacques Le: Melusine – Mutter und Urbarmacherin. In: ders.: *Für ein anderes Mittelalter*, Frankfurt/M./ Berlin/ Wien 1984, S.147–174.

Grice, H. Paul: Logic and Conversation. In: *Syntax and Semantics*, vol.3: *Speech Acts*, ed. by Peter Cole and Jerry L. Morgan, New York/ San Francisco/ London 1975, pp.41–58.

Grosse, Siegfried: Die Mühle und der Müller im deutschen Volkslied. In: *Jahrbuch des österreichischen Volksliedwerkes* 11 (1962), S.8–35.

Haberkamm, Klaus: »Sensus astrologicus«. *Zum Verhältnis von Literatur und Astrologie in Renaissance und Barock*, Bonn 1972.

Harshaw, Benjamin: Fictionality and Fields of Reference. In: *Poetics Today* 5 (1984), No.2, pp.227–251.

Haug, Walter: Francesco Petrarca – Nicolaus Cusanus – Thüring von Ringoltingen. Drei Probestücke zu einer Geschichte der Individualität im 14./15. Jahrhundert. In: *Individualität. Poetik und Hermeneutik 13*, hrsg. von Manfred Frank und Anselm Haverkamp, München 1988, S.291–324.

Hauser, Arnold: *Sozialgeschichte der Kunst und Literatur*, München 1975 (1953).

Heidemann, Kyra: »Grob und teutsch mit nammen beschryben«. Überlegungen zum Anstößigen in der Schwankliteratur des 16. Jahrhunderts. In: *Ordnung und Lust. Bilder von Liebe, Ehe und Sexualität in Spätmittelalter und Früher Neuzeit*, hrsg. von Hans-Jürgen Bachorski, Trier 1991, S.415–426.

Heisig, Karl: Über den Ursprung der Melusinensage. In: *Fabula* 3 (1960), S.170–181.

Herwig, Henriette: Identität und Fremdverstehen in interaktionistischer und literaturdidaktischer Sicht. In: *Identität und Deutschunterricht*, hrsg. von Kaspar H. Spinner, Göttingen 1980, S.15–32.

Herwig, Henriette: Von offenen und geschlossenen Türen oder Wie tot ist das Zeichen? Zu Kafka, Peirce und Derrida. In: *Kodikas* 12 (1989), No.1/2, S.107–124.

Herzog, Reinhart/ Koselleck, Reinhart (Hrsg.): *Epochenschwelle und Epochenbewußtsein, Poetik und Hermeneutik 12*, München 1987.

Holthuis, Susanne: *Intertextualität. Aspekte einer rezeptionsorientierten Konzeption*, Tübingen 1993.

Iser, Wolfgang: Das Komische: ein Kipp-Phänomen. In: *Das Komische, Poetik und Hermeneutik 7*, hrsg. von Wolfgang Preisendanz und Rainer Warning, München 1976, S.398–402.

Iser, Wolfgang: *Der Akt des Lesens. Theorie ästhetischer Wirkung*, München 1976.

Iser, Wolfgang: Die Appellstruktur der Texte. In: *Rezeptionsästhetik. Theorie und Praxis*, hrsg. von Rainer Warning, München 1975, S.228–252.

Jakobson, Roman: Linguistics and Poetics. In: *Style in Language*, ed. by Thomas A. Sebeok, Cambridge, MA, 1960, pp.350–377.

Klotz, Volker: *Das europäische Kunstmärchen*, Stuttgart 1985.

Köller, Wilhelm: Der sprachtheoretische Wert des semiotischen Zeichenmodells. In: *Zeichen, Text, Sinn*, hrsg. von Kaspar H. Spinner, Göttingen 1977, S.7–77.

Köller, Wilhelm: *Semiotik und Metapher. Untersuchungen zur grammatischen Struktur und kommunikativen Funktion von Metaphern*, Stuttgart 1975.

Krusche, Dietrich: *Kommunikation im Erzähltext*, Bd.1, München 1978.

Lachmann, Renate: Ebenen des Intertextualitätsbegriffs. In: *Das Gespräch*, hrsg. von Karlheinz Stierle und Rainer Warning, München 1984, S.133–138.

Lämmert, Eberhard: Bürgerlichkeit als literarhistorische Kategorie. In: *Bürger und Bürgerlichkeit im 19. Jahrhundert*, hrsg. von Jürgen Kocka, Göttingen 1987, S.196–219.

Lausberg, Heinrich: *Elemente der literarischen Rhetorik*, 4., durchges. Aufl., München 1971.

Liebertz-Grün, Ursula: Das Spiel der Signifikanten in der *Melusine* des Thüring von Ringoltingen. In: *Architectura Poetica. Festschrift für Johannes Rathofer zum 65. Geburtstag*, hrsg. von Ulrich Ernst und Bernhard Sowinski, Wien 1990, S.223–241.

Lüthi, Max: *Märchen*, bearb. von Heinz Rölleke, 8., durchges. u. erg. Aufl., Stuttgart 1990 (1962).

Lüthi, Max: *Volksmärchen und Volkssage. Zwei Grundformen erzählender Dichtung*, 2., durchges. Aufl., Bern/ München 1966 (1961).

Malsch, Wilfried: Einleitung. Neue Welt, Nordamerika und USA als Projektion und Problem. In: *Amerika in der deutschen Literatur*, hrsg. von Sigrid Bauschinger u. a., Stuttgart 1975, S.9–16.

Mertens, Volker: Melusinen, Undinen. Variationen des Mythos vom 12. bis zum 20. Jahrhundert. In: *Festschrift für Walter Haug und Burghart Wachinger*, Bd.1, hrsg. von Johannes Janota u. a., Tübingen 1992, S.201–231.

Möbius, Helga: *Die Frau im Barock*, Stuttgart 1982.

Moser, Dietz-Rüdiger: Die Pilgerlieder der Wallfahrt nach Santiago. In: *Musikalische Volkskunde – Aktuell. Festschrift für Ernst Klusen zum 75. Geburtstag*, hrsg. von Günther Noll und Marianne Bröcker, Bonn 1984, S.321–352.

Mühlherr, Anna: »*Melusine*« *und* »*Fortunatus*«. *Verrätselter und verweigerter Sinn*, Tübingen 1993.

Müller, Jan-Dirk: *Erfarung* zwischen Heilssorge, Selbsterkenntnis und Entdeckung des Kosmos. In: *Daphnis* 15 (1986), S.307–342.

Müller, Jan-Dirk: Melusine in Bern. Zum Problem der »Verbürgerlichung« höfischer Epik im 15. Jahrhundert. In: *Literatur – Publikum – historischer Kontext*, hrsg. von Gert Kaiser, Bern u. a. 1977, S.29–77.

Müller, Maria E. (Hrsg.): *Eheglück und Liebesjoch. Bilder von Liebe, Ehe und Familie in der Literatur des 15. und 16. Jahrhunderts*, Weinheim/ Basel 1988.

Neumann, Friedrich: Hohe Minne. In: *Der deutsche Minnesang*, hrsg. von Hans Fromm, Darmstadt 1961, S.180–196.

Neumann, Norbert: *Vom Schwank zum Witz. Zum Wandel der Pointe seit dem 16. Jahrhundert*, Frankfurt/M./ New York 1986.

Newman, Karen: Portia's Ring: Unruly Women and Structures of Exchange in *The Merchant of Venice*. In: *Shakespeare Quarterly* 38 (1987), No.1, pp.19–33.

Nowack, Marie: *Die Melusinensage. Ihr mythischer Hintergrund, ihre Verwandtschaft mit anderen Sagenkreisen und ihre Stellung in der deutschen Litteratur*, Freiburg/Br. 1886.

Nünning, Vera: Wahrnehmung und Wirklichkeit. Perspektiven einer konstruktivistischen Geistesgeschichte. In: *Konstruktivismus: Geschichte und Anwendung*, hrsg. von Gebhard Rusch und Siegfried J. Schmidt, Frankfurt/M. 1992, S.91–118.

Peuckert, Will-Erich: *Deutsches Volkstum in Märchen und Sage, Schwank und Rätsel*, Berlin 1938.

Pfister, Manfred: Konzepte der Intertextualität. In: *Intertextualität. Formen, Funktionen, anglistische Fallstudien*, hrsg. von Ulrich Broich und M. P., Tübingen 1985, S.25–30.

Pinto-Mathieu, Elisabeth: *Le roman de Melusine de Coudrette et son adaptation Allemande dans le roman en prose de Thüring von Ringoltingen*, Göppingen 1990.

Plett, Heinrich F.: *Einführung in die rhetorische Textanalyse*, 3. Aufl., Hamburg 1975.

Polheim, Karl Konrad: Novellentheorie und Novellenforschung (1945–1963). In: *DVjs* 38 (1964), Sonderheft, S.208–316.

Preisendanz, Wolfgang: *Über den Witz*, Konstanz 1970.

Preisendanz, Wolfgang/ Warning, Rainer (Hrsg.): *Das Komische, Poetik und Hermeneutik 7*, München 1976.

Ricœur, Paul: *Zeit und Erzählung*, aus dem Französischen von Rainer Rochlitz, 3 Bde., München 1988–1991.

Ruh, Kurt: *Die* »*Melusine*« *des Thüring von Ringoltingen*, München 1985.

Rupp, Heinz: Schwank und Schwankdichtung in der deutschen Literatur des Mittelalters. In: *Der Deutschunterricht* 14 (1962), H.2, S.29–48.

Rusterholz, Peter: Faktoren der Sinnkonstitution literarischer Texte in semiotischer Sicht. In: *Zeichen, Text, Sinn*, hrsg. von Kaspar H. Spinner, Göttingen 1977, S.78–124.

Rusterholz, Peter: Semiotik und Hermeneutik. In: *Texthermeneutik. Aktualität, Geschichte, Kritik*, hrsg. von Ulrich Nassen, Paderborn u.a. 1979, S.37–57.

Rusterholz, Peter: Zum Problem des adäquaten Textverstehens. In: *Studien zur Entwicklung einer materialen Hermeneutik*, hrsg. von Ulrich Nassen, München 1979, S.234–253.

Rusterholz, Peter: Über die (Un-)Interpretierbarkeit literarischer Texte. In: *Zeitschrift für Semiotik* 15 (1993), S.303–317.

Scholz Williams, Gerhild: Frühmoderne Transgressionen: Sex und Magie in der *Melusine* und bei Paracelsus. In: *Daphnis* 21 (1991), S.81–100.

Scholz Williams, Gerhild: Gelächter vor Gott: Mensch und Kosmos bei Franck und Paracelsus. In: *Daphnis* 15 (1986), S.463–481.

Scholz Williams, Gerhild: Magie entzaubert: Melusine, Paracelsus, Faustus. In: *Entzauberung der Welt. Deutsche Literatur 1200–1500*, hrsg. von James F. Poag und Thomas C. Fox, Tübingen 1989, S.53–71.

Scholz Williams, Gerhild: Mélusine/ Melusine: Erfahrungsdeterminierter Realismus im frühneuzeitlichen Roman. In: *Zeitschrift für Literaturwissenschaft und Linguistik* 89 (1993), S.10–23.

Schwietering, Julius: Parzivals Schuld (1944). In: ders.: *Mystik und höfische Dichtung im Hochmittelalter*, Tübingen 1960, S.37–70.

Segeberg, Harro (Hrsg.): *Technik in der Literatur*, Frankfurt/M. 1987.

Spaemann, Cordelia: Wallfahrtslieder. In: *Wallfahrt kennt keine Grenzen*, hrsg. von Lenz Kriss-Rettenbeck und Gerda Möhler, München/ Zürich 1984, S.181–192.

Spinner, Kaspar H. (Hrsg.): *Zeichen, Text, Sinn*, Göttingen 1977.

Stanzel, Franz K.: *Theorie des Erzählens*, 3., durchges. Aufl., Göttingen 1985 (1979).

Stierle, Karlheinz: Der Gebrauch der Negation in fiktionalen Texten. In: *Positionen der Negativität. Poetik & Hermeneutik 6*, hrsg. von Harald Weinrich. München 1975, S.235–262.

Stierle, Karlheinz: Geschichte als Exemplum – Exemplum als Geschichte. Zur Pragmatik und Poetik narrativer Texte. In: *Geschichte – Ereignis und Erzählung. Poetik und Hermeneutik 5*, hrsg. von Reinhart Koselleck und Wolf-Dieter Stempel, München 1973, S.347–375.

Stierle, Karlheinz: Werk und Intertextualität. In: *Dialog der Texte. Hamburger Kolloquium zur Intertextualität*, hrsg. von Wolf Schmid und Wolf-Dieter Stempel, Wien 1983, S.7–24.

Stierle, Karlheinz/ Warning, Rainer (Hrsg.): *Das Gespräch*, München 1984.

Stolz, Michael: Die Reise von Leo von Rožmital. In: *Deutsche Jakobspilger und ihre Berichte*, hrsg. von Klaus Herbers, Tübingen 1988, S.97–121.

Stolz, Michael: *Spätmittelalterliche Spanienfahrten. Studien zum Form-Inhalt-Aspekt am Beispiel ausgewählter deutschsprachiger Reiseberichte des fünfzehnten Jahrhunderts*, Bern 1987 (unveröff. Typoskript).

Straßner, Erich: *Schwank*, 2., überarb. und erg. Aufl., Stuttgart 1978.

Thurau, Else: *»Galant«, ein Beitrag zur französischen Wort- und Kulturgeschichte*, Hildesheim 1975 (Nachdruck: Frankfurt/M. 1936).

Tismar, Jens: *Kunstmärchen*, 2., durchges. und verm. Aufl., Stuttgart 1983.

Ward, Donald J.: Scherz- und Spottlieder. In: *Handbuch des Volksliedes*, Bd.1, hrsg. von Rolf Wilhelm Brednich, Lutz Röhrich und Wolfgang Suppan, München 1973, S.691–735.

Weigel, Sigrid: Geschlechterdifferenz und Literaturwissenschaft. In: *Chloe. Beihefte zum Daphnis* 19 (1994), S.7–26.

Weinrich, Harald: *Linguistik der Lüge*, 5. Aufl., Heidelberg 1974.

Weinrich, Harald (Hrsg.): *Positionen der Negativität. Poetik & Hermeneutik 6*, München 1975.

Verzeichnis der Abkürzungen

Zeitschriften und Lexika

DVjs   *Deutsche Vierteljahrsschrift für Literaturwissenschaft und Geistesgeschichte*
GJb   *Goethe-Jahrbuch* (1880–1913, 1972ff.)
Goethe   *Vierteljahrs-/ Viermonatsschrift der Goethe-Gesellschaft. Neue Folge des Jahr-
          buchs* (1936–1944)
          Neue Folge des Jahrbuchs (1947, 1949–1971)
GRM   *Germanisch–Romanische Monatsschrift*
JbDSG   *Jahrbuch der Deutschen Schillergesellschaft*
JbFDH   *Jahrbuch des Freien Deutschen Hochstifts*
JbGG   *Jahrbuch der Goethe-Gesellschaft* (1914–1933)
MLR   *The Modern Language Review*
PMLA   *Publications of the Modern Language Association of America*
RGG   *Die Religion in Geschichte und Gegenwart*
ZfdPh   *Zeitschrift für deutsche Philologie*

Werkausgaben

BA   Berliner Ausgabe
FA   Frankfurter Ausgabe
GA   Artemis Gedenkausgabe
HA   Hamburger Ausgabe
JA   Jubiläums-Ausgabe
KHM   Brüder Grimm: Kinder- und Hausmärchen
LA   Leopoldina Ausgabe
MA   Münchner Ausgabe
NA   Friedrich Schiller: Nationalausgabe
ST   Sigmund Freud: Studienausgabe
Suphan   Herders Sämmtliche Werke, hrsg. von Bernhard Suphan
WA   Weimarer Ausgabe

Sonstige Abkürzungen

AMA   Aus Makariens Archiv
BdW   Betrachtungen im Sinne der Wanderer
Keudell   Elise von Keudell: *Goethe als Benutzer der Weimarer Bibliothek*. Ein Verzeichnis
          der von ihm entliehenen Werke, Leipzig 1982 (Nachdruck: Weimar 1931).
N.F.   Neue Folge
N.S.   New Series
Ruppert   Hans Ruppert (Bearb.): *Goethes Bibliothek*. Katalog, Leipzig 1978 (Nach-
          druck: Weimar 1958).

Weinrich, Harald: *Tempus. Besprochene und erzählte Welt*, 2., völlig neu bearb. Aufl., Stuttgart u.a. 1971 (1964).

Wenzel, Horst: Melancholie und Inspiration. Walther von der Vogelweide L.8,4ff. Zur Entwicklung des europäischen Dichterbildes. In: *Walther von der Vogelweide: Beiträge zu Leben und Werk*, hrsg. von Hans-Dieter Mück, Stuttgart 1989, S.133–153 und 416–424.

Wiese, Benno von: *Novelle*, 6., durchges. Aufl., Stuttgart 1975 (1963).

Zitzmann, Rudolf: Der Ordo-Gedanke des mittelalterlichen Weltbildes und Walthers Sprüche im ersten Reichston. In: *DVjs* 25 (1951), S.40–53.